Die systematische Aufzeichnung und Vorhaltung von Telekommunikations-Verkehrsdaten für staatliche Zwecke in Deutschland

(Vorratsspeicherung, traffic data retention)

RHOMBOS-VERLAG · BERLIN

Bibliografische Information Der Deutschen Bibliothek

Die Deutsche Bibliothek verzeichnet diese Publikation in der
Deutschen Nationalbibliografie; detaillierte bibliografische Daten sind im
Internet über http://dnb.ddb.de abrufbar

© 2005 RHOMBOS-VERLAG, Berlin
Printed in Germany

Umschlag: RHOMBOS-VERLAG, Berlin

VK-Nr. 65 859
www.rhombos.de
verlag@rhombos.de

RHOMBOS-VERLAG, Kurfürstenstr. 17, 10785 Berlin

Druck: dbusiness GmbH, Berlin, Eberswalde

ISBN 3-937231-46-3

Patrick Breyer

Die systematische Aufzeichnung und Vorhaltung von Telekommunikations-Verkehrsdaten für staatliche Zwecke in Deutschland

(Vorratsspeicherung, traffic data retention)

RHOMBOS-VERLAG · BERLIN

Für Maggie
und meine Familie

Bearbeitungsstand: November 2004

E-Mail-Adresse des Autors: P.Breyer@breyers.de

Inhaltsübersicht

Inhaltsverzeichnis

Quellenverzeichnis

Achelpöhler, Wilhelm / Niehaus, Holger: Videoüberwachung öffentlicher Plätze, in: DuD 2002, S. 731-735.

AK, Alternativkommentar: Kommentar zum Grundgesetz für die Bundesrepublik Deutschland. Hrsg. von Erhard Denninger u.a. Neuwied u.a., 2001. Stand: 2. Aktualisierungslieferung, August 2002, zitiert: AK-GG-*Bearbeiter.*

Albers, Hans W.: Der Nicht-Störer im bereichsspezifischen Datenschutz, in: ZRP 1990, S. 147-149.

Albrecht, Hans-Jörg / Arnold, Harald / Demko, Daniela / Braun, Elisabeth u.a.: Rechtswirklichkeit und Effizienz der Überwachung der Telekommunikation nach den §§ 100a, 100b StPO und anderer verdeckter Ermittlungsmaßnahmen, Freiburg 2003, zitiert: Albrecht/Arnold/Demko/Braun, Rechtswirklichkeit und Effizienz der Telekommunikationsüberwachung. Im Internet abrufbar unter www.bmj.bund.de/media/archive/136.pdf.

Albrecht, Peter-Alexis: Die vergessene Freiheit, 1. Aufl., Berlin 2003, zitiert: Albrecht, Die vergessene Freiheit.

Allitsch, Rainer: Data Retention on the Internet, in: CRi (Computer und Recht international) 2002, S. 161-168.

APIG, All Party Parliamentary Internet Group (UK): Communications Data, Report of an Inquiry, Januar 2003, www.apig.org.uk/APIGreport.pdf, zitiert: APIG, Communications Data (I).

Artikel-29-Gruppe der EU, Arbeitsgruppe für den Schutz von Personen bei der Verarbeitung personenbezogener Daten: Anonymität im Internet, Empfehlung 3/97 vom 03.12.1997, europa.eu.int/comm/internal_market /privacy/docs/wpdocs/1997/wp6_de.pdf, zitiert: Artikel-29-Gruppe der EU, Anonymität (I).

Artikel-29-Gruppe der EU, Arbeitsgruppe für den Schutz von Personen bei der Verarbeitung personenbezogener Daten: Privatsphäre im Internet, 21.11.2000, europa.eu.int/comm/internal_market/privacy/docs/wpdocs/2000/wp37de.pdf, zitiert: Artikel-29-Gruppe der EU, Privatsphäre im Internet (I).

Artikel-29-Gruppe der EU, Arbeitsgruppe für den Schutz von Personen bei der Verarbeitung personenbezogener Daten: Stellungnahme 5/2002 zur Erklärung der europäischen Datenschutzbeauftragten auf der Internationalen Konferenz in Cardiff (9.-11. September 2002) zur obligatorischen systematischen Aufbewahrung von Verkehrsdaten im Bereich der Telekommunikation vom 11.10.2002, europa.eu.int/comm/internal_market/privacy/docs/wpdocs/2002/wp64_de.pdf, zitiert: Artikel-29-Gruppe der EU, Stellungnahme 5/2002 (I).

Artikel-29-Gruppe der EU, Arbeitsgruppe für den Schutz von Personen bei der Verarbeitung personenbezogener Daten: Empfehlung 2/99 zur Achtung der Privatsphäre bei der Überwachung des Fernmeldeverkehrs der Artikel 29-Gruppe vom 03.05.1999, europa.eu.int/comm/internal_market/privacy/docs/wpdocs/1999/wp18de.pdf, zitiert: Artikel-29-Gruppe der EU, Überwachung (I).

Artikel-29-Gruppe der EU, Arbeitsgruppe für den Schutz von Personen bei der Verarbeitung personenbezogener Daten: Aufbewahrung von Verkehrsdaten durch Internet-Dienstanbieter für Strafverfolgungszwecke, Empfehlung 3/99 vom 07.09.1999, europa.eu.int/comm/internal_market/privacy/docs/wpdocs/1999/wp25de.pdf, zitiert: Artikel-29-Gruppe der EU, Vorratsspeicherung (I).

Asbrock, Bernd: Der Richtervorbehalt – prozedurale Grundrechtssicherung oder rechtsstaatliches Trostpflaster? In: ZRP 1998, S. 17-19.

Backes, Otto / Gusy, Christoph: Eine empirische Untersuchung von Richtervorbehalten bei Telefonüberwachungen, in: StV 2003, S. 249-252.

Bansberg, Jürgen: Staatsschutz im Internet, S. 48-54 in: Holznagel, Bernd / Nelles, Ursula / Sokol, Bettina (Hrsg.): Die neue TKÜV (Telekommunikations-Überwachungsverordnung), 1. Aufl., München 2002, zitiert: Bansberg, Staatsschutz im Internet.

Bär, Wolfgang: Aktuelle Rechtsfragen bei strafprozessualen Eingriffen in die Telekommunikation, in: MMR 2000, S. 472-480.

Baumeister, Peter: Das Rechtswidrigwerden von Normen, 1. Aufl., Berlin 1996, zitiert: Baumeister, Das Rechtswidrigwerden von Normen.

Bäumler, Helmut / von Mutius, Albert (Hrsg.): Anonymität im Internet, 1. Aufl., Braunschweig u.a. 2003, zitiert: Bäumler/v. Mutius-*Bearbeiter*, Anonymität im Internet.

Bäumler, Helmut: Eine sichere Informationsgesellschaft? In: DuD 2001, S. 348-352.

Bergmann, Lutz / Möhrle, Roland / Herb, Armin: Datenschutzrecht, Stuttgart u.a., Stand: September 2003, zitiert: Bergmann/Möhrle/Herb, Datenschutzrecht.

Berliner Kommentar: Berliner Kommentar zum Grundgesetz, herausgegeben von Karl Heinrich Friauf und Wolfram Höfling, 1. Aufl., Berlin 2000, Stand Juni 2002, zitiert: Berliner Kommentar-*Bearbeiter.*

Berner, Georg / Köhler, Gerd Michael: Polizeiaufgabengesetz. 16. Aufl., München 2000, zitiert: Berner/Köhler, PAG.

Bernsmann, Klaus: Anordnung der Überwachung des Fernmeldeverkehrs – Mitteilung der geographischen Daten des eingeschalteten Mobiltelefons, Anmerkung zu BGH (Ermittlungsrichter) NJW 2001, 1587, in: NStZ 2002, S. 103-104.

Bizer, Johann: Datenschutz verkauft sich – wirklich! In: DuD 2001, S. 250-250.

Bizer, Johann: Forschungsfreiheit und informationelle Selbstbestimmung, 1. Aufl., Baden-Baden 1992, zitiert: Bizer, Forschungsfreiheit.

Bizer, Johann: Grundzüge des TK-Datenschutzes, Stand der TK-Überwachung, 29.01.2003, youthful2.free.fr/Jbz-tkue%2829-01-2003%29.pdf, zitiert: Bizer, Grundzüge des TK-Datenschutzes (I).

Bizer, Johann: Schüler am Netz: Rechtsfragen beim Einsatz von Email, Newsgroups und WWW in Schulen, web.archive.org/web/20030215163608/http://www.jtg-online.de/jahrbuch/band6/Bizer2_Lf.html, zitiert: Bizer, Rechtsfragen beim Einsatz von Email, Newsgroups und WWW in Schulen (I).

Bizer, Johann: Telekommunikation und Innere Sicherheit 2000, in: Jahrbuch Telekommunikation und Gesellschaft 2001, herausgegeben von H. Kubicek u.a., Heidelberg 2001, S. 496-509, zitiert: Bizer, Jahrbuch Telekommunikation und Gesellschaft 2001.

Bizer, Johann: Telekommunikation und Innere Sicherheit 2001, in: Jahrbuch Telekommunikation und Gesellschaft 2002, herausgegeben von H. Kubicek u.a., Heidelberg 2002, S. 1 22, zitiert: Bizer, Jahrbuch Telekommunikation und Gesellschaft 2002. Im Internet abrufbar unter youthful2.free.fr/(Bizer)TKinSich01inJahrbTKuG2002.pdf.

BMI, Bundesministerium des Innern: Polizeiliche Kriminalstatistik 2001, www.bmi.bund.de/downloadde/19721/Download.pdf, zitiert: BMI, PKS 2001 (I).

BMI, Bundesministerium des Innern: Polizeiliche Kriminalstatistik 2002, www.bmi.bund.de/Anlage24353/Polizeiliche_Kriminalstatistik_2002.pdf, zitiert: BMI, PKS 2002 (I).

BMI/BMJ, Bundesministerium des Innern, Bundesministerium der Justiz: Erster Periodischer Sicherheitsbericht, 1. Aufl., Berlin 2001, zitiert: BMI/BMJ, Sicherheitsbericht 2001.

BMI/BMJ, Bundesministerium des Innern, Bundesministerium der Justiz: Erster Periodischer Sicherheitsbericht. Kurzfassung. Berlin, Juli 2001, www.bmi.bund.de/downloadde/11860/Download_Kurzfassung.pdf, zitiert: BMI/BMJ, Sicherheitsbericht 2001, Kurzfassung (I).

BMJ, Bundesministerium der Justiz: Stellungnahme zum Entwurf eines Gesetzes zur Bekämpfung des internationalen Terrorismus (Terrorismusbekämpfungsgesetz) vom 17. Oktober 2001, www.ccc.de/CRD/20011017BMJ.PDF, zitiert: BMJ, Stellungnahme zum Terrorismusbekämpfungsgesetz (I).

BMWi-Ressortarbeitsgruppe: Eckpunkte zur Anpassung der Regelungen des § 90 TKG, 28.03.2002, www.almeprom.de/fiff/material/Eckpunkte_90_TKG_Prepaid.pdf, zitiert: BMWi-Ressortarbeitsgruppe, Eckpunkte zur Anpassung der Regelungen des § 90 TKG (I).

Bönitz, Dieter: Strafgesetze und Verhaltenssteuerung, 1. Aufl., Göttingen 1991, zitiert: Bönitz, Strafgesetze und Verhaltenssteuerung.

Bottger, Andreas / Pfeiffer, Christian: Der Lauschangriff in den USA und in Deutschland, in: ZRP 1994, S. 7-17.

Brenner, Harald: Die strafprozessuale Überwachung des Fernmeldeverkehrs mit Verteidigern, 1. Aufl., Tübingen 1994, zitiert: Brenner, Die strafprozessuale Überwachung des Fernmeldeverkehrs mit Verteidigern.

Breyer, Patrick: Der staatliche Zugriff auf Telekommunikations-Bestandsdaten aus verfassungsrechtlicher Sicht, in: RDV 2003, S. 218-222.

Breyer, Patrick: Die Cyber-Crime-Konvention des Europarats, in: DuD 2001, S. 592-600.

Büchner, Wolfgang / Ehmer, Jörg / Geppert, Martin / Kerkhoff, Bärbel / Piepenbrock, Hermann-Josef / Schütz, Raimund / Schuster, Fabian: Beck'scher TKG-Kommentar, 2. Aufl., München 2000, zitiert: BeckTKG-*Bearbeiter.*

Bundesregierung: Begründung v4.0 zur TKÜV, 17.10.2001, www.dud.de/dud/documents/e-tkuev-4-0-b.pdf, zitiert: Bundesregierung, Begründung v4.0 zur TKÜV (I).

Bundestag: Öffentliche Anhörung zum Thema Cyber-Crime/TKÜV des Ausschusses für Kultur und Medien, Unterausschuss „Neue Medien", Protokoll 14/13, 05.07.2001, www.bundestag.de/gremien/a23_ua/Protokoll_13.pdf, zitiert: Bundestag, Öffentliche Anhörung zum Thema Cyber-Crime/TKÜV (I).

Buxel, Holger: Die sieben Kernprobleme des Online-Profilings aus Nutzerperspektive, in: DuD 2001, S. 579-583.

Callies, Christian: Sicherheit im freiheitlichen Rechtsstaat, in: ZRP 2002, S. 1-7.

Calliess, Christian / Matthias Ruffert (Hrsg.): Kommentar des Vertrages über die Europäische Union und des Vertrages zur Gründung der Europäischen Gemeinschaft: EUV/EGV, 2. Aufl., Neuwied u.a. 2002, zitiert: Calliess/Ruffert-*Bearbeiter.*

Chryssogonos, Kostas: Verfassungsgerichtsbarkeit und Gesetzgebung, 1. Aufl., Berlin 1987, zitiert: Chryssogonos, Verfassungsgerichtsbarkeit und Gesetzgebung.

Covington & Burling: Memorandum of laws concerning the legality of data retention with regard to the rights guaranteed by the European Convention on Human Rights, 10.10.2003, www.statewatch.org/news/2003/oct/Data_Retention_Memo.pdf, zitiert: Covington & Burling, Memorandum (I).

CSI / FBI: 2002 CSI/FBI Computer Crime and Security Survey, lcb1.uoregon.edu/ldeck/actg320/FBI2002.pdf, zitiert: CSI/FBI, 2002 Survey (I).

Data Protection Commissioner (UK): Response of the Data Protection Commissioner to the Government's Regulation of investigatory powers Bill, March 2000, www.dataprotection.gov.uk/dpr/dpdoc.nsf/ed1e7ff5aa6def30802566360045bf4d/3fddbd098455c3fe802568d90049ac04?OpenDocument, zitiert: Data Protection Commissioner (UK), RIP (I).

Datenschutzbeauftragte von Berlin, Brandenburg, Bremen, Nordrhein-Westfalens und Schleswig-Holstein: 10 Punkte für einen Politikwechsel zum wirksamen Schutz der Privatsphäre, in: DSB 12/1998, S. 4-4.

Deckers, Rüdiger: Geheime Aufklärung durch Einsatz technischer Mittel, Vortrag auf dem Strafverteidigerkolloquium der Arge Strafrecht des DAV am 9./10. 11. 2001, www.ag-strafrecht.de/strafo/aufsatzdeckers. htm, zitiert: Deckers, Geheime Aufklärung (I).

DG Research, Directorate General for Research of the European Commission: Development of Surveillance Technology and Risk of Abuse of Economic Information (An appraisal of technologies of political control), Part 1/4, The perception of economic risks arising from the potenzial vulnerability of electronic commercial media to interception, Survey of opinions of experts, Interim Study, cryptome.org/dst-1.htm, zitiert: DG Research, Economic risks arising from the potenzial vulnerability of electronic commercial media to interception (I).

Diekmann, Andreas: Die Befolgung von Gesetzen, 1. Aufl., Berlin 1980, zitiert: Diekmann, Die Befolgung von Gesetzen.

Dietel, Alfred: „Innere Sicherheit" – Verheißung und reale Möglichkeiten, in: Bull, Hans Peter (Hrsg.): Sicherheit durch Gesetz? 1. Aufl., Baden-Baden 1987, zitiert: Dietel, Innere Sicherheit.

Dijk, P. van / Hoof, G.J.H. van: Theory and Practise of the European Convention on Human Rights, 2. Aufl., Dezember 1990, zitiert: Van Dijk/van Hoof, Theory and Practise of the European Convention on Human Rights.

Dreier, Horst (Hrsg.): Grundgesetz. Kommentar. Band I: Artikel 1-19, 1. Aufl., Tübingen 1996, zitiert: Dreier-*Bearbeiter*.

DSB-Konferenz, Datenschutzbeauftragte des Bundes und der Länder: Entschließung zum Entwurf eines Gesetzes über das Bundeskriminalamt (BKA-Gesetz), Entschließung der 49. Konferenz am 09./10.03.1995 in Bremen, www.datenschutz-berlin.de/jahresbe/95/anlage/an2_1.htm, zitiert: DSB-Konferenz, BKAG (I).

DSB-Konferenz, Datenschutzbeauftragte des Bundes und der Länder: Für eine freie Telekommunikation in einer freien Gesellschaft, Entschließung der 59. Konferenz der Datenschutzbeauftragten des Bundes und der Länder vom 14./15.03.2000, www.bfd.bund.de/information/info5/anl/an06.html, zitiert: DSB-Konferenz, Freie Telekommunikation (I).

DSB-Konferenz, Datenschutzbeauftragte des Bundes und der Länder: Konsequenzen aus dem Urteil des Bundesverfassungsgerichtes zu den Abhörmaßnahmen des BND, Entschließung der 59. Konferenz der Datenschutzbeauftragten des Bundes und der Länder vom 14./15.03.2000, www.datenschutz-berlin.de/doc/de/konf/59/bndneu.htm, zitiert: DSB-Konferenz, Konsequenzen aus BVerfGE 100, 313 (I).

DSB-Konferenz, Datenschutzbeauftragte des Bundes und der Länder: Anforderungen an Datenschutzregelungen für den Verfassungsschutz, Beschluss der Konferenz der Datenschutzbeauftragten des Bundes und der Länder vom 13.09.1985, www.datenschutz-berlin.de/doc/de/konf/sonst/85_dsfvs.htm, zitiert: DSB-Konferenz, Verfassungsschutz (I).

DSB-Konferenz, Datenschutzbeauftragte des Bundes und der Länder: Entschließung zur geplanten erweiterten Speicherung von Verbindungsdaten in der Telekommunikation, Entschließung der 57. Konferenz der Datenschutzbeauftragten des Bundes und der Länder vom 25./26.03.1999, www.datenschutz-berlin.de/doc/de/konf/57/telekomm.htm, zitiert: DSB-Konferenz, Vorratsspeicherung (I).

DSB-Konferenz, Datenschutzbeauftragte des Bundes und der Länder: Bestandsaufnahme über die Situation des Datenschutzes „Zehn Jahre nach dem Volkszählungsurteil", Beschluss der 47. Konferenz der Datenschutzbeauftragten des Bundes und der Länder am 09./10.03.1984, www.datenschutz-berlin.de/jahresbe/94/anlage/an2_1.htm, zitiert: DSB-Konferenz, Zehn Jahre nach dem Volkszählungsurteil (I).

Eckhardt, Jens: Die neue TKÜV - Innere Sicherheit auf Kosten von Netzbürgern und Providern? In: DSB 06/2001, S. 13.

Eckhardt, Jens: Neue Entwicklungen der Telekommunikationsüberwachung, in: CR 2002, S. 770-775.

Eckhardt, Jens: Neue Regelungen der TK-Überwachung, in: DuD 2002, S. 197-201.

Eckhardt, Jens: TKÜV – Ein Überblick, in: CR 2001, S. 670-678.

Eisenberg, Ulrich: Kriminologie, 5. Aufl., München 2000, zitiert: Eisenberg, Kriminologie.

Elicker, Michael: Der Grundsatz der Lastengleichheit als Schranke der Sonderabgaben, Inpflichtnahmen und Dienstleistungspflichten, in: NVwZ 2003, S. 304-307.

Emmert, Frank: Europarecht, 1. Aufl., München 1996, zitiert: Emmert, Europarecht.

Enderle, Bettina: Anmerkung zu OVG Münster, MMR 2002, S. 563-564, in: MMR 2002, S. 565-565.

EP, Europäisches Parlament: Bericht des nichtständigen Ausschusses des Europäischen Parlaments über das Abhörsystem Echelon 2001/2098 (INI) vom 11.07.2001, www.europarl.eu.int/tempcom/echelon/pdf/rapport_echelon_de.pdf, zitiert: EP, Echelon-Bericht (I).

EP, Europäisches Parlament: Entschließung P5-0104/2004 des Europäischen Parlaments vom 09.03.2004 zum Ersten Bericht der Kommission über die Durchführung der Datenschutzrichtlinie (95/46/EG), www2.europarl.eu.int/omk/sipade2?PUBREF=-//EP//TEXT+TA+P5TA-2004-0141+0+DOC+XML+V0//DE&L=DE&LEVEL=3&NAV=S&LSTDOC=Y, zitiert: EP, Entschließung zur Durchführung der Datenschutzrichtlinie (I).

EPIC, Electronic Privacy Information Center, PI, Privacy International: Privacy and Human Rights 2002. Teil I: www.privacyinternational.org/survey/phr2002/phr2002-part1.pdf; Teil II: www.privacyinternational. org/survey/phr2002/phr2002-part2.pdf; Teil III: www.privacyinternational.org/survey/phr2002/phr2002-part3.pdf, zitiert: EPIC/PI, Privacy and Human Rights 2002 (I).

EU-Netzwerk unabhängiger Grundrechtsexperten (CFR-CDF): The balance between freedom and security in the response by the European Union and its Member States to the terrorist threats, 31.03.2003, www.statewatch.org/news/2003/apr/CFR-CDF.ThemComment1.pdf, zitiert: EU-Netzwerk unabhängiger Grundrechtsexperten, The balance between freedom and security (I).

EU-Rat, Rat der Europäischen Union: Answers to questionnaire on traffic data retention, Dokument Nr. 14107/02 LIMITE CRIMORG 100 TELECOM 42 vom 20.11.2002, www.statewatch.org/news/2002/nov/euintercept-2002-11-20.html, zitiert: EU-Rat, Answers to questionnaire on traffic data retention (I).

Europarat, Ministerkommittee: Richtlinien des Ministerkommittees des Europarates über Menschenrechte und die Bekämpfung von Terrorismus, www.coe.int/T/E/Com/Files/Themes/terrorism/CM_Guidelines_20020628.asp, zitiert: Europarats-Richtlinien über Menschenrechte und die Bekämpfung von Terrorismus (I).

Eurostat: Eurostat Jahrbuch 2002, Menschen in Europa, web.archive.org/web/20021113192623/http://europa.eu.int/comm/eurostat/Public/datashop/print-product/DE?catalogue=Eurostat&product=Freeselect1-DE&mode=download, zitiert: Eurostat Jahrbuch 2002, Menschen in Europa (I).

Eurostat: Statistik über die Informationsgesellschaft - Internet- und Mobiltelefonnutzung in der EU, 14.03.2002, web.archive.org/web/20030121 214703/http://europa.eu.int/comm/eurostat/Public/datashop/print-product/ DE?catalogue=Eurostat&product=KS-NP-02-008-__-N-DE&mode=download, zitiert: Eurostat, Internetnutzung (I).

Federrath, Hannes: Schwachstelle Schnittstelle: Angriffspunkt für Datenspione, S. 115-123 in: Holznagel, Bernd / Nelles, Ursula / Sokol, Bettina (Hrsg.): Die neue TKÜV (Telekommunikations-Überwachungsverordnung), 1. Aufl., München 2002, zitiert: Federrath, Schwachstelle Schnittstelle.

Feltes, Thomas: Fehlerquellen im Ermittlungsverfahren – Anmerkungen zur Rolle und Funktion der Polizei, Referat im Rahmen der Arbeitsgruppe „Fehlerquellen im Ermittlungsverfahren" auf dem 25. Strafverteidigertag vom 09.-11.03.2001 in Berlin, www.thomasfeltes.de/htm/ Strafverteidigertag.htm, zitiert: Feltes, Fehlerquellen im Ermittlungsverfahren (I).

Feltes, Thomas: Verhaltenssteuerung durch Prävention, in: MschrKrim 1993, S. 341-354.

Feser, Frank: Anmerkung zu LG Wuppertal, MMR 2002, S. 560, in: MMR 2002, S. 560, 560.

Fischer, Thomas / Maul, Heinrich: Tatprovozierendes Verhalten als polizeiliche Ermittlungsmaßnahme, in: NStZ 1992, S. 7-13.

Fox, Dirk / Bizer, Johann: Namenlos im Netz, in: DuD 1998, S. 616.

Fox, Dirk: Big Brother is listening in, in: DuD 2002, S. 194.

French Delegation of Police Cooperation Working Party: Computer crime – Summary of replies to the questionnaire (Enfopol 38), 24.04.2001, www.statewatch.org/news/2001/may/ENFO38.PDF, zitiert: French Delegation of Police Cooperation Working Party, Enfopol 38 (I).

Friauf, Karl Heinrich: Öffentliche Sonderlasten und Gleichheit der Steuerbürger, S. 45-66 in: Festschrift für Hermann Jahrreiß zum 80. Geburtstag, Institut für Völkerrecht und ausländisches öffentliches Recht der Universität zu Köln (Hrsg.), 1. Aufl., Köln u.a. 1974, zitiert: Friauf, FS Jahrreiß.

Friedrich, Dirk: Die Verpflichtung privater Telekommunikationsunternehmen, die staatliche Überwachung und Aufzeichnung der Telekommunikation zu ermöglichen, 1. Aufl., Aachen 2001, zitiert: Friedrich, Verpflichtung.

Frowein, Jochen / Peukert, Wolfgang: EMRK-Kommentar, 2. Aufl., Kehl 1996, zitiert: Frowein/Peukert-*Bearbeiter.*

G7 Justice and Interior Ministers: Communiqué Annex: Principles and Action Plan To Combat High-Tech Crime, G7 Justice and Interior Ministers' Meeting (Washington DC), 10.12.1997, www.usdoj.gov/criminal/cybercrime/principles.htm, zitiert: G7, High-Tech Crime Principles (I).

G7 Justice and Interior Ministers: Communiqué, G7 Justice and Interior Ministers' Meeting (Washington DC), 10.12.1997, www.usdoj.gov/criminal/cybercrime/communique.htm, zitiert: G7, High-Tech Crime Communiqué (I).

G8 Government-Industry Workshop on Safety and Confidence in Cyberspace: Report of Workshop 1a, Theme 1: Locating and identifying High-Tech Criminals, Workshop A: Data retention and User Authentication, cryptome.org/g8-isp-e-spy.htm, zitiert: G8 Workshop, Workshop A (I).

G8 Government-Industry Workshop on Safety and Security in Cyberspace: Discussion Paper for Workshop 1: Potential Consequences of Data Retention for Various Business Models Characterizing Internet Services, Tokyo, Mai 2001, cryptome.org/g8-isp-e-spy.htm, zitiert: G8 Workshop, Potential Consequences of Data Retention (I).

G8 Government-Industry Workshop on Safety and Security in Cyberspace: Report of Workshop 1: Data Retention, Tokyo, Mai 2001, www.mofa.go.jp/policy/i_crime/high_tec/conf0105-4.html, zitiert: G8 Workshop, Workshop 1 (I).

G8 Government-Industry Workshop on Safety and Security in Cyberspace: Report of Workshop 3: Threat Assessment and Prevention, Tokyo, Mai 2001, www.mofa.go.jp/policy/i_crime/high_tec/conf0105-6.html, zitiert: G8 Workshop, Workshop 3 (I).

G8 Government-Industry Workshop on Safety and Security in Cyberspace: Report of Workshop 4: Protection of E-Commerce and User Authentication, Tokyo, Mai 2001, www.mofa.go.jp/policy/i_crime/high_tec/conf0105-7.html, zitiert: G8 Workshop, Workshop 4 (I).

G8 Justice and Interior Ministers: Principles on the Availability of Data Essential to Protecting Public Safety, G8 Justice and Interior Ministers' Meeting (Canada 2002), canada.justice.gc.ca/en/news/g8/doc3.html, zitiert: G8, Availability (I).

Garstka, Hansjürgen/Dix, Alexander/Walz, Stefan/Sokol, Bettina/Bäumler, Helmut: Für eine Sicherung der freien Telekommunikation in unserer Gesellschaft, Hintergrundpapier vom 25.08.1999, www.datenschutz-berlin.de/doc/de/sonst/tk.htm, zitiert: Garstka/Dix/ Walz/Sokol/Bäumler, Hintergrundpapier (I).

Garstka, Hansjürgen: Stellungnahme zum Terrorismusbekämpfungsgesetz anlässlich der öffentlichen Anhörung zum Terrorismusbekämpfungsgesetz im Innenausschuss des Bundestages am 30.11.2001, www. datenschutz-berlin.de/doc/de/sonst/sgarantt.htm, zitiert: Garstka, zum Terrorismusbekämpfungsgesetz (I).

Geiger, Rudolf: Grundgesetz und Völkerrecht, 3. Aufl., München 2002, zitiert: Geiger, Grundgesetz und Völkerrecht.

Gerling, Rainer W./Tinnefeld, Marie-Theres: Anonymität im Netz, in: DuD 2003, S. 305.

Germann, Michael: Gefahrenabwehr und Strafverfolgung im Internet, 1. Aufl., Berlin 2000, zitiert: Germann.

Glöckner, Arne: „Terrorismus" – Rechtsfragen der äußeren und inneren Sicherheit, in: NJW 2002, S. 2692-2694.

Gola, Peter / Schomerus, Rudolf: Bundesdatenschutzgesetz, 7. Aufl., München 2002, zitiert: Gola/Schomerus, BDSG.

Göppinger, Hans: Kriminologie, 5. Aufl., München 1997, zitiert: Göppinger, Kriminologie.

Grabenwarter, Christoph: Europäische Menschenrechtskonvention, 1. Aufl., München 2003, zitiert: Grabenwarter.

Grabitz, Eberhard / Hilf, Meinhard: Das Recht der Europäischen Union, Stand: 18. ErgL Mai 2001, zitiert: Grabitz/Hilf-*Bearbeiter.*

Gridl, Rudolf: Datenschutz in globalen Telekommunikationssystemen, 1. Aufl., Baden-Baden 1999, zitiert: Gridl, Datenschutz in globalen Telekommunikationssystemen.

Gusy, Christoph: Das Grundgesetz als normative Gesetzgebungslehre, in: ZRP 1985, S. 291-299.

Gusy, Christoph: Das Grundrecht des Post- und Fernmeldegeheimnisses, in: JuS 1986, S. 89-96.

Gusy, Christoph: Informationelle Selbstbestimmung und Datenschutz: Fortführung oder Neuanfang? In: KritV 2000, S. 52-64.

Hamm, Rainer: „Überwachungssicherheit" – wer soll sicher vor wem oder was sein? In: NJW 2001, S. 3100-3101.

Hamm, Rainer: TKÜV – Ein Kompromiss auf dem Boden der Verfassung? S. 81-89 in: Holznagel, Bernd / Nelles, Ursula / Sokol, Bettina (Hrsg.): Die neue TKÜV (Telekommunikations-Überwachungsverordnung), 1. Aufl., München 2002, zitiert: Hamm, TKÜV.

Hänel, Nicole: Oberster Datenschützer kritisiert TKG-Novelle, 19.12.2003, www.politik-digital.de/edemocracy/netzrecht/tkg-novelle.shtml, zitiert: Hänel, Oberster Datenschützer kritisiert TKG-Novelle (I).

Hassemer, Winfried: Freiheitliches Strafrecht, 1. Aufl., Berlin 2001, zitiert: Hassemer, Freiheitliches Strafrecht.

Hassemer, Winfried: Staat, Sicherheit und Information, in: Johann Bizer/Bernd Lutterbeck/Joachim Rieß (Hrsg.): Umbruch von Regelungssystemen in der Informationsgesellschaft, Stuttgart 2002, S. 225-245, zitiert: Hassemer, Staat, Sicherheit und Information. Im Internet abrufbar unter www.alfred-buellesbach.de/PDF/21_Hassemer_Staat.pdf.

Hassemer, Winfried: Strafen im Rechtsstaat, 1. Aufl., Baden-Baden 2000, zitiert: Hassemer, Strafen im Rechtsstaat.

Hoeren, Thomas (Hrsg.): Handbuch Multimedia-Recht, 1. Aufl., München 1999, Stand der Bearbeitung: Dezember 1998, zitiert: HMR-*Bearbeiter.*

Hohmann, Harald (Hrsg.): Freiheitssicherung durch Datenschutz, 1. Aufl., Frankfurt a.M. 1987, zitiert: Hohmann-*Bearbeiter,* Freiheitssicherung durch Datenschutz.

Home Office (UK): Consultation paper under Part 11 of the Anti-terrorism, Crime and Security Act 2001 about the voluntary retention of communications data, www.homeoffice.gov.uk/docs/vol_retention.pdf, zitiert: Home Office (UK), Consultation paper (I).

Home Office (UK): Retention of Communications Data, www.statewatch.org/news/2001/nov/retention_of_communications_data.pdf, zitiert: Home Office (UK), Retention (I).

Hong Kong Inter-departmental Working Group on Computer Related Crime: Report, www.hkispa.org.hk/pdf/ComputerRelatedCrime.pdf, zitiert: Hong Kong Inter-departmental Working Group on Computer Related Crime, Report (I).

Hornung, Gerrit: Zwei runde Geburtstage: Das Recht auf informationelle Selbstbestimmung und das WWW, in: MMR 2004, S. 3-8.

Höver, Albert: Gesetz über die Entschädigung von Zeugen und Sachverständigen. Kommentar. 21. Aufl., Köln u.a. 2000, zitiert: Höver.

Information Commissioner (UK): Comments on the provisions of the Anti-Terrorism, Crime and Security Bill relating to the retention of communications data, 05.12.2001, www.publications.parliament.uk/pa/jt2001 02/jtselect/jtrights/51/51ap02.htm, zitiert: Information Commissioner (UK), Comments on the provisions of the Anti-Terrorism, Crime and Security Bill relating to the retention of communications data (I).

Innenministerkonferenz, Ständigen Konferenz der Innenminister und -senatoren der Länder: Beschlüsse der 165. Sitzung der Ständigen Konferenz der Innenminister und -senatoren der Länder am 24.11.2000 in Bonn, www.bremen.de/innensenator/Kap4/PDF/0011.pdf, zitiert: Innenministerkonferenz vom 24.11.2000 (I).

Internationale Konferenz der Datenschutzbeauftragten: Gemeinsame Erklärung auf der 14. Konferenz, 29.10.1992, Sydney, Fernmeldegeheimnis, www.datenschutz-berlin.de/infomat/heft14/b3.htm, zitiert: Internationale Konferenz der Datenschutzbeauftragten, Fernmeldegeheimnis (I).

Internationale Konferenz der Datenschutzbeauftragten: Gemeinsame Erklärung auf der 5. Konferenz, 18.10.1983, Stockholm, Neue Medien, www.datenschutz-berlin.de/infomat/heft14/b1.htm, zitiert: Internationale Konferenz der Datenschutzbeauftragten, Neue Medien (I).

IWGDPT, Internationale Arbeitsgruppe für den Datenschutz in der Telekommunikation: Gemeinsamer Standpunkt zu Datenschutzaspekten des Entwurfs einer Konvention zur Datennetzkriminalität des Europarates vom 13./14.09.2000, angenommen auf der 28. Sitzung der Arbeitsgruppe am 13./14.09.2000 in Berlin, www.datenschutz-berlin.de/doc/int/ iwgdpt/cy_en.htm, zitiert: IWGDPT, Cybercrime-Konvention (I).

IWGDPT, Internationale Arbeitsgruppe für den Datenschutz in der Telekommunikation: Gemeinsamer Standpunkt über die öffentliche Verantwortung im Hinblick auf das Abhören privater Kommunikation, angenommen auf der 23. Sitzung in Hong Kong SAR (China) am 15.04.1998, www.datenschutz-berlin.de/doc/int/iwgdpt/intcr_dc.htm (Übersetzung), zitiert: IWGDPT, Öffentliche Verantwortung bei Abhörmaßnahmen (I).

IWGDPT, Internationale Arbeitsgruppe für den Datenschutz in der Telekommunikation: Gemeinsamer Standpunkt zu Datenschutz und Aufenthaltsinformationen in mobilen Kommunikationsdiensten, angenommen auf der 29. Sitzung der Arbeitsgruppe am 15./16.02.2001 in Bangalore, www.datenschutz-berlin.de/doc/int/iwgdpt/locat_de.htm, zitiert: IWGDPT, Standortdaten.htm (Übersetzung) (I).

IWGDPT, Internationale Arbeitsgruppe für den Datenschutz in der Telekommunikation: Arbeitspapier zur Überwachung der Telekommunikation, angenommen auf der 31. Sitzung der Arbeitsgruppe am 26./27.03. 2002 in Auckland (Neuseeland), www.datenschutz-berlin.de/doc/int/ iwgdpt/wptel_de.htm (Übersetzung), zitiert: IWGDPT, Terrorismus (I).

Jarass, Hans / Pieroth, Bodo: Grundgesetz für die Bundesrepublik Deutschland. Kommentar, 4. Aufl., München 1997. 5. Aufl., München 2000. 6. Aufl., München 2002, zitiert: J/P^{Auflage}-Bearbeiter.

Jeserich, Hans-Dieter: TK-Überwachung in Zahlen und Fakten, S. 63-78 in: Holznagel, Bernd / Nelles, Ursula / Sokol, Bettina (Hrsg.): Die neue TKÜV (Telekommunikations-Überwachungsverordnung), 1. Aufl., München 2002, zitiert: Jeserich, TK-Überwachung.

Kaiser, Günther: Kriminologie, 7. Aufl., Heidelberg 1985, zitiert: Kaiser, Kriminologie.

Karpen, Ulrich: Gesetzesfolgenabschätzung, in: ZRP 2002, S. 443-446.

Kloepfer, Michael: Informationsrecht, 1. Aufl., München 2002, zitiert: Kloepfer, Informationsrecht.

Kloepfer, Michael: Privatsphäre im Fadenkreuz staatlicher Überwachung? S. 91-114 in: Holznagel, Bernd / Nelles, Ursula / Sokol, Bettina (Hrsg.): Die neue TKÜV (Telekommunikations-Überwachungsverordnung), 1. Aufl., München 2002, zitiert: Kloepfer, Privatsphäre.

Klug, Christoph: Zweites BfD-Symposium „Datenschutz in der Telekommunikation" – Bericht, in: RDV 2001, S. 311-312.

Köck, Wolfgang: Gesetzesfolgenabschätzung und Gesetzgebungsrechtslehre, in: VerwArch 93 (2002), S. 1-21.

Koenig, Christian / Koch, Alexander / Braun, Jens-Daniel: Die TKÜV: Neue Belastungen für Internet Service Provider und Mobilfunknetzbetreiber? In: K&R 2002, S. 289-297.

Kommission der Europäischen Gemeinschaften: Discussion Paper for Expert's Meeting on Retention of Traffic Data, 06.11.2001, europa.eu.int/ information_society/topics/telecoms/internet/crime/wpapnov/index_en.htm, zitiert: Kommission, Discussion Paper for Expert's Meeting on Retention of Traffic Data (I).

Kommission der Europäischen Gemeinschaften: Mitteilung „Illegale und schädigende Inhalte im Internet", KOM(1996) 487 endg., europa.eu.int/ ISPO/legal/de/internet/communic.html, zitiert: Kommission, Illegale Inhalte (I).

Kommission der Europäischen Gemeinschaften: Mitteilung „Schaffung einer sichereren Informationsgesellschaft durch Verbesserung der Sicherheit von Informationsinfrastrukturen und Bekämpfung der Computerkriminalität", KOM(2000) 890 endg., europa.eu.int/ISPO/eif/Internet PoliciesSite/Crime/CrimeComDE.pdf, zitiert: Kommission, Sichere Informationsgesellschaft (I).

Kommission der Europäischen Gemeinschaften: Mitteilung der Kommission an das Europäische Parlament betreffend den Gemeinsamen Standpunkt des Rates im Hinblick auf den Erlass der Richtlinie des Europäischen Parlaments und des Rates über die Verarbeitung personenbezogener Daten und den Schutz der Privatsphäre in der elektronischen Kommunikation, SEK(2002) 124 endg., 05.02.2002, youthful2.free.fr/ 05971d2.pdf, zitiert: Kommission, SEK(2002) 124 endg. (I).

Kommission der Europäischen Gemeinschaften: Public Hearing on Creating a Safer Information Society by Improving the Security of Information Infrastructures and Combating Computer-related Crime, 07.03. 2001, europa.eu.int/ISPO/eif/InternetPoliciesSite/Crime/Hearingreport.html, zitiert: Kommission, Cybercrime-Anhörung (I).

Kommission der Europäischen Gemeinschaften: Your Views on Data Protection, Questionnaire on the implementation of the Data Protection Directive (95/46/EC), results of on-line consultation 20.06.2002-15.09. 2002, europa.eu.int/comm/internal_market/en/dataprot/lawreport/docs/ consultation citizens_en.pdf, zitiert: Kommission, Your Views on Data Protection (I).

Kopp, Ferdinand / Ramsauer, Ulrich: Verwaltungsverfahrensgesetz. 7. Aufl., München 2000, zitiert: Kopp/Ramsauer.

Krader, Gabriela: Kampf gegen die Internetkriminalität, in: DuD 2001, S. 344-347.

Kube, Hanno/Schütze, Marc: Die Kosten der TK-Überwachung, in: CR 2003, S. 663-671.

Kudlich, Hans: Strafprozessuale Probleme des Internet, in: JA 2000, S. 227-234.

Kugelmann, Dieter: Cyber-Crime Konvention, in: DuD 2001, S. 215-223.

Kugelmann, Dieter: Der Schutz privater Individualkommunikation nach der EMRK, in: EuGRZ 2003, S. 16-25.

Kunz, Karl-Ludwig: Kriminologie. 2. Aufl., Bern u.a. 1998, zitiert: Kunz, Kriminologie.

Kury, Helmut: Das Dunkelfeld der Kriminalität, in: Kriminalistik 2001, S. 74-84.

Kutscha, Martin: Datenschutz durch Zweckbindung – ein Auslaufmodell? In: ZRP 1999, S. 156-160.

Kutscha, Martin: Große Koalition der Inneren Sicherheit? Die gegenwärtige Polizeigesetzgebung der Länder, In: Bürgerrechte & Polizei/CILIP 59 (1/98), S. 57-69. Im Internet abrufbar unter www.cilip.de/ausgabe/59/p-gesetz.htm.

Limbach, Jutta: 25 Jahre Datenschutzgesetz, in: RDV 2002, S. 163-166.

LINX (London Internet Exchange) Content Regulation Committee: LINX Best Current Practice – Traceability, 18.05.1999, www.linx.net/noncore/bcp/traceability-bcp.html, zitiert: LINX, Traceability (I).

LINX (London Internet Exchange): LINX Best Current Practice – User Privacy, 15.05.2001, www.linx.net/noncore/bcp/privacy-bcp.html, zitiert: LINX, User Privacy (I).

Lisken, Hans / Denninger, Erhard (Hrsg.): Handbuch des Polizeirechts. 2. Aufl., München 1996. 3. Aufl., München 2001, zitiert: L/D^{Auflage}-Bearbeiter.

Lisken, Hans: Über Aufgaben und Befugnisse der Polizei im Staat des Grundgesetzes, in: ZRP 1990, S. 15-21.

Lisken, Hans: Zur polizeilichen Rasterfahndung, in: NVwZ 2002, S. 513-519.

Lorenz, Frank Lucien: Aktionismus, Populismus? – Symbolismus! In: GA 1997, S. 51-71.

Lücking, Erika: Die strafprozessuale Überwachung des Fernmeldeverkehrs, 1. Aufl., Freiburg 1992, zitiert: Lücking, Die strafprozessuale Überwachung des Fernmeldeverkehrs.

Mangoldt, Hermann v. / Klein, Friedrich / Starck, Christian: Das Bonner Grundgesetz. Kommentar. Band I. 4. Aufl., München 1999, zitiert: vMKS-*Bearbeiter.*

Maunz, Theodor / Dürig, Günter u.a.: Grundgesetz. Kommentar. München, Stand: Juni 2002, zitiert: M/D-*Bearbeiter.*

MDG, Multidisziplinäre Gruppe „Organisierte Kriminalität" (MDG) des EU-Rats: Answers to the questionnaire on retention of traffic data, 16.09.2002, www.bof.nl/docs/data_retention_answers.pdf, zitiert: MDG, EU-Questionnaire (I).

MDG, Multidisziplinäre Gruppe „Organisierte Kriminalität" (MDG) des EU-Rats: Entwurf für Schlussfolgerungen des Rates zur Informationstechnologie und zur Ermittlungsarbeit und Verfolgung im Bereich der organisierten Kriminalität, 17.12.2002, register.consilium.eu.int/pdf/de/ 02/st15/15763d2.pdf, zitiert: MDG, Entwurf für Schlussfolgerungen des Rates zur Informationstechnologie (I).

MDG, Multidisziplinäre Gruppe „Organisierte Kriminalität" (MDG) des EU-Rats: Entwurf für Schlussfolgerungen des Rates zur Informationstechnologie und zur Ermittlungsarbeit und Verfolgung im Bereich der organisierten Kriminalität, 28.11.2002, register.consilium.eu.int/pdf/de/ 02/st12/12721-r3d2.pdf, zitiert: MDG, Entwurf für Schlussfolgerungen des Rates zur Informationstechnologie vom 28.11.2002 (I).

Meade, Joe (Datenschutzbeauftragter Irlands): Retention of Communications Traffic Data, 24.02.2003, www.dataprivacy.ie/7nr240203.htm, zitiert: Meade, Retention of Communications Traffic Data (I).

Meyer-Goßner, Lutz: Strafprozessordnung, Gerichtsverfassungsgesetz, 44. Aufl., München 1999, zitiert: Meyer-Goßner, StPO.

Meyer-Ladewig, Jens: EMRK, 1. Aufl., Baden-Baden 2003, zitiert: Meyer-Ladewig.

Münch, Ingo v. / Kunig, Philip (Hrsg.): Grundgesetz-Kommentar. Band I: Präambel bis Art. 19, 5. Aufl., München 2000. Band II: Art. 20 bis Art. 69, 5. Aufl., München 2001, zitiert: v. Münch/Kunig *Bearbeiter.*

NCIS, National Criminal Intelligence Service (UK): APIG-Submission, www.apig.org.uk/lea.pdf, zitiert: NCIS, APIG-Submission (I).

NCIS, National Criminal Intelligence Service (UK): Looking to the Future, Clarity on Communications Data Retention Law, 21.08.2000, www.cryptome.org/ncis-carnivore.htm, zitiert: NCIS Submission (I).

Neumann, Andreas / Wolff, Reinmar: Informationsermittlung für Anordnungen nach §§ 100a und 100g StPO im Wege telekommunikationsrechtlicher Auskunftsverfahren, in: TKMR 2003, S. 110-118.

NFO Infratest: Monitoring Informationswirtschaft, 4. Faktenbericht - April 2002, www.tns-infratest-bi.com/bmwa/infrasearchreg/reg2002.asp?dfile =2002_09de_Internet-Nutzung.pdf, zitiert: NFO Infratest, Monitoring Informationswirtschaft (I).

Niggli, M. A.: Kriminologische Überlegungen zur Strafzumessung, 1997, www.unifr.ch/lman/downloads/publikationen/strafzumessung.pdf, zitiert: Niggli, Kriminologische Überlegungen zur Strafzumessung (I).

Omega Foundation: An Appraisal of the Technologies of Political Control, Summary and Options Report for the European Parliament, September 1998, cryptome.org/stoa-atpc-so.htm, zitiert: Omega Foundation, Report (I).

Omega Foundation: An Appraisal of the Technologies of Political Control, Working document, 06.01.1998, cryptome.org/stoa-atpc.htm, zitiert: Omega Foundation, Working document (I).

Opaschowski, Horst: Quo vadis, Datenschutz? In: DuD 2001, S. 678-681.

Ossenbühl, Fritz: Die Erfüllung von Verwaltungsaufgaben durch Private, in: VVDStRL 29, S. 137-210.

Ossenbühl, Fritz: Die Kontrolle von Tatsachenfeststellungen und Prognoseentscheidungen durch das Bundesverfassungsgericht, in: Christian Starck (Hrsg.): Bundesverfassungsgericht und Grundgesetz, 1. Aufl., Tübingen 1976, zitiert: Ossenbühl, Tatsachenfeststellungen und Prognoseentscheidungen.

Ostendorf, Heribert: Jugendstrafrecht in der Diskussion, in: ZRP 2000, S. 103-107.

Ostendorf, Heribert: Organisierte Kriminalität – eine Herausforderung für die Justiz, in: JZ 1991, S. 62-70.

Pernice, Ina: Die Telekommunikations-Überwachungsverordnung (TKÜV), in: DuD 2002, S. 207-211.

Pieroth, Bodo / Schlink, Bernhard: Grundrechte, 17. Aufl., Heidelberg 2001, zitiert: P/S.

PricewaterhouseCoopers: Wirtschaftskriminalität 2003, August 2003, www.pwc.com/de/ger/ins-sol/publ/Wirtschaftskriminalitaet_2003.pdf, zitiert: PricewaterhouseCoopers, Wirtschaftskriminalität 2003 (I).

Queen Mary (University of London): Study on legal issues relevant to combating criminal activities perpetrated through electronic communications, Oktober 2000, presented the the European Commission by the Computer Related Crime Research Unit, Queen Mary, University of London, europa.eu.int/ISPO/eif/InternetPoliciesSite/Crime/Study2000/Report.html, zitiert: Queen Mary (University of London), Studie über Netzkriminalität (I).

Rieß, Joachim: Der Telekommunikationsdatenschutz bleibt eine Baustelle, in: DuD 1996, S. 328-334.

Rieß, Joachim: Vom Fernmeldegeheimnis zum Telekommunikationsgeheimnis, S. 127-160, in: Alfred Büllesbach (Hrsg.): Datenschutz im Telekommunikationsrecht, 1. Aufl., Köln 1997, zitiert: Rieß, Vom Fernmeldegeheimnis zum Telekommunikationsgeheimnis.

Rohe, Peter Maria: Verdeckte Informationsgewinnung mit technischen Hilfsmitteln zur Bekämpfung der Organisierten Kriminalität, 1. Aufl., Frankfurt a.M. u.a. 1998, zitiert: Rohe, Verdeckte Informationsgewinnung mit technischen Hilfsmitteln zur Bekämpfung der Organisierten Kriminalität.

Roßnagel, Alexander (Hrsg.): Handbuch Datenschutzrecht, 1. Aufl., München 2003, zitiert: Roßnagel-*Bearbeiter*, Handbuch Datenschutzrecht.

Roßnagel, Alexander (Hrsg.): Recht der Multimedia-Dienste, 1. Aufl., München 1999, Stand: November 2000, zitiert: Roßnagel-*Bearbeiter*.

Roßnagel, Alexander / Pfitzmann, Andreas / Garstka, Hansjürgen: Modernisierung des Datenschutzrechts, Berlin 2001, zitiert: Roßnagel/Pfitzmann/Garstka, Modernisierung des Datenschutzrechts.

RSF, Reporters sans frontières: The Internet on Probation, 05.09.2002, www.rsf.fr/IMG/doc-1274.pdf, zitiert: RSF, The Internet on Probation.

Ruhmann, Ingo / Schulzki-Haddouti, Christiane: Abhör-Dschungel, www.heise.de/ct/98/05/082/, zitiert: Ruhmann/Schulzki-Haddouti, Abhör-Dschungel (I).

Ruhmann, Ingo: Grundlose Gleichbehandlung oder TK-Überwachung und die Praxis, in: DuD 1999, S. 696-698.

Sachs, Michael (Hrsg.): Grundgesetz. Kommentar. 2. Aufl., München 1999, zitiert: Sachs-*Bearbeiter*.

Sachs, Michael (Hrsg.): Grundgesetz. Kommentar. 3. Aufl., München 2003, zitiert: Sachs[3]-*Bearbeiter*.

Schaar, Peter: Cybercrime und Bürgerrechte, www.sewecom.de/ dokumente/buendnis90-gruene/01-09-Reader-Cybercrime-und-Buerger rechte.pdf, zitiert: Schaar, Cybercrime und Bürgerrechte (I).

Schaar, Peter: Datenschutz im Internet, 1. Aufl., München 2002, zitiert: Schaar, Datenschutz im Internet.

Schaar, Peter: EU Forum on Cybercrime - Expert's Meeting on Retention of Traffic Data, 06.11.2001, www.peter-schaar.de/Traffic_Data_ Retention.pdf, zitiert: Schaar, Retention (I).

Schaar, Peter: Forderungen an Politik und Gesetzgebung, 17.06.2002, www.peter-schaar.de/FES-statement.pdf, zitiert: Schaar, Forderungen an Politik und Gesetzgebung (I).

Schaar, Peter: Persönlichkeitsprofile im Internet, in: DuD 2001, S. 383-388.

Schaar, Peter: Sicherheit und Freiheitsrechte im Internet, Folien zum Boppard-Diskurs „Mit IT-Sicherheit gegen Internet-Kriminalität?", 05./06.12.2001, www.peter-schaar.de/schutzkonzepte.pdf, zitiert: Schaar, Sicherheit und Freiheitsrechte (I).

Schaffland, Hans-Jürgen / Wiltfang, Noeme: Bundesdatenschutzgesetz, Berlin, Stand: Oktober 2003, zitiert: Schaffland/Wiltfang, BDSG.

Schenke, Ralf: Verfassungsrechtliche Probleme einer präventiven Überwachung der Telekommunikation, in: AöR 125 (2000), S. 1-44.

Schenke, Ralf: Verfassungsrechtliche Probleme einer präventiven Überwachung der Telekommunikation, in: AöR 125 (2000), S. 1-44.

Schenke, Wolf-Rüdiger: Die Verwendung der durch strafprozessuale Überwachung der Telekommunikation gewonnenen personenbezogenen Daten zur Gefahrenabwehr, in: JZ 2001, S. 997-1004.

Schenke, Wolf-Rüdiger: Polizei- und Ordnungsrecht, 1. Aufl., Heidelberg 2002, zitiert: Schenke, Polizei- und Ordnungsrecht.

Schieder, Peter (Präsident der parlamentarischen Versammlung des Europarates): Contribution at the colloquium on „Anti-Terrorist Measures and Human Rights" in Vienna, 30.10.2002, www.coe.int/T/d/Com/ Dossiers/Themen/Terrorismus/DiscSchieder_Vienne2002.asp, zitiert: Schieder, Anti-Terrorist Measures and Human Rights (I).

Schild, Hans-Hermann: Verwendung von Daten aus erkennungsdienstlicher Behandlung nach § 81b StPO, in: DuD 2002, S. 679-683.

Schily, Otto: Rede des Bundesinnenministers zu den Terroranschlägen in den USA und den Beschlüssen des Sicherheitsrates der Vereinten Nationen sowie der Nato vor dem Deutschen Bundestag am 19.09.2001, in: documentArchiv.de (Hrsg.), www.documentArchiv.de/brd/2001/rede_schily_0919.html, zitiert: Schily, Terrorismusrede (I).

Schmitz, Peter: Anmerkung zu RegPräs Darmstadt, MMR 2003, 213-214, in: MMR 2003, 214-216.

Schmitz, Peter: TDDSG und das Recht auf informationelle Selbstbestimmung, 1. Aufl., München 2000, zitiert: Schmitz, TDDSG.

Schneider, Hans Joachim: Einführung in die Kriminologie, 3. Aufl., Berlin u.a. 1993, zitiert: Schneider, Kriminologie.

Scholz, Rupert: „Reformismus" statt wirklicher Reformen, in: ZRP 2002, S. 361-362.

Schulzki-Haddouti, Christiane: Internationale Abhörpolitik, S. 125-130 in: Holznagel, Bernd / Nelles, Ursula / Sokol, Bettina (Hrsg.): Die neue TKÜV (Telekommunikations-Überwachungsverordnung), 1. Aufl., München 2002, zitiert: Schulzki-Haddouti, Internationale Abhörpolitik.

Schütte, Matthias: Befugnis des Bundesgrenzschutzes zu lageabhängigen Personenkontrollen, in: ZRP 2002, S. 393-399.

Schwarze, Jürgen (Hrsg.): EU-Kommentar, 1. Aufl., Baden-Baden 2000, zitiert: Schwarze-*Bearbeiter*.

Schweer, Martin / Thies, Barbara: Kriminalität und Kriminalitätsfurcht, in: Kriminalistik 2000, S. 336-342.

Schweitzer, Michael: 3. Staatsrecht, Völkerrecht, Europarecht. 7. Aufl., Heidelberg 2000, zitiert: Schweitzer.

Schwimmer, Walter (Generalsekretär des Europarates): Elements for a statement at the concluding discussion of the colloquium on „Anti-terrorist measures and Human Rights" in Vienna, 30/31.10.2002, www.coe.int/T/d/Com/Dossiers/Themen/Terrorismus/Disc_Schwimmer.asp, zitiert: Schwimmer, Anti-terrorist measures and Human Rights (I).

Sherman, Lawrence W. / Gottfredson, Denise / MacKenzie, Doris / Eck, John / Reuter, Peter / Bushway, Shawn: Preventing Crime: What works, what doesn't, what's promising. A report to the United States Congress, www.ncjrs.org/ojjdp/exefiles/docword.exe, zitiert: Sherman u.a.-*Bearbeiter*, Preventing Crime (I).

Sieber, Ulrich: Gutachten im Auftrag des Deutschen Multimedia Verbandes e.v. (dmmv) und des Verbandes Privaten Rundfunks und Telekommunikation e. V. (VPRT) zum Thema Datenpiraterie, 12.09.2002, Technischer Teil, www.dmmv.de/shared/data/zip/2501_006_019_druckversion 020904.zip, zitiert: Sieber, Gutachten zum Thema Datenpiraterie (I).

Sieber, Ulrich: Legal Aspects of Computer-Related Crime in the Information Society, COMCRIME-Studie für die Europäische Kommission, 01.01.1998, europa.eu.int/ISPO/legal/en/comcrime/sieber.doc, zitiert: Sieber, COMCRIME-Studie (I).

Simitis, Spiros (Hrsg.): Kommentar zum Bundesdatenschutzgesetz, 5. Aufl., Baden-Baden 2003, zitiert: Simitis-*Bearbeiter*.

Simitis, Spiros: Daten- oder Tatenschutz – ein Streit ohne Ende? In: NJW 1997, S. 1902-1903.

Simitis, Spiros: Datenschutz – Rückschritt oder Neubeginn? In: NJW 1998, S. 2473-2479.

Simitis, Spiros: Die informationelle Selbstbestimmung – Grundbedingung einer verfassungskonformen Informationsordnung, in: NJW 1984, S. 394-405.

Simitis, Spiros: Internet oder der entzauberte Mythos vom „freien Markt der Meinungen", in: Assmann, Heinz-Dieter u.a. (Hrsg.): Wirtschafts- und Medienrecht in der offenen Demokratie, 1. Aufl., Heidelberg 1997, S. 285-314, zitiert: Simitis, Internet.

Simitis, Spiros: Von der Amtshilfe zur Informationshilfe – Informationsaustausch und Datenschutzanforderungen in der öffentlichen Verwaltung, in: NJW 1986, S. 2795-2805.

Starkgraff, K.H.: Der Richtervorbehalt – prozedurale Grundrechtssicherung oder rechtsstaatliches Trostpflaster? In: ZRP 1998, S. 484.

Steinke, Wolfgang: Telefondatenspeicherung – Neue Perspektiven für die Polizei, in: NStZ 1992, S. 372-373.

Stelkens, Paul / Bonk, Heinz Joachim / Sachs, Michael (Hrsg.): Verwaltungsverfahrensgesetz. Kommentar. 6. Aufl., München 2001, zitiert: Stelkens/Bonk/Sachs-*Bearbeiter*.

Stern, Klaus: Das Staatsrecht der Bundesrepublik Deutschland, Bd. 3 Halbbd. 2: 1. Aufl., München 1994, zitiert: Stern.

Streinz, Rudolf: Europarecht, 4. Aufl., Heidelberg 1999, zitiert: Streinz, Europarecht.

Symatec: Symantec Internet Security Threat Report, Februar 2003, ses.symantec.com/PDF/Threat_Report_Final_4C.pdf, zitiert: Symantec, Symantec Internet Security Threat Report (I).

Tallo, Ivar: Bericht zum Entwurf des Cybercrime-Abkommens, Dokument Nr. 9031, 10.04.2001, assembly.coe.int/Main.asp?link=http%3A%2F%2 Fassembly.coe.int%2FDocuments%2FWorkingDocs%2FDoc01%2FEDOC9 031.htm, zitiert: Tallo, Bericht zum Entwurf des Cybercrime-Abkommens (I).

Tauss, Jörg / Kelber, Ulrich: Zum Schutz kritischer Infrastrukturen, in: DuD 2001, S. 694-695.

The President's Working Group on Unlawful Conduct on the Internet (USA): The Electronic Frontier, The challenge of unlawful conduct involving the use of the Internet, März 2000, www.usdoj.gov/criminal/ cybercrime/unlawful.htm, zitiert: The President's Working Group on Unlawful Conduct on the Internet (USA), The Electronic Frontier (I).

Uhe, Bianca / Herrmann, Jens: Überwachung im Internet – Speicherung von personenbezogenen Daten auf Vorrat durch Internet Service Provider, 18.08.2003, ig.cs.tu-berlin.de/oldstatic/da/2003-08/UheHerrmann-Diplomarbeit-082003.pdf, zitiert: Uhe/Herrmann, Überwachung im Internet (I).

ULD-SH, Unabhängiges Landeszentrum für Datenschutz in Schleswig-Holstein: Bundesratsmehrheit plant Anschlag auf das Recht auf unbeobachtete Kommunikation, Pressemitteilung vom 29.05.2002, www. datenschutzzentrum.de/material/themen/presse/kommunik.htm, zitiert: ULD-SH, Bundesratsmehrheit plant Anschlag auf das Recht auf unbeobachtete Kommunikation (I).

ULD-SH, Unabhängiges Landeszentrum für Datenschutz in Schleswig-Holstein: Verstößt das IMSI-Catcher-Gesetz gegen das Zitiergebot des Art. 19 Abs. 1 S. 2 Grundgesetz?, www.datenschutzzentrum.de/material/ themen/divers/imsicat, zitiert: ULD-SH, IMSI (I).

ULD-SH, Unabhängiges Landeszentrum für Datenschutz in Schleswig-Holstein: Kriminalität im Internet offenbar weit geringer als bislang angenommen, Pressemitteilung vom 15.08.2002, www.datenschutz zentrum.de/material/themen/presse/interkrim.htm, zitiert: ULD-SH, Internet-Kriminalität (I).

ULD-SH, Unabhängiges Landeszentrum für Datenschutz in Schleswig-Holstein: Rote Karte für Internetschnüffler, Hintergrundinformationen, www.datenschutzzentrum.de/material/themen/rotekarte/hintergr.htm, zitiert: ULD-SH, Kampagne, Hintergrund (I).

ULD-SH, Unabhängiges Landeszentrum für Datenschutz in Schleswig-Holstein: Sichere Informationsgesellschaft, Bekämpfung der Computer-kriminalität und Datenschutz – Stellungnahme zur Mitteilung der Kommission KOM(2000) 890, zugleich Kritik des Entwurfs einer „Convention on Cyber-Crime" des Europarats (PC-CY (2000) Draft No. 25 Rev.), www.datenschutzzentrum.de/material/themen/cybercri/cyberkon. htm, zitiert: ULD-SH, Sichere Informationsgesellschaft (I).

Waechter, Kay: Bereitstellungspflicht für Fernmeldeanlagenbetreiber, in: VerwArch 87 (1996), S. 68-96.

Waechter, Kay: Die „Schleierfahndung" als Instrument der indirekten Verhaltenssteuerung durch Abschreckung und Verunsicherung, in: DÖV 1999, S. 138-147.

Weichert, Thilo: Datenschutz zwischen Terror und Informationsgesellschaft, www.datenschutzverein.de/Themen/terrords2.html, zitiert: Weichert, Terror und Informationsgesellschaft (I).

Weichert, Thilo: Datenschutzrechtliche Anforderungen an die Bekämpfung von Internet-Kriminalität, Beitrag zum Symposium „Internet-Kriminalität" des Landeskriminalamts Mecklenburg-Vorpommern am 01.11.2000, www.datenschutzzentrum.de/material/themen/cybercri/cyber_mv.htm, zitiert: Weichert, Bekämpfung von Internet-Kriminalität (I).

Weichert, Thilo: Terrorismusbekämpfungsgesetze – Auswirkungen für die Wirtschaft, 10.07.2002, www.datenschutzzentrum.de/material/themen/ divers/terrwir.htm, zitiert: Weichert, Terrorismusbekämpfungsgesetze (I).

Weichert, Thilo: Überwachungsstaat nicht zulassen, in: DuD 2001, S. 694.

Weinem, Wolfgang: Die moderne Überwachung der Telekommunikation – Möglichkeiten und Grenzen im gesetzlichen Rahmen, S. 451-478 in: Festschrift für Horst Herold zum 75. Geburtstag, 1. Aufl., 1998, zitiert: Weinem, TK-Überwachung.

Welp, Jürgen: Die strafprozessuale Überwachung des Post- und Fernmeldeverkehrs, 1. Aufl., Heidelberg 1974, zitiert: Welp, Die strafprozessuale Überwachung des Post- und Fernmeldeverkehrs.

Welp, Jürgen: Die TKÜV im System staatlicher Abhörbefugnisse, S. 3-14 in: Holznagel, Bernd / Nelles, Ursula / Sokol, Bettina (Hrsg.): Die neue TKÜV (Telekommunikations-Überwachungsverordnung), 1. Aufl., München 2002, zitiert: Welp, TKÜV.

Welp, Jürgen: Strafprozessuale Zugriffe auf Verbindungsdaten des Fernmeldeverkehrs, in: NStZ 1994, S. 209-215.

Welp, Jürgen: Überwachung und Kontrolle, 1. Aufl., Berlin 2000, zitiert: Welp, Überwachung und Kontrolle.

Werner, Ulrich: Befugnisse der Sicherheitsbehörden nach neuem Telekommunikationsrecht, in: Der Hamburgische Datenschutzbeauftragte (Hrsg.), Datenschutz bei Multimedia und Telekommunikation, 1. Aufl., Hamburg 1998, S. 37-54, zitiert: Werner, Befugnisse der Sicherheitsbehörden.

Weßlau, Edda: Gefährdungen des Datenschutzes durch den Einsatz neuer Medien im Strafprozess, in: ZStW 113 (2001), S. 681-708.

wik-Consult: Studie im Auftrag des Bundesministeriums für Wirtschaft und Arbeit über den rechtlichen Rahmen für das Angebot von TK-Diensten und den Betrieb von TK-Anlagen in den G7-Staaten in Bezug auf die Sicherstellung der Überwachbarkeit der Telekommunikation, April 2003, www.bmwi.de/Redaktion/Inhalte/Pdf/Homepage_2Fdownload_2Ftele kommunikation__post_2FTKUE-G7__K.pdf,property=pdf.pdf, zitiert: wik-Consult, Studie (I).

Windthorst, Kay: Verfassungsrecht I. Grundlagen. 1. Aufl., München 1994, zitiert: Windthorst.

Wuermeling, Ulrich / Felixberger, Stefan: Fernmeldegeheimnis und Datenschutz im Telekommunikationsgesetz, in: CR 1997, S. 230-238.

Ziercke, Jörg: Welche Eingriffsbefugnisse benötigt die Polizei? In: DuD 1998, S. 319-323.

Zwingel, Wolfgang: Technische Überwachungsmaßnahmen aus Sicht der Polizei, S. 37-46 in: Holznagel, Bernd / Nelles, Ursula / Sokol, Bettina (Hrsg.), Die neue TKÜV (Telekommunikations-Überwachungsverordnung), 1. Aufl., München 2002, zitiert: Zwingel, Technische Überwachungsmaßnahmen aus Sicht der Polizei.

Abkürzungen

Die verwendeten Abkürzungen richten sich nach

Kirchner, Hildebert / Butz, Cornelie: Abkürzungsverzeichnis der Rechts-
sprache, 5. Aufl., Berlin 2003.

A. Einführung

I. Gegenstand der Arbeit

Die staatliche Überwachung der Telekommunikation ist eines der Felder, auf denen sich Sicherheitsinteressen einerseits und Freiheitsinteressen andererseits am unversöhnlichsten gegenüberstehen. Eine Ursache dafür ist, dass der Staat wegen der technischen Entwicklung auf diesem Gebiet mit immer geringerem Aufwand immer schwerwiegender in Grundrechte eingreifen kann. Mit der kontinuierlichen Ausweitung der Überwachungsbefugnisse in den letzten Jahrzehnten hat sich die Interessengewichtung immer weiter zu den Sicherheitsinteressen hin verschoben.

Inzwischen ist schon die vorsorgliche Speicherung sämtlicher Telekommunikations-Verkehrsdaten in der Diskussion. Diese Pläne sind als „Generalangriff auf das Recht auf Anonymität"[1], „vollständige telekommunikative Überwachung"[2], „Fundament für eine Gedankenpolizei"[3] und „bislang wichtigste Schlacht über bürgerliche Freiheitsrechte"[4] bezeichnet worden, die „den Datenschutz im Bereich der Telekommunikation und der Internetnutzung und insbesondere den Schutz des Telekommunikationsgeheimnisses grundlegend in Frage" stellten[5]. Angesichts der allgemeinen Entwicklung hin zu mehr Überwachung, deren Ende nicht absehbar ist, ist es für eine freiheitliche Gesellschaft von größter Bedeutung, ob dem staatlichen

---

1   Bäumler, Helmut: Unser Recht auf Anonymität, Eröffnungsrede zur Sommerakademie 2002 des ULD-SH, www.datenschutzzentrum.de/somak/somak02/sak02bae.htm.

2   Weichert, Thilo: BigBrotherAward 2002 in der Kategorie „Kommunikation", 25.10.2002, www.big-brother-award.de/2002/.comm; vgl. auch Unabhängiges Landeszentrum für den Datenschutz Schleswig-Holstein, Tätigkeitsbericht 2002, LT-Drs. 15/1700, 13: „Totalkontrolle"; Statewatch: Statewatch analysis no 11, August 2002, www.statewatch.org/news/2002/aug/analy11.pdf, 2: „potencially universal surveillance".

3   ULD-SH, Bundesratsmehrheit plant Anschlag auf das Recht auf unbeobachtete Kommunikation (I).

4   Tony Bunyan, Vorsitzender der Bürgerrechtsorganisation Statewatch, zitiert bei Krempl, Stefan: Widerstand gegen die neuen Enfopol-Überwachungspläne, Telepolis, Heise-Verlag, 23.05.2001, www.heise.de/tp/deutsch/special/enfo/7709/1.html.

5   DSB-Konferenz, Datenschutzbeauftragte des Bundes und der Länder: Entschließung zur systematischen verdachtslosen Datenspeicherung in der Telekommunikation und im Internet der 64. Konferenz der Datenschutzbeauftragten des Bundes und der Länder vom 24./25.10.2002, BT-Drs. 15/888, 199.

Zugriff auf die Telekommunikation in Deutschland rechtliche Grenzen gesetzt sind und welche dies sind.

Der Vorstellung einiger entsprechend sollten die rechtlichen Grenzen der Telekommunikationsüberwachung weitgehend mit den technischen Möglichkeiten identisch sein[6]. Diese Möglichkeiten aber unterliegen im Zeitalter der Informationsgesellschaft einem potenziell unbegrenzten Zuwachs. Die Informationsgesellschaft bringt es mit sich, dass immer mehr menschliche Kontakte über Telekommunikation abgewickelt werden und dass sich das private und geschäftliche Leben immer weiter in Telekommunikationsnetze verlagert[7]. Patienten holen telefonisch ärztlichen Rat ein, Menschen in seelischer Not nutzen die Telefonseelsorge oder die Drogenberatung im Internet, Wirtschaftsunternehmen tauschen Daten untereinander aus[8].

Gerade mit dem Siegeszug von Mobiltelefon und Internet als immer wichtigeren Bestandteilen unseres täglichen Lebens eröffnen sich nie zuvor geahnte Überwachungspotenziale, die den „Traum jedes Kriminalisten"[9] ebenso wahr machen können wie (ehemalige) „Big-Brother"-Utopien. Was auch immer mit einem Handy oder Computer gemacht wird, lässt sich aus technischer Sicht ohne Weiteres überwachen. Das gilt in besonderem Maße für die äußeren Umstände der Kommunikation, also beispielsweise, welche Telefonnummern jemand anruft, an wen jemand eine SMS oder E-Mail schickt oder welche Internetangebote jemand nutzt. Im Gegensatz zum Inhalt der Telekommunikation stellt die Speicherkapazität insoweit keine unüberwindbare Grenze dar. Daher ist die Vertraulichkeit der näheren Umstände unserer Telekommunikation besonders gefährdet.

Demgegenüber wird oft behauptet, der staatliche Zugriff auf die näheren Umstände der Telekommunikation wiege weniger schwer als der Zugriff auf ihren Inhalt. Diese Behauptung wird immer wieder – oft mit Erfolg – bei Plänen zur Ausweitung vorhandener Eingriffsbefugnisse angeführt, um

---

6   Vgl. ULD-SH, Kampagne, Hintergrund (I), unter 2; Albers, ZRP 1990, 147 (148); Lisken, ZRP 1990, 15 (16): „Die Formulierungsvorschläge orientieren sich am Bedarf, an den praktischen Möglichkeiten [...] und weniger an den Machtbegrenzungen und Freiheitsverbürgungen des Grundgesetzes"; kritisch für Überwachungstechniken allgemein auch abweichende Meinung in BVerfGE 109, 279 (391): „Inzwischen scheint man sich an den Gedanken gewöhnt zu haben, dass mit dem mittlerweile entwickelten technischen Möglichkeiten auch deren grenzenloser Einsatz hinzunehmen ist"; für die höchstrichterliche Rechtsprechung auch Bernsmann, NStZ 2002, 103 (103).

7   BVerfGE 107, 299 (319); Weichert, Thilo: BigBrotherAward 2002 in der Kategorie „Kommunikation", 25.10.2002, www.big-brother-award.de/2002/.comm.

8   Garstka/Dix/Walz/Sokol/Bäumler, Hintergrundpapier (I), Punkt I.

9   Steinke, NStZ 1992, 372 (372).

größere Widerstände in der Bevölkerung zu verhindern. Nicht nur wegen des berühmten Ausspruches des Bundesverfassungsgerichts, unter den Bedingungen der automatischen Datenverarbeitung gebe es kein belangloses Datum mehr[10], erscheint die These von den generell „harmlosen" oder „harmloseren" Telekommunikationsdaten fragwürdig. Speziell Telekommunikationsdaten haben die Besonderheit, das Kommunikationsverhalten des Einzelnen widerzuspiegeln und Aufschluss darüber zu geben, wer mit wem zu welcher Zeit und von welchem Ort aus gesprochen, geschrieben oder sonst Informationen ausgetauscht hat.

Die Datenschutzbeauftragten des Bundes und der Länder warnen daher[11]: „Die bei der Telekommunikation anfallenden Daten können mit geringem Aufwand in großem Umfang kontrolliert und ausgewertet werden. Anhand von Verbindungsdaten lässt sich nachvollziehen, wer wann mit wem kommuniziert hat, wer welches Medium genutzt hat und wer welchen [politischen, finanziellen, sexuellen,] weltanschaulichen, religiösen und sonstigen persönlichen Interessen und Neigungen nachgeht. Bereits auf der Ebene der bloßen Verbindungsdaten können so Verhaltensprofile erstellt werden, welche die Aussagekraft von Inhaltsdaten erreichen oder im Einzelfall sogar übertreffen. Eine staatliche Überwachung dieser Vorgänge greift daher tief in das Telekommunikationsgeheimnis der Betroffenen ein und berührt auf empfindliche Weise die Informationsfreiheit und den Schutz besonderer Vertrauensverhältnisse", etwa zu Ärzten, Psychologen und Anwälten.

Aus diesen Gründen konzentriert sich die vorliegende Arbeit auf die Diskussion des Zugriffs auf Telekommunikations-Verkehrsdaten (gleichbedeutend mit „Verkehrsdaten" oder „Telekommunikationsdaten"). Als Telekommunikations-Verkehrsdaten sind alle Daten zu verstehen, die im Zusammenhang mit einem Telekommunikationsvorgang anfallen und nicht den Inhalt der Kommunikation selbst wiedergeben. Telekommunikation ist dabei nicht nur das klassische Telefongespräch, sondern jede elektronisch vermittelte Kommunikation oder Datenübertragung wie beispielsweise E-Mail, SMS und WWW („Internet").

---

10 BVerfGE 65, 1 (45).
11 DSB-Konferenz, Datenschutzbeauftragte des Bundes und der Länder: Zugriff der Strafverfolgungsbehörden auf Verbindungsdaten in der Telekommunikation, Entschließung der 58. Konferenz der Datenschutzbeauftragten des Bundes und der Länder vom 07./08.10.1999, BT-Drs. 14/5555, 217; vgl. auch DSB-Konferenz, Freie Telekommunikation (I): „Aus den Nutzungsdaten von Tele- und Mediendiensten lassen sich Rückschlüsse auf Interessengebiete und damit auf persönliche Eigenheiten und das Verhalten der Nutzenden ziehen".

3

II. Über Telekommunikationsdaten

Da sich der staatliche Zugriff auf Verkehrsdaten tendenziell an dem technisch Machbaren orientiert, ist für die rechtliche Würdigung dieses Zugriffs ein gewisses Verständnis des technischen Hintergrundes erforderlich. Dieser unterscheidet sich je nach in Anspruch genommenem Dienst. Bei einem Telefonanruf beispielsweise zeichnet die Telefongesellschaft regelmäßig auf, von welchem Anschluss (Rufnummer) aus zu welcher Zeit welche Zielrufnummer gewählt wurde. Mit Hilfe der Kundendatei der Telefongesellschaft (Bestandsdaten) lässt sich dann ermitteln, auf welche Person ein Anschluss angemeldet ist, wo diese Person wohnt und welche Bankverbindung sie hat.

Bei einer Einwahl ins Internet registriert der Internet-Provider meistens, von welchem Anschluss aus (Rufnummer), zu welcher Zeit und wie lange sich ein Kunde einwählt. Außerdem wird oft die IP-Adresse, die jeden Nutzer im Internet ausweist, registriert. Diese Adresse stellt das Bindeglied dar, das selbst die Inanspruchnahme kostenloser Dienste im Internet nachvollziehbar macht. Jeder Betreiber eines Internetangebots kann nämlich registrieren, von welcher IP-Adresse aus zu welcher Zeit welche Informationen an ihn gesendet oder von ihm abgerufen werden. Der im Internet besuchte Rechner kennt also die gerade gültige IP-Adresse seines Gastes, und dessen Internet-Provider wiederum weiß, welche Person sich dahinter verbirgt. Wer diese Daten miteinander verknüpft, kann das Surfverhalten eines Web-Nutzers lückenlos nachvollziehen, ohne dass der Ausgespähte jemals davon erfährt[12]. Bei all diesen Informationen handelt es sich um Telekommunikations-Verkehrsdaten.

III. Der staatliche Zugriff auf Telekommunikationsdaten

Der Zugriff auf Telekommunikationsdaten kann durch den Gesetzgeber in drei Stufen eröffnet werden: Erstens können nur solche Verkehrsdaten dem staatlichen Zugriff unterworfen werden, die von einem Unternehmen ohnehin zu anderen Zwecken gespeichert werden, beispielsweise zu Abrechnungszwecken. Dies entspricht weitgehend der gegenwärtigen Rechtslage (vgl. § 100g StPO für Telekommunikations-Verbindungsdaten, §§ 8 Abs. 8 BVerfSchG, 10 Abs. 3 MAD-G und 8 Abs. 3a BND-G für Telekommunikations-Verbindungsdaten und Teledienstenutzungsdaten). Das

---

12   Klotz, Karlhorst: Die Polizei, dein Freund und Mixer, www.sueddeutsche.de/computer/artikel/382/6376/.

Ausmaß an verfügbaren Daten bestimmt sich in diesem Fall danach, zu welchen Zwecken und wie lange Unternehmen Verkehrsdaten aufbewahren dürfen. Die restriktivste Regelung bestünde darin, die Aufbewahrung nur bis zur Bezahlung des Entgelts zu gestatten. Eine möglichst weitgehende Aufbewahrung würde erreicht, indem man den Unternehmen die freiwillige Aufbewahrung von Daten zu möglichst vielen Zwecken erlaubt, von der Gewährleistung der Netzsicherheit bis hin zu Marketingzwecken.

In einer zweiten Stufe kann der Gesetzgeber den Sicherheitsbehörden zusätzlich erlauben, im Einzelfall die Erhebung und Speicherung weiterer Telekommunikationsdaten allein zu staatlichen Zwecken anzuordnen. In diese Kategorie fällt § 100i StPO[13] und § 9 Abs. 4 BVerfSchG, die zur Ermittlung der Karten- und Gerätenummer eines eingeschalteten Mobiltelefons ermächtigen, sowie die Normen zur inhaltlichen Überwachung der Telekommunikation, die zugleich auch die Erhebung von Verbindungsdaten umfassen[14] (§§ 100a StPO, 39 AWG, 3, 5 und 8 G10).

Drittens kann vorgesehen sein, dass Telekommunikationsdaten generell und einzelfallunabhängig allein zu Überwachungszwecken auf Vorrat zu erheben und zu speichern sind. Derartige Regelungen strebte der Bundesrat mit einem inzwischen verfallenen (vgl. § 125 S. 1 GOBT) Gesetzentwurf[15] und Ende 2003 erneut mit einer Stellungnahme zur Novelle des Telekommunikationsgesetzes[16] an[17]. Auch einige EU-Mitgliedstaaten wollen Regelungen dieser Art im Wege eines EU-Rahmenbeschlusses einführen und haben einen entsprechenden Entwurf ausgearbeitet[18]. Die Untersuchung der

---

13   BGBl. I 2002, 3018.

14   Eckhardt, DuD 2002, 197 (198); für § 100a StPO auch Welp, NStZ 1994, 209 (213) und BeckTKG-Ehmer, § 88, Rn. 5.

15   Entwurf eines Gesetzes zur Verbesserung der Ermittlungsmaßnahmen wegen des Verdachts sexuellen Missbrauchs von Kindern und der Vollstreckung freiheitsentziehender Sanktionen (im Folgenden ErmittlungsG-E genannt), Beschluss des Bundesrates vom 31.05.2002, BR-Drs. 275/02, abgedruckt auf den Seiten 409-410.

16   Vom 19.12.2003, BR-Drs. 755/03, abgedruckt auf den Seiten 411-412.

17   Vgl. schon die Stellungnahme des Bundesrates zum Telekommunikationsgesetz, BT Drs. 13/4438, 23, wo die Festlegung von „Mindestfristen" für die Speicherung von Verbindungsdaten und anderen personenbezogenen Daten gefordert wurde.

18   Entwurf eines Rahmenbeschlusses über die Vorratsspeicherung von Daten, die in Verbindung mit der Bereitstellung öffentlicher elektronischer Kommunikationsdienste verarbeitet und aufbewahrt werden, oder von Daten, die in öffentlichen Kommunikationsnetzen vorhanden sind, für die Zwecke der Vorbeugung, Untersuchung, Feststellung und Verfolgung von Straftaten, einschließlich Terrorismus (im Folgenden RSV-E genannt), Ratsdokument Nr. 8958/04 vom 28.04.2004, register.consilium.eu.int/pdf/de/

rechtlichen Zulässigkeit einer solchen Vorratsspeicherung von Telekommunikations-Verkehrsdaten bildet den Schwerpunkt dieser Arbeit. Die Einführung einer Vorratsspeicherung von Telekommunikations-Verkehrsdaten wird zu Recht als drohender „Quantensprung"[19] und Eingriff neuer Qualität[20] gegenüber den bestehenden Befugnissen bezeichnet, da eine solche Maßnahme nicht mehr nur in einzelnen Fällen zur Anwendung kommt, sondern die gesellschaftlichen Verhältnisse vorbeugend so gestaltet, dass eine lückenlose Überwachung des Kommunikationsverhaltens der Bevölkerung möglich wird[21].

Während es bei den bisher diskutierten Vorschriften vor allem um die Quantität gespeicherter Daten geht, also um die möglichst weitgehende Erfassung und Speicherung von Verkehrsdaten, gibt es auch Ansätze, die Qualität und Aussagekraft der Daten zu verbessern. Die Aussagekraft von Telekommunikationsdaten ist nämlich immer dann schwach, wenn sich nicht feststellen lässt, welcher Person sie zuzuordnen sind. Dies kann beispielsweise bei anonym gekauften Mobiltelefonkarten, bei der Benutzung von Telefonzellen, Internet-Cafés usw. der Fall sein. Angesichts dessen könnte der Gesetzgeber daran denken, anonyme Telekommunikation überhaupt zu verbieten[22]. Ansätze in dieser Richtung enthält § 111 TKG[23], der den anonymen Verkauf von vorausbezahlten („prepaid") Mobiltelefonkarten verhindern soll.

IV. Gang der Untersuchung

Im Folgenden soll zunächst das Konfliktfeld dargestellt werden, in dem sich Regelungen über den staatlichen Zugriff auf Telekommunikationsdaten bewegen. Dazu soll die Bedeutung solcher Regelungen aus Sicht des Staates, der Bürger und der betroffenen Unternehmen dargestellt werden. An-

---

04/st08/st08958.de04.pdf, abgedruckt auf den Seiten 413-421; vgl. auch MDG, Entwurf für Schlussfolgerungen des Rates zur Informationstechnologie (I), 3.

19   Hamm, TKÜV, 81 (86).

20   Eckhardt, CR 2002, 770 (774); Gridl, Datenschutz in globalen Telekommunikationssystemen, 75.

21   Welp, TKÜV, 3 (11); Covington & Burling, Memorandum (I), 3 f. sprechen von „a regime far more intrusive than anything previously known in the EU or even in comparable democratic societies."

22   Eine entsprechende Forderung der G7-Justiz- und Innenminister für den Internetbereich findet sich in G7, High-Tech Crime Principles (I); ähnlich Bundeskriminalamt, zitiert bei Rötzer, Florian: Gefährlicher Hang zur Sicherheit, 26.02.2000, Telepolis, Heise-Verlag, www.heise.de/tp/deutsch/special/info/6627/1.html.

23   Telekommunikationsgesetz vom 22.06.2004 (BGBl I 2004, 1190).

schließend werden die rechtlichen Anforderungen an staatliche Zugriffe auf Telekommunikationsdaten diskutiert und entwickelt. In diesem Rahmen wird exemplarisch auch darauf eingegangen, ob vorhandene und geplante Regelungen und Verfahren diesen Anforderungen gerecht werden. Vertieft wird die rechtliche Zulässigkeit einer generellen Vorratsspeicherung von Telekommunikations-Verkehrsdaten diskutiert: Erstens unter dem Aspekt der Freiheitsrechte der betroffenen Telekommunikationsnutzer, zweitens in Bezug auf die Freiheitsrechte der Unternehmen, die zur Durchführung der Vorratsspeicherung in Anspruch genommen würden, und drittens unter Betrachtung von Gleichbehandlungsgesichtspunkten.

B. Die Diskussion um den staatlichen Zugriff auf Telekommunikationsdaten

I. Praxis des staatlichen Zugriffs auf Telekommunikationsdaten

1. Einsatzfelder

Aus staatlicher Sicht ist der Zugriff auf Telekommunikationsdaten sowohl für die Gefahrenabwehr- wie auch für die Strafverfolgungsbehörden interessant (im Folgenden „Eingriffsbehörden" oder „Sicherheitsbehörden" genannt). Gefahrenabwehrbehörden, deren Aufgabe der vorbeugende Rechtsgüterschutz ist, finden sich sowohl im Bereich der traditionellen Gefahrenabwehr (Polizei einschließlich Bundeskriminalamt und Zollkriminalamt) wie auch im nachrichtendienstlichen Bereich (Bundesverfassungsschutz, Bundesnachrichtendienst, Militärischer Abschirmdienst). Als Strafverfolgungsbehörden sind Staatsanwaltschaft und Polizei zu nennen.

Für Strafverfolgungsbehörden ist der Zugriff auf Telekommunikationsdaten im Rahmen ihrer Aufgabe der Aufklärung und Verfolgung möglicherweise begangener Straftaten von Bedeutung. Die Analyse von Verkehrsdaten kann zum einen bereits im Vorfeld eines Verdachts wegen einer bestimmten Straftat nützlich sein, also dazu dienen, einen Verdacht überhaupt erst zu gewinnen (Verdachtssuche). Liegt ein Verdacht bereits vor, dann können Telekommunikations-Verkehrsdaten nützlich sein, um zu klären, wer als Täter der möglicherweise begangenen Straftat in Betracht kommt (Verdachtssteuerung). Ist auch diese Frage beantwortet, dann können Telekommunikations-Verkehrsdaten erforderlich sein, um Beweise oder Indizien für die Schuld oder Unschuld des Verdächtigen zu finden (Verdachtsverdichtung)[24]. Telekommunikationsdaten kommen insoweit einerseits als Beweismittel in Betracht, wenn sie für die Schuldfrage unmittelbar relevant sind. Andererseits kann ihre Kenntnis auch erforderlich sein, um andere Beweismittel (einschließlich Zeugenaussagen) erlangen zu können. Außer zur Gewinnung von Beweismitteln können Telekommunikationsdaten schließlich auch zur Ermöglichung der Festnahme eines Beschuldigten oder eines bereits Verurteilten eingesetzt werden.

---

[24] Zu der Unterscheidung L/D³-Rachor, F 171.

Im Bereich der Gefahrenabwehrbehörden ist zu unterscheiden: Die Vollzugspolizeibehörden der Länder haben operative Befugnisse. Für sie können Telekommunikationsdaten daher sowohl für die Aufklärung des Sachverhalts interessant sein, also um zu überprüfen, ob und inwieweit eine Gefahr für die öffentliche Sicherheit vorliegt, als auch im Rahmen ihrer Aufgabe der Beseitigung von Gefahren. Die übrigen Gefahrenabwehrbehörden haben keine operativen Befugnisse und sind an Telekommunikationsdaten daher in erster Linie zur Informationsgewinnung über mögliche Gefahren interessiert.

2. Kriminalitätsfelder

Drei Gruppen von Fällen werden unterscheiden, in denen Computer eine Rolle bei der Aufgabenwahrnehmung der Eingriffsbehörden spielen können[25]: Erstens kann ein Computer das Angriffsziel einer Straftat sein, insbesondere dessen Vertraulichkeit, Integrität oder Verfügbarkeit. Beispiele dafür sind die Verbreitung von Computerviren, Datenspionage, das Erschleichen von Leistungen oder DDoS-Angriffe. In der Terminologie des deutschen Strafgesetzbuches handelt es sich insbesondere um die Delikte Datenspionage (§ 202a), Verfälschung und Löschung von Daten (§ 303a), Computersabotage (§ 303b) und Computerbetrug (§ 263a). Zweitens können Computer als Werkzeuge zur Begehung traditioneller Straftaten eingesetzt werden, also solcher Straftaten, die auch ohne Verwendung von Computern begangen werden können. Hierzu zählt beispielsweise die computergestützte Verbreitung von Kinderpornografie oder illegal angebotener Software, Musik oder Filme sowie die Begehung von Betrug. Drittens können Computersysteme für Sicherheitsbehörden sonst relevant sein, ohne dass sie notwendig als Tatwerkzeug oder überhaupt nur zu rechtswidrigen Zwecken eingesetzt wurden, etwa wenn ein Straftäter seinen Tatplan auf seinem Computer gespeichert hat.

Im vorliegenden Zusammenhang ist zu beachten, dass Computerkriminalität nicht identisch ist mit telekommunikationsnetzbezogener Kriminalität (Netzkriminalität). Wird beispielsweise von einem Geldautomaten unbefugt Geld abgehoben oder in einem Geschäftslokal mit einer gestohlenen Zahlungskarte gezahlt, dann liegt Computerkriminalität vor, nicht aber Netzkriminalität. Umgekehrt ist beispielsweise eine am Telefon begangene Beleidigung zur (Telekommunikations-) Netzkriminalität zu zählen, nicht aber

---

25   Klassifizierung in Orientierung an Robinson, James K.: Vortrag auf der International Computer Crime Conference „Internet as the Scene of Crime" in Oslo, Norwegen, 29.-31.05.2000, www.usdoj.gov/criminal/cybercrime/roboslo.htm.

zum Feld der Computerkriminalität. Illegal ist die Benutzung der neuen Medien nur dann, wenn sie unmittelbar zur Begehung einer Straftat als Tatwerkzeug eingesetzt werden[26]. Deswegen sind als Netzkriminalität nur solche Delikte zu bezeichnen, die unter Verwendung der Telekommunikationsnetze als Tatwerkzeug begangen werden.

Das Feld der Netzkriminalität kann analog der oben aufgezeigten Klassifizierung in Netzkriminalität im engeren und Netzkriminalität im weiteren Sinne unterteilt werden[27]. Als Netzkriminalität im engeren Sinne sind Straftaten zu bezeichnen, bei denen die Vertraulichkeit, Integrität oder Verfügbarkeit von Computersystemen unter Verwendung von Telekommunikationsnetzen angegriffen wird (beispielsweise durch „Hacking"). Tatbestandsmäßig handelt es sich ausschließlich um Computerdelikte.

Netzkriminalität im weiteren Sinne liegt bei sonstigen Straftaten vor, die unter unmittelbarer Verwendung von Telekommunikationsnetzen als Tatwerkzeuge begangen werden. Hierzu zählt die Verbreitung unerlaubter Inhalte in Datennetzen (z.b. Kinderpornographie, extremistische Propaganda, Gewaltverherrlichung, Volksverhetzung, öffentliche Aufforderung zu Straftaten) ebenso wie andere Straftaten in den Netzen (z.B. betrügerisches Anbieten von Waren, Dienstleistungen oder Geldanlagen, Verkauf von Waffen, Betäubungsmitteln oder in Deutschland verbotenen Medikamenten, verbotenes Glücksspiel, unlautere Werbung, Urheberrechtsverletzungen)[28]. Im Gegensatz zur Netzkriminalität im engeren Sinne werden Telekommunikationsnetze hier technisch gesehen ebenso eingesetzt wie von jedermann, nämlich insbesondere als Kommunikationsmedium.

Schließlich können Telekommunikationsnetze für Sicherheitsbehörden relevant sein, ohne dass sie als Tatwerkzeug eingesetzt wurden, etwa wenn es um das Auffinden eines beliebigen Straftäters mit Hilfe von dessen Handy-Positionsdaten geht. Potenziell jedes Delikt kann ein Interesse der Eingriffsbehörden an einem Zugriff auf Telekommunikationsnetze begründen. Es genügt, dass die Zielperson die neuen Medien überhaupt einsetzt. So kann beispielsweise versucht werden, die Identität, Informationen über das Umfeld oder den Aufenthaltsort eines Waffenschiebers mit Hilfe von dessen E-Mail-Adresse zu ermitteln, wenn diese zufällig bekannt ist. Auch das traditionelle Instrument der Telefonüberwachung nach den §§ 100a, 100b StPO war noch nie an die Bekämpfung von Straftaten gekoppelt, die über

---

26 Zu dieser Unterscheidung BMI/BMJ, Sicherheitsbericht 2001, Kurzfassung (I), 17.
27 BMI/BMJ, Sicherheitsbericht 2001, 197.
28 BMI/BMJ, Sicherheitsbericht 2001, 198.

das Telefon begangen werden, sondern diente stets als allgemeines Ermittlungsinstrument. In diesem Bereich muss man sich vor Augen halten, dass das überwachte Verhalten legal ist und sich nicht von dem unterscheidet, das alle übrigen Nutzer von Telekommunikationsnetzen an den Tag legen.

3. Praktische Bedeutung des Zugriffs auf Verkehrsdaten im Rahmen von Ermittlungen

Wegen der praktischen Bedeutung von Telekommunikationsnetzen für ihre Arbeit wird seitens der Eingriffsbehörden darauf verwiesen, dass die Informationsgesellschaft neue Computer- und Kommunikationstechnologien und damit noch nie da gewesene Möglichkeiten für Bürger und Unternehmen ebenso wie für Kriminelle bietet, darunter auch organisierte Kriminalität und Terroristen[29]. Indem sich gesellschaftliche Aktivitäten zunehmend in die Telekommunikationsnetze verlagern, erweitern sich zugleich die Möglichkeiten, unter Nutzung der Netze Straftaten zu begehen[30]. Die Vorteile dieses Mediums können zugleich die Begehung klassischer Straftaten erleichtern und ihre Verfolgung erschweren. Gerade das weltweite, unüberschaubar große und weitgehend anonyme Internet ist ein idealer Umschlagplatz für Kinderpornografie, Anleitungen zum Bau von Bomben, illegale Kopien von Software, Musik und Filmen. Extremistische Gruppierungen weltanschaulicher (Neonazigruppen) oder religiöser (islamische Extremisten) Art können hier mit Leichtigkeit Informationen verbreiten und austauschen. Im Bereich der Netzkriminalität im engeren Sinne sind sogar gänzlich neue Gefahren entstanden, etwa die Gefahr telekommunikativer Angriffe auf wichtige wirtschaftliche und öffentliche Computersysteme und Infrastrukturen.

Immer öfter wird sich der Zugriff auf Telekommunikationsdaten als einziges Mittel der Eingriffsbehörden zur Erfüllung ihrer Aufgaben darstellen[31]. Telekommunikationsdaten sind das nahezu einzige Mittel zur Identifizierung von Personen, die sich der neuen Medien bedienen oder bedient haben[32]. Verkehrsdaten können somit als „Spuren" angesehen werden[33] und

---

29 BMI/BMJ, Sicherheitsbericht 2001, Kurzfassung (I), 17; G7, High-Tech Crime Communiqué (I); MDG, Entwurf für Schlussfolgerungen des Rates zur Informationstechnologie (I), 3.

30 G7, High-Tech Crime Communiqué (I); BMI/BMJ, Sicherheitsbericht 2001, 197.

31 Thüringen in BR-Drs. 513/02, 2: „Die Überwachung der Telekommunikation ist für eine effektive Bekämpfung gerade auch der organisierten Kriminalität unverzichtbar."

32 Papier „Enfopol 38" vom 24.04.2001, zitiert bei Krempl, Stefan: Widerstand gegen die neuen Enfopol-Überwachungspläne, Telepolis, Heise-Verlag, 23.05.2001, www.heise.de/tp/deutsch/special/enfo/7709/1.html.

bilden den praktisch unverzichtbaren Startpunkt jeder Ermittlung im Bereich der Netzkriminalität[34].

Dementsprechend setzt die Verfolgung von Straftaten und die Abwehr von Gefahren im Bereich der Telekommunikationsnetze jedenfalls teilweise voraus, dass die Sicherheitsbehörden Zugriff auf Verbindungsdaten haben. Während bei der Bekämpfung und Verfolgung von Netzkriminalität die Verfügbarkeit von Kommunikationsdaten in den allermeisten Fällen unerlässlich ist[35], kann die Verfügbarkeit von Kommunikationsdaten im Bereich allgemeiner Kriminalität lediglich in einzelnen Fällen für Ermittlungen hilfreich sein[36]. Dies gilt insbesondere in den Fällen, in denen der Täter bei Begehung eines traditionellen Delikts Telekommunikation einsetzt. In allen Bereichen ist es möglich, dass der Erfolg eines behördlichen Verfahrens im Einzelfall von der Verfügbarkeit von Kommunikationsdaten abhängt, aber nur im Bereich der Netzkriminalität ist dies typischerweise der Fall. Diesen Unterschied vollzieht der Gesetzgeber in § 100g StPO nach, wenn er bestimmt, dass eine untersuchte Straftat nur dann „erheblich" sein muss, wenn sie nicht unmittelbar mittels eines Telekommunikationsendgerätes als Tatwerkzeug begangen wurde[37]. Die Bedeutung von Telekommunikationsdaten wird für die Eingriffsbehörden freilich auch im Bereich der allgemeinen Kriminalität steigen, weil sich das Leben allgemein immer weiter in den Telekommunikations- und Onlinebereich verlagert[38]. Damit bilden Verkehrsdaten eine willkommene Informationsquelle für die Sicherheitsbehörden, unabhängig davon, ob kriminelles Verhalten mit Telekommunikationsnetzen im Zusammenhang steht oder nicht.

---

33   Vgl. Garstka/Dix/Walz/Sokol/Bäumler, Hintergrundpapier (I), Punkt II; Artikel-29-Gruppe der EU, Anonymität, 5; Simitis, NJW 1997, 1902 (1903); ders., NJW 1998, 2473 (2477).

34   French Delegation of Police Cooperation Working Party, Enfopol 38 (I), 6.

35   Das Papier „Enfopol 38" vom 24.04.2001, zitiert bei Krempl, Stefan: Widerstand gegen die neuen Enfopol-Überwachungspläne, Telepolis, Heise-Verlag, 23.05.2001, www.heise.de/tp/deutsch/special/enfo/7709/1.html, spricht von Verbindungsdaten als „eine[m] der Fundamente der Verfolgung von Computerverbrechen".

36   Vgl. Kronqvist, Leiter der IT-Kriminalitätsgruppe der nationalen schwedischen Strafverfolgungsbehörde, Cybercrime-Anhörung.

37   Feser, MMR 2002, 560 (560) m.w.N.

38   ISPA, Internet Service Providers' Association (Belgium): Position Paper on Retention of Traffic Data, youthful2.free.fr/dataretention.pdf.

13

4. Schwierigkeiten bei der Beobachtung der Nutzung von Telekommunikationsnetzen

Die spezifische Schwierigkeit für die Gefahrenabwehr- und Strafverfolgungsbehörden im Bereich der neuen Medien liegt in der Flüchtigkeit und Kurzlebigkeit der Daten[39] bezüglich des Kommunikationsinhalts und der Kommunikationsumstände. Zur Ermittlung der Kommunikationsumstände stehen den Behörden wegen des rechtlichen Rahmens bisher weitgehend nur solche Daten zur Verfügung, welche die Dienstanbieter zu Abrechnungszwecken ohnehin speichern müssen oder welche anschließend bis zu sechs Monate lang freiwillig aufbewahrt werden (vgl. etwa §§ 97 TKG, 6 TDDSG, 19 MDStV). Da aber der Preis einer Verbindung immer seltener von der Entfernung und vom Zielort abhängt und die Dienstanbieter inzwischen immer häufiger Pauschaltarife anbieten, ist die Aufbewahrung von Telekommunikationsdaten für Abrechnungszwecke immer seltener erforderlich. Bei kostenlosen oder vorausbezahlten Diensten ist dies von vornherein der Fall[40]. Aus Kosten- und Datenschutzgründen reduzieren Anbieter den Umfang der von ihnen gespeicherten Verkehrsdaten zunehmend[41]. Insbesondere Strafverfolgungsbehörden befürchten, dass ihnen dadurch mögliches Beweismaterial verloren geht[42], und fordern, die Dienstanbieter zur Aufbewahrung bestimmter Telekommunikationsdaten während eines bestimmten Mindestzeitraums zu verpflichten, um die Daten in dieser Zeit zu Strafverfolgungszwecken nutzen zu können[43] (so genannte „Vorratsspeicherung").

Selbst wenn die Eingriffsbehörden vor Ablauf der datenschutzrechtlichen Löschungsfristen einschreiten, kann die Identifizierung des Nutzers scheitern. Allgemein ist zunächst zu beachten, dass sich Verkehrsdaten immer auf einen Anschluss beziehen (Telefonanschluss, Mobiltelefonkarte, Internet-Account) und nicht auf eine bestimmte Person. Wer den Anschluss tatsächlich genutzt hat, lassen Verkehrsdaten nicht erkennen, was ihren Beweiswert einschränkt.

---

39 Kommission, Sichere Informationsgesellschaft (I), 14; BMI/BMJ, Sicherheitsbericht 2001, 201.

40 Kommission, Sichere Informationsgesellschaft (I), 21; BMI/BMJ, Sicherheitsbericht 2001, 203 f.; Kronqvist, Leiter der IT-Kriminalitätsgruppe der nationalen schwedischen Strafverfolgungsbehörde, Cybercrime-Anhörung.

41 Home Office (UK), Consultation paper (I), 12.

42 Kommission, Sichere Informationsgesellschaft (I), 21; Home Office (UK), Retention (I), 2.

43 Kommission, Sichere Informationsgesellschaft (I), 21.

14

- Internet

Große Schwierigkeiten kann darüber hinaus die Identifizierung gerade von Internet-Nutzern bereiten. Erstens gibt es Internet-Access-Provider, die nicht über die Telefonrechnung, sondern mit ihren Kunden direkt abrechnen. Weil zur Abrechnung nicht erforderlich, speichern sie nicht, welchen Telefonanschluss ihre Kunden zur Einwahl verwenden. Wenn die Kunden bei der Anmeldung falsche Angaben über ihre Identität machen und der Provider die Angaben nicht nachprüft, dann können sie das Internet praktisch anonym nutzen[44]. Falschangaben bei der Anmeldung sind im Internetbereich verbreitet[45]. In vielen Fällen von Netzkriminalität werden auch gestohlene Zugangsdaten eines Dritten genutzt[46], woran eine Identifizierung ebenfalls scheitern kann. Weiterhin werden vorausbezahlte Internetzugänge angeboten[47], zu deren Nutzung die Angabe von Personalien zumeist nicht erforderlich ist. Um sich der mit unbarer Bezahlung einher gehenden Identifizierung zu entziehen, benutzen Kriminelle nicht selten auch falsche Kreditkartendaten, die sich mit Hilfe des Internet ausfindig machen lassen[48].

Internet-by-Call-Dienste rechnen nicht mit dem Nutzer, sondern mit dessen Telefongesellschaft ab. Selbst wenn diese Dienste die Rufnummer des Telefonanschlusses eines Internetnutzers (CLI) aufzeichnen wollten, was gegen § 97 Abs. 3 S. 2 TKG verstieße, scheitert dies regelmäßig aus technischen Gründen, wenn der Nutzer die Anzeige seiner Rufnummer blokkiert[49]. Außerdem sind zur Aufzeichnung der CLI nicht alle üblichen Einrichtungen in der Lage[50]. Möglich bleibt der Abgleich der Einwahl- und Abmeldezeit mit den Telekommunikations-Verbindungsdaten sämtlicher Telefonnutzer, der aber oft kein eindeutiges Ergebnis liefern wird[51], zumal die Zeiteinstellung beider Anlagen nicht immer aufeinander abgestimmt sein wird[52]. Wenn vorausbezahlte Mobiltelefone oder ausländische An-

---

44   BMI/BMJ, Sicherheitsbericht 2001, 203.
45   Donovan, John in APIG, All Party Parliamentary Internet Group (UK): UK Law Enforcement, APIG Communications Data Inquiry Oral Evidence, 18.12.2002, www.apig. org.uk/law_enforcement_oral_evidence.htm.
46   Hong Kong Inter-departmental Working Group on Computer Related Crime, Report (I), 61.
47   Fairbrother, Peter: Defeating traffic analysis, www.apig.org.uk/fairbrother.pdf.
48   Fairbrother, Peter: Defeating traffic analysis, www.apig.org.uk/fairbrother.pdf.
49   LINX, Traceability (I), Punkt 10.1.; Hong Kong Inter-departmental Working Group on Computer Related Crime, Report (I), 61 ff.; Belgien in MDG, EU-Questionnaire (I), 17.
50   G8 Workshop, Workshop 1 (I).
51   LINX, Traceability (I), Punkt 10.1.
52   Belgien in MDG, EU-Questionnaire (I), 18.

schlüsse für die Einwahl ins Internet benutzt werden, bleibt die Identität des Telefonnutzers ohnehin oft verborgen[53].

Eine vollkommen anonyme Möglichkeit der Internetnutzung besteht in öffentlichen Internet-Cafés oder an öffentlichen Internet-Terminals (z.B. in Büchereien)[54]. Zukünftig können Möglichkeiten des drahtlosen Surfens („WLAN") hinzu kommen. Aber auch von zu Hause aus können Internet-Nutzer ihre Identität kostenlos verschleiern. Dazu bedienen sie sich eines zwischengeschalteten Rechners („Proxy"), der die gewünschten Informationen beschafft und sie dann an den Nutzer weiter leitet. Der Angebotsserver kann dann nur den Proxy-Server identifizieren, nicht aber den dahinter stehenden Nutzer. Dessen Daten werden auch von dem Betreiber des Proxy meist nicht aufgezeichnet[55], oder der Proxy befindet sich in exotischen Ländern wie Simbabwe oder Russland, in denen der Betreiber für die deutschen Behörden praktisch unerreichbar ist. Der Einsatz eines Proxy-Servers ist äußerst einfach und auch für Laien möglich. Die Nutzung ist kostenlos, und die Internetnutzung wird durch die Zwischenschaltung kaum verzögert.

Es gibt auch Angebote, deren spezifisches Ziel die Anonymisierung der Internetnutzung ist[56]. Nach Angaben belgischer Behörden sollen solche Angebote oft von Kriminellen benutzt werden[57]. Mit Blick auf Staaten wie China und Saudi-Arabien, in denen die Internetnutzung zensiert wird, wird gezielt Software entwickelt, um eine unbeobachtbare Internetnutzung zu gewährleisten. So arbeiten MIT-Wissenschaftler an einem Programm, das Daten mit Hilfe von Steganografie in normalen Web-Transaktionen versteckt[58]. Damit wird eine Internetnutzung möglich, ohne dass offene Verkehrsdaten entstehen, die aufgezeichnet werden könnten. Eine weitere, kostenlos zur Verfügung stehende Software ermöglicht die anonyme Nutzung eines Netzes, das aus einer Vielzahl privater Rechner aufgebaut ist. Die Netzstruktur verhindert jede Kenntnisnahme von übertragenen Inhalten und der Identität der beteiligten Rechner[59]. Bereits bisher können Internet-

---

53 Fairbrother, Peter: Defeating traffic analysis, www.apig.org.uk/fairbrother.pdf.

54 BMI/BMJ, Sicherheitsbericht 2001, 203.

55 ULD-SH, Internet-Kriminalität (I).

56 BMI/BMJ, Sicherheitsbericht 2001, 203; Klotz, Karlhorst: Die Polizei, dein Freund und Mixer, www.sueddeutsche.de/computer/artikel/382/6376/.

57 Belgien in MDG, EU-Questionnaire (I), 18.

58 Rötzer, Florian: Noch ein Programm zum Umgehen von Internetzensur und Überwachung, Telepolis, Heise-Verlag, 23.07.2002, www.heise.de/tp/deutsch/inhalt/te/12960/1.html.

59 The Free Network Project, www.freenetproject.org/index.php?page=whatis.

nutzer die Absenderadresse von IP-Paketen fälschen[60], die im Internet zur Übertragung sämtlicher Inhalte zum Einsatz kommen (z.b. WWW, E-Mail). Auf diese Weise kann eine Identifikation den Servern gegenüber verhindert werden. Dazu ist kaum Fachwissen erforderlich[61].

Als weitere Möglichkeit können sich Internet-Nutzer ausländischer (auch außereuropäischer) Internet-Access-Provider bedienen, die Telekommunikationsdaten entweder nicht speichern oder aber nicht an den Heimatstaat heraus geben müssen[62]. Durch die Liberalisierung des Telefonmarktes ist die Nutzung eines ausländischen Internet-Access-Providers von Deutschland aus kaum teurer als die eines deutschen Providers (ab 3 Cent pro Minute). Der Sicherheitsbericht der Bundesregierung sieht gerade in Divergenzen der nationalen Rechtsordnungen ein Problem bei der Bekämpfung von Netzkriminalität[63].

Bisher ist es Tele- und Mediendiensten im Internet regelmäßig noch möglich, das Verhalten der Nutzer ihres Informationsangebotes nachzuvollziehen (Logfiles). Daneben existieren allerdings so genannte Peer-to-Peer-Netze, die sich aus privaten Rechnern zusammensetzen. Diese Netze werden beispielsweise zum unentgeltlichen Tausch urheberrechtlich geschützter Musik eingesetzt. Da an einem Kommunikationsvorgang in diesen Netzen nur private Rechner beteiligt sind, ist die Wahrscheinlichkeit äußerst gering, dass Logfiles aufgezeichnet werden oder von den Sicherheitsbehörden erlangt werden können. Gerade weil Peer-to-Peer-Netze oft zum verbotenen Tausch von Inhalten genutzt werden, wird die Verfolgung von Netzkriminalität durch diesen Umstand erheblich eingeschränkt. Inzwischen machen Daten, die mittels solcher Netze ausgetauscht werden, schon 50% des gesamten Internetverkehrs aus[64].

Weitere Möglichkeiten bestehen bei dem Versand von E-Mails. Selbst wenn sich ein Nutzer bei seinem Provider korrekt identifiziert hat, kann er nahezu anonym E-Mails verschicken, indem er sich so genannter Remailer

---

60   LINX, Traceability (I), Punkt 4.1; Germann, 272; Krempl, Stefan: Schwere Bedenken gegen Ausschnüffelung der Nutzer bei Copyright-Verstößen, Heise-Verlag, Meldung vom 12.12.2003, www.heise.de/newsticker/data/jk-12.12.03-005/.

61   Germann, 272.

62   BMI/BMJ, Sicherheitsbericht 2001, 204; Schaar, Datenschutz im Internet, 9; LINX, Traceability (I), Punkt 1; vgl. etwa der französische Internetprovider „no-log.org", beschrieben bei Roller, Nathalie: Neues vom Musterschüler, Telepolis, Heise-Verlag, 02.07.2002, www.heise.de/tp/deutsch/inhalt/te/12821/1.html.

63   BMI/BMJ, Sicherheitsbericht 2001, 204.

64   Uhe/Herrmann, Überwachung im Internet (I), 134 m.w.N.

bedient[65]. Dabei wird die E-Mail des Nutzers von Remailer zu Remailer weiter gereicht, bis sie den Empfänger erreicht. Jeder Remailer kennt nur die Identität des vorigen Remailers. Die Kette zurückzuverfolgen, scheitert meist daran, dass die Remailer keine Daten speichern oder dass sie sich im Ausland befinden.

Eine andere Möglichkeit des anonymen E-Mail-Versands besteht darin, sich bei einem kostenlosen ausländischen (auch außereuropäischen) E-Mail-Dienstleister unter Angabe falscher Daten anzumelden. Ohne besondere Kenntnisse lässt sich auch die Absenderadresse von E-Mails verfälschen[66]. Fortgeschrittene Nutzer können selbst die IP-Absenderadresse von E-Mails verfälschen[67]. Die Identifizierung des Absenders ist dann – wenn überhaupt – nur mit Hilfe einer aufwändigen Fangschaltung möglich[68].

- Sprachtelefonie

Im Bereich des Sprachtelefondienstes ist es mit höheren Kosten verbunden, seine Identität zu verschleiern. Als klassische Möglichkeit bietet sich die Benutzung einer Telefonzelle, eines Telefons in einem Hotel oder einer vergleichbaren Einrichtung an. Weiterhin gibt es die Möglichkeit, sich ausländischer Telefonunternehmen zu bedienen, an deren Daten deutsche Behörden nicht oder nur eingeschränkt gelangen. Teilweise werden von diesen Unternehmen kostenfreie Einwahlnummern in Deutschland angeboten, so dass eine Speicherung von Telekommunikationsdaten durch den deutschen Netzbetreiber (z.B. Deutsche Telekom) nicht erfolgt. Andere ausländische Unternehmen bieten ein so genanntes „Call-back-Verfahren" an, das wie folgt funktioniert: Per Telefon oder Internet gibt der Anrufer in Deutschland ein Signal an das ausländische Telefondienstunternehmen. Daraufhin ruft der Computer des Unternehmens eine vorher vereinbarte Telefonnummer in Deutschland an und vermittelt eine freie Leitung. Werden jetzt Anrufe getätigt, dann fallen Telekommunikationsdaten nur bei dem ausländischen Unternehmen an, nicht aber in Deutschland. Die genannten Verfahren funktionieren auch bei der Benutzung von Mobiltelefonen. Bei Benutzung dieser offenbar in kriminellen Kreisen besonders beliebten Geräte bietet sich die weitere Möglichkeit, ausländische Mobiltelefonkarten in Deutschland einzusetzen (sog. „Roaming"). Telekommunikationsdaten fallen dann ebenfalls nur im Ausland an. Hierzu bieten sich be-

---

65   BMI/BMJ, Sicherheitsbericht 2001, 203; Germann, 272.
66   Germann, 270.
67   Germann, 272.
68   Germann, 274.

sonders vorausbezahlte Geräte an, die im Ausland weitgehend ohne Identifizierungspflicht verkauft werden. In den USA sollen jetzt sogar „Einweghandys" verkauft werden, ohne dass sich Käufer identifizieren müssen. Dieses Angebot soll bald auf Europa ausgedehnt werden[69].

Der Erwerb von Mobiltelefonkarten in Deutschland setzt seit Mitte 2004 zwar die Angabe der Personalien voraus (§ 111 TKG). Man muss sich aber nicht einmal eines ausländischen Mobilfunkunternehmens bedienen, um einem solchen Registrierungszwang zu entgehen. Es genügt schon, einer anderen Person ihre vorausbezahlte Karte abzukaufen[70]. Dies ist völlig legal, auch nach der Neufassung des TKG[71]. Darüber hinaus werden sich kriminelle Kreise immer leicht Mobiltelefone beschaffen können, ohne sich identifizieren zu müssen, notfalls durch den Diebstahl fremder Mobiltelefone. Wenn ein gestohlenes Mobiltelefon mit einer vorausbezahlten Karte betrieben wird, ist in aller Regel keine Sperrung der Karte zu erwarten.

5. Abhilfemöglichkeiten

Die vorgenannten Beispiele zeigen, dass es eine Vielzahl von Möglichkeiten gibt, Telekommunikationsdaten entweder nicht entstehen zu lassen oder den Zugriff deutscher Behörden darauf zu verhindern[72]. Dabei können verschiedene Methoden miteinander kombiniert und Kommunikationen über verschiedene Länder geleitet werden, so dass sich die damit jeweils verbundenen Schwierigkeiten summieren, was in der Praxis durchaus vorkommt[73]. Besonders die Möglichkeiten der grenzüberschreitenden Telekommunikation werden von Straftätern häufig eingesetzt, um einer Strafverfolgung zu entgehen[74]. So ist ein Zugriff auf im Ausland vorhandene Verkehrsdaten in 80% der durch das Bundeskriminalamt ermittelten Verdachtsfälle notwendig[75].

Die aufgezeigten Möglichkeiten anonymer Telekommunikation ließen sich nur durch eine weltweite Zusammenarbeit auf höchstem Niveau besei-

69   Heise Verlag: Keine Sicherheitsbedenken mehr gegen US-Wegwerf-Handy, Meldung vom 28.07.2002, www.heise.de/newsticker/data/jk-28.07.02-004/.
70   Breyer, RDV 2003, 218 (221).
71   Heise Verlag: Mehr Überwachung und mehr Wettbewerb in Deutschlands Telekommunikation, Meldung vom 21.02.2003, www.heise.de/ct/aktuell/data/jk-21.02.03-004/.
72   BMI/BMJ, Sicherheitsbericht 2001, 203 für das Internet.
73   Belgien in MDG, EU-Questionnaire (I), 18.
74   BMI/BMJ, Sicherheitsbericht 2001, 204.
75   BMI/BMJ, Sicherheitsbericht 2001, 204.

tigen[76], die aus praktischer Sicht nicht zu erwarten ist. Selbst wenn eine solche Zusammenarbeit einmal erfolgen sollte, dann könnte man dennoch nicht erwarten, dass sich Gesetzesbrecher gerade an die Gesetze halten, die ihnen den Einsatz von Anonymisierungsverfahren verbieten könnten. Zurecht wird darauf hingewiesen, dass auch die strafbewehrte Pflicht, korrekte Nummernschilder an Kraftfahrzeugen zu befestigen, keinen vorsichtigen Bankräuber dazu bewegen wird, seinen Fluchtwagen zutreffend auszuzeichnen[77].

Die Realisierung eines international einheitlichen Vorgehens ist aus politischen Gründen allenfalls im Rahmen der EU denkbar, wodurch das Vorhaben von vornherein weitgehend sinnlos würde[78]. Selbst die Realisierbarkeit in europäischem Rahmen ist keineswegs sicher. Einige Mitgliedstaaten haben einen Vorschlag zur generellen Vorratsspeicherung von Telekommunikations-Verkehrsdaten zwar ausgearbeitet[79], im Rahmen der „Dritten Säule" der EU ist aber ein einstimmiges Votum der Mitgliedstaaten erforderlich[80]. Nicht nur die EU-Kommission ist der Ansicht, dass sich in Europa „derzeit" keine über das Europäische Rechtshilfeübereinkommen hinaus gehenden Pläne realisieren lassen[81], zumal Pläne zur Einführung einer gene-

---

76 Sieber, COMCRIME-Studie (I), 201: „Above all, national solutions and restrictions for the free flow of information would be doomed to failure"; ders., 202: „In the global society – especially in international communication networks – all technical or legal efforts must be international." Vgl. auch Richard, Mark: Statement of the United States of America presented at the EU Forum on Cybercrime in Brussels, 27.11.2001, cryptome.org/ eu-dataspy.htm: „the failure of a single country to enact an exception to the default rule of data destruction would hamper efforts to investigate and prevent criminal activity"; Pfitzmann, Andreas in Bundestag, Öffentliche Anhörung zum Thema Cyber-Crime/TKÜV (I), 40: „Und das bedeutet ganz hart, wenn Sie Telekommunikations-überwachung machen wollen - und Sie wollen es wirklich -, müssen Sie mit jedem Schurkenstaat zusammenarbeiten, ob Sie es wollen oder nicht"; Simitis, Internet, 299 m.w.N.

77 Lenz, Karl-Friedrich: Stellungnahme zur Anhörung der Kommission über die Schaffung einer sichereren Informationsgesellschaft durch Verbesserung der Sicherheit von Informationsinfrastrukturen und Bekämpfung der Computerkriminalität, europa.eu.int/ ISPO/eif/InternetPoliciesSite/Crime/Comments/kf_lenz.html.

78 Ebenso Simitis, Internet, 299.

79 Seite 5.

80 Vgl. hierzu indes die einstimmig verabschiedete Erklärung des Europäischen Rates über die Bekämpfung des Terrorismus, www.eu2004.ie/templates/document_file.asp?id= 10707, welche die Einführung einer generellen Verkehrsdatenspeicherungspflicht bis Juni 2005 vorsieht.

81 Kommission, Sichere Informationsgesellschaft (I), 20.

rellen Vorratsspeicherung von Telekommunikations-Verkehrsdaten schon im Rahmen der Beratung der Richtlinie 2002/58/EG gescheitert sind[82].

Erst recht ohne Realisierungschancen sind Pläne für eine über die EU hinaus gehende Zusammenarbeit. Schon bei unserem nächsten außereuropäischen Verbündeten, den USA, hat der amerikanische Senat im Oktober 2002 eine im „U.S.A. Patriot Act" als Reaktion auf den Terroranschlag vorgesehene Verpflichtung zur Vorratsspeicherung von Telekommunikationsdaten abgelehnt[83]. Stattdessen liegt die Entscheidung über das Ob und das Wielange einer Speicherung von Verkehrsdaten dort komplett im Ermessen der Unternehmen[84], so dass anonyme Telekommunikation ohne Weiteres angeboten werden kann. Sogar ein Beitritt der USA zur Cybercrime-Konvention des Europarates (CCC) – welche von amerikanischer Seite stets forciert wurde – ist unsicher[85]. Es ist im Übrigen davon auszugehen, dass mit dieser Konvention die internationalen Abstimmungsmöglichkeiten ausgeschöpft worden sind. Die ursprünglich in der Cybercrime-Konvention vorgesehene Verpflichtung zur Vorratsdatenspeicherung wurde im weiteren Beratungsverfahren gestrichen[86]. Eine entsprechende internationale Regelung ist daher nicht zu erwarten, zumal selbst die Cybercrime-Konvention nur von wenigen außereuropäischen Staaten unterzeichnet worden ist.

Dementsprechend werden erfahrenere Kriminelle auch weiterhin verhindern können, dass Datenspuren anfallen, die ihre Identifizierung ermöglichen[87]. In manchen Fällen wird eine Identifizierung nicht möglich sein[88], ohne dass realistische Abhilfemöglichkeiten zur Verfügung stehen. Insoweit ist auf die an sich selbstverständliche Tatsache hinzuweisen, dass nicht jede Straftat verhindert werden kann, in einem totalitären Staat mit unbegrenzten

---

82   Finnland in MDG, EU-Questionnaire (I), 24.

83   Dembart, Lee: The End User Privacy undone, International Herald Tribune, 10.06.2002, coranet.radicalparty.org/pressreview/print_250.php?func=detail&par=2477; vgl. auch EDSB-Konferenz, Europäische Datenschutzbeauftragte: Statement at the International Conference in Cardiff (09.-11.09.2002) on mandatory systematic retention of telecommunication traffic data, BT-Drs. 15/888, 176.

84   Richard, Mark: Statement of the United States of America presented at the EU Forum on Cybercrime in Brussels, 27.11.2001, cryptome.org/eu-dataspy.htm.

85   Breyer, DuD 2001, 592 (593 und 597).

86   Artikel-29-Gruppe der EU, Cyber-Crime-Konvention, 7.

87   Robinson, James K.: Vortrag auf der International Computer Crime Conference „Internet as the Scene of Crime" in Oslo, Norwegen, 29.-31.05.2000, www.usdoj.gov/criminal/cybercrime/roboslo.htm; Eckhardt, CR 2002, 770 (774).

88   Robinson, James K.: Vortrag auf der International Computer Crime Conference „Internet as the Scene of Crime" in Oslo, Norwegen, 29.-31.05.2000, www.usdoj.gov/criminal/cybercrime/roboslo.htm.

Eingriffsbefugnissen nicht und in einem demokratischen Rechtsstaat noch weniger.

6. Ausmaß der staatlichen Telekommunikationsüberwachung in Deutschland

In welchem Ausmaß das vorhandene Überwachungsinstrumentarium in Deutschland eingesetzt wird, verdeutlichen die Statistiken zur Anzahl von Anordnungen der Telekommunikationsüberwachung zum Zwecke von strafrechtlichen Ermittlungen nach § 100a StPO. Für den isolierten Zugriff auf Telekommunikationsdaten, der unter geringeren Voraussetzungen als der Zugriff auf Kommunikationsinhalte zulässig ist, liegt keine Statistik vor[89], wie auch sonst keine hinreichende Tatsachensammlung erfolgt, die eine Grundlage für die Evaluierung vorhandener Eingriffsbefugnisse bilden könnte[90]. Das Bedürfnis hiernach wird daran deutlich, dass der Gesetzgeber die Befugnisse der Eingriffsbehörden in der Vergangenheit unzählige Male erweitert, jedoch nur äußerst selten zurückgenommen hat. Den Zahlen für § 100a StPO lassen sich immerhin Anhaltspunkte für den Bereich der Telekommunikationsdaten entnehmen.

Seit 1996, dem ersten Jahr, in dem systematische Erhebungen durchgeführt wurden[91], steigt die Zahl der Anordnungen nach § 100a StPO um durchschnittlich 21% pro Jahr und betrug im Jahre 2003 24.441[92]. Bei einer Fortschreibung dieser Steigerungsrate ist alle vier Jahre mit einer Verdopplung zu rechnen. Auf dieser Statistik beruhen die Einschätzungen, denen zufolge in keinem anderen Land eine solche Vielzahl von Abhörvorgängen registriert würde wie in Deutschland[93]; hierzulande lägen die Zahlen – auf die Einwohnerzahl umgerechnet – zehnmal[94] oder sogar 30mal[95] höher als

---

89   Fox, DuD 2002, 194 (194).

90   Bizer, Jahrbuch Telekommunikation und Gesellschaft 2001, 496 (499).

91   Albrecht/Arnold/Demko/Braun, Rechtswirklichkeit und Effizienz der Telekommunikationsüberwachung, 39.

92   Zahlen nach Bizer, Grundzüge des TK-Datenschutzes, 21 und Heise Verlag: Wirtschaftsministerium will den kleinen Lauschangriff deutlich vergrößern, Meldung vom 11.08.2004, www.heise.de/ct/aktuell/meldung/49953.

93   Beck, Volker: Grüne: Bürgerrechte sollen nach den Wahlen erweitert werden, Meldung des Beck-Verlages vom 06.09.2002, rsw.beck.de/rsw/shop/default.asp?docid=73399&from=HP.10; Schaar, Forderungen an Politik und Gesetzgebung (I); Koenig/Koch/Braun, K&R 2002, 289 (293).

94   Beck, Volker: Grüne: Bürgerrechte sollen nach den Wahlen erweitert werden, Meldung des Beck-Verlages vom 06.09.2002, rsw.beck.de/rsw/shop/default.asp?docid=73399&from=HP.10.

in den USA. Von 13 Industriestaaten ergingen nur in fünf mehr Anordnungen zur Überwachung der Telekommunikation pro 100.000 Einwohner als in Deutschland[96].

Diese Aussagen sind allerdings zu relativieren. Bei internationalen und vergangenheitsbezogenen nationalen Vergleichen ist nämlich zu beachten, dass bei der deutschen Statistik nicht die Zahl der Betroffenen, Verdächtigen oder Ermittlungsverfahren gezählt wird, sondern die Zahl der Anordnungen. Straftäter bedienen sich zur Vermeidung einer Telefonüberwachung einer immer größeren Vielzahl von Anschlüssen (insbesondere Mobiltelefonkarten), so dass im Laufe eines Ermittlungsverfahrens gegen denselben Beschuldigten mehrere Anordnungen ergehen können, auch wenn der Inhaber der überwachten Anschlüsse stets dieser Beschuldigte ist[97]. Außerdem sind in der genannten Zahl auch Verlängerungsanordnungen enthalten. Im Ausland wird dagegen teilweise nur die Anzahl von Ermittlungsverfahren gezählt, in denen das Instrument der Telekommunikationsüberwachung eingesetzt wird[98]. Diese Zahl ist auch hierzulande bekannt, so dass eine bessere Vergleichbarkeit hergestellt werden kann: 1997 waren es 2.384[99], im Jahr 2003 4.276 Ermittlungsverfahren[100], in denen eine Telekommunikationsüberwachung nach § 100a StPO erfolgte, was eine durchschnittliche jährliche Steigerungsrate von 10% ergibt. Diese Steigerungsrate, die nicht mit der zunehmenden Nutzung mehrerer Anschlüsse durch Beschuldigte zusammen hängen kann und auch nicht mit der Kriminalitätsentwicklung zusammen hängt[101], ist weniger dramatisch, aber nichtsdestotrotz signifikant, vor allem unter Berücksichtigung der Tatsache, dass die Anzahl der registrierten Straftaten seit zehn Jahren ungefähr stabil geblieben ist[102]. Schreibt man die Steigerungsrate von 10% fort, so ist alle sieben Jahre mit einer Verdoppelung der Ermittlungsverfahren, in denen es zu einer Telekommunikationsüberwachung kommt, zu rechnen.

---

95   Albrecht/Arnold/Demko/Braun, Rechtswirklichkeit und Effizienz der Telekommunikationsüberwachung, 104.
96   Albrecht/Arnold/Demko/Braun, Rechtswirklichkeit und Effizienz der Telekommunikationsüberwachung, 104.
97   Jeserich, TK-Überwachung, 63 (69).
98   Jeserich, TK-Überwachung, 63 (69).
99   Bizer, Jahrbuch Telekommunikation und Gesellschaft 2002, 7.
100   Heise Verlag: FDP spricht sich für stärkere Kontrolle von Überwachungsmaßnahmen aus, Meldung vom 18.10.2004, www.heise.de/newsticker/meldung/52276.
101   Albrecht/Arnold/Demko/Braun, Rechtswirklichkeit und Effizienz der Telekommunikationsüberwachung, 437.
102   BMI, PKS 2002 (I), 4.

Fraglich ist, wie viele Personen von der Telekommunikationsüberwachung tatsächlich betroffen sind. Eine Untersuchung des Max-Planck-
Instituts für ausländisches und internationales Strafrecht hat ergeben, dass
pro Überwachungsanordnung durchschnittlich 1407 Telekommunikations-
verbindungen überwacht werden[103]. Auf die Anzahl von Überwachungsan-
ordnungen im Jahr 2002 übertragen ergäbe dies, dass 31 Millionen Tele-
kommunikationsverbindungen – zumeist Telefongespräche – abgehört
worden wären. Bei dem Schluss von diesen Zahlen auf die Anzahl der tatsächlich betroffenen Personen hilft die US-amerikanische Erkenntnis – aus
den minutiösen Wiretap-Reports gewonnen – weiter, dass auf jeden Beschuldigten, gegen den unter Einsatz der Telekommunikationsüberwachung
ermittelt wurde, durchschnittlich 130 Personen kamen, die von der Überwachung tatsächlich betroffen waren[104], beispielsweise Gesprächspartner des
Beschuldigten oder Nachrichtenmittler. Auf Deutschland bezogen ergäbe
dies rechnerisch eine Zahl von über 500.000 Personen, die jährlich von der
Telekommunikationsüberwachung betroffen sein könnten[105]. Vor diesem
Hintergrund gewinnt die Telekommunikationsüberwachung einen Zug ins
Massenhafte[106]. Der mit geringeren Voraussetzungen verbundene Zugriff
auf Verkehrsdaten wird noch erheblich öfter vorkommen als eine Inhalts-
überwachung.

Die Effektivität von Maßnahmen der Telekommunikationsüberwachung
hat eine wissenschaftliche Untersuchung des Max-Planck-Instituts für ausländisches und internationales Strafrecht aus dem Jahr 2003 untersucht[107].
In etwa 60% der untersuchten Verfahren wurden nützliche Ergebnisse der
Telekommunikationsüberwachung festgestellt, in 40% der Verfahren konnten keine Ergebnisse festgestellt werden. In 17% der untersuchten Verfahren kam es zu Erfolgen der Telekommunikationsüberwachung in Bezug auf
den Anlass der Überwachung: zu Selbstbelastungen des Beschuldigten in
12%, zu belastenden Aussagen Dritter in 2,0%, zur Ermittlung des Aufent-
haltsorts des Beschuldigten in 1,4%, zu einer Erweiterung des Tatvorwurfes

---

103 Heise Verlag: Datenschutzbeauftragter fordert strengere Kontrollen bei Telefonüberwachung, Meldung vom 21.05.2003, www.heise.de/newsticker/data/anm-21.05.03-001/.
104 Welp, TKÜV, 3 (5).
105 Auch Helmken, Dierk, zitiert in Humbs, Chris / Weller, Marcus: Telefonüberwachung
ohne Kontrolle, 09.01.2002, www.rbb-online.de/_/kontraste/beitrag_drucken_jsp/key=
rbb_beitrag_1157899.html, geht von 500.000 Betroffenen aus; Kloepfer, Privatsphäre,
91 (101) schätzt „Hunderttausende".
106 Welp, TKÜV, 3 (5).
107 Zum Folgenden Albrecht/Arnold/Demko/Braun, Rechtswirklichkeit und Effizienz der
Telekommunikationsüberwachung, 455 ff.

in 0,7% und zu einer Entlastung des Beschuldigten in 0,5% der Verfahren. 37% der Verfahren wurden als „mittelbar erfolgreich" qualifiziert wegen Hinweisen auf Straftaten Dritter (15% der Verfahren), Hinweisen auf andere Straftaten eines Beschuldigten (6% der Verfahren) und mittelbaren Ermittlungsansätzen wegen einer Katalogstraftat (15% der Verfahren). Sonstige Erfolge, insbesondere Erkenntnisse über die Strukturen und Anlaufstellen von Tätergruppierungen, Termin- und Preisabsprachen und Identifizierungen des näheren Umfeldes, waren in weiteren 6% der Verfahren festzustellen. In etwa 24% der Verfahren, die der Identifizierung des Aufenthaltsortes des Beschuldigten dienen sollten, gelang dies auch tatsächlich.

Knapp 60% der Verfahren von Telekommunikationsüberwachung fallen in den Bereich der Betäubungsmittelkriminalität[108], von dem anzunehmen ist, dass er teilweise von organisierter Kriminalität geprägt ist. Gerade im schwer zugänglichen Bereich der organisierten Kriminalität besteht ein hohes Interesse an wirksamen Eingriffsbefugnissen. Vertreter von Sicherheitsbehörden machen geltend, in vielen Bereichen, z.B. eben in der Rauschgiftkriminalität, seien Ermittlungserfolge ohne Telekommunikationsüberwachung praktisch unmöglich[109]. In den USA, wo die Resultate von Überwachungsmaßnahmen genau ausgewertet werden, ist man zu dem Ergebnis gekommen, dass die Telefonüberwachung die effektivste Überwachungsmaßnahme im Bereich der Schwerstkriminalität ist[110]. Weniger effektiv sind Maßnahmen der optischen und akustischen Überwachung sowie der Fax- und E-Mail-Überwachung[111]. Maßstab zur Messung der Effektivität einer Maßnahme war die Nützlichkeit der Ergebnisse in Strafverfahren.

Betrachtet man die historische Entwicklung der Überwachung des Fernmeldeverkehrs in Deutschland, so stellt man fest, dass nach der kompletten Aufhebung des Fernmeldegeheimnisses ab 1933[112] der Zusammenbruch des Dritten Reiches zunächst zu einer starken Reduzierung der Überwachungsbefugnisse geführt hat. Deutsche Behörden wurden erst 1968 wieder durch das G10, welches Teil der Notstandsgesetzgebung war, zur Überwachung

---

108 Bizer, Jahrbuch Telekommunikation und Gesellschaft 2002, 4.

109 Graf, Jürgen (Generalbundesanwalt) in Bundestag, Öffentliche Anhörung zum Thema Cyber-Crime/TKÜV (I), 26.

110 Rohe, Verdeckte Informationsgewinnung mit technischen Hilfsmitteln zur Bekämpfung der Organisierten Kriminalität, 53.

111 Rohe, Verdeckte Informationsgewinnung mit technischen Hilfsmitteln zur Bekämpfung der Organisierten Kriminalität, 53.

112 Sachs-Krüger, Art. 10, Rn. 2; AK-GG-Bizer, Art. 10, Rn. 7.

des Fernmeldeverkehrs ermächtigt[113]. In den ersten Jahren nach Einführung dieses Instruments waren die Überwachungszahlen entsprechend der gesetzgeberischen Vorstellung, das Mittel der Telefonüberwachung nur in Ausnahmefällen einzusetzen, gering[114]. Danach aber sind die Befugnisse zur Überwachung des Fernmeldeverkehrs durch Nachrichtendienste und Strafverfolgungsbehörden unzählige Male ausgedehnt worden; Einschränkungen hat es nur selten gegeben[115].

7. Vorteile im Vergleich zu anderen Ermittlungsmethoden

Unbestritten stellt der Zugriff auf die Telekommunikation aus staatlicher Sicht eines der wichtigsten Instrumente zur Informationsbeschaffung dar[116], für die Strafverfolgung ebenso wie für die Tätigkeit der Nachrichtendienste. Dies gilt jedenfalls im Bereich der Sprachtelefonie[117], während im Internetbereich eher selten überwacht wird[118] und die Überwachung erheblich weniger effektiv ist[119]. In Deutschland sind Internet-Daten nur in wenigen Prozent der Fälle von Telekommunikationsüberwachung betroffen[120]. Aus Mangel an Alternativen ist die Telefonüberwachung gerade auf dem Gebiet der organisierten Kriminalität das effektivste Aufklärungsmittel in der Hand der Eingriffsbehörden[121].

---

113 Welp, TKÜV, 3 (4).
114 Welp, TKÜV, 3 (4).
115 So zum Datenschutz allgemein die Datenschutzbeauftragten der Länder Berlin, Brandenburg, Bremen, Nordrhein-Westfalen und Schleswig-Holstein, DSB 12/1998, 4 (4); Garstka/Dix/Walz/Sokol/Bäumler, Hintergrundpapier (I), Punkt II; Kutscha, Bürgerrechte & Polizei/CILIP 59 (1/98); Eckhardt, CR 2002, 770 (775): „Es entsteht der Eindruck, als trage der Gesetzgeber das Fernmeldegeheimnis in einer ‚Salami-Taktik‘ stückchenweise ab, in dem er die Beschränkung des Fernmeldegeheimnisses sukzessiv mit der Diskussion neuer Vorgaben vorantreibt"; vgl. jetzt immerhin §§ 100g, 100h StPO gegenüber § 12 FAG a.F.
116 AK-GG-Bizer, Art. 10, Rn. 18; Eckhardt, DSB 06/2001, 13 (13); Kutscha, Bürgerrechte & Polizei/CILIP 59 (1/98); Albrecht/Arnold/Demko/Braun, Rechtswirklichkeit und Effizienz der Telekommunikationsüberwachung, 463: „wichtiges und unabdingbares Ermittlungsinstrument".
117 APIG, Communications Data, 5.
118 NCIS Submission (I), Punkt 6.1.1.
119 Rohe, Verdeckte Informationsgewinnung mit technischen Hilfsmitteln zur Bekämpfung der Organisierten Kriminalität, 53.
120 Schulzki-Haddouti, Lauscher unter Beschuss, c't 09/2001, 24 ff.; Welp, TKÜV, 3 (4).
121 Ziercke, DuD 1998, 319 (320); vgl. auch Albrecht/Arnold/Demko/Braun, Rechtswirklichkeit und Effizienz der Telekommunikationsüberwachung, 463; MDG, Entwurf für Schlussfolgerungen des Rates zur Informationstechnologie (I), 3: „ein besonders wich-

Die große Bedeutung dieses Instruments ist einerseits auf den großen Nutzen zurückzuführen, den der Staat aus solchen Maßnahmen ziehen kann, und andererseits auf den geringen Aufwand, den Maßnahmen der Telekommunikationsüberwachung für den Staat mit sich bringen[122]. Im Vergleich zu anderen Ermittlungsmethoden haben Eingriffe in das Telekommunikationsgeheimnis zunächst den Vorteil, dass sie vor den Betroffenen geheim gehalten werden können. Eine Gefährdung von Beamten vor Ort ist ausgeschlossen, und organisatorisch nehmen die Telekommunikationsunternehmen den Behörden viel Arbeit ab. Teilweise rund um die Uhr stellen sie Personal zur Verfügung, um auch Eilanordnungen nachkommen zu können (vgl. § 12 Abs. 1 TKÜV). Durch diese Faktoren ist eine erheblich weitergehende Überwachung möglich als sie sich ohne die Telekommunikationstechnik realisieren ließe.

Hinzu kommen neuere technische Entwicklungen, vor allem auf dem Gebiet der Verkehrsdaten: Ursprünglich war die Anonymität des Telefonierens grundsätzlich gewahrt, und sie konnte nur in Ausnahmefällen durch das aufwändige Schalten einer Telefonüberwachung (das „Anzapfen" der Leitung) aufgehoben werden[123]. Mit der Einführung digitalisierter Vermittlungsstellen Anfang der neunziger Jahre verkehrte sich dieses Regel-Ausnahme-Verhältnis in sein Gegenteil[124]: Die digitalen Vermittlungsstellen ermöglichten die routinemäßige und generelle Aufzeichnung von Verbindungsdaten. Damit wurde eine Überwachung der Telekommunikationsumstände in vorher unbekanntem Ausmaß möglich[125], die nicht nur einzelne Bürger, sondern jedermann betreffen kann. Mit Hilfe von Computern können Telekommunikations-Verbindungsdaten für die Behörden nun wie von diesen gewünscht zusammen gestellt werden (vgl. etwa §§ 100g, 100h StPO). Wenn es um die Frage geht, welche Personen einen bestimmten Anschluss angerufen haben, können die Telekommunikationsunternehmen ihren gesamten Datenbestand auf entsprechende Anrufe hin durchsuchen (vgl. § 100g Abs. 2 StPO). Aus technischer Sicht lässt sich eine Überwachung der Telekommunikation immer einfacher und umfassender realisie-

---

tiges und hilfreiches Mittel bei der Aufklärung und Verfolgung von Straftaten, insbesondere von organisierter Kriminalität".

122 AK-GG-Bizer, Art. 10, Rn. 18; vgl. auch Beschluss des Bundesrates vom 31.05.2002, BR-Drs. 275/02, 3: „Die Überwachung der Telekommunikation hat sich als effizientes Mittel der Strafverfolgung erwiesen."

123 Vgl. BVerfGE 107, 299 (318 f.).

124 Gridl, Datenschutz in globalen Telekommunikationssystemen, 74.

125 Weichert, Bekämpfung von Internet-Kriminalität (I).

ren[126]. Die Daten sind bereits in digitalisierter Form vorhanden und können daher schnell gehandhabt, verändert und weitergegeben werden[127]. In Zeiten knapper Kassen ist auch der finanzielle Aspekt nicht zu unterschätzen. Nach § 110 TKG dürfen Telekommunikationsdienste für die Öffentlichkeit nur unter Verwendung überwachungsfähiger Telekommunikationsanlagen erbracht werden, ohne dass dem Anlagenbetreiber die dadurch entstehenden Mehrkosten ersetzt werden. Die Anlagen sind unentgeltlich in überwachungsfähigem Zustand zu erhalten. Überhaupt werden die Kosten der Telekommunikationsüberwachung weitgehend auf die betroffenen Unternehmen abgewälzt; § 23 JVEG[128] sieht lediglich eine beschränkte Entschädigungspflicht für bestimmte Leistungen vor. In keinem anderen Land wird die Wirtschaft durch Maßnahmen der Telekommunikationsüberwachung mit derart hohen Kosten belastet wie in Deutschland[129].

Dass aus dem verbreiteten Einsatz der Telekommunikationsüberwachung in Deutschland nicht auf deren Unentbehrlichkeit geschlossen werden kann, zeigen die Beispiele anderer Staaten, in denen das Instrument der Telekommunikationsüberwachung erheblich seltener[130] oder – wie etwa in Japan – überhaupt nicht zum Einsatz kommt[131]. Es ist nicht ersichtlich, dass die Sicherheit in diesen Staaten unter diesem Umstand leidet.

---

126 Garstka/Dix/Walz/Sokol/Bäumler, Hintergrundpapier (I), Punkt II.

127 Vgl. Artikel-29-Gruppe der EU, Anonymität, 4.

128 Gesetz über die Vergütung von Sachverständigen, Dolmetscherinnen, Dolmetschern, Übersetzerinnen und Übersetzern sowie die Entschädigung von ehrenamtlichen Richterinnen, ehrenamtlichen Richtern, Zeuginnen, Zeugen und Dritten in der Fassung des Kostenrechtsmodernisierungsgesetzes vom 05.05.2004 (BGBl I 2004, 718).

129 eco, Electronic Commerce Forum e.V., Verband der deutschen Internetwirtschaft: Pressemitteilung vom 31.05.2002 zur Gesetzesinitiative des Bundesrats vom 31.05.2002 (BR-Drs. 275/02), www.eco.de/presse/mitteilungen/2002/02-05-31_de.htm; Bundesrat, BR-Drs. 755/03, 36 unter Hinweis auf Angaben der Verbände: „In keinem anderen Land der Europäischen Union existiere eine vergleichbare Verpflichtung"; vgl. auch wik-Consult, Studie (I), 40, 41, 50 und 89, wonach in Frankreich, Italien und den USA der Staat die Kosten für die Vorhaltung von Überwachungseinrichtungen durch Privatunternehmen trägt.

130 Seite 23.

131 Für Japan wik-Consult, Studie (I), 103 f. und 110.

II. Die politische Diskussion über die „innere Sicherheit"

1. Meinungsbild der Bevölkerung und der Volksvertreter

Aus Sicht der Bürger gibt es Argumente für und gegen stärkere Zugriffsmöglichkeiten des Staates auf Telekommunikationsdaten. Im Mittelpunkt der Diskussion steht aus Sicht der meisten Bürger ihre Sicherheit[132]. Meistens werden erweiterte Überwachungsbefugnisse daher von der Bevölkerung begrüßt[133], vor allem, wenn sie von den politisch Verantwortlichen einseitig „verkauft" werden[134]. Das Sicherheitsbedürfnis und die Gefühle von Unsicherheit und Furcht vor Kriminalität sind in der Bevölkerung stark ausgeprägt[135], jedenfalls wenn durch die Art der Fragestellung an allgemeine Ängste appelliert wird[136]. 75% der Befragten bezeichneten die Kriminalität in einer Umfrage als „Problem"[137]. Obwohl Deutschland im weltweiten und europäischen Vergleich zu den Staaten mit der geringsten Kriminalität gehört, haben die Deutschen die größte Angst davor[138]. Während die Zahlen der Kriminalitätsstatistik in den vergangenen Jahren in etwa stabil geblieben sind, sind die Sicherheitsängste der Bürger sogar noch erheblich angestiegen[139]. Dass das subjektive Sicherheitsgefühl in keinem Zusammenhang mit der Lage in der Realität steht, ist dementsprechend allgemein anerkannt[140]. Verbreitet wird in der Bevölkerung angenommen, dass das Aus-

---

132　Vgl. Wagner, Marita: Intimsphäre - lückenlos überwacht? Telepolis, Heise-Verlag, 28.06.2002, www.heise.de/tp/deutsch/inhalt/te/12813/1.html: „Datenschutz spielt in der öffentlichen Diskussion keine Rolle".

133　Limbach, RDV 2002, 163 (165).

134　Vgl. etwa der Titel des Bundesratsentwurfes vom 31.05.2002: „Gesetzesantrag zur Verbesserung der Ermittlungsmaßnahmen wegen des Verdachts des sexuellen Missbrauchs von Kindern"; dazu Tauss, Jörg: Pressemeldung vom 30.05.2002, www.tauss.de/service/presse/stoiberstasigesetz: „perfider Vorwand"; Weichert, Thilo: BigBrotherAward 2002 in der Kategorie „Kommunikation", 25.10.2002, www.bigbrother-award.de/2002/.comm: „Was die Vorratsdatenspeicherung von Verbindungsdaten der gesamten Bevölkerung mit der Bekämpfung des Kindesmissbrauchs zu tun haben könnte, ist nirgendwo zu erkennen."

135　Limbach, RDV 2002, 163 (164); Kutscha, Bürgerrechte & Polizei/CILIP 59 (1/98).

136　BMI/BMJ, Sicherheitsbericht 2001, 39.

137　Feltes, Fehlerquellen im Ermittlungsverfahren (I).

138　Ostendorf ZRP 2000, 103 (105).

139　Ostendorf ZRP 2000, 103 (105); Schweer/Thies, Kriminalistik 2000, 336 (340 f.).

140　BMI/BMJ, Sicherheitsbericht 2001, 39; Schweer/Thies, Kriminalistik 2000, 336 (341); Göppinger, Kriminologie, 154; vgl. auch Vähling, Christian: Rundum sicher, 23.10.2000, www.aktuelle-kamera.org/txt/rundum.html: Alte Frauen fürchteten sich am meisten, seien aber am wenigsten bedroht.

maß an Kriminalität im Steigen begriffen sei, obwohl dafür – auch unter Berücksichtigung der Dunkelziffer – keine durchgreifenden Anhaltspunkte ersichtlich sind[141]. Auch das absolute Ausmaß von Kriminalität wird in der Bevölkerung regelmäßig weit überschätzt[142]. Paradoxerweise sind Deutsche mit ihrem eigenen Leben und der Sicherheit in ihrem Wohngebiet meist zufrieden, denken aber gleichzeitig, Deutschland insgesamt gehe es schlecht und es sei unsicher[143]. Fragt man allerdings umfassend nach persönlichen Ängsten und Sorgen der Deutschen, dann taucht die Kriminalität im Vergleich zu anderen Lebensrisiken (Straßenverkehr, Erkrankung, Pflegebedürftigkeit) und gesellschaftlichen Problemen (Arbeitslosigkeit, Inflation, politischer Extremismus, Krieg) nur unter „ferner liefen" auf[144]. Dies zeigt, dass sich das in der Bevölkerung verbreitete Gefühl von Bedrohung nicht speziell auf die Kriminalität bezieht, sondern dass es sich um ein allgemeines Unsicherheitsgefühl handelt[145].

Im Widerspruch zur öffentlichen Meinung steht auch, dass die Wissenschaft trotz intensiver Forschung keine empirischen Anhaltspunkte für die Annahme gefunden hat, dass mit härteren Strafen eine sinkende Kriminalität einhergehe[146] oder dass mildere Sanktionen zu einer höheren Kriminalität führten[147]. Die Plausibilität dieses Befundes wird am Beispiel der USA deutlich, wo die Kriminalität laut Statistik erheblich höher als in Deutschland ist[148], obwohl sich dort ein weltweit wohl einmaliger Anteil der Bevölkerung im Freiheitsentzug befindet.

Unbeeinflusst von wissenschaftlichen Erkenntnissen verkennen viele Bürger, dass es absolute Sicherheit nicht geben kann[149], in einer Demokratie ebenso wenig wie in einem totalitären Staat[150]. Die Mehrheit der Bürger ist

---

141 Schweer/Thies, Kriminalistik 2000, 336 (341).
142 Schweer/Thies, Kriminalistik 2000, 336 (341).
143 Ostendorf ZRP 2000, 103 (105); BMI/BMJ, Sicherheitsbericht 2001, 39.
144 BMI/BMJ, Sicherheitsbericht 2001, 39.
145 Hassemer, Strafen im Rechtsstaat, 259.
146 Ostendorf ZRP 2000, 103 (105); ders., JZ 1991, 62 (67).
147 Kunz, Kriminologie, § 30, Rn. 11.
148 Bottger/Pfeiffer, ZRP 1994, 7 (14).
149 Weichert, DuD 2001, 694 (694); Ostendorf, JZ 1991, 62 (69); Kutscha, Bürgerrechte & Polizei/CILIP 59 (1/98); Bürgerrechtsorganisationen: Die falsche Antwort auf den 11. September: Der Überwachungsstaat, Presseerklärung vom 24.10.2001, www.cilip.de/ terror/pe241001.htm; Hassemer, Strafen im Rechtsstaat, 260.
150 Unabhängiges Landeszentrum für den Datenschutz Schleswig-Holstein, Tätigkeitsbericht 2002, LT-Drs. 15/1700, 13.

stets bereit, Sicherheit auf Kosten der Freiheit zu gewinnen[151]. Dies zeigen Äußerungen wie: „Die Kameras stören mich nicht, ich fühle mich sicherer"[152]. Dass die Politik dem weitgehend folgt, ist in einer Demokratie bis zu einem gewissen Grad nicht außergewöhnlich, gerade in einem politischen System, in dem die Volksvertretung und andere politische Ämter als hauptberufliche Tätigkeit wahrgenommen werden. Volksvertreter fordern und verabschieden dementsprechend immer wieder Gesetze zur „Verbrechensbekämpfung", die Tatkraft und Entschlossenheit symbolisieren[153] und im Bereich der Überwachung auch kaum sichtbare Kosten mit sich bringen[154]. Damit aber wird das mittel- und langfristige Vertrauen in die Politik für den kurzfristigen Wahlerfolg geopfert, weil die überzogenen Sicherheitsversprechen zwangsläufig nicht eingelöst werden können[155]. Selbst bei den Sicherheitsbehörden dürfte es einhellige Meinung sein, dass neue Befugnisse allenfalls zu einer allmählichen und graduellen Zurückdrängung der Kriminalität führen können, nicht aber zu ihrer weitgehenden Unterbindung innerhalb weniger Jahre, wie es den Bürgern von manchen Politikern suggeriert wird.

Inzwischen wird als Zweck von Gesetzesinitiativen teilweise ausdrücklich die Stärkung des Sicherheitsgefühls der Bevölkerung genannt[156], was aber näher betrachtet nur als eine andere Formulierung für symbolische Maßnahmen anzusehen ist. In einem Rechtsstaat kann kein Zweifel daran bestehen, dass die Beeinflussung von Gefühlen und die Erzielung politischer Vorteile keine Eingriffe in Grundrechte rechtfertigen können[157]. Die Stärkung des Sicherheitsgefühls muss daher auf andere Weise erfolgen, etwa durch Bildungs- und Aufklärungsmaßnahmen[158] zur Stärkung des zwischenmenschlichen Zusammenhalts und der Anerkennung sozialer Nor-

---

151 Limbach, RDV 2002, 163 (165); Kutscha, Bürgerrechte & Polizei/CILIP 59 (1/98). „Tausche Freiheit gegen Sicherheit" als Motto; ebenso Hassemer, Freiheitliches Strafrecht, 196 f.

152 Heise Verlag: Überwachung als Komfortmerkmal, Meldung vom 02.09.2003, www.heise.de/newsticker/data/jk-02.09.03-007/.

153 Schieder, Anti-Terrorist Measures and Human Rights (I): „some politicians may be tempted to manipulate the public feelings of insecurity when elections are coming up and polls are going down."

154 Kutscha, Bürgerrechte & Polizei/CILIP 59 (1/98).

155 Kutscha, Bürgerrechte & Polizei/CILIP 59 (1/98); Hassemer, Strafen im Rechtsstaat, 260.

156 Vähling, Christian: Rundum sicher, 23.10.2000, www.aktuelle-kamera.org/txt/rundum.html.

157 Achelpöhler/Niehaus, DuD 2002, 731 (734) für die Videoüberwachung.

158 Achelpöhler/Niehaus, DuD 2002, 731 (734) für die Videoüberwachung.

men[159]. Dabei sollten die Bürger darauf hingewiesen werden, dass das tatsächliche Sicherheitsrisiko regelmäßig weit unter dem subjektiv empfundenen Risiko liegt[160]. Es sollte auch klar gesagt werden, dass sich nicht jedes Risiko vermeiden lässt, gerade in einer freiheitlichen Demokratie.

Hinzu kommt, dass von politischen Funktionsträgern nicht selten verkannt wird, dass sich die Befürchtungen der Bürger gegen Alltags- und Massenkriminalität richten[161], wozu insbesondere Diebstahl und Gewaltkriminalität zu zählen ist. Zur Bekämpfung von Massenkriminalität aber scheinen Mittel wie die Rasterfahndung, die akustische Wohnraumüberwachung, der Einsatz verdeckter Ermittler oder der Zugriff auf Telekommunikations-Verkehrsdaten kaum geeignet[162]. Terrorismus, organisierte Kriminalität, Wirtschaftskriminalität oder Netzkriminalität, auf deren Bekämpfung neue Eingriffsbefugnisse regelmäßig zielen, betreffen nur wenige Menschen unmittelbar. Maßnahmen auf diesen Gebieten gehen damit an den täglichen Sorgen der Bürger vorbei und sind infolgedessen zur Stärkung des subjektiven Sicherheitsgefühls von vornherein ungeeignet – davon abgesehen, dass das subjektive Sicherheitsgefühl von der objektiven Sicherheitslage ohnehin unabhängig ist[163]. Insofern kann es nicht gerechtfertigt sein, die Einführung neuer Eingriffsbefugnisse mit einer Stärkung des Sicherheitsgefühls der Bevölkerung zu begründen.

Entsprechend der verbreiteten Kriminalitätsfurcht sind auch Erweiterungen der Überwachungsbefugnisse populär. Im Rahmen einer Umfrage Ende 2001, also kurze Zeit nach den terroristischen Anschlägen auf das World Trade Center in den USA, gaben 52% der befragten Deutschen an, Sicherheit sei ihnen wichtiger als Freiheit, während nur 34% der gegenteiligen Ansicht waren[164]. Eine andere Umfrage, durchgeführt im Jahr 2003, ergab allerdings, dass weniger als 20% der Befragten eine staatliche Kontrolle von Telefongesprächen und Emails zur Verhinderung von Straftaten befür-

---

159 Hassemer, Strafen im Rechtsstaat, 260.
160 Vgl. auch Vähling, Christian: Rundum sicher, 23.10.2000, www.aktuelle-kamera.org/
     txt/rundum.html: Es würde genügen, subjektive Sicherheit durch kritische Aufklärung
     über das eigentliche Ausmaß der Unsicherheitsfaktoren zu gewährleisten.
161 Hassemer, Strafen im Rechtsstaat, 250 f. und 284.
162 Hassemer, Strafen im Rechtsstaat, 284.
163 Seite 29.
164 Institut für Demoskopie Allensbach: Der Wert der Freiheit, Ergebnisse einer Grundla-
     genstudie zum Freiheitsverständnis der Deutschen, Oktober/November 2003, www.ifd-
     allensbach.de/pdf/akt_0406.pdf, 64.

worteten[165]. Obwohl hinsichtlich einer generellen Vorratsspeicherung von Telekommunikations-Verkehrsdaten noch keine Umfragen existieren, ist anzunehmen, dass eine solche Maßnahme in der Bevölkerung auf Zustimmung stoßen würde, wenn entsprechende Pläne von der Regierung verfolgt und gegenüber der Bevölkerung mit einer Stärkung der inneren Sicherheit begründet würden. Im Zusammenhang mit der Bekämpfung von Kinderpornografie im Internet hat etwa das Europäische Parlament gefordert, eine allgemeine Pflicht zur Aufbewahrung von Verkehrsdaten für mindestens drei Monaten einzuführen[166]. Später hat es sich allerdings ausdrücklich gegen eine generelle Vorratsspeicherung ausgesprochen[167]. In den meisten Staaten der Europäischen Union gibt es seit dem 11.09.2001 zumindest Pläne für die Einführung einer generellen Vorratsspeicherung von Telekommunikations-Verkehrsdaten[168]. Die Bundesregierung sah im Jahr 2002 dagegen noch keine Erforderlichkeit einer solchen Vorratsspeicherung[169]. In den USA sind entsprechende Pläne am Widerstand des Parlaments gescheitert[170].

2. Ursachen für die öffentliche Meinung

Die Bildung der öffentlichen Meinung wird durch verschiedene Faktoren beeinflusst. Teilweise wird als Erklärung für die Kriminalitätsfurcht auf

---

165 Institut für Demoskopie Allensbach: Der Wert der Freiheit, Ergebnisse einer Grundlagenstudie zum Freiheitsverständnis der Deutschen, Oktober/November 2003, www.ifd-allensbach.de/pdf/akt_0406.pdf, 110.

166 Legislative Entschließung mit der Stellungnahme des Europäischen Parlaments zum Entwurf einer Gemeinsamen Maßnahme zur Bekämpfung der Kinderpornographie im Internet, Änderung Nr. 17 (ABl. EG Nr. C 219 vom 30.07.1999, 68 [71]).

167 Empfehlung des Europäischen Parlaments zu der Strategie zur Schaffung einer sichereren Informationsgesellschaft durch Verbesserung der Sicherheit von Informationsinfrastrukturen und Bekämpfung der Computerkriminalität (2001/2070(COS)) vom 06.09.2001, Dokument Nr. T5-0452/2001; EP, Entschließung zur Durchführung der Datenschutzrichtlinie (I).

168 Überblick bei EU-Rat, Answers to questionnaire on traffic data retention (I).

169 Deutschland in MDG, EU-Questionnaire (I), 24; vgl. jetzt aber die Stellungnahme vom 08.10.2004 in BT Drs. 15/3901.

170 Dembart, Lee: The End User Privacy undone, International Herald Tribune, 10.06.2002, coranet.radicalparty.org/pressreview/print_250.php?func=detail&par=2477; ETNO / EuroISPA / ECTA: The Implications of „Data Retention" in Article 15.1 of the Common Position on the Electronic Communications Data Protection Directive, Joint Industry Memo in view of the 2nd Reading of the Cappato Report, 16.04.2002, www.euroispa.org/docs/160402_dataretent.doc; Paciotti, Elena: Letter to the civil society Coalition against data retention, www.statewatch.org/news/2002/may/10epcavein.htm.

eine allgemeine Verunsicherung, Angst, Orientierungsunsicherheit und ein Gefühl der Überforderung der Menschen heutzutage verwiesen[171]. Traditionelle Gemeinschaften wie die Familie seien in Auflösung begriffen, soziale Normen verblassten zusehends[172]. In der Tat wandelt sich die moderne Gesellschaft immer schneller. Entwicklungen wie die Globalisierung von Wirtschaft und Kultur, Umweltbelastungen, Gentechnik, Drogen, Migration und Datenverarbeitung sind vielen Menschen in Ausmaß und Wirkung unbekannt und erscheinen ihnen daher als latente Gefahr, die sich jederzeit verwirklichen und großen Schaden anrichten kann[173]. Eine Steuerung dieser Entwicklungen erscheint kaum möglich. Umso stärker ist der Wille bei manchen, gegen die damit verbundenen Risiken „radikal" und „ein für alle Mal" vorzugehen, um die bekannte Welt auf diese Weise zu erhalten. Um eine möglichst „totale Sicherheit" zu erreichen, werden selbst höchste Einbußen an eigenen Rechten hingenommen und dem Staat, der angesichts der modernen Gefahren harmlos erscheint, nahezu blindlings vertraut[174]. Die Werte des liberalen Rechtsstaats sind mit dieser Einstellung tendenziell unvereinbar, denn ihre Erhaltung setzt ein gewisses Maß an Selbstsicherheit, Vertrauen und Distanz auf Seiten der Bürger voraus[175].

In der Wissenschaft ist anerkannt, dass Ängste in der Bevölkerung allgemein zunehmen, obwohl die Lebenserwartung seit zwei Jahrhunderten beständig steigt[176]. Biologisch mag diese verzerrte Risikowahrnehmung dadurch zu erklären sein, dass der Mensch Informationen über Gefahren nicht in der Großhirnrinde verarbeitet, in der rationales Denken stattfindet, sondern in evolutionär älteren Gehirnzentren, die für die Verarbeitung von Emotionen zuständig sind[177]. Der menschliche Umgang mit Risiken ist dementsprechend zumeist nicht von einer sachlichen Risikoanalyse, sondern von Gefühlen bestimmt[178]. So wirken Gefahren, die außerhalb der

---

171 Hassemer, Staat, Sicherheit und Information, 225 (237).
172 Hassemer, Strafen im Rechtsstaat, 259.
173 Hassemer, Staat, Sicherheit und Information, 225 (237).
174 Hassemer, Staat, Sicherheit und Information, 225 (236).
175 Hassemer, Staat, Sicherheit und Information, 225 (235).
176 Risikowahrnehmung – Fehleinschätzungen mit fatalen Folgen, Gesundheit 11/2003 (Wort & Bild Verlag, Baierbrunn), 32 (33).
177 Risikowahrnehmung – Fehleinschätzungen mit fatalen Folgen, Gesundheit 11/2003 (Wort & Bild Verlag, Baierbrunn), 32 (33).
178 Risikowahrnehmung – Fehleinschätzungen mit fatalen Folgen, Gesundheit 11/2003 (Wort & Bild Verlag, Baierbrunn), 32 (33).

Kontrolle einer Person liegen, per se extrem bedrohlich[179]. Aufgrund dieses Effekts, der auch im Bereich der Kriminalitätsfurcht wirkt, fahren Menschen beispielsweise entgegen des tatsächlichen Risikos lieber Auto anstatt zu fliegen, fürchten sich Raucher vor geringen Gefahren wie Elektrosmog oder suchen ansonsten vorsichtige Menschen in ihrer Freizeit freiwillig die Gefahr[180].

Das richtige Mittel, um der zunehmend verzerrten Risikowahrnehmung zu begegnen, ist die sachliche Information der Bürger[181]. Dies ist an sich eine Aufgabe der Medien. Tatsächlich schüren die Medien jedoch oft unnötige Ängste anstatt objektiv zu informieren[182]. Die Medien trifft daher eine Mitschuld an der zunehmenden Verunsicherung der Bevölkerung[183]. Aus der Forschung ist bekannt, dass Menschen Gefahren umso höher einschätzen je besser sie sich daran erinnern[184]. Gerade die tägliche, oft aufreißerische Berichterstattung über Verbrechen und Kriege in der Welt erweckt den Eindruck einer unmittelbaren Bedrohung durch solche Ereignisse.

Was der Medienberichterstattung meistens fehlt, ist die Einordnung in den Gesamtkontext. Unbekannt wird etwa sein, wie gering die Zahl von vorsätzlich (in Deutschland durchschnittlich 850 pro Jahr[185]) oder gar durch

---

179 Risikowahrnehmung – Fehleinschätzungen mit fatalen Folgen, Gesundheit 11/2003 (Wort & Bild Verlag, Baierbrunn), 32 (33).

180 Risikowahrnehmung – Fehleinschätzungen mit fatalen Folgen, Gesundheit 11/2003 (Wort & Bild Verlag, Baierbrunn), 32 (33).

181 Gigerenzer, Direktor am Max-Planck-Institut für Bildungsforschung und Andresen, Psychologe am Universitätsklinikum Hamburg-Eppendorf, zitiert bei Risikowahrnehmung – Fehleinschätzungen mit fatalen Folgen, Gesundheit 11/2003 (Wort & Bild Verlag, Baierbrunn), 32 (32 f.).

182 Andresen, Burghard (Psychologe am Universitätsklinikum Hamburg-Eppendorf), zitiert bei Risikowahrnehmung – Fehleinschätzungen mit fatalen Folgen, Gesundheit 11/2003 (Wort & Bild Verlag, Baierbrunn), 32 (33).

183 Risikowahrnehmung – Fehleinschätzungen mit fatalen Folgen, Gesundheit 11/2003 (Wort & Bild Verlag, Baierbrunn), 32 (33); für die Verbrechensfurcht auch BMI/BMJ, Sicherheitsbericht 2001, 38; Bäumler, Helmut: Unser Recht auf Anonymität, Eröffnungsrede zur Sommerakademie 2002 des ULD-SH, www.datenschutzzentrum.de/ somak/somak02/sak02bae.htm: „Immer wieder gab es in den vergangenen Jahren groß aufgemachte Berichte über einzelne Kriminalfälle im Internet, die nicht selten mit der unterschwelligen Botschaft gewürzt waren, die Anonymität im Internet sei ein Nährboden für Kriminalität."

184 Risikowahrnehmung – Fehleinschätzungen mit fatalen Folgen, Gesundheit 11/2003 (Wort & Bild Verlag, Baierbrunn), 32 (33).

185 Limbach, Jutta: Ist die kollektive Sicherheit Feind der individuellen Freiheit? 10.05. 2002, www.zeit.de/reden/Deutsche%20Innenpolitik/200221_limbach_sicherheit.html.

Terrorismus (in Deutschland durchschnittlich 2 pro Jahr[186]) getöteten Menschen gegenüber der unüberschaubaren Vielzahl von Personen ist, die im Straßenverkehr (in Deutschland ca. 7000 im Jahre 2001[187]) oder durch vermeidbare Krankheiten wie Masern (jährlich weltweit eine Million Menschen[188]) sterben, an legalen Drogen wie Alkohol und Nikotin (in Deutschland durchschnittlich 500.000 pro Jahr[189]), durch Hunger oder in Folge eines unverantwortlichen Umgangs mit unseren natürlichen Lebensgrundlagen. Insoweit handelt es sich um oft komplizierte Zusammenhänge ohne aktuellen Anlass, die sich nicht für eine Aufsehen erregende Berichterstattung eignen. Aktuelle Fälle von Kriminalität lassen sich dagegen sehr plastisch darstellen, und im Nachhinein ist es immer ohne größere Probleme möglich, aufzuzeigen, mit welchen zusätzlichen Maßnahmen und Befugnissen eine einzelne Straftat zu verhindern gewesen wäre.

Als Reaktion auf die allgemeine Kriminalitätsfurcht bieten auch Politiker immer neue Wege zu mehr Sicherheit an. Gleichzeitig verstärken sie die in der Bevölkerung vorhandene Furcht weiter[190] und wecken überzogene Sicherheitserwartungen. Diese führen langfristig zu einer zunehmenden Enttäuschung darüber, dass die von der Politik versprochene Sicherheit vor modernen Risiken ausbleibt, was die Glaubwürdigkeit der politischen Akteure beeinträchtigt. Überzogene Sicherheitsversprechungen erschüttern also langfristig nicht nur das Vertrauen der Bevölkerung in die Arbeit der Sicherheitsbehörden, sondern sie tragen auch zu dem für eine Demokratie insgesamt gefährlichen Phänomen der Politikverdrossenheit bei[191]. Dies wird von Seiten der Politik jedoch – sofern es überhaupt erkannt wird – nicht selten in Kauf genommen, weil die Erfahrung zeigt, dass jedenfalls kurzfristig die Beliebtheit derjenigen Politiker enorm steigt, die deutlich sichtbar zur Abwehr einer aktuellen oder als aktuell wahrgenommenen Krisensituation aktiv werden und dadurch Sicherheit und Stabilität verspre-

---

186 Limbach, Jutta: Ist die kollektive Sicherheit Feind der individuellen Freiheit? 10.05. 2002, www.zeit.de/reden/Deutsche%20Innenpolitik/200221_limbach_sicherheit.html.

187 Destatis, Statistisches Bundesamt: Straßenverkehrsunfallbilanz für 2001, Pressemeldung vom 21.02.2002, www.destatis.de/presse/deutsch/pm2002/p0590191.htm.

188 Schönauer, Felix: Das Zeitalter der Übertreibung hat erst begonnen, Handelsblatt vom 13.05.2003, S. 8.

189 Lisken, ZRP 1990, 15 (20).

190 Kutscha, Bürgerrechte & Polizei/CILIP 59 (1/98); Vähling, Christian: Rundum sicher, 23.10.2000, www.aktuelle-kamera.org/txt/rundum.html: „Jede Sicherheitstechnologie schafft durch ihre bloße Gegenwart jedoch eher Verunsicherung"; Achelpöhler/Niehaus, DuD 2002, 731 (733): „selbst erzeugte Sicherheitspanik".

191 Weichert, DuD 2001, 694 (694); Hassemer, Freiheitliches Strafrecht, 227.

chen. So ist bekannt, dass Kriege und andere Katastrophen – etwa Überflutungen – regelmäßig zu einer steigenden Beliebtheit der Amtsinhaber führen, weil diese in der Krise Kompetenz demonstrieren können. Gibt es dagegen keine aktuelle Notlage, dann ist es an der Opposition, das Vorliegen einer Krise heraufzubeschwören und Lösungen für deren Beseitigung anzubieten.

Angesichts der Sicherheitsängste in der Bevölkerung kann ein demokratischer Staat kaum anders reagieren als mit Aktionismus. Die innere Sicherheit ist in beinahe jedem Wahlkampf eines der zentralen Themen[192]. Wer ausspricht, dass sich Gefahren zu einem bestimmten Grad nicht beseitigen lassen oder dass sie in einem demokratischen Rechtsstaat sogar bewusst in Kauf genommen werden müssen, muss eine Verschlechterung seiner Wahlchancen befürchten. Deswegen sind ausgewogene Lösungen in einer repräsentativen Demokratie kaum zu erwarten, wenn die Bevölkerung sie nicht verlangt.

Neben der Meinung der Bevölkerungsmehrheit lassen sich für das besondere Engagement der Politik im Bereich der inneren Sicherheit auch staatstheoretische Gründe finden. Der Schutz vor Kriminalität ist traditionell eine der wichtigsten staatlichen Aufgaben[193]. Dem Konzept eines Gesellschaftsvertrags zufolge ist die Notwendigkeit des Staates gerade in dem Bedürfnis nach Sicherheit begründet; der Staat zieht seine Legitimation also aus dem Schutz der Bevölkerung[194]. Würde der Staat es aufgeben, sich darum zu bemühen, dann fiele seine Daseinsberechtigung weg und er würde die Auflösung seiner Souveränität einleiten[195]. Der Staat muss sich daher stets um mehr Sicherheit bemühen, schon um seine eigene Existenz zu sichern[196].

So gibt es heute kaum ein gesellschaftliches Problem – vom Doping bis zur Korruption –, zu dessen Lösung nicht nach einer weiteren Ausdehnung der Telekommunikationsüberwachung gerufen wird[197]. Bei jedem passenden Anlass (z.B. Anschlag auf das World Trade Center oder in Djerba) oder unter Hinweis auf allgemeine Entwicklungen (früher Kommunismus oder Linksterrorismus, heute fundamentalistischer Terrorismus, Rechtsextremismus, Hooligans, Drogenkartelle, organisierte Kriminalität, Kinderpornographie, Computerkriminalität, Netzkriminalität) werden Instrumente

---

192   Kloepfer, Privatsphäre, 91 (102).
193   BVerfGE 49, 24 (56 f.).
194   BVerfGE 49, 24 (56 f.).
195   Germann, 699.
196   Germann, 700.
197   Garstka/Dix/Walz/Sokol/Bäumler, Hintergrundpapier (I), Punkt II.

eingefordert und nicht selten auch eingeführt, die schon lange zuvor in den Schubladen der Eingriffsbehörden lagen[198]. Kaum ein Gesetzesvorhaben wurde auf die Fälle beschränkt, die es motiviert haben; die neu eingeführten Eingriffsbefugnisse sind regelmäßig auf eine wesentlich größere Anzahl von Fällen anwendbar als es der Anlass erforderlich machte[199]. Dabei ist kaum zu erwarten, dass die Verfügbarkeit dieser neuen Instrumente auch nur einzelne der spektakulären Straftaten hätte verhindern können[200]. Der zweifelhaften Effizienz solcher Maßnahmen steht ein sicherer und beträchtlicher Schaden für die Menschenrechte gegenüber[201]. In der Summe können schon wenige politische Entscheidungen der genannten Art jahrzehntelange Bemühungen um den internationalen Schutz der Menschenrechte zunichte machen[202].

Vor dem Hintergrund der von Medien und Politik erzeugten oder verstärkten Sicherheitsangst sind weitere Ausweitungen der bestehenden Eingriffsbefugnisse fast zwangsläufig[203]. Eine Begrenzung von Befugnissen erscheint vor dem Hintergrund dieses Klimas ausgeschlossen[204]. So sicher es ist, dass es in 20 Jahren noch zu viel Kriminalität in Deutschland geben wird, so unsicher ist es, ob von den Freiheitsgrundrechten noch viel übrig geblieben sein wird[205]. Diese Entwicklung stellt ein bisher ungelöstes, grundsätzliches Problem des Grundrechtsschutzes in unserer Demokratie dar[206].

198　Limbach, RDV 2002, 163 (164); Berliner Datenschutzbeauftragter, Bericht zum 31. Dezember 2001, LT-Drs. 15/591, 4: „Jetzt weht der Wind, jetzt gehen wir segeln".

199　Kaleck, Wolfgang u.a.: Stellungnahme von Bürgerrechtsorganisationen zur Anhörung des Innenausschusses des Deutschen Bundestages am 30.11.2001 zum Entwurf eines Gesetzes zur Bekämpfung des internationalen Terrorismus (Terrorismusbekämpfungsgesetz), www.cilip.de/terror/atg-stell-281101.pdf, 6; vgl. auch BMJ, Stellungnahme zum Terrorismusbekämpfungsgesetz (I), 3: „Im Hinblick auf den Titel ‚Terrorismusbekämpfungsgesetz' scheint es zudem angeraten, den Gesetzentwurf auch tatsächlich auf Maßnahmen zur Bekämpfung des Terrorismus zu beschränken."

200　Weichert, Terror und Informationsgesellschaft (I); Unabhängiges Landeszentrum für den Datenschutz Schleswig-Holstein, Tätigkeitsbericht 2002, LT-Drs. 15/1700, 10: „Jeder weiß, dass Anschläge wie die vom 11. September auch bei Null Datenschutz nicht zu verhindern sind".

201　Schieder, Anti-Terrorist Measures and Human Rights (I).

202　Schieder, Anti-Terrorist Measures and Human Rights (I).

203　Kloepfer, Privatsphäre, 91 (102).

204　Kloepfer, Privatsphäre, 91 (102).

205　Kloepfer, Privatsphäre, 91 (102).

206　Kloepfer, Privatsphäre, 91 (102).

3. Rechtsstaatliche Gesichtspunkte

Der Rechtsstaat des Grundgesetzes zeichnet sich unter anderem dadurch aus, dass es eine Grenze gibt, jenseits derer die Bürger Eingriffe nicht mehr hinnehmen müssen und gegebenenfalls mit Hilfe der Gerichte abwehren können. Dies ergibt sich aus den Grundrechten in Verbindung mit dem Übermaßverbot und Art. 19 Abs. 4 GG. Die potenzielle Eignung von Maßnahmen zur Bekämpfung selbst schwerwiegendster Gefahren kann Eingriffe nicht in jedem Fall rechtfertigen, denn Straftaten und Gefahren drohen fast immer und überall[207]. Angesichts der Fülle von Untaten in aller Welt lässt sich beispielsweise jederzeit auf die Gefahr eines terroristischen Anschlags verweisen, um auf diese Weise einen permanenten Ausnahmezustand zu definieren, der die Grundrechte dauerhaft einschränkt oder außer Kraft setzt[208]. Die Ausnahmeverordnung des Reichspräsidenten vom 28.02.1933 und ihre Folgen können insofern nicht als „Unglücksfall der Geschichte" abgetan werden, sondern stellen auch heute noch ein mahnendes Beispiel dar[209]. Anhand des Konzeptes der Totalüberwachung[210] stellt das Bundesverfassungsgericht auch auf dem Gebiet der Telekommunikationsüberwachung klar, dass es eine Grenze gibt, jenseits derer die Individualgrundrechte nicht mehr der abstrakten Möglichkeit weichen müssen, dass ein Eingriff zur Begegnung schwerer Gefahren erforderlich sein könnte.

Von den Befürwortern erweiterter Eingriffsbefugnisse wird nicht selten argumentiert, es dürfe „keinen Informationsvorsprung der Bösen vor den Guten" geben[211]. Auf dem Gebiet der Telekommunikation spiegelt sich diese Forderung in dem Ruf nach einer „lückenlose[n] Überwachung" der Telekommunikation[212] wider. Eine Woche nach dem terroristischen Anschlag auf das World Trade Center am 11.09.2001 äußerte der deutsche Innenminister, der Datenschutz dürfe der Bekämpfung von Verbrechen und Terrorismus nicht im Wege stehen[213]. Dafür zu sorgen, „dass niemand seine Identität verschleiert oder andere darüber täuscht", sei „in einem Rechtsstaat eine Selbstverständlichkeit."[214] Konsequent zu Ende gedacht „ver-

---

207 L/D⁴ Bäumler, J 598.
208 Lisken, NVwZ 2002, 513 (516).
209 Lisken, NVwZ 2002, 513 (516).
210 BVerfGE 313, 100 (376).
211 Hamm, NJW 2001, 3100 (3101); vgl. auch L/D³-Rachor, F 194 m.w.N.: „,Waffengleichheit' bzw. ,Chancengleichheit'".
212 Vgl. Bundesregierung, BT-Drs. 13/9443, 7.
213 Schily, Terrorismusrede (I).
214 Schily, Terrorismusrede (I).

schleiert" seine Identität allerdings auch, wer sich ohne gut sichtbaren Lichtbildausweis in der Öffentlichkeit bewegt. Weil man gerade nicht weiß, wer die „Bösen" sind, die nach der genannten Vorstellung keinen Informationsvorsprung vor dem Staat haben sollen, bedeutet diese Konzeption letztlich, dass der Staat alles wissen und überwachen muss, um allen denkbaren Risiken in der Zukunft möglichst wirksam begegnen zu können. Weil sich das Risiko einer Straftat oder eines Schadens nie ganz ausschließen lässt[215], dem Leben vielmehr inhärent ist („allgemeines Lebensrisiko"), lassen sich aus dieser Sicherheitslogik potenziell unbegrenzte Befugnisse der Staatsmacht ableiten[216]. Schon Benjamin Franklin hat gewarnt, dass Bürger, die immer mehr Sicherheit auf Kosten der Freiheit gewinnen wollen, am Ende beides verlieren würden[217].

Die Forderung einer „Waffen-" oder „Chancengleichheit" der Sicherheitsbehörden steht der Errungenschaft des Rechtsstaates diametral entgegen, dass zum Schutze der Unschuldigen, aber auch der Menschenwürde, auf bestimmte Mittel verzichtet wird und formalisierte Verfahren eingehalten werden, selbst wenn dies Nachteile für die Effektivität der Aufgabenerfüllung durch die Eingriffsbehörden und sogar irreversible Schäden an Rechtsgütern – sei es auch durch terroristische Anschläge – mit sich bringt[218]. Solche Nachteile, die auf dem Gebiet der Informationsbeschaffung aus einem Informationsvorsprung der Störer und Täter resultieren, nimmt der Rechtsstaat bewusst in Kauf, denn er beruht auf der historischen Erkenntnis, dass die unbedingte Gewährleistung von Sicherheit oder die Sicherstellung von Strafe um jeden Preis nicht in unserem Interesse ist[219].

---

215 Vgl. L/D³-Bäumler, J 598: Straftaten drohen stets und fast überall; L/D³-Denninger, E 35: „Allgemein gefährlich" ist nahezu jeder Lebensbereich; L/D³-Rachor, F 182: Straftaten lassen nicht ausschließen, und Ort, Zeitpunkt und Art und Weise ihrer Begehung lassen sich nicht vorhersehen.

216 I.E. auch ISPA, Internet Service Providers' Association (Belgium): Position Paper on Retention of Traffic Data, youthful2.free.fr/dataretention.pdf. Vgl. auch L/D³-Lisken, C 33: „allgemeine Risikovorsorge durch ‚vorbeugende' Vergewisserung der Ungefährlichkeit des Kontrollierten"; ders., C 34: Jeder Mensch in der Freiheit stelle ein immanentes Sicherheitsrisiko dar, wenn man ihm nicht mehr den verantwortlichen Umgang mit der Freiheit unter Achtung der Rechte des Nächsten zutraue.

217 Zitiert bei Limbach, RDV 2002, 163 (165).

218 DSB-Konferenz, Zehn Jahre nach dem Volkszählungsurteil (I); vgl. auch Ostendorf, JZ 1991, 62 (68); L/D³-Lisken, C 86; Unabhängiges Landeszentrum für den Datenschutz Schleswig-Holstein, Tätigkeitsbericht 2002, LT-Drs. 15/1700, 10 f.; Schieder, Anti-Terrorist Measures and Human Rights (I): „terrorists also have human rights".

219 Schwimmer, Anti-terrorist measures and Human Rights (I); vgl. auch Fischer/Maul, NStZ 1992, 7 (9): „Es gibt kein ‚Grundrecht auf Sicherheit' um jeden Preis".

Damit würde man nämlich gerade diejenigen Werte aufgeben, die man schützen will[220]. Die erste Vorschrift des Grundgesetzes, Art. 1 Abs. 1, stellt eine unmissverständliche Absage an den Totalitarismus und an die Ideologie des Nationalsozialismus („Du bist nichts, Dein Volk ist alles") dar[221]. Aus ihr folgt, dass das „Gemeinwohl" nicht um jeden Preis verfolgt werden darf. Auf diesem Gedanken beruhen beispielsweise auch die straf-prozessualen Zeugnisverweigerungsrechte (§§ 52 ff. StPO) und das Verbot bestimmter Vernehmungsmethoden (§ 136a StPO). Dass Straftätern prinzi-piell alle Mittel – einschließlich der Folterung und der Tötung von Personen – zur Verfügung stehen, bedeutet nicht, dass der Einsatz dieser Mittel auch durch den Staat legitim und rechtmäßig sein muss[222].

Langfristig dienen rechtsstaatliche Beschränkungen und die Achtung der Menschenrechte auch der Sicherheit eines Staates, denn Repression führt zu Unzufriedenheit und Widerstand. Der Oberste Gerichtshof des Staates Isra-el führte in einem Urteil aus dem Jahr 1999 aus: „Dies ist das Schicksal der Demokratie, weil nicht alle Mittel mit ihr vereinbar und nicht alle Methoden ihrer Feinde für sie verfügbar sind. Obwohl eine Demokratie oft mit einer Hand auf ihren Rücken gebunden kämpfen muss, behält sie trotzdem die Oberhand. Die Erhaltung der Rechtsstaatlichkeit und die Anerkennung der Freiheit des Einzelnen bilden einen wichtigen Bestandteil ihres Verständ-nisses von Sicherheit. Letztlich erhöht dies ihre Stärke."[223]

Daneben darf man nicht vergessen, dass selbst Polizeistaaten wie das Dritte Reich oder die DDR nie absolute Sicherheit gewährleisten konnten. Die Sicherheit und Freiheit der Bürger solcher Staaten ist vielmehr zuallererst durch den Staat selbst bedroht[224]. Christoph Gusy formuliert dies wie folgt: „Ein gewisses Maß an Unsicherheit ist der Preis der Freiheit. Wo alles geregelt, alles überwacht und alles gespeichert wird, ist die Freiheit am Ende. Das Ende der Freiheit ist allerdings keineswegs vollständige Sicher-

---

220 Schwimmer, Anti-terrorist measures and Human Rights (I); Weichert, Thilo: Beängsti-gende Bilanz der Terrorismusbekämpfung, 10.09.2002, www.datenschutzverein.de/ Pressemitteilungen/2002_07.html; vgl. Minderheitenvotum in BVerfGE 30, 1 (46): „Es ist ein Widerspruch in sich selbst, wenn man zum Schutz der Verfassung unveräußerli-che Grundsätze der Verfassung preisgibt."

221 v. Münch/Kunig-Kunig, Art. 1, Rn. 6.

222 Hamm, NJW 2001, 3100 (3101); vgl. auch Ostendorf, JZ 1991, 62 (68).

223 Zitiert bei Gore, Al: Freedom and Security, 09.11.2003, www.scoop.co.nz/mason/ stories/WO0311/S00068.htm.

224 Vgl. auch L/D³-Lisken, C 61: Die Selbstgefährdung des Rechtsstaates ist immer größer als seine Gefährdung von außen; Lisken, ZRP 1990, 15 (16): „Die Sicherheit vor der Staatsmacht ist und bleibt vorrangiger Verfassungszweck.".

heit, sondern vollständige Unsicherheit."[225] Da jede Gesellschaft notwendig ein gewisses Maß an Kriminalität mit sich bringt[226], konnten und können auch totalitäre Überwachungsstaaten Kriminalität oder sonstiges unerwünschtes Verhalten allenfalls vorübergehend reduzieren, keinesfalls verhindern. Der Preis, um den dies geschehen ist und teilweise noch geschieht, führt zu der Einsicht, dass es Freiheitsräume geben muss, die der Staat auch dann nicht penetrieren darf, wenn dies zulasten der Effektivität seiner Aufgabenwahrnehmung und des Rechtsgüterschutzes geht. Diese Idee steckt hinter den Grund- und Menschenrechten. Die genannten, historischen Erfahrungen werden tendenziell für obsolet erklärt, wenn der deutsche Innenminister äußert: „Es geht heute nicht mehr darum, den Einzelnen vor dem Staat zu schützen, sondern den Einzelnen vor der Organisierten Kriminalität"[227].

4. Argumente von Bürgerrechtlern im Bereich des staatlichen Zugriffs auf Telekommunikations-Verkehrsdaten

Wie gezeigt[228], sind gerade Telekommunikationsdaten aus Sicht der Betroffenen äußerst sensible Daten. Sie zeichnen große Teile des Privatlebens nach und geben Aufschluss darüber, mit wem man kommuniziert (telefonisch oder per Internet), wohin man geht (Standortdaten von Mobiltelefonen) und was man im Internet liest. Teilweise wird gesagt, ein Sammeln und Auswerten aller Gedankenströme der Bevölkerung im Bereich der Telekommunikation sei eine gute Definition eines Polizeistaats[229] bzw. einer „Gedankenpolizei"[230].

Gegen solche Vorhaben argumentieren Bürgerrechtler immer wieder mit Vergleichen, um auch Menschen ohne technisches Verständnis die Bedeutung einer generellen Vorratsspeicherung von Telekommunikations-Verkehrsdaten deutlich zu machen. Beispielsweise wird gesagt, dass man beim Abholen eines Formulars in einer Behörde, beim Betreten eines Buch-

---

225 Gusy, Christoph, zitiert bei Thomas, Volker: Christoph Gusy: „Vollständige Sicherheit darf es nicht geben", fluter 2/2002, 25 (25), www.fluter.de/look/issues/issue6/pdf/FL2_24_25.pdf; vgl. auch L/D³-Lisken, C 92 m.w.N.; Lisken, ZRP 1990, 15 (21) m.w.N.

226 Vgl. Kunz, Kriminologie, § 31, Rn. 41.

227 Zitiert bei Kutscha, Bürgerrechte & Polizei/CILIP 59 (1/98).

228 Seite 3.

229 Zitiert bei Earl of Northesk: Debatte im House of Lords, 27.11.2001, www.parliament. the-stationery-office.co.uk/pa/ld199900/ldhansrd/pdvn/lds01/text/11127-13.htm.

230 Bäumler, Helmut: Unser Recht auf Anonymität, Eröffnungsrede zur Sommerakademie 2002 des ULD-SH, www.datenschutzzentrum.de/somak/somak02/sak02bae.htm.

ladens oder beim Betrachten eines Schaufensters anonym bleibe. Es gebe keinen Grund, warum dies im virtuellen Leben anders sein solle[231]. Eine Vorratsspeicherung sei ähnlich zu beurteilen wie wenn der Bäcker beim Brötchenkauf die Vorlage des Personalausweises forderte, der dann kopiert und registriert würde[232]. Dass in den Telekommunikationsnetzen Straftaten begangen würden, stelle keine Besonderheit dar. Auch auf der Straße oder in privaten Wohnungen geschähen Straftaten, ohne dass dies dort eine Totalkontrolle legitimieren würde[233].

Niemand müsse beim Absenden eines Briefes seinen Personalausweis vorlegen oder in einer öffentlichen Bibliothek registrieren lassen, welche Seite er in welchem Buch aufschlägt. Eine vergleichbar umfassende Kontrolle entsprechender Online-Aktivitäten (E-Mail-Versand, Nutzung des World Wide Web) sei ebenso wenig hinnehmbar[234]. Interessant an diesem Beispiel ist die Überlegung, dass Angriffe auf die öffentliche Infrastruktur, mit denen Überwachungsmaßnahmen in den Telekommunikationsnetze oft begründet werden, auch in der Offline-Welt möglich sind. So werden Bücher in Bibliotheken oft unbemerkt zerstört. Im Extremfall können auch ganze öffentliche Gebäude einem Bombenanschlag zum Opfer fallen, ohne dass man als Konsequenz eine Eingangskontrolle von Ausweisen eingeführt hat. Der Grund dafür liegt wohl in den hohen Kosten einer solchen Maßnahme. Derartige Kosten würden im Bereich der Telekommunikationsnetze nicht anfallen oder sie könnten den Nutzern unbemerkt auferlegt werden, so dass hier vergleichbare Hürden nicht bestehen.

III. Wirtschaftliche Bedeutung

Im Spiel der Politik hat die Wirtschaft nicht wenige Trümpfe in der Hand und kann entsprechend viel Einfluss auf das politische Geschehen nehmen. Ihr Interesse ist allerdings auf die Sicherung eines attraktiven „Standorts" und günstiger staatlicher Rahmenbedingungen beschränkt. Im Bereich der Telekommunikationsüberwachung ist die Opposition der Wirtschaft gegen-

---

231 Weichert, Thilo: BigBrotherAward 2002 in der Kategorie „Kommunikation", 25.10.2002, www.big brother-award.de/2002/.comm.

232 Weichert, Thilo: BigBrotherAward 2002 in der Kategorie „Kommunikation", 25.10.2002, www.big-brother-award.de/2002/.comm.

233 Weichert, Thilo: BigBrotherAward 2002 in der Kategorie „Kommunikation", 25.10.2002, www.big-brother-award.de/2002/.comm.

234 DSB-Konferenz, Datenschutzbeauftragte des Bundes und der Länder: Entschließung zur systematischen verdachtslosen Datenspeicherung in der Telekommunikation und im Internet der 64. Konferenz der Datenschutzbeauftragten des Bundes und der Länder vom 24./25.10.2002, BT-Drs. 15/888, 199.

über geplanten Erweiterungen der Eingriffsbefugnisse daher beschränkt. Eine Allianz von Wirtschaft und Staat kann – wie das Beispiel des britischen RIP-Gesetzes zeigt[235] – zu sehr weit gehenden Staatsbefugnissen bei weitgehender Kostenerstattung der betroffenen Unternehmen führen[236].

Ein Teil der Wirtschaft, insbesondere die Software-, Musik- und Filmindustrie, spricht sich als Opfer von „Cyberpiraten" ausdrücklich für verstärkte staatliche Überwachungsbefugnisse aus, auch was die Sammlung von Internet-Verkehrsdaten und die Abschaffung anonymer Internet-Zugänge angeht[237]. Ein anderer Teil der Wirtschaft, insbesondere Anbieter von Telekommunikationdiensten, Internetzugängen, Internet-Shopping und Internetinhalten, fürchtet dagegen die Kostenlast, die für sie mit der Einführung verstärkter staatlicher Eingriffsbefugnisse verbunden wäre. Diese Unternehmen verlangen jedenfalls eine volle Kostenerstattung mit dem Argument, die Telekommunikationsüberwachung sei eine staatliche Aufgabe[238]. Sie selbst seien nicht besonders von Netzkriminalität betroffen[239]. Vielmehr

---

235 Norton-Taylor, Richard / Millar, Stuart: Privacy fear over plan to store email, 20.08.2002, The Guardian, www.guardian.co.uk/Print/0%2C3858%2C484984%2C00. htm.

236 Vgl. Gundermann, Lukas, zitiert bei Hürter, Tobias: Der große Bruder wird größer, www.sueddeutsche.de/computer/artikel/367/367/print.htmlwww.sueddeutsche.de/computer/ artikel/367/367/print.html: „Wir haben von geplanten Deals erfahren, bei denen die Unternehmen die Speicherpflicht akzeptieren, wenn sie die Daten eingeschränkt nutzen dürfen."

237 Etwa Correa, Mario (Business Software Alliance, BSA), zitiert in Kommission, Cybercrime-Anhörung (I); IVF, International Video Federation: Submission to the European Commission for the Public Hearing on Creating a Safer Information Society by Improving the Security of Information Infrastructures and Combating Computer-related Crime, europa.eu.int/ISPO/eif/InternetPoliciesSite/Crime/PublicHearingPresentations/FIPF -IVF-MPA.html.

238 Dressel, Christian (KirchGruppe), zitiert in Kommission, Cybercrime-Anhörung (I); Deutsche Telekom AG: Submission to the European Commission for the Public Hearing on Creating a Safer Information Society by Improving the Security of Information Infrastructures and Combating Computer-related Crime, europa.eu.int/ISPO/eif/ InternetPoliciesSite/Crime/Comments/DeutscheTelekom.html; Gibbs, ETNO, zitiert in Kommission, Cybercrime-Anhörung (I); EEWG, European Electronic Signatures Working Group: Submission to the European Commission for the Public Hearing on Creating a Safer Information Society by Improving the Security of Information Infrastructures and Combating Computer-related Crime, europa.eu.int/ISPO/eif/InternetPoliciesSite /Crime/Comments/EEWG.html; vgl. auch Empfehlung des Europäischen Parlaments zu der Strategie zur Schaffung einer sichereren Informationsgesellschaft durch Verbesserung der Sicherheit von Informationsinfrastrukturen und Bekämpfung der Computerkriminalität (2001/2070(COS)) vom 06.09.2001, Dokument Nr. T5-0452/2001.

239 Van Roste, EuroISPA, zitiert in Kommission, Cybercrime-Anhörung (I).

kämen die Eingriffsbefugnisse der Allgemeinheit zugute, die daher auch die Kosten tragen müsse[240]. Eine Pflicht zur Kostenerstattung würde auch als Sicherung gegen unnötige Inanspruchnahme von Überwachungsbefugnissen wirken[241]. In der Tat hat die Einführung einer Kostenerstattungspflicht in Großbritannien zu einem Rückgang der Auskunftsersuchen um 36% geführt[242]. Darüber hinaus sei zu vermuten, dass der Staat bereits auf der Gesetz- und Verordnungsebene weiter reichende Überwachungsbefugnisse als erforderlich vorsehe, wenn er zu einer Erstattung der damit verbundenen Kosten nicht verpflichtet sei[243]. Es wird zudem darauf hingewiesen, dass die von Staat zu Staat unterschiedlichen Kostenerstattungsregelungen zu Verzerrungen des internationalen Wettbewerbs führten[244] und den Aufbau in-

---

240 EEWG, European Electronic Signatures Working Group: Submission to the European Commission for the Public Hearing on Creating a Safer Information Society by Improving the Security of Information Infrastructures and Combating Computer-related Crime, europa.eu.int/ISPO/eif/InternetPoliciesSite/Crime/Comments/EEWG.html; ISPA, Internet Service Providers' Association (Belgium): Position Paper on Retention of Traffic Data, youthful2.free.fr/dataretention.pdf.

241 Van Roste, EuroISPA, zitiert in Kommission, Cybercrime-Anhörung (I); BITKOM: Stellungnahme zur Gesetzesinitiative des Bundesrates vom 31.05.2002 (BR-Drs. 275/02), 12.08.2002, www.bitkom.org/files/documents/Position_BITKOM_Vorrats datenspeicherung_u.a._12.08.2002.pdf, 4; so auch Pfitzmann, Andreas, zitiert bei Klotz, Karlhorst: Die Polizei, dein Freund und Mixer, www.sueddeutsche.de/computer/ artikel/382/6376/.

242 NCIS Submission (I), Punkt 6.5.1.

243 Mobilkom Austria und Telekom Austria in Österr. Verfassungsgerichtshof, G 37/02-16 u.a. vom 27.02.2003, S. 24, www.vfgh.gv.at/presse/G37-16-02.pdf.

244 Van Roste, EuroISPA, zitiert in Kommission, Cybercrime-Anhörung (I); Gibbs, ETNO, zitiert in Kommission, Cybercrime-Anhörung (I); KirchGruppe: Submission to the European Commission for the Public Hearing on Creating a Safer Information Society by Improving the Security of Information Infrastructures and Combating Computer-related Crime, europa.eu.int/ISPO/eif/InternetPoliciesSite/Crime/PublicHearingPresentations/Kirch Gruppe2.html; Deutsche Telekom AG: Submission to the European Commission for the Public Hearing on Creating a Safer Information Society by Improving the Security of Information Infrastructures and Combating Computer-related Crime, europa.eu.int/ISPO /eif/InternetPoliciesSite/Crime/Comments/DeutscheTelekom.html; VDMA, Arbeitsgemeinschaft Telekommunikations-Mehrwertdienste im VDMA: Zum Entwurf der Telekommunikations-Überwachungsverordnung (TKÜV), Stellungnahme vom 15.07.1998, www.dud.de/dud/documents/vdma9807.htm; VATM: 15 Punkte zur TKG-Novelle, 17.12.2002, www.vatm.de/images/dokumente/15_punkte_tkg.pdf; ISPA, Internet Service Providers' Association (Belgium): Position Paper on Retention of Traffic Data, youthful2.free.fr/dataretention.pdf; vgl. auch Kommission, Illegale Inhalte (I); Artikel-29-Gruppe der EU, Vorratsspeicherung, 6; Earl of Northesk: Debatte im House of Lords, 27.11.2001, www.parliament.the-stationery-office.co.uk/pa/ld199900/ldhansrd/ pdvn/lds01/text/11127-13.htm.

ternationaler Netze und Dienstleistungen erschwerten[245]. Die Kostenlast stelle darüber hinaus ein Innovationshindernis in Bezug auf die Entwicklung neuer Kommunikationstechnologien dar[246] und könne eine unüberwindbaren Hürde für kleine und mittlere Unternehmen bilden, so dass auch der nationale Wettbewerb leiden könnte[247]. Für bestehende Kleinunternehmen könnten die Kosten existenzbedrohende Ausmaße annehmen[248]. Vielen Betreibern von Angeboten und Diensten im Internet, die sich bisher werbefinanzieren konnten und ihre Leistungen daher für die Verbraucher unentgeltlich anbieten konnten (z.B. E-Mail-Konten, Suchmaschinen, Webhosting), drohe das Aus[249], wenn sie ihre Aktivitäten nicht ins Ausland verlagern können. Im Einzelfall könnten dadurch Verbraucher, die sich kommerzielle Dienste nicht leisten können, von der Nutzung zentraler Dienste wie E-Mail ausgeschlossen werden[250]. Wo Internetnutzern die Nutzung von weiterhin kostenlosen Angeboten aus dem Ausland möglich bleibt, müssen sie mit einem erheblich geringeren Datenschutzniveau vorlieb nehmen.

---

245 Queen Mary (University of London), Studie über Netzkriminalität (I).

246 Deutsche Telekom AG: Submission to the European Commission for the Public Hearing on Creating a Safer Information Society by Improving the Security of Information Infrastructures and Combating Computer-related Crime, europa.eu.int/ISPO/eif/InternetPoliciesSite/Crime/Comments/DeutscheTelekom.html; EuroISPA, Internet Service Providers' Association (Europe) / US ISPA, Internet Service Providers' Association (U.S.A.): Position on the Impact of Data Retention Laws on the Fight against Cybercrime, 30.09.2002, www.euroispa.org/docs/020930eurousispa_dretent.pdf, 2; vgl. auch Kommission, Illegale Inhalte (I).

247 VATM: 15 Punkte zur TKG-Novelle, 17.12.2002, www.vatm.de/images/dokumente/15_punkte_tkg.pdf; Queen Mary (University of London), Studie über Netzkriminalität (I); APIG, All Party Parliamentary Internet Group (UK): The Internet Society of England: APIG Response, 06.12.2002, www.apig.org.uk/isoc.pdf, 4; ICC/UNICE/EICTA/INTUG, Common Industry Statement on Storage of Traffic Data for Law Enforcement Purposes, 04.06.2003, www.statewatch.org/news/2003/jun/CommonIndustryPositionon dataretention.pdf, 8.

248 Hamm, NJW 2001, 3100 (3100); ICC/UNICE/EICTA/INTUG, Common Industry Statement on Storage of Traffic Data for Law Enforcement Purposes, 04.06.2003, www.statewatch.org/news/2003/jun/CommonIndustryPositionondataretention.pdf, 8.

249 Bäumler, Helmut / Leutheusser-Schnarrenberger, Sabine / Tinnefeld, Marie-Theres: Grenzenlose Überwachung des Internets? Steht die freie Internetkommunikation vor dem Aus? Stellungnahme zum Gesetzesentwurf des Bundesrates vom 31. Mai 2002, www.rainer-gerling.de/aktuell/vorrat_stellungnahme.html, Punkt 1.

250 Bäumler, Helmut / Leutheusser-Schnarrenberger, Sabine / Tinnefeld, Marie-Theres: Grenzenlose Überwachung des Internets? Steht die freie Internetkommunikation vor dem Aus? Stellungnahme zum Gesetzesentwurf des Bundesrates vom 31. Mai 2002, www.rainer-gerling.de/aktuell/vorrat_stellungnahme.html, Punkt 1.

Weiter wird vorgebracht, höhere Kosten der Unternehmen führten letztlich zu einer entsprechenden Mehrbelastung der Verbraucher[251]. Dies wiederum hemme die wirtschaftliche Entwicklung insgesamt, insbesondere im Bereich der neuen Medien[252] und des E-Commerce[253], obwohl gerade dieser Bereich gegenwärtig zu einer wichtigen Stütze der Volkswirtschaft heranwachse[254]. Dies könne zu einem Abbau von Arbeitsplätzen oder zu deren Verlagerung in Länder mit günstigeren Rahmenbedingungen führen[255]. Gerade Telekommunikations- und E-Commerce-Unternehmen ließen sich verhältnismäßig leicht ins Ausland verlegen[256]. In Belgien hätten Pflichten bezüglich der Bereitstellung von Verkehrsdaten bereits dazu geführt, dass einige Internet-Access-Provider und einige Internet-Service-Provider Teile ihrer Infrastruktur in Staaten verlagert haben, in denen vergleichbare Pflichten nicht bestehen[257].

Würde die Einführung einer generellen Verkehrsdatenspeicherung mit einer Identifizierungspflicht verbunden, so hätte dies unmittelbar eine Beeinträchtigung der Angebotsqualität und die Versperrung ganzer Geschäftsfelder zur Folge. Bisher konnten vorausbezahlte Mobiltelefonkarten beispielsweise unter ausschließlicher Verwendung von Automaten vertrieben

---

251 EuroISPA, Internet Service Providers' Association (Europe) / US ISPA, Internet Service Providers' Association (U.S.A.): Position on the Impact of Data Retention Laws on the Fight against Cybercrime, 30.09.2002, www.euroispa.org/docs/020930eurousispa_ dreient.pdf, 2; KirchGruppe: Submission to the European Commission for the Public Hearing on Creating a Safer Information Society by Improving the Security of Information Infrastructures and Combating Computer-related Crime, europa.eu.int/ISPO/eif/ InternetPoliciesSite/Crime/PublicHearingPresentations/KirchGruppe2.html; vgl. auch Empfehlung des Europäischen Parlaments zu der Strategie zur Schaffung einer sichereren Informationsgesellschaft durch Verbesserung der Sicherheit von Informationsinfrastrukturen und Bekämpfung der Computerkriminalität (2001/2070(COS)) vom 06.09 2001, Dok.-Nr. T5-0452/2001.
252 G8 Workshop, Workshop 1 (I); vgl. auch Bundesregierung, BT-Drs. 14/9801, 14 (16).
253 Bäumler, Helmut / Leutheusser-Schnarrenberger, Sabine / Tinnefeld, Marie-Theres: Grenzenlose Überwachung des Internets? Steht die freie Internetkommunikation vor dem Aus? Stellungnahme zum Gesetzesentwurf des Bundesrates vom 31. Mai 2002, www.rainer-gerling.de/aktuell/vorrat_stellungnahme.html, Punkt 1.
254 Empfehlung des Europäischen Parlaments zu der Strategie zur Schaffung einer sichereren Informationsgesellschaft durch Verbesserung der Sicherheit von Informationsinfrastrukturen und Bekämpfung der Computerkriminalität (2001/2070(COS)) vom 06. 09.2001, Dok.-Nr. T5-0452/2001; Kommission, Sichere Informationsgesellschaft (I), 7.
255 Allitsch, CRi 2002, 161 (168).
256 NCIS Submission (I), Punkt 3.2.3; Allitsch, CRi 2002, 161 (168).
257 Belgien MDG, EU-Questionnaire (I), 17.

werden. Eine Identifizierungspflicht stünde dem entgegen[258]. Sie wäre mit einer Abschaffung jeglicher anonymer Zugangsmöglichkeiten verbunden – bis hin zum Angebot öffentlicher Telefonzellen oder Internet-Terminals – und würde damit eine erhebliche Einschränkung der Freiheit wirtschaftlicher Betätigung bedeuten[259].

Ein Recht zur freiwilligen Vorratsspeicherung von Telekommunikations-Verkehrsdaten wird von Vertretern der Internetwirtschaft teilweise ausdrücklich gefordert, weil dies dem effizienten und sicheren Betrieb der Netzwerke diene und die Bekämpfung von „Spammern" und „Hackern" ermögliche[260]. Darüber hinaus wird das Recht gefordert, gespeicherte Verkehrsdaten zu Marketingzwecken nutzen zu dürfen[261]. Was die Option einer obligatorischen und generellen Vorratsspeicherung von Telekommunikations-Verkehrsdaten anbelangt, so beschränken sich nicht wenige Unternehmen – insbesondere bei europaweit einheitlicher Regelung – auf die Forderung einer Kostenerstattung und erklären sich bei einer Erstattung ihrer Kosten mit der generellen Vorratsspeicherung von Telekommunikations-Verkehrsdaten einverstanden[262]. Andere Unternehmen lehnen Hilfsdienste dieser Art demgegenüber unabhängig von der Kostenfrage ab[263]. Diese Unternehmen sehen sich Haftungsrisiken gegenüber ihren Kunden und den Sicherheitsbehörden ausgesetzt, wenn sie die Sicherheit oder Vollständigkeit der gespeicherten Daten nicht immer gewährleisten können, was wahrscheinlich sei[264]. Fälle von Datenmissbrauch würden das Nutzervertrauen

---

258 OVG Münster, MMR 2002, 563 (563 f.).

259 Deutsche Telekom AG: Submission to the European Commission for the Public Hearing on Creating a Safer Information Society by Improving the Security of Information Infrastructures and Combating Computer-related Crime, europa.eu.int/ISPO/eif/InternetPoliciesSite/Crime/Comments/DeutscheTelekom.html; Gibbs, ETNO, zitiert in Kommission, Cybercrime-Anhörung (I).

260 ISPA, Internet Service Providers' Association (Belgium): Position Paper on Retention of Traffic Data, youthful2.free.fr/dataretention.pdf.

261 ISPA, Internet Service Providers' Association (Belgium): Position Paper on Retention of Traffic Data, youthful2.free.fr/dataretention.pdf.

262 Österreich und Belgien in MDG, EU-Questionnaire (I), 21.

263 Finnland in MDG, EU-Questionnaire (I), 21; Niederlande in MDG, EU-Questionnaire (I), 22; KirchGruppe: Submission to the European Commission for the Public Hearing on Creating a Safer Information Society by Improving the Security of Information Infrastructures and Combating Computer-related Crime, europa.eu.int/ISPO/eif/InternetPoliciesSite/Crime/PublicHearingPresentations/KirchGruppe2.html.

264 EuroISPA, Internet Service Providers' Association (Europe) / US ISPA, Internet Service Providers' Association (U.S.A.): Position on the Impact of Data Retention Laws on the Fight against Cybercrime, 30.09.2002, www.euroispa.org/docs/020930eurousispa_dretent.pdf, 2.

weiter beeinträchtigen[265]. Die Nachteile im Wettbewerb mit ausländischen Unternehmen ohne Pflicht zur Vorratsspeicherung – insbesondere US-amerikanische Unternehmen – werden teilweise als gravierend eingeschätzt[266]. Das Beispiel des britischen RIP-Überwachungsgesetzes zeige, dass internationale Internet-Anbieter trotz Kostenerstattung die Abwanderung in andere Länder vorzögen[267].

Gefordert wird daher teilweise, vor der Einführung einer Vorratsspeicherungspflicht das tatsächliche Ausmaß der Datennetzkriminalität und die daraus resultierende Kostenlast zu ermitteln, um dies in Verhältnis zu den mit einer Überwachung verbundenen Kosten setzen zu können[268]. Außerdem müsse geprüft werden, inwieweit nicht auch freiwillige Maßnahmen der Unternehmen in Verbindung mit Befugnissen zur Anordnung der Aufbewahrung bereits gespeicherter Verkehrsdaten im Einzelfall ausreichten[269]. In den USA funktioniere dieses Verfahren gut[270]. Nach Ansicht der dortigen Regierung genüge es auch den Erfordernissen der Sicherheitsbehörden[271].

---

265 EuroISPA, Internet Service Providers' Association (Europe) / US ISPA, Internet Service Providers' Association (U.S.A.): Position on the Impact of Data Retention Laws on the Fight against Cybercrime, 30.09.2002, www.euroispa.org/docs/020930eurousispa_dretent.pdf, 2.

266 APIG, Communications Data, 31.

267 Weichert, Bekämpfung von Internet-Kriminalität (I), Punkt 8.

268 KirchGruppe: Submission to the European Commission for the Public Hearing on Creating a Safer Information Society by Improving the Security of Information Infrastructures and Combating Computer related Crime, europa.eu int/ISPO/eif/InternetPoliciesSite/Crime/Public HearingPresentations/KirchGruppe2.html; EuroISPA, Internet Service Providers' Association (Europe) / US ISPA, Internet Service Providers' Association (U.S.A.): Position on the Impact of Data Retention Laws on the Fight against Cybercrime, 30.09.2002, www.euroispa.org/docs/020930eurousispa_dretent.pdf, 1; ähnlich Kommission, Sichere Informationsgesellschaft (I), 23.

269 EuroISPA, Internet Service Providers' Association (Europe) / US ISPA, Internet Service Providers' Association (U.S.A.): Position on the Impact of Data Retention Laws on the Fight against Cybercrime, 30.09.2002, www.euroispa.org/docs/020930eurousispa _dretent.pdf, 1; ECTA, European Competitive Telecommunications Association: ECTA position on data retention in the EU, August 2002, https://www.ectaportal.com/uploads/1412ECTAdataretentionstatement.DOC.

270 EuroISPA, Internet Service Providers' Association (Europe) / US ISPA, Internet Service Providers' Association (U.S.A.): Position on the Impact of Data Retention Laws on the Fight against Cybercrime, 30.09.2002, www.euroispa.org/docs/020930eurousispa_dretent.pdf, 1.

271 ECTA, European Competitive Telecommunications Association: ECTA attacks EU Government plans to undermine internet users privacy and increase costs, ECTA News release, 11.09.2002, https://www.ectaportal.com/uploads/1413Data_retention_110902.doc.

Insbesondere Internet-Service-Provider sind der Ansicht, dass es keine überzeugenden Nachweise für die Behauptung gebe, diese in den USA getroffenen Maßnahmen genügten nicht[272]. Ebenso wenig existierten Nachweise für die Annahme, eine generelle Vorratsspeicherung von Telekommunikations-Verkehrsdaten stelle überhaupt ein effizientes und praktikables Werkzeug zur Verbrechensbekämpfung dar[273]. Bereits nach bisheriger Rechtslage habe es in Europa nur äußerst wenige Fälle gegeben, in denen Verkehrsdaten deswegen nicht herausgegeben werden konnten, weil sie bereits gelöscht worden waren[274].

Übereinstimmend weist die Wirtschaft darauf hin, dass das Vertrauen der Internetnutzer in die Sicherheit der Netze – auch vor staatlichen Zugriffen – für die Branche essenziell sei[275]. Im fünften Erwägungsgrund der Richtlinie 2002/58/EG heißt es, dass die erfolgreiche Entwicklung neuer Kommunikationsdienste mit davon abhänge, „inwieweit die Nutzer darauf vertrauen, dass ihre Privatsphäre unangetastet bleibt". Umfragen bestätigen die Richtigkeit dieser Einschätzungen. Im September 2001 etwa erklärten 40% der im Rahmen einer Umfrage Befragten, aus Sorge um den Schutz ihrer persönlichen Daten freiwillig auf eine Nutzung des Internet zu verzichten[276]. Einer anderen Quelle zufolge haben 56% der Deutschen schon einmal wegen fehlender Sicherheit über die Verwendung ihrer Daten auf die Nutzung

---

272 EuroISPA, Internet Service Providers' Association (Europe) / US ISPA, Internet Service Providers' Association (U.S.A.): Position on the Impact of Data Retention Laws on the Fight against Cybercrime, 30.09.2002, www.euroispa.org/docs/020930eurousispa_dretent.pdf, 1.

273 ECTA, European Competitive Telecommunications Association: ECTA attacks EU Government plans to undermine internet users privacy and increase costs, ECTA News release, 11.09.2002, https://www.ectaportal.com/uploads/1413Data_retention_110902.doc.

274 ECTA, European Competitive Telecommunications Association: ECTA position on data retention in the EU, August 2002, https://www.ectaportal.com/uploads/1412ECTAdataretentionstatement.DOC.

275 Deutsche Telekom AG: Submission to the European Commission for the Public Hearing on Creating a Safer Information Society by Improving the Security of Information Infrastructures and Combating Computer-related Crime, europa.eu.int/ISPO/eif/InternetPolicies Site/Crime/Comments/DeutscheTelekom.html; G8 Workshop, Workshop 1 (I); vgl. auch Erwägungsgrund 5 der RiL 2002/58/EG; Kommission, Sichere Informationsgesellschaft (I), 23; Bundesregierung, BT-Drs. 14/9801, 14 (16); Earl of Northesk: Debatte im House of Lords, 27.11.2001, www.parliament.the-stationery-office.co.uk/pa/ld199 900/ldhansrd/pdvn/lds01/text/11127-13.htm; Hornung, NJW 2004, 3 (6); Weichert, Thilo: BigBrotherAward 2002 in der Kategorie „Kommunikation", 25.10.2002, www.bigbrother-award.de/2002/.comm.

276 EPIC/PI, Privacy and Human Rights 2002 (I), Teil II, 90.

eines Online-Angebots oder auf Online-Shopping verzichtet[277]. Einer Umfrage der Forschungsgruppe Wahlen vom Oktober 2000 zufolge haben 62% der Internetnutzer in Deutschland sogar noch nie online bestellt oder gekauft, weil ihrer Meinung nach der Datenschutz unzureichend gewährleistet sei[278]. Die neuesten Zahlen liefert eine Online-Befragung der europäischen Kommission, der zufolge fast 70% der Befragten als einen der Hauptgründe dafür, dass sie online keine Waren kaufen oder Dienstleistungen in Anspruch nehmen, ihre Besorgnis nennen, dass persönliche Daten, die sie angeben, missbraucht werden könnten[279].

Welche Auswirkung eine generelle Vorratsspeicherung von Telekommunikations-Verkehrsdaten auf das Nutzervertrauen haben würde, ist umstritten. Teilweise ist man der Ansicht, dass eine Vorratsdatenspeicherung der Angst vor Kreditkartenmissbrauch, Viren und anderer Netzkriminalität entgegen wirken und so das Nutzervertrauen stärken würde[280]. Dieses Argument, das oft auch von staatlicher Seite herangezogen wird[281], unterstellt aber ohne Weiteres einen Zusammenhang zwischen dem objektiven Sicherheitsniveau und dem subjektiven Sicherheitsgefühl der Nutzer. Ob ein solcher Zusammenhang tatsächlich besteht, ist fragwürdig. Allgemeine kriminologische Erkenntnisse[282] sprechen dagegen. Die meisten Unternehmen befürchten Hemmungen bei der Nutzung der neuen Medien[283] und verwei-

---

277 IBM multi-national Consumer Privacy Survey, Oktober 1999, zitiert bei Bizer, DuD 2001, 250 (250).

278 Bizer, DuD 2001, 250 (250).

279 Kommission, Your Views on Data Protection (I), 8.

280 Van Roste, EuroISPA, zitiert in Kommission, Cybercrime-Anhörung (I); G8 Workshop, Workshop 1 (I).

281 Kommission, Sichere Informationsgesellschaft (I), 22; G8, Availability (I); ähnlich BMI/BMJ, Sicherheitsbericht 2001, 205: öffentliche Akzeptanz.

282 Seite 29.

283 CBI, Confederation of British Industry: Submission to the European Commission for the Public Hearing on Creating a Safer Information Society by Improving the Security of Information Infrastructures and Combating Computer-related Crime, europa.eu.int/ ISPO/eif/InternetPoliciesSite/Crime/PublicHearingPresentations/CBI.html, G8 Workshop, Workshop 1 (I); ISPA, Internet Service Providers' Association (Belgium): Position Paper on Retention of Traffic Data, youthful2.free.fr/dataretention.pdf; wohl auch Bundesregierung, BT-Drs. 14/9801, 14 (16); eco, Electronic Commerce Forum e.V., Verband der deutschen Internetwirtschaft: Vorratsdatenspeicherung ist verfassungswidrig! Pressemitteilung vom 17.12.2003, www.eco.de/servlet/PB/menu/1236462_ pcontent_11/content.html; vgl. auch Weichert, Bekämpfung von Internet-Kriminalität (I), Punkt 8; Krogmann, Martina (MdB) in Bundestag, Öffentliche Anhörung zum Thema Cyber-Crime/TKÜV (I), 32.

sen auf entsprechende Erfahrungen[284]. Es wird auch auf Studien hingewiesen, denen zufolge das Konsumentenvertrauen von dem Maß an Vertraulichkeit und Sicherheit der Kommunikation und der Nutzerdaten abhänge, nicht aber von dem Ausmaß an Computerkriminalität[285]. Dies erscheint plausibel, da Einzelpersonen – im Gegensatz zu Unternehmen – vergleichsweise selten von Computerkriminalität betroffen sein werden. Ebenso plausibel ist die Annahme, dass sich Menschen, die im Supermarkt um die Ecke unbehelligt einkaufen können, beim Einkaufen im Internet zurückhalten werden, wenn sie dabei permanent überwacht werden[286].

Keine Umfragen scheint es bislang unter Unternehmen und Behörden als Konsumenten zu geben, obwohl die Bedeutung des Business-to-Business-Marktes für die Entwicklung des E-Commerce mindestens ebenso hoch einzuschätzen ist wie die des Business-to-Consumer-Marktes. Da gerade unternehmensbezogene Daten oft einen hohen wirtschaftlichen Wert haben, liegt es nahe, dass die Wirtschaft auf eine Erfassung ihrer Kommunikationsdaten hochsensibel reagieren würde. Wo Geschäftsgeheimnisse von hohem Wert auf dem Spiel stehen, könnten betroffene Unternehmen geneigt sein, auf die Vorteile des E-Commerce und der Telekommunikation weitestgehend zu verzichten. Überwachte Netze können dadurch mittelbar zu einem erheblichen Wettbewerbsnachteil für die Wirtschaft eines Staates werden.

Zusammenfassend ergibt sich ein uneinheitliches Stimmungsbild der Wirtschaft, das von der jeweiligen Interessenlage der einzelnen Unternehmen geprägt ist.

---

284   G8 Workshop, Workshop 1 (I): „Service providers experience is that the collection and retention of personal information erodes consumers' confidence in doing business on the Internet due to privacy concerns."

285   Hickson, Confederation of British Industry (CBI), zitiert in Kommission, Cybercrime-Anhörung (I).

286   Bäumler, Helmut: Unser Recht auf Anonymität, Eröffnungsrede zur Sommerakademie 2002 des ULD-SH, www.datenschutzzentrum.de/somak/somak02/sak02bae.htm.

C. Rechtliche Grenzen des Zugriffs auf Telekommunikationsdaten durch den deutschen Staat

I. Rechtlicher Rahmen

Rechtliche Grenzen des staatlichen Zugriffs auf Telekommunikationsdaten können sich aus drei Kategorien von Rechtsnormen ergeben, nämlich erstens aus den allgemeinen Grund- und Menschenrechten, zweitens aus Normwerken speziell zum Schutz personenbezogener Daten und drittens aus Regelungen zur Gewährleistung der Vertraulichkeit der Telekommunikation.

Die ältesten dieser Normen sind die Kataloge der Grund- und Menschenrechte. Für Deutschland relevant sind insbesondere die Grundrechte des Grundgesetzes und der Europäischen Menschenrechtskonvention. Eine datenschutzrechtliche Bedeutung, die eine Anwendung der Grund- und Menschenrechte auf Telekommunikationsdaten ermöglicht, wurde ihnen erst in Folge der Einführung der Datenschutzgesetze beigelegt[287]. Normwerke zum Schutz personenbezogener Daten, die in Deutschland Anwendung finden, sind insbesondere die Datenschutzkonvention des Europarates, die EG-Datenschutzrichtlinie 95/46/EG und die deutschen Datenschutzgesetze. Eine spezielle Ausprägung des Datenschutzes auf dem Gebiet der Telekommunikation stellen die EG-Richtlinie 2002/58/EG, das TKG, das TDDSG und der MDStV dar. Der Datenschutz steht somit im Mittelpunkt der auf Telekommunikationsdaten anwendbaren Normen.

1. Konventionen des Europarates

a) Europäische Menschenrechtskonvention

Ein äußerst wirksames Instrument auf internationaler Ebene zum umfassenden Schutz der Menschenrechte – darunter auch der Privatsphäre – stellt die Europäische Menschenrechtskonvention (EMRK)[288] dar[289]. Die EMRK

---

287 Für die Grundrechte vgl. insbesondere BVerfGE 65, 1.
288 Europäische Konvention zum Schutze der Menschenrechte und Grundfreiheiten, geändert durch Protokoll Nr. 11 vom 11.05.1994, conventions.coe.int/Treaty/en/Treaties/Html/005.htm. Deutsche Übersetzung unter www2.amnesty.de/internet/ai-theme.nsf/WAlleDok?OpenView&Start=1&Count=30&Expand=8.

wurde am 04.11.1950, also noch unter dem Eindruck des Zweiten Welt-krieges, beschlossen und hat die Rechtsqualität eines völkerrechtlichen Vertrages, der die Vertragsstaaten völkerrechtlich, also im Verhältnis zu-einander, bindet. Zugleich gilt die EMRK in den Mitgliedstaaten aber auch unmittelbar. In Deutschland hat sie die Rechtsqualität eines Parlamentsge-setzes[290] und bindet daher die vollziehende und die rechtsprechende Gewalt unmittelbar (Art. 20 Abs. 3 GG).

Als Besonderheit gegenüber anderen völkerrechtlichen Verträgen ist in den Art. 34 und 28 ff. EMRK ein Verfahren vorgesehen, in dem Einzelper-sonen beim Europäischen Gerichtshof für Menschenrechte (EGMR) Be-schwerde gegen Verletzungen ihrer Rechte aus dem Abkommen erheben können. Die Urteile des Gerichtshofs sind für die Vertragsstaaten verbind-lich (Art. 46 Abs. 1 EMRK). Zwar ist in keiner Bestimmung ausdrücklich festgelegt, dass die Auslegung der EMRK durch den EGMR die Organe der Vertragsstaaten auch generell und nicht nur im Einzelfall bindet. Den Art. 19 ff. EMRK liegt jedoch erkennbar der Zweck zugrunde, dass der EGMR die einheitliche Auslegung der EMRK im Sinne eines Mindeststan-dards sichern soll. Dieser Zweck kann nur erreicht werden, wenn die Aus-legung der EMRK durch den EGMR für die Organe der Vertragsstaaten generell verbindlich ist[291]. Aus rein praktischer Sicht läuft ein Staatsorgan, das anderer Auffassung ist, zumindest Gefahr, wiederholt wegen Vertrags-verletzung durch den Gerichtshof verurteilt zu werden, gegebenenfalls unter Gewährung von Schadensersatz an die Betroffenen (Art. 41 EMRK). Das wiederholte Bekanntwerden solcher Urteile kann dem Ansehen eines Staa-tes erheblichen Schaden zufügen, was dazu beigetragen haben mag, dass sich beispielsweise die Türkei in den letzten Jahren zu zahlreichen Verbes-serungen im Bereich der Menschen- und Bürgerrechte veranlasst sah.

Die Existenz des EGMR und seine Zuständigkeit für Beschwerden von Einzelpersonen ist der eigentliche Grund für die große Bedeutung der EMRK für die Gewährleistung der Menschenrechte in Europa. Erst durch das Fallrecht des Gerichtshofs wurden die Bestimmungen der EMRK mit konkreten Inhalten gefüllt. So ist in dem hier interessierenden Bereich des Schutzes vor unbegrenzter Verarbeitung von Telekommunikations-

---

289   EP, Echelon-Bericht (I), 89; Allitsch, CRi 2002, 161 (165).

290   Gesetz vom 07.08.1952 (BGBl. II 1952, 685); die Konvention ist am 03.09.1953 für die
      Bundesrepublik Deutschland in Kraft getreten. Das Protokoll Nr. 11 vom 11.05.1994,
      das den Abschnitt 2 der Konvention änderte, ist für die Bundesrepublik Deutschland
      durch Gesetz vom 24.07.1995 (BGBl. II 1995, 578) in Kraft getreten.

291   In diese Richtung BVerfG, NJW 2004, 3407 (3410 ff.).

Verkehrsdaten Art. 8 EMRK einschlägig, der unter anderem das Recht auf Achtung des Privatlebens und der Korrespondenz garantiert. Welche Bedeutung Art. 8 EMRK im Lichte der Rechtsprechung des EGMR zukommt, wird an anderer Stelle zu diskutieren sein[292].

Die EMRK bindet kraft Art. 6 Abs. 2 EU auch die Europäischen Union. Der EU-Vorschlag über die gemeinschaftsweite Einführung einer generellen Verkehrsdatenspeicherung (RSV-E)[293], der als Rahmenbeschluss gemäß Art. 34 Abs. 2 Buchst. b EU ergehen soll, muss daher im Einklang mit der EMRK stehen und kann unter diesem Aspekt auch durch den EuGH überprüft werden (Art. 35 Abs. 1, 6 und 7 EU). Rahmenbeschlüsse sind nicht unmittelbar wirksam, sondern bedürfen – ähnlich wie Richtlinien – der Umsetzung durch die Mitgliedstaaten (Art. 34 Abs. 2 Buchst. b S. 2 EU). Da die EMRK zuallererst für ihre Vertragsstaaten gilt, müssen auch die innerstaatlichen Rechtsakte, die der Umsetzung eines Rahmenbeschlusses dienen, sowie die einzelnen aufgrund dieser Rechtsakte getroffenen Maßnahmen ihren Anforderungen genügen. Die Vertragsstaaten können sich ihren Verpflichtungen aus der EMRK somit nicht durch die Fassung eines Rahmenbeschlusses nach Art. 34 EU entziehen.

b) Datenschutzkonvention und Cybercrime-Konvention

Die Datenschutzkonvention des Europarates (DSK)[294] von 1981 war das erste europäische Normwerk, dass Grundprinzipien des Datenschutzes für natürliche Personen verbindlich festgeschrieben hat. Entsprechend der großen Zahl an Vertragsparteien ist die Regelungsdichte der Konvention allerdings vergleichsweise gering[295]. Art. 9 Abs. 2 DSK erlaubt zudem Ausnahmen von den garantierten Rechten, wenn diese in dem Recht einer Vertragspartei vorgesehen sind und eine erforderliche Maßnahme in einer demokratischen Gesellschaft zum Schutze der Staatssicherheit, der öffentlichen Sicherheit, der staatlichen Währungsinteressen, zur Bekämpfung von Straftaten, zum Schutz des Betroffenen oder der Rechte und Freiheiten anderer darstellen.

---

292 Seiten 369-381.
293 Seite 5.
294 Convention 108/81 for the protection of individuals with regard to automatic processing of personal data vom 28.01.1981 (BGBl. II 1985, 538). Deutsche Übersetzung unter www.datenschutz-berlin.de/recht/eu/eurat/dskon_de.htm.
295 Vgl. im Einzelnen Simitis-Simitis, Einl., Rn. 139 ff.

Die Cybercrime-Konvention des Europarates[296] von 2001 lässt sich als Konkretisierung dieser Ausnahmebestimmung begreifen. Sie sieht unter anderem den (auch grenzüberschreitenden) Zugriff auf Telekommunikations-Verkehrsdaten durch Strafverfolgungsbehörden vor. Entgegen mancher anderweitiger Aussagen sieht die Konvention allerdings keine Pflicht oder Ermächtigung zu einer generellen Speicherung von Telekommunikationsdaten vor[297]. Es ist lediglich die Befugnis innerstaatlicher Stellen vorgesehen, die Aufzeichnung zukünftiger (Art. 20 CCC) und die Aufbewahrung bereits aufgezeichneter Telekommunikationsdaten (Art. 16 CCC) in Bezug auf „bestimmte" („specified") Kommunikationsvorgänge anordnen zu dürfen.

2. EG-Recht

Das Recht der Europäischen Gemeinschaft ist als ein weiterer Pfeiler des staatsübergreifenden Datenschutzrechts anzusehen.

a) Gemeinschaftsgrundrechte, Charta der Grundrechte

Einen Teil des primären Gemeinschaftsrechts stellen die Gemeinschaftsgrundrechte dar, die der Europäische Gerichtshof als „allgemeine Grundsätze des Gemeinschaftsrechts"[298] aus den Rechtstraditionen der Mitgliedstaaten entwickelt hat. Der EuGH wendet dabei in der Regel die EMRK in ihrer Auslegung durch den Europäischen Gerichtshof für Menschenrechte an[299]. Entsprechend Art. 8 EMRK hat der EuGH beispielsweise den Schutz der Privatsphäre als Gemeinschaftsgrundrecht anerkannt[300].

Die Gemeinschaftsgrundrechte gelten allerdings nur bei Sachverhalten mit gemeinschaftsrechtlichem Bezug. Bei Handlungen oder Unterlassungen eines Organs der Europäischen Gemeinschaft ist ein solcher Bezug stets gegeben. Die Gemeinschaftsgrundrechte sind also beispielsweise anwendbar, wenn eine Vorratsspeicherung von Telekommunikationsdaten im Wege eines Rahmenbeschlusses nach Art. 34 Abs. 2 Buchst. b EU eingeführt wird. Die Zuständigkeit des EuGH ergibt sich in diesem Fall aus Art. 35 EU. Auf das Verhalten von Organen der Mitgliedstaaten finden die Gemeinschaftsgrundrechte dagegen nur insoweit Anwendung, wie es in den

---

296 Convention on Cybercrime vom 23.11.2001, conventions.coe.int/Treaty/en/Treaties/Html/185.htm.
297 Queen Mary (University of London), Studie über Netzkriminalität (I).
298 Schwarze-Stumpf, Art. 6 EUV, Rn. 19.
299 EuGH, Urteil vom 20.05.2003, Az. C-465/00, EuGRZ 2003, 232 (238), Abs. 69 und 73 ff.
300 EuGH, Urteil vom 20.05.2003, Az. C-465/00, EuGRZ 2003, 232 (238), Abs. 68 ff.

Anwendungsbereich des Gemeinschaftsrechts fällt. Dies ist anerkannt bei der Durchführung von Gemeinschaftsrecht durch die Mitgliedstaaten[301] und im Bereich der Grundfreiheiten[302], die allerdings wiederum nur für grenzüberschreitende Sachverhalte gelten[303].

Im Jahr 2000 wurde die Charta der Grundrechte der Europäischen Union[304] beschlossen. Die Grundrechtscharta kann als Fest- und Fortschreibung der richterrechtlich entwickelten Gemeinschaftsgrundrechte angesehen werden. In Artikel 7 der Charta wird ein Recht der Bürger auf Achtung ihrer „Kommunikation" garantiert. In Artikel 8 findet sich ein Grundrecht auf Schutz der eigenen personenbezogenen Daten, das auch die Aufsicht einer unabhängigen Stelle über jede Verarbeitung personenbezogener Daten vorsieht. Allerdings soll die Charta gemäß ihres Art. 51 Abs. 1 „für die Mitgliedstaaten ausschließlich bei der Durchführung des Rechts der Union" gelten[305].

Dass die Mitgliedstaaten Unionsrecht durchführen, wenn sie zum Zweck der Aufrechterhaltung der inneren und äußeren Sicherheit die Telekommunikation überwachen, lässt sich grundsätzlich nicht sagen. In diesem Bereich sollten der Union vielmehr nur insoweit Kompetenzen eingeräumt werden, wie es der Rat einstimmig beschließt (vgl. Art. 34 Abs. 2 EU). Den EG-Datenschutzrichtlinien vergleichbare Datenschutzbestimmungen für diesen Bereich existieren bisher nur für das Europäische Polizeiamt Euro-Pol[306]. Es gibt derzeit aber ausgeprägte Bemühungen, gemeinsame Datenschutzbestimmungen für alle Datenverarbeitungsvorgänge außerhalb des Gemeinschaftsrechts einzuführen[307]. So sieht Art. I-50 Abs. 2 des Vertrags über eine Verfassung für Europa vom 18.06.2004 vor, dass Regelungen über den Schutz natürlicher Personen bei der Verarbeitung personenbezogener Daten im Anwendungsbereich des Unionsrechts durch Europäische Gesetze oder Rahmengesetze festgelegt werden.

---

301 Calliess/Ruffert-Kingreen, Art. 6 EUV, Rn. 57 ff.

302 Calliess/Ruffert-Kingreen, Art. 6 EUV, Rn. 60.

303 Grabitz/Hilf-Randelzhofer/Forsthoff, Vor Art. 39-55 EGV, Rn. 42 f.; Emmert, Europarecht, § 23, Rn. 14.

304 ABl. EG Nr. C 364 vom 18.12.2000, www.europarl.eu.int/charter/pdf/text_de.pdf.

305 Ebenso Art. II-51 Abs. 1 des Vertrags über eine Verfassung für Europa vom 18.06.2004.

306 EP, Echelon-Bericht (I), 85.

307 Vgl. etwa EP, Entschließung zur Durchführung der Datenschutzrichtlinie (I), Punkt 1.

b) Datenschutzrichtlinien

Im Bereich des sekundären Gemeinschaftsrechts sind die Datenschutzrichtlinien der Europäischen Gemeinschaft zu nennen. Die rechtliche Eigenart von Richtlinien der Europäischen Gemeinschaft liegt darin, dass sie grundsätzlich nur für die Mitgliedstaaten verbindlich sind. Unter bestimmten Voraussetzungen können sich auch Bürger gegenüber den Mitgliedstaaten auf sie berufen (unmittelbare Wirkung)[308]. Eine unmittelbare Wirkung zulasten von Bürgern ist nach der Rechtsprechung des EuGH dagegen ausgeschlossen[309]. In der Normenhierarchie stehen Richtlinien – wie das gesamte Recht der Europäischen Gemeinschaft – über den Rechtsordnungen der Mitgliedstaaten und haben diesen gegenüber Vorrang.

Im Jahr 1995 wurde die allgemeine Datenschutzrichtlinie 95/46/EG[310] beschlossen, in der Grundprinzipien des Datenschutzes für alle Mitgliedstaaten verbindlich festgeschrieben wurden. Zwei Jahre später wurde mit der Richtlinie 97/66/EG[311] eine Sonderregelung für den Bereich des Telekommunikationsdatenschutzes geschaffen. Diese Richtlinie ist inzwischen durch die Richtlinie 2002/58/EG vom 12. Juli 2002 über die Verarbeitung personenbezogener Daten und den Schutz der Privatsphäre in der elektronischen Kommunikation[312] abgelöst worden, die von den Mitgliedstaaten bis zum 31. Oktober 2003 umzusetzen war (Art. 17 RiL 2002/58/EG).

Art. 6 der Richtlinie 2002/58/EG bestimmt, dass personenbezogene Verkehrsdaten, die von dem Betreiber eines öffentlichen Kommunikationsnetzes oder eines öffentlich zugänglichen Kommunikationsdienstes verarbeitet und gespeichert werden, zu löschen oder zu anonymisieren sind, sobald sie für die Übertragung einer Nachricht und für Abrechnungszwecke nicht mehr benötigt werden. Verkehrsdaten werden definiert als Daten, die zum

---

308 Streinz, Europarecht, Rn. 398 ff. m.w.N. Eine unmittelbare Wirkung der Art. 6 Abs. 1 Buchst. c und Art. 7 Buchst. c und e der RiL 95/46/EG bejaht EuGH, Urteil vom 20.05.2003, Az. C-465/00, EuGRZ 2003, 232 (240), Abs. 101.

309 Streinz, Europarecht, Rn. 401 m.w.N.

310 Richtlinie 95/46/EG des Europäischen Parlaments und des Rates vom 24.10.1995 zum Schutz natürlicher Personen bei der Verarbeitung personenbezogener Daten und zum freien Datenverkehr; ABl. EG Nr. L 281 vom 23.11.1995, 31-50.

311 Richtlinie 97/66/EG des Europäischen Parlaments und des Rates vom 15.12.1997 über die Verarbeitung personenbezogener Daten und den Schutz der Privatsphäre im Bereich der Telekommunikation; ABl. EG Nr. L 24 vom 30.01.1998.

312 Richtlinie 2002/58/EG des Europäischen Parlaments und des Rates vom 12.07.2002 über die Verarbeitung personenbezogener Daten und den Schutz der Privatsphäre in der elektronischen Kommunikation, ABl. EG Nr. L 201 vom 31.07.2002, 37.

Zwecke der Weiterleitung einer Information über[313] ein elektronisches Kommunikationsnetz oder zum Zwecke der Abrechnung dieses Vorgangs verarbeitet werden (Art. 2 S. 2 Buchst. b und d RiL 2002/58/EG). Eine Verarbeitung dieser Daten ist grundsätzlich nur für die Gebührenabrechnung, die Verkehrsabwicklung, die Bearbeitung von Kundenanfragen, die Betrugsermittlung, die Vermarktung elektronischer Kommunikationsdienste und für die Bereitstellung von Diensten mit Zusatznutzen zulässig (Art. 6 Abs. 4 RiL 2002/58/EG). Standortdaten, die nicht Verkehrsdaten im Sinne der Richtlinie sind (z.b. die Standortdaten eines nur gesprächsbereiten Mobiltelefons), dürfen grundsätzlich nur zur Bereitstellung von Diensten mit Zusatznutzen verarbeitet werden (Art. 9 RiL 2002/58/EG). Diese Bestimmungen stehen einer generellen Vorratsspeicherung von Telekommunikations-Verkehrsdaten zu staatlichen Zwecken somit grundsätzlich entgegen.

Allerdings gilt die Richtlinie 2002/58/EG ihres Art. 1 Abs. 3 zufolge „nicht für Tätigkeiten, die nicht in den Anwendungsbereich des Vertrags zur Gründung der Europäischen Gemeinschaft fallen, beispielsweise Tätigkeiten gemäß den Titeln V und VI des Vertrags über die Europäische Union, und auf keinen Fall für Tätigkeiten betreffend die öffentliche Sicherheit, die Landesverteidigung, die Sicherheit des Staates (einschließlich seines wirtschaftlichen Wohls, wenn die Tätigkeit die Sicherheit des Staates berührt) und die Tätigkeiten des Staates im strafrechtlichen Bereich." Ähnliche Formeln finden sich in Art. 1 Abs. 3 der Vorgängerrichtlinie 97/66/EG und in Art. 3 Abs. 2 Spiegelstr. 1 der allgemeinen Datenschutzrichtlinie 95/46/EG.

Die übereinstimmende Einschränkung des Anwendungsbereichs der Datenschutzrichtlinien ist darin begründet, dass Tätigkeiten und Maßnahmen im Dienste der Staatssicherheit bzw. der Strafverfolgung grundsätzlich nicht in den Regelungsbereich des EG-Vertrages fallen[314]. Nach dem Prinzip der beschränkten Einzelermächtigung (Art. 5 Abs. 1 EG) kann die EG nur dort tätig werden, wo ihr eine Kompetenz zusteht. Die Kompetenz zum Erlass der Datenschutzrichtlinien gründet sich insbesondere auf die allgemeine Kompetenzvorschrift zur Verwirklichung des Binnenmarktes, Art. 95 Abs. 1 EG[315]. Ansonsten kommt nur noch Art. 308 EG in Betracht[316]. Diese

---

313   Vgl. die englische Fassung unter europa.eu.int/smartapi/cgi/sga_doc?smartapi!celex plus!prod!CELEXnumdoc&numdoc=32002L0058&lg=EN. In der deutschen Übersetzung wird irrtümlich das Wort „an" verwendet.

314   EP, Echelon-Bericht (I), 84.

315   EuGH, Urteil vom 20.05.2003, Az. C-465/00, EuGRZ 2003, 232 (235), Abs. 39; Simitis-Simitis, Einl., Rn. 198.

ohnehin bereits weit ausgelegten Vorschriften sollten nicht überdehnt werden, zumal ein Konsens über die Datenschutzrichtlinien bei Einbeziehung des sensiblen Bereichs der Staatssicherheit wohl nicht möglich gewesen wäre.

Gegen die Annahme, dass die Richtlinien auf eine generelle Verkehrsdatenspeicherung nicht anwendbar seien, spricht indes, dass die Verkehrsdatenspeicherung nicht von den Mitgliedstaaten selbst, sondern von Privatunternehmen durchgeführt werden soll. Die Bestimmungen, die den Anwendungsbereich der Richtlinien einschränken, gelten nur für Maßnahmen der Organe der Mitgliedstaaten selbst, nicht für Handlungen von Privatunternehmen[317]. Dies ergibt sich zunächst aus dem Wortlaut des Ausschlusses, da Tätigkeiten von Privatunternehmen grundsätzlich weder in den Anwendungsbereich des EG- noch des EU-Vertrags fallen können. Auch die Richtlinien selbst richten sich allein an die Mitgliedstaaten (vgl. Art. 249 EG und Art. 21 RiL 2002/58/EG). Im strafrechtlichen Bereich sprechen die Klauseln zudem ausdrücklich von „Tätigkeiten des Staates". Schließlich macht auch Art. 15 RiL 2002/58/EG, der Bedingungen für Ausnahmen von einzelnen Vorschriften vorsieht, nur dann Sinn, wenn er einen eigenständigen Anwendungsbereich hat. Wenn Art. 15 Abs. 1 S. 2 RiL 2002/58/EG eine Vorratsspeicherung von Verkehrsdaten zu staatlichen Zwecken legitimieren soll, dann zeigt dies, dass auch der Richtliniengeber davon ausging, dass eine solche Maßnahme in den Anwendungsbereich der Richtlinie fällt.

Die Verarbeitung personenbezogener Daten durch Privatunternehmen unterliegt somit stets dem Gemeinschaftsrecht und den einschlägigen Richtlinien. Will ein Mitgliedstaat bezüglich Privatunternehmen Maßnahmen treffen, die mit der Richtlinie an sich unvereinbar sind, so kann er sich nur auf die ausdrücklich präzisierten Ausnahmebestimmungen berufen. Im Bereich „öffentlich zugänglicher elektronischer Kommunikationsdienste" (vgl. Art. 3 Abs. 1 RiL 2002/58/EG) gilt insoweit Art. 15 Abs. 1 RiL 2002/58/EG, der wie folgt lautet: „Die Mitgliedstaaten können Rechtsvorschriften erlassen, die die Rechte und Pflichten gemäß Artikel 5 [Vertraulichkeit der Kommunikation], Artikel 6 [Verkehrsdaten], Artikel 8 [Anzeige der Rufnummer] Absätze 1, 2, 3 und 4 sowie Artikel 9 [Standortdaten] dieser Richtlinie beschränken, sofern eine solche Beschränkung gemäß Artikel 13 Absatz 1 der Richtlinie 95/46/EG für die nationale Sicherheit,

---

316   Simitis-Simitis, Einl., Rn. 198; a.A. wohl EuGH, Urteil vom 20.05.2003, Az. C-465/00, EuGRZ 2003, 232 (235), Abs. 39, der allein Art. 95 EG erwähnt.
317   EuGH, EuGRZ 2003, 714 (717 f.).

(d.h. die Sicherheit des Staates), die Landesverteidigung, die öffentliche Sicherheit sowie die Verhütung, Ermittlung, Feststellung und Verfolgung von Straftaten oder des unzulässigen Gebrauchs von elektronischen Kommunikationssystemen in einer demokratischen Gesellschaft notwendig, angemessen und verhältnismäßig ist. Zu diesem Zweck können die Mitgliedstaaten unter anderem durch Rechtsvorschriften vorsehen, dass Daten aus den in diesem Absatz aufgeführten Gründen während einer begrenzten Zeit aufbewahrt werden. Alle in diesem Absatz genannten Maßnahmen müssen den allgemeinen Grundsätzen des Gemeinschaftsrechts einschließlich den in Artikel 6 Absätze 1 und 2 des Vertrags über die Europäische Union niedergelegten Grundsätzen entsprechen."

Um Art. 15 Abs. 1 S. 2 RiL 2002/58/EG, der nunmehr ausdrücklich eine im nationalen Recht vorgesehene Vorratsdatenspeicherung erlauben soll, hat es ein Tauziehen zwischen Europaparlament und Ministerrat gegeben. Dabei hat die deutsche Delegation im Ministerrat auf noch weitergehende Überwachungsmöglichkeiten gedrungen, sich aber nicht durchsetzen können[318]. Gegenüber der zuvor bestehenden Rechtslage bewirkt Art. 15 Abs. 1 S. 2 RiL 2002/58/EG keine Änderung, weil die Aufbewahrung von Telekommunikationsdaten schon auf Art. 14 Abs. 1 RiL 97/66/EG gestützt werden konnte[319].

Fraglich ist, ob Art. 15 Abs. 1 S. 2 RiL 2002/58/EG eine Ausnahme von Satz 1 darstellt mit der Folge, dass eine Pflicht zur generellen Vorhaltung von Telekommunikationsdaten nicht generell unverhältnismäßig im Sinne des S. 1 sein kann[320]. Mit dem Wortlaut der Bestimmung („können die Mitgliedstaaten [...] vorsehen") unvereinbar wäre es sicherlich, jede Aufbewahrung von Daten als unverhältnismäßig anzusehen, denn dann hätte S. 2 keine eigenständige Bedeutung. Andererseits zwingt S. 2 nicht zu der Annahme, dass jede zeitlich begrenzte Aufbewahrung von Daten mit der Richtlinie vereinbar sein soll. Dies zeigt schon S. 3, dem zufolge die allge-

---

318 Statewatch: Statewatch report on surveillance of telecommunications – Data protection or data retention in the EU?, September 2001, www.statewatch.org/news/2001/sep/dataprot.pdf, 4.

319 Kommission, Sichere Informationsgesellschaft, 21; EU-Rat, ABl. EG Nr. C 92 E vom 17.04.2003, 153 f.; Paciotti, Elena: Letter to the civil society Coalition against data retention, www.statewatch.org/news/2002/may/10epcavein.htm; Queen Mary (University of London), Studie über Netzkriminalität (I).

320 Dagegen Kommission, SEK(2002) 124 endg. (I), 10.

meinen Grundsätze des Gemeinschaftsrechts zu beachten sind. Zu diesen Grundsätzen zählt, wie bereits gezeigt[321], auch der Schutz der Privatsphäre.

Insbesondere ist S. 2 seinem Wortlaut nach nicht speziell auf eine generelle Vorratsspeicherung von Verkehrsdaten zugeschnitten, wenn er allgemein die Möglichkeit der „Aufbewahrung von Daten" vorsieht. S. 2 würde auch dann nicht bedeutungslos, wenn man lediglich die Aufbewahrung bestimmter Verkehrsdaten im Einzelfall für zulässig hielte, denn auch solche Maßnahmen sind vom Wortlaut der Bestimmung erfasst. Zwar spricht die Entstehungsgeschichte der Vorschrift dafür, dass sie gerade den Fall einer generellen Verkehrsdatenspeicherung abdecken soll. Ein Indiz hierfür ist auch, dass die englische Fassung des S. 2 von „retention" spricht. Die englische Sprache unterscheidet nämlich zwischen den Begriffen „retention" und „preservation", wobei „retention" eine generelle Speicherung sämtlicher Daten und „preservation" die Aufbewahrung spezifischer Daten meint.

Der Wortlaut der Bestimmung, insbesondere die Wendung „unter anderem", spricht aber insgesamt eher für die Auslegung, dass S. 2 nur ein Anwendungsbeispiel für S. 1 darstellt, dass mithin auch Maßnahmen nach S. 2 „in einer demokratischen Gesellschaft notwendig, angemessen und verhältnismäßig" sein müssen. Dies sieht auch der Erwägungsgrund 11 der Richtlinie allgemein vor. Hinzu kommt, dass die Gemeinschaftsgrundrechte als primäres Gemeinschaftsrecht Vorrang vor S. 2 haben (vgl. S. 3). Wenn eine Vorratsspeicherung von Telekommunikations-Verkehrsdaten generell einen unverhältnismäßigen Eingriff in die Privatsphäre der Bürger darstellt und daher stets gegen die Gemeinschaftsgrundrechte verstößt, kann Art. 15 Abs. 1 S. 2 RiL 2002/58/EG daran nichts ändern. Diese Bestimmung muss dann gemeinschaftsgrundrechtskonform ausgelegt werden[322].

Unabhängig von dieser Frage hat Art. 15 Abs. 1 S. 2 RiL 2002/58/EG jedenfalls auf die Rechtslage in Deutschland keinen Einfluss. Insbesondere kann das deutsche Verfassungsrecht auch nach Erlass der Richtlinie einer Vorratsspeicherung von Telekommunikationsdaten generell entgegen stehen[323]. Zwar genießt das Gemeinschaftsrecht gemäß Art. 10 Abs. 2 EG

---

321 Seite 56.

322 Vgl. Calliess/Ruffert-Kingreen, Art. 6 EU, Rn. 77.

323 Simitis, Spiros: Schriftliche Stellungnahme zur öffentlichen Anhörung am 09.02.2004 in Berlin zum Entwurf eines Telekommunikationsgesetzes (TKG), in Ausschussdrucksache 15(9)961, www.bundestag.de/gremien15/a09/004Anhoerungen/TKG/material eingeladene.pdf, 222 (223).

Anwendungsvorrang auch vor dem deutschen Verfassungsrecht[324]. Dies kann einer Anwendung der Grundrechte des Grundgesetzes aber nur dann entgegen stehen, wenn das Gemeinschaftsrecht eine mögliche Grundrechtsverletzung zwingend vorgibt[325]. Dies ist bei Art. 15 Abs. 1 S. 2 RiL 2002/58/EG nicht der Fall. Diese Norm bezweckt nur, einzelstaatlich vorgesehene Pflichten zur Aufbewahrung von Verkehrsdaten als grundsätzlich mit den EG-Datenschutzrichtlinien vereinbar zu erklären. Erwägungsgrund 8 der Richtlinie zufolge wird eine Harmonisierung der innerstaatlichen Datenschutzbestimmungen außerdem nur insoweit angestrebt, wie diese „die Entstehung und die Weiterentwicklung neuer elektronischer Kommunikationsdienste und -netze zwischen Mitgliedstaaten" behindern. Einschränkungen staatlicher Zugriffsmöglichkeiten erleichtern aber umgekehrt die Entwicklung neuer Dienste, weil Unternehmen von kostspieligen Zusatztätigkeiten frei gehalten werden. Die mitgliedstaatlichen Rechtsordnungen einschließlich der EMRK bleiben von Art. 15 Abs. 1 S. 2 RiL 2002/58/EG daher unberührt.

Hinzuweisen ist schließlich noch auf den Umstand, dass die Richtlinie 2002/58/EG nur für die Bereitstellung öffentlich zugänglicher Kommunikationsdienste gilt (Art. 3 Abs. 1 RiL 2002/58/EG). Sie findet daher beispielsweise keine Anwendung auf die Bereitstellung eines betrieblichen Telefonanschlusses für Privatgespräche der Mitarbeiter eines Unternehmens. Greift der Staat auf solche Daten zu, dann gilt nur die Richtlinie 95/46/EG.

3. Sonstige internationale Instrumente

Die übrigen internationalen Instrumente, die für den staatlichen Zugriff auf Verkehrsdaten von Bedeutung sein könnten, lassen sich in zwei Gruppen einteilen: Manche Texte sind von vornherein nicht rechtsverbindlich, so dass sie dem Staat keine verbindlichen Schranken bei Eingriffen auferlegen[326]. Zu dieser Gruppe gehört etwa die allgemeine Erklärung der Menschenrechte vom 10.12.1948, die als Resolution der Generalversammlung der Vereinten Nationen rechtlich unverbindlich ist[327]. Das Gleiche gilt für die OECD-Richtlinien für den Schutz der Privatsphäre und den grenzüberschreitenden Verkehr personenbezogener Daten vom 23.09.1980[328], die

---

324   EuGHE 90, 2433 (2473); vgl. auch BVerfGE 85, 191 (204).
325   Vgl. Streinz, Rn. 219; J/P⁶-Jarass, Art. 23, Rn. 39; Dreier-Dreier, Art. 1 III, Rn. 13.
326   Zur indirekten Wirksamkeit solcher Empfehlungen Simitis-Simitis, Einl., Rn. 165.
327   Gridl, Datenschutz in globalen Telekommunikationssystemen, 168 m.w.N.
328   Gridl, Datenschutz in globalen Telekommunikationssystemen, 173 m.w.N.

UN-Richtlinien für die Regelung des Umgangs mit computergestützten Dateien personenbezogenen Inhalts vom 14.12.1990[329] und die Empfehlung des Europarates zum Schutz personenbezogener Daten auf dem Gebiet der Telekommunikationsdienste unter besonderer Bezugnahme auf Telefondienste vom 07.02.1995[330].

Zum anderen gibt es Verträge, die in Deutschland zwar als Gesetz rechtsverbindlich sind, deren Konkretisierung aber keine Instanz rechtsverbindlich vornehmen kann. Es bleibt daher bei Generalklauseln und Empfehlungen, an die sich die deutschen Gerichte nicht halten müssen. Zu diesen Instrumenten ist der Internationale Pakt über bürgerliche und politische Rechte vom 19.12.1966 zu zählen, dessen erstes Fakultativprotokoll zwar eine Beschwerdemöglichkeit für Individuen vorsieht. Die Mitteilung der Auffassung des Menschenrechtsausschusses ist für den Mitgliedstaat jedoch nicht verbindlich[331]. Da die Instrumente dieser Art auch inhaltlich keinen weitergehenden Schutz als die EMRK gewährleisten, sind sie für die staatliche Erhebung von Verkehrsdaten in Deutschland nicht weiter von Bedeutung.

4. Deutsches Recht

Das deutsche Datenschutzrecht ist entscheidend von den dargestellten Regelungswerken des Europarats und vor allem der Europäischen Gemeinschaft geprägt. Ähnlich wie im Bereich der Datenschutzrichtlinien gibt es in Deutschland allgemeine Datenschutzgesetze (BDSG[332] und die Landesdatenschutzgesetze) sowie besondere Regelungen, etwa für den Telekommunikationsdatenschutz (TKG, TDDSG und MDStV). Den Gesetzgeber bindendes deutsches Recht stellen indes nur die im deutschen Grundgesetz verbürgten Grundrechte dar (Art. 1 Abs. 3 GG). Ihnen kommt daher entscheidende Bedeutung hinsichtlich der Zulässigkeit der gesetzlichen Einführung neuer Befugnisse auf dem Gebiet der Telekommunikationsüberwachung in Deutschland zu.

Einschlägig sind vor allem die Art. 2 und 10 des Grundgesetzes. Ihrem Wortlaut nach gewährleisten diese Bestimmungen das Recht zur freien Entfaltung der Persönlichkeit sowie das Fernmeldegeheimnis. Erst durch die Rechtsprechung des Bundesverfassungsgerichts wurden diese Formulie-

---

329   Gridl, Datenschutz in globalen Telekommunikationssystemen, 183 m.w.N.
330   Gridl, Datenschutz in globalen Telekommunikationssystemen, 203 m.w.N.
331   Gridl, Datenschutz in globalen Telekommunikationssystemen, 156 m.w.N.
332   Bundesdatenschutzgesetz, geltend in der Fassung des Änderungsgesetzes vom 18.05. 2001 (BGBl. I 2001, 904).

rungen mit konkreten Inhalten gefüllt. Grundlegend ist das Urteil des Bundesverfassungsgerichts vom 15.12.1983 zum Volkszählungsgesetz 1983. Aus dem allgemeinen Persönlichkeitsrecht (Art. 2 Abs. 1 in Verbindung mit Art. 1 Abs. 1 GG) hat das Gericht ein Recht des Einzelnen entwickelt, grundsätzlich selbst über die Preisgabe und Verwendung seiner persönlichen Daten zu bestimmen (Recht auf informationelle Selbstbestimmung)[333]. Zur Gewährleistung dieses Grundrechts wurden flankierende Anforderungen aufgestellt, die heute als allgemeine Grundsätze des Datenschutzes angesehen werden können[334]. Als weiterer „Landmark Case" ist das Urteil des Bundesverfassungsgerichts vom 14.07.1999 zum Gesetz zur Beschränkung des Brief-, Post- und Fernmeldegeheimnisses (G10) zu nennen, in dem die zum Recht auf informationelle Selbstbestimmung entwickelten Grundsätze weitgehend auf das Fernmeldegeheimnis (Art. 10 Abs. 1 Var. 3 GG) übertragen wurden.

Einer Einschränkung unterliegt die Grundrechtsbindung des deutschen Gesetzgebers, was das Recht der Europäischen Gemeinschaft anbelangt. Dieses Recht geht nationalem Verfassungsrecht nämlich grundsätzlich vor[335], also auch den Grundrechten des Grundgesetzes[336]. Dieser Vorrang kann allerdings naturgemäß nur insoweit gelten, wie das Gemeinschaftsrecht Geltung beansprucht[337], was bei der Umsetzung, Ausführung und Anwendung von Gemeinschaftsrecht keineswegs immer der Fall ist. Vielmehr verlangt der Subsidiaritätsgrundsatz (Art. 5 EG), den Mitgliedstaaten so viele Freiräume zu gewähren wie möglich. Steht das Verhalten eines deutschen Staatsorgans bei der Umsetzung, Ausführung und Anwendung von Gemeinschaftsrecht mit Grundrechten im Widerspruch, ohne dass das Gemeinschaftsrecht zu der Abweichung zwingt, dann gelten die Grundrechte uneingeschränkt[338].

Fraglich ist, ob diese Grundsätze auch auf das Recht der Europäischen Union zu übertragen sind. Im vorliegenden Zusammenhang ist dies relevant, weil es Pläne gibt, eine generelle Vorratsspeicherung von Telekommunikations-Verkehrsdaten im Wege eines Rahmenbeschlusses nach Art. 34 Abs. 2 Buchst. b des EU-Vertrags einzuführen. Anders als dem Gemein-

---

333 BVerfGE 65, 1 (1).
334 Vgl. im Einzelnen Seiten 68-70.
335 EuGHE 90, 2433 (2473); vgl. auch BVerfGE 85, 191 (204); siehe aber auch die Grenzen in Art. 23 Abs. 1 GG.
336 BVerfGE 102, 147 (164).
337 BVerfGE 31, 145 (174).
338 Vgl. Streinz, Rn. 219; J/P⁶-Jarass, Art. 23, Rn. 39; Dreier-Dreier, Art. 1 III, Rn. 13.

schaftsrecht hat der Europäische Gerichtshof dem Recht der Europäischen Union keinen Vorrang gegenüber den nationalen Rechtsordnungen zugesprochen. Ein solcher Vorrang wäre deswegen nicht gerechtfertigt, weil die Einschränkung von Grundrechten in einer Demokratie der Mitwirkung einer Volksvertretung bedarf. Das Unionsrecht sieht jedoch weder eine Mitentscheidung durch das Europäische Parlament noch durch die nationalen Parlamente vor[339]. Unionsrecht stellt daher kein supranationales Recht dar, das Vorrang gegenüber den nationalen Rechtsordnungen beanspruchen könnte[340]. Rechtsakte der EU sind vielmehr nach allgemeiner Ansicht als „klassische" völkerrechtliche Verpflichtungen der Mitgliedstaaten untereinander anzusehen[341]. Dieser Rechtscharakter wird beispielsweise daran deutlich, dass Art. 23 Abs. 1 EU den Grundsatz der Einstimmigkeit für Maßnahmen der EU auf dem Gebiet der Außen- und Sicherheitspolitik festschreibt. Auch für Maßnahmen auf dem Gebiet der justiziellen und inneren Zusammenarbeit ist gemäß Art. 34 Abs. 2 EU grundsätzlich die Zustimmung aller Ratsmitglieder erforderlich.

Die Geltung von Völkerrecht in den nationalen Rechtsordnungen wird traditionell von diesen selbst festgelegt[342]. In Deutschland sind völkerrechtliche Vereinbarungen erst nach deren innerstaatlicher Umsetzung unmittelbar anwendbar[343]. Die Anwendbarkeit setzt daneben voraus, dass der völkerrechtliche Vertrag und das deutsche Vertragsgesetz wirksam sind[344]. Ist ein völkerrechtlicher Vertrag nicht wirksam umgesetzt, dann gilt er in Deutschland selbst dann nicht, wenn Deutschland durch seine Nichtanwendung vertragsbrüchig wird[345].

Diese Grundsätze sind auch auf Maßnahmen auf dem Gebiet des EU-Vertrages anzuwenden. Die Grundrechte finden auf die Durchführung solcher Maßnahmen damit uneingeschränkt Anwendung, und die deutschen Gerichte sind uneingeschränkt zuständig[346]. Bei einem Widerspruch zwischen den Grundrechten und den Verpflichtungen aus dem EU-Vertrag

---

339 L/D³-Mokros, O 191; anders die Art. III-176 Abs. 2, I-33 Abs. 1 des Vertrags über eine Verfassung für Europa vom 18.06.2004.
340 BVerfGE 89, 155 (177).
341 BVerfGE 89, 155 (178); vMKS-Classen, Art. 23, Rn. 62; Schweitzer, Rn. 44.
342 vMKS-Classen, Art. 23, Rn. 62.
343 BVerfG seit E 1, 396 (410 f.); in neuerer Zeit etwa BVerfGE 99, 145 (158).
344 BVerfGE 1, 396 (411).
345 BVerfGE 31, 145 (178).
346 BVerfGE 89, 155 (178).

haben – wie bei anderen völkerrechtlichen Verträgen – bezüglich der innerstaatlichen Rechtslage die Grundrechte Vorrang[347].

Fraglich ist, ob die Grundrechtsbindung auch für die Mitwirkung Deutschlands bei der Setzung von Unionsrecht gilt, ob die Vertreter Deutschlands also das Zustandekommen verfassungswidriger Rechtsakte verhindern müssen. Bei dem Verfahren zum Erlass bindender EU-Rahmenbeschlüsse gemäß Art. 34 Abs. 2 Buchst. b EU entscheidet der Rat der Europäischen Union einstimmig (Art. 34 Abs. 2 EU). Der Rat besteht aus je einem Vertreter jedes Mitgliedstaats auf Ministerebene (Art. 5 EU, 203 S. 1 EG). In der Praxis wird Deutschland durch den jeweils zuständigen Bundesminister vertreten. Dieser hat auf Gemeinschaftsebene grundsätzlich das uneingeschränkte Recht und die Freiheit, das Zustandekommen von Rahmenbeschlüssen zu verhindern. Weder dem Wortlaut einer Norm zufolge ist dieses Recht eingeschränkt, noch würde es dem Zweck des in dem EU-Vertrag vorgesehenen Einstimmigkeitserfordernisses entsprechen, wenn man etwas anderes annähme. Allenfalls in seltenen Ausnahmefällen kann es in Betracht kommen, dass ein Mitgliedstaat kraft der allgemeinen gemeinschaftsrechtlichen Treuepflicht zu einem bestimmten Stimmverhalten verpflichtet sein kann. Ansonsten gibt es auf Ebene der Europäischen Union keine Vorschrift, die eine Bindung der nationalen Ratsmitglieder an innerstaatliche Beschlüsse oder innerstaatliches Recht ausschließt[348]. Das Unionsrecht steht einer Grundrechtsbindung der deutschen Ratsmitglieder bei der Rechtssetzung daher nicht entgegen.

Entscheidend ist mithin, ob das deutsche Verfassungsrecht eine Grundrechtsbindung des deutschen Vertreters bei der Mitwirkung an der Rechtssetzung im Rahmen der Europäischen Union vorsieht. Art. 1 Abs. 3 GG verpflichtet nicht nur den deutschen Gesetzgeber zum Schutz der Grundrechte, sondern auch die vollziehende Gewalt, also auch den für die Beschlussfassung im Rat der Europäischen Union zuständigen Bundesminister. Diese Pflicht besteht uneingeschränkt und mithin auch bei der Mitwirkung an der Rechtssetzung im Rahmen der Europäischen Union[349]. Der Schutzzweck der Grundrechte verlangt eine möglichst weitgehende Bindung der deutschen Staatsgewalt. Dementsprechend hat das Bundesverfassungsgericht eine Grundrechtsbindung bei der Mitwirkung der deutschen Staatsgewalt bei dem Abschluss völkerrechtlicher Verträge ausdrücklich

---

347 BVerfGE 89, 155 (178).
348 J/P[6]-Jarass, Art. 23, Rn. 54 für Gesetze des Bundestages.
349 J/P[4]-Jarass, Art. 23, Rn. 31; v. Münch/Kunig-Rojahn, Art. 23, Rn. 54; Dreier-Dreier, Art. 1 III, Rn. 8.

bejaht[350]. Wie gezeigt[351], ist das Unionsrecht in Bezug auf die innerstaatliche Rechtsordnung völkerrechtlichen Verträgen vergleichbar. Mit den Grundrechten ist es somit nicht vereinbar, wenn ein Vertreter Deutschlands einer Maßnahme im Rahmen der Europäischen Union freiwillig zustimmt, die in Deutschland nicht durch Gesetz oder aufgrund eines Gesetzes getroffen werden dürfte[352].

Demgegenüber klingt in Entscheidungen des Bundesverfassungsgerichts neuerdings an, dass eine volle Überprüfung völkerrechtlicher Verträge an den Grundrechten nicht möglich sei, weil die Bundesrepublik ansonsten „faktisch vertragsunfähig" würde[353]. Diese Argumentation ist abzulehnen. Im innerdeutschen Bereich führt die Grundrechtsbindung nicht dazu, dass die Staatsorgane „faktisch handlungsunfähig" sind, so dass dies im Bereich der Außenpolitik nicht anders sein kann. Die Besonderheiten der Grundrechte können allenfalls Anlass geben, Mechanismen zu schaffen, um die Grundrechtskonformität völkerrechtlicher Verträge bereits vor deren völkerrechtlicher Verbindlichkeit sicherzustellen. Beispielsweise lässt sich an ein Vorlageverfahren an das Bundesverfassungsgericht denken. Vergleichbare Verfahren existieren in einigen ausländischen Staaten bereits. Eine andere Möglichkeit besteht darin, die Verfassungsbeschwerde unmittelbar gegen die Ratifizierung völkerrechtlicher Verträge zuzulassen und auf das Erfordernis der unmittelbaren Grundrechtsbetroffenheit in solchen Fällen zu verzichten. Auch auf diese Weise könnte der Eintritt einer völkerrechtlichen Bindung Deutschlands an verfassungswidriges Völkerrecht verhindert werden.

5. Gemeinsame Grundprinzipien des Datenschutzes

Den supranationalen, internationalen und nationalen Regelungen zum Schutz des Einzelnen vor einer missbräuchlichen oder exzessiven Verwendung seiner Daten sind einige zentrale Prinzipien gemeinsam. So ist anerkannt, dass jede Erhebung oder Verarbeitung personenbezogener Daten voraussetzt, dass die verantwortliche Stelle mit ihr bestimmte[354], legitime[355]

---

350 St. Rspr. des BVerfG seit E 6, 290 (294 ff.); in neuerer Zeit etwa BVerfGE 63, 343 (352 ff.).

351 Seite 66.

352 V. Münch/Kunig-Rojahn, Art. 23, Rn. 54 verweist auf Art. 79 Abs. 3 und Art. 19 Abs. 2 GG.

353 Geiger, Grundgesetz und Völkerrecht, § 28 II 2 c bb m.w.N.

354 Art. 8 Abs. 2 S. 1 Grundrechtscharta; Art. 5 Buchst. b DSK; Art. 6 Abs. 1 Buchst. b RiL 95/46/EG; BVerfGE 65, 1 (46).

und nicht missbräuchliche[356] Zwecke verfolgt. Die jeweils verfolgten Zwecke sind festzulegen[357], was die Vorhersehbarkeit der Datenerhebung und -verarbeitung gewährleistet und es ermöglicht, sie an den verfolgten Zwecken zu messen[358]. Das Gebot, die verfolgten Zwecke festzulegen, hat auch eine Zweckbindung in dem Sinne zur Folge, dass die Verarbeitung von Daten zu anderen als den festgelegten Zwecken unzulässig ist. Zugleich folgt aus dem Festlegungsgebot, dass eine „Sammlung nicht anonymisierter Daten auf Vorrat zu unbestimmten oder noch nicht bestimmbaren Zwecken" unzulässig ist[359].

Jede Erhebung oder Verarbeitung personenbezogener Daten muss darüber hinaus geeignet sein, zur Erreichung der mit ihr verfolgten Zwecke beizutragen[360]. Die Erhebung oder Verarbeitung personenbezogener Daten darf nicht über das zur Erreichung der angestrebten Zwecke erforderliche Maß hinaus gehen[361]. Unter mehreren gleichermaßen zur Erreichung der angestrebten Zwecke geeigneten Mitteln muss das für die Betroffenen mildeste gewählt werden. Die tatsächlichen und möglichen Vorteile der Datenerhebung oder -verarbeitung im Hinblick auf die angestrebten Zwecke dürfen zudem nicht außer Verhältnis zu den tatsächlichen und möglichen Nachteilen der Datenerhebung oder -verarbeitung für die Betroffenen stehen[362].

Als besondere Ausprägung des Verhältnismäßigkeitsprinzips sind die Rechte der Betroffenen hinsichtlich ihrer Daten anzusehen. Die Information der Betroffenen über die Erhebung ihrer Daten und über die damit verfolgten Verarbeitungszwecke[363] sowie über die jeweils über sie gespeicherten Daten[364] ist regelmäßig möglich, ohne dass der Verarbeitungszweck nen-

---

355 Art. 8 Abs. 2 S. 1 Grundrechtscharta; Art. 7 RiL 95/46/EG; §§ 28, 29 BDSG; BVerfGE 65, 1 (44).

356 Art. 8 Abs. 2 S. 1 Grundrechtscharta; Art. 5 Buchst. a und b DSK; Art. 6 Abs. 1 Buchst. a und b RiL 95/46/EG; § 5 BDSG.

357 Art. 8 Abs. 2 S. 1 Grundrechtscharta; Art. 5 Buchst. b DSK; Art. 6 Abs. 1 Buchst. b RiL 95/46/EG; § 28 Abs. 1 S. 2 BDSG; BVerfGE 65, 1 (46); BVerfGE 100, 313 (360).

358 Simitis, NJW 1984, 394 (400).

359 Vgl. BVerfGE 65, 1 (46).

360 Art. 5 Buchst. c DSK; Art. 6 Abs. 1 Buchst. c RiL 95/46/EG; BVerfGE 65, 1 (46).

361 Art. 5 Buchst. c und e DSK; Art. 6 Abs. 1 Buchst. c und e RiL 95/46/EG, § 3a BDSG; BVerfGE 65, 1 (46).

362 BVerfGE 65, 1 (54); vgl. etwa die Ausprägungen in Art. 6 DSK; Art. 7 Buchst. f, Art. 8 und Art. 14 RiL 95/46/EG; §§ 13 Abs. 3, 28 Abs. 7-9, 29 Abs. 5 BDSG.

363 Art. 8 Buchst. a DSK; Art. 10 und 11 RiL 95/46/EG; §§ 4 Abs. 3, 19a, 33 BDSG; BVerfGE 100, 313 (361).

364 Art. 8 Abs. 2 S. 2 Grundrechtscharta; Art. 8 Buchst. b DSK; Art. 12 RiL 95/46/EG, §§ 19, 34 BDSG.

nenswert beeinträchtigt wird. Das gleiche gilt für das Recht des Betroffenen, die rechtswidrige Verarbeitung seiner Daten wirksam unterbinden zu können[365]. Auch die Pflicht zur Einrichtung unabhängiger, staatlicher Aufsichtsstellen zur Kontrolle der Rechtmäßigkeit der Datenverarbeitung[366] lässt sich als Ausprägung des Verhältnismäßigkeitsprinzips verstehen.

Sämtliche der aufgezeigten Grundsätze sind in hohem Maße grundrechtsrelevant und lassen sich aus den Grundrechten ableiten. Aufgrund der vorrangigen Stellung der Grund- und Menschenrechte in der Normenhierarchie und ihrer umfassenden Geltung werden die genannten Datenschutzgrundsätze im folgenden im Rahmen einer Grundrechtsdiskussion wieder aufgegriffen und vertieft behandelt, und zwar im Hinblick auf das spezifische Problem des staatlichen Zugriffs auf Telekommunikationsdaten.

II. Einzelne Grundrechte

1. Das Fernmeldegeheimnis und das Recht auf informationelle Selbstbestimmung (Artikel 10 Abs. 1 Var. 3 GG und Artikel 2 Abs. 1 in Verbindung mit Artikel 1 Abs. 1 GG)

a) Schutzbereiche

aa) Abgrenzung

In seinem Volkszählungsurteil hat das Bundesverfassungsgericht darauf reagiert, dass es die moderne Technik möglich macht, verschiedene Informationen zu einem weitgehend vollständigen Persönlichkeitsbild zusammen zu fügen, ohne dass der Betroffene dessen Richtigkeit und Verwendung zureichend kontrollieren kann oder überschauen kann, welche die eigene Person betreffenden Informationen wem bekannt sind[367]. Ein einmal unter Verwendung elektronischer Datenverarbeitung gespeichertes Einzeldatum ist jederzeit abrufbar, beliebig transferierbar und grenzenlos kombinierbar[368]. Die Ansammlung eines derart umfangreichen Wissens kann dem Staat zu einer außerordentlichen Machtstellung den Betroffenen gegenüber

---

365 Art. 8 Buchst. c und d DSK; Art. 22 RiL 95/46/EG, §§ 20, 35 BDSG.

366 Art. 8 Abs. 3 Grundrechtscharta; Art. 1 des Zusatzprotokolls zur DSK vom 08.11.2001, conventions.coe.int/Treaty/en/Treaties/Html/181.htm; Art. 28 RiL 95/46/EG; §§ 21 ff., 38 BDSG; BVerfGE 65, 1 (46 f.); BVerfGE 100, 313 (361 f.).

367 BVerfGE 65, 1 (42 f.).

368 BVerfGE 65, 1 (42); Simitis, NJW 1984, 398 (402).

verhelfen[369]. Dies bringt die Gefahr mit sich, dass die Bürger aus Angst vor Nachteilen versuchen, nicht durch bestimmte Verhaltensweisen oder Äußerungen aufzufallen[370]. Ein unbeschwertes Gebrauchmachen von Grundrechten aber ist elementare Funktionsbedingung eines freiheitlichen demokratischen Gemeinwesens insgesamt, das auf das ungehemmte Mitdenken und Mitwirken seiner Bürger angewiesen ist[371]. Sowohl eine unüberschaubare wie auch eine unangemessen umfangreiche staatliche Informationssammlung gefährdet damit ein demokratisches Staatssystem.

Das Bundesverfassungsgericht leitete daher aus Art. 2 Abs. 1 in Verbindung mit Art. 1 Abs. 1 GG das Grundrecht auf informationelle Selbstbestimmung ab. Es gewährleistet die Befugnis des Einzelnen, grundsätzlich selbst zu entscheiden, wann und innerhalb welcher Grenzen persönliche Lebenssachverhalte erhoben, gespeichert, verwendet oder weiter gegeben werden[372]. Unerheblich ist, ob dies gerade im Weg automatisierter Datenverarbeitung erfolgt[373]. Ein persönlicher Lebenssachverhalt liegt bereits dann vor, wenn die Verknüpfung des Lebenssachverhalts mit der zugehörigen Person möglich ist[374], wenn also nicht ausgeschlossen werden kann, dass ein Personenbezug zu einem späteren Zeitpunkt einmal hergestellt werden wird[375]. Bei der Frage, ob eine Person bestimmbar ist, sind alle Mittel zu berücksichtigen, die vernünftigerweise von der speichernden Stelle oder von einem Dritten eingesetzt werden könnten, um die betreffende Person zu bestimmen[376]. Heutzutage bestehen weitgehende Möglichkeiten der Zuordnung von Informationen zu einer Person. So erlaubt es im Bereich von Telefongesprächen beispielsweise die Stimmenanalyse, Gesprächsteilnehmer zu identifizieren. Grundsätzlich ist daher jedes hinrei-

---

369   Vgl. BVerfGE 67, 100 (142 f.); Simitis, NJW 1986, 2795 (2796).

370   BVerfGE 65, 1 (43); BVerfGE 93, 181 (192) zu Art. 10 GG; BVerfGE 100, 313 (381) zu Art. 10 GG; ähnlich schon BVerfGE 34, 238 (246 f.) und BVerwGE 26, 169 (170).

371   BVerfGE 65, 1 (43); BVerfGE 93, 181 (188); die Bedeutung des Rechts auf informationelle Selbstbestimmung für die Kommunikationsfreiheiten betonend Simitis-Simitis, § 1, Rn. 36 ff und 46 f.

372   St. Rspr. seit BVerfGE 65, 1 (42 f.); in neuerer Zeit etwa BVerfGE 103, 21 (32 f.).

373   BVerfGE 78, 77 (84).

374   BVerfGE 65, 1 (42 und 49); BVerfGE 67, 100 (143); BVerfGE 77, 1 (46); BVerfGE 103, 21 (33); zu Art. 10: BVerfGE 100, 313 (366).

375   Germann, 472.

376   Vgl. Erwägungsgrund 26 der Richtlinie 95/46/EG; a.A. Gola/Schomerus, BDSG, § 3, Rn. 9 zum BDSG: Maßgeblich seien nur die Mittel, die der speichernden Stelle zur Verfügung stehen; ebenso Schaffland/Wiltfang, BDSG, § 3, Rn. 17; Bergmann/Möhrle/Herb, Datenschutzrecht, § 3, Rn. 16.

chend spezifische Datum personenbezogen[377]. Dem steht nicht entgegen, dass eine Herstellung des Personenbezugs unter Umständen nur unter großem Aufwand möglich sein kann[378]. Es können nämlich stets besondere Umstände eintreten – beispielsweise bevorstehende terroristische Anschläge –, die Kostenerwägungen zurücktreten lassen. Zudem besteht das Risiko zufällig vorliegender Zusatzkenntnisse, etwa wenn eine Person demjenigen, der über die Daten verfügt, persönlich bekannt ist. Die Wahrscheinlichkeit der Herstellung eines Personenbezuges kann daher erst im Rahmen der Rechtfertigung eines Eingriffs eine Rolle spielen[379].

Die dogmatische Einordnung des Rechts auf informationelle Selbstbestimmung als Ausprägung des allgemeinen Persönlichkeitsrechts[380] (Art. 2 Abs. 1 in Verbindung mit 1 Abs. 1 GG) darf nicht zu dem Schluss führen, dass es nur dem Schutz der Privatsphäre des Einzelnen und seines Rechts, „in Ruhe gelassen zu werden"[381], diene[382]. Wie das Bundesverfassungsgericht betont[383], ist das Recht auf informationelle Selbstbestimmung – wie auch das allgemeine Persönlichkeitsrecht[384] – daneben auch darauf gerichtet, die aktive Entfaltung der Persönlichkeit (Art. 2 Abs. 1 GG) abzusichern, also die Handlungs- und insbesondere die Kommunikations- und Mitwirkungsfähigkeit des Einzelnen zu gewährleisten[385]. Dies ergibt sich schon aus der Begründung des informationellen Selbstbestimmungsrechts mit den Gefahren für die Handlungs- und Mitwirkungsfähigkeit des Einzelnen, die aus einer unkontrollierbaren oder unkontrollierten Datenverarbeitung resultieren[386]. Wegen dieser Funktion wird das Recht auf informationelle Selbstbestimmung teilweise auch auf Kommunikationsgrundrechte (Art. 5, 8, 9, 10 GG) gestützt[387]. Drittens ist auf die objektiv-rechtliche Funktion des Rechts auf informationelle Selbstbestimmung hinzuweisen, das die Handlungsfähigkeit des Einzelnen nicht nur in dessen Interesse absichert sondern

---

377 Germann, 474: „alle im Internet ermittelbaren Informationen"; Bizer, Forschungsfreiheit, 152: „Letztendlich [...] fast alle sogenannten anonymisierten Daten".

378 Zur „faktischen" Anonymität vgl. BVerfG NJW 1987, 2805 (2807); BVerfG NJW 1988, 962 (963) sowie § 3 Abs. 6 BDSG.

379 Bizer, Forschungsfreiheit, 203.

380 BVerfGE 65, 1 (41 ff.).

381 BVerfGE 44, 197 (203).

382 Zu dieser Funktion des allgemeinen Persönlichkeitsrechts BVerfGE 27, 1 (6).

383 BVerfGE 65, 1 (41 ff.).

384 Vgl. BVerfGE 72, 155 (170 ff.).

385 Simitis, NJW 1984, 394 (400); Simitis-Simitis, § 1, Rn. 35 ff.; Roßnagel/Pfitzmann/Garstka, Modernisierung des Datenschutzrechts, 59.

386 Seiten 70-71.

387 Simitis-Simitis, § 1, Rn. 34 und 46.

auch im Interesse eines funktionsfähigen demokratischen Staatssystems, welches die möglichst unbefangene Mitwirkung seiner Bürger voraussetzt[388].

Das Spezifikum des Art. 10 Abs. 1 Var. 3 GG gegenüber dem Recht auf informationelle Selbstbestimmung liegt darin, dass das Fernmeldegeheimnis den an einem räumlich distanzierten Kommunikationsvorgang Beteiligten die Vertraulichkeit von Inhalt und näheren Umständen eines Telekommunikationsvorgangs gewährleistet[389]. Dem Bundesverfassungsgericht zufolge schützt Art. 10 Abs. 1 Var. 3 GG vor jeder staatlichen „Einschaltung", die nicht im Einverständnis mit beiden Kommunikationspartnern erfolgt[390]. Fraglich ist, was genau unter einer „staatlichen Einschaltung" zu verstehen ist, und wie das Fernmeldegeheimnis infolgedessen vom Recht auf informationelle Selbstbestimmung abzugrenzen ist.

Überhaupt fragt sich, warum das Grundgesetz in Art. 10 die informationelle Selbstbestimmung gerade und nur bezüglich der Fernkommunikation ausdrücklich schützt. Der frühe Entstehungszeitpunkt des Grundrechts, das in Deutschland bis auf die Paulskirchenverfassung von 1849 zurückgeht, lässt vermuten, dass historisch vor der spezifischen Gefahr geschützt werden sollte, dass der Staat durch sein insoweit bestehendes Monopol besonders leicht auf die Post zugreifen konnte[391]. Mit der Liberalisierung der Telekommunikationsmärkte und der Privatisierung der Deutschen Bundespost besteht diese Gefahr heute nicht mehr. Nach wie vor ist räumlich distanzierte Kommunikation aber insoweit besonders gefährdet, als Eingriffe auf dem Nachrichtenweg für die Beteiligten schwerer zu bemerken und kostengünstiger und technisch einfacher zu bewerkstelligen sind als Eingriffe in die unmittelbare persönliche Kommunikation[392]. Zudem sind Eingriffe in die Vertraulichkeit der Telekommunikation in neuerer Zeit technikbedingt ungleich leichter geworden.

Bei der Abgrenzung zum Recht auf informationelle Selbstbestimmung ist zu beachten, dass die Telekommunikation im Vergleich zu anderen personenbezogenen Daten aus zwei Gründen dem staatlichen Zugriff besonders ausgesetzt ist: Zum einen durch die Distanz zwischen Sender und Empfänger, die ihre Kommunikation der heimlichen staatlichen Kenntnisnahme auf

---

388 Simitis-Simitis, § 1, Rn. 38 f.
389 BVerfGE 100, 313 (358); BVerfGE 85, 386 (396); BVerfGE 67, 157 (172).
390 BVerfGE 85, 386 (399).
391 Vgl. BVerfGE 85, 386 (396).
392 Ähnlich BVerfGE 100, 313 (363).

dem Nachrichtenweg aussetzt[393]; zum andern dadurch, dass sich Sender und Empfänger typischerweise Dritter zur Bereitstellung der Telekommunikationsinfrastruktur bedienen[394] und damit die Kontrolle über den Nachrichtenweg aus der Hand geben. Nachrichtenmittler haben technisch stets die Möglichkeit, die Telekommunikation ihrer Kunden zu erfassen und zu speichern, wodurch sie mittelbar auch dem staatlichen Zugriff offen steht[395].

Zweck des Fernmeldegeheimnisses ist es somit, die Beteiligten so zu stellen, wie sie ohne die Inanspruchnahme der Fernmeldetechnik, also bei unmittelbarer Kommunikation in beiderseitiger Gegenwart, stünden[396]. Nur anhand dieses spezifischen Schutzzwecks lässt sich der Schutzbereich des Fernmeldegeheimnisses präzise von dem des Rechts auf informationelle Selbstbestimmung abgrenzen: Inhalt und nähere Umstände einer Kommunikation sind von Art. 10 Abs. 1 Var. 3 GG nur insoweit geschützt, wie sie während der Übermittlungsphase wahrgenommen oder gespeichert wurden[397]. Greift der Staat sonst auf die Kommunikation zu, etwa durch Vernehmung des Kommunikationsempfängers oder durch Beschlagnahme von dessen Telefongesprächsnotizen, dann realisiert sich keine spezifische Fernmeldegefahr[398]. Dieses allgemeine Risiko bringt auch die unmittelbare menschliche Kommunikation mit sich, so dass nicht der spezielle Art. 10

---

393 Vgl. AK-GG-Bizer, Art. 10, Rn. 62: „Das Fernmeldegeheimnis setzt nicht zwingend eine Vermittlung durch einen Dritten voraus."

394 Rieß, Vom Fernmeldegeheimnis zum Telekommunikationsgeheimnis, 144.

395 BVerfGE 85, 386 (396).

396 BVerfGE 85, 386 (396); BVerfGE 100, 313 (363); Gusy, JuS 1986, 89 (90 f.); vgl. auch Dreier-Hermes, Art. 10, Rn. 47.

397 Germann, 118 f.; ähnlich AK-GG-Bizer, Art. 10, Rn. 39; für den Nachrichteninhalt bereits Welp, Die strafprozessuale Überwachung des Post- und Fernmeldeverkehrs, 32.

398 Vgl. AK-GG-Bizer, Art. 10, Rn. 67: „spezifisches Übermittlungsrisiko"; BVerfGE 106, 28 (37): „Risiken, die nicht in der telekommunikativen Übermittlung durch einen Dritten, sondern in Umständen aus dem Einfluss- und Verantwortungsbereich eines der Kommunizierenden begründet sind, werden [von dem Fernmeldegeheimnis] nicht erfasst"; BVerfGE 106, 28 (38): „Da Art. 10 Abs. 1 GG nur die Vertraulichkeit des zur Nachrichtenübermittlung eingesetzten Übertragungsmediums schützt, ist der Gewährleistungsbereich aber nicht beeinträchtigt, wenn ein Gesprächspartner in seinem Einfluss- und Verantwortungsbereich einem privaten Dritten den Zugriff auf die Telekommunikationseinrichtung ermöglicht. Zwar wird auch dann das Übertragungsmedium für den Kommunikationszugriff genutzt. Es realisiert sich jedoch nicht die von Art. 10 Abs. 1 GG vorausgesetzte spezifische Gefährdungslage. Im Vordergrund steht nicht die Verletzung des Vertrauens in die Sicherheit der zur Nachrichtenübermittlung eingesetzten Telekommunikationsanlage, sondern die Enttäuschung des personengebundenen Vertrauens in den Gesprächspartner."

Abs. 1 Var. 3 GG sondern das Recht auf informationelle Selbstbestimmung einschlägig ist.

Von dem unterschiedlichen Anwendungsbereich abgesehen gibt es noch weitere Unterschiede zwischen den beiden Grundrechten:

Erstens gelten die in Art. 10 Abs. 2 S. 2 GG vorgesehenen Ausnahmebestimmungen nicht für das allgemeine Persönlichkeitsrecht. Dies könnte eher für eine enge Auslegung des Anwendungsbereichs von Art. 10 Abs. 1 Var. 3 GG sprechen. Man kann allerdings auch im Bereich des Rechts auf informationelle Selbstbestimmung zu vergleichbaren Ausnahmen gelangen, indem man sich der Rechtsfigur der kollidierenden Verfassungsgüter bedient, so dass Art. 10 Abs. 2 S. 2 GG nicht überzubewerten ist.

Zweitens kann Art. 10 Abs. 1 Var. 3 in Verbindung mit Art. 19 Abs. 1 S. 2 GG einen stärkeren Schutz entfalten, weil das allgemeine Persönlichkeitsrecht in eingreifenden Gesetzen nach verbreiteter Meinung nicht zitiert werden muss[399]. Dieser Unterschied zum Fernmeldegeheimnis ist allerdings unbefriedigend und sachlich nicht gerechtfertigt, denn die hinsichtlich der allgemeinen Handlungsfreiheit (Art. 2 Abs. 1 GG) angestellte Überlegung, das Zitiergebot solle nicht zur Förmelei zwingen[400], gilt in Bezug auf das Recht auf informationelle Selbstbestimmung nicht[401]. Für Einschränkungen dieses Rechts gelten ohnehin spezifische Anforderungen, die im Bereich der allgemeinen Handlungsfreiheit keine Entsprechung finden, so dass die Ableitung des Rechts auf informationelle Selbstbestimmung aus Art. 2 Abs. 1 i.V.m. Art. 1 Abs. 1 GG nicht zu dem Schluss der Unanwendbarkeit des Zitiergebots im einen wie im anderen Fall zwingen muss. Jedenfalls wenn sich der Verfassungsgeber zu einer ausdrücklichen Aufnahme des Rechts auf informationelle Selbstbestimmung in das Grundgesetz entschließen sollte, wird dieses als Spezialgrundrecht selbstverständlich zitiert werden müssen[402], zumal das Recht auf informationelle Selbstbestimmung den besonderen Freiheitsgrundrechten in ihrer konstituierenden Bedeutung für die Persönlichkeit nicht nachsteht[403].

Drittens soll das Recht auf informationelle Selbstbestimmung – anders als das Fernmeldegeheimnis[404] – nach der herrschenden Auffassung nur für

---

399   J/P⁶-Jarass, Art. 2, Rn. 45; Simitis-Simitis, § 1, Rn. 104.
400   BVerfGE 28, 36 (46); BVerfGE 35, 185 (188).
401   Für die Geltung des Zitiergebots Schild, DuD 2002, 679 (683) m.w.N.
402   So auch Simitis-Simitis, § 1, Rn. 104.
403   BVerfGE 106, 28 (39) für das allgemeine Persönlichkeitsrecht.
404   BVerfGE 100, 313 (356).

natürliche Personen gelten[405]. Auch hier will die Berechtigung der unterschiedlichen Behandlung im Hinblick auf Art. 19 Abs. 3 GG nicht einleuchten[406]. Juristische Personen werden durch übermäßige staatliche Datenerhebung in ihrer Entscheidungs- und Handlungsfähigkeit ebenso gefährdet wie natürliche Personen, so dass eine „grundrechtstypische Gefährdungslage" vorliegt[407]. Außerdem kann ein auf eine juristische Person bezogenes Datum regelmäßig auch natürlichen Personen zugeordnet werden, die hinter der juristischen Person stehen. Daher spricht auch der Schutz der hinter einer juristischen Person stehenden natürlichen Personen[408] für die Anwendung des Rechts auf informationelle Selbstbestimmung auf juristische Personen. Von der Reichweite des Schutzbereichs des Rechts auf informationelle Selbstbestimmung zu unterscheiden ist die Frage nach der Abgrenzung dessen Anwendungsbereichs von dem der übrigen, unstreitig dem Schutz auch juristischer Personen dienender Grundrechte. Das Bundesverfassungsgericht hat die Erhebung von Daten über juristische Personen in mehreren Fällen als Eingriff in spezielle Freiheitsgrundrechte angesehen (z.B. Art. 14 oder Art. 5 GG)[409]. Auf diesem Weg gelangt man letztlich zu den gleichen Ergebnissen wie bei Anwendung des Rechts auf informationelle Selbstbestimmung[410].

Klar abzulehnen ist die Auffassung, das Recht auf informationelle Selbstbestimmung schütze im Unterschied zu Art. 10 GG nicht den Kommunikationsinhalt, sondern nur dessen Umstände[411]. Die Konsequenz dieser Auffassung wäre, dass der Staat unbegrenzt Mikrofone an öffentlichen Orten anbringen und die Gespräche seiner Bürger belauschen dürfte, weil insoweit keines der beiden Grundrechte einschlägig wäre. Richtigerweise lässt sich der Inhalt eines Kommunikationsvorgangs ohne Weiteres unter den Schutzbereich des Recht auf informationelle Selbstbestimmung subsumieren. Der

---

405   Etwa AK-GG-Bizer, Art. 10, Rn. 117; Dreier-Hermes, Art. 10, Rn. 82; Roßnagel-Trute, Handbuch Datenschutzrecht, 173; Schaar, Datenschutz im Internet, Rn. 124 und 139; vgl. auch BVerfGE 95, 220 (242); a.A. Roßnagel/Pfitzmann/Garstka, Modernisierung des Datenschutzrechts, 65 f.; a.A. ohne Begründung auch noch BVerfGE 77, 1 (38 und 46 f.); a.A. für das Recht am gesprochenen Wort jetzt BVerfGE 106, 28 (42).

406   Zu abweichenden Regelungen in ausländischen Rechtsordnungen Simitis-Simitis, Einl., Rn. 141.

407   Für dieses Kriterium allgemein Dreier-Dreier, Art. 19 III, Rn. 21 m.w.N.; auf dieses Kriterium abstellend auch BVerfGE 106, 28 (43).

408   Für dieses Kriterium BVerfGE 21, 362 (369).

409   BVerfGE 77, 1 (38); BVerfGE 95, 220 (234); vgl. auch Roßnagel-Trute, Handbuch Datenschutzrecht, 173.

410   Roßnagel/Pfitzmann/Garstka, Modernisierung des Datenschutzrechts, 65.

411   So Dreier-Hermes, Art. 10, Rn. 82.

Inhalt eines Kommunikationsvorgangs lässt sich nämlich den beteiligten Personen zuordnen, und er enthält auch Angaben über die Kommunikation dieser Personen, so dass es sich um ein personenbezogenes Datum handelt, welches durch das Recht auf informationelle Selbstbestimmung geschützt ist.

Soweit nach dem Gesagten sowohl das Recht auf informationelle Selbstbestimmung wie auch das Fernmeldegeheimnis einschlägig sind, stellt sich die Frage nach dem Verhältnis der beiden Grundrechte zueinander. In Betracht kommt zunächst, beide Grundrechte nebeneinander anzuwenden. Eine solche Schutzbereichsverstärkung hätte den Vorteil, dass, soweit Schutzunterschiede bestehen, das stärkere Grundrecht zum Tragen kommen könnte. Im Sinne einer grundrechtsfreundlichen Auslegung des Grundgesetzes könnte dies als Ansatz der Wahl erscheinen.

Andererseits könnte man das Fernmeldegeheimnis als das speziellere Grundrecht ansehen und das Recht auf informationelle Selbstbestimmung nicht anwenden, soweit das Fernmeldegeheimnis einschlägig ist[412]. Für diesen Ansatz spricht, dass das Fernmeldegeheimnis Kommunikationsinhalte und -umstände vor Kenntnisnahme oder Speicherung in der Übermittlungsphase umfassend schützt und damit die informationelle Selbstbestimmung der Kommunizierenden gewährleistet. Ein Rückgriff auf das allgemeine Recht auf informationelle Selbstbestimmung aus Art. 2 Abs. 1 i.V.m. Art. 1 Abs. 1 GG erscheint insoweit nicht erforderlich. Folglich ist diesem Ansatz der Vorzug zu geben.

Rechtspolitisch erscheint – trotz der Spezifika beider Grundrechte – die Berechtigung der Unterscheidung zwischen dem Grundrecht auf informationelle Selbstbestimmung einerseits und dem Fernmeldegeheimnis andererseits heute, nachdem das Bundesverfassungsgericht die für ersteres Recht entwickelten Regeln auf Art. 10 Abs. 1 Var. 3 GG übertragen[413] und dieses als das speziellere Grundrecht bezeichnet hat[414], fraglich.

bb) Reichweite des Schutzbereichs des Art. 10 Abs. 1 Var. 3 GG

Anders als beim Recht auf informationelle Selbstbestimmung unterteilt man den Schutzbereich des Fernmeldegeheimnisses üblicherweise in den Inhalt der übermittelten Informationen einerseits und die näheren Umstände

---

412 Etwa BVerfGE 67, 157 (171); BVerfGE 100, 313 (358); BVerfG, NJW 2004, 2213 (2215).
413 BVerfGE 100, 313 (359).
414 BVerfGE 100, 313 (358); BVerfGE 67, 157 (171); ebenso etwa AK-GG-Bizer, Art. 10, Rn. 117.

der Übermittlung andererseits. Zu letzteren gehört etwa die Information, ob und wann zwischen welchen Personen und Fernmeldeanschlüssen Fernmeldeverkehr stattgefunden hat oder versucht worden ist[415]. Der Begriff „Fernmeldegeheimnis" erfasst nicht nur althergebrachte Formen des Fernmeldeverkehrs wie die Sprachtelefonie, sondern beispielsweise auch die Kommunikation per E-Mail[416], egal ob man diesen Dienst auf einfachgesetzlicher Ebene als Telekommunikationsdienst[417] oder Teledienst[418] ansieht[419]. Das Gleiche gilt für die Kommunikation etwa per SMS-Nachricht oder per IRC-Chat.

(1) Massenkommunikation

Während der Schutz des Fernmeldegeheimnisses nach allgemeiner Meinung im Ausgangspunkt nur solche Informationen umfassen soll, die an einen bestimmten Adressatenkreis gerichtet sind[420], besteht Uneinigkeit bezüglich der Behandlung von Massenkommunikation, die mittels Fernmeldetechnik abgewickelt wird[421]. Massenkommunikation wird dabei als öffentlich zugängliche Kommunikation definiert[422]. Insbesondere im Hinblick auf den Abruf öffentlicher Internetseiten („Surfen") ist die Frage relevant.

---

415 BVerfG seit E 67, 157 (172).

416 Schaar, Sicherheit und Freiheitsrechte (I), 21; Deckers, Geheime Aufklärung (I).

417 BeckTKG-Schuster, § 4, Rn. 4c; Schaar, Datenschutz im Internet, Rn. 266 ff.; Germann, 139; Bizer, Rechtsfragen beim Einsatz von Email, Newsgroups und WWW in Schulen (I); Wuermeling/Felixberger, CR 1997, 230 (233); wohl auch die Bundesregierung, vgl. § 2 Abs. 2 Nr. 4 TKÜV.

418 HMR-Holznagel, Punkt 3.2, Rn. 57; Berliner Datenschutzbeauftragter, Bericht zum 31. Dezember 1998, LT-Drs. 13/3817, 142; Roßnagel-Dix/Schaar, § 6 TDDSG, Rn. 36.

419 Zum Streitstand vgl. auch Schmitz, TDDSG, 89 m.w.N.

420 Vgl. nur Dreier-Hermes, Art. 10, Rn. 34; J/P[6]-Jarass, Art. 10, Rn. 7; AK-GG-Bizer, Art. 10, Rn. 64.

421 J/P[6]-Jarass, Art. 10, Rn. 7: Art. 10 soll in Fällen gelten, in denen die „technische Adressierung" einer Kommunikation nicht ermittelt werden kann, nicht dagegen für öffentliche Inhalte des Internet; Dreier-Hermes, Art. 10, Rn. 36: Es komme entscheidend auf den formalen Anknüpfungspunkt der fernmeldetechnischen Übermittlungsart an; ders., Art. 10, Rn. 35: Es genüge die Möglichkeit, dass auf einem fernmeldetechnischen Übermittlungsweg individuelle Kommunikationsvorgänge stattfinden könnten; ebenso P/S, Rn. 773; Sachs-Krüger, Art. 10, Rn. 14: „Art. 10 scheidet vor vornherein aus, wenn der Inhalt einer Nachricht schon von der Art der Übermittlung her für die Öffentlichkeit bestimmt ist."; AK-GG-Bizer, Art. 10, Rn. 64 lässt die Möglichkeit einer individuellen Nutzung von Telekommunikationstechnik genügen; vMKS-Gusy, Art. 10, Rn. 42 f. ist wohl gegen jede Einbeziehung von Massenkommunikation.

422 vMKS-Gusy, Art. 10, Rn. 42.

Die Befürworter einer weiten Auslegung des Art. 10 Abs. 1 Var. 3 GG berufen sich teilweise darauf, dass sich aus der Tatsache, dass ein Internetangebot genutzt wurde, immer auch auf den zugrunde liegenden Telekommunikationsvorgang schließen lässt[423]. Dies allein kann den Ausschlag aber nicht geben, weil Art. 10 Abs. 1 Var. 3 GG wie gezeigt[424] nur vor der besonderen Übermittlungsgefahr räumlich distanzierter Kommunikation schützt. So ist beispielsweise die Beschlagnahme von Gesprächsnotizen, die Rückschlüsse auf erfolgte Ferngespräche erlauben, nicht deswegen unzulässig, weil sich die §§ 94 ff. StPO nicht ausdrücklich auf Telekommunikationsvorgänge beziehen (vgl. § 88 Abs. 3 S. 3 TKG)[425]. Bei der Beschlagnahme von Unterlagen eines Kommunizierenden über seine Kommunikation mit anderen handelt es sich nämlich nicht um ein telekommunikationsspezifisches Risiko. Auf die Möglichkeit des Rückschlusses auf einen Telekommunikationsvorgang kann es daher nicht ankommen.

Vertreter der engen Auffassung machen geltend, ein Vertraulichkeitsschutz sei nicht sinnvoll, wenn die Kommunikation von vornherein auf Öffentlichkeit angelegt sei[426]. Dieses Argument kann allerdings nur insoweit Gültigkeit beanspruchen, wie allein der Kommunikationsinhalt von einem Eingriff betroffen ist. An einer Geheimhaltung der personenbezogenen Kommunikationsumstände besteht auch bei öffentlich zugänglichen Informationen ein legitimes Interesse. Bei dem Abruf öffentlicher Therapieinformationen durch eine drogenabhängige Person etwa liegt dies auf der Hand. Aber auch hinsichtlich des Inhalts ist nicht einzusehen, warum man dem Staat nicht zumuten können soll, sich öffentlich zugängliche Informationen wie jeder andere auch selbst zu beschaffen, anstatt sie auf dem Übermittlungsweg abzufangen.

Hinzu kommt, dass eine Trennung von Individual- und Massenkommunikation in den Telekommunikationsnetzen oft nicht möglich ist. Telekommunikationsnetze stellen nämlich technisch gesehen stets punktuelle („point-to-point") Verbindungen her, meist zwischen genau zwei Telekommunikationsanschlüssen. Bei solchen Punkt-zu-Punkt-Verbindungen ist

423 Schaar, Datenschutz im Internet, Rn. 141.
424 Seite 73.
425 Schaar, Datenschutz im Internet, Rn. 804; Schenke, AöR 125 (2000), 1 (2 f.); a.A. Graf, Jürgen (Generalbundesanwalt), zitiert bei Neumann, Andreas: Internet Service Provider im Spannungsfeld zwischen Strafverfolgung und Datenschutz, Bericht von der Veranstaltung in Bonn am 26./27.02.2002, www.artikel5.de/artikel/ecoveranstaltung2002.html.
426 vMKS-Gusy, Art. 10, Rn. 42.

der technische Adressatenkreis (Telefonnummer, IP-Adresse, E-Mail-Adresse) stets im Voraus bestimmt, so dass es sich hierbei um kein taugliches Abgrenzungskriterium handelt.

Eine Trennung von Individual- und Massenkommunikation ließe sich daher allenfalls durch Kenntnisnahme des Kommunikationsinhalts vornehmen. Bereits dies aber würde dem Schutzzweck des Art. 10 Abs. 1 Var. 3 GG zuwider laufen, da hiermit auch die Kenntnisnahme von – unbestritten geschützter – Individualkommunikation verbunden wäre[427]. Mit dem Argument, lediglich Massenkommunikation zu suchen, könnte der Staat in jeden Kommunikationsvorgang eingreifen, ohne jeglichen Einschränkungen aus Art. 10 Abs. 1 Var. 3 GG – auch verfahrensrechtlicher Art – zu unterliegen.

Hinzu kommt, dass selbst die Kenntnisnahme des Kommunikationsinhalts oftmals keine Abgrenzung von Individual- und Massenkommunikation erlaubt. So kann eine E-Mail individuelle Kommunikation enthalten, aber auch Massenkommunikation, etwa bei so genannten „Newsletters", die per E-Mail an jeden verschickt werden, der sich für diesen Dienst anmeldet. Derartige Massenkommunikationen können mit personalisierten Elementen verbunden sein, so dass sich aus dem Inhalt einer Nachricht selbst oftmals nicht ersehen lässt, ob der Adressatenkreis bestimmt oder unbestimmt ist. Auch einer übermittelten World Wide Web-Seite sieht man nicht an, ob sie öffentlich zugänglich ist oder nicht: Für manche WWW-Angebote können sich nur bestimmte Personen anmelden (z.B. Mitglieder eines Clubs), und manches Angebot ist deswegen nicht öffentlich, weil der Standort (URL) nur bestimmten Personen mitgeteilt wurde. Aus Kommunikationsinhalt und -umständen geht der Adressatenkreis regelmäßig nicht hervor. Auch dies spricht dafür, öffentlich zugängliche Informationen, die mittels Telekommunikation übertragen werden, in den Schutz des Art. 10 Abs. 1 Var. 3 GG einzubeziehen.

Der Wortlaut des Art. 10 Abs. 1 Var. 3 GG enthält keine Einschränkung in Bezug auf Massenkommunikation, die unter Verwendung von Fernmeldetechnik abgewickelt wird. „Fernmeldegeheimnis" ist eher technisch formuliert und grenzt die Art der „Fernmeldung" nicht ein. Als „Meldung" lässt sich sowohl Individual- als auch Massenkommunikation beschreiben. Historisch wurde die Telegraphen- und Telefontechnik zwar unbestritten nur zur Individualkommunikation eingesetzt. Dies bedeutet aber nicht, dass

---

427 Germann, 118; allgemein zu diesem Aspekt Gusy, JuS 1986, 89 (90); Dreier-Hermes, Art. 10, Rn. 16 und 35.

der Verfassungsgeber die Geltung des Fernmeldegeheimnisses auf Individualkommunikation beschränken wollte.

Teleologisch ist bedeutsam, dass das Fernmeldegeheimnis gerade deswegen in Art. 10 Abs. 1 Var. 3 GG ausdrücklich geschützt ist, weil Eingriffe durch die räumliche Distanz und die Einschaltung des Nachrichtenmittlers besonders leicht zu bewerkstelligen sind[428]. Im Bereich des Internet ist der Bürger aber überall gleichermaßen gefährdet, ob er E-Mails liest oder öffentliche Internetseiten. In beiden Fällen ist er dem geheimen und verhältnismäßig einfachen Zugriff des Staates ausgeliefert.

Mithin erscheint es erforderlich, auch die Inanspruchnahme von Massenmedien mittels Telekommunikation in den Schutz von Art. 10 Abs. 1 Var. 3 GG einzubeziehen. Dabei ist wohlgemerkt der Inhalt öffentlich zugänglicher Informationen als solcher nicht von Art. 10 Abs. 1 Var. 3 GG geschützt, sondern nur die Übermittlung dieses Inhalts an eine ihn abrufende Person sowie die näheren Umstände dieses Abruf- und Übermittlungsvorgangs. Der Staat greift also nur dann nicht in Art. 10 Abs. 1 Var. 3 GG ein, wenn er auf öffentlich zugängliche Informationen wie jeder andere zugreift, etwa mittels eines eigenen Internet-Anschlusses.

Diesen Gedanken verfolgen auch Krüger und Pagenkopf, wenn sie ausführen, der Schutzbereich des Art. 10 Abs. 1 Var. 3 GG sei nicht betroffen, wenn der Staat wie jeder andere auf Informationen zugreifen könne[429]. Der Schutzbereich des Fernmeldegeheimnisses sei nur dann eröffnet, wenn der Wille der Teilnehmer darauf gerichtet sei, einen übertragungssicheren Weg zu nutzen[430]. Auf der Basis dieser richtigen Prämisse gelangen Krüger und Pagenkopf allerdings zu dem unzutreffenden Ergebnis, dass die Kommunikation über das Internet (etwa per E-Mail) nicht von Art. 10 Abs. 1 Var. 3 GG geschützt sei[431]. Dieser Irrtum beruht auf der irrigen Annahme der Autoren, dass die Kommunikation via Internet im Grunde einer öffentlichen Kommunikation mit allgemeiner Teilnahmemöglichkeit entspreche und dass prinzipiell jedermann die Kommunikation einsehen und manipulieren könne[432].

Tatsächlich erfolgt die Nutzung des Internet zwar in der Tat zumeist ohne Verschlüsselung und Authentifizierung der übertragenen Informationen.

---

428 Seite 73.
429 Sachs³-Krüger/Pagenkopf, Art. 10, Rn. 14a.
430 Sachs³-Krüger/Pagenkopf, Art. 10, Rn. 14a.
431 Sachs³-Krüger/Pagenkopf, Art. 10, Rn. 14a.
432 Sachs³-Krüger/Pagenkopf, Art. 10, Rn. 14a.

Dies eröffnet aber nicht jedermann, sondern nur den Kommunikationsmittlern Möglichkeiten der Kenntnisnahme und Manipulation. Dass der Schutzbereich des Art. 10 Abs. 1 Var. 3 GG auch unter diesen Umständen einschlägig ist, zeigt schon die traditionelle Sprachtelefonie, die mit Hilfe eines zwischengeschalteten Lautsprechers ohne Weiteres abhörbar war, und zwar nicht nur für die eingesetzten Telefondienstunternehmen. Im Unterschied hierzu ist die Kenntnisnahme von über das Internet abgewickelten Kommunikationsvorgängen erheblich schwieriger. Im Übrigen können auch verschlossene Briefe durch Einsatz von Wasserdampf zur Kenntnis genommen werden, ohne dass sie deswegen vom Schutzbereich des Briefgeheimnisses ausgenommen wären.

Dass über das Internet abgewickelte Kommunikation unbefugt zur Kenntnis genommen werden kann, führt daher nicht zu einer Einschränkung des Schutzbereichs des Art. 10 Abs. 1 Var. 3 GG. Umgekehrt begründet dieser Umstand eher eine besondere Schutzbedürftigkeit der Internetkommunikation. Der Schutzbereich des Fernmeldegeheimnisses ist bereits dann eröffnet, wenn der Wille der Teilnehmer darauf gerichtet ist, ein regelmäßig übertragungssicheres Medium in Anspruch zu nehmen. Dies ist bei dem Internet der Fall.

(2) Übermittlung von Daten

Des Weiteren ist fraglich, ob der Begriff des Fernmeldegeheimnisses so zu verstehen ist, dass er nur die unmittelbare intellektuelle menschliche Verständigung als „Meldung" erfasst[433] oder ob auch die Übertragung von Daten, die keine Nachrichten darstellen (z.B. Software, Musik, Bilder), in den Schutzbereich des Art. 10 Abs. 1 Var. 3 GG einzubeziehen ist[434].

Da sich bei jeglichen Daten ein Personenbezug herstellen lässt, etwa zu ihrem Urheber, ist der Schutzbereich des Rechts auf informelle Selbstbestimmung in jedem Fall einschlägig. Sieht man Art. 10 Abs. 1 Var. 3 GG als das speziellere Recht auf dem Gebiet der Telekommunikation an, welches dem erleichterten staatlichen Zugriff auf fernübermittelte Informationen Rechnung trägt, dann erscheint es sinnvoll, den Schutz des Art. 10 Abs. 1 Var. 3 GG auch auf Daten jeder Art zu erstrecken.

Auch der Schutzzweck des Art. 10 Abs. 1 Var. 3 GG erfordert einen Schutz bereits vor der Überprüfung des Fernmeldeverkehrs auf seinen In-

---

433   So Koenig/Koch/Braun, K&R 2002, 289 (291) m.w.N.
434   Dreier-Hermes, Art. 10, Rn. 36; AK-GG-Bizer, Art. 10, Rn. 63; für Daten auch J/P[6]-Jarass, Art. 10, Rn. 8; vMKS-Gusy, Art. 10, Rn. 40; P/S, Rn. 773.

halt hin, weil eine Überprüfung zwangsläufig bereits eine Kenntnisnahme der Informationen darstellt[435]. Außerdem kann neben dem intellektuellen Gedankenaustausch auch an anderen Informationen ein schutzwürdiges Geheimhaltungsinteresse bestehen, was etwa am Beispiel des Versandes persönlicher Fotos deutlich wird.

Der Begriff „Fernmeldegeheimnis" darf daher nicht so verstanden werden, dass er nur die unmittelbare intellektuelle menschliche Verständigung erfasst. Geschützt ist vielmehr jede räumlich distanzierte Übermittlung von Informationen[436]. Das Bundesverfassungsgericht macht dies deutlich, indem es ausdrücklich nicht nur den Austausch von „Gedanken" und „Meinung[en]" sondern auch von anderen „Information[en]" in den Schutzbereich einbezieht[437]. Damit sind jegliche Informationen unabhängig von der Ausdrucksform geschützt, Sprache ebenso wie Bilder, Töne, Zeichen oder sonstige Daten[438].

(3) Durch Private erfasste Telekommunikationsdaten

Fraglich ist, ob und inwieweit Art. 10 Abs. 1 Var. 3 GG vor staatlichen Zugriffen auch auf solche Daten über Telekommunikationsvorgänge schützt, die durch Private aufgezeichnet worden sind. Wie dargelegt, beschränkt sich der Schutz des Fernmeldegeheimnisses auf die Übermittlungsphase eines Kommunikationsvorgangs[439]. Daraus ergibt sich, dass ein Eingriff in das Fernmeldegeheimnis jedenfalls dann vorliegt, wenn der Staat auf Inhalt oder nähere Umstände der Kommunikation zugreift, während sich diese auf dem Weg zwischen Sender und Empfänger befindet. Nichts anderes kann gelten, wenn die Aufzeichnung während der Übermittlung durch Private vorgenommen wird und der Staat dann auf deren Aufzeichnungen zugreift. Auch bei der Aufzeichnung durch Private auf dem Übermittlungsweg realisiert sich ein typisches Risiko der Telekommunikation[440].

Soweit durch Unternehmen, welche die Vermittlung fremder Kommunikation anbieten, Inhalt oder Umstände der vermittelten Kommunikationsvorgänge erfasst werden, kann diese Erfassung entsprechend der Rolle der Unternehmen als Nachrichtenmittler nur auf dem Übermittlungsweg erfolgen

---

435   Seite 80.
436   BVerfGE 106, 28 (36): Das Fernmeldegeheimnis schütze „sämtliche mit Hilfe der verfügbaren Telekommunikationstechniken erfolgenden Übermittlungen von Informationen".
437   BVerfGE 100, 313 (358 und 359).
438   BVerfGE 106, 28 (36).
439   Seite 73.
440   Seite 73.

sein. Das Fernmeldegeheimnis schützt daher stets vor der staatlichen Kenntnisnahme von Kommunikationsdaten, die ein Nachrichtenmittler wahrgenommen oder gespeichert hat. In die Kategorie der Kommunikationsmittler fallen etwa die Anbieter von Sprachtelefonie, SMS, E-Mail-Diensten, IRC-Chat oder Internetpräsenzen sowie Internet Access Provider und die Betreiber von Übertragungswegen für konventionelle oder Internetkommunikation. Es kommt wohlgemerkt nicht darauf an, ob Individual- oder Massenkommunikation vermittelt wird[441] oder wie diese Dienste einfachgesetzlich einzuordnen sind (als Telekommunikations-, Tele- oder Mediendienst). Entscheidend ist, dass die Vermittlung (Aussenden, Übermitteln und Empfangen) fremder Informationen angeboten wird, dass die vermittelten Informationen also nicht als eigene Inhalte des Unternehmens anzusehen sind.

Fraglich ist, was für Unternehmen gilt, die eigene Inhalte anbieten, etwa indem sie diese im Internet zum Abruf bereit halten (so genannte Content-Provider wie etwa Online-Magazine, Telebanking-Dienste oder Suchmaschinen). Diese Unternehmen können das technische Aussenden der Inhalte selbst übernehmen (z.B. durch Betrieb eines eigenen Servers), sie können es aber auch durch einen Dritten übernehmen lassen (z.B. durch einen Anbieter von Internetpräsenzen bzw. Webhosting), ohne dass dies hinsichtlich Art. 10 Abs. 1 Var. 3 GG einen Unterschied machen würde. Entscheidend ist ihre Funktion nicht als Vermittler fremder Kommunikation, sondern als Anbieter eigener Inhalte. Im Bereich der traditionellen Wirtschaft finden diese Unternehmen ihre Entsprechung beispielsweise in Bibliotheken, Buchhandlungen, Dokument-Lieferservices oder Rechercheunternehmen.

Von ihrer Funktion als Anbieter von Inhalten her sind diese Unternehmen nicht auf eine Fernübermittlung von Informationen angewiesen. Statt die Inhalte technisch über eine Distanz zu beziehen könnte der Kunde die Firma auch persönlich besuchen, um die jeweiligen Informationen entgegenzunehmen. Wie beschrieben[442], ist eine sachlich begründete Abgrenzung zum Recht auf informationelle Selbstbestimmung nur möglich, wenn man das Fernmeldegeheimnis auf die Gewährleistung beschränkt, dass der Staat keine größeren Zugriffsmöglichkeiten haben darf als bei unmittelbarer Kommunikation der Beteiligten. Im Bereich der Anbieter von Inhalten kann es aber auch bei persönlicher Entgegennahme der Informationen durch den Kunden erforderlich sein, dass der Anbieter aufzeichnet, welche Inhalte welchem Kunden unter welchen Umständen übergeben wurden, insbeson-

---

441   Vgl. Seiten 78-81.
442   Seite 73.

dere zu Abrechnungszwecken. Dies liegt bei Buchhandlungen, Dokument-Lieferservices oder Rechercheunternehmen auf der Hand, etwa wenn der Auftrag nicht sofort bedient werden kann oder wenn erst später bezahlt werden soll. Die Aufzeichnung solcher Daten ist daher kein Spezifikum von Diensten, die ihre Inhalte per Telekommunikation übermitteln. Es handelt sich vielmehr um ein allgemeines Phänomen, das sich im Grunde bei jedem Angebot von Waren oder Dienstleistungen findet. So werden auch bei der Bestellung eines nicht vorrätigen Geräts im Fachgeschäft Inhalt und Umstände der Bestellung festgehalten, um diese später ausführen und abrechnen zu können. Das Anbieten von Inhalten mittels Telekommunikation bringt daher nur während der Übermittlungsphase eine erhöhte Gefahr staatlicher Kenntnisnahme personenbezogener Daten mit sich, nicht aber während der Zeit der Datenspeicherung bei dem Inhalteanbieter.

Zwar kann der telekommunikative Abruf von Informationen durch den Anbieter technisch besonders einfach aufgezeichnet und überwacht werden. Dabei handelt es sich aber um kein telekommunikationsspezifisches Problem. Man denke nur an die Bezahlung von Waren mit ec-, Kredit- oder Kundenkarte, wo die Erstellung von Kundenprofilen auf ebenso einfache Weise möglich ist. Dasselbe gilt für die verbreiteten Vorteilsprogramme („Miles and more", „Happy Digits", „Payback"). Auch dass Kundendaten von Inhalteanbietern weitgehende Rückschlüsse erlauben und damit ebenso schutzwürdig oder schutzwürdiger als Verkehrsdaten von Kommunikationsmittlern sind, kann angesichts der Vielzahl anderer, ebenso sensibler Datenbestände außerhalb der Telekommunikation keinen Unterschied machen.

Mithin erscheint es nicht sachlich begründbar, gerade das Angebot von Inhalten mittels Telekommunikation in den Schutz des Art. 10 Abs. 1 Var. 3 GG einzubeziehen. Daten, die Inhalteanbieter über Kommunikationsvorgänge mit ihren Kunden speichern (Nutzungsdaten), sind daher nicht von Art. 10 Abs. 1 Var. 3 GG geschützt[443], es sei denn, sie werden gerade auf dem Übermittlungsweg erfasst. De lege ferenda mag man zwar die Einführung eines speziellen „Mediennutzungsgeheimnisses" fordern[444]. De lege

---

443 Germann, 614; a.A. Schaar, Datenschutz im Internet, Rn. 141; ders., Cybercrime und Bürgerrechte, 9; Kooperationskreis „IuK-Datenschutz" in Berliner Datenschutzbeauftragter, Bericht zum 31. Dezember 1998, LT-Drs. 13/3817, 153 f.; AK-GG-Bizer, Art. 10, Rn. 66.

444 Garstka/Dix/Walz/Sokol/Bäumler, Hintergrundpapier (I), Punkt III; DSB-Konferenz, Freie Telekommunikation (I): „Die Geltung des Fernmeldegeheimnisses ist auch für den Bereich der Tele- und Mediendienste ausdrücklich klarzustellen".

lata ist aber nur das allgemeine Recht auf informationelle Selbstbestimmung einschlägig. Da der mögliche Nutzen und mögliche Gefahren der staatlichen Erhebung von Verkehrsdaten indes nicht davon abhängen, ob Verkehrsdaten während ihrer Übermittlung oder danach festgehalten werden, ist dieser rechtliche Unterschied bei der Beurteilung der Verhältnismäßigkeit staatlicher Eingriffe nicht von Bedeutung.

Zusammenfassend kommt es bei der Frage, ob Art. 10 Abs. 1 Var. 3 GG vor staatlichen Zugriffen auf Daten schützt, die durch Private aufgezeichnet worden sind, darauf an, ob die Aufzeichung durch den Privaten während der Übermittlungsphase erfolgt ist oder nicht. Die Tatsache, dass eine bestimmte Person ein bestimmtes WWW-Angebot zu einer bestimmten Zeit abgerufen hat, kann beispielsweise sowohl durch den Internet-Access-Provider des Abrufenden wie auch durch den Anbieter der abgerufenen Informationen selbst festgehalten werden. In beiden Fällen handelt es sich um Daten, die im Zusammenhang mit einem Telekommunikationsvorgang angefallen sind, mithin also um Verkehrsdaten. Die Daten können inhaltlich sogar identisch sein. Im Hinblick auf Art. 10 Abs. 1 Var. 3 GG ist nach dem Gesagten jedoch zu unterscheiden: Greift der Staat auf die durch den Internet-Access-Provider als Kommunikationsmittler gespeicherten Daten zu, dann liegt ein Eingriff in Art. 10 Abs. 1 Var. 3 GG vor. Greift er auf die bei dem Inhalteanbieter gespeicherten Daten zu, dann ist Art. 10 Abs. 1 Var. 3 GG nicht einschlägig.

(4) Standortdaten

Aus praktischer Sicht enorm bedeutsam ist die Frage, ob Art. 10 Abs. 1 Var. 3 GG auch die Daten schützt, die ein betriebsbereites Mobiltelefon, mit dem nicht gerade telefoniert wird[445], in regelmäßigen Zeitabständen an die Basisstation des Funknetzes sendet. Die Empfangsbereitschaft eines auf dem derzeit üblichen GSM-Standard basierenden Mobiltelefons setzt voraus, dass auf dem Zentralrechner der Mobilfunkgesellschaft stets gespeichert ist, im Bereich welcher Funkzelle sich das Mobiltelefon gerade befindet. Die Kenntnis dieser Daten ermöglicht es den staatlichen Behörden, den jeweiligen Standort des Mobiltelefons – und damit regelmäßig des Anschlussinhabers – auf 100 m bis 10 km genau (je nach Größe der jeweiligen Funkzelle) zu bestimmen, nachzuvollziehen und dadurch Bewegungsprofile zu erstellen. Mit dem Fortschreiten der Technik werden schon bald wesent-

---

445   Ansonsten unstr., vgl. nur Schaar, Sicherheit und Freiheitsrechte (I), 21.

lich genauere Ortsangaben möglich sein[446]. Schon bisher ist eine genauere Standortbestimmung durch Einsatz besonderer Einrichtungen vor Ort möglich (vgl. §§ 100i StPO, 9 Abs. 4 BVerfSchG)[447].

Wegen des Bezugs zu der Person, die das Mobiltelefon besitzt, ist der Standort des betriebsbereiten Mobiltelefons jedenfalls durch das Recht auf informationelle Selbstbestimmung geschützt. Ob auch Art. 10 Abs. 1 Var. 3 GG einschlägig ist, ist zu den Zeiten fraglich, in denen das Mobiltelefon nicht gerade benutzt wird. Zunächst einmal ist der vom Fernmeldegeheimnis geschützte Fernmeldeverkehr im weitesten Sinne zu verstehen. Es gibt keinen Anlass, den grundrechtlichen Telekommunikationsbegriff enger zu fassen als den einfachgesetzlichen. Nach § 3 Nrn. 22 und 23 TKG ist Telekommunikation der technische Vorgang des Aussendens, Übermittelns und Empfangens von Nachrichten jeglicher Art in der Form von Zeichen, Sprache, Bildern oder Tönen mittels technischer Einrichtungen oder Systemen, die als Nachrichten identifizierbare elektromagnetische oder optische Signale senden, übertragen, vermitteln, empfangen, steuern oder kontrollieren können. Auch die Meldung der Empfangsbereitschaft durch das Mobiltelefon an die Empfangsstation und dann weiter an den Zentralrechner der Telefongesellschaft ist ein Vorgang, bei dem Zeichen – nämlich Daten – übertragen werden. Es handelt sich um eine Datenfernübertragung, also um Telekommunikation[448]. Inhalt der Telekommunikation ist die durch das Mobiltelefon übermittelte Information der Empfangsbereitschaft und der Kennung der SIM-Karte, die in das Gerät eingesteckt ist. Bei der durch die Basisstation weiterhin übertragenen Information, welche Basisstation diese Meldung empfangen hat, handelt es sich um einen näheren Umstand der Telekommunikation.

Das Bundesverfassungsgericht bezieht in den Schutzbereich von Art. 10 Abs. 1 Var. 3 GG ausdrücklich die Information ein, ob und wann zwischen Fernmeldeanschlüssen Fernmeldeverkehr versucht worden ist[449]. Nicht anders kann die Information der Empfangsbereitschaft und des Standortes eines Mobiltelefons zu behandeln sein, deren Speicherung notwendig ist, um Fernmeldeverkehr mittels des Apparats zu ermöglichen. Unstreitig schützt das Fernmeldegeheimnis sowohl Sender als auch Empfänger einer

---

446 IWGDPT, Standortdaten; Schaar, Retention (I), 2; Heise Verlag: Wirtschaftsministerium will den kleinen Lauschangriff deutlich vergrößern, Meldung vom 11.08.2004, - www.heise.de/ct/aktuell/meldung/49953.
447 Eckhardt, CR 2002, 770 (771).
448 Friedrich, Verpflichtung, 138.
449 BVerfG seit E 67, 157 (172).

Meldung[450]. Es kann daher keinen Unterschied machen, ob jemand – der Formel des Bundesverfassungsgerichts entsprechend – versucht, Daten zu senden, oder ob jemand mit einem empfangsbereiten Mobiltelefon versucht, Daten zu empfangen. Darüber hinaus ist die Meldung von Empfangsbereitschaft und Funkzelle durch das Mobiltelefon wie ausgeführt auch für das aktive Senden von Daten, etwa das Anrufen anderer Anschlüsse, Vorbedingung.

Teleologisch ist zu beachten, dass bei einer unmittelbaren Kommunikation keine Standortdaten anfallen würden, dass der Schutzzweck des Fernmeldegeheimnisses also einschlägig ist. Art. 10 Abs. 1 Var. 3 GG schützt somit auch die Angabe, dass und wo ein Mobiltelefon empfangsbereit ist, welche SIM-Karte in das Telefon eingesteckt ist (IMSI) und um welches Mobiltelefon es sich handelt (IMEI)[451]. In der Praxis ist die Ermittlung dieser Informationen derzeit durch den Einsatz eines so genannten „IMSI-Catchers" möglich, zu dem § 9 Abs. 4 BVerfSchG das Bundesamt für Verfassungsschutz unter bestimmten Umständen ermächtigt. § 9 Abs. 4 S. 6 BVerfSchG zitiert dementsprechend auch Art. 10 GG. Im Gegensatz dazu fehlt das Zitat in dem Gesetz zur Änderung der Strafprozessordnung[452], durch welches auch Strafverfolgungsbehörden zum Einsatz des „IMSI-Catchers" ermächtigt werden sollten. Folgerichtig liegt hier ein Verstoß gegen das Zitiergebot vor[453].

(5) Persönlicher Geltungsbereich

Auch die freie Telekommunikation juristischer Personen des Privatrechts ist für das Gemeinwesen von großer Bedeutung. Während dies etwa bei einem Verein zum Schutz der Menschenrechte auf der Hand liegt, ist auch die Tätigkeit kommerzieller Unternehmen für das wirtschaftliche Wohl der Gesellschaft unerlässlich. Wegen gleicher Schutzwürdigkeit ist das Fernmeldegeheimnis daher gemäß Art. 19 Abs. 3 GG auch auf inländische juristische Personen des Privatrechts anwendbar[454]. Weiterhin beschränkt Art.

---

450 AK-GG-Bizer, Art. 10, Rn. 48; Dreier-Hermes, Art. 10, Rn. 23: alle an dem fernmeldetechnisch vermittelten Kommunikationsvorgang Beteiligten; J/P⁶-Jarass, Art. 10, Rn. 10.

451 So auch Schenke, AöR 125 (2000), 5 und 20 f.; AK-GG-Bizer, Art. 10, Rn. 66; Friedrich, Verpflichtung, 140; Landesbeauftragte für den Datenschutz der Länder Nordrhein-Westfalen, Berlin, Brandenburg, Sachsen-Anhalt und Schleswig-Holstein, zitiert bei ULD-SH, IMSI (I).

452 BGBl. I 2002, 3018.

453 ULD-SH, IMSI (I).

454 BVerfGE 100, 313 (356).

10 Abs. 1 Var. 3 GG seinen Schutz auch nicht auf Deutsche, so dass die deutsche Staatsgewalt (Art. 1 Abs. 3 GG) auch in Bezug auf ausländische natürliche Personen gebunden ist[455]. Dies gilt auch dann, wenn die Wirkungen eines Eingriffs im Ausland eintreten[456].

b) Eingriffstatbestand

aa) Eingriffshandlungen

Jede staatliche Erhebung, Speicherung, Verarbeitung, Verwendung und Weitergabe von personenbezogenen Informationen stellt einen Eingriff in das Recht auf informationelle Selbstbestimmung[457] und, soweit das Fernmeldegeheimnis einschlägig ist, in Art. 10 Abs. 1 Var. 3 GG[458] dar.

Fraglich ist, ob die Verarbeitung, Verwendung oder Weitergabe von Daten, die bereits zuvor durch einen – auch zulässigen – Eingriff in Art. 10 Abs. 1 Var. 3 GG erlangt worden sind, selbst dann einen eigenständigen Eingriff in das Fernmeldegeheimnis darstellt, wenn sie zu demselben Zweck erfolgt wie der ursprüngliche Eingriff[459]. Dafür spricht, dass sich aus jeder Verwendung zusätzliche nachteilige Folgen für den Betroffenen ergeben können[460], die diesem nur nach Maßgabe des Verhältnismäßigkeitsgrundsatzes zuzumuten sind. Die Aufteilung in eine Vielzahl von Eingriffsvorgängen ist auch deswegen sinnvoll, weil damit eine differenziertere verfassungsrechtliche Beurteilung ermöglicht wird: Nur auf diese Weise ist es möglich, einzelne Maßnahmen als mit dem Grundgesetz unvereinbar zu verwerfen, ohne den Gesamtvorgang als verfassungswidrig beurteilen zu müssen. Für die Einordnung als Eingriff kann es somit nicht darauf ankommen, ob die Verwendung bereits erlangter Daten zu einem anderen Zweck erfolgt als die ursprüngliche Kenntnisnahme. Jegliche staatliche Erhebung, Speicherung, Verarbeitung, Verwendung und Weitergabe von

---

455 Sachs-Krüger, Art. 10, Rn. 11.

456 Allgemein BVerfGE 6, 290 (295); BVerfGE 57, 9 (23); nach BVerfGE 100, 313 (363 f.) gilt Art. 10 GG jedenfalls dann, wenn Erfassung, Aufzeichnung und Auswertung ausländischen Telekommunikationsverkehrs in Deutschland stattfindet.

457 BVerfGE 65, 1 (43) und BVerfGE 103, 21 (33): „Erhebung, Speicherung, Verwendung und Weitergabe".

458 BVerfGE 85, 386 (398) und BVerfGE 100, 313 (366) für „jede Kenntnisnahme, Aufzeichnung und Verwertung".

459 So i.E. BVerfGE 100, 313 (367); Simitis-Simitis, § 1, Rn. 80 m.w.N.; für die Weitergabe auch Kutscha, ZRP 1999, 156 (158); a.A. Dreier-Hermes, Art. 10, Rn. 45; AK-GG-Bizer, Art. 10, Rn. 94.

460 Vgl. BVerfGE 100, 313 (360).

Informationen, die durch das Fernmeldegeheimnis geschützt sind, stellt somit einen Eingriff in Art. 10 Abs. 1 Var. 3 GG dar.

Begrifflich ist zu beachten, dass der Umgang mit Daten nach der Terminologie des Bundesdatenschutzgesetzes (vgl. § 3 BDSG) unterschieden wird in Erhebung und Verwendung von Daten. Die Verwendung von Daten wird weiter in Datennutzung und Datenverarbeitung unterschieden (vgl. § 3 Abs. 5 BDSG). Schließlich umfasst das Verarbeiten von Daten wiederum die Vorgänge des Speicherns, Veränderns, Übermittelns, Sperrens und Löschens (§ 3 Abs. 4 S. 1 BDSG). Die Urteile des Bundesverfassungsgerichts folgen dieser Terminologie nicht immer[461]. Die EG-Datenschutzrichtlinie verwendet den Begriff der Verarbeitung von Daten als Oberbegriff für jeden Umgang mit personenbezogenen Daten (vgl. Art. 2 Buchst. b RiL 95/46/EG).

bb) Verpflichtung Privater zur Vorratsdatenspeicherung als Eingriff

Entsprechend den genannten Kriterien des Bundesverfassungsgerichts stellt die staatliche Kenntnisnahme von Telekommunikationsdaten ebenso einen Eingriff in Art. 10 Abs. 1 Var. 3 GG dar wie eine Rechtsnorm, die den Staat zu einer solchen Kenntnisnahme ermächtigt. Fraglich ist aber, ob der Gesetzgeber in Art. 10 Abs. 1 Var. 3 GG bereits dadurch eingreift, dass er Telekommunikationsunternehmen die Pflicht auferlegt, personenbezogene Daten über die näheren Umstände der Telekommunikation auf Vorrat zu speichern und für den Abruf durch staatliche Behörden verfügbar zu halten.

Für den Fall einer Auskunftsanordnung nach § 12 FAG (jetzt § 100g StPO) hat das Bundesverfassungsgericht entschieden, dass bereits die gerichtliche Anordnung gegenüber einem Kommunikationsmittler, Telekommunikationsdaten an staatliche Stellen zu übermitteln, einen Eingriff in den Schutzbereich des Fernmeldegeheimnisses darstelle[462]. Bereits die gerichtliche Anordnung ermögliche nämlich die spätere Kenntnisnahme der Telekommunikationsdaten durch staatliche Stellen[463]. Auch eine generelle Vorratsspeicherungspflicht ermöglicht eine spätere staatliche Kenntnisnahme der Daten. Im Unterschied zur gerichtlichen Anordnung steht im Fall einer Vorratsspeicherung allerdings noch nicht fest, dass eine staatliche Kenntnisnahme erfolgen wird. Das Kommunikationsunternehmen wird zunächst nur zur Vorhaltung der Daten verpflichtet.

---

461 Vgl. AK-GG-Bizer, Art. 10, Rn. 70; Hohmann-Denninger, Freiheitssicherung durch Datenschutz, 127 (133).

462 BVerfGE 107, 299 (313 f.).

463 BVerfGE 107, 299 (314).

Nach dem modernen Eingriffsbegriff schützen die speziellen Grundrechte auch vor mittelbaren Eingriffen durch staatliche Maßnahmen, welche die Beeinträchtigung eines grundrechtlich geschützten Verhaltens typischerweise und vorhersehbar zur Folge haben oder die eine besondere Beeinträchtigungsgefahr in sich bergen, die sich jederzeit verwirklichen kann[464]. Auf dieser Linie liegt das Bundesverfassungsgericht, wenn es bereits die einer Kenntnisnahme von Telekommunikation „vorangehenden Arbeitsschritte" als Eingriff ansieht, soweit es sich nicht um eine rein sachbedingte Speicherung handelt: „Für die Kenntnisnahme von erfassten Fernmeldevorgängen durch Mitarbeiter des Bundesnachrichtendienstes steht folglich die Eingriffsqualität außer Frage. Aber auch die vorangehenden Arbeitsschritte müssen in ihrem durch den Überwachungs- und Verwendungszweck bestimmten Zusammenhang betrachtet werden. Eingriff ist daher schon die Erfassung selbst, insofern sie die Kommunikation für den Bundesnachrichtendienst verfügbar macht und die Basis des nachfolgenden Abgleichs mit den Suchbegriffen bildet. An einem Eingriff fehlt es nur, soweit Fernmeldevorgänge zwischen deutschen Anschlüssen ungezielt und allein technikbedingt zunächst miterfasst, aber unmittelbar nach der Signalaufbereitung technisch wieder spurenlos ausgesondert werden."[465]

Die Beurteilung einer Vorratsspeicherung von Telekommunikationsdaten kann nicht anders ausfallen[466], denn auch die Speicherung von Telekommunikations-Verkehrsdaten macht diese für eine spätere staatliche Kenntnisnahme verfügbar und birgt damit die latente Gefahr späterer, weiterer Eingriffe. Deswegen stellt eine Vorratsspeicherung auch nicht nur eine „allein technikbedingt[e]" Miterfassung dar, die keine Spuren hinterlässt und damit jede staatliche Kenntnisnahme ausschließt. Hiervon kann allenfalls die Rede sein, soweit bestimmte auf einen Kommunikationsvorgang bezogene Daten für die Dauer des Vorgangs technikbedingt gespeichert sein müssen. Eine Verpflichtung zur Vorratsspeicherung von Verkehrsdaten über diese Dauer hinaus begründet dagegen die besondere Gefahr, dass der Staat die gespeicherten Daten aufgrund von staatlichen Zugriffsbefugnissen wie den §§ 100g, 100h StPO anfordert. Beeinträchtigungen der von Art. 10 Abs. 1 Var. 3 GG geschützten Vertraulichkeit der Telekommunikation vor dem Staat sind daher die typische und vorhersehbare Folge einer generellen

---

464 Windthorst, § 8, Rn. 50 und 52 m.w.N.
465 BVerfGE 100, 313 (366).
466 Ebenso für eine Pflicht zur generellen Speicherung von Telekommunikations-Bestandsdaten unter dem Aspekt des Grundrechts auf informationelle Selbstbestimmung BVerwGE 119, 123 (126).

Verkehrsdatenspeicherungspflicht. Damit stellt bereits die Anordnung einer generellen Vorratsspeicherung von Telekommunikations-Verkehrsdaten durch den Normgeber einen staatlichen Eingriff in Art. 10 Abs. 1 Var. 3 GG dar.

Dass sich der Staat zur Speicherung privater Unternehmen bedient, kann keinen Unterschied machen, wenn er sich gleichzeitig den Zugriff auf die gespeicherten Daten eröffnet[467]. Andernfalls könnte der Staat seine Grundrechtsbindung durch ein bloßes „Outsourcing" umgehen. Die Inanspruchnahme Privater erhöht das Gewicht des Eingriffs sogar noch, weil sich der Kreis von – weitgehend ohne Schuld – beeinträchtigten Personen durch den zusätzlichen Eingriff in Art. 12 GG noch vergrößert. Zudem ist das Risiko, dass gespeicherte Daten missbraucht werden, bei einer Verkehrsdatenspeicherung durch eine Vielzahl von Privatunternehmen erheblich höher einzuschätzen als bei einer staatlichen Speicherung, so dass die Privilegierung einer privaten Vorratsspeicherung auch sachlich nicht gerechtfertigt wäre.

Bereits entschieden hat das Bundesverfassungsgericht, dass die Übermittlung von Telekommunikation an staatliche Stellen durch einen privaten Kommunikationsmittler, der die Telekommunikation auf gerichtliche Anordnung gemäß § 100a StPO hin aufzeichnet und den staatlichen Stellen verfügbar macht, einen Eingriff in das Fernmeldegeheimnis der an dem Kommunikationsvorgang Beteiligten darstellt[468]. Die Tatsache, dass sich der Staat dabei eines Privaten bediene, sei unerheblich, da der Eingriff hoheitlich angeordnet werde und dem Privaten kein Handlungsspielraum zur Verfügung stehe[469]. Ebenso verhält es sich bei einer Vorratsspeicherungspflicht.

Auch die Bundesregierung sieht das Fernmeldegeheimnis für eine generelle Vorratsspeicherung von Telekommunikations-Verkehrsdaten als einschlägig an[470]. Dass auch der Gesetzgeber von einem Eingriff insoweit ausgehen würde, zeigt sich daran, dass er in § 16b WpHG Art. 10 GG zitiert hat. § 16b WpHG sieht vor, dass unter bestimmten Umständen angeordnet werden kann, dass ein Unternehmen bereits gespeicherte Telekommunikations-Verbindungsdaten aufzubewahren hat. Ob die Behörde die aufbewahrten Verbindungsdaten später tatsächlich anfordert und zur Kenntnis nimmt, steht in diesem Zeitpunkt noch nicht fest. Wie das Zitat des Art. 10 GG

---

467 Vgl. Bizer, Forschungsfreiheit, 159 für das „Auf-Abruf-Bereithalten" von Daten.
468 BVerfGE 107, 299 (313 f.).
469 BVerfGE 107, 299 (313 f.).
470 BT-Drs. 14/9801, 14 (15).

zeigt, sieht der Gesetzgeber bereits in dieser vorsorglichen Aufbewahrung von Verkehrsdaten zu staatlichen Zwecken einen Eingriff in die Rechte der an dem Kommunikationsvorgang Beteiligten aus Art. 10 Abs. 1 Var. 3 GG.

Unerheblich für die Einordnung als Eingriff ist auch, ob die betroffenen Unternehmen Verkehrsdaten allein zu staatlichen Zwecken speichern müssen oder ob ihnen zugleich die Nutzung der gespeicherten Daten zu eigenen Zwecken erlaubt ist, etwa zu Abrechnungs- oder Marketingzwecken. In jedem Fall begründet das Bestehen staatlicher Zugriffsrechte die latente Gefahr staatlicher Eingriffe. An dieser Gefahr ändern zusätzliche Nutzungsrechte nichts.

Zu einer abweichenden Beurteilung einer Vorratsspeicherungspflicht gibt auch die Ansicht des Bundesverfassungsgerichts keinen Anlass, dass die so genannte Zielwahlsuche nur einen Eingriff in die Grundrechte derjenigen Personen darstelle, deren Anschlussnummern schließlich an den Staat übermittelt werden[471]. Eine Zielwahlsuche nach § 100g Abs. 2 StPO kann angeordnet werden, wenn ermittelt werden soll, von welchen Anschlüssen aus in einem bestimmten Zeitraum Verbindungen zu einem bestimmten, der Eingriffsbehörde bekannten, anderen Telefonanschluss hergestellt worden sind. Im Fall eines Mordes kann beispielsweise von Interesse sein, welche Personen das Opfer in der letzten Zeit vor seinem Tod angerufen haben. Da Verbindungsdaten bei den Telefongesellschaften geordnet nach der Rufnummer des Anrufers gespeichert werden, ist zur Durchführung einer Suche nach bestimmten Zielrufnummern die Durchsuchung des gesamten Datenbestands der Telefongesellschaft erforderlich. Die letztendlich erteilte Auskunft enthält dann nur die Rufnummern, von denen aus der vorgegebene Anschluss angerufen wurde. Aus ihr lässt sich aber auch entnehmen, dass die Nummer von anderen Telefonanschlüssen aus nicht angerufen wurde. Das Bundesverfassungsgericht sieht einen Grundrechtseingriff in diesem Fall gleichwohl nur bezüglich derjenigen Personen, deren Anschlussnummern schließlich an die Behörden übermittelt werden. Hinsichtlich der übrigen Personen erfolge der Zugriff lediglich maschinell und bleibe anonym, spurenlos und ohne Erkenntnisinteresse für die Strafverfolgungsbehörden, so dass es insoweit an einem Eingriff fehle[172] Auf den Fall der Vorratsspeicherung übertragen könnte diese Ansicht bedeuten, dass ein Eingriff nur in Bezug auf diejenigen Personen vorläge, deren Daten schließlich an die Behörden übermittelt würden.

---

471 BVerfGE 107, 299 (328).
472 BVerfGE 107, 299 (313 f.).

Subsumiert man den Vorgang der Zielwahlsuche jedoch unter die anerkannte Definition, der zufolge jede dem Staat zuzurechnende Verarbeitung von Daten, die durch das Fernmeldegeheimnis geschützt sind, einen Eingriff in Art. 10 Abs. 1 Var. 3 GG darstellt[473], so ergibt sich klar, dass ein Eingriff auch in das Fernmeldegeheimnis der unmittelbar nicht von der Auskunft betroffenen Personen vorliegt[474]. Auch ihre Daten werden im Rahmen der Zielwahlsuche nämlich verarbeitet. In einer früheren Entscheidung stellte das Bundesverfassungsgericht ausdrücklich fest, dass die „Prüfung, ob die mittels der Fernmeldeüberwachung erlangten personenbezogenen Daten für die Zwecke, die diese Maßnahmen legitimieren, erforderlich sind, [...] Eingriffsqualität [hat], weil es sich um einen Selektionsakt handelt"[475]. Dass die Verarbeitung im Rahmen der Zielwahlsuche dem Staat zuzurechnen ist, ergibt sich daraus, dass die staatliche Kenntnisnahme der Zweck der Zielwahlsuche ist. Die Eingriffsqualität kann auch nicht davon abhängen, an welchen der übermittelten Daten die Behörde im Zeitpunkt der Übermittlung gerade interessiert sein mag. Woran die Behörde interessiert ist, lässt sich nicht feststellen und kann sich jederzeit ändern. Weiterhin ist auch die Information, wer nicht mit dem Zielanschluss telefoniert hat, nicht unbedingt ohne Erkenntnisinteresse für die Strafverfolgungsbehörden. Denkbar ist beispielsweise der Fall, dass ein Beschuldigter angibt, zum Tatzeitpunkt in einer Kneipe mit einem Freund telefoniert zu haben. Stellt sich durch eine Zielwahlsuche heraus, dass in der fraglichen Zeit zu dem Telefonanschluss des Freundes keine Verbindungen hergestellt wurden, dann ist diese Negativauskunft für die Strafverfolgungsbehörde durchaus von Interesse und wirkt für den Betroffenen auch belastend. Solange einer Behörde das Ergebnis der Zielwahlsuche bekannt ist, kann auch keine Rede davon sein, dass die Daten der nicht unmittelbar Betroffenen „spurlos" ausgesondert würden; der Auskunft lässt sich im Umkehrschluss schließlich jederzeit entnehmen, von welchen Anschlüssen aus keine Verbindungen hergestellt wurden. Auch die Information, dass keine Anrufe erfolgt sind, kann jederzeit in den Mittelpunkt des staatlichen Ermittlungsinteresses geraten. Die Zielwahlsuche stellt somit einen Eingriff in die Grundrechte sämtlicher Anschlussinhaber dar. Der gegenteiligen Ansicht des Bundesverfassungsgerichts kann nicht gefolgt werden, so dass es auf

---

473 Seite 89.
474 So offenbar auch BVerwGE 119, 123 (126) für Bestandsdaten und das Recht auf informationelle Selbstbestimmung.
475 BVerfGE 100, 313 (367).

die Bedeutung dieser Ansicht für eine Vorratsspeicherungspflicht nicht ankommt.

cc) Berechtigung Privater zur Vorratsdatenspeicherung als Eingriff

Fraglich ist schließlich, ob der Gesetzgeber in Art. 10 Abs. 1 Var. 3 GG bereits dann eingreift, wenn er Telekommunikationsunternehmen lediglich fakultativ das Recht einräumt, Verkehrsdaten länger als für ihre Zwecke erforderlich speichern zu dürfen, und den staatlichen Behörden gleichzeitig den Zugriff auf diese Daten ermöglicht. Diese Frage ist zu bejahen. Dass eine Speicherung freiwillig erfolgt, ist im Hinblick auf die oben dargestellte Eingriffsdefinition irrelevant, denn auch eine freiwillige Datenspeicherung birgt die latente Gefahr staatlicher Kenntnisnahme, wenn der Staat entsprechende Zugriffsrechte vorsieht. Nur ein Einverständnis der betroffenen Grundrechtsträger würde der Annahme eines staatlichen Eingriffes entgegen stehen, nicht aber das Einverständnis des speichernden Unternehmens. Für das Vorliegen eines Eingriffs in Art. 10 Abs. 1 Var. 3 GG kommt es somit nicht darauf an, ob Kommunikationsmittler zur Datenspeicherung verpflichtet oder nur berechtigt werden.

In Deutschland ermächtigt § 97 Abs. 3 S. 3 TKG Telekommunikationsunternehmen zur Speicherung von Verbindungsdaten für bis zu sechs Monate nach Rechnungsversand. Auf diese Daten können die gesetzlich ermächtigten Behörden zu staatlichen Zwecken zugreifen (etwa nach § 100g StPO), so dass § 97 Abs. 3 S. 3 TKG einen staatlichen Grundrechtseingriff darstellt, wenn er die Speicherung von Verkehrsdaten über die sachlich gebotene Dauer hinaus erlaubt.

Für die Berechnung des Nutzungsentgelts ist eine Speicherung von Verkehrsdaten zunächst nur für kurze Zeit erforderlich. Nach Beendigung eines Nutzungsvorgangs kann unter Einsatz der heute verwendeten Computertechnik das angefallene Entgelt sofort ermittelt und sämtliche Verkehrsdaten sodann gelöscht werden. Dementsprechend sieht § 96 Abs. 2 S. 2 TKG vor, dass nicht benötigte Daten „unverzüglich", also ohne schuldhaftes Zögern, zu löschen sind.

Eine Speicherung von Verkehrsdaten über den Zeitpunkt der Berechnung des Entgelts hinaus könnte zunächst damit gerechtfertigt werden, dass es Telekommunikationsunternehmen möglich sein müsse, diejenigen Benutzer zu identifizieren, die ihre Leistungen in der Absicht in Anspruch nehmen, ihnen das geschuldete Entgelt vorzuenthalten. Es ist allerdings kein Grund ersichtlich, weshalb gerade Telekommunikationsunternehmen Selbsthilferechte eingeräumt werden sollten. Telekommunikationsunternehmen können im Falle des Verdachts einer Straftat (hier § 265a StGB) wie jedes andere Opfer einer Straftat Strafanzeige erstatten und die Ermittlungen den zuständigen Behörden überlassen. Liegen tatsächliche Anhaltspunkte für Leistungserschleichung durch bestimmte Nutzer vor, so kann die Speicherung derer Daten im Einzelfall als erforderlich angesehen werden (vgl. §§ 6 Abs. 8 TDDSG, 19 Abs. 9 MDStV). Eine generelle Speicherung von Verkehrsdaten zur Aufdeckung von Leistungserschleichungen ist jedoch nicht gerechtfertigt.

Teilweise wird unter den Tatbestand der Leistungserschleichung auch illegales Nutzerverhalten subsumiert, das sich nicht gegen den genutzten Dienst, sondern gegen Dritte richtet, etwa die Begehung von Betrug gegenüber einem anderen Internetnutzer unter Inanspruchnahme der Leistungen eines Internet-Providers. Zur Begründung wird darauf verwiesen, dass die meisten Dienste in ihren AGB die Inanspruchnahme des Dienstes zu illegalen Zwecken untersagten[476]. Die Inanspruchnahme eines Dienstes zu illegalen Zwecken führt aber auch aufgrund solcher AGB nicht dazu, dass der Nutzungsvorgang selbst illegal wird, solange das Entgelt dafür entrichtet wird. Wenn es schon in Fällen von Leistungserschleichungen keinen Grund gibt, Telekommunikationsunternehmen Selbsthilferechte einzuräumen, so gilt dies erst recht, wenn die Unternehmen von illegalem Verhalten nicht selbst betroffen sind. Telekommunikationsunternehmen müssen sich also auch hier darauf verweisen lassen, sich wie jeder Andere an die zuständigen Behörden zu wenden. Dies gilt auch für das Argument, Verkehrsdaten müssten aufbewahrt werden, um gestohlene Mobiltelefone mit Hilfe ihrer IMEI-Codes identifizieren zu können[477].

Fraglich ist, ob die Möglichkeit einer Verfolgung vorsätzlicher Angriffe auf die Einrichtungen eines Anbieters, z.B. durch „Hacking", eine generelle Speicherung der Verkehrsdaten aller Kunden rechtfertigt. Zwar müssen dem Anbieter angemessene Maßnahmen zur Gewährleistung des ordnungsgemäßen Betriebs seiner Anlagen zugestanden werden. Insoweit kommen aber zuallererst technische Abwehrmaßnahmen in Betracht. Nur diese sind in der Lage, eine bestimmte Angriffsart dauerhaft und auch gegenüber anderen Nutzern zu unterbinden. Die Identifizierung eines einzelnen Störers wird dagegen regelmäßig nicht erforderlich sein. Jedenfalls genügt es hierzu, im Fall eines Angriffs eine Aufzeichnung von Verkehrsdaten vorzu-

---

476 LINX, Traceability (I), Punkt 11.2.
477 Dazu BfD, 18. Tätigkeitsbericht, BT-Drs. 14/5555, 90.

nehmen. Eine generelle Aufzeichnung und Aufbewahrung von Verkehrsdaten ist nicht erforderlich.

Soweit kein vorsätzliches Handeln einzelner Personen im Spiel ist, etwa bei technischen Problemen, kann ebenfalls nicht davon ausgegangen werden, dass zur Gewährleistung der Netzsicherheit, also zur Bereitstellung des Angebots frei von technischen Störungen, die Nutzung personenbezogener Daten erforderlich ist. Insoweit kann allenfalls eine Speicherung technischer Daten in anonymisierter Form gerechtfertigt sein[478]. Das Gleiche gilt für ähnliche Zwecke wie die Beobachtung der Netzauslastung[479], die Erstellung von Fehlerstatistiken, die Überprüfung der Zuverlässigkeit des Dienstes, die Überprüfung der Funktionstüchtigkeit einzelner technischer Elemente eines Dienstes, die Erstellung von Statistiken über die Entwicklung der Leistungsfähigkeit des Dienstes und die Vorhersage von Auslastungsgraden. Es gibt zumutbare technische Mittel zur unwiederbringlichen Anonymisierung von Datenbeständen, deren Einsatz gleichwohl die Nutzbarkeit der Daten zu den genannten Zwecken gewährleistet[480]. Es ist unbefriedigend, dass solche Verfahren nicht in gängige Softwarepakete zur Verwaltung von Verkehrsdaten integriert sind. Ebenso wie die Regierungen eine Erleichterung der Telekommunikationsüberwachung durch die technische Gestaltung von Produkten auf Herstellerebene forcieren[481], müsste auch auf die standardmäßige Berücksichtigung datenschutzfreundlicher Techniken hingewirkt werden.

Eine Speicherung von Verkehrsdaten über den Zeitpunkt der Berechnung des Entgelts hinaus kann somit nur „zu Beweiszwecken für die Richtigkeit der berechneten Entgelte" erforderlich sein. Fraglich ist, ob § 97 Abs. 3 S. 3 TKG die Aufbewahrung von Verkehrsdaten auf das zu Beweiszwecken erforderliche Maß beschränkt. Zunächst ist zu berücksichtigen, dass es im Vergleich zu den insgesamt anfallenden Entgelten nur in wenigen Fällen zu Entgeltstreitigkeiten kommt[482]. Zudem ist die Aufstellung eines Einzelver-

478 LINX, User Privacy (I), Punkt 7.2.4.

479 LINX, User Privacy (I), Punkt 7.2.5.

480 Nähere Beschreibung bei LINX, User Privacy (I), Punkt 7.4.

481 DG Research, Economic risks arising from the potential vulnerability of electronic commercial media to interception; Weichert, Bekämpfung von Internet-Kriminalität (I).

482 OVG Bremen, NJW 1995, 1769 (1773): „Es ist mit dem verfassungsrechtlichen Maßstab des Übermaßverbotes unvereinbar, Datenspeicherungen in großem Umfang vorzunehmen, nur um Beweiserleichterungen in den am Gesamtvolumen der Entgeltfälle gemessen wenigen Entgeltstreitigkeiten zu erreichen, wenn es technische Möglichkeiten gibt, die den berechtigten Beweisinteressen der Telekom und den berechtigten Verbraucherschutzinteressen ihrer Kunden in angemessener Weise genügen, dabei aber in ge-

bindungsnachweises erst seit Einführung der Digitaltechnik Anfang der 90er Jahre möglich. Vor dieser Zeit konnte man Entgeltstreitigkeiten also offenbar auch ohne Einzelverbindungsnachweis hinreichend klären.

Nach gegenwärtiger Rechtslage trifft den Telekommunikationsanbieter keine Beweislast für die Richtigkeit seiner Abrechnung, soweit er Verkehrsdaten gelöscht hat, weil er zur Löschung verpflichtet war (§ 16 Abs. 2 S. 1 TKV)[483]. Mithin kann für die Bemessung der Aufbewahrungsfrist nur das Interesse der Telekommunikationsnutzer maßgeblich sein. Dieses Interesse rechtfertigt es grundsätzlich nicht, Verkehrsdaten allein deswegen zu speichern, weil sie den Nutzungsvorgang im Falle eines Rechtsstreits über angefallene Nutzungsentgelte plausibel machen können[484]. Mit diesem Argument ließe sich sogar eine Inhaltsspeicherung rechtfertigen, weil auch Telekommunikationsinhalte Indizien für die Berechtigung einer Entgeltforderung darstellen können. Für einen Nachweis der Richtigkeit einer Entgeltforderung wird vielmehr oft die Angabe von Uhrzeit und Dauer eines Gesprächs sowie weniger Ziffern der Anschlussnummer genügen[485].

Dass der Kunde schriftlich eine unverzügliche Löschung der Zielrufnummern nach Rechnungsversand verlangen kann (§ 97 Abs. 4 S. 1 Nr. 2 TKG), steht einem Eingriff durch § 97 Abs. 3 S. 3 TKG nicht entgegen, weil anzunehmen ist, dass viele Kunden aus Unkenntnis oder Unverständnis über die Konsequenzen eines solchen Verlangens von diesem Recht keinen Gebrauch machen. Außerdem ist ein Löschungsverlangen nach der gesetzlichen Ausgestaltung mit dem Risiko verbunden, dass der abgesandte Einzelverbindungsnachweis auf dem Postweg verloren gehen kann und der Kunde daher eventuell eine überhöhte Rechnung begleichen muss (vgl. § 16 Abs. 2 S. 1 TKV). Schließlich gilt § 97 Abs. 4 S. 1 Nr. 2 TKG nicht für andere Verkehrsdaten als Zielrufnummern.

In Anlehnung an Fristen, die im Geschäftsverkehr beispielsweise zur Prüfung von Kontoauszügen der Banken üblich sind, erscheint grundsätzlich eine vierwöchige Aufbewahrung der für die Berechnung der Entgeltforderung maßgeblichen Daten ausreichend, um den Kunden nach Übersendung

---

ringerer Weise in die grundrechtsgeschützte Sphäre des Fernmeldegeheimnisses eingreifen."

483 Vgl. auch Bizer, Telekommunikation und Innere Sicherheit 2000, 505: „Zwar handelt es sich [bei der Sechsmonatsfrist] nur um eine 'kann'-Regelung, jedoch ist unter den TK-Dienstanbietern entgegen § 16 TKV die Meinung verbreitet, eine frühzeitige Löschung führe zu Beweisnachteilen, wenn Kunden die Höhe eines Entgeltes bestreiten."

484 LINX, User Privacy (I), Punkt 7.3.

485 LINX, User Privacy (I), Punkt 7.3 für Internet-Access-Provider.

einer Rechnung hinreichende Zeit zur Erhebung von Einwendungen zu geben. Wird die Rechnung innerhalb dieses Zeitraums vorbehaltlos beglichen, ist eine Aufbewahrung von Verkehrsdaten nicht mehr erforderlich[486].

Eine Aufbewahrung von Verkehrsdaten ist auch dann nicht erforderlich, wenn der Kunde im Voraus auf Einwendungen gegen Rechnungsforderungen verzichtet. Diesen Gedanken setzt § 97 Abs. 4 S. 1 Nr. 2 TKG, wonach der Kunde eines Telekommunikationsanbieters die Löschung der gewählten Zielrufnummern mit Versand einer Rechnung verlangen kann, nur unzureichend um. Verzichtet der Kunde im Voraus auf Einwendungen gegen Rechnungsforderungen, dann ist die Aufbewahrung seiner Verbindungsdaten auch bis zum Versand einer Rechnung nicht erforderlich. Es genügt vielmehr, das angefallene Entgelt sofort nach Beendigung eines Nutzungsvorgangs zu ermitteln und die Verbindungsdaten sodann zu löschen.

Sinnvoll erscheint auch eine Erweiterung der Wahlmöglichkeiten von Kunden. Eine datenschutzfreundliche Regelung bestünde etwa darin, den Kunden die Dauer der Speicherung wählen zu lassen (z.B. zehn Tage nach Rechnungsversand, einen Monat nach Rechnungsversand, drei Monate nach Rechnungsversand oder genereller Verzicht auf Speicherung). Eine weitere Möglichkeit, das Spannungsverhältnis zwischen dem zivilrechtlichen Nachweisinteresse und dem Grundsatz der Datensparsamkeit zu lockern, besteht darin, den Kunden eine Schwelle vorzusehen zu lassen, bei deren Überschreitung eine grundsätzlich nicht gewünschte Speicherung von Verkehrsdaten einsetzt, z.B. ab einem Entgeltvolumen von mehr als 100 Euro oder ab einem doppelt so hohen Entgeltvolumen wie im Vormonat. Auch die Speicherung der kompletten Zielrufnummer ist zur Berechnung des Entgelts nicht erforderlich, so dass man es dem Kunden überlassen sollte, ob er diese Speicherung wünscht oder nicht. Soweit der Kunde nicht aus freiem Willen eine Speicherung seiner Daten zu Nachweiszwecken verlangt, ist diese nicht als erforderlich anzusehen.

Entsprechend dem Rechtsgedanken der strafprozessualen Belehrungspflichten (etwa §§ 52 Abs. 3, 55 Abs. 2, 57 S. 2, 63, 115 Abs. 4, 115a Abs. 3 S. 2, 117 Abs. 4 S. 2, 136 Abs. 1, 171 S. 2, 172 Abs. 2 S. 2 StPO) sollte der Kunde bei seiner Wahl der Speicherdauer nicht nur darüber aufzuklären sein, dass er die Beweislast trägt, wenn er auf die Aufbewahrung seiner Verbindungsdaten verzichtet[487]. Er sollte auch darüber aufzuklären sein,

---

486   Vgl. DSB-Konferenz, Vorratsspeicherung (I).
487   Vgl. LG Memmingen, MMR 2002, 403 (403) m.w.N.

dass er seine Daten dem Zugriff der gesetzlich ermächtigten Behörden aussetzt, wenn er eine Aufbewahrung wünscht.

Schließlich darf nicht vergessen werden, dass der Kunde mit seiner Wahl zugleich über die Daten seiner Kommunikationspartner verfügt. An einem Kommunikationsvorgang sind notwendig immer mindestens zwei Stellen beteiligt, so dass die Abrechnungsdaten einer Person Rückschlüsse auch auf ihre Kommunikationspartner zulassen[488]. Auch dies spricht für eine restriktive Speicherpraxis. Am effektivsten wäre es insoweit, es dem Kommunikationspartner zu ermöglichen, die Speicherung seiner Kennung zu unterbinden[489]. Ebenso wie bei Beratungseinrichtungen (vgl. § 99 Abs. 2 TKG) muss in solchen Fällen das Interesse des Kunden an der Überprüfung von Entgeltforderungen zurücktreten. Dies ist jedenfalls dann gerechtfertigt, wenn die gewählte Rufnummer nicht mit besonderen Entgelten verbunden ist.

§ 97 Abs. 3 S. 3 TKG ist somit als Eingriff in Art. 10 Abs. 1 Var. 3 GG anzusehen, weil er Telekommunikationsunternehmen das Recht einräumt, Verkehrsdaten länger als für ihre Zwecke erforderlich speichern zu dürfen, und den staatlichen Behörden damit auch den Zugriff auf diese Daten ermöglicht. Das Gleiche gilt für § 97 Abs. 4 S. 1 Nr. 2 TKG.

Eine quasi unbegrenzte Ermächtigung zur Vorratsspeicherung von Verkehrsdaten sieht § 100 Abs. 1 und 3 TKG vor. Die Norm erlaubt die Erhebung und Verwendung von Verkehrsdaten zur Beseitigung technischer Störungen sowie zur Bekämpfung des Missbrauchs von Telekommunikationsnetzen. Im Unterschied zur Vorgängervorschrift des § 9 TDSV wird eine Datenspeicherung zu diesen Zwecken nicht mehr nur „im Einzelfall" für zulässig erklärt. Aus dieser Änderung ist zu schließen, dass eine Vorhaltung von Verkehrsdaten generell und ohne zeitliche Begrenzung zulässig sein soll, um eine eventuell erforderliche Störungsbeseitigung oder Missbrauchsbekämpfung zu ermöglichen. Dass eine Datenspeicherung nach § 100 TKG nur im Rahmen des Erforderlichen zulässig sein soll, bedeutet keine Einschränkung, da sich nie ausschließen lässt, dass ein Datum einmal zu den dort genannten Zwecken gebraucht werden könnte. Das Gleiche gilt für die Bestimmung, wonach eine Datenspeicherung zur Missbrauchsbekämpfung nur „bei Vorliegen zu dokumentierender tatsächlicher Anhaltspunkte" zulässig sein soll. Dass Telekommunikationsnetze missbraucht werden, liegt auf der Hand. Hierfür werden sich stets auch tatsächliche

---

488   Rieß, DuD 1996, 328 (329).
489   Rieß, DuD 1996, 328 (330).

Anhaltspunkte finden und dokumentieren lassen. § 100 Abs. 1 und 3 TKG stellt daher letztlich ein umfassendes Vorratsspeicherungsrecht für Telekommunikationsunternehmen dar, das aus den genannten Gründen einen Eingriff in Art. 10 Abs. 1 Var. 3 GG darstellt.

Während das Fernmeldegeheimnis insoweit nicht einschlägig ist, könnte man unter dem Aspekt der Art. 2 Abs. 1, 1 Abs. 1 GG daran denken, die für Tele- und Mediendienst-Nutzungsdaten geltende sechsmonatige Aufbewahrungsfrist (§§ 6 Abs. 7 S. 1 TDDSG, 19 Abs. 8 S. 1 MDStV) ebenfalls als Grundrechtseingriff anzusehen. Diese sechsmonatige Aufbewahrungsfrist gilt nur für Abrechnungsdaten und nur, wenn der Nutzer eines entgeltpflichtigen Tele- oder Mediendienstes einen Nachweis über die einzelnen Nutzungsvorgänge besonders verlangt (§§ 6 Abs. 7 S. 1 TDDSG, 19 Abs. 8 S. 1 MDStV). Auch hier rechtfertigt die Klärung von Entgeltstreitigkeiten eine Speicherung von Abrechnungsdaten nur, bis der Kunde den Einzelnachweis erhalten hat oder, falls kein Einzelnachweis verlangt wird, wenn der Dienst ungewöhnlich intensiv in Anspruch genommen wird. Bei der Frage, ob die Sechsmonatsfrist daher einen Grundrechtseingriff darstellt, ist allerdings zu beachten, dass der Auskunftsanspruch staatlicher Behörden nach der gegenwärtigen Rechtslage auf Telekommunikations-Verbindungsdaten beschränkt ist. Anbieter von Tele- und Mediendiensten sind zur Auskunfterteilung über von ihnen gespeicherte Tele- und Mediendienst-Nutzungsdaten demgegenüber nicht verpflichtet, sondern nur berechtigt (§§ 28 Abs. 3 Nr. 2 BDSG, 6 Abs. 5 S. 5 TDDSG, 19 Abs. 6 S. 5 MDStV für Zwecke der Strafverfolgung und §§ 8 Abs. 8 BVerfSchG, 10 Abs. 3 MAD-G, 8 Abs. 3a BND-G für nachrichtendienstliche Zwecke). Dass im Fall einer Anfrage durch eine Eingriffsbehörde von diesem Auskunftsrecht vielfach Gebrauch gemacht wird, ist indes anzunehmen, so dass auch in Bezug auf gespeicherte Nutzungsdaten stets die latente Gefahr einer staatlichen Kenntnisnahme ohne Einverständnis der Betroffenen besteht. Aus diesem Grund ist ein Eingriff in das Recht auf informationelle Selbstbestimmung bereits darin zu sehen, dass der Staat Anbieter von Tele- und Mediendiensten zu einer Aufbewahrung personenbezogener Daten über die erforderliche Dauer hinaus ermächtigt.

c) Verfassungsmäßige Rechtfertigung

aa) Beschränkbarkeit

Gemäß Art. 10 Abs. 2 S. 1 GG dürfen Beschränkungen des Fernmeldegeheimnisses nur auf Grund eines Gesetzes angeordnet werden. Mit „Gesetz" ist ein Parlamentsgesetz gemeint[490]. Die Ermächtigung zu Beschränkungen kann auch durch Rechtsverordnung erfolgen, wenn dieser eine ausreichend bestimmte parlamentsgesetzliche Ermächtigung zugrunde liegt[491]. Gemäß Art. 2 Abs. 1 GG darf das Recht auf informationelle Selbstbestimmung durch die verfassungsmäßige Ordnung, also durch jede verfassungsmäßige Rechtsnorm, eingeschränkt werden[492]. Aus dem Demokratieprinzip (Art. 20 Abs. 1 GG) ist abzuleiten, dass Grundrechtsbeschränkungen allgemein einer parlamentsgesetzlichen Grundlage bedürfen[493], mithin auch Beschränkungen des Rechts auf informationelle Selbstbestimmung.

Teilweise wird aus den Ausführungen des Bundesverfassungsgerichts ein Parlamentsvorbehalt für Eingriffe in das Recht auf informationelle Selbstbestimmung gefolgert[494]. Im Volkszählungsurteil findet sich zu dieser Frage die Aussage, Beschränkungen des Rechts auf informationelle Selbstbestimmung bedürften „einer (verfassungsmäßigen) gesetzlichen Grundlage, aus der sich die Voraussetzungen und der Umfang der Beschränkungen klar und für den Bürger erkennbar ergeben"[495]. Dies lässt sich so interpretieren, dass das Gesetz Voraussetzungen und Umfang von Beschränkungen abschließend regeln muss. Dieser Parlamentsvorbehalt wäre auf Art. 10 Abs. 1 Var. 3 GG als das spezielle Grundrecht zu übertragen[496]. Die Rechtslage ist jedoch nicht eindeutig. Für einen generellen Parlamentsvorbehalt spricht zwar der hohe Stellenwert des Rechts auf informationelle Selbstbestimmung und das dementsprechend große Gewicht von Eingriffen. Auf der anderen Seite ist in Art. 2 Abs. 1 GG, aus welchem das allgemeine Persönlichkeitsrecht einschließlich des Rechts auf informationelle Selbstbestimmung in Verbindung mit Art. 1 Abs. 1 GG abgeleitet wird, von der verfassungsmäßigen Ordnung die Rede, womit unstreitig jede verfassungsmäßige Rechtsnorm gemeint ist[497]. Auch Art. 10 Abs. 2 S. 1 GG bestimmt, dass

---

490 Sachs-Krüger, Art. 10, Rn. 31.

491 Sachs-Krüger, Art. 10, Rn. 31; J/P⁶-Jarass, Art. 10, Rn. 17; einschränkend Dreier-Hermes, Art. 10, Rn. 51: wegen des Parlamentsvorbehalts dürfen regelmäßig nur einzelne Verfahrensmodalitäten oder technische Details von untergeordneter Bedeutung durch untergesetzliche Normen geregelt werden.

492 Vgl. BVerfGE 65, 1 (44).

493 J/P⁶-Jarass, Art. 20, Rn. 47.

494 Etwa Kloepfer, Informationsrecht, § 3, Rn. 49; Hohmann-Denninger, Freiheitssicherung durch Datenschutz, 127 (135); anders aber ders., 127 (154).

495 BVerfGE 65, 1 (44); ebenso BVerfGE 92, 191 (197).

496 Vgl. auch BVerfGE 57, 346 (355 f.) zu Art. 13 GG, wonach die Eingriffsvoraussetzungen in einem „Parlamentsgesetz" zu regeln seien

497 J/P, Rn. 383 m.w.N.

„Beschränkungen [...] auf Grund eines Gesetzes angeordnet werden" dürfen, ohne diese Befugnis auf Einzelfälle zu beschränken. Es wäre eine ungerechtfertigte Behinderung der Arbeit des Gesetzgebers, wenn man selbst die Regelung technischer Einzelheiten dem Gesetzgeber vorbehalten wollte. Ein allgemeiner Parlamentsvorbehalt für Eingriffe in das Recht auf informationelle Selbstbestimmung oder in Art. 10 Abs. 1 Var. 3 GG kann daher nicht angenommen werden. Wenn das Gesetz Voraussetzungen und Umfang einer Grundrechtsbeschränkung regelt, dann darf es die nähere Ausgestaltung des Eingriffs somit dem Verordnungsgeber überlassen.

bb) Zitiergebot, Art. 19 Abs. 1 S. 2 GG

Gemäß Art. 19 Abs. 1 S. 2 GG müssen Gesetze, die unter anderem Art. 10 Abs. 1 Var. 3 GG einschränken[498], das Grundrecht unter Angabe des Artikels nennen[499]. Ebenso wie die grundrechtlichen Gesetzesvorbehalte selbst ist das Zitiergebot eine Ausprägung des Demokratieprinzips[500]. Das Grundgesetz bezweckt insoweit, Entscheidungen von grundrechtseinschränkender Tragweite einem Verfahren vorzubehalten, „das der Öffentlichkeit Gelegenheit bietet, ihre Auffassungen auszubilden und zu vertreten, und die Volksvertretung anhält, Notwendigkeit und Ausmaß von Grundrechtseingriffen in öffentlicher Debatte zu klären."[501] Hat das Parlament Grundrechtseinschränkungen nicht gewollt und ist das Grundrecht dementsprechend nicht zitiert worden, dann kann das Gesetz auch keine Ermächtigungsgrundlage für Eingriffe in das Grundrecht bilden[502]. Dem Zitiergebot kommt demnach auch die Funktion einer Auslegungshilfe zu[503]. Dementsprechend wird zu verlangen sein, dass sich das Zitat im Text des Gesetzes selbst wieder findet und nicht nur in einem Änderungsgesetz dazu, wie dies bei Artikelgesetzen üblich ist. Dem genügen beispielsweise die in der Strafprozessordnung vorgesehenen Eingriffsbefugnisse nach den §§ 100a ff. StPO nicht.

Als einfachgesetzliches „Zitiergebot" im weiteren Sinne kann man auch § 88 Abs. 3 S. 3 TKG bezeichnen. Nach § 88 Abs. 3 S. 2 TKG dürfen geschäftsmäßige Anbieter von Telekommunikationsdiensten und ihre Mitarbeiter dienstlich erlangte Kenntnisse über Inhalt und Umstände von Tele-

---

498   Allgemein zum Anwendungsbereich des Zitiergebots BVerfGE 64, 72 (80).
499   J/P⁶-Jarass, Art. 19, Rn. 3; ULD-SH, IMSI (I); AK-GG-Bizer, Art. 10, Rn. 112.
500   BVerfGE 85, 386 (403 f.).
501   BVerfGE 85, 386 (403 f.).
502   Dreier-Hermes, Art. 10, Rn. 57.
503   Dreier-Dreier, Art. 19 I, Rn. 16.

kommunikation nur insoweit verwenden, wie es zur Bereitstellung des Dienstes erforderlich ist. Etwas anderes gilt nach § 88 Abs. 3 S. 3 TKG nur dann, wenn eine „gesetzliche Vorschrift dies vorsieht und sich dabei ausdrücklich auf Telekommunikationsvorgänge bezieht". Nach § 206 StGB machen sich Inhaber oder Beschäftigte eines Telekommunikationsunternehmens sogar strafbar, wenn sie einer anderen Person unbefugt eine Mitteilung über Tatsachen machen, die dem Post- oder Fernmeldegeheimnis unterliegen. § 88 Abs. 3 S. 3 TKG ist somit insoweit sogar strafbewehrt.

Aus § 88 Abs. 3 S. 3 TKG ergibt sich unter anderem, dass Eingriffe in das Fernmeldegeheimnis durch Beschlagnahmen unzulässig sind[504]. Zusätzlich fehlt es bei den §§ 94 ff. StPO auch an einer an der Eingriffstiefe gemessen hinreichend normenklaren Regelung. Das grundrechtliche Zitiergebot ist dagegen nicht verletzt, weil die §§ 94 ff. StPO vorkonstitutionelles Recht darstellen, für welches Art. 19 Abs. 1 S. 2 GG nicht gilt[505].

Diese Überlegungen gelten auch für die Aussagepflicht von Zeugen gemäß § 161a StPO[506]. Hinzu kommt, dass Zeugen ohnehin als Personen definiert sind, die Auskunft über wahrgenommene Tatsachen geben sollen[507]. Zur Heranziehung von Unterlagen sind sie nur zur Auffrischung ihres Gedächtnisses berechtigt und verpflichtet[508]. Dementsprechend scheitert ein Zugriff auf Telekommunikations-Verkehrsdaten durch Zeugenvernehmung regelmäßig bereits daran, dass die Mitarbeiter des Telekommunikationsunternehmens die Daten nicht wahrgenommen haben und dies gemäß § 88 TKG auch nicht dürfen, soweit es nicht ausnahmsweise – etwa zur Bearbeitung einer Kundenanfrage – erforderlich war[509]. Verkehrsdaten werden heutzutage durchgängig automatisiert verarbeitet, so dass ihre

---

504 Schaar, Datenschutz im Internet, Rn. 804; Schenke, AöR 125 (2000), 1 (2 f.); Roßnagel-Bizer, § 3 TDDSG, Rn. 83; Roßnagel-Dix/Schaar § 6 TDDSG, Rn. 152 m.w.N.; a.A. Graf, Jürgen (Generalbundesanwalt), zitiert bei Neumann, Andreas: Internet Service Provider im Spannungsfeld zwischen Strafverfolgung und Datenschutz, Bericht von der Veranstaltung in Bonn am 26./27.02.2002, www.artikel5.de/artikel/ecoveranstaltung 2002.html.

505 BVerfGE 5, 13 (16).

506 Schaar, Datenschutz im Internet, Rn. 804.

507 Meyer-Goßner, StPO, Vor § 48, Rn. 1 m.w.N.

508 Meyer-Goßner, StPO, § 69, Rn. 8.

509 So auch der Innenausschuss des Bundesrates in BR-Drs. 1014/1/01, 3 m.w.N.: „Eine Zeugenvernehmung kann sich nur auf Sachverhalte erstrecken, von denen der Zeuge zuvor Kenntnis erlangt hatte; niemand ist demgegenüber verpflichtet, sich zum Zwecke einer Zeugenvernehmung erstmals über Sachverhalte zu unterrichten".

menschliche Wahrnehmung ganz regelmäßig nicht zur Bereitstellung des Dienstes erforderlich ist (vgl. § 88 Abs. 3 S. 2 TKG).

In der Praxis scheint die aufgezeigte Rechtslage Strafverfolgungsbehörden nicht davon abzuhalten, gegenüber Telekommunikationsunternehmen den Eindruck zu erwecken, dass sie die §§ 94 ff., 161a StPO zum Zugriff auf Telekommunikations-Verkehrsdaten ermächtigten[510]. Die beteiligten Unternehmen scheuen dann verständlicherweise einen Rechtsstreit oder ein Verfahren wegen Strafvereitelung[511], während von Seiten der betroffenen Telekommunikationsnutzer mangels Kenntnis von dem Vorgang zumeist keine Konsequenzen zu erwarten sind.

Nach verbreiteter Meinung gilt das Zitiergebot nicht für das Recht auf informationelle Selbstbestimmung[512].

cc) Verfahrensrechtliche Vorkehrungen zum Grundrechtsschutz

Aus dem Verhältnismäßigkeitsprinzip und dem betroffenen Grundrecht selbst folgen auch die besonderen Anforderungen, die das Bundesverfassungsgericht zu Zwecken des effektiven Grundrechtsschutzes an Gesetze stellt, welche Eingriffe in das Recht auf informationelle Selbstbestimmung oder das Fernmeldegeheimnis erlauben[513]. Das Verhältnismäßigkeitsprinzip ist dabei einerseits unter dem Aspekt der Erforderlichkeit eines Eingriffs einschlägig, wenn ein Eingriff unter Anwendung verfahrensrechtlicher Schutzvorkehrungen ein gleichermaßen geeignetes aber milderes Mittel gegenüber demselben Eingriff ohne ein solches Verfahren darstellt. Andererseits ist das Gebot der Verhältnismäßigkeit im engeren Sinne einschlägig[514], wenn der Nutzen einer Regelung durch eine Schutzvorkehrung zwar beeinträchtigt wird, diese aber gleichwohl geboten ist, um die von dem Eingriff ausgehenden Belastungen im Rahmen des Zumutbaren zu halten[515]. Das Bundesverfassungsgericht schwankt dogmatisch zwischen einer Ein-

---

510　So etwa Graf, Jürgen (Generalbundesanwalt), zitiert bei Neumann, Andreas: Internet Service Provider im Spannungsfeld zwischen Strafverfolgung und Datenschutz, Bericht von der Veranstaltung in Bonn am 26./27.02.2002, www.artikel5.de/artikel/eco veranstaltung2002.html.

511　Vgl. Krempl, Stefan: Datenschutz ade? Telepolis, Heise-Verlag, 29.12.2001, www.heise.de/tp/deutsch/inhalt/te/11456/1.html: Thomas Königshofen, Datenschutzbeauftragter der Deutschen Telekom AG, sei schon mehrfach wegen Strafvereitelung angeklagt worden.

512　Seite 75.

513　BVerfGE 65, 1 (45 f.) für das Recht auf informationelle Selbstbestimmung.

514　AK-GG-Bizer, Art. 10, Rn. 84 und 98; ders., Forschungsfreiheit, 422 f.

515　Dazu BVerfGE 4, 7 (15 f.).

ordnung der verfahrensrechtlichen Anforderungen als Schranken für ein-schränkende Gesetze[516] und ihrer Qualifikation als eigenständige Pflichten, die aus dem eingeschränkten Grundrecht folgen[517]. Richtig erscheint der erstgenannte Ansatz, weil erst angemessene verfahrensrechtliche Vorkeh-rungen die Verhältnismäßigkeit einer Grundrechtsbeschränkung gewährlei-sten. Das Fehlen adäquater Garantien führt daher zur Verfassungswidrigkeit der Eingriffsermächtigung selbst[518] und nicht nur zu ihrer Verbesserungs-bedürftigkeit in verfahrensrechtlicher Hinsicht[519].

Der gemeinsame Zweck der einzelnen Anforderungen besteht darin, „Vorsorge gegen diejenigen Gefahren zu treffen, die sich aus der Erhebung und Verwertung personenbezogener Daten ergeben"[520]. Adressat der Pflicht, verfahrensrechtliche Vorkehrungen zum Grundrechtsschutz vorzu-sehen, ist der Gesetzgeber[521]. Gesetzliche Regelungen sind nicht schon deshalb entbehrlich, weil verfahrensrechtliche Vorkehrungen bereits aus der Verfassung abzuleiten sind[522]. Zwar führt das Bundesverfassungsgericht aus, dass der Gesetzgeber „nicht alles selbst zu regeln" brauche. Er müsse aber dafür sorgen, „dass das Notwendige geschieht"[523]. Zur Erfüllung dieser Pflicht steht dem Gesetzgeber regelmäßig kein anderes sicheres Mittel als das der Gesetzgebung zur Verfügung, so dass im Ergebnis eine Regelung durch Parlamentsgesetz zu verlangen ist.

Auf die Einhaltung der verfahrensrechtlichen Vorkehrungen zum Grund-rechtsschutz kann auch in besonderen Fällen – etwa bei Ermittlungen we-gen einer besonders schweren Straftat – nicht verzichtet werden[524]. Die grundrechtssichernden Vorkehrungen sind vielmehr gerade in Fällen schwerer Gefahren oder Straftaten wichtig, weil den Betroffenen hier be-sonders schwere Eingriffe drohen.

(1) Zweckbindungsgebot

Die wichtigste Anforderung zum Grundrechtsschutz ist das Gebot „ei-ne[r] enge[n] und konkrete[n] Zweckbindung"[525]. Das Gebot der Zweck-

---

516   In diese Richtung BVerfGE 100, 313 (359).
517   In diese Richtung BVerfGE 100, 313 (367).
518   BVerfGE 65, 1 (52).
519   So aber BVerfGE 100, 313 (385 ff.); BVerfGE 109, 279 (325).
520   BVerfGE 100, 313 (314).
521   BVerfGE 65, 1 (59).
522   BVerfGE 109, 279 (335).
523   BVerfGE 65, 1 (59).
524   A.A. BVerfGE 107, 299 (329).
525   BVerfGE 65, 1 (62).

bindung ergibt sich rechtlich daraus, dass jede Verwendung von Daten, die aus einem Eingriff in Art. 10 Abs. 1 Var. 3 GG oder das Recht auf informationelle Selbstbestimmung herrühren, einen erneuten Grundrechtseingriff bedeutet[526] und somit einer gesetzlichen Rechtfertigung bedarf. Das Zweckbindungsgebot verlangt die gesetzliche Anordnung, dass eine Verwendung erlangter Daten nur zur Erreichung derjenigen Zwecke erfolgen darf, zu deren Erreichung die Daten nach dem Gesetz erhoben werden durften[527]. Außerdem muss die Kennzeichnung von Daten, die aus Eingriffen in das Fernmeldegeheimnis stammen, vorgesehen werden[528], denn nur wenn die Herkunft der Daten aus einem Eingriff in Art. 10 Abs. 1 Var. 3 GG stets erkennbar ist, können spätere Eingriffe in Art. 10 Abs. 1 Var. 3 GG, etwa durch Verwendung der Daten, auch als solche identifiziert und auf ihre Rechtmäßigkeit hin überprüft werden.

War der Eingriff nach dem Gesetz zu verschiedenen Zwecken zulässig (Katalog), dann sieht das Bundesverfassungsgericht einen Zweckwechsel innerhalb des Katalogs nicht als Eingriff an[529]. Ein darüber hinaus gehender Zweckwechsel ist nur aufgrund gesetzlicher Ermächtigung zulässig. In diesem Fall ergeben sich aus dem Gebot der Normenklarheit folgende, weitergehende Anforderungen: „Der Bürger muss aus der gesetzlichen Regelung klar erkennen können, dass seine Daten nicht allein zu [den ursprünglichen] Zwecken verwendet werden, für welche konkreten Zwecke [...] seine personenbezogenen Daten [nach der Zweckänderung] bestimmt und erforderlich sind und dass ihre Verwendung [...] auf diesen Zweck begrenzt bleibt."[530] Für den Bürger muss vorhersehbar sein, „zu welchem konkreten Zweck welche Behörden die Daten verwenden"[531].

Ein Beispiel einer Regelung, die dem Zweckbindungsgrundsatz nicht gerecht wird, stellen die §§ 100g, 100h StPO dar. Erstens beschränkt die Regelung die zulässigen Verwendungsmöglichkeiten nicht auf die Erreichung derjenigen Zwecke, derentwegen die Daten nach dem Gesetz erhoben werden durften (vgl. § 100g Abs. 1 StPO). § 100h Abs. 3 StPO, der diese Frage

---

526 Seite 89.
527 BVerfGE 100, 313 (385 f.), BVerfGE 65, 1 (46).
528 BVerfGE 100, 313 (360 f.).
529 BVerfGE 100, 313 (385 f.); a.A. für Verfassungsschutzbehörden DSB-Konferenz, Verfassungsschutz (I): „angesichts der Vielfalt ihrer Aufgaben reicht eine pauschale Bindung an ‚Zwecke des Verfassungsschutzes' nicht aus. Vielmehr dürfen die für die unterschiedlichen Aufgaben erhobenen Daten grundsätzlich nur für die jeweilige Aufgabe verwendet werden."
530 BVerfGE 65, 1 (62 f.).
531 BVerfGE 65, 1 (64).

wohl regeln soll, gilt nur für die unmittelbare Verwendung erlangter Informationen vor Gericht „zu Beweiszwecken", nicht aber beispielsweise für die Verwertung der Informationen zur Gewinnung neuer Beweismittel. Auch eine solche mittelbare Verwertung stellt einen Grundrechtseingriff dar. Zudem gilt § 100h Abs. 3 StPO nur für die Verwertung erlangter Informationen „in anderen Strafverfahren".

Zweitens werden Durchbrechungen der Zweckbindung nicht normenklar legalisiert. Mit Ausnahme des § 100h Abs. 3 StPO gibt es keine gesetzliche Vorschrift, die zu einer Durchbrechung der Zweckbindung ausdrücklich und normenklar ermächtigt. § 100h Abs. 3 StPO geht unzulässigerweise davon aus, dass eine Verwendung grundsätzlich uneingeschränkt zulässig sein soll, und regelt nur die Fälle, in denen dies nicht gelten soll. Diese Regelungstechnik ist mit dem Zweckbindungsgebot und dem Gebot der Normenklarheit unvereinbar. Soweit eine Zweckänderung legalisiert werden soll, muss klar aufgezählt werden, zu welchen weiteren Zwecken die Verwendung zulässig sein soll.

Für die §§ 100g, 100h StPO ergibt sich daraus Folgendes: Erlangte Informationen dürfen gemäß § 100g Abs. 1 StPO in dem Strafverfahren, das Anlass für das Auskunftsersuchen war, zur Untersuchung einer der in § 100g Abs. 1 StPO bezeichneten, durch den Beschuldigten möglicherweise begangenen Taten verwendet werden. Erlangte Informationen dürfen außerdem gemäß § 100h Abs. 3 StPO in anderen Strafverfahren zu Beweiszwecken verwendet werden, wenn Verfahrensgegenstand eine in § 100g Abs. 1 StPO bezeichnete Straftat ist. Im Übrigen wird zu Zweckänderungen nicht normenklar ermächtigt. Daher ist es unzulässig, Hinweise auf andere als die in § 100g Abs. 1 StPO bezeichneten Straftaten zu verwerten. Unzulässig ist es auch, Hinweise auf andere Straftaten als die, wegen deren Verdacht die Auskunft eingeholt wurde, zu verwerten. Unzulässig ist weiterhin die Verwendung in anderen Strafverfahren zu anderen Zwecken als Beweiszwecken oder in sonstigen Verfahren.

Stellt sich nach einer Datenerhebung heraus, dass die Speicherung der Daten für die nach dem Gesetz den Eingriff rechtfertigenden Zwecke nicht oder nicht mehr erforderlich ist, dann sind die Daten unverzüglich zu vernichten[532]. Die Gewährleistung effektiven Rechtsschutzes gebietet es allerdings, dem Betroffenen nach seiner Benachrichtigung von dem Eingriff angemessene Zeit zur Einleitung einer Überprüfung der Rechtmäßigkeit des

---

[532] BVerfGE 100, 313 (362 und 400).

Eingriffs zu geben[533]. Während dieser Zeit ist eine Löschung der Daten unzulässig[534]. Eine Verwendung der Daten zu anderen Zwecken als zur Gewährleistung effektiven Rechtsschutzes ist unzulässig, wenn die Daten nur zu diesem Zweck noch gespeichert werden[535]. Das Gleiche gilt selbstverständlich für die Dauer des Gerichtsverfahrens, wenn der Betroffene tatsächlich Rechtsschutz in Anspruch nimmt.

Im Widerspruch zu der beschriebenen Vernichtungspflicht hat das Bundesverfassungsgericht eine Regelung unbeanstandet gelassen, nach der Daten, die für den Primärzweck des Eingriffs von vornherein irrelevant sind, an andere Stellen zu Sekundärzwecken übermittelt werden dürfen (§ 3 Abs. 6 S. 1 G10 a.F., jetzt § 6 Abs. 1 S. 2 G10 n.F.)[536]. Dies ist insoweit bedenklich, als Daten, die für den Primärzweck – der nach dem Gesetz allein den Eingriff rechtfertigt – nie erforderlich waren, gleichwohl für Sekundärzwecke verfügbar gemacht werden, auch wenn der Eingriff, wäre er von vornherein im Hinblick auf die Sekundärzwecke vorgenommen worden, verfassungswidrig wäre[537]. Das Bundesverfassungsgericht erkennt die Umgehungsgefahr[538], leitet daraus aber nur ab, dass vor einer Übermittlung geprüft werden muss, ob die Daten für die Empfängerstelle erforderlich sind[539] und ob „konkrete und in gewissem Umfang verdichtete Umstände als Tatsachenbasis für den Verdacht" vorliegen[540].

(2) Protokollierung

Um die Möglichkeit gerichtlichen Rechtsschutzes sowie die erforderliche Kontrolle durch unabhängige Instanzen sicher zu stellen, muss das Gesetz die Protokollierung jedes Eingriffs in Art. 10 Abs. 1 Var. 3 GG vorsehen, insbesondere jeder Übermittlung, Vernichtung oder Löschung[541]. Um effektiv zu sein, muss die Protokollierung auch die Verwendung der Daten innerhalb einer Stelle umfassen[542], insbesondere wenn im Rahmen unterschiedlicher Verfahren auf sie zugegriffen wird.

---

533 DSB-Konferenz, Konsequenzen aus BVerfGE 100, 313 (I).
534 BVerfGE 100, 313 (362).
535 DSB-Konferenz, Konsequenzen aus BVerfGE 100, 313 (I).
536 BVerfGE 100, 313 (400).
537 Vgl. BVerfGE 100, 313 (389).
538 BVerfGE 100, 313 (389 f.).
539 BVerfGE 100, 313 (390).
540 BVerfGE 100, 313 (395)
541 BVerfGE 100, 313 (395 f.).
542 So allgemein IWGDPT, Öffentliche Verantwortung bei Abhörmaßnahmen (I).

Sind von Art. 10 Abs. 1 Var. 3 GG geschützte Daten in einer Datenbank gespeichert, dann muss durch technische Maßnahmen eine zuverlässige Identifizierung jeder Person sichergestellt werden, die auf die Datenbank zugreift. Sodann ist ein elektronisches Zugriffsprotokoll zu erstellen, welches festhält, welcher Benutzer zu welcher Zeit auf welche Daten zugegriffen hat.

Für strafprozessuale Eingriffe in Art. 10 Abs. 1 Var. 3 GG ist eine Protokollierungspflicht nicht vorgesehen, so dass die §§ 100a ff. StPO insoweit verfassungswidrig sind.

(3) Benachrichtigungspflicht

Damit Betroffene eine eventuelle Rechtswidrigkeit eines Eingriffs und etwaige Rechte auf Löschung oder Berichtigung möglichst frühzeitig geltend machen können, muss das Gesetz gemäß Art. 10 Abs. 1 Var. 3 GG außerdem vorsehen, dass der Betroffene von Eingriffen in sein Grundrecht benachrichtigt wird[543]. Dies folgt auch aus Art. 19 Abs. 4 GG[544]. Dass ein Eingriff in Art. 10 Abs. 1 Var. 3 GG mit dem Ziel erfolgt, die Telekommunikation einer bestimmten Person zu überwachen, ändert nichts daran, dass gleichzeitig in die Rechte der anderen an der Telekommunikation Beteiligten eingegriffen wird und folglich auch diese zu benachrichtigen sind[545].

Von dem Grundsatz der Benachrichtigungspflicht abweichende Regelungen sind nur im Rahmen der Verhältnismäßigkeit zulässig[546]. Unverhältnismäßig ist ein Ausschluss der Benachrichtigung jedenfalls dann, wenn die Benachrichtigung den Zweck der Maßnahme nicht mehr gefährden kann[547]. Dass eine unüberschaubare Vielzahl von Personen betroffen ist und eine Benachrichtigung daher unpraktikabel wäre, kann den Ausschluss einer Benachrichtigung allenfalls dann rechtfertigen, wenn die Daten sofort nach ihrer Erfassung als irrelevant vernichtet werden, ohne verwendet worden zu sein[548]. Ansonsten müssen Wege gefunden werden, um Massenbenachrichtigungen praktikabel und kostengünstig zu machen. Im Bereich der Telekommunikationsüberwachung kommt beispielsweise eine Benachrichtigung auf der Telefonrechnung oder per E-Mail in Betracht. Vorstellbar ist auch, den Bürger bei der Anmeldung eines Telefonanschlusses wählen zu lassen,

---

543 BVerfGE 30, 1 (31); BVerfGE 100, 313 (361).
544 BVerfGE 65, 1 (70).
545 DSB-Konferenz, Konsequenzen aus BVerfGE 100, 313 (I).
546 BVerfGE 100, 313 (361).
547 BVerfGE 100, 313 (361).
548 BVerfGE 100, 313 (397 ff.).

ob er eine Benachrichtigung von Eingriffen in die Vertraulichkeit seiner Telekommunikation wünscht oder nicht.

Im Übrigen erscheint es erforderlich, der Gefahr vorzubeugen, dass unter Berufung auf eine Gefährdung des Zwecks der Maßnahme eine Benachrichtigung regelmäßig unterbleibt. Eine gewisse Beeinträchtigung von Ermittlungsinteressen wird mit einer Benachrichtigung der Betroffenen stets verbunden sein, weil sie den Nachvollzug der behördlichen Vorgehensweise ermöglicht, woraus Kriminelle dann für die Zukunft gewisse Schlüsse ziehen können. Diese allgemein bestehende Gefahr überwiegt in der Abwägung aber noch nicht das Gewicht des betroffenen Grundrechts. Stattdessen hat nach Maßgabe des Verhältnismäßigkeitsprinzips eine Abwägung im Einzelfall stattzufinden. Zu berücksichtigen ist auch, dass Geheimhaltungsinteressen mit fortschreitendem Zeitablauf zunehmend zurücktreten. Erkenntnisse über die Vorgehensweise der Eingriffsbehörden vor 20 Jahren dürften für Kriminelle kaum noch von Nutzen sein. Es erscheint daher sinnvoll, den Gedanken einer „Verjährung" zur Wahrung des Rechtsfriedens auf den Bereich der Benachrichtigung zu übertragen und eine Benachrichtigung jedenfalls beispielsweise 20 Jahre nach Abschluss eines Eingriffs generell vorzuschreiben.

In der Praxis der strafprozessualen Telekommunikationsüberwachung in Deutschland erfolgt eine Benachrichtigung gleichwohl nur in 3% aller Fälle[549]. In weiteren 50% der Fälle geht man davon aus, dass der Beschuldigte im Rahmen des Strafverfahrens von der Überwachung erfährt, und im Übrigen handelt es sich um Anschlüsse so genannter „Nachrichtenmittler" oder um Gespräche mit unbeteiligten Dritten, bei denen man es für zu aufwändig hält, deren Anschriften zu ermitteln[550]. Da den Ermittlungsbehörden die Rufnummern aller Beteiligten jedoch bekannt sind, wäre es ihnen ein Leichtes, anhand dessen die Anschriften der Anschlussinhaber zu ermitteln. Dazu stehen einerseits kommerziell angebotene CD-Roms zur Verfügung, andererseits wird auch das Abrufverfahren nach § 112 TKG zur Anschriftenermittlung eingesetzt werden dürfen, weil man von einem mutmaßlichen Einverständnis der Betroffenen ausgehen kann, wenn die Auskunft ausschließlich zur Benachrichtigung von Maßnahmen der Telekommunikationsüberwachung eingesetzt wird. Unterbleibt eine Benachrichtigung demgegenüber – wie bisher der Fall – ganz regelmäßig, dann läuft der Rechts-

549 Humbs, Chris / Weller, Marcus: Telefonüberwachung ohne Kontrolle, 09.01.2002, www.rbb-online.de/_/kontraste/beitrag_drucken_jsp/key=rbb_beitrag_1157899.html.
550 Humbs, Chris / Weller, Marcus: Telefonüberwachung ohne Kontrolle, 09.01.2002, www.rbb-online.de/_/kontraste/beitrag_drucken_jsp/key=rbb_beitrag_1157899.html.

schutz insoweit zwangsläufig leer. Derzeit ist es nicht einmal interessierten Bürgern auf ihre eigene Initiative hin möglich, bei einer zentralen Stelle in Erfahrung zu bringen, ob, wann und durch wen in der Vergangenheit Eingriffe in die Vertraulichkeit ihrer Telekommunikation stattgefunden haben. Dies ist mit Art. 10 und Art. 19 Abs. 4 GG nicht vereinbar.

Eine Pflicht zur Benachrichtigung besteht grundsätzlich auch gegenüber zufällig von einem Eingriff mitbetroffenen Dritten[551]. Verlangt die Staatsanwaltschaft beispielsweise Auskunft über Rufnummern, die von einem bestimmten Anschluss aus gewählt wurden, so ist nicht nur der Inhaber dieses Anschlusses zu benachrichtigen, sondern auch die Inhaber der von dem Anschluss aus angerufenen weiteren Telefonanschlüsse. Die erlangten Verbindungsdaten geben auch über das Verhalten jener Personen Auskunft, so dass auch diese Personen von dem Eingriff betroffen sind. Von dem Grundsatz der Benachrichtigungspflicht abweichende Regelungen sind wiederum im Rahmen der Verhältnismäßigkeit zulässig[552].

(4) Unabhängige Kontrolle

Art. 10 Abs. 1 Var. 3 GG gebietet es zudem, eine Rechtmäßigkeitskontrolle der Eingriffsmaßnahmen durch unabhängige und an keine Weisung gebundene staatliche Organe und Hilfsorgane vorzusehen[553]. Zu diesen Stellen gehören insbesondere Datenschutzbeauftragte und die G10-Kommissionen. Die Kontrolle muss den gesamten Prozess der Erfassung und Verwertung der Daten umfassen[554], auch wenn die Verwertung durch andere Stellen erfolgt[555]. Auch die Einhaltung der gesetzlichen Vorkehrungen zum Schutz des Fernmeldegeheimnisses sind zu kontrollieren[556]. Die Kontrollstellen sind personell so auszustatten, dass sie ihrer Aufgabe in effektiver Weise nachzukommen können[557].

(5) Verbot der Vorratsspeicherung

Das Bundesverfassungsgericht hat wiederholt festgestellt, dass eine Erhebung personenbezogener Daten „auf Vorrat zu unbestimmten oder noch nicht bestimmbaren Zwecken" verfassungswidrig wäre[558]. Es fragt sich

---

551   BVerfGE 109, 279 (365) zu Art. 13 GG.
552   Vgl. näher BVerfGE 109, 279 (365).
553   BVerfGE 100, 313 (361); BVerfGE 67, 157 (185).
554   BVerfGE 100, 313 (361 f. und 401).
555   DSB-Konferenz, Konsequenzen aus BVerfGE 100, 313 (I).
556   BVerfGE 100, 313 (362).
557   BVerfGE 100, 313 (401).
558   BVerfGE 100, 313 (359 f.); BVerfGE 65, 1 (46).

daher, ob Vorschriften zur Speicherung von Telekommunikationsdaten auf Vorrat wegen Verstoßes gegen den Zweckbindungsgrundsatz generell verfassungswidrig sind.

Im Volkszählungsurteil führt das Bundesverfassungsgericht in Bezug auf eine gesetzliche Verpflichtung zur Angabe personenbezogener Daten aus: „Ein Zwang zur Angabe personenbezogener Daten setzt voraus, daß der Gesetzgeber den Verwendungszweck bereichsspezifisch und präzise bestimmt und daß die Angaben für diesen Zweck geeignet und erforderlich sind. Damit wäre die Sammlung nicht anonymisierter Daten auf Vorrat zu unbestimmten oder noch nicht bestimmbaren Zwecken nicht zu vereinbaren."[559] In Zeiten steigenden Informationshungers des Staates werden diese Ausführungen des Bundesverfassungsgerichts von interessierten Kreisen nicht selten vereinfacht und isoliert zur Unterstützung ihrer Ansicht wiedergegeben. Insbesondere wird daraus oft geschlossen, dass eine Speicherung von Telekommunikationsdaten auf Vorrat generell verfassungswidrig sei[560].

Bei der Frage nach der tatsächlichen Bedeutung den genannten Diktums ist dagegen zunächst vom Wortlaut her festzustellen, dass das Bundesverfassungsgericht eine Vorratsspeicherung von Daten keineswegs generell verbietet, sondern nur, wenn sie „zu unbestimmten oder noch nicht bestimmbaren Zwecken" erfolgt. Schon heute dürfen innerhalb bestimmter Grenzen beispielsweise das Bundeszentralregister (§§ 492 ff. StPO)[561], Strafverfolgungsbehörden (§§ 81b Var. 2, 484 StPO) und Gefahrenabwehrbehörden (Landespolizeigesetze) personenbezogene Daten „auf Vorrat" zur zukünftigen Erleichterung ihrer und der Arbeit anderer Behörden speichern. In neuerer Zeit hat das Bundesverfassungsgericht auch die Regelung des § 81g StPO für verfassungsgemäß erklärt, wonach „zum Zwecke der Identitätsfeststellung in künftigen Strafverfahren" personenbezogene DNA-Identifizierungsmuster festgestellt und gespeichert werden dürfen, wobei eine Verwendung der Daten auch zur Abwehr „erheblicher Gefahren" und

---

559 BVerfGE 65, 1 (46).
560 Weichert, Bekämpfung von Internet-Kriminalität (I), Punkt 7; Unabhängiges Landeszentrum für den Datenschutz Schleswig Holstein, Tätigkeitsbericht 2002, LT-Drs. 15/1700, 112; BITKOM: Stellungnahme zur Gesetzesinitiative des Bundesrates vom 31.05.2002 (BR-Drs. 275/02), 12.08.2002, www.bitkom.org/files/documents/Position_BITKOM_Vorratsdatenspeicherung_u.a._12.08.2002.pdf, 7 f.; vgl. auch Bäumler, Helmut/ Leutheusser-Schnarrenberger, Sabine/Tinnefeld, Marie-Theres: Grenzenlose Überwachung des Internets? Steht die freie Internetkommunikation vor dem Aus? Stellungnahme zum Gesetzesentwurf des Bundesrates vom 31. Mai 2002, www.rainer-gerling.de/ aktuell/vorrat_stellungnahme.html, Punkt 2: „grundsätzlich unzulässig".
561 Dazu BVerfG StV 1991, 556 (556 f.).

zur Gewährung internationaler Rechtshilfe zulässig ist (§§ 3 DNA-IFG, 8 Abs. 6, 14 BKA-G)[562].

Aus alledem ist zu schließen, dass das Bundesverfassungsgericht nicht pauschal jede Datenspeicherung auf Vorrat als verfassungswidrig ansieht. Verfassungswidrig ist eine Vorratsspeicherung vielmehr nur, wenn der Gesetzgeber nicht „den Verwendungszweck der Daten bereichsspezifisch und präzise bestimmt" hat[563]. Weil eine Datenspeicherung generell nur zu dem Zweck zulässig ist, die Daten später für einen bestimmten Zweck zu verwenden, ist eine „Vorratsdatenspeicherung" bei genauer Betrachtung keine Besonderheit[564]. Daran kann auch die Dauer der Datenspeicherung nichts ändern oder dass nicht sicher sein mag, ob die gespeicherten Daten später tatsächlich gebraucht werden oder nicht. All dies ist erst im Rahmen der Verhältnismäßigkeitsprüfung relevant. Damit sind an eine Vorratsdatenspeicherung keine besonderen verfassungsrechtlichen Anforderungen zu stellen.

(6) Aufklärungs- und Belehrungspflicht

Im Volkszählungsurteil betont das Bundesverfassungsgericht, dass die dort aufgezählten, verfassungsrechtlich gebotenen Schutzvorkehrungen nicht abschließend sind[565]. Ihr gebotener Umfang hänge vielmehr von Art, Umfang und denkbaren Verwendungen der erhobenen Daten sowie der Gefahr ihres Missbrauches ab[566], also von der Intensität des Grundrechtseingriffs. Daneben ist zu berücksichtigen, inwieweit der Grundrechtsschutz durch die nachträgliche Kontrolle der Gerichte gewährleistet ist[567].

Fraglich ist, ob die Eingriffsintensität einer generellen Vorratsspeicherung von Telekommunikations-Verkehrsdaten weiter gehende Schutzvorkehrungen als oben aufgezählt gebieten würde. Bei den Plänen zur Einführung einer Vorratsspeicherung von Telekommunikations-Verkehrsdaten geht es um hochsensible Daten unter anderem über das Privatleben, die vorsorglich über jedermann gespeichert werden sollen. Die Gefahr von Missbräuchen der gespeicherten Daten zu politischen, kommerziellen oder kriminellen Zwecken ist nicht gering. Auch die Rechtmäßigkeit legaler

---

562 BVerfGE 103, 21 ff., insbesondere 35.
563 MVVerfG, LKV 2000, 149 (157); L/D³-Bäumler, J 36; Hohmann-Denninger, Freiheitssicherung durch Datenschutz, 127 (139); Simitis, § 14, Rn. 19 a.E.
564 L/D³-Bäumler, J 36; Hohmann-Denninger, Freiheitssicherung durch Datenschutz, 127 (139).
565 BVerfGE 65, 1 (46).
566 BVerfGE 65, 1 (45 f.).
567 BVerfGE 84, 34 (46).

Zugriffe kann regelmäßig erst mit Benachrichtigung des Betroffenen gerichtlich überprüft werden, wobei eine Bekanntgabe nicht immer erfolgen muss und geschehene Grundrechtsverletzungen ohnehin kaum mehr korrigierbar sind. Aus diesen Gründen ist für ein derartiges Vorhaben eine verfassungsrechtliche Pflicht zu weitergehenden Schutzvorkehrungen anzunehmen als sie bezüglich sonstiger Gesetze bestand.

Dies betrifft insbesondere die Transparenz von Eingriffen. Schon für den Fall einer Volkszählung hat das Bundesverfassungsgericht Aufklärungs- und Belehrungspflichten angenommen[568]. Es hat dem Bürger eine Lektüre des Gesetzestextes oder gar der Materialien nicht zugemutet, um sich über seine Rechte zu informieren, sondern hat den Gesetzgeber verpflichtet, für eine gesonderte und ausdrückliche Aufklärung des Bürgers im Zusammenhang mit der Erhebung der Daten zu sorgen[569].

Wie das Bundesverfassungsgericht erkannt hat, hängt das Ausmaß an schädlichen Verhaltensanpassungen infolge von Eingriffen von der subjektiven Sicht der Betroffenen ab. Schon deren nicht ganz unbegründete Befürchtungen hinsichtlich möglicher Verwendungen der Daten sind daher zu berücksichtigen[570]. Wenn Verhaltensanpassungen nicht nur wegen objektiv zu befürchtenden Gefahren drohen, sondern auch wegen subjektiven Ängsten, insbesondere in Folge mangelnder Information, dann muss man für den massiven Informationseingriff einer vorsorglichen Speicherung aller Verkehrsdaten das Bestehen einer weitgehenden Aufklärungspflicht des Staates annehmen, die über die Pflicht zur klaren Gesetzesformulierung hinaus geht. Während Gesetze primär an Juristen gerichtet sind, hat die gebotene Aufklärung der Bürger eine andere Funktion: Es geht um die verständliche Aufklärung der von einer Vorratsspeicherung Betroffenen über die rechtlich zulässigen Verwendungen ihrer Daten, über den Speicherungs- und Verarbeitungsprozess, die verfahrensrechtlichen Vorkehrungen zum Schutz gegen Missbrauch sowie die Einwirkungsrechte und -möglichkeiten der Bürger. Nur wenn der Einzelne über seine Rechte und tatsächlichen Möglichkeiten zum Schutz seiner Daten, beispielsweise durch anonyme Benutzung der Telekommunikationsnetze, informiert ist, kann er von ihnen auch Gebrauch machen und können ihm derart weitgehende Eingriffe in seine Privatsphäre zumutbar sein. Insoweit ist auch Art. 19 Abs.

---

568 BVerfGE 65, 1 (59).
569 BVerfGE 65, 1 (59).
570 BVerfGE 100, 313 (376); vgl. auch Simitis, NJW 1984, 398 (400).

4 GG einschlägig, der gerade bei geheimen Maßnahmen die effektive Gewährleistung von Rechtsschutz verlangt.

Durch die gesonderte Aufklärungspflicht löst sich auch der Widerspruch zwischen dem erforderlichen Bestimmtheitsgrad gesetzlicher Eingriffsermächtigungen und dem Gebot der Übersichtlichkeit und Normenklarheit auf, der in der aktuellen Datenschutzdiskussion thematisiert wird. Gesetze eignen sich wegen ihrer Zielrichtung der juristisch präzisen Handlungsanweisung kaum als Instrument zur Information des betroffenen Normalbürgers. Indem man beides trennt, bleibt die gebotene Regelungsdichte von Normen möglich.

Zu einer verständlichen Information der Bürger ist der Gesetzgeber somit aus Art. 10 und Art. 19 Abs. 4 GG verpflichtet, wenn er eine generelle und vorsorgliche Speicherung von Telekommunikations-Verkehrsdaten vorsieht. Wie die Information im Einzelnen zu erfolgen hat, wird von Verfassungs wegen dem Ermessen des Gesetzgebers überlassen sein. Entscheidend ist, dass der Informationszweck erreicht wird, nämlich besorgte Bürger über den tatsächlichen Umfang der Überwachung und die damit verbundenen Risiken zu informieren, damit unbegründeten Befürchtungen, die zu vorauseilend konformem Verhalten führen könnten, so weit wie möglich entgegengetreten wird. Dass das Erreichen dieses Zwecks ein angemessenes Maß an finanziellen und personellen Mitteln voraussetzt, braucht nicht besonders betont zu werden.

Im Zusammenhang mit der Speicherung von Telekommunikations-Verkehrsdaten erscheint es sinnvoll, das Medium der Telekommunikation auch für die Information der Bürger zu nutzen. So könnte interessierten Bürgern neben einer gedruckten Informationsschrift kostenfrei eine Telefonnummer, eine Telefaxabrufnummer und eine Internetadresse angeboten werden, um sich zu informieren. Denkbar ist es auch, Fragen der Bürger über die Überwachungspraxis öffentlich zu beantworten, etwa durch Einrichtung eines Diskussionsforums im Internet.

Inhaltlich muss die Information vor allem für den Normalbürger verständlich sein. Um dies zu erreichen, muss klar sein, dass die Informationsschrift als solche keine rechtliche Verbindlichkeit hat, weil sie sonst mit juristischen Absicherungen überladen würde. Gleichwohl soll sie so zutreffend und genau informieren, wie es das primäre Ziel der Verständlichkeit zulässt. Ergänzend sollten die einschlägigen Gesetzestexte abgedruckt werden. In der Information sollte anschaulich erklärt werden, welche Daten wo und unter welchen Sicherheitsvorkehrungen gespeichert werden, wer unter welchen Umständen und in welchem Verfahren darauf zugreifen darf und welche Einwirkungsrechte und -möglichkeiten der Bürger hat. Sinnvoll erscheint auch eine Darlegung des Hintergrundes der Maßnahmen, also eine Begründung ihrer Notwendigkeit mit Hilfe von Statistiken und ähnlichen Mitteln. Auch eine zahlenmäßige Darlegung der tatsächlich stattfindenden Zugriffe ist ein wichtiges Mittel, um unbegründeten Befürchtungen der Bürger entgegenzutreten. Um den unterschiedlichen Interessen gerecht zu werden, erscheint es erstrebenswert, anhand von Beispielen und Illustrationen eine kurze und anschauliche Übersicht über die wichtigsten Mechanismen anzubieten und getrennt davon eine detaillierte Beschreibung vorzunehmen. Diese sollte auch häufig gestellte Fragen beantworten. Einige der genannten Aspekte sind in vorbildlicher Weise auf den Cybercrime-Internetseiten des US-amerikanischen FBI realisiert worden[571].

(7) Richtervorbehalt

Das Bundesverfassungsgericht hat wiederholt die grundrechtssichernde Funktion betont, die einem Richtervorbehalt zukommt, wie er in Art. 13 und Art. 104 GG ausdrücklich vorgesehen ist[572]. Zweck des Richtervorbehaltes sei die Gewährleistung der Messbarkeit und Kontrollierbarkeit von Eingriffen in die Grundrechte[573]. Der Verfassungsgeber habe eine vorbeugende Kontrolle durch eine unabhängige und neutrale Instanz zum Schutz der Interessen des Betroffenen vorsehen wollen[574]. Das Erfordernis einer schriftlichen Anordnung durch den Richter solle auch eine begrenzende Wirkung bezüglich der Durchführung des Eingriffs entfalten[575].

Fraglich ist, ob die Intensität von Eingriffen in die Vertraulichkeit von Telekommunikations-Verkehrsdaten eine richterliche Entscheidung von Verfassungs wegen erforderlich macht. Obwohl das Grundgesetz eine richterliche Anordnung für Eingriffe in Art. 10 Abs. 1 Var. 3 GG nicht ausdrücklich vorsieht, bedeutet das nicht, dass dies der Vorschrift nicht im Wege der Auslegung entnommen werden könnte. Das Fernmeldegeheimnis gebietet dem Gesetzgeber, verfahrensrechtliche Sicherungen vorzusehen[576]. Wie gezeigt, hängt das Ausmaß der gebotenen Sicherungen von der Schwere des Eingriffs ab. Insoweit ist zunächst zu beachten, dass Eingriffe in das Fernmeldegeheimnis stets geheim erfolgen. Dass hier jede Möglichkeit,

---

571   www.cybercrime.gov.
572   Gusy, StV 2002, 153 (156) m.w.N.
573   BVerfGE 42, 212 (220).
574   BVerfGE 103, 142 (151) zu Art. 13 Abs. 2 GG.
575   BVerfGE 103, 142 (154) zu Art. 13 Abs. 2 GG.
576   Seite 105.

Rechtsschutz in Anspruch zu nehmen, zu spät kommen muss, ist durch ein besonders grundrechtsschützendes Verfahren auszugleichen[577]. Insoweit kann es nicht bei den Vorkehrungen bleiben, die für offene Eingriffe gelten[578]. Dies gilt auch im Hinblick auf die Sicherungen, die das Bundesverfassungsgericht für den Fall einer Volkszählung, also einer offenen Datenerhebung, für erforderlich gehalten hat.

Auch im Vergleich zu Art. 13 GG, der einen Richtervorbehalt ausdrücklich vorsieht, kann eine geringere Eingriffstiefe nicht schon wegen der unterschiedlichen Art der betroffenen Informationen angenommen werden. Zwar gehen die in Art. 13 Abs. 2 bis 4 GG angesprochenen Befugnisse insofern über den Zugriff auf Telekommunikations-Verkehrsdaten hinaus, als sie auch den Inhalt von Gesprächen und schriftlichen Unterlagen erfassen und nicht nur die näheren Umstände von Kommunikationsvorgängen. In anderer Hinsicht ist aber der Zugriff auf Telekommunikations-Verkehrsdaten belastender. Dies ergibt sich schon daraus, dass Verkehrsdaten in Form von computerlesbaren Daten gespeichert sind und sich daher zur Verarbeitung und Verknüpfung besonders eignen. Im Gegensatz zu den in Art. 13 Abs. 2 bis 4 GG vorgesehenen Maßnahmen, deren Durchführung zudem einen relativ hohen finanziellen und personellen Einsatz verlangt, fehlt diese faktische Begrenzung in Bezug auf den Zugriff auf Verkehrsdaten. Auf Verkehrsdaten kann mit geringem Aufwand und in großen Mengen zugegriffen werden.

Entscheidend kommt es zudem auf die Verwendungsmöglichkeiten der Daten an. Die zulässigen Verwendungsmöglichkeiten von Telekommunikations-Verkehrsdaten sind schon nach den §§ 100g, 100h StPO sehr weit und reichen bis hin zur Abbildung von sozialen Beziehungen oder der Erstellung von Bewegungsbildern in einzelnen Fällen. Dies ist darauf zurückzuführen, dass das Telekommunikationsverhalten einer Vielzahl von Personen über Monate hinweg abgebildet und analysiert werden kann. Demgegenüber sind Maßnahmen nach Art. 13 Abs. 2 bis 4 GG eher punktuell.

In beiden Fällen wird typischerweise in die Privatsphäre der Betroffenen eingedrungen. Genauso wie in einer Wohnung vertrauliche Papiere liegen oder vertrauliche Gespräche stattfinden können, können vertrauliche Informationen auch unter Inanspruchnahme öffentlicher Telekommunikationsnetze von Wohnung zu Wohnung ausgetauscht werden. Wenn aber der Zweck des Art. 10 Abs. 1 Var. 3 GG die Gleichstellung von Telekommuni-

---

577 SächsVerfGH, JZ 1996, 957 (963 f.); L/D²-Bäumler, J 268.
578 SächsVerfGH, JZ 1996, 957 (963 f.).

kation mit der unmittelbaren persönlichen Kommunikation ist[579], dann müssen Eingriffsbefugnisse auch durch vergleichbare Schutzvorkehrungen abgefedert werden. Dass 1998 adäquate Schutzvorkehrungen lediglich für den Bereich des Art. 13 GG vorgeschrieben wurden, hat politische, nicht aber rechtliche Gründe. Damals beschränkte sich das Regelungsbedürfnis auf diesen Bereich.

Dass die Verletzlichkeit der Telekommunikation bei den Verhandlungen über das Grundgesetz und auch 1968 bei der Neufassung des Art. 10 Abs. 1 Var. 3 GG noch nicht gesehen wurde, ist angesichts der rasanten technischen Entwicklung seitdem nicht verwunderlich. Damals waren die heute bestehenden Speicherungs-, Übermittlungs-, Verarbeitungs- und Verknüpfungsmöglichkeiten durch den Einsatz der Computertechnik noch nicht absehbar. Das Gleiche gilt für die heute zu beobachtende, zunehmende Verlagerung des Lebens – einschließlich des Privatlebens – in den Bereich der Telekommunikationsnetze. Die unterschiedliche Fassung der Art. 13 und 10 Abs. 1 Var. 3 GG ändert somit nichts daran, dass wegen der vergleichbaren Eingriffsintensität eine Gleichstellung bezüglich des Richtervorbehalts geboten ist. Der staatliche Zugriff auf nähere Umstände der Telekommunikation darf somit von Verfassungs wegen grundsätzlich nur durch den Richter angeordnet werden[580]. In Eilfällen genügt eine richterliche Bestätigung, wobei „Gefahr im Verzug" eng auszulegen ist[581].

Fraglich ist, ob es durch überwiegende Interessen geboten sein kann, die Entscheidungskompetenz einem anderen unabhängigen Organ zu übertragen. Solche überwiegenden Interessen nimmt der Gesetzgeber wohl im gesamten Bereich der Nachrichtendienste an, in dem er auf einen Richtervorbehalt verzichtet. Zwar mögen Effektivitätsgesichtspunkte auf diesem Gebiet in besonderem Maße für eine strikte Geheimhaltung und aufgrund dessen für die Einschaltung einer anderen Instanz als den Richter sprechen. Die Effektivität kann aber keinen unbedingten Vorrang vor grundrechtssichernden Vorkehrungen haben[582]. Auch im Bereich des Art. 13 GG sieht die Verfassung einen Richtervorbehalt vor, ohne ein überwiegendes Ge-

---

579 Seite 74.
580 Zu vergleichbarem Verfassungsrecht in Spanien, Dänemark und den Niederlanden Dreier-Hermes, Art. 10, Rn. 11. Für die präventive Beobachtung mit technischen Mitteln lässt der SächsVerfGH, JZ 1996, 957 (964) jedenfalls einen Behördenleitervorbehalt nicht genügen, sondern fordert die Entscheidung einer anderen, hinreichend unabhängigen Stelle.
581 BVerfGE 103, 142 (155 ff.).
582 Seite 105.

heimhaltungsbedürfnis anzuerkennen. Sie schließt dort zudem weder den Rechtsweg aus noch die Pflicht zur Benachrichtigung Betroffener. Es ist kein sachlicher Grund dafür ersichtlich, warum im Bereich nachrichtendienstlicher Eingriffe in Art. 10 Abs. 1 Var. 3 GG ein weiter gehendes Geheimhaltungsbedürfnis bestehen soll. Eine gesteigertes Geheimhaltungsbedürfnis im Bereich des G10 kann, sofern es überhaupt besteht, jedenfalls durch eine angepasste Gestaltung des gerichtlichen Verfahrens gewährleistet werden (vgl. etwa § 99 Abs. 2 VwGO). Durchbrechungen des Richtervorbehaltes aus Gründen der Geheimhaltung sind somit nicht erforderlich und infolgedessen von Verfassungs wegen unzulässig.

Die Präzisierungen des Bundesverfassungsgerichts hinsichtlich der ausdrücklich im Grundgesetz vorgesehenen Richtervorbehalte[583] sind ohne Weiteres auf Eingriffe in das Fernmeldegeheimnis übertragbar[584]. Zur Effektivierung von Richtervorbehalten hat das Bundesverfassungsgericht entschieden, der Richter habe aufgrund einer eigenen Einschätzung im Einzelfall zu prüfen, ob ein Eingriff gerechtfertigt sei. Bei strafprozessualen Ermittlungen müsse die Schwere des Tatvorwurfs in einem angemessenen Verhältnis zur Schwere des Eingriffs stehen. Um die Maßnahmen der Ermittlungsbehörden steuern zu können, müssten Anordnungen hinreichend bestimmt sein, insbesondere was Tatvorwurf sowie Art und denkbarer Inhalt möglicher aufzufindender Beweismittel anbelangt. Dies gelte jedenfalls, soweit Angaben möglich und dem Zweck des Verfahrens nicht abträglich seien. Im Falle einer Wohnungsdurchsuchung seien auch die zu durchsuchenden Wohnungen oder Räume sowie die Adressaten der Anordnung zu bezeichnen. Im Bereich des Zugriffs auf Telekommunikations-Verkehrsdaten lässt sich dies auf die zu übermittelnden Datensätze übertragen. Weiterhin müsse sich der Richter die erforderliche Zeit zur Prüfung jeder Sache nehmen und vom Sachverhalt und dem einschlägigen Fachwissen Kenntnis nehmen[585]. Dazu sei das Gericht ausreichend sachlich und personell auszustatten, entsprechende Fortbildungsmöglichkeiten seien anzubieten, und der Richter sei mit vollständigen Informationen durch die Staatsanwaltschaft zu versorgen[586]. Der Richter müsse sich vor seiner Entscheidung aus allen verfügbaren Informationsquellen umfassend informie-

---

583   Dazu Gusy, StV 2002, 153 (156) m.w.N.
584   In diese Richtung BVerfGE 107, 299 (325); vgl. auch BVerfG, StV 2003, 1 (1 f.) für den einfachgesetzlichen Richtervorbehalt gemäß § 81g StPO.
585   BVerfGE 103, 142 (152 f.).
586   BVerfGE 103, 142 (152 f.).

ren[587]. Die Gerichte seien überdies verfassungsrechtlich verpflichtet, die kurzfristige Erreichbarkeit des Ermittlungsrichters durch Einrichtung eines Notdienstes zu sichern[588].

Im Bereich der strafprozessualen Telekommunikationsüberwachung ist seit einer Studie des Bielefelder Rechtswissenschaftlers Otto Backes bekannt, dass diese Erfordernisse in der Praxis kaum beachtet werden. Anträge der Staatsanwaltschaft werden von den Ermittlungsrichtern nicht nur praktisch nie abgelehnt, sondern ganz regelmäßig auch inhaltlich unbesehen übernommen[589]. Anordnungen ergehen meistens noch am Tag der Antragstellung[590]. Eine Befragung von Ermittlungsrichtern hat ergeben, dass sie sich einem kooperativ funktionierendem System zugehörig fühlen, zu dem auch die Staatsanwaltschaft und die Polizei gehören[591]. Schlüssige Anträge werden im Vertrauen auf die Fachkunde des Antragstellers ohne weitere Prüfung übernommen[592].

Daraus zu folgern, dass der Richter als Kontrollorgan bei der Anordnung der Telekommunikationsüberwachung faktisch ausfalle[593], ist nicht abwegig. Dass sich die hohe Übereinstimmung von Antrag und Entscheidung nicht allein mit der Sorgfalt der Staatsanwaltschaft erklären lässt, folgt aus den Aussagen einiger Staatsanwälte, man könne von einem Richter jederzeit jeden Beschluss bekommen, wenn man den Antrag nur mit einem entsprechenden Beschlussentwurf versehe[594]. Der genannten Studie zufolge sind richterliche Anordnungen zudem in etwa 75% der Fälle rechtswidrig, weil sie entweder nicht erkennen lassen, welche Katalogtat im Sinne des § 100a StPO vorliegt, woraus sich der Tatverdacht ergibt, warum keine

---

587   BVerfG, StV 2003, 1 (2).

588   BVerfGE 103, 142 (156).

589   Backes, Otto, zitiert in taz, Die Tageszeitung: Studie: Richter schützt vor Überwachung nicht, 11.03.2002, www.taz.de/pt/2002/03/11/a0026.nf/text; ebenso Albrecht/Arnold/ Demko/Braun, Rechtswirklichkeit und Effizienz der Telekommunikationsüberwachung, 266.

590   Albrecht/Arnold/Demko/Braun, Rechtswirklichkeit und Effizienz der Telekommunikationsüberwachung, 266.

591   Albrecht/Arnold/Demko/Braun, Rechtswirklichkeit und Effizienz der Telekommunikationsüberwachung, 267.

592   Albrecht/Arnold/Demko/Braun, Rechtswirklichkeit und Effizienz der Telekommunikationsüberwachung, 267.

593   Backes, Otto, zitiert in taz, Die Tageszeitung: Studie: Richter schützt vor Überwachung nicht, 11.03.2002, www.taz.de/pt/2002/03/11/a0026.nf/text.

594   Backes/Gusy, StV 2003, 249 (250).

anderen Mittel der Beweiserhebung erfolgsversprechend sind oder warum die Überwachungsmaßnahme im konkreten Fall verhältnismäßig ist[595].

Damit der Richtervorbehalt seinen Zweck erfüllen und über eine bloße Willkürprüfung hinaus gehen kann, sind Änderungen der gegenwärtigen Gesetzeslage dringend erforderlich[596]. Diese sollten sich an dem strengen Verfahren orientieren, das in den USA für Abhörmaßnahmen („wiretaps") vorgesehen ist[597]. Dort ist der Richter nicht nur einmalig und punktuell für die Anordnung einer Abhörmaßnahme zuständig, ohne über das Ergebnis der Maßnahme unterrichtet zu werden oder sonst mit der Sache erneut befasst zu werden. Vielmehr überwacht und kontrolliert er die gesamte Durchführung der Überwachungsmaßnahme. Der Richter hat außerdem unter seinem Namen und öffentlich Rechenschaft über seine Entscheidungen abzulegen („wiretap reports"), und zwar unter Berücksichtigung der finanziellen Kosten und des Erfolges der von ihm angeordneten Maßnahmen[598]. Gerade nachschauende richterliche Bewertungen sind auch in Deutschland notwendig[599]. Es kann ferner nicht angehen, dass Ermittlungsrichter wegen ihrer Arbeitsbelastung kaum Zeit auf die Prüfung eines Antrags verwenden können[600].

Der Richter sollte zudem auf die Materie spezialisiert sein[601]. Es ist zu erwägen, ob nicht die Zuständigkeit bei einem Gericht pro Bundesland zu

---

595 Backes, Otto, zitiert in taz, Die Tageszeitung: Studie: Richter schützt vor Überwachung nicht, 11.03.2002, www.taz.de/pt/2002/03/11/a0026.nf/text; ders., zitiert in Humbs, Chris / Weller, Marcus: Telefonüberwachung ohne Kontrolle, 09.01.2002, www.rbb-online.de/_/kontraste/beitrag_drucken_jsp/key=rbb_beitrag_1157899.html.

596 Zum Folgenden vgl. Asbrock, ZRP 1998, 19 (19).

597 Backes, Otto, zitiert in taz, Die Tageszeitung: Studie: Richter schützt vor Überwachung nicht, 11.03.2002, www.taz.de/pt/2002/03/11/a0026.nf/text; vgl. dazu Ruhmann/ Schulzki-Haddouti, Abhör-Dschungel (I).

598 Bottger/Pfeiffer, ZRP 1994, 7 (13); die Übernahme dieses Verfahrens fordern Garstka/Dix/Walz/Sokol/Bäumler, Hintergrundpapier (I), Punkt II; IWGDPT, Cybercrime-Konvention (I); Stellungnahme der Parlamentarischen Versammlung des Europarates zum Entwurf des Cybercrime-Abkommens, Dokument Nr. OPI 226 (2001), 24.04.2001, assembly.coe.int/Main.asp?link=http%3A%2F%2Fassembly.coe.int%2F Documents%2FAdoptedText%2Fta01%2FEOPI226.htm, Unterpunkt xv.; ähnlich SächsVerfGH, JZ 1996, 957 (964).

599 Weichert, Bekämpfung von Internet-Kriminalität (I), Punkt 7.

600 Vgl. Albrecht/Arnold/Demko/Braun, Rechtswirklichkeit und Effizienz der Telekommunikationsüberwachung, 267 f.

601 SächsVerfGH, JZ 1996, 957 (964).

konzentrieren ist[602] oder Schwerpunkt-Kammern einzurichten sind[603]. Eine Zuständigkeit der Amtsgerichte ist nicht zweckmäßig[604]. In der Sache sollte der Richter nicht ausschließlich auf die Informationen angewiesen sein, die ihm von Behördenseite gegeben werden, weil ansonsten nur eine Schlüssigkeitsprüfung der Anträge möglich ist[605]. Er sollte vielmehr auch das Recht haben, eigene Ermittlungen anzustellen. Er sollte die angeordneten Maßnahmen in eigener Person leiten und Anordnungen treffen können; ihm muss Rechenschaft über durchgeführte Maßnahmen abzugeben sein. Der sächsische Verfassungsgerichtshof fordert in vergleichbarem Zusammenhang, dass der zuständigen Kontrollinstanz „Verfahrensthema und -gegenstand grundsätzlich mitzuteilen [ist], der Sachverhalt [...] grundsätzlich umfassend zu ermitteln [ist] und die Entscheidung [...] in Auseinandersetzung mit dem repräsentierten Interesse des Betroffenen erfolgen [muss]."[606]

Als flankierende Maßnahme sind strikte Verwertungsverbote bei Missachtung der verfahrensrechtlichen Regelungen erforderlich. Ein Richtervorbehalt ist nur wirksam, wenn er unabdingbar ist[607]. Wird der Richter übergangen, dann sollten gleichwohl getroffene Rechtsakte mangels Ermächtigungsgrundlage nichtig sein[608]. Eilentscheidungen der Verwaltung sollten einer richterlichen Bestätigung bedürfen, und zwar auch dann, wenn sie sich bereits erledigt haben[609].

Dass der Nutzen eines Richtervorbehalts trotz alledem begrenzt ist, veranschaulicht die amtliche Begründung des G10 in dessen erster Fassung. Diese gibt an, der Gesetzgeber habe die Kontrolle der Eingriffe deswegen nicht dem Richter übertragen, weil dieser ansonsten „im Hinblick auf die zwangsläufig weite Formulierung der Zwecke, die eine nicht anfechtbare Überwachung der Betroffenen rechtfertigen sollten" zu einer Entscheidung genötigt würde, „die nahezu außerhalb seiner berufstypischen Funktion, Sachverhalte an rechtlichen Tatbestandsvoraussetzungen zu messen, gele-

---

602   BfD, zitiert in der Frankfurter Rundschau vom 18.12.2000, 5; Löwnau-Iqbal, Gabriele: Aktuelle datenschutzrechtliche Probleme der Telekommunikationsüberwachung, www.bfd.bund.de/information/symp_loew.html.
603   Lorenz, GA 97, 51 (71).
604   Denninger, zitiert bei Glöckner, NJW 2002, 2693 (2694).
605   Vgl. BVerfG, NJW 2004, 2213 (2219 f.).
606   SächsVerfGH, DuD 1996, 493 (495).
607   Lisken, ZRP 1990, 15 (17 f.).
608   Lisken, ZRP 1990, 15 (17 f.).
609   Lisken, ZRP 1990, 15 (17 f.).

gen haben würde"[610]. In der Tat kann bei umfassenden Eingriffsbefugnissen das beste Verfahren nichts an der gesetzlich vorgegebenen Eingriffstiefe ändern.

dd) Unantastbarer Bereich privater Lebensgestaltung

Das Bundesverfassungsgericht hat geurteilt, dass ein „letzte[r] unantastbare[r] Bereich privater Lebensgestaltung [...] der öffentlichen Gewalt schlechthin entzogen" sei und auch „schwerwiegende Interessen der Allgemeinheit Eingriffe in diesen Bereich nicht rechtfertigen" könnten[611]. Es ist überlegenswert, diese anhand des allgemeinen Persönlichkeitsrechts entwickelten Grundsätze auf Art. 10 Abs. 1 Var. 3 GG als das speziellere Grundrecht zu übertragen, zumal sie insbesondere aus der Menschenwürde (Art. 1 Abs. 1 GG) hergeleitet werden[612].

Diese Herleitung spricht allerdings dafür, die Überlegungen bezüglich eines „unantastbaren Bereichs privater Lebensgestaltung" im Rahmen des Art. 1 Abs. 1 GG anzustellen, da ansonsten die allgemeine Schrankendogmatik unnötig modifiziert werden müsste. Als eigenständige Schranke ist das Konzept eines „unantastbaren Bereichs privater Lebensgestaltung" daher nicht anzuerkennen.

ee) Wesensgehaltsgarantie, Art. 19 Abs. 2 GG

Nach Art. 19 Abs. 2 GG dürfen grundrechtseinschränkende Gesetze den Wesensgehalt des Grundrechts nicht antasten. In der Rechtsprechung des Bundesverfassungsgerichts hat die Wesensgehaltsgarantie letztlich keine über die Grundrechte selbst, Art. 1 Abs. 1 GG und das Verhältnismäßigkeitsprinzip hinaus gehende Bedeutung erfahren[613]. Einen selbständigen Bedeutungsgehalt der Norm können nur diejenigen ermitteln, die Art. 19 Abs. 2 GG im Sinne einer „absoluten" Wesensgehaltsgarantie verstehen[614]. Die Anerkennung eines absoluten Wesensgehalts hat zur Folge, dass die völlige Aufhebung des Grundrechts selbst in Ausnahmefällen verboten ist. Unter den Vertretern dieser Auffassung ist umstritten, ob diese Garantie für jeden Grundrechtsträger einzeln[615] („subjektive Theorie") oder nur für die

---

610 Zitiert bei BVerfGE 30, 1 (36), Minderheitenvotum.
611 BVerfGE 34, 238 (245); BVerfGE 80, 367 (373); BVerfGE 103, 21 (31); Ansatz schon in BVerfGE 27, 1 (6).
612 BVerfGE 80, 367 (373 f.).
613 Deutlich BVerfGE 58, 300 (348); vgl. auch Stern, § 85 II 3; zustimmend J/P⁶-Jarass, Vorb. vor Art. 1, Rn. 44.
614 So im Ausgangspunkt noch BVerfGE 7, 377 (411).
615 Stern § 85 III 2 b.

Gesamtheit aller Grundrechtsträger[616] („objektive Theorie") gelten soll mit der Folge, dass es trotz aller Einschränkungen stets einen Bereich geben muss, in dem grundrechtlich geschütztes Verhalten stattfinden kann.

Die subjektive Auffassung ist abzulehnen, da sie in den Fällen zu unflexibel ist, in denen ein Grundrecht aus legitimen Gründen für den Einzelnen weitgehend bedeutungslos wird, etwa bei lebenslangem Freiheitsentzug wegen Gemeingefährlichkeit[617]. Der vage Begriff des „Wesensgehalts" verleitet auch zu formalen statt sachlichen Argumenten, was für eine restriktive Auslegung spricht. Zudem lässt sich ein absoluter Wesensgehalt nicht bei allen Grundrechten hinreichend genau bestimmen[618].

Möglich bleibt somit nur der Ansatz, den Wesensgehalt jedes Grundrechts darin zu sehen, dass das Grundrecht im Allgemeinen noch Bedeutung entfalten können muss. Auf das Fernmeldegeheimnis übertragen würde dies bedeuten, dass es immer unbeobachtete Telekommunikation geben muss, der Staat also nicht sämtliche Telekommunikation überwachen darf. Diesem Ansatz scheint das Bundesverfassungsgericht zu folgen, wenn es im Kontext der Wesensgehaltsgarantie feststellt, eine „globale und pauschale Überwachung" des Fernmeldeverkehrs sei mit dem Grundgesetz nicht zu vereinbaren[619].

Die vorliegende Betrachtung beschränkt sich auf das Szenario einer generellen Vorratsspeicherung von Telekommunikations-Verkehrsdaten. Ein unbeschränkter Zugriff auf den Kommunikationsinhalt wäre mit einer solchen Maßnahme nicht verbunden, so dass das Fernmeldegeheimnis in der Praxis nicht jede Bedeutung verlöre. Erst recht gilt dies, wenn man das Brief-, Post- und Fernmeldegeheimnis als einheitliches Grundrecht ansieht[620] und den weiterhin weitgehend unbeobachteten Briefverkehr in die Betrachtung mit einbezieht.

Die Unvereinbarkeit einer generellen Vorratsspeicherung von Telekommunikations-Verkehrsdaten mit dem Wesensgehalt des Fernmeldegeheimnisses ließe sich daher mit der diskutierten Auffassung nicht feststellen[621], so dass es nicht darauf ankommt, ob ihr zu folgen ist. Der Wesensgehalt des

---

616 J/P⁶-Jarass, Art. 19, Rn. 7.
617 J/P⁵-Jarass, Art. 19, Rn. 7.
618 Vgl. v. Münch/Kunig-Krebs, Art. 19, Rn. 25.
619 BVerfGE 313, 100 (376).
620 So J/P⁶-Jarass, Art. 10, Rn. 1; a.A. BVerfGE 106, 28 (35); Dreier-Hermes, Art. 10, Rn. 22; v. Münch/Kunig-Löwer, Art. 10, Rn. 11; AK-GG-Bizer, Art. 10, Rn. 45; vgl. schon BVerfGE 67, 157 (182), das von „den Grundrechten aus Art. 10 Abs. 1 GG" spricht.
621 A.A. Schaar, Cybercrime und Bürgerrechte (I), 16.

Fernmeldegeheimnisses ist durch den staatlichen Zugriff auf Telekommunikations-Verkehrsdaten jedenfalls nicht berührt. Erst recht gilt dies für das
allgemeine Grundrecht auf informationelle Selbstbestimmung.

ff) Bestimmtheitsgebot

Aus dem eingeschränkten Grundrecht, dessen Gesetzesvorbehalt und aus
dem Rechtsstaatsprinzip folgt das Gebot der Bestimmtheit oder Klarheit[622]
einschränkender Normen[623]. Zugleich ist die klare Festlegung der Gesetzes-
zwecke auch Voraussetzung für die Beurteilung der Verhältnismäßigkeit
des Gesetzes[624] und dessen Anwendung[625]. Das Gebot der Normenklarheit
verlangt deshalb, dass sich die Voraussetzungen, der Zweck und die Grenzen zulässiger Eingriffe hinreichend klar und für den Einzelnen erkennbar
aus dem Wortlaut der Ermächtigungsnorm in Verbindung mit den Materialien[626] ergeben[627]. Die Norm ist so genau zu fassen, wie es die Natur des
Regelungsgegenstandes und der Normzweck erlauben[628]. Dies setzt unter
anderem voraus, dass überhaupt klar zu einem Eingriff ermächtigt wird. Es
genügt nicht, wenn eine Norm die Zulässigkeit eines Eingriffs in Art. 10
Abs. 1 Var. 3 GG nur stillschweigend voraussetzt[629]. Des Weiteren ist insbesondere auch der Zweck des Eingriffs, also etwa die zulässigen Verwendungsmöglichkeiten erlangter Daten, durch das Gesetz bereichsspezifisch
und hinreichend präzise zu bestimmen[630]. Der Zweck einer Maßnahme kann
sich auch aus ihrer Bezeichnung ergeben (z.B. „Wohnungszählung")[631].

Das Bundesverfassungsgericht hat auch unbestimmte Rechtsbegriffe wie
„Straftat von erheblicher Bedeutung" als hinreichend bestimmt angesehen,
weil es ausreiche, dass ein Merkmal mit herkömmlichen juristischen Methoden ausgelegt werden könne und insbesondere durch die Rechtspre-

---

622 Differenzierend AK-GG-Bizer, Art. 10, Rn. 79; gleichsetzend SächsVerfGH, JZ 1996,
957 (961).
623 BVerfGE 65, 1 (44).
624 Vgl. BVerfGE 65, 1 (66 ff.); Hohmann-Denninger, Freiheitssicherung durch Datenschutz, 127 (138).
625 BVerfG, NJW 2004, 2213 (2216).
626 BVerfGE 65, 1 (54).
627 BVerfGE 65, 1 (44); BVerfGE 100, 313 (359 f.); BVerfGE 103, 21 (33); BVerfG, NJW
2004, 2213 (2215).
628 BVerfGE 49, 168 (181); BVerfGE 59, 104 (114); BVerfGE 87, 234 (263); so auch
Europarats-Richtlinien über Menschenrechte und die Bekämpfung von Terrorismus (I),
Punkt III.2.
629 BVerfGE 85, 386 (403).
630 BVerfGE 100, 313 (360); BVerfGE 65, 1 (46).
631 BVerfGE 65, 1 (53).

chung konkretisiert werden kann[632]. Dieser Ansatz, der sicherlich geeignet ist, einem übertriebenen Maß an unübersichtlichen Einzelregelungen entgegenzuwirken[633], muss aus zwei Gründen eingeschränkt werden: Zum einen darf Art. 10 Abs. 1 Var. 3 GG nur aufgrund eines Gesetzes eingeschränkt werden, womit ein Parlamentsgesetz gemeint ist[634]. Der Grund für den Gesetzesvorbehalt liegt in dem Demokratie- und dem Gewaltenteilungsprinzip. Bezweckt wird, das Parlament zur Wahrnehmung seiner Verantwortung als gesetzgebende Körperschaft anzuhalten, wenn es Grundrechte einschränkt[635]. Dieser Kompetenzvorbehalt gilt nicht nur im Verhältnis zur Verwaltung. Auch die Gerichte sollen als „besondere" Gewalt (Art. 20 Abs. 2 S. 2 GG) nicht in den Regelungsbereich des demokratisch gewählten Gesetzgebers eingreifen. Dies spricht gegen die Zulässigkeit mehrdeutiger Eingriffsermächtigungen, deren Bedeutungsgehalt erst durch die Gerichte ermittelt werden muss[636].

Zum anderen muss auch der Bürger, dessen Freiheitsraum eingeschränkt wird, die Bedeutung eines Gesetzes abschätzen können[637]. Dies entspricht dem rechtsstaatlichen Gebot der Rechtssicherheit. Bei Eingriffen, die heimlich erfolgen und dem Betroffenen unter Umständen auch nachträglich nicht bekannt gegeben zu werden brauchen, können die Gerichte ihre Konkretisierungsaufgabe in Bezug auf unbestimmte Rechtsbegriffe zudem nur unzureichend wahrnehmen[638].

Allgemein ist bei der Bestimmung der Anforderungen an die Vorhersehbarkeit von Eingriffen von dem typischen Fall des interessierten Normalbürgers auszugehen, der als Laie allenfalls den Gesetzestext nachlesen kann, und nicht von einem Richter oder Rechtswissenschaftler, der die

---

632 BVerfGE 103, 21 (33 f.); BVerfG, NJW 2004, 2213 (2216); krit. zum Begriff der „Straftat von erheblicher Bedeutung" DSB-Konferenz, BKAG (I): „nicht mehr voraussehbar [...], wenn die an diesen Begriff anknüpfenden Eingriffsbefugnisse zur Datenverarbeitung eröffnet sind".

633 Dazu L/D³-Bäumler, J 10.

634 J/P⁶-Jarass, Vorbem. vor Art. 1, Rn. 42 und Art. 10, Rn. 17.

635 BVerfGE 78, 249 (272) zu Art. 80 Abs. 1 S. 2 GG.

636 Vgl. auch MVVerfG, LKV 2000, 149 (155), wonach sich der Gesetzgeber seiner Verpflichtung zur möglichst detaillierten Regelung schwerwiegender Eingriffe nicht dadurch entziehen dürfe, dass er die Konkretisierung einer Vorschrift der Exekutive oder den Gerichten überlasse.

637 BVerfGE 31, 255 (264); BVerfGE 65, 1 (44); BVerfG, NJW 2004, 2213 (2215); für Verordnungsermächtigungen BVerfGE 1, 14 (60); BVerfGE 41, 251 (266); BVerfGE 56, 1 (12).

638 SächsVerfGH, DuD 1996, 429 (434).

juristische Auslegungskunst beherrscht und sich erforderlichenfalls einen Überblick über Literatur und Rechtsprechung verschaffen kann[639]. Hinzu kommt, dass oft selbst ein Jurist nicht vorhersagen kann, zu welchem von mehreren vertretbaren Auslegungsergebnissen die Rechtsprechung in noch ungeklärten Punkten gelangen wird. Die praktische Bedeutung dieser Problematik zeigt sich an der großen Anzahl von Rechtsstreitigkeiten, die zur Klärung von Rechtsfragen geführt werden. Den Bürger auf die Rechtsprechung zu verweisen, lässt sich auch nicht mit der Behauptung rechtfertigen, der Normgeber müsse sich wegen des generellen Wesens seiner Tätigkeit auf die Verwendung abstrakter Rechtsbegriffe beschränken. Wenn den Gerichten eine Konkretisierung möglich ist, dann ist sie dies auch für den Normgeber.

Gerade bei grundrechtsbeschränkenden Regelungen mit schwerwiegenden Auswirkungen sind folglich hohe Anforderungen an die Bestimmtheit des Gesetzeswortlauts selbst zu stellen[640]. So hat das Bundesverfassungsgericht eine Norm als besonders belastend angesehen, die vorsah, dass zu einem bestimmten Zweck (Statistik) erhobene personenbezogene Daten zu anderen Zwecken (Verwaltungsvollzug) verwendet werden durften[641]. Angesichts der damit verbundenen Belastung musste „aus der Vorschrift klar zu erkennen" sein, dass diese nicht nur zur Übermittlung der Daten an eine andere Behörde ermächtigt, sondern dass diese Behörde die Daten auch zu anderen Zwecken nutzen darf. Außerdem musste klar erkennbar sein, „um welche konkreten, klar definierten Zwecke es sich dabei handelt"[642]. Eine Vorschrift, welche die Weitergabe personenbezogener Daten an bestimmte Behörden pauschal „zur rechtmäßigen Erfüllung der in ihrer Zuständigkeit liegenden Aufgaben" erlaubt, genügt dem Gebot der Normenklarheit nicht[643]. Eine verfassungskonforme, einschränkende Auslegung einer zu weiten oder fehlenden Zweckbestimmung verbietet das Gebot der Normenklarheit regelmäßig[644].

In § 100g StPO hat der Gesetzgeber den strafprozessualen Zugriff auf Telekommunikations-Verbindungsdaten unter anderem für die Untersuchung einer „Straftat von erheblicher Bedeutung, insbesondere eine der in § 100a

---

639   Ähnlich Bizer, Forschungsfreiheit, 175.
640   Vgl. BVerfGE 58, 257 (277 f.); BVerfGE 62, 203 (210); BVerfG, NJW 2004, 2213 (2216).
641   BVerfGE 65, 1 (66 f.).
642   BVerfGE 65, 1 (66 f.).
643   BVerfGE 65, 1 (66 f.).
644   Vgl. BVerfGE 65, 1 (66); BVerfGE 109, 279 (330).

Satz 1 genannten Straftaten" eröffnet. Fraglich ist, ob diese Formulierung dem verfassungsrechtlichen Bestimmtheitsgebot genügt oder ob in § 100g StPO im Einzelnen bestimmt werden muss, wegen welcher Straftaten mit Hilfe dieser Befugnis ermittelt werden darf.

Die Schwere des in § 100g StPO vorgesehenen Eingriffs könnte eine Orientierung an Art. 13 Abs. 3 GG erlauben, in dem die akustische Überwachung von Wohnungen ausschließlich im Falle einer durch Gesetz einzeln bestimmten Straftat zugelassen ist. Telekommunikationsdienste werden in den meisten Fällen von Wohnungen oder Geschäftsräumen im Sinne des Art. 13 GG aus in Anspruch genommen. Inhaltlich betreffen Verbindungsdaten ebenfalls meistens Angelegenheiten, die der Privatsphäre zuzuordnen sind oder Geschäftsgeheimnisse betreffen; sie geben über Gesprächspartner und Standort der Beteiligten ebenso Auskunft wie die akustische Wohnraumüberwachung. Dass bei der akustischen Wohnraumüberwachung auch der Inhalt von Gesprächen betroffen ist, ist nicht als ein bezüglich der Bestimmtheitsanforderungen relevanter Unterschied anzusehen[645]. Die Schwere eines Informationseingriffs bestimmt sich vorrangig nicht nach der Art der betroffenen Informationen, sondern nach ihren Verwendungsmöglichkeiten. Die Verwendungsmöglichkeiten von Telekommunikations-Verbindungsdaten nach den §§ 100g, 100h StPO sind weitgehend und reichen bis hin zur Abbildung von sozialen Beziehungen oder der Erstellung von Bewegungsbildern in einzelnen Fällen.

Angesichts dessen wird der weite Gesetzestext des § 100g StPO den verfassungsrechtlichen Bestimmtheitsanforderungen nicht gerecht. Weder hat der demokratisch gewählte Gesetzgeber selbst entschieden, auf welche Straftaten die Regelung Anwendung finden soll, noch ist dies für die Rechtsunterworfenen vorhersehbar. Aus diesem Grund erscheint eine abschließende Aufzählung der in § 100g StPO bezeichneten „erheblichen" Straftaten verfassungsrechtlich geboten[646]. Anstatt eines Straftatenkatalogs genügt auch eine abstrakte Umschreibung dem Bestimmtheitsgebot, wenn sie eindeutig auf die einzelnen Straftaten schließen lässt, zu deren Aufklärung der Einsatz des § 100g StPO zulässig sein soll. Es kann beispielsweise eine gewisse Mindeststrafe angegeben werden, welche für die Straftat vorgesehen sein muss, oder es kann angegeben werden, dass die Strafnorm dem Schutz bestimmter Rechtsgüter dienen muss.

---

645   Seiten 118-119.
646   Vgl. MVVerfG, LKV 2000, 149 (155) für eine Ermächtigung zu anlassunabhängigen Kontrollen zur Bekämpfung grenzüberschreitender Kriminalität; L/D³-Rachor, F 206 für Vorfeldmaßnahmen; Rieß, DuD 1996, 328 (333) für § 12 FAG a.F.

gg) Parlamentsvorbehalt

In einem modernen Staat kann das Parlament nicht jede Einzelfrage selbst regeln[647]. Aus diesem Grund räumt Art. 80 GG dem Gesetzgeber die Möglichkeit ein, die Exekutive zum Erlass von Rechtsnormen in Form von Rechtsverordnungen zu ermächtigen. In diesem Fall genügt es grundsätzlich, wenn die oben aufgeführten Anforderungen des Bestimmtheitsgebots durch die Rechtsverordnung erfüllt werden.

Allerdings soll Art. 80 GG den Gesetzgeber nicht von seiner Verantwortung für die für das Wohl der Allgemeinheit wesentlichen Fragen entbinden[648]. Das Bundesverfassungsgericht hat daher den verfassungsrechtlichen Grundsatz entwickelt, dass der parlamentarische Gesetzgeber verpflichtet ist, alle wesentlichen Entscheidungen selbst zu treffen, insbesondere dann, wenn er zu Grundrechtseingriffen ermächtigt[649]. Dieser Grundsatz ist einerseits Art. 20 Abs. 3 GG zu entnehmen, weil der Vorrang des Gesetzes ansonsten weitgehend leer liefe[650]. Andererseits ergibt er sich auch aus dem Demokratiegebot (Art. 20 Abs. 1 GG) und dem Gewaltenteilungsprinzip (Art. 20 Abs. 2 S. 2 GG)[651].

Inwieweit eine Regelung als „wesentliche Entscheidung", die dem Gesetzgeber vorbehalten ist, anzusehen ist, hängt von der Intensität der mit der Norm verbundenen Grundrechtsbeeinträchtigungen ab[652]. Je belastender die Auswirkungen einer Norm für die Grundrechtsträger sind, umso genauer müssen die parlamentsgesetzlichen Vorgaben sein[653]. Dem Volkszählungsurteil zufolge muss das Gesetz bei einer Volkszählung beispielsweise selbst sicher stellen, dass die zwangsweise zu erhebenden Daten zur Erreichung des Gesetzeszwecks geeignet und erforderlich sind[654]. In Bezug auf die Pflicht, verfahrensrechtliche Vorkehrungen zum Grundrechtsschutz vorzusehen, hat das Bundesverfassungsgericht festgestellt, dass der Gesetzgeber „nicht alles selbst zu regeln" brauche, dass er aber jedenfalls dafür sorgen müsse, „dass das Notwendige geschieht"[655]. Zur Erfüllung dieser Pflicht steht dem Gesetzgeber regelmäßig kein anderes sicheres Mittel zur Verfü-

---

647 J/P⁶-Pieroth, Art. 80, Rn. 1.
648 BVerfGE 78, 249 (272).
649 BVerfGE 49, 89 (126 f.) m.w.N.; BVerfGE 83, 130 (142).
650 BVerfGE 30, 237 (248 f.).
651 Für das Gewaltenteilungsprinzip BVerfGE 46, 120 (156 f.).
652 BVerfGE 39, 89 (127).
653 BVerfGE 49, 168 (181); BVerfGE 86, 288 (311).
654 BVerfGE 100, 313 (360); BVerfGE 65, 1 (46).
655 BVerfGE 65, 1 (59).

gung als das der Gesetzgebung, so dass im Ergebnis eine Regelung durch Parlamentsgesetz zu fordern ist. Lediglich die nähere Ausgestaltung von Schutzvorkehrungen kann dem Verordnungsgeber überlassen werden.

Soweit eine Ermächtigung der Exekutive zum Erlass von Verordnungen zulässig ist, gelten nach Art. 80 Abs. 1 S. 2 GG besondere Anforderungen an das ermächtigende Gesetz: Inhalt, Zweck und Ausmaß der erteilten Ermächtigung müssen im Parlamentsgesetz bestimmt werden. „Inhalt" bezieht sich dabei auf die Fragen, die der Verordnungsgeber regeln darf, und „Ausmaß" meint die Grenzen dieser Regelungsbefugnis[656]. Das Bundesverfassungsgericht lässt es genügen, wenn Inhalt, Zweck und Ausmaß der Ermächtigung dem Gesetz durch Auslegung entnommen werden können[657]. Hier gelten wiederum die oben genannten Einschränkungen[658], gerade bei Regelungen, die schwerwiegende Belastungen der Bürger mit sich bringen. Geringere Anforderungen sind dagegen zu stellen, wenn mit regelmäßigen Veränderungen des auszugestaltenden Sachverhaltes zu rechnen ist[659]. In solchen Fällen ist es legitim, wenn sich der Gesetzgeber von der ständigen Inanspruchnahme entlasten will.

Fraglich ist, ob der Vorschlag des Bundesrats über die Einführung einer Vorratsspeicherung von Verkehrsdaten vom 31.05.2002 (ErmittlungsG-Entwurf)[660] gegen den Parlamentsvorbehalt verstieß, weil er das Ausmaß der Verordnungsermächtigung nicht hinreichend genau bestimmte. Die vorgesehene Regelung sprach ihrem Wortlaut nach nämlich pauschal von „Vorschriften zur Vorratsspeicherung" (Art. 3 Nr. 2b ErmittlungsG-E) und nahm insofern selbst den Kommunikationsinhalt nicht aus. Die Frage, ob in der Verordnung auch die Vorratsspeicherung von Kommunikationsinhalten vorgesehen werden durfte, war von größter Bedeutung, weil eine Vorratsspeicherung der gesamten Telekommunikation klar den Wesensgehalt des Art. 10 Abs. 1 Var. 3 GG angetastet und gegen das Verhältnismäßigkeitsprinzip verstoßen hätte[661]. Der Gesetzgeber musste diese Frage daher von Verfassungs wegen selbst entscheiden.

---

656 BVerfGE 2, 307 (334).
657 BVerfGE 85, 97 (104 f.).
658 Seite 127.
659 Ähnlich BVerfGE 58, 257 (277 f.).
660 Seite 5.
661 So auch Erwägungsgrund 14 des Entwurfs eines Rahmenbeschlusses über die Vorratsspeicherung von Verkehrsdaten und den Zugriff auf diese Daten im Zusammenhang mit strafrechtlichen Ermittlungs- und Vollstreckungsverfahren vom August 2002, www.statewatch.org/news/2002/aug/05datafd.htm.

In Betracht kommt eine restriktive Auslegung des Wortlauts des Gesetzesvorschlags. In der Begründung wurde in der Tat nur auf „Telekommunikationsverbindungsdaten" Bezug genommen[662], und auch aus der systematischen Stellung in § 89 TKG hätte eine entsprechende Einschränkung hergeleitet werden können. Fraglich ist aber, ob eine derartige Auslegung den Anforderungen des Parlamentsvorbehaltes an die Bestimmtheit der Norm genügt hätte. Die Anwendung der zuvor genannten Kriterien ergibt, dass die vorgesehene Regelung auch bei restriktiver Auslegung schwerwiegende Einschränkungen für die freie Telekommunikation der Grundrechtsträger mit sich gebracht hätte, ohne dass eine regelmäßige Veränderung des auszugestaltenden Sachverhaltes abzusehen war. An die Klarheit der Verordnungsermächtigung waren mithin hohe Anforderungen zu stellen, so dass eine verfassungskonforme, restriktive Auslegung mit dem Gebot der Normenklarheit unvereinbar gewesen wäre. Mithin verstieß der zu weit gefasste Gesetzesentwurf gegen den Parlamentsvorbehalt[663].

Bei Einführung einer Vorratsspeicherungspflicht für Verkehrsdaten ist aus dem Parlamentsvorbehalt abzuleiten, dass die folgenden Gesichtspunkte durch Parlamentsgesetz geregelt werden müssen:

- die genauen Kategorien der aufzubewahrenden Daten[664],

- die Frage, ob Diensteanbieter die Identität der Benutzers überprüfen müssen, etwa bei der Anmeldung für ihre Dienste, um den „Ursprung" der Kommunikationsvorgänge identifizieren zu können,

- die Dauer der Speicherung,

---

662 BR-Drs. 275/02 (Beschluss), 4 (8 und 12).
663 ULD-SH, Kampagne, Hintergrund (I); GDD, Gesellschaft für Datenschutz und Datensicherung e.V.: Bundesratsinitiative zur Vorratsdatenspeicherung verstößt gegen elementare Grundsätze des Datenschutzes, Pressemitteilung vom 05.06.2002, www.rainergerling.de/aktuell/vorrat.html; BITKOM: Stellungnahme zur Gesetzesinitiative des Bundesrates vom 31.05.2002 (BR-Drs. 275/02), 12.08.2002, www.bitkom.org/files/documents/Position_BITKOM_Vorratsdatenspeicherung_u.a._12.08.2002.pdf, 6 f.; Bäumler, Helmut / Leutheusser-Schnarrenberger, Sabine / Tinnefeld, Marie-Theres: Grenzenlose Überwachung des Internets? Steht die freie Internetkommunikation vor dem Aus? Stellungnahme zum Gesetzesentwurf des Bundesrates vom 31. Mai 2002, www.rainer-gerling.de/aktuell/vorrat_stellungnahme.html, Punkt 2; Eckhardt, CR 2002, 770 (774); vgl. auch Bundesregierung, BT-Drs. 14/9801, 14 (16), wonach der Vorschlag des Bundesrates eine Abwägung nach Maßgabe des Verhältnismäßigkeitsprinzips nicht erkennen lasse.
664 So auch Information Commissioner (UK), Comments on the provisions of the Anti-Terrorism, Crime and Security Bill relating to the retention of communications data (I), Punkt 4.

- verfahrensrechtliche Vorkehrungen zum Grundrechtsschutz[665],
- inwieweit den an einer Kommunikation Beteiligten oder einem Diensteanbieter der Rechtsweg zur Klärung streitiger Fragen offen steht,
- die Frage der Kostentragungspflicht für die Maßnahmen,
- eventuelle Ausnahmen von der Speicherungspflicht in bestimmten Fällen, soweit es durch den Grundsatz der Verhältnismäßigkeit geboten ist,
- eventuelle Sanktionen für den Fall von Verstößen gegen die Speicherpflicht.

hh) Verhältnismäßigkeitsprinzip

Aus dem Rechtsstaatsprinzip folgt das Gebot der Verhältnismäßigkeit[666]. Eine Beschränkung von Grundrechten ist danach nur insoweit zulässig, wie sie zur Erreichung des angestrebten Zweckes geeignet und erforderlich ist und der mit ihr verbundene Eingriff seiner Intensität nach nicht außer Verhältnis zur Bedeutung der Sache und den von den Betroffen hinzunehmenden Einbußen steht[667].

(1) Eignung

Was das erste Erfordernis der grundsätzlichen Eignung einer Maßnahme angeht, so hat das Bundesverfassungsgericht eine Regelung des Volkszählungsgesetzes 1983 für ungeeignet erklärt, wonach zu statistischen Zwecken erhobene Daten an die Meldebehörden weitergegeben werden durften[668]. Für den Bürger sei nicht vorhersehbar, zu welchen konkreten Zwecken die Daten von den Meldebehörden verwendet und an andere Stellen weitergegeben würden[669]. Dies habe zur Folge, dass die „Bereitschaft, wahrheitsgemäße Angaben zu machen, nicht herzustellen" sei[670], was wiederum die „Funktionsfähigkeit der amtlichen Statistik" zumindest „auf Dauer" gefährde[671]. „Läßt sich die hochindustrialisierte Gesellschaften kennzeichnende ständige Zunahme an Komplexität der Umwelt [aber] nur mit Hilfe einer zuverlässigen Statistik aufschlüsseln und für gezielte staatliche Maßnahmen aufbereiten, so läuft die Gefährdung der amtlichen Statistik darauf hinaus,

---

665 Seiten 105-124.
666 BVerfGE 43, 127 (133); BVerfGE 61, 126 (134); BVerfGE 80, 109 (120).
667 BVerfGE 65, 1 (54).
668 BVerfGE 65, 1 (64).
669 BVerfGE 65, 1 (64).
670 BVerfGE 65, 1 (50).
671 BVerfGE 65, 1 (64).

eine wichtige Voraussetzung sozialstaatlicher Politik in Frage zu stellen."[672] Das Bundesverfassungsgericht verneint die Eignung der Regelung zur Datenweitergabe also bereits wegen einer graduellen Gefährdung des Zwecks der Volkszählung.

Systematisch ist diese Überlegung allerdings richtigerweise erst bei der Beurteilung der Verhältnismäßigkeit im engeren Sinne anzustellen: Im Beispiel der Volkszählung überwiegt das Gewicht der beeinträchtigten Bürgerrechte und das Bedürfnis nach einer zutreffenden Statistik den Nutzen einer Regelung, die eine uferlose Weitergabe von Daten erlaubt. Bei der Beurteilung der Frage, ob das Maß an Eignung einer Regelung ihren Schaden überwiegt, ist eine Abwägung widerstreitender Interessen erforderlich, weswegen diese Prüfung systematisch im Rahmen der Verhältnismäßigkeit im engeren Sinne zu erfolgen hat.

Für die isolierte Eignungsprüfung muss es demgegenüber genügen, wenn die abstrakte Möglichkeit der Zweckerreichung besteht, die zugelassenen Maßnahmen also nicht von vornherein untauglich sind, sondern dem gewünschten Erfolg förderlich sein können[673]. Dabei muss der Erfolg nicht in jedem Einzelfall tatsächlich erreichbar sein[674]; die Formulierung abstrakter Rechtssätze kann es vielmehr mit sich bringen, dass von dem Wortlaut einer Regelung auch Fälle erfasst werden, in denen der Zweck der Norm nicht erreicht werden kann. Dies bedarf allerdings zweierlei Ergänzungen: Erstens muss der Normgeber, gerade bei erheblichen Belastungen der Grundrechtsträger, die Norm so genau wie möglich formulieren[675]. Gibt es daher abstrakt bestimmbare Fallgruppen, in denen Eingriffe stets zu Erreichung des Zwecks ungeeignet sind, dann muss eine Norm diese Fallgruppen ausdrücklich von ihrem Anwendungsbereich ausnehmen[676]. Zweitens begegnen der Exekutive bei der Vornahme von Eingriffen in Einzelfällen die bei der Formulierung abstrakter Rechtssätze bestehenden Schwierigkeiten nicht. Dementsprechend sind eingreifende Gesetze der so genannten Wechselwirkungslehre zufolge strikt im Lichte des jeweiligen Grundrechts auszulegen. Auf der Verwaltungsvollzugsebene bedeutet dies, dass in jedem Einzelfall geprüft werden muss, ob eine Maßnahme zur Erreichung ihres Zwecks geeignet ist[677]. Steht schon von

---

672 BVerfGE 65, 1 (50 f.).
673 BVerfGE 30, 292 (316); BVerfGE 67, 157 (175); BVerfGE 100, 313 (373).
674 BVerfGE 67, 157 (175).
675 Seite 126.
676 Vgl. BVerfGE 100, 313 (384 f.); ähnlich L/D³-Bäumler, J 34 zu Generalklauseln.
677 BVerfGE 69, 161 (169).

vornherein fest, dass eine Einzelmaßnahme den gewünschten Erfolg nicht fördern kann, dann ist ihr Vollzug unzulässig.

In Bezug auf die Pläne zur Einführung einer Vorratsspeicherung von Verkehrsdaten lässt sich eine abstrakte Eignung zur Förderung des angestrebten Zwecks nicht bestreiten: Es ist nicht von vornherein ausgeschlossen, dass eine Vorratsspeicherung in einzelnen Fällen der Erreichung des jeweils angestrebten Zwecks – nämlich der Förderung der Strafverfolgung oder der Gefahrenabwehr – förderlich sein kann[678].

(2) Erforderlichkeit

Verhältnismäßig ist eine Grundrechtseingriff weiterhin nur, wenn er sich auf das zur Zweckerreichung unerlässliche Minimum beschränkt[679]. Die Verfügbarkeit eines milderen Mittels gegenüber dem gewählten führt aber nur dann zur zwangsläufigen Verfassungswidrigkeit eines Eingriffs, wenn der Einsatz des milderen Mittels die Erreichung des angestrebten Zwecks in gleichem Maße und mit der gleichen Sicherheit ermöglicht wie das gewählte Mittel[680]. Ist dies nicht der Fall, dann kann die Verfügbarkeit milderer Mittel nur im Rahmen einer Prüfung des allgemeinen Gleichheitssatzes eine Rolle spielen.

- Bisheriger Rechtszustand

Was die Ausgestaltung des staatlichen Zugriffs auf Telekommunikationsdaten durch den Gesetzgeber angeht, so lässt sich eine Reihe von verschieden stark belastenden Mitteln denken, welche die Verfolgung von Straftaten und die Abwehr von Gefahren fördern können. Gegenüber einer Verpflichtung zur generellen Aufbewahrung und Speicherung von Telekommunikationsdaten (Vorratsspeicherung) ist zunächst einmal der bestehende Rechtszustand ein milderes Mittel. Schon bisher unterliegen Telekommunikationsverbindungsdaten in gewissem Maße dem staatlichen Zugriff. Den Strafverfolgungsbehörden sind Verbindungsdaten einerseits gemäß den §§ 100a, 100b StPO zu übermitteln, wenn die inhaltliche Überwachung der Telekommunikation angeordnet worden ist. Darüber hinaus ist ein isolierter Zugriff auf Verbindungsdaten nach den §§ 100g, 100h StPO zulässig.

Den allgemeinen Gefahrenabwehrbehörden sind demgegenüber bisher nur in Rheinland-Pfalz[681], Niedersachsen[682], Hessen[683] und Thüringen[684]

---

678   Seiten 12-13.
679   BVerfGE 65, 1 (44); BVerfGE 67, 157 (177); BVerfGE 77, 1 (47).
680   BVerfGE 30, 292 (316 und 322); BVerfGE 67, 157 (176 f.); BVerfGE 100, 313 (375).
681   § 31 POG RLP.

Eingriffe in das Fernmeldegeheimnis gestattet. Dies verwundert, weil die Abwehr von Gefahren ein gewichtigeres Allgemeininteresse darstellt als die Strafverfolgung und somit an sich weitergehende Eingriffe rechtfertigt[685]. Diese unterschiedliche Gewichtung ist darauf zurückzuführen, dass nicht ohne Weiteres davon ausgegangen werden kann, dass mit einer verstärkten Strafverfolgung auch ein signifikant höheres Maß an Sicherheit einhergeht. Auch kann die Strafverfolgung, anders als die Gefahrenabwehr, dem Rechtsgüterschutz allenfalls mittelbar dienen. Die Landespolizeigesetze könnten den Zugriff auf Telekommunikationsverbindungsdaten daher eröffnen. Dabei ist einerseits Art. 10 GG zu zitieren und andererseits eine spezifische Ermächtigungsgrundlage für den Zugriff auf Verkehrsdaten zu schaffen. Letzteres Erfordernis folgt jedenfalls aus § 88 Abs. 3 S. 3 TKG.

Speziellen Gefahrenabwehrbehörden steht der Zugriff auf Verkehrsdaten schon heute offen. Das G10 ermächtigt die Verfassungsschutzbehörden des Bundes und der Länder, den Militärischen Abschirmdienst und den Bundesnachrichtendienst zum Zugriff auf Telekommunikationsinhalte und -umstände. Zudem dürfen diese Behörden bei Telekommunikations- und Teledienstanbietern Auskünfte über Telekommunikations-Verbindungsdaten einschließlich der Standortdaten empfangsbereiter Mobiltelefone[686] sowie über Teledienstnutzungsdaten „einholen" (§§ 8 Abs. 8 BVerfSchG, 10 Abs. 3 MAD-G, 8 Abs. 3a BND-G). Dieses Recht auf Auskunfterteilung ist allerdings nicht mit Zwang durchsetzbar[687]. Das Bundesamt für Verfassungsschutz darf zum Zweck der Terrorismusbekämpfung darüber hinaus technische Mittel zur Ermittlung der Kartennummer von Mobiltelefonen einsetzen (§ 9 Abs. 4 BVerfSchG). Der BND darf nach § 5 G10 außerdem internationale Telekommunikation nach Inhalt und Umständen verdachtslos überwachen, wobei Internet-Kommunikation nicht erfasst ist („soweit eine gebündelte Übertragung erfolgt"). Nach § 39 AWG darf das Zollkriminalamt zur Verhütung bestimmter Straftaten nach dem Au-

---

682   §§ 33 ff. Nds. SOG.
683   § 10 HSOG; vgl. Schenke, JZ 2001, 997 (997).
684   § 34a Thür. PAG; Nowak, Peter: Lauschen zur Gefahrenabwehr, Telepolis, Heise-Verlag, 18.06.2002, www.heise.de/tp/deutsch/inhalt/te/12739/1.html.
685   BVerfGE 100, 313 (383 und 394 f.); Schenke, JZ 2001, 997 (997); vgl. auch Art. 13 Abs. 3 GG im Vergleich zu Art. 13 Abs. 4 GG sowie Art. 13 Abs. 7 GG.
686   BT-Drs. 14/7386, 40.
687   Vgl. § 8 Abs. 3 BVerfSchG und BT-Drs. 14/7386, 39; der Berliner Datenschutzbeauftragte, Bericht zum 31. Dezember 2001, LT-Drs. 15/591, 9 sieht schon keine Übermittlungspflicht.

ßenwirtschafts- und dem Kriegswaffenkontrollgesetz auf Telekommunikationsinhalte und -umstände zugreifen.

Bei den genannten Regelungen geht es jeweils um Eingriffe, die im Einzelfall angeordnet werden müssen. Es liegt daher auf der Hand, dass die Erreichung des angestrebten Zwecks nicht immer in gleichem Maße und mit der gleichen Sicherheit ermöglicht wird wie es eine generelle Vorratsspeicherung von Telekommunikations-Verkehrsdaten ermöglichen würde. Dies gilt namentlich dann, wenn der Zugriff auf Daten aus der Vergangenheit erforderlich wird, diese aber bereits gelöscht worden sind. Der bestehende Rechtszustand kann daher nicht als gleichwertiges Mittel gegenüber einer generellen Verkehrsdatenspeicherung angesehen werden.

- Datenspeicherungspflicht im Einzelfall

Weiterhin ist eine Verpflichtung Privater zur unverzüglichen Aufbewahrung, Speicherung und Übermittlung von Telekommunikations-Verkehrsdaten im Einzelfall weniger belastend als eine Pflicht zur generellen Aufbewahrung und Speicherung der Daten (Vorratsspeicherung). Insoweit kommen die in der von Deutschland unterzeichneten[688] Cybercrime-Konvention des Europarates vorgesehenen Befugnisse in Betracht.

Zu beachten ist, dass sich der Anwendungsbereich dieser Konvention auf computergestützte Kommunikation beschränkt (Art. 1 CCC) und somit die Kommunikation beispielsweise per Telefon und Fax nicht erfasst. Weiterhin regelt die Konvention nur den Zugriff auf Verkehrsdaten im Rahmen von Strafverfahren. Deutschland ist allerdings durch die Konvention nicht gehindert, weiter gehende Regelungen vorzusehen.

Die Konvention sieht zunächst vor, dass die Vertragsstaaten ihre zuständigen Stellen ermächtigen, zu Zwecken der Strafverfolgung die unverzügliche Sicherung gespeicherter Verkehrsdaten anordnen zu dürfen (Art. 16 CCC). Soweit Verkehrsdaten also bereits bei einem Telekommunikations-, Tele- oder Mediendiensteunternehmen gespeichert sind, wird durch eine solche Anordnung sicher gestellt, dass die Daten nicht durch Löschung verloren gehen. Dies ist insbesondere in Bezug auf Abrechnungsdaten relevant, die in Deutschland bis zu sechs Monate lang aufbewahrt werden dürfen (§§ 97 Abs. 3 S. 3 TKG, 6 Abs. 7 S. 1 TDDSG, 19 Abs. 8 S. 1 MDStV).

Weiterhin sind die zuständigen Stellen befugt, zu Zwecken der Strafverfolgung die Erhebung und Aufzeichnung bestimmter, neu anfallender Verkehrsdaten durch den Anbieter eines Kommunikationsdienstes anzuordnen

---

688 EPIC/PI, Privacy and Human Rights 2002 (I), Teil II, 94.

(Art. 20 CCC). Soweit also der Zugriff auf zukünftige Telekommunikations-Verkehrsdaten im Einzelfall erforderlich wird, stellt eine solche Anordnung eine Alternative zu der Einführung einer Vorratsspeicherung dar. Sie ist in den Fällen nützlich, in denen Verkehrsdaten ansonsten nicht aufgezeichnet würden oder wenn ein zeitgleicher Zugriff darauf erforderlich ist.

Trotz dieser weitgehenden Befugnisse nach der Cybercrime-Konvention handelt es sich wiederum um Einzelfallbefugnisse. Die Erreichung des angestrebten Zwecks wird daher nicht immer in gleichem Maße und mit gleicher Sicherheit ermöglicht wie durch eine generelle Vorratsspeicherung von Telekommunikations-Verkehrsdaten[689]. Dies gilt namentlich dann, wenn der Zugriff auf Daten aus der Vergangenheit erforderlich wird, die in der Zwischenzeit bereits gelöscht worden sind. Die Befugnisse nach der Cybercrime-Konvention, von deren beschränktem Anwendungsbereich abgesehen, können daher nicht als gleichwertiges Mittel im Vergleich zur Einführung einer Vorratsspeicherung angesehen werden.

- Ergebnis

Somit ist kein Mittel ersichtlich, dessen Einsatz die Erreichung des angestrebten Zwecks in gleichem Maße und mit gleicher Sicherheit fördert wie die Einführung einer Vorratsspeicherung von Telekommunikations-Verkehrsdaten. Eine solche Maßnahme ist daher im abstrakten Sinne auch erforderlich.

(3) Angemessenheit

Der Verhältnismäßigkeitsgrundsatz verlangt weiterhin, dass der Verlust an grundrechtlich geschützter Freiheit nicht in einem unangemessenen Verhältnis zu den Gemeinwohlzwecken stehen darf, denen die Grundrechtsbeschränkung dient[690]. Bei einer Gesamtabwägung zwischen der Schwere des Eingriffs und dem Gewicht der ihn rechtfertigenden Gründe muss die Grenze des Zumutbaren noch gewahrt sein[691]. Der Gesetzgeber muss zwischen den Allgemein- und Individualinteressen einen angemessenen Ausgleich herbeiführen[692]. Dabei sind der Grundsatz der grundrechtsfreundlichen Auslegung und die grundsätzliche Freiheitsvermutung zu

---

689 A.A. Uhe/Herrmann, Überwachung im Internet (I), 164.
690 BVerfGE 100, 313 (375 f.).
691 St. Rspr. des BVerfG seit E 4, 7 (15 f.); in neuerer Zeit BVerfGE 78, 77 (85 und 87).
692 BVerfGE 100, 313 (375 f.).

beachten[693]. Jede Grundrechtsbeschränkung muss durch überwiegende Allgemeininteressen gerechtfertigt sein[694], so dass nicht jedes staatliche Interesse zur Rechtfertigung einer Grundrechtsbeschränkung genügt[695].

Fraglich ist, ob die Abwägung abstrakt anhand des Gewichts der betroffenen Rechtsgüter erfolgen kann. Gegen eine solche Abwägungsmethode sprechen die Schwierigkeiten bei der Bestimmung des Gewichts von Rechtsgütern im Vergleich zueinander. So hat das Bundesverfassungsgericht einerseits festgestellt, dass das Grundgesetz dem Fernmeldegeheimnis hohen Rang zuweise, weil es die freie Entfaltung der Persönlichkeit durch einen privaten, vor den Augen der Öffentlichkeit verborgenen Austausch von Nachrichten, Gedanken und Meinungen (Informationen) gewährleiste und damit die Würde des denkenden und freiheitlich handelnden Menschen wahre[696]. Andererseits hat das Gericht wiederholt[697] die unabweisbaren Bedürfnisse einer wirksamen Strafverfolgung und Verbrechensbekämpfung sowie das öffentliche Interesse an einer möglichst vollständigen Wahrheitsermittlung im Strafprozess betont, die wirksame Aufklärung gerade schwerer Straftaten als einen wesentlichen Auftrag eines rechtsstaatlichen Gemeinwesens bezeichnet und die Notwendigkeit der Aufrechterhaltung einer funktionstüchtigen Rechtspflege, ohne die der Gerechtigkeit nicht zum Durchbruch verholfen werden könne, hervorgehoben[698]. In einer Entscheidung des Gerichts heißt es dazu: „Die Sicherheit des Staates als verfaßter Friedens- und Ordnungsmacht und die von ihm zu gewährende Sicherheit seiner Bevölkerung sind Verfassungswerte, die mit anderen im gleichen Rang stehen und unverzichtbar sind, weil die Institution Staat von ihnen die eigentliche und letzte Rechtfertigung herleitet."[699] Gegenüber diesen Inter-

---

693 BVerfGE 6, 55 (72); BVerfGE 32, 54 (72); BVerfGE 55, 159 (165); BVerfGE 103, 142 (153): „Derjenigen Auslegung einer Grundrechtsnorm ist der Vorrang zu geben, die ihre Wirksamkeit am stärksten entfaltet."

694 St. Rspr. seit BVerfGE 65, 1 (44, 46); in neuerer Zeit etwa BVerfGE 100, 313 (375 f.); BVerfGE 109, 279 (376).

695 EGMR, Klass u.a.-D (1978), EuGRZ 1979, 278 (285), Abs. 49; SächsVerfGH, JZ 1996, 957 (965); IWGDPT, Terrorismus (I); L/D³-Bäumler, J 680: vermutete Nützlichkeit ist ungenügend; Lisken, ZRP 1990, 15 (16): „Es genügt nicht, dass die vom Gesetzgeber auszuwählenden Methoden im Sinne größtmöglicher Verwaltungseffektivität ‚erforderlich‘ erscheinen."; Minderheitenvotum in BVerfGE 30, 1 (46): „Die ‚Staatsraison‘ ist kein unbedingt vorrangiger Wert.".

696 BVerfGE 67, 157 (171).

697 Etwa BVerfGE 44, 353 (374) m.w.N.; BVerfGE 46, 214 (222); BVerfGE 77, 65 (76); BVerfGE 80, 367 (375); BVerfGE 103, 21 (33).

698 Nachweise bei BVerfGE 34, 238 (248 f.).

699 BVerfGE 49, 24 (56 f.).

essen der Allgemeinheit komme dem Persönlichkeitsrecht allerdings keine geringere Bedeutung zu[700]. Vielmehr betont das Bundesverfassungsgericht, dass die Überwachung des Fernmeldeverkehrs nicht nur zu Verhaltensanpassungen bei einer Vielzahl einzelner Grundrechtsträger führen könne, sondern auch die freie Kommunikation der Gesellschaft insgesamt gefährde[701]. Eine freie Kommunikation sei „elementare Funktionsbedingung eines auf Handlungsfähigkeit und Mitwirkungsfähigkeit seiner Bürger begründeten freiheitlichen demokratischen Gemeinwesens"[702]. Im Ergebnis zeigen diese Ausführungen, dass sich eine Abwägung nicht schon abstrakt auf Rechtsgüterebene vornehmen lässt. Nutzen und Schaden einer Regelung müssen vielmehr im Einzelnen festgestellt und abgewogen werden.

Die aufgezeigten Umschreibungen des Gebots der Verhältnismäßigkeit im engeren Sinne machen deutlich, dass bei der Abwägung der gesamte Verlust an grundrechtlich geschützter Freiheit zu berücksichtigen ist („Gesamtabwägung"). Greift eine Maßnahme also in mehrere Grundrechte ein, so müssen sich die damit verfolgten Gemeinwohlzwecke an dem gesamten Gewicht des Eingriffs messen lassen. Es kann nicht richtig sein, die Verhältnismäßigkeit nur für jedes Grundrecht gesondert zu prüfen und dadurch die verfolgten Gemeinwohlzwecke mehrfach in die Waagschale zu werfen. Daraus folgt, dass sich die Unverhältnismäßigkeit einer Regelung auch erst aus der Summe ihrer nachteiligen Wirkungen auf verschiedene Grundrechte ergeben kann.

(a) Gewichtung der geförderten Interessen

Auf Seiten der Gemeinwohlinteressen ist für die Abwägung das Gewicht der Ziele und Belange maßgeblich, denen die Grundrechtsbeschränkung dient. Bei deren Gewichtung kommt es unter anderem darauf an, wie groß die Gefahren sind, denen mit Hilfe der Eingriffe begegnet werden soll, und wie wahrscheinlich deren Eintritt ist[703]. Die Gewährleistung der physischen Integrität von Personen rechtfertigt weiter gehende Freiheitseingriffe als die Verfolgung nur sozialer oder ökonomischer Ziele[704]. Wenn der Allgemeinheit eine Gefahr droht, sind weitergehende Eingriffe zulässig, als wenn es nur um die Rechtsgüter Einzelner geht[705]. Neben dem Gewicht der Belange,

---

700   BVerfGE 85, 367 (375); BVerfGE 106, 28 (49).
701   BVerfGE 100, 313 (381).
702   BVerfGE 65, 1 (43).
703   BVerfGE 100, 313 (376).
704   Callies, ZRP 2002, 1 (7).
705   Ossenbühl, Tatsachenfeststellungen und Prognoseentscheidungen, 509.

denen eine Grundrechtsbeschränkung dient, kann auch das Maß an Eignung der Grundrechtsbeschränkung zur Förderung dieser Belange für die Frage ihrer Angemessenheit nicht ohne Bedeutung sein. Mit dem Schutzzweck der Grundrechte ließe es sich nämlich nicht vereinbaren, wenn eine kaum effektive, aber mit schwerwiegenden Grundrechtsbeschränkungen verbundene Norm alleine deshalb als verhältnismäßig anzusehen wäre, weil sie in seltenen Fällen dem Schutz höchster Gemeinschaftsgüter dienen kann.

(b) Gewichtung der beeinträchtigten Interessen

Das Gewicht eines Eingriffs bemisst sich der Rechtsprechung des Bundesverfassungsgerichts zufolge danach, unter welchen Voraussetzungen Eingriffe zulässig sind, welche und wie viele Grundrechtsträger von ihnen betroffen sind und wie intensiv die Grundrechtsträger beeinträchtigt werden[706]. Zu berücksichtigen ist auch, ob und in welcher Zahl Personen mitbetroffen werden, die für den Eingriff keinen Anlass gegeben haben[707]. Die Eingriffsintensität hängt bei Informationseingriffen unter anderem von Art, Umfang und denkbaren Verwendungen der erhobenen Daten sowie von der Gefahr ihres Missbrauchs ab[708]. Bei der Feststellung der Möglichkeiten zur Verwendung erlangter Daten ist zu berücksichtigen, ob die Betroffenen anonym bleiben und welche Nachteile ihnen aufgrund der Maßnahmen drohen oder von ihnen nicht ohne Grund befürchtet werden[709]. Bei der Gewichtung möglicher Nachteile ist die Nutzbarkeit und Verwendungsmöglichkeit der Daten maßgeblich, und zwar unter besonderer Berücksichtigung der Möglichkeit, dass die Daten mit anderen Daten kombiniert und dadurch weitergehende Kenntnisse gewonnen werden können[710].

Für die Beurteilung der Verhältnismäßigkeit sind primär die rechtlich zulässigen Verwendungsmöglichkeiten maßgeblich. Einzubeziehen sind aber auch die sonstigen, tatsächlich und technisch vorhandenen Verwendungsmöglichkeiten. Dies ist einerseits vor dem Hintergrund erforderlich, dass sich die rechtlichen Grenzen des staatlichen Zugriffs vergleichsweise leicht erweitern lassen, nachdem die grundsätzliche Zugriffsmöglichkeit erst einmal eingeführt und die erforderliche Überwachungsstruktur aufgebaut worden ist[711]. Die unzählige Male vorgenommene Ausweitung des Straftatenka-

---

706 BVerfGE 109, 279 (353).
707 BVerfGE 109, 279 (353).
708 BVerfGE 65, 1 (46).
709 BVerfGE 100, 313 (376).
710 BVerfGE 65, 1 (45).
711 Vgl. Dembart, Lee: The End User Privacy undone, International Herald Tribune, 10.06.2002, coranet.radicalparty.org/pressreview/print_250.php?func=detail&par=2477

talogs in § 100a StPO zeigt, wie wahrscheinlich eine solche Entwicklung auch in anderen Bereichen ist. Zum anderen ist auch an die Gefahr eines illegalen Missbrauchs zu denken, gerade dort, wo dieser nur schwer zu bemerken ist. Zwar ist, was den Staat selbst angeht, die bloß abstrakte Möglichkeit eines Missbrauches, das heißt unbegründete Befürchtungen dahin gehend, nicht zu berücksichtigen, weil grundsätzlich davon auszugehen ist, dass eine Norm „in einer freiheitlich-rechtsstaatlichen Demokratie korrekt und fair angewendet wird"[712]. Eine reale Missbrauchsgefahr ist im Rahmen der Abwägung demgegenüber durchaus zu berücksichtigen[713]. Die Grundrechte schützen den Einzelnen nämlich auch „vor fehlerhafter, mißbräuchlicher oder exzessiver Verwertung von Kommunikationsdaten durch [...] staatliche Stellen"[714]. Die „in der Gesprächsbeobachtung liegende Gefahr einer Grundrechtsverletzung der [...] Gesprächsteilnehmer wie auch die Gefahr der Sammlung, Verwertung und Weitergabe der Informationen zu anderen Zwecken" als den gesetzlich vorgesehenen darf daher nicht aus den Augen verloren werden[715]. Wenn das Fernmeldegeheimnis das unbefangene Gebrauchmachen von Grundrechten in einer Demokratie schützen soll, dann darf außerdem nicht unberücksichtigt bleiben, dass sich der einzelne Bürger bei seinen Entscheidungen weniger durch die Feinheiten der Gesetzesformulierung beeindrucken lassen wird als vielmehr durch seine Eindrücke, Emotionen und Befürchtungen. Dementsprechend kommt es im Rahmen der Abwägung auch nicht nur darauf an, welche Nachteile den Grundrechtsträgern konkret aufgrund der Überwachungsmaßnahmen drohen. Ebenso zu berücksichtigen sind entferntere Risiken, deren Eintritt von den Bürgern nicht ohne Grund befürchtet wird[716]. Das Gewicht drohender oder befürchteter Nachteile in der Abwägung hängt dabei unter anderem

---

über die Vorratsspeicherung von Verkehrsdaten, die ursprünglich als Maßnahme gegen den Terrorismus dargestellt wurde: „As surely as night follows day, law enforcement will use that database to investigate things other than terrorism." Vgl. auch Kaleck, Wolfgang u.a.: Stellungnahme von Bürgerrechtsorganisationen zur Anhörung des Innenausschusses des Deutschen Bundestages am 30.11.2001 zum Entwurf eines Gesetzes zur Bekämpfung des internationalen Terrorismus (Terrorismusbekämpfungsgesetz), www.cilip.de/terror/atg-stell-281101.pdf, 5; Ruhmann/Schulzki-Haddouti, Abhör-Dschungel (I).

712 BVerfGE 30, 1 (27).
713 BVerfGE 65, 1 (45 f.).
714 BVerfGE 85, 386 (397).
715 BVerfGE 85, 386 (400).
716 BVerfGE 100, 313 (376).

von der Wahrscheinlichkeit des Eintritts eines Schadens und von dessen potenziellem Ausmaß ab.

Auf die Frage, inwieweit von einer gesetzlichen Eingriffsermächtigung tatsächlich Gebrauch gemacht wird, kann es bei der Beurteilung der Eingriffsintensität richtigerweise nicht ankommen[717], weil eine Vollzugspraxis jederzeit geändert werden kann[718] und weil der Gesetzgeber verpflichtet ist, die wesentlichen Eingriffsgrenzen selbst zu regeln[719]. Eine Verwaltungspraxis ist für die Betroffenen regelmäßig nicht vorhersehbar und daher bei der Verhältnismäßigkeitsprüfung ohne Bedeutung[720]. Zwar entspricht es der Eigenart von Rechtsnormen, dass diese bis zu einem gewissen Grad allgemein gehalten sind. Nichtsdestotrotz muss der Gesetzgeber eine Norm jedenfalls dann eingrenzen, wenn sie ansonsten in abstrakt umschreibbaren Fallgruppen zu Eingriffen ermächtigen würde, in denen der Verhältnismäßigkeitsgrundsatz durchweg verletzt würde[721]. Dem Bundesverfassungsgericht ist daher entgegenzutreten, wenn es bei der Bestimmung des Gewichts eines Eingriffs damit argumentiert, dass dieser „sowohl rechtlich als auch tatsächlich begrenzt"[722] sei.

Daneben ist zu beachten, dass rechtliche oder tatsächliche Begrenzungen gesetzlicher Eingriffsermächtigungen die Eignung der Maßnahme für den angestrebten Zweck beeinträchtigen können, etwa wenn eine Überwachungsmaßnahme nur einen Teil aller Kommunikationsvorgänge erfasst. Gerade wo vorhersehbar ist, welche Kommunikationsvorgänge nicht erfasst werden, bieten sich Schlupflöcher, die insbesondere von denjenigen genutzt werden, die ein Maximum an krimineller Energie aufwenden und denen die Regelung daher zuvörderst gilt[723]. Eine solchermaßen reduzierte Eignung geht zu Lasten der Verhältnismäßigkeit einer Maßnahme und kann schwerer wiegen als der Nutzen einer Begrenzung. Insgesamt sind Begrenzungen daher differenziert zu beurteilen.

(c) Berücksichtigung von Sekundärzwecken

Fraglich ist, welchen Einfluss es auf die Abwägung hat, wenn der Gesetzgeber die Verwendung der aus einem Informationseingriff erlangten

---

717 MVVerfG, LKV 2000, 149 (154); AK-GG-Bizer, Art. 10, Rn. 86; a.A. wohl BVerfGE 100, 313 (376 ff.).
718 Vgl. BVerfGE 100, 313 (380).
719 Seiten 130-133.
720 EGMR, Khan-GB (2000), Decisions and Reports 2000-V, Abs. 27.
721 Vgl. BVerfGE 100, 313 (384 f.).
722 BVerfGE 100, 313 (376).
723 Germann, 325.

Daten nicht nur zu den Zwecken erlaubt, derentwegen er zu dem Informationseingriff ermächtigt hat (Primärzwecke), sondern wenn er zusätzlich zur Zweitverwendung erlangter Daten zu anderen Zwecken (Sekundärzwecke) ermächtigt. So könnte der Gesetzgeber beispielsweise bestimmen, dass Telekommunikations-Verbindungsdaten, die nach § 100g StPO zur Verfolgung einer Straftat erheblicher Bedeutung erhoben wurden, auch zur Verfolgung von Bagatellstraftaten verwendet werden dürfen. Fest steht, dass die erstmalige Kenntnisnahme von Informationen zu einem Zweck, dessen Verfolgung der Gesetzgeber nur für bereits erlangte Daten erlaubt, rechts- und verfassungswidrig wäre[724]. Darf ein Sekundärzweck bei der Entscheidung über eine Maßnahme aber keine Rolle spielen, dann darf sein möglicher Nutzen bei der Beurteilung der Verfassungsmäßigkeit der Maßnahme auch nicht berücksichtigt werden. Ob der Sekundärzweck durch eine im Hinblick auf einen ganz anderen Zweck vorgenommene Maßnahme gefördert werden kann, ist insoweit nämlich rein zufällig. Will der Gesetzgeber schon den ursprünglichen Eingriff mit einer möglichen Förderung von Sekundärzwecken legitimieren, dann muss er dazu ermächtigen, den Eingriff von vornherein zur Verfolgung dieser Zwecke vorzunehmen. Tut er dies nicht, so müssen Regelungen über eine mögliche Weitergabe von Daten an andere Stellen bei der Frage der Zumutbarkeit des ursprünglichen Eingriffs außer Betracht bleiben. Sie stellen einen eigenständigen Eingriff dar, dessen Zulässigkeit gesondert zu prüfen ist. Spiegelbildlich bleiben bei der Prüfung der mit dem Eingriff verbundenen Gefahren diejenigen Gefahren außer Betracht, die erst aus der weiteren staatlichen Verwendung erlangter Daten zu Sekundärzwecken resultieren.

(d) Unsicherheitssituationen

Die Prüfung der Verhältnismäßigkeit einer Maßnahme wird nicht selten durch Unsicherheiten tatsächlicher Art erschwert. Wenn entweder schon die gegenwärtige Sachlage unbekannt ist oder aber sich zukünftige Entwicklungen nicht sicher abschätzen lassen, ist die Anwendung des Verhältnismäßigkeitsprinzips nicht ohne weiteres möglich. Bei der Überprüfung der Verfassungsmäßigkeit von Gesetzen gebietet es das Demokratieprinzip (Art. 20 Abs. 1 GG), dass der demokratisch gewählte und verantwortliche Gesetzgeber das letzte Wort haben muss und nicht das Bundesverfassungsgericht. Dem Gesetzgeber kommt in Unsicherheitssituationen also ein Ein-

---

724 Vgl. BVerfGE 67, 157 (180 f.).

schätzungsspielraum zu[725]. Innerhalb gewisser Grenzen obliegt ihm die Entscheidung, in welchem Umfang er Anstrengungen zur Aufklärung der maßgeblichen Tatsachen unternimmt und, soweit er von einer Aufklärung absieht oder eine Klärung nicht möglich ist, von welchen Tatsachen und zukünftigen Entwicklungen er für seine Entscheidung ausgeht.

Der Einschätzungsspielraum des Gesetzgebers bezieht sich wohlgemerkt nur auf Tatsachen und nicht auf Rechtsfragen[726]; die letztverbindliche Auslegung und Anwendung des Rechts obliegt nach der Kompetenzordnung des Grundgesetzes den Gerichten und nicht dem Gesetzgeber. Daraus folgt, dass der Gesetzgeber das Vorliegen rechtlicher Merkmale, etwa der Eignung einer Norm, nicht einfach annehmen darf. Sein Einschätzungsspielraum ist erst dann einschlägig, wenn er konkrete Annahmen über Tatsachen macht. Erst diese Tatsachen können dann den Rechtsbegriff ausfüllen, also beispielsweise die Eignung der Norm begründen.

Wie weit der Einschätzungsspielraum des Gesetzgebers reicht, hängt einerseits von den verfügbaren Möglichkeiten der Bildung eines sicheren Urteils ab[727]. Diese sind reduziert, wenn ein Sachgebiet raschen Veränderungen unterliegt oder der Regelungsgegenstand komplex und schwer überschaubar ist[728]. Daneben sind für die Bemessung des Einschätzungsspielraums auch das Gewicht der auf dem Spiel stehenden Rechtsgüter[729] und, bei Grundrechtseingriffen, die Eingriffsintensität maßgeblich[730]. Während zumutbare, schon vor Normerlass bestehende Aufklärungsmöglichkeiten sowie hohe aufgrund einer Norm drohende Belastungen den Handlungsspielraum des Gesetzgebers reduzieren, eröffnen ihm wahrscheinliche Gefahren für wichtige Rechtsgüter einen erweiterten Handlungsspielraum. Äußere oder vom Gesetzgeber zu vertretende Umstände wie Zeitnot oder unzureichende Beratung begründen keine Einschätzungsspielräume des Gesetzgebers[731].

---

725   St. Rspr. des BVerfG seit E. 50, 290 (332 f.); in neuerer Zeit etwa BVerfGE 90, 145 (173); ebenso für den Verordnungsgeber BVerfGE 53, 135 (145) und BVerfG, NJW 2002, 1638 (1639).
726   Baumeister, Das Rechtswidrigwerden von Normen, 235 ff.
727   BVerfGE 50, 290 (332 f.); BVerfGE 57, 139 (159); BVerfGE 62, 1 (50); BVerfGE 106, 62 (152).
728   BVerfGE 50, 290 (333); BVerfGE 106, 62 (152).
729   BVerfGE 50, 290 (333); BVerfGE 106, 62 (152).
730   BVerfGE 90, 145 (173).
731   BVerfGE 106, 62 (152).

Mit dem variablen Einschätzungsspielraum des Gesetzgebers korrespondiert ein variabler Maßstab bei der verfassungsrechtlichen Prüfung. Teilweise hat es das Bundesverfassungsgericht genügen lassen, wenn die Einschätzung des Gesetzgebers nicht evident unzutreffend war[732], etwa wo es um den Grundlagenvertrag mit der DDR[733] oder um das Weinwirtschaftsgesetz[734] ging. Bei Eingriffen niedriger Intensität ist der Gesetzgeber auch nicht zu tatsächlichen Feststellungen verpflichtet[735]. In Fällen von größerem Gewicht hat das Bundesverfassungsgericht verlangt, dass die Einschätzung des Gesetzgebers vertretbar sein müsse[736]. Insoweit sei erforderlich, dass der Gesetzgeber durch Ausschöpfung der ihm zugänglichen Erkenntnisquellen[737] die maßgeblichen gegenwärtigen und vergangenen Tatsachen möglichst vollständig ermittle[738], um eine möglichst zuverlässige Einschätzung treffen zu können[739]. Auf welche Weise der Gesetzgeber die maßgeblichen Tatsachen feststellt, ist grundsätzlich ihm überlassen[740]. Von dem Vertretbarkeitsmaßstab ist das Bundesverfassungsgericht etwa im Volkszählungsurteil ausgegangen[741]. Wo es um zentrale Rechtsgüter wie die Gesundheit oder Freiheit einer Person ging, hat das Gericht schließlich eine eigene und intensive inhaltliche Kontrolle vorgenommen[742]. Dieser Maßstab wurde auch bei Gesetzen angewandt, welche die freie Berufswahl einschränkten[743].

Zu beachten ist, dass die unterschiedliche Kontrollintensität auf den beiden letztgenannten Stufen nur quantitativer Art ist[744], weswegen die Bedeutung der Unterscheidung zwischen diesen beiden Stufen nicht überbewertet werden darf. Der Prüfungsmaßstab unterscheidet sich lediglich in den unterschiedlichen Anforderungen, die an die Eindeutigkeit des Prüfungsergebnisses gestellt werden[745]. Auch die Dogmatik zu Art. 3 Abs. 1 GG unterscheidet nur zwischen einer Willkürprüfung einerseits und einer Verhält-

---

732 BVerfGE 36, 1 (17); BVerfGE 40, 196 (223).
733 BVerfGE 36, 1 (17 f.).
734 BVerfGE 37, 1 (20 f.).
735 BVerfGE 88, 203 (310).
736 BVerfGE 25, 1 (12 f. und 17); BVerfGE 39, 210 (225 f.).
737 BVerfGE 50, 290 (333 f.).
738 BVerfGE 106, 62 (151).
739 BVerfGE 50, 290 (334).
740 BVerfGE 106, 62 (151).
741 BVerfGE 65, 1 (55 f.).
742 BVerfGE 7, 377 (415); BVerfGE 45, 187 (238).
743 Etwa BVerfGE 7, 377.
744 Chryssogonos, Verfassungsgerichtsbarkeit und Gesetzgebung, 187.
745 Chryssogonos, Verfassungsgerichtsbarkeit und Gesetzgebung, 187.

nismäßigkeitsprüfung andererseits, was dafür spricht, dies im Bereich anderer Grundrechte ebenso zu handhaben.

In dem aufgezeigten Rahmen ist der Gesetzgeber zur Feststellung aller gegenwärtigen und vergangenen Tatsachen verpflichtet, von denen die Verfassungsmäßigkeit eines Gesetzes abhängt[746]. Diese Pflicht des Gesetzgebers ist aus dem Rechtsstaatsprinzip herzuleiten[747], aus dem sich auch weitere Eingriffsgrenzen ergeben: Schon das allgemeine Verwaltungsrecht folgt aus dem Rechtsstaatsprinzip, dass Eingriffe der Verwaltung vor der vollständigen Ermittlung des Sachverhalts nur ausnahmsweise gerechtfertigt sind[748]. Auch auf dem Gebiet des Polizeirechts entnimmt man dem Rechtsstaatsprinzip, dass in Fällen von Gefahrenverdacht grundsätzlich nur vorläufige Eingriffe zulässig sind, die keinen irreparablen Schaden anrichten und die allein der Gefahrenerforschung dienen dürfen[749]. Diese Grundgedanken müssen auch für Maßnahmen des Gesetzgebers gelten, für den das Rechtsstaatsprinzip ebenso verbindlich ist[750]. In Unsicherheitssituationen sind irreparable Grundrechtseingriffe durch den Gesetzgeber daher grundsätzlich erst dann zulässig, wenn der Gesetzgeber die ihm zugänglichen Erkenntnisquellen ausgeschöpft und die maßgeblichen gegenwärtigen und vergangenen Tatsachen möglichst vollständig ermittelt hat[751]. Insofern tritt von Verfassungs wegen eine „Beweislastumkehr" ein, der zufolge der Gesetzgeber die Verfassungsmäßigkeit einer geplanten Norm nachweisen muss, bevor er sie erlassen darf[752]. Nur unter außergewöhnlichen Umstän-

---

746 BVerfGE 106, 62 (150).

747 Zur Ableitung von Verhaltenspflichten des Gesetzgebers aus dem Rechtsstaatsprinzip Köck, VerwArch 93 (2002), 1 (15 und 18) m.w.N.

748 Stelkens/Bonk/Sachs Stelkens/Stelkens, § 35, Rn. 175.

749 L/D³-Denninger, E 38; Schenke, Polizei- und Ordnungsrecht, Rn. 86 f.

750 Vgl. auch Ossenbühl, Tatsachenfeststellungen und Prognoseentscheidungen, 486: Bei zweifelhafter tatsächlicher Basis müsse der Gesetzgeber von Eingriffen absehen, „in dubio pro libertate"; ders., 487: Verfassungsrechtlich sei „eine verlässliche empirischen Basis" für einen Eingriff erforderlich, weil die Dispositionsfreiheit des Gesetzgebers lediglich im Bereich der Wertung, nicht aber im Bereich der Tatsachenfeststellung liege.

751 Vgl. schon Seite 146.

752 Lisken, ZRP 1990, 15 (16): Vorfeldbefugnisse müssten „unabweisbar, also nachweislich, nach dem Grundrechtsschutz notwendig" sein; Bürgerrechtsorganisationen: Die falsche Antwort auf den 11. September: Der Überwachungsstaat, Presseerklärung vom 24.10.2001, www.cilip.de/terror/pe241001.htm; Kaleck, Wolfgang u.a.: Stellungnahme von Bürgerrechtsorganisationen zur Anhörung des Innenausschusses des Deutschen Bundestages am 30.11.2001 zum Entwurf eines Gesetzes zur Bekämpfung des internationalen Terrorismus (Terrorismusbekämpfungsgesetz), www.cilip.de/terror/atg-stell-281101.pdf, 6; Ossenbühl, Tatsachenfeststellungen und Prognoseentscheidungen, 486.

den können Sofortmaßnahmen ohne die an sich erforderliche Aufklärung des Sachverhalts zulässig sein, nämlich wenn die Maßnahme zum Schutz wichtiger Rechtsgüter vor dringenden und hinreichend wahrscheinlichen Gefahren, hinter welche die beeinträchtigten Rechtspositionen zurücktreten müssen, erforderlich ist.

Ein Hauptanwendungsfall eines gesetzgeberischen Einschätzungsspielraums stellt die Eignung einer Norm zur Erreichung ihres Zwecks beziehungsweise das Maß an Eignung der Norm dar. Ist die Effektivität einer Regelung im Zeitpunkt ihres Erlasses noch nicht absehbar, dann ist dem Normgeber grundsätzlich die experimentelle Einführung der Regelung gestattet, wenn dies zur Gewinnung gesicherter Erkenntnisse über ihre Effektivität erforderlich ist[753]. Allerdings muss die begründete Erwartung der Effektivität der Regelung bestehen[754]. Auch ist das allgemeine Verhältnismäßigkeitsprinzip zu beachten, das der experimentellen Einführung einer Norm entgegen stehen kann. Überdies bleibt es dabei, dass die bereits vor Einführung der Norm zugänglichen Erkenntnisquellen vorab ausgeschöpft werden müssen, um die Eignung der Norm möglichst zuverlässig prognostizieren zu können.

Allgemein gilt für Prognosen über zukünftige Tatsachen folgendes: Die oben genannten Grundsätze bezüglich der Feststellung gegenwärtiger und vergangener Tatsachen gelten uneingeschränkt auch für die Feststellung derjenigen gegenwärtigen und vergangenen Tatsachen, die einer Prognose über zukünftige Tatsachen zugrunde liegen[755]. Hinsichtlich des angewandten Prognoseverfahrens hat das Bundesverfassungsgericht entschieden, dass es sich um ein angemessenes Verfahren handeln muss, dass das gewählte Verfahren konsequent verfolgt werden muss, dass in die Prognose keine sachfremden Erwägungen einfließen dürfen und dass das Prognoseergebnis ein vertretbares Resultat des Prozesses darstellen muss[756]. Was die Richtigkeit des Prognoseergebnisses anbelangt, so liegt es in der Natur der Sache, dass sich selbst die beste Prognose im zeitlichen Verlauf als falsch erweisen kann. Dieses Risiko kann einem Handeln des Gesetzgebers nicht von vornherein entgegen stehen, weil ein Nichthandeln des Gesetzgebers noch größere Risiken bergen kann. Soweit also das Prognoseergebnis nicht bereits

---

753 SächsVerfGH, DuD 1996, 429 (435) für die Erhebung personenbezogener Daten zur Gefahrenabwehr unter verdeckter Anwendung technischer Mittel.

754 SächsVerfGH, DuD 1996, 429 (435) für die Erhebung personenbezogener Daten zur Gefahrenabwehr unter verdeckter Anwendung technischer Mittel.

755 BVerfGE 106, 62 (150 f.).

756 BVerfGE 106, 62 (152 f.).

durch gesicherte empirische Daten oder verlässliche Erfahrungssätze vorgeben ist[757], greift in Bezug auf das Prognoseergebnis wieder der oben aufgezeigte, variable Einschätzungsspielraum des Gesetzgebers ein[758].

Fraglich sind die Auswirkungen von Verstößen des Gesetzgebers gegen seine prozeduralen Pflichten. Verfassungswidrig ist eine Norm nach dem Gesagten jedenfalls dann, wenn sie aufgrund der bekannten tatsächlichen Umstände als unverhältnismäßig anzusehen ist. Gegebenenfalls kann das Bundesverfassungsgericht während eines laufenden Verfahrens eigene Maßnahmen zur Aufklärung des Sachverhalts treffen. Dies wird insbesondere bei belastungsintensiven Normen in Betracht kommen. Mangels Ursächlichkeit für den Verfassungsverstoß sind Verfahrensfehler unbeachtlich, wenn sich die Norm auf andere, zutreffende Tatsachen stützen lässt, deren Vorliegen sich im Rahmen der gerichtlichen Prüfung ergibt[759].

Problematisch sind Fälle, in denen sich die Verfassungsmäßigkeit einer Norm nicht beurteilen lässt, weil der Gesetzgeber seiner Aufklärungspflicht nicht nachgekommen ist. Erstens ist denkbar, Verletzungen der Pflicht an keine Konsequenzen zu knüpfen außer an die Feststellung des Bestehens der Aufklärungspflicht durch das Bundesverfassungsgericht. Im Bereich der Grundrechte scheint diese Lösung den Grundrechtsschutz indes unangemessen zu verkürzen, weil sie es dem Gesetzgeber erlaubt, durch Unterlassen einer Sachverhaltsaufklärung jedes Vorgehen gegen eine Norm zu blockieren. Dieser Ansatz ist daher abzulehnen.

Zweitens wird in Anlehnung an das Verwaltungsrecht[760] vertreten, ein Verstoß gegen prozedurale Pflichten des Gesetzgebers führe dann zur Verfassungswidrigkeit eines Gesetzes, wenn konkrete Anhaltspunkte im Einzelfall vorlägen, die es als möglich erscheinen lassen, dass die Einhaltung der prozeduralen Pflichten zu einer anderen Gesetzesfassung geführt hätte[761]. Gegen die Anwendung dieses verwaltungsrechtlichen Grundsatzes im vorliegenden Zusammenhang spricht, dass eine Prüfung der hypothetischen Kausalität bei Verletzungen der Aufklärungspflicht des Gesetzgebers regelmäßig ausgeschlossen ist. Der Grund für das Bestehen einer Aufklärungspflicht liegt gerade darin, dass bestimmte Tatsachen unbekannt sind und sich nicht ohne Weiteres einschätzen lassen. Lassen sich die maßgeblichen Tatsachen aber nicht einschätzen, dann kann auch nicht beurteilt wer-

---

757 BVerfGE 106, 62 (151).
758 BVerfGE 106, 62 (152).
759 BVerfGE 106, 62 (150 und 152).
760 Etwa BVerwGE 64, 33 (35 ff.).
761 Köck, VerwArch 93 (2002), 1 (19 f.).

den, welche Entscheidung der Gesetzgeber bei Kenntnis dieser Tatsachen getroffen haben könnte. Auf die konkrete Möglichkeit einer anderen Gesetzesfassung kann es daher ebenfalls nicht ankommen.

Drittens kommt in Betracht, auf unzureichender Tatsachenbasis beschlossene Normen für verfassungswidrig zu erklären. Diesem Ansatz ist grundsätzlich zuzustimmen. Bei Grundrechtseingriffen ergibt sich aus dem Verhältnismäßigkeitsgebot regelmäßig, dass den Betroffenen eine möglicherweise verfassungswidrige Grundrechtsbeschränkung unzumutbar ist, wenn der Gesetzgeber die verfügbaren Erkenntnisquellen nicht ausgeschöpft hat. Nur in Ausnahmefällen ist es denkbar, dass eine Norm zum Schutz wichtiger Rechtsgüter vor wahrscheinlichen Gefahren unabdingbar sein kann, so dass von ihrer Verwerfung abgesehen werden muss[762].

(e) **Angemessenheit einer generellen Vorratsspeicherung von Telekommunikations-Verkehrsdaten**

Im Folgenden wird die Angemessenheit einer generellen Vorratsspeicherung von Telekommunikations-Verkehrsdaten geprüft. Im Rahmen dieser Prüfung kommt es auf eine Reihe von Tatsachen an, bezüglich derer erhebliche tatsächliche Unsicherheiten bestehen, etwa im Hinblick auf die Auswirkungen einer solchen Regelung. Aus diesem Grund fragt sich, welcher Einschätzungsspielraum dem Gesetzgeber insoweit zusteht.

Es ist zunächst nicht ersichtlich, dass der maßgebliche Sachverhalt raschen Veränderungen unterliegen könnte oder besonders komplex oder schwer überschaubar wäre. Eine Aufklärung der maßgeblichen Tatsachen ist bereits vor Einführung einer Vorratsspeicherung in vielerlei Hinsicht möglich und zumutbar, vor allem was das Maß an Eignung einer Vorratsspeicherung anbelangt. Eine Vorratsspeicherung von Verkehrsdaten würde im Wesentlichen nur eine quantitative Ausweitung der bestehenden Zugriffsbefugnisse auf Telekommunikations-Verkehrsdaten bewirken (z.B. § 100g StPO), weil eine größere Menge an Verkehrsdaten als bisher gespeichert würde. Dies macht es möglich, auch ohne die experimentelle Einführung einer Vorratsspeicherung deren mögliche Wirksamkeit zu überprüfen, indem man die zuständigen Behörden festhalten lässt, in wie vielen und in welchen Fällen ein Auskunftsersuchen daran scheitert, dass die gewünschten Daten nicht oder nicht mehr verfügbar sind. Anhand dieser Statistik ließe sich überprüfen, in wie vielen Fällen eine Vorratsspeicherung Abhilfe

---

762   Seite 147.

hätte schaffen können[763]. Die Aussagekraft der Statistik wäre weiter zu verbessern, indem auch der Anlass des Auskunftsersuchens registriert wird. Damit ließe sich überprüfen, ob es in einer erheblichen Anzahl von Fällen schwerer Kriminalität an Verkehrsdaten fehlt.

Auch mit Blick auf die Frage, inwieweit eine Vorratsspeicherung tatsächlich zur Abwehr von Gefahren oder zu strafgerichtlichen Verurteilungen führen könnte, ließen sich bereits durch die Evaluierung der bestehenden Befugnisse wichtige Anhaltspunkte gewinnen. Da die Einführung einer Vorratsspeicherung im Wesentlichen eine quantitative Ausweitung dieser Befugnisse zur Folge hätte, kann man davon ausgehen, dass der Anteil erfolgreicher Auskunftsersuchen im Falle einer generellen Vorratsspeicherung jedenfalls nicht niedriger liegen würde als bisher.

Die Evaluierung der bisher bestehenden Befugnisse für den Zugriff auf Telekommunikations-Verkehrsdaten müsste dazu freilich in Angriff genommen werden, was bisher – wie bei fast allen informationell eingreifenden Ermittlungsmaßnahmen – versäumt worden ist[764]. Während bereits im Bereich der Telekommunikationsüberwachung nach § 100a StPO vielfach beklagt wird, dass empirische kriminalistische Daten weitgehend unbekannt sind[765], existieren im Bereich des isolierten Zugriffs auf Verkehrsdaten bisher augenscheinlich keinerlei Statistiken[766].

Von der nationalen Ebene abgesehen existieren auf internationaler Ebene geradezu ideale Bedingungen für eine Evaluierung dadurch, dass einige EU-Staaten eine generelle Vorratsspeicherung von Telekommunikations-Verkehrsdaten bereits eingeführt haben und andere dies in Kürze zu tun beabsichtigen[767]. Dies macht es möglich, sowohl im zeitlichen Vergleich innerhalb dieser Staaten wie auch im Vergleich mit Staaten ohne Vorratsspeicherung zu überprüfen, inwieweit die Vorratsspeicherung den Gefahrenabwehr- und Strafverfolgungsbehörden tatsächlich hilft, in wie vielen und welchen Fällen die Vorratsspeicherung für die Gefahrenabwehr oder Strafverfolgung letztlich wesentlich war, ob es den Strafverfolgungsorganen gelungen ist, in die Reihe der Hintermänner organisierter Kriminalität ein-

---

763 Entsprechende Untersuchungen fordert auch ISPA, Internet Service Providers' Association (UK): Memorandum by the Internet Services Providers' Association (ISPA), 19 November 2001, www.parliament.the-stationery-office.co.uk/pa/cm200102/cmselect/cmhaff/351/351ap10.htm.
764 Weichert, Bekämpfung von Internet-Kriminalität (I), Punkt 7.
765 Welp, TKÜV, 3 (7).
766 Fox, DuD 2002, 194 (194).
767 Übersicht bei MDG, EU-Questionnaire (I).

zudringen, und ob die Einführung der Vorratsspeicherung insgesamt eine spürbare Senkung des Kriminalitätsniveaus herbei geführt hat. Im Bereich der Netzkriminalität im engeren Sinne ließe sich als Indikator etwa die Aufklärungsquote in Bezug auf diese Delikte heranziehen. Diese Quote wird in den meisten Staaten ohnehin ermittelt und müsste einige Zeit nach der Einführung einer Vorratsspeicherung von Telekommunikations-Verkehrsdaten merklich ansteigen, wenn dieser Mechanismus tatsächlich effektiv sein sollte. In die Evaluierung ließen sich auch die negativen Effekte einer generellen Vorratsspeicherung von Telekommunikations-Verkehrsdaten einbeziehen, soweit sie offen zutage treten, etwa Standortverlagerungen von Firmen oder Preiserhöhungen.

Eine Vorratsspeicherung von Telekommunikationsdaten stellt einen empfindlichen Eingriff in die Privatsphäre der Betroffenen dar, weil die Kenntnis von Verkehrsdaten große Verknüpfungs- und Verwendungsmöglichkeiten eröffnet und dementsprechend einschneidende Folgen für die Betroffenen haben kann. Eine generelle Vorratsspeicherung von Telekommunikations-Verkehrsdaten würde dazu führen, dass es unbeobachtete Telekommunikation grundsätzlich nicht mehr gäbe. Sie rückt damit in die Nähe einer Antastung des Wesensgehaltes des Fernmeldegeheimnisses nach Art. 10 Abs. 1 Var. 3 GG und ist äußerst belastungsintensiv. Anders als im Bereich der Außenpolitik oder der Wirtschaftslenkung kann man daher nicht von einem Eingriff eher geringer Intensität ausgehen, der die Beschränkung auf eine Willkürprüfung erlauben würde.

Mit dem Volkszählungsurteil des Bundesverfassungsgerichts wird man vielmehr zumindest eine vertretbare Entscheidung des Gesetzgebers verlangen müssen, zumal das Volkszählungsgesetz 1983 nur eine inhaltlich begrenzte, einmalige und offene Datenerhebung zu primär statistischen Zwecken und damit eine erheblich weniger eingreifende Maßnahme vorsah. Die Anwendung des Vertretbarkeitsmaßstabs macht eine eigene inhaltliche Prüfung der Verhältnismäßigkeit im engeren Sinne erforderlich, anhand deren Ergebnis dann zu entscheiden ist, ob der Gesetzgeber vertretbar die Verhältnismäßigkeit einer generellen Vorratsspeicherung von Telekommunikations-Verkehrsdaten annehmen darf.

(aa) Durch Telekommunikation gefährdete Gemeinschaftsgüter, ihr Gewicht und die Wahrscheinlichkeit ihrer Beeinträchtigung

(i) Einschlägige Gemeinschaftsgüter

Im Rahmen der Abwägung ist auf Seiten der Gemeinwohlinteressen zunächst fraglich, welche Rechtsgüter die einschlägigen Regelungsvorschläge hinsichtlich der Einführung einer Vorratsspeicherung schützen sollen. Eine Verkehrsdatenspeicherung wird vor allem zur Effektivierung der Strafverfolgung angestrebt. Bei der Bemessung des Gewichts der Gewährleistung einer effektiven Strafverfolgung ist die Rechtsprechung des Bundesverfassungsgerichts zu beachten, der zufolge die Gewährleistung einer effektiven Strafverfolgung eine wesentliche Staatsaufgabe sein soll[768]. Im Rahmen der Verhältnismäßigkeitsprüfung sieht das Gericht in der effektiven Strafverfolgung – teilweise spricht es auch von der „Rechtspflege" – ein eigenständiges Verfassungsgut, das aus dem Rechtsstaatsprinzip herzuleiten sei und zu dessen Gewährleistung der Gesetzgeber verpflichtet sei[769]. Den Inhalt dieses Verfassungsgutes sieht das Gericht abstrakt in der „Durchsetzung von Gerechtigkeit", der Gewährleistung einer „wirksamen Strafverfolgung", einer „umfassenden Wahrheitsermittlung im Strafverfahren", der „Aufklärung schwerer Straftaten" und der „umfassenden Aufklärung der materiellen Wahrheit"[770], ohne dass es darauf ankomme, ob der konkrete Eingriff dem Schutz von Rechtsgütern dienen könne[771].

Diese Ansicht des Bundesverfassungsgerichts ist abzulehnen. Strafverfolgung ist kein Selbstzweck[772] und eine „geordnete Strafrechtspflege" als solche ist daher auch kein Verfassungswert[773]. Andernfalls könnte der Staat, der die Definitionsmacht über das Strafrecht hat, alle Grundrechte im Staatsinteresse relativieren[774]. Der Gedanke einer „Durchsetzung von Gerechtigkeit" im Strafverfahren zielt bei genauer Betrachtung auf nichts anderes als Vergeltung. Strafe als bloße Vergeltung für in der Vergangenheit begangenes Unrecht kann aber keine Eingriffe in Grundrechte legitimieren[775], jedenfalls keine Eingriffe in die Grundrechte Unbeteiligter, wie sie mit den meisten strafrechtlichen Ermittlungsverfahren verbunden sind.

---

768 Seite 139.

769 Etwa BVerfGE 77, 65 (76).

770 Etwa BVerfGE 77, 65 (76).

771 BVerfGE 107, 299 (324): „eigenständige verfassungsrechtliche Bedeutung".

772 BVerfGE 39, 1 (46); BGHSt 24, 40 (42): kein Schuldausgleich um seiner selbst willen.

773 L/D³-Lisken/Denninger, D 25.

774 L/D²-Lisken/Denninger, D 25, Fn. 81.

775 Vgl. schon Platon, in deutscher Übersetzung bei Niggli, Kriminologische Überlegungen zur Strafzumessung (I), 3: „Niemand bestraft einen Rechtsbrecher aufgrund abstrakter Überlegungen oder einfach deshalb, weil der Täter das Recht gebrochen hat, es sei denn einer nehme unbedacht Rache wie ein wildes Tier. Jener der mit Vernunft straft, rächt sich nicht für das geschehene Unrecht, denn er kann es nicht ungeschehen machen. Vielmehr schaut er in die Zukunft und versucht, den Täter und andere mit der Strafe davon abzuhalten, das Recht wieder zu brechen."

Auch aus dogmatischer Sicht ist ein Verfassungsgut „Strafrechtspflege" abzulehnen. In der Abwägung mit Grundrechten und anderen Verfassungsgütern lässt sich das Gewicht eines derart abstrakten Verfassungsgutes nicht bestimmen. Daran ändert es nichts, wenn das Bundesverfassungsgericht allgemein feststellt, dass bei der Strafverfolgung höhere Eingriffsschwellen hingenommen werden müssen als bei der präventiven Gefahrenabwehr[776], dass Strafverfolgungsinteressen also von geringerem Gewicht sind als der unmittelbare Rechtsgüterschutz.

Eingriffe können auch nicht allein mit dem Argument der Sicherung der Gleichmäßigkeit der Strafverfolgung legitimiert werden, also durch den bloßen Verweis darauf, dass Straftäter gegenwärtig in vielen Kriminalitätsbereichen nicht systematisch aufgespürt, sondern nur in vergleichsweise wenigen und vorwiegend leichten Fällen durch Zufall entdeckt werden können. Wenn die staatlichen Mittel zur Sicherung einer gleichmäßigen Strafverfolgung nicht ausreichen, dann spricht dies allein gegen die Verhältnismäßigkeit der jeweiligen Strafnorm selbst und wirft die Frage auf, ob das Strafrecht insoweit ein probates Mittel zur Erreichung des gesetzgeberischen Ziels ist. Zur Rechtfertigung weiter gehender Eingriffsbefugnisse können Vollzugsdefizite nicht heran gezogen werden, weil die Strafverfolgung kein Selbstzweck ist.

Fraglich ist, ob erweiterte Ermittlungsbefugnisse mit dem Verweis auf die Interessen des in einem Strafverfahren Beschuldigten gerechtfertigt werden können. Das Bundesverfassungsgericht argumentiert insoweit, dass Ermittlungsbefugnisse auch der Entlastung unschuldiger Beschuldigter dienen könnten, die ansonsten zu Unrecht einem Ermittlungsverfahren ausgesetzt oder gar verurteilt werden könnten. Ohne hinreichende Kenntnisse bestünde die Gefahr, dass Gerichte ihre Entscheidungen auf mangelhafter Tatsachengrundlage träfen[777].

Bei dieser Argumentation wird indes unbesehen davon ausgegangen, dass erweiterte Ermittlungsbefugnisse mehr Unschuldige ent- als belasten. Hiervon kann aber jedenfalls auf dem Gebiet des staatlichen Zugriffs auf Verkehrsdaten keine Rede sein. Verkehrsdaten dienen im Wesentlichen dazu, Ermittlungsansätze oder Indizien zu bilden[778]. Sie sind demgegenüber nicht hinreichend aussagekräftig, um eine Person unmittelbar zu be- oder entla-

---

776 BVerfGE 100, 313 (394 ff.); ebenso Schenke, AöR 125 (2000), 1 (29); dagegen AK-GG-Bizer, Art. 10, Rn. 95.

777 BVerfGE 77, 65 (76).

778 Clayton, Richard: The Limits of Traceability, 28.08.2001, www.cl.cam.ac.uk/~rnc1/The_Limits_of_Traceability.html.

sten, weil sie sich nur auf einen Telekommunikationsanschluss beziehen und nicht erkennen lassen, wer diesen Anschluss bedient hat[779]. Aus diesem Grund stellen Verkehrsdaten nicht nur als Ermittlungsansätze ein unsicheres Mittel dar. Sie bergen auch die besondere Gefahr in sich, dass unschuldige Personen einem falschen Verdacht ausgesetzt werden[780]. Dies hat sich in den USA gezeigt, wo die Industrie gerichtlich gegen vermeintliche Nutzer illegaler Tauschbörsen für urheberrechtlich geschützte Inhalte vorgegangen ist. In mehreren Fällen sind dort im Laufe des Verfahrens Zweifel aufgetreten, ob die Beklagten zu den von den Rechteverwertern angegebenen Zeitpunkten ihren Computer überhaupt benutzt haben[781].

Eine erhöhte Gefahr falscher Verdächtigungen entsteht, wenn die Sicherheitsbehörden durch Abarbeiten einer lange Liste von „Verdächtigen" nach dem Eliminierungsprinzip vorgehen, wie es Auskünfte über Telekommunikations-Verkehrsdaten oft erforderlich machen (etwa bei einer Auskunft über alle Personen, die innerhalb eines bestimmten Zeitraums einen bestimmten Telefonanschluss angerufen haben, oder über alle Personen, die sich zu einer bestimmten Zeit im Bereich einer bestimmten Mobilfunkzelle aufgehalten haben). Es spricht daher viel dafür, dass der staatliche Zugriff auf Verkehrsdaten mehr Unschuldige be- als entlastet. Daneben ist zu beachten, dass Maßstab einer gerichtlichen Verurteilung die richterliche Überzeugung ist. Im Zweifel ist von einer Verurteilung abzusehen (Art. 6 Abs. 2 EMRK). Aus diesem Grund ist die Gefahr, dass Gerichte aufgrund mangelhafter Tatsachengrundlage verurteilen, klar begrenzt. Schließlich ist darauf hinzuweisen, dass der Staat entsprechend dem Verhältnismäßigkeitsprinzip erheblich weiter gehende Eingriffe vorsehen darf, wenn er die Verwendung der Kenntnisse effektiv auf die mögliche Entlastung von Beschuldigten beschränkt. Die Erforderlichkeit einer Maßnahme zur Entlastung von Beschuldigten zwingt daher keineswegs dazu, die Maßnahme auch zur Belastung von Personen vorzusehen. In letztgenannten Fall gebietet es das Verhältnismäßigkeitsprinzip vielmehr, die Eingriffsschwelle erheblich höher anzusiedeln. Festzuhalten bleibt damit, dass sich ein erweiterter staatlicher

---

779 Clayton, Richard: The Limits of Traceability, 28.08.2001, www.cl.cam.ac.uk/~rnc1/The_Limits_of_Traceability.html.

780 Clayton, Richard: The Limits of Traceability, 28.08.2001, www.cl.cam.ac.uk/~rnc1/The_Limits_of_Traceability.html.

781 Krempl, Stefan: Schwere Bedenken gegen Ausschnüffelung der Nutzer bei Copyright-Verstößen, Heise-Verlag, Meldung vom 12.12.2003, www.heise.de/newsticker/data/jk-12.12.03-005/.

Zugriff auf Telekommunikations-Verkehrsdaten nicht mit dem Verweis auf eine mögliche Entlastung Unschuldiger begründen lässt.

Durch die genannten Argumente lassen sich Eingriffe zum Zwecke der Strafverfolgung mithin nicht rechtfertigen. Das Strafrecht ist vielmehr nur als Mittel des Rechtsgüterschutzes legitim[782], als Instrument zur Verhütung des Eintritts konkreter Schäden. Die Gewährleistung einer geordneten Strafrechtspflege als solche ist demgegenüber nicht als Gemeinschaftsgut im Rahmen der Verhältnismäßigkeitsprüfung anzusehen und bleibt daher im Folgenden außer Betracht.

Angesichts dessen muss man dem Bundesverfassungsgericht vorwerfen, falsche Prioritäten zu setzen[783]. Das Gericht achtet sehr darauf, den Entscheidungsspielraum des Gesetzgebers zu wahren und seine eigene Abwägung nicht an die Stelle der des Gesetzgebers zu setzen. Dies entspricht zwar dem Demokratieprinzip (Art. 20 Abs. 1 GG) und dem Grundsatz der Gewaltenteilung (Art. 20 Abs. 2 S. 2 GG). In einem Spannungsverhältnis dazu stehen aber die Grundrechte, deren Schutz es verlangt, dem Abwägungsspielraum des Gesetzgebers dort Grenzen zu setzen, wo das Ergebnis seiner Abwägung zu unangemessenen und daher unvertretbaren Ergebnissen führt. Staats- und Sicherheitsinteressen haben keinen uneingeschränkten Vorrang vor den Individualgrundrechten[784], sondern sind von Verfassungs wegen in ein ausgewogenes Verhältnis zu bringen.

Dies scheint dem Bundesverfassungsgericht oftmals nicht zu gelingen. Wo sich das Gericht einer substanziellen Abwägung nicht ganz enthält[785], konzentriert sich seine Argumentation nicht selten auf die formelle Gewährleistung von Transparenz in Bezug auf Eingriffe oder auf sonstige verfahrensrechtliche Anforderungen zum Grundrechtsschutz[786]. Klare Normen allein können aber schon deshalb nicht genügen, weil der Bürger mit einem Gesetzestext – nach der Rechtsprechung des Bundesverfassungsgerichts muss er sogar noch die Gesetzgebungsmaterialien und die einschlägigen

---

782 BVerfGE 38, 312 (321); BVerfGE 39, 1 (46); BVerfGE 88, 203 (257 f.); vgl. auch BVerfGE 45, 187 (228): „der Mensch muss immer Zweck an sich selbst bleiben"; a.A. BVerfGE 107, 299 (324): „Das Interesse an der Aufklärung und Verfolgung von Straftaten hat neben dem Interesse an der Verhinderung weiterer Straftaten eine eigenständige verfassungsrechtliche Bedeutung."

783 Weßlau, ZStW 113 (2001), 681 (707).

784 Vgl. Minderheitenvotum in BVerfGE 30, 1 (46).

785 Z.B. durch nicht näher begründeten Verweis auf die „Funktionstüchtigkeit der Strafrechtspflege" in BVerfGE 44, 353 (373); BVerfGE 46, 214 (222 f.); BVerfGE 80, 367 (375); BVerfGE 100, 313 (388).

786 Etwa BVerfGE 65, 1 (66 ff.).

Gerichtsentscheidungen hinzuziehen sowie juristische Auslegungskünste beherrschen – in aller Regel nichts anfangen kann[787]. Die aufgrund der gesetzlichen Ermächtigung vorgenommenen Eingriffsmaßnahmen bleiben in den meisten Fällen ohnehin geheim, so dass die Kenntnis der einschlägigen Regelungen durch die Bürger nur begrenzt wirken kann. Selbst wenn die Betroffenen das Ausmaß von Eingriffen genau kennen würden, können exzessive Ermächtigungen sie von einem unbefangenen Gebrauchmachen ihrer Grundrechte abhalten. Bereits dadurch ist die Funktionsfähigkeit der Demokratie gefährdet[788]. Der Zweck der Grundrechte verlangt daher, der Informationsmacht des Staates materielle Grenzen zu setzen[789]. Dem widerspricht es, wenn das Bundesverfassungsgericht Grundrechtsbeschränkungen zu Strafverfolgungszwecken hinnimmt, ohne die tatsächliche Wirksamkeit der Strafverfolgung zu untersuchen[790].

(ii) Einschlägige Gemeinschaftsgüter im Bereich der Netzkriminalität

Fraglich ist, welche konkreten Rechtsgüter mit Hilfe einer generellen Vorratsspeicherung von Telekommunikations-Verkehrsdaten geschützt werden können, welches Gewicht diese Rechtsgüter aufweisen und in welchem Maße sie bedroht sind.

Besonders nützlich ist eine generelle Vorratsspeicherung von Telekommunikations-Verkehrsdaten im Bereich von Straftaten, die unter Verwendung von Telekommunikationsnetzen begangen werden, weil sich oftmals nur anhand von Verkehrsdaten ermitteln lässt, wer an dem entsprechenden Telekommunikationsvorgang beteiligt war[791]. Zum Ersten ist das Feld der Netzkriminalität im engeren Sinne[792] zu betrachten. Computer und Telekommunikationsnetze bilden heute eine wichtige Stütze unserer Volkswirtschaften[793]. Insofern ist es wichtig, die Verfügbarkeit der Systeme und Netze zu gewährleisten und die gespeicherten und übertragenen Daten vor unberechtigtem Zugang und Manipulationen zu schützen[794]. Das unberechtigte Auslesen, Schreiben, Verändern oder Löschen von automatisch verar-

---

787 Seite 127.
788 Seite 71.
789 Ähnlich Simitis, NJW 1998, 2473 (2478 f.) mit der Forderung nach „Informationsverzicht".
790 Seite 153.
791 Seiten 12-13.
792 Definition auf Seite 11.
793 Kommission, Sichere Informationsgesellschaft (I), 7.
794 Kommission, Sichere Informationsgesellschaft (I), 7.

beiteten Daten ist in weiten Bereichen ohne Telekommunikationsnetze undenkbar. Dies gilt beispielsweise für die rasche Verbreitung von Computerviren per E-Mail oder für die Sabotage von Internetangeboten durch „DDoS-Attacks". Es liegt daher auf der Hand, dass viele Fälle von Hacking die Benutzung der Telekommunikationsnetze voraussetzen. Insoweit kann man von Telekommunikationsnetzen als „gefährlichen Werkzeugen" sprechen.

Denkbar ist, dass von Telekommunikationsnetzen ein eigenständiges Gefahrenpotenzial ausgehen könnte. Für diese Annahme könnte sprechen, dass es in der Vergangenheit vorgekommen ist, dass sich ansonsten unbescholtene Jugendliche („Script-Kiddies") „zum Spaß" öffentlich zugänglicher Software bedient haben, um bekannte kommerzielle Internetangebote „lahm zu legen". Erst das Internet hat es möglich gemacht, Schäden diesen Ausmaßes derart leicht und grenzüberschreitend zu verursachen. Andererseits waren Jugendliche schon immer anfällig für die Begehung milieutypischer Straftaten, die der Profilierung in ihrem Umfeld dienen.

Allgemein ist denkbar, dass sich die Netzkriminalität im engeren Sinne im Wesentlichen durch eine Verlagerung von Kriminalität aus anderen Feldern erklären lässt. Für diese These spricht, dass der Siegeszug der Informationsgesellschaft nicht zu einem höheren Gesamtkriminalitätsniveau geführt hat, wie die Entwicklung der polizeilichen Kriminalitätsstatistik über die letzten Jahre hinweg zeigt. Aus der Tatsache, dass Telekommunikationsnetze zur Begehung von Straftaten eingesetzt werden, lässt sich mithin nicht eindeutig schließen, ob und inwieweit das Kriminalitätsniveau ohne Telekommunikationsnetze niedriger wäre. Vielmehr spricht die allgemeine Erkenntnis, dass Kriminalität ein normales gesellschaftliches Phänomen darstellt, für die Annahme, dass mit der zunehmenden Verlagerung des sozialen Lebens in den Bereich der Telekommunikationsnetze die Kriminalität in diesem Bereich in gleichem Maße zunimmt.

Hinzu kommt das vergleichsweise geringe Gewicht der durch Netzkriminalität im engeren Sinne bedrohten Rechtsgüter. In ihren praktischen Auswirkungen führt diese Art von Kriminalität vor allem zu Vermögensschäden, sei es durch die Störung von Computersystemen, sei es durch die Weitergabe von Geschäftsgeheimnissen. Die Wahrscheinlichkeit, dass Leib und Leben von Menschen gefährdet werden könnten, wird zwar allenthalben heraufbeschworen. Die „lebenswichtigen Infrastrukturen" wie Stromnetze, deren Störung zu solchen Gefahren führen könnte, sind aber in aller Regel nicht an das Internet angeschlossen und für telekommunikative Angriffe daher nicht zugänglich. Dass solche Infrastrukturen mit Hilfe von Telekommunikationsnetzen angegriffen werden könnten oder gar ein organisierter Angriff auf einen Staat unter Einsatz von Telekommunikationsnetzen („Information Warfare", „Cyberwar", „Infowar") stattfinden könnte, muss man daher auf absehbare Zeit in den Bereich der Science-Fiction verweisen[795]. Ein Anschluss national wichtiger Systeme an öffentlich zugängliche Telekommunikationsnetze ist nicht erforderlich und wäre auch äußerst leichtsinnig. Hier ist zuallererst an technische Maßnahmen zur Abwendung von Schäden zu denken. Eine US-amerikanische Umfrage hat keinerlei terroristisch motivierte Netzkriminalität feststellen können[796].

Mithin beschränken sich die Auswirkungen von Netzkriminalität im engeren Sinne fast durchweg auf Vermögensschäden. Dies macht es möglich, derart entstandene Schäden gegen die finanziellen Kosten abzuwägen, die der Gesellschaft durch eine generelle Vorratsspeicherung von Telekommunikations-Verkehrsdaten entstehen würden. Zu diesen Kosten zählen etwa die Aufwendungen der Telekommunikationsunternehmen bei der Mitwirkung an der staatlichen Telekommunikationsüberwachung. Diese Kosten werden von den Unternehmen über ihre Preise auf die Nutzer abgewälzt. Eine umfassende Abwägung der Kosten wäre angesichts der Belastung durch eingreifende Maßnahmen angebracht, findet bisher aber nicht statt.

Zweitens ist der Bereich der Netzkriminalität im weiteren Sinne zu betrachten. Einen Teil der Netzkriminalität im weiteren Sinne stellen Inhaltsdelikte dar, also das rechtswidrige Übermitteln von Inhalten über Telekommunikationsnetze. Zu nennen ist etwa der illegale Austausch von urheberrechtlich geschütztem Material, von Kinderpornografie oder von rassistischer Propaganda. Die neuen Netze ermöglichen solche Delikte nicht erst; sie können ihre Begehung aber erleichtern. Dies gilt wohlgemerkt nur bei abstrakter Betrachtung. In einzelnen Fällen mögen auch Inhaltsdelikte erst wegen den Möglichkeiten der Telekommunikationsnetze begangen werden. Diese Frage ist bisher allerdings noch nicht untersucht worden.

Eine Gefährdung von Leib, Leben oder Freiheit erscheint auch im Bereich der Netzkriminalität im weiteren Sinne in aller Regel ausgeschlossen. Gerade im Bereich des illegalen Austauschs von Inhalten liegt es zwar auf der Hand, dass es das Internet so leicht wie nie zuvor macht, an illegale Inhalte zu gelangen. Dies bedeutet allerdings noch nicht, dass die leichtere

---

795 Olaf Lindner (Direktor Security Services bei Symatec), zitiert bei Schürmann, Hans: Angriff aus dem Web abgewehrt, Handelsblatt vom 10.02.2003, S. 19; BMI/BMJ, Sicherheitsbericht 2001, 205: „Konkrete Hinweise hinsichtlich [...] eines ‚Information Warfare' existieren [...] derzeit nicht."

796 Symantec, Symantec Internet Security Threat Report (I), 5.

Erreichbarkeit auch zu mehr Anhängern von Kinderpornografie, Rassismus usw. geführt hat. Diesen Schluss zu ziehen, wäre ohne eine eingehende Untersuchung verfehlt. Das Internet beruht gerade auf dem Konzept eines freien Informationsaustausches und auf der Idee des mündigen Bürgers. Benutzer des Internet stoßen nicht unfreiwillig auf illegales Material, sondern sie müssen aktiv nach solchen Inhalten suchen, um mit ihnen konfrontiert zu werden.

Selbst wenn sie das tun, ist noch nicht gesagt, dass der Konsum solcher Materialien schädliche Auswirkungen hat. Gerade bei Jugendlichen ist es natürlich, dass sie die Grenzen des sozial Erlaubten ausloten, um ganz regelmäßig schließlich doch wieder in die Mitte der Gesellschaft zurückzukehren. In anderen Fällen legen die Umstände zwar nahe, dass bestimmte Inhalte mitursächlich für Straftaten waren, etwa im Falle des Schulmassakers von Erfurt. Inwieweit eine Ursächlichkeit tatsächlich gegeben ist, ist allerdings ungeklärt. In dem zuletzt genannten Fall ging es übrigens um eine Beeinflussung des Täters durch bestimmte Videofilme, Bücher, CDs und Computerspiele, so dass eine Verbindung zu Telekommunikationsnetzen nicht bestand.

Welche Auswirkungen eine Prohibition von Inhalten und deren Aufhebung haben kann, verdeutlicht folgendes Beispiel[797]: In Dänemark gab es bis 1967 steigende Zahlen für die Herstellung und den Absatz verbotener pornographischer Literatur. Schon zwei Jahre nach der Aufhebung diesbezüglicher Verbotsbestimmungen gingen diese Zahlen rapide zurück. Es liegt nahe, dass dies auf einen Sättigungsprozess durch Befriedigung der diesbezüglichen Neugierde der Bevölkerung zurückzuführen ist. Dementsprechend lässt sich auch in anderen Bereichen nicht von vornherein behaupten, dass die Zugänglichkeit illegaler Inhalte über das Internet sozial schädlich sei, zumal der Konsum solcher Inhalte nicht in jedem Fall und allenfalls mittelbar Gefahren für konkrete Rechtsgüter mit sich bringt.

Auch im Bereich von Verstößen gegen das Urheberrecht ist nicht geklärt, ob die immer weitere Stärkung der IP-Rechte dem Zweck des Rechtsinstituts des geistigen Eigentums entspricht. Ein Copyrightschutz aus rein wirtschaftlichen Gründen steht nämlich tendenziell im Widerspruch zum ursprünglichen Sinn des Urheberschutzes, den Fortschritt auf diesem Gebiet zu fördern, indem ein Anreiz für Erfindungen und Weiterentwicklungen geschaffen wird[798]. Heutzutage dient der Schutz geistigen Eigentums nur

---

797 Eisenberg, Kriminologie, § 23, Rn. 50.
798 Tallo, Bericht zum Entwurf des Cybercrime-Abkommens (I), Unterpunkt F.36.

selten dem kleinen Tüftler, sondern zumeist den Interessen weltweit tätiger Unternehmen. Deren Interessen scheinen dem Allgemeinwohl nicht selten zu widersprechen. Besonders deutlich zeigt sich dies an der Diskussion über Patente an Aids-Medikamenten: Die Inhaber dieser Patente verlangen ein Vielfaches der Produktionskosten für die lebensrettenden Stoffe und nehmen so den Tod unzähliger Aidskranker vor allem in Entwicklungsländern in Kauf.

Zwar hat der ursprüngliche Gedanke des Schutzes geistigen Eigentums, dass sich die Entwicklung von Innovationen nur bei einem angemessenem Schutz der Rechte an dem Produkt lohnt, auch weiterhin seine Berechtigung. Angesichts der langen Schutzfristen stellt sich aber die Frage, ob dies den Fortschritt nicht eher behindert als fördert. Beispielsweise ist fraglich, ob das gegenwärtige Recht einen ausreichenden Anreiz für den Softwaremonopolisten Microsoft bietet, seine profitablen Produkte zu verbessern. Zweifel hieran wecken die zahlreichen Qualitätsmängel (etwa „Abstürze" und Sicherheitsmängel) der Produkte dieses Unternehmens. Teilweise wird sogar vertreten, Copyrightverstöße könnte die Verbreitung eines Produkts fördern und dessen Marktmacht unter Umständen noch stärken. Jedenfalls sind Einschränkungen der freien Internetnutzung insoweit kontraproduktiv, wie sie das Vertrauen der Bürger in dieses Medium schwächen und daher auch den Absatz von Produkten in diesem Bereich erschweren. Außerdem können sie zu einem Ausweichen auf kostenfrei verfügbare „Open Source"-Software führen, was nicht im Sinne der Anbieter kommerzieller Produkte liegen kann. In anderen Fällen würde die Unterbindung illegaler Kopien dazu führen, dass auf die Benutzung der Software gänzlich verzichtet würde. Nur in einem geringen Teil der Fälle würde anstelle der Anfertigung illegaler Kopien die Originalsoftware gekauft, was die astronomischen Schadensschätzungen der Industrie nicht berücksichtigen.

Weiterhin sind „Raubkopien" auch außerhalb der Telekommunikationsnetze verbreitet, gerade durch die Technologie der CD-Brenner. Man denke nur an den Tausch von Software oder Musik-CDs auf dem Schulhof. Auch kommt in Betracht, dass Straftäter ohne die Möglichkeiten der Telekommunikationsnetze teilweise andere Straftaten im Bereich traditioneller Kriminalität begehen könnten. Wenn das Motiv eines potenziellen Täters beispielsweise darin besteht, unbedingt an ein teures Computerspiel zu bekommen, könnte er statt einer „Raubkopie" aus dem Internet auch einen Diebstahl in Betracht ziehen. Er könnte auch jemanden betrügen, um an Geld zu kommen, mit dem er das Spiel erwerben könnte.

Somit ist auch im Bereich des geistigen Eigentums das letzte Wort in Bezug auf den tatsächlich durch „Raubkopien" entstehenden Schaden noch nicht gesprochen. Zudem ist in der Abwägung wiederum zu berücksichtigen, dass auch hier nur Vermögensschäden entstehen können, was es fraglich erscheinen lässt, ob derart weit reichende Überwachungsmaßnahmen, wie sie die Industrie zu ihrem Vorteil fordert[799], gerechtfertigt sind.

Überhaupt ist es im Bereich der Netzkriminalität im weiteren Sinne fragwürdig, ob die Telekommunikationsnetze zu einem insgesamt höheren Kriminalitätsniveau führen. In diesem Feld, in dem Telekommunikationsnetze lediglich als Medium für zwischenmenschliche Kommunikation eingesetzt werden, besteht ein besonders hohes Maß an Substituierbarkeit. Dies legt die Annahme nahe, dass die Telekommunikation in diesem Bereich größtenteils die unmittelbare Kommunikation in der „Offline-Welt" nachvollzieht und im Wesentlichen nur eine Verlagerung von ehemaligem „Offline-Verhalten" in die Telekommunikationsnetze stattfindet. Die neuen Medien scheinen in diesem Bereich also den Platz traditioneller Kommunikationsmittel einzunehmen, ohne – der Kriminalitätsstatistik nach zu urteilen – eine spürbare Kriminalitätssteigerung nach sich zu ziehen. Eine erhöhte Gefahr durch Telekommunikationsnetze kann daher auf der Basis bisheriger Erkenntnisse nicht angenommen werden.

(iii)   Ausmaß der Gefährdung durch Netzkriminalität

Bisher liegen keine zuverlässigen Statistiken über das Ausmaß an Netzkriminalität oder die dadurch verursachten oder verursachbaren Schäden vor[800]. Erst recht sind keine Erkenntnisse über die insgesamt durch Telekommunikation verursachten Schäden vorhanden. Wenn überhaupt, dann wurde meist das zahlenmäßige Ausmaß von Computerkriminalität untersucht. Aber auch auf diesem Gebiet fehlt es weitgehend an verlässlichen Statistiken[801]. Jenseits statistischer Angaben ist immerhin anerkannt, dass sich die Nutzer der neuen Medien in den allermeisten Fällen legal verhalten

---

799   Seite 44.

800   BMI/BMJ, Sicherheitsbericht 2001, 201; Holznagel, Bernd: Stellungnahme für die öffentliche Anhörung „Von der Industrie- zur Wissensgesellschaft: Wirtschaft, Arbeitswelt und Recht, Privatisierung und Patentierung von Wissen", 08.10.2001, www.bundestag.de/gremien/welt/weltto/weltto126_stell004.pdf, 22.

801   BMI/BMJ, Sicherheitsbericht 2001, 201; Kommission, Sichere Informationsgesellschaft (I), 13: „Mangels aussagekräftiger Statistiken ist es erforderlich, stichhaltige Belege für das Ausmaß der Computerkriminalität zusammenzutragen."

und dass der Missbrauch der Datennetze im Vergleich zu ihrer legaler Nutzung einen verschwindend geringen Anteil bildet[802].

Für den Bereich der Netzkriminalität im engeren Sinne lässt sich diese Annahme durch die deutsche polizeiliche Kriminalitätsstatistik bestätigen. Allerdings ist vorweg darauf hinzuweisen, dass die Aussagekraft der Kriminalitätsstatistik nicht überschätzt werden darf. Dies gilt insbesondere im Hinblick auf die erhebliche Anzahl von Straftaten, die den Strafverfolgungsorganen nicht bekannt werden (Dunkelfeld). Das Ausmaß des Dunkelfeldes schwankt sowohl im zeitlichen Vergleich wie auch im Vergleich der einzelnen Deliktsgruppen zueinander in kaum vorhersehbarer Weise. Tatsächlich gibt es so viele Ursachen für Veränderungen der erfassten Fallzahlen, dass Schlüsse auf die Entwicklung des tatsächlichen Kriminalitätsniveaus verfehlt wären[803].

Lässt man diese Bedenken außer Acht, weil die polizeiliche Kriminalitätsstatistik einen der wenigen tatsächlichen Anhaltspunkte zur Einschätzung des Ausmaßes an Netzkriminalität im engeren Sinne darstellt, dann ergibt sich folgendes Bild: Auf je 1000 Einwohner kam 2001 ein Fall von Computerkriminalität im engeren Sinne[804], wobei mehr als die Hälfte der Fälle auf Betrug mittels rechtswidrig erlangter Karten für Geld- oder Kassenautomaten entfiel. Nach Abzug dieser Delikte, bei denen von vornherein kein Zusammenhang mit Telekommunikationsnetzen bestehen kann, verbleiben höchstens[805] 30.000 Fälle von Netzkriminalität im engeren Sinne im Jahre 2001. In dieser Größenordnung liegen ansonsten bereits einzelne Deliktsgruppen wie „Diebstähle aus Neubauten" oder der Handel mit Cannabis. Zum Vergleich: Es gab 100-mal mehr Diebstähle, 20-mal mehr Sachbeschädigungen und fünfmal mehr Beleidigungen als alle potenziellen Fälle von Netzkriminalität zusammen genommen. Gemessen an der Gesamtzahl der erfassten Delikte handelt es sich um 0,5% der Delikte. Das

---

802   Holznagel, Bernd: Stellungnahme für die öffentliche Anhörung „Von der Industrie- zur Wissensgesellschaft: Wirtschaft, Arbeitswelt und Recht, Privatisierung und Patentierung von Wissen", 08.10.2001, www.bundestag.de/gremien/welt/weltto/weltto126_stell004. pdf, 22; Norbert Geis (MdB) u.a., BT-Drs. 14/4173, 1; LU D-SH, Sichere Informationsgesellschaft (I), Punkt 6.

803   BMI/BMJ, Sicherheitsbericht 2001, 1; str., vgl. Kury, Kriminalistik 2001, 74 (77) m.w.N.

804   BMI/BMJ, Sicherheitsbericht 2001, 201; Holznagel, Bernd: Stellungnahme für die öffentliche Anhörung „Von der Industrie- zur Wissensgesellschaft: Wirtschaft, Arbeitswelt und Recht, Privatisierung und Patentierung von Wissen", 08.10.2001, www.bundestag.de/gremien/welt/weltto/weltto126_stell004.pdf, 20.

805   Zum Verhältnis von Computer- zu Netzkriminalität im engeren Sinne siehe Seite 11.

Kriminalitätsfeld der Netzkriminalität im engeren Sinne ist der polizeilichen Kriminalitätsstatistik zufolge also eher zu vernachlässigen. Gegen ein großes Ausmaß von Netzkriminalität im engeren Sinne im Vergleich zu dem allgemeinen Kriminalitätsniveau sprechen auch Zahlen aus Großbritannien, denen zufolge der Zugriff auf Verkehrsdaten regelmäßig im Zusammenhang mit Ermittlungen wegen allgemeiner Kriminalität erfolgt, dagegen nur in einem Bruchteil der Fälle im Zusammenhang mit Computerkriminalität[806].

Es ist plausibel, im Bereich der Netzkriminalität von steigenden Fallzahlen auszugehen[807], weil die Nutzung der Telekommunikationsnetze allgemein zunimmt. Die durchschnittliche jährliche Steigerungsrate der Computerkriminalität in den letzten Jahren (1997-2001: 21%)[808] liegt allerdings weit[809] unter der durchschnittlichen jährlichen Wachstumsrate der Anzahl von Internetnutzern in Deutschland (1997-2002: 49%)[810]. Für die statistisch ausgewiesenen Fallzahlen im Bereich der Netzkriminalität ist zudem in großem Maße der Umfang polizeilicher Aufklärungsaktivitäten maßgebend[811], weswegen tatsächlich eine erheblich geringere Steigerungsrate des Ausmaßes an Netzkriminalität vorliegen kann als sie sich aus der Kriminalitätsstatistik ergibt.

Fest steht, dass die polizeiliche Kriminalitätsstatistik nur einen Teil aller Fälle von Computerkriminalität widerspiegelt und die tatsächlichen Zahlen erheblich höher sind[812]. Auf dem Gebiet der Netzkriminalität ist dies bei-

---

806 NCIS Submission (I), Punkt 6.1.1.

807 BMI/BMJ, Sicherheitsbericht 2001, 197; Holznagel, Bernd: Stellungnahme für die öffentliche Anhörung „Von der Industrie- zur Wissensgesellschaft: Wirtschaft, Arbeitswelt und Recht, Privatisierung und Patentierung von Wissen", 08.10.2001, www.bundestag.de/gremien/welt/weltto/weltto126_stell004.pdf, 21 f.

808 Nach BMI, PKS 2001 (I) und ohne Abzug von Betrug mit Zahlungskarten.

809 Holznagel, Bernd: Stellungnahme für die öffentliche Anhörung „Von der Industrie- zur Wissensgesellschaft: Wirtschaft, Arbeitswelt und Recht, Privatisierung und Patentierung von Wissen", 08.10.2001, www.bundestag.de/gremien/welt/weltto/weltto126_stell004. pdf, 22: „deutlich".

810 Heise Verlag: 44 Prozent der Deutschen gehen ins Netz, Meldung vom 05.09.2002, www.heise.de/newsticker/data/anw-05.09.02-005/.

811 BMI/BMJ, Sicherheitsbericht 2001, 197.

812 Sieber, COMCRIME-Studie (I), 22 f.; Kommission, Sichere Informationsgesellschaft (I), 13; Holznagel, Bernd: Stellungnahme für die öffentliche Anhörung „Von der Industrie- zur Wissensgesellschaft: Wirtschaft, Arbeitswelt und Recht, Privatisierung und Patentierung von Wissen", 08.10.2001, www.bundestag.de/gremien/welt/weltto/ weltto126_stell004.pdf, 21; für Internetkriminalität auch BMI/BMJ, Sicherheitsbericht

spielsweise darin begründet, dass viele Straftaten nicht bemerkt werden (z.b. Hacking) oder von betroffenen Unternehmen nicht gemeldet werden, um kein schlechtes Bild in der Öffentlichkeit abzugeben[813].

Fraglich ist aber, ob das Dunkelfeld auf dem Gebiet der Netzkriminalität im Vergleich zu anderen Deliktsgruppen besonders hoch ist[814]. Nur in diesem Fall würde es sich um eine besorgniserregende Besonderheit auf diesem Gebiet handeln. Grundsätzlich existiert die Dunkelfeldproblematik bei allen Delikten. Ob ein besonders hohes Dunkelfeld auf dem Gebiet der Netzkriminalität existiert, ist soweit ersichtlich noch nicht empirisch untersucht worden[815]. Eine Umfrage unter 3.623 Unternehmen weltweit – darunter 1.476 europäischen Unternehmen – ergab, dass über die Hälfte der Unternehmen jeden Fall von Wirtschaftskriminalität anzeigen[816]. Ein weiteres Drittel der Unternehmen reagiert ab einer bestimmten Erheblichkeitsschwelle mit einer Anzeige[817], so dass insgesamt nahezu 90% der befragten Unternehmen gravierende Fälle von Wirtschaftskriminalität – darunter auch Netzkriminalität – anzeigen. Einer Meinungsumfrage unter US-amerikanischen Unternehmen und Organisationen zufolge haben immerhin 34% der Befragten auf Fälle von Computerkriminalität meistens mit einer Strafanzeige reagiert[818], was eine Dunkelziffer von 66% der Gesamtkriminalität bedeuten würde.

In anderen Kriminalitätsbereichen wird die Dunkelziffer weit höher geschätzt[819]. Beispielsweise ist anzunehmen, dass nur ein kleiner Bruchteil

---

2001, 197 und 198; French Delegation of Police Cooperation Working Party, Enfopol 38 (I), 10.

813 Kommission, Sichere Informationsgesellschaft (I), 13; Weichert, Bekämpfung von Internet-Kriminalität (I), Punkt 2; Sieber, COMCRIME-Studie (I), 22 f.; French Delegation of Police Cooperation Working Party, Enfopol 38 (I), 10; BSI, zitiert bei Lücke, Hayo: Studie: 60 Prozent der Firmen Opfer von Computer-Sabotage, Meldung des Internet-Portals teltarif.de vom 06.03.2003, www.teltarif.de/arch/2003/kw10/s10049.html.

814 In diese Richtung für Internetkriminalität BMI/BMJ, Sicherheitsbericht 2001, 197, wonach „von einem extrem großen Dunkelfeld ausgegangen werden" müsse.

815 Etwa BMI/BMJ, Sicherheitsbericht 2001, 198 für Internetkriminalität: „Bei Kriminalität im Internet kann von einem großen Dunkelfeld ausgegangen werden; entsprechende Dunkelfeldforschungen existieren bisher jedoch nicht. Insofern ist eine aussagekräftige Beschreibung des Phänomens anhand statistischer Zahlenwerte kaum möglich."

816 PricewaterhouseCoopers, Wirtschaftskriminalität 2003 (I), 11.

817 PricewaterhouseCoopers, Wirtschaftskriminalität 2003 (I), 11.

818 CSI/FBI, 2002 Survey (I), 20.

819 Zahlen bei Eisenberg, Kriminologie, § 44, Rn. 16 ff.: Das Dunkelfeld bei einfachen Diebstahlsdelikten betrage einer deutschen Untersuchung zufolge 89%, einer amerikanischen Studie zufolge 75% bei Gewaltkriminalität, einer britischen Studie zufolge 80%

aller Beleidigungen angezeigt wird, weil in der Gesellschaft andere Regelungsmechanismen für diese Fälle existieren. Auch in vielen Fällen von versuchtem Betrug wird oft von einer Anzeige abgesehen werden, weil die betroffene Person die versuchte Täuschung bemerkt und daher keinen Schaden erleidet. Bei vollendetem Betrug werden sich viele Opfer schämen, dass sie auf den Täter hereingefallen sind. Dabei kann es sich auch um Anlagebetrug in Millionenhöhe von prominenten Mitgliedern der Gesellschaft handeln, so dass sich das Dunkelfeld nicht auf Bagatellfälle beschränkt. Auch bei Delikten, bei denen in der Bevölkerung kein Unrechtsbewusstsein existiert und die dementsprechend weit verbreitet sind, geht man von einem großen Dunkelfeld aus[820]. Diese beispielhaft aufgezählten Bereiche außerhalb der Netzkriminalität sprechen gegen die Annahme, dass gerade im Bereich der Netzkriminalität ein außergewöhnlich hohes Dunkelfeld bestehen könnte.

Für ein besonders großes Dunkelfeld spricht auch nicht, dass Computerviren äußerst verbreitet sind und dennoch kaum einmal Anzeigen diesbezüglich erstattet werden[821]. Die insoweit einschlägigen Straftatbestände setzen sämtlich Vorsatz voraus, wohingegen sich Computerviren ganz regelmäßig unbemerkt verbreiten. Zwar wird der Programmierer eines Computervirus regelmäßig vorsätzlich handeln. Dieses Delikt würde aber nur als ein Fall in die Kriminalitätsstatistik eingehen und fiele daher kaum ins Gewicht. Computerviren stammen außerdem vergleichsweise selten aus Deutschland, so dass Ermittlungen deutscher Behörden regelmäßig keinen Erfolg versprechen.

Für ein erhöhtes Dunkelfeld könnte sprechen, dass ein Teil der Netzkriminalität in den Bereich der Wirtschaftskriminalität fällt und die Kriminologie der Wirtschaftskriminalität insgesamt ein vergleichsweise großes Dunkelfeld zuschreibt[822]. Bei Straftaten, die persönliche oder staatliche Schutzgüter erheblich verletzen, schätzt die Wissenschaft das Dunkelfeld allerdings als vergleichsweise klein ein[823], weil – selbst innerhalb geschlossener Zirkel – Schäden für Leib, Leben oder Freiheit einer Person oder Vermögensschäden Dritter der Außenwelt kaum verborgen bleiben werden. Ein hohes Dunkelfeld auf dem Gebiet der Netzkriminalität kann man damit

---

insgesamt, 83% bei Körperverletzung, 92% bei Sachbeschädigung; vgl. auch Kury, Kriminalistik 2001, 74 (78).

820 Kury, Kriminalistik 2001, 74 (78).
821 In diese Richtung aber BMI/BMJ, Sicherheitsbericht 2001, 201.
822 Kury, Kriminalistik 2001, 74 (78); BMI/BMJ, Sicherheitsbericht 2001, 160.
823 Kury, Kriminalistik 2001, 74 (78).

allenfalls dort sehen, wo ausschließlich das Vermögen oder Geschäftsgeheimnisse des Opfers von Netzkriminalität beschädigt wurden. Dabei handelt es sich nicht um höchstwertige Rechtsgüter, was im Rahmen der Abwägung von Bedeutung ist.

Es erscheint auch wahrscheinlich, dass Firmen ihre Geheimhaltungsinteressen zurückstellen, wenn es um wirklich hohe Summen geht oder wenn sie sich einer dauerhaften Gefahr ausgesetzt sehen. Für diese Annahme spricht, dass schwere Delikte generell eher angezeigt werden als leichte[824] und dass der Hauptgrund für das Absehen von einer Strafanzeige darin liegt, dass die betroffenen Personen den entstandenen Schaden als zu gering einschätzen als dass eine Anzeige lohnen würde[825]. Außerdem muss man anerkennen, dass geschädigte Firmen, die aus Gründen ihres guten Rufes von einer Anzeige absehen, insoweit regelmäßig rational und wohlbegründet handeln. Ein Ermittlungs- und Strafverfahren, von dem die Öffentlichkeit erfahren würde, könnte sie in der Tat mehr schädigen als ihnen die präventiven Wirkungen eines Strafverfahrens selbst im besten Fall nutzen könnten. Sind staatliche Ermittlungsverfahren in bestimmten Fällen aber nicht sinnvoll, dann kann ein insoweit bestehendes Dunkelfeld auch nicht angeführt werden, um weiter gehende staatliche Eingriffe im Ermittlungsverfahren zu legitimieren.

Dass die Anzahl von Fällen, in denen Straftaten durch das Opfer nicht erkannt werden, im Bereich der Netzkriminalität besonders hoch sein soll, ist nicht ersichtlich. Das Bundesamt für Sicherheit in der Informationstechnik schatzt, dass nur zehn Prozent aller Angriffe auf Unternehmen von diesen nicht erkannt werden[826]. Der Hauptgrund für das Dunkelfeld auf dem Gebiet der Netzkriminalität wird vielmehr in der mangelnden Anzeigebereitschaft liegen.

Zusammenfassend lässt sich sagen, dass ohne spezifische empirische Nachweise nicht davon ausgegangen werden kann, dass das Dunkelfeld im Bereich der Netzkriminalität größer ist als im Bereich anderer Kriminalität.

In Bezug auf die Höhe der Vermögensschäden durch Netzkriminalität liegen keine aussagekräftigen Daten vor[827]. Das Bundesamt für Sicherheit in

---

824 Eisenberg, Kriminologie, § 44, Rn. 16.

825 Kury, Kriminalistik 2001, 74 (80).

826 BSI, zitiert bei Lücke, Hayo: Studie: 60 Prozent der Firmen Opfer von Computer-Sabotage, Meldung des Internet-Portals teltarif.de vom 06.03.2003, www.teltarif.de/arch/2003/kw10/s10049.html.

827 Holznagel, Bernd: Stellungnahme für die öffentliche Anhörung „Von der Industrie- zur Wissensgesellschaft: Wirtschaft, Arbeitswelt und Recht, Privatisierung und Patentierung

der Informationstechnik gibt als jährlichen Gesamtschaden durch Computerkriminalität in Deutschland „einen hohen dreistelligen Millionenbetrag" an[828]. Auf welche Quellen sich diese Schätzung stützt und inwieweit die angegebenen Schäden unter Verwendung von Telekommunikationsnetzen verursacht wurden, bleibt offen. Eine im Jahr 2003 durchgeführte Unternehmensbefragung ergab, dass 6% der beklagten Schäden durch Wirtschaftskriminalität auf Computerkriminalität zurückgeführt wurden[829]. Demgegenüber machte etwa Industriespionage 30% der angegebenen Schäden aus[830].

Absolute Zahlen benennt eine in den USA jährlich stattfindende, nicht repräsentative Umfrage über Computerkriminalität und -sicherheit[831]. Lässt man diejenigen der untersuchten Deliktsgruppen außer Acht, bei deren Begehung Telekommunikationsnetze von vornherein nicht (z.b. Laptopdiebstahl) oder kaum (z.b. Missbrauch von Internetzugängen durch Mitarbeiter) als Tatwerkzeug in Betracht kommen, dann wurden von den befragten Organisationen Schäden in Höhe von 389 Millionen US-$ im Jahre 2001 beklagt. Die Angabe von 389 Millionen US-$ kann einerseits zu niedrig sein, weil nur vergleichsweise wenige Organisationen befragt wurden. Sie kann aber auch zu hoch sein, weil sie lediglich auf freien Schätzungen der Organisationen beruht. Jedenfalls müsste jede Bezifferung in Relation zu anderen Zahlen gesetzt werden, etwa zu den gesamten Ausgaben oder Umsätzen der befragten Organisationen in dem betreffenden Jahr. So ist bekannt, dass der Kreditkartengesellschaft Mastercard 1999 durch Kreditkartenmissbrauch ein Verlust in Höhe von ca. 700 Millionen US-$ weltweit entstanden ist, dass dieser Schaden aber nur 0,1% der Kreditkartenumsätze ausmachte[832]. Im Jahr 2001 entstand übrigens allein in Deutschland und allein durch Diebstahl ein Schaden in Höhe von 2,2 Milliarden Euro[833].

Auch aus weiteren Gründen ist bei der Übertragung von Zahlen aus dem Gebiet der Computerkriminalität auf den Bereich der Netzkriminalität Vor-

---

von Wissen", 08.10.2001, www.bundestag.de/gremien/welt/weltto/weltto126_stell004. pdf, 22.

828   BSI, zitiert bei Lücke, Hayo: Studie: 60 Prozent der Firmen Opfer von Computer-Sabotage, Meldung des Internet-Portals teltarif.de vom 06.03.2003, www.teltarif.de/arch/2003/kw10/s10049.html.

829   PricewaterhouseCoopers, Wirtschaftskriminalität 2003 (I), 12.

830   PricewaterhouseCoopers, Wirtschaftskriminalität 2003 (I), 12.

831   CSI/FBI, 2002 Survey (I).

832   Kubica, Die Kriminalpolizei 9/2001.

833   BMI, PKS 2001 (I), 11.

sicht angebracht. Zwar wurde das Internet von 74% der befragten Firmen als häufiger Angriffspunkt genannt, interne Computer dagegen nur von 33%[834]. Dies bedeutet aber nicht, dass die zahlenmäßig selteneren Fälle internen Missbrauchs nicht für den Großteil der Schäden verantwortlich sein könnten. Zu vermuten ist, dass ein großer Teil der schadensträchtigen Computerkriminalität von Mitarbeitern oder ehemaligen Mitarbeitern eines Unternehmens begangen wird und dass der Zugriff mittels Telekommunikationsnetzen insoweit keine Rolle spielt, weil Mitarbeiter direkten Zugriff auf die Computeranlagen ihres Unternehmens haben und durch deren Nutzung vermeiden können, dass aufgrund der Zwischenschaltung von Telekommunikationsnetzen Datenspuren entstehen, die sie verraten könnten. Einer deutschen Untersuchung zufolge gehen zwei Drittel der Fälle von Computerkriminalität im engeren Sinne von Mitarbeitern oder ehemaligen Mitarbeitern des angegriffenen Unternehmens aus[835]. Eine US-amerikanische Umfrage kommt zu dem Ergebnis, dass mehr als 50% aller Fälle von Netzkriminalität auf internen Missbrauch zurückzuführen seien; außerdem seien die aufgetretenen Schäden in diesem Bereich besonders hoch[836]. Die oben zitierte, jährliche Umfrage unter US-amerikanischen Unternehmen und Organisationen ergab, dass sich 76% der befragten Unternehmen und Organisationen von ihren eigenen Mitarbeitern angegriffen fühlten[837] und dass immerhin 44% aller Schäden mit Telekommunikationsnetzrelevanz auf unbefugte Informationsabrufe zurückzuführen seien. Gerade unbefugte Informationsabrufe dürften besonders oft und besonders erfolgreich von den Mitarbeitern des betroffenen Unternehmens vorgenommen werden, weil diese entsprechendes Insiderwissen besitzen.

Die Höhe der Vermögensschäden, die gerade durch den Missbrauch von Telekommunikationsnetzen entstehen, darf daher nicht überschätzt werden, gerade im Verhältnis zu dem Aufwand, der mit der Einführung einer Vorratsspeicherung von Verkehrsdaten verbunden wäre. Allgemein ist zu beobachten, dass sich die politische Diskussion auf Felder wie Wirtschaftskriminalität, Rauschgiftkriminalität, organisierte Kriminalität und jetzt auch Netzkriminalität konzentriert, obwohl diese Kriminalitätsfelder nur einen

---

834   CSI/FBI, 2002 Survey (I), 8.
835   Thomas Eßer (Mummert Consulting), zitiert bei Lücke, Hayo: Studie: 60 Prozent der Firmen Opfer von Computer-Sabotage, Meldung des Internet-Portals teltarif.de vom 06.03.2003, www.teltarif.de/arch/2003/kw10/s10049.html.
836   Symantec, Symantec Internet Security Threat Report (I), 5.
837   CSI/FBI, 2002 Survey (I), 9.

Bruchteil der Gesamtkriminalität ausmachen[838] und die Bürger im Vergleich zur Massenkriminalität nicht merklich beeinträchtigen.

(iv)   Einschlägige Gemeinschaftsgüter im Bereich sonstiger Kriminalität

Weiterhin ist zu untersuchen, ob von den Telekommunikationsnetzen Gefahren ausgehen, wenn sie nicht unmittelbar als Werkzeug zur Begehung von Straftaten eingesetzt werden. In Betracht kommt zunächst die Nutzung durch Straftäter im Zusammenhang mit der Begehung traditioneller Straftaten, etwa als Hilfsmittel bei der Vorbereitung oder Begehung einer Straftat oder bei der Flucht, dem Absatz der Beute usw. Das klassische Beispiel in diesem Bereich ist das Mobiltelefon, dass sich bei Kriminellen offenbar größter Beliebtheit erfreut, weil es eine ständige Kommunikation mit Komplizen ermöglicht. Durch allgemeine Kriminalität können potenziell Rechtsgüter jeder Art gefährdet werden. Fraglich ist allerdings, ob es für die Begehung einer Straftat wirklich eine Rolle spielt, ob Telekommunikationsmöglichkeiten zur Verfügung stehen. Auch in diesem Bereich ist es problematisch, von der Nutzung des Mediums durch Straftäter darauf zu schließen, dass ohne die Telekommunikationsnetze weniger Straftaten begangen würden.

Der Zugriff auf Verkehrsdaten ist schließlich nicht nur dann von Bedeutung, wenn Telekommunikationsnetze im Zusammenhang mit einer Straftat genutzt wurden. Es geht vielmehr oft um das Überführen oder Auffinden Beschuldigter anhand von deren allgemeiner Telekommunikationsnutzung, die sich von der jedes anderen Bürgers nicht unterscheidet. In dieser Fallkonstellation, die sogar die Mehrzahl der Zugriffe auf Telekommunikations-Verkehrsdaten ausmachen könnte, lässt sich nicht sagen, dass von der Telekommunikationsnutzung Gefahren ausgehen. Zwar mag von der Person, gegen die ermittelt wird, eine Gefahr ausgehen, zu deren Beseitigung das Auffinden und Überführen der Person erforderlich sein mag. Diese Gefahr würde aber auch dann bestehen, wenn der Beschuldigte auf die Telekommunikationsnutzung verzichten würde, so dass den Telekommunikationsnetzen in diesen – zahlenmäßig bedeutenden – Fällen kein eigenständiges Gefährdungspotenzial zugeschrieben werden kann. Nichtsdestotrotz ist der Zugriff auf Telekommunikations-Verkehrsdaten in diesem Bereich geeignet, Rechtsgüter aller Art vor strafbaren Angriffen zu schützen.

---

838   Dietel, Innere Sicherheit, 63.

(v)   Zwischenergebnis

Als Zwischenergebnis bleibt festzuhalten, dass eine Gefährdung der Allgemeinheit oder der physischen Sicherheit einzelner Bürger durch die Nutzung von Telekommunikationsnetzen kaum denkbar ist. Gefährdet ist vielmehr vorwiegend das Vermögen Einzelner, also ein Rechtsgut von vergleichsweise geringerem Gewicht. In wie vielen Fällen und in welchem Ausmaß durch die Nutzung von Telekommunikationsnetzen tatsächlich Rechtsgüter geschädigt werden, ist noch nicht empirisch untersucht worden. Wo Rechtsgüter anders als durch Nutzung von Telekommunikationsnetzen gefährdet werden, kann der Zugriff auf Telekommunikations-Verkehrsdaten in einzelnen Fällen der Abwendung von Gefahren für Rechtsgüter jeder Art dienen.

(bb)   Maß an Eignung zur Begegnung der Gefahren

Nachdem festgestellt wurde, welche Rechtsgüter durch die Einführung einer generellen Vorratsspeicherung von Telekommunikations-Verkehrsdaten geschützt werden könnten, stellt sich die Frage nach dem praktischen Nutzen einer solchen Maßnahme. Bei der Untersuchung dieser Frage ist zweckmäßigerweise danach zu unterscheiden, zu welchem Zweck ein Zugriff auf Verkehrsdaten erfolgt. Umfassender als der EU-Vorschlag zielen die Bundesrats-Vorschläge[839] darauf ab, die auf Vorrat gespeicherten Daten allen wichtigen Strafverfolgungs- und Gefahrenabwehrbehörden einschließlich der Nachrichtendienste zugänglich zu machen. Fraglich ist, in welchem Maße der Zugriff auf Verkehrsdaten für die einzelnen Behördenzweige von Bedeutung ist.

Den Schwerpunkt wird man eindeutig im Bereich der Strafverfolgung sehen müssen[840]. Nicht umsonst hat schon § 142 der Paulskirchenversammlung von 1848 Ausnahmen von dem Briefgeheimnis nur und gerade für „strafgerichtliche Untersuchungen und in Kriegsfällen" zugelassen. Auch auf der nationalen und internationalen Bühne – dort insbesondere im Rahmen des Europarats, der EU und der G8 – konzentrieren sich die Diskussionen und Anstrengungen auf das Gebiet der Strafverfolgung. Schließlich hat es der Polizeigesetzgeber von Ausnahmen abgesehen bisher nicht für erforderlich gehalten, die Gefahrenabwehrbehörden zu ermächtigen, auf Verkehrsdaten zuzugreifen.

---

839   Seite 5.
840   L/D³-Bäumler, J 536 und 679.

Zu beachten ist allerdings, dass sich die Bereiche der Gefahrenabwehr und der Strafverfolgung oft überschneiden, weil die Gefährdung von Rechtsgütern oft strafbar ist. Jedenfalls die vorsätzliche Gefährdung von Rechtsgütern wird durch das Strafrecht weitgehend abgedeckt, so dass eine „reine" Gefahrenabwehr im Wesentlichen nur im Bereich fahrlässiges Verhaltens oder unverschuldeter Gefahren denkbar ist. Dass in diesen, schon für sich genommen wenig relevanten Bereichen ein Zugriff auf Verkehrsdaten erforderlich werden könnte, ist kaum denkbar.

Im Bereich strafbarer Handlungen sind die praktischen Möglichkeiten der Gefahrenabwehrbehörden, die zukünftige Begehung einer Straftat zu verhindern, gering[841]. Eine Gefahrenabwehr wird daher in der Praxis ganz regelmäßig in der Form erfolgen, dass die weitere Begehung einer strafbaren Handlung unterbunden und in dieser Weise zugleich die dadurch verursachte Gefahr beseitigt wird. Beispielsweise könnte im Fall einer Entführung der Zugriff auf die Mobiltelefon-Positionsdaten des Opfers erforderlich werden, um das Opfer zu befreien und zugleich den Täter festzunehmen.

Der Zugriff auf Telekommunikations-Verkehrsdaten ist somit vor allem im Bereich strafbarer Handlungen erforderlich, so dass sich die folgenden Ausführungen auf dieses Feld konzentrieren.

Bei der Diskussion um erweiterte informationelle Eingriffsbefugnisse wird regelmäßig – meist unausgesprochen[842], manchmal ausdrücklich[843] – vorausgesetzt, dass eine verstärkte Strafverfolgung dem Rechtsgüterschutz dient. Nur selten wird problematisiert, ob dies überhaupt der Fall ist, in welchem Maße präventive Wirkungen infolge einer Eingriffsbefugnis zu erwarten sind und wie sich dieser Nutzen zu dem Ausmaß an unerwünschten Folgen der Befugnis verhält. Um diese Problematik näher zu beleuchten, soll an dieser Stelle zunächst näher auf kriminologische Erkenntnisse über die Wirksamkeit der Strafverfolgung eingegangen werden.

---

841 L/D³-Bäumler, J 535; Kube, Edwin (BKA-Abteilungspräsident), zitiert bei Feltes, Fehlerquellen im Ermittlungsverfahren (I): Die Polizei sei nicht in der Lage, „einen nennenswerten Anteil der Gesamtkriminalität zu verhüten".

842 Etwa Bayern und Thüringen in ihrem Gesetzesantrag, BR-Drs. 1014/01 (Entwurf eines Gesetzes zur Verbesserung des strafrechtlichen Instrumentariums für die Bekämpfung des Terrorismus und der Organisierten Kriminalität), 1.

843 Etwa LINX, Traceability (I), Punkt 1: „Of course, the ability to trace actions back to their source will, in itself, discourage unreasonable behaviour."

(i)   Empirische Erkenntnisse über den Nutzen von Strafverfolgung

Präventive Wirkungen kann die Strafverfolgung einerseits dadurch entfalten, dass Straftäter an der Begehung weiterer Straftaten gehindert werden oder freiwillig davon absehen (Spezialprävention). Daneben könnten Strafverfahren auch Personen, die von Strafverfahren gegen andere Kenntnis erlangen, von der Begehung von Straftaten abhalten (Generalprävention).

Im Bereich der Spezialprävention kann das Strafverfahren zunächst im Wege unmittelbaren Zwangs präventiv wirken. So kann eine freiheitsentziehende Untersuchungsmaßnahme, Strafe oder Maßnahme der Besserung und Sicherung (§§ 61 ff. StGB) dem Täter bereits die Möglichkeit nehmen, in dieser Zeit fremde Rechtsgüter zu gefährden. Neben der Verhinderung zukünftiger Straftaten kann das Strafverfahren auch die weitere Begehung einer noch nicht vollendeten Straftat unterbinden (vgl. etwa §§ 23, 24, 30 Abs. 2, 127 ff. StGB) oder wenigstens den Eintritt weiterer Schäden und Gefahren infolge einer bereits vollendeten Straftat verhindern. Dies kann beispielsweise im Wege der Festnahme des Täters erfolgen. Auch eine Restitution des Geschädigten kann erfolgen, etwa durch die Rückgabe betrügerisch erlangter Gegenstände.

Während diese Aspekte des Rechtsgüterschutzes durch Strafverfolgung theoretisch auf der Hand liegen, ist für die verfassungsrechtliche Abwägung ihr tatsächliches Gewicht maßgeblich. Dieses bestimmt sich danach, ob und in welchem Maße die erwünschten präventiven Effekte tatsächlich eintreten. Was eine mögliche Restitution des Geschädigten anbelangt, so ist nicht bekannt, in wie vielen Fällen und in welchem Maße eine Restitution infolge eines strafrechtlichen Ermittlungsverfahrens gegenwärtig stattfindet. An den Geschädigten zurückgegeben werden kann jedenfalls nur Vermögen. Da strafbare Zugriffe auf fremdes Vermögen regelmäßig erfolgen werden, um das erlangte Vermögen zu eigenen Zwecken einzusetzen, wird dieses oft nicht mehr vorhanden sein. Da außerdem zu vermuten ist, dass Straftäter nur selten über nennenswertes eigenes Vermögen verfügen, wird auch eine Restitution im Wege des Schadensersatzes zumeist ausscheiden.

Weiterhin ist der Nutzen einer Inhaftierung von Straftätern zu betrachten. Dass eine eingesperrte Person während der Haftzeit regelmäßig keine Straftaten begehen kann, steht fest[844]. Dennoch sind Auswirkungen des amerikanischen Konzepts der „Incapacitation" auf das allgemeine Kriminalitätsni-

---

844   BMI/BMJ, Sicherheitsbericht 2001, 381.

veau nicht nachgewiesen[845]. Wegen der großen Zahl von Kleinkriminellen und der beschränkten Anzahl an Gefängnisplätzen ist der Nutzen einer „Verwahrung" jedenfalls bei weniger schwer wiegenden Delikten gering[846]. Auch eine Beschränkung des Freiheitsentzugs auf besonders gefährliche Straftäter ist praktisch nicht durchführbar, weil sich die zukünftige Straffälligkeit von Straftätern nicht prognostizieren lässt[847]. Gegen jeden potenziell gefährlichen Straftäter eine Gefängnisstrafe zu verhängen, ist schon wegen der hohen Kosten der Vollstreckung von Freiheitsstrafen unmöglich.

Gerade auf dem Gebiet der organisierten Kriminalität ist außerdem die Annahme plausibel, dass es einen lukrativen Markt für bestimmte kriminelle Aktivitäten gibt und dass „unschädlich gemachte" Straftäter alsbald durch andere Personen ersetzt werden. Hinzu kommen die kontraproduktiven Effekte des Freiheitsentzugs auf Insassen[848]: Die Vertrautheit mit dem Übel der Freiheitsstrafe kann deren abschreckende Wirkung für die Zukunft vermindern[849]. Gerade ein Aufenthalt in einer Justizvollzugsanstalt kann dazu führen, dass jemand zum Wiederholungstäter wird[850]. Überreaktionen von staatlichem Personal können auf Täter stigmatisierend wirken[851]. Die Erfahrung von Demütigung ist ein wichtiges Motiv gerade von Terroristen[852]. Im Übrigen spricht das Beispiel der USA gegen die Annahme, ein verstärkter Freiheitsentzug könne das Kriminalitätsniveau senken. Obwohl sich in den USA ein weltweit nahezu einmaliger Anteil der Bevölkerung im Freiheitsentzug befindet, ist die Kriminalität laut Statistik erheblich höher als in Deutschland[853].

Was die möglichen Auswirkungen des Strafverfahrens auf den freien Entschluss von Straftätern in Bezug auf die zukünftige Begehung weiterer Straftaten angeht, so gibt es trotz intensiver Forschung weltweit keinen empirischen Beleg für die Annahme, dass eine Verurteilung in spezialprä-

---

845 Sherman u.a.-Sherman, Preventing Crime, 44: „Recent reviews conclude there is very little evidence that increased incarceration has reduced crime".
846 Diekmann, Die Befolgung von Gesetzen, 149.
847 Sherman u.a.-MacKenzie, Preventing Crime, 431.
848 BMI/BMJ, Sicherheitsbericht 2001, 381.
849 Kunz, Kriminologie, § 31, Rn. 17.
850 Kunz, Kriminologie, § 31, Rn. 17.
851 Schneider, Kriminologie, 324.
852 Limbach, Jutta: Ist die kollektive Sicherheit Feind der individuellen Freiheit? 10.05.2002, www.zeit.de/reden/Deutsche%20Innenpolitik/200221_limbach_sicherheit. html; Rötzer, Florian: Armut ist keine Ursache für den Terrorismus, Telepolis, Heise-Verlag, 01.08.2002, www.heise.de/tp/deutsch/inhalt/co/13015/1.html.
853 Bottger/Pfeiffer, ZRP 1994, 7 (14).

ventiver Hinsicht einer Verfahrenseinstellung überlegen sein könnte[854]. Ebenso wenig erwiesen ist, dass die Bekanntgabe eines Ermittlungsverfahrens an eine Person spezialpräventiv wirken könnte.

Letztlich lässt sich also nicht feststellen, dass das Betreiben eines Ermittlungs-, Gerichts- oder Strafvollstreckungsverfahrens irgendeine spezialpräventive Wirkung auf den jeweiligen Beschuldigten, Angeklagten oder Verurteilten hat. Dass sich spezialpräventive Wirkungen der Strafverfolgung nicht empirisch belegen lassen, bedeutet zwar nicht zwangsläufig, dass sie nicht existieren[855]. Wenn sich für eine Theorie aber trotz beträchtlichen Aufwands über Jahrzehnte keine Belege haben finden lassen, dann muss diese Theorie als gescheitert bezeichnet werden[856].

Was eine mögliche generalpräventive Wirkung der Strafverfolgung anbelangt, so kommen einige der vielen empirischen Untersuchungen auf diesem Gebiet zu dem Ergebnis, dass ein gewisser Einfluss des subjektiv angenommenen Entdeckungsrisikos auf die Delinquenz nachweisbar sei[857]. Anerkannt ist dies jedoch nur bei einigen minder schweren Delikten[858]. Anderen einschlägigen Forschungsergebnissen zufolge sollen keinerlei generalpräventive Wirkungen der Erwartung, bei Begehung einer Straftat bestraft zu werden, feststellbar sein[859]. Die geringe oder fehlende Bedeutung des subjektiv angenommenen Entdeckungsrisikos lässt sich mit der empirisch gewonnenen Erkenntnis erklären, dass Straftäter das Entdeckungsrisiko bei ihrer Entschlussfassung nur selten berücksichtigen[860].

Den genannten Untersuchungen ist gemeinsam, dass eine generalpräventive Wirkung der wahrgenommenen Sanktionswahrscheinlichkeit, sofern sie überhaupt existiert, gering und im Vergleich zu anderen Faktoren minimal ist[861]. So spielt der Grad der Abweichung eines strafbaren Verhaltens von sozialen Normen sowie die soziale Integration einer Person eine erheblich größere Rolle für den Entschluss, eine Straftat zu begehen oder nicht,

---

854   BMI/BMJ, Sicherheitsbericht 2001, 382.

855   Göppinger, Kriminologie, 179.

856   Niggli, Kriminologische Überlegungen zur Strafzumessung (I), 8 für die negative Spezial- und Generalprävention.

857   Diekmann, Die Befolgung von Gesetzen, 129 und 133.

858   BMI/BMJ, Sicherheitsbericht 2001, 382.

859   Kunz, Kriminologie, § 30, Rn. 15; Eisenberg, Kriminologie, § 41, Rn. 6; Diekmann, Die Befolgung von Gesetzen, 131; Bönitz, Strafgesetze und Verhaltenssteuerung, 329.

860   Kunz, Kriminologie, § 30, Rn. 19; Niggli, Kriminologische Überlegungen zur Strafzumessung (I), 9.

861   Feltes, MschrKrim 1993, 341 (344 f.); Bönitz, Strafgesetze und Verhaltenssteuerung, 329.

als die wahrgenommene Sanktionswahrscheinlichkeit[862]. Daneben gibt es eine Vielzahl weiterer Faktoren, die jeweils für sich genommen erheblich bedeutsamer für die Delinquenz sind als die Sanktionswahrscheinlichkeit, etwa der von dem Delikt erhoffte Nutzen, die soziale Bezugsgruppe einer Person, ihr Einkommen, ihre etwaige Arbeitslosigkeit[863], ihre Freizeittätigkeiten, ihre individuellen Moralvorstellungen[864], vermutete negative Reaktionen des Umfelds auf eine Straftat, die Delinquenz in der Vergangenheit, gerichtliche Vorverurteilungen und das Ausmaß der im Bekanntenkreis beobachteten Kriminalität[865]. Im Vergleich zur Bedeutung dieser Faktoren ist der Einfluss der empfundenen Sanktionswahrscheinlichkeit nicht nennenswert[866]. Dass ein potenzieller Straftäter von seinem Vorhaben absieht, weil er damit rechnet, dass ihn die Polizei überführen kann, ist mithin selten[867].

Überdies würde der Versuch, das subjektiv angenommene Entdeckungsrisiko durch eine verstärkte Strafverfolgung zu erhöhen, schon daran scheitern, dass potenzielle Straftäter das objektive Entdeckungsrisiko beziehungsweise die tatsächliche Aufklärungsrate nicht kennen[868] und ihr Verhalten folglich nicht daran ausrichten können. In den USA hat man etwa versucht, das subjektiv wahrgenommene Entdeckungsrisiko durch eine stete Ausweitung der Ermittlungsbefugnisse zu steigern[869]. Ein kriminalitätssenkender Einfluss dieser Strategie ist jedoch nicht zu erkennen. In der Bevölkerung wird das Entdeckungsrisiko ohnehin durchgehend weit überschätzt[870], so dass selbst ein objektiv gesteigertes Entdeckungsrisiko noch hinter dem subjektiv wahrgenommenen zurückbleiben würde[871].

Man muss danach annehmen, dass die generalpräventive Abschreckungswirkung der Strafverfolgung im Wesentlichen dadurch ausgeschöpft wird, dass sich potenzielle Straftäter einem gewissen Entdeckungsrisiko ausgesetzt sehen. Solange die Bevölkerung nicht den Eindruck hat, eine

---

862   Diekmann, Die Befolgung von Gesetzen, 133; Feltes, MschrKrim 1993, 341 (344 f.).

863   Diekmann, Die Befolgung von Gesetzen, 133.

864   Feltes, MschrKrim 1993, 341 (344 f.).

865   Bönitz, Strafgesetze und Verhaltenssteuerung, 329.

866   Bönitz, Strafgesetze und Verhaltenssteuerung, 329.

867   L/D³-Bäumler, J 535.

868   Kunz, Kriminologie, § 30, Rn. 20; Eisenberg, Kriminologie, § 41, Rn. 9; Niggli, Kriminologische Überlegungen zur Strafzumessung (I), 9.

869   Rohe, Verdeckte Informationsgewinnung mit technischen Hilfsmitteln zur Bekämpfung der Organisierten Kriminalität, 47.

870   Kunz, Kriminologie, § 30, Rn. 20; Bönitz, Strafgesetze und Verhaltenssteuerung, 329.

871   Kunz, Kriminologie, § 30, Rn. 20.

Strafverfolgung sei in bestimmten Bereichen generell ausgeschlossen, kommt es auf das tatsächliche Ausmaß an Strafverfolgung für das allgemeine Kriminalitätsniveau also nicht an. Dass die Entscheidung einer Person für oder gegen eine Straftat von einer um einige Prozentpunkte höheren oder niedrigeren Entdeckungswahrscheinlichkeit abhängen könnte, ist nicht plausibel. Ob die Aufklärungsrate 10 oder 20% beträgt, wird für den Entschluss einer Person, eine Straftat zu begehen, keine Rolle spielen. In höherem Maße als um einige Prozentpunkte ließe sich die Ermittlungserfolgsrate realistischerweise nicht steigern. In Übrigen werden die Kosten einer Steigerung der Aufklärungsrate um nur 1% auf eine halbe Milliarde Euro geschätzt[872].

Gemessen an dem genannten Maßstab ist es auf dem Gebiet des Zugriffs auf Telekommunikations-Verkehrsdaten vollkommen ausreichend, wenn in einzelnen Fällen die Aufbewahrung von Telekommunikations-Verkehrsdaten zur Strafverfolgung angeordnet werden kann, wie es in der Cybercrime-Konvention des Europarates für Verbindungen zum Datenaustausch vorgesehen ist und in den USA allgemein praktiziert wird. Bereits dadurch können sich potenzielle Straftäter vor einer Entdeckung nicht sicher fühlen. Darüber hinaus gehende generalpräventive Wirkungen durch eine generelle Vorratsspeicherung aller Verkehrsdaten sind nach dem Gesagten nicht ernsthaft zu erwarten, zumal jeder rational planende Kriminelle eine solche Maßnahme leicht umgehen könnte[873].

Fasst man die Forschungsergebnisse bezüglich möglicher präventiver Wirkungen des Strafrechts zusammen, so ist festzuhalten, dass solche Wirkungen auf keinem Gebiet zweifelsfrei empirisch belegbar sind[874]. Ob man daraus den Schluss ziehen kann, das Strafrecht sei überhaupt sinnlos[875], kann dahinstehen. Jedenfalls sind im Bereich der Strafverfolgung angesichts der genannten Erkenntnisse nur entschieden mildere Eingriffsbefugnisse angemessen als bei der Abwehr konkreter Gefahren[876]. Der Gesetzgeber muss diese Abstufung auch abstrakt nachvollziehen. Bei der Einräu-

---

872 Felten, MschrKrim 1993, 311 (350); vgl. auch Sherman u.a.-MacKenzie, Preventing
     Crime, 430 f.
873 Eckhardt, CR 2002, 770 (774); Seite 12 ff.
874 Niggli, Kriminologische Überlegungen zur Strafzumessung (I), 7.
875 Nachweise bei Kaiser, Kriminologie, 103; Eisenberg, Kriminologie, § 41, Rn. 17 und
     § 42, Rn. 11.
876 Vgl. BVerfGE 100, 313 (394 ff.); vgl. auch Art. 13 Abs. 3 und 4 GG; ebenso Schenke,
     AöR 125 (2000), 1 (29); Schenke, JZ 2001, 997 (997); dagegen AK-GG-Bizer, Art. 10,
     Rn. 95.

mung von Befugnissen darf er nicht allzu sehr generalisieren, sondern muss bereichsspezifisch unterschiedliche Eingriffsschwellen vorsehen.

Die unterschiedlichen Anforderungen dürfen auch nicht dadurch umgangen werden, dass die Verwendung von Erkenntnissen, die im Rahmen der Gefahrenabwehr gewonnen wurden, ohne Weiteres auch für Zwecke der Strafverfolgung erlaubt wird[877]. Es ist ein Wertungswiderspruch, wenn die Kenntnisnahme personenbezogener Informationen mit Gefahren für höchste Rechtsgüter legitimiert wird, die Verwendung der Kenntnisse aber dann schon zur Verfolgung von geringwertigen Zwecken zulässig sein soll[878]. Aus Sicht der Betroffenen macht es keinen Unterschied, ob bereits erhobene Daten zu einem „Sekundärzweck" verwertet werden oder ob die Daten überhaupt erst zu diesem Zweck erhoben werden („Primärzweck"). In beiden Fällen ist der Betroffene gleichermaßen belastet, beispielsweise durch Verwicklung in ein strafrechtliches Ermittlungsverfahren, möglicherweise auch zu Unrecht. Die Sicht des Betroffenen ist die maßgebliche, wenn es um die Beurteilung der Verhältnismäßigkeit einer Maßnahme geht, denn dabei ist die Belastung der Betroffenen gegen den Nutzen der Maßnahme abzuwägen. Das wiederum zwingt zu dem Schluss, dass ein Eingriff in Art. 10 Abs. 1 Var. 3 GG durch Zweitverwertung von Daten nur zulässig ist, wenn auch die erstmalige Erhebung der Daten allein zu diesem Zweck und auf dieselbe Weise verhältnismäßig gewesen wäre[879]. Dem tragen bestehende Normen bisher keine Rechnung.

(ii) Möglicher Nutzen einer Erweiterung der Befugnisse der Strafverfolgungsbehörden

Fraglich ist, ob und in welchem Maße erweiterte informationelle Eingriffsbefugnisse in Strafverfahren den Rechtsgüterschutz stärken können. Vorab ist festzuhalten, dass eine Ausweitung informationeller Eingriffsbefugnisse hohe Kosten verursachen kann, etwa Fortbildungskosten oder Kosten für die Anschaffung technischer Einrichtungen. Soweit der Staat die Kosten trägt, können der originären Kriminalpräventionsarbeit auf diese Weise Mittel vorenthalten werden. Weil die Bekämpfung der Ursachen von Kriminalität vielversprechender ist als Maßnahmen der Strafverfolgung[880],

---

877 BVerfGE 100, 313 (389 f.).

878 So aber das BVerfG in E 100, 313 (373 ff.); vgl. auch Art. 13 Abs. 5 S. 2 GG.

879 Gusy, KritV 2000, 52 (63); L/D³-Bäumler, J 719; so jetzt auch BVerfGE 109, 279 (377) und BVerfG, NJW 2004, 2213 (2221).

880 Travis Hirschi, zitiert bei Kunz, Kriminologie, § 34, Rn. 3; Schneider, Kriminologie, 325; Diekmann, Die Befolgung von Gesetzen, 151.

sind Mittelverlagerungen in den Bereich der Strafverfolgung kontraproduktiv. Zwar lässt sich vortragen, ohne die Möglichkeit einer Bestrafung könne keine alternative Vorbeugungsstrategie auskommen[881]. Die Strafverfolgung kann aber stets nur das letzte Mittel der Kriminalitätskontrolle sein[882]. Alles andere wäre eine Überschätzung ihrer präventiven Wirkungen, denn Strafverfolgung ist per definitionem primär auf nachträgliche Repression in einzelnen Fällen angelegt[883]. Dies wird etwa an den Vorschriften des Strafgesetzbuches über die Strafzumessung deutlich, die in erster Linie auf die Schuld des Täters abstellen (§ 46 Abs. 1 S. 1 StGB) und erst in zweiter Linie auf die Auswirkungen der Strafe (§ 46 Abs. 1 S. 2 StGB).

Gegen die Annahme, dass eine Erweiterung der Eingriffsbefugnisse im Strafverfahren eine kriminalitätssenkende Wirkung haben könnte, sprechen zunächst die in Deutschland auf politischer Ebene gemachten Erfahrungen. Nach der Auflösung des Polizeistaates des Dritten Reiches wurden in Deutschland vorhandene Überwachungsstrukturen zunächst zerschlagen. Seit 1968 wurde das Maß an informationellen Eingriffsbefugnissen wieder zusehends gesteigert, unter anderem um die Durchsetzung des Strafrechts zu erleichtern. Fundamentale Prinzipien wie die Unschuldsvermutung, das Trennungsprinzip, die Offenheit staatlicher Ermittlungen und die Konzentration von Maßnahmen auf Verdächtige sind immer weiter eingeschränkt worden[884], ohne dass jedoch ein Einfluss dieser Änderungen auf das Kriminalitätsniveau feststellbar wäre. Strafverfolgungsbehörden verweisen zwar auf – teilweise spektakuläre – Einzelfälle, die mit Hilfe der verschiedenen Befugnisse gelöst worden seien. Jedoch können solche Einzelfälle oder Erledigungsstatistiken nichts über die Frage aussagen, ob Auswirkungen von Befugniserweiterungen auf das Kriminalitätsniveau spürbar sind.

Dies ist, soweit ersichtlich, nicht der Fall. Trotz aller bisher erfolgten Befugniserweiterungen bestehen die gravierenden Strafverfolgungsdefizite, die allseits beklagt werden, unverändert fort. Als chronische Strafverfolgungsdefizite sind die großen Dunkelfelder und die geringen Aufklärungsquoten zu nennen, besonders auf den zentralen Gebieten modernen Strafrechts wie in den Bereichen der organisierten Kriminalität und Wirtschaftskriminalität[885]. Gerade Fälle der schwersten und folgenreichsten Kriminalität kommen höchst selten zur Anklage und zur Verurteilung, obwohl sie am

---

881 Schneider, Kriminologie, 336.
882 Schneider, Kriminologie, 336.
883 Kunz, Kriminologie, § 31, Rn. 41; Hassemer, Strafen im Rechtsstaat, 277.
884 Hassemer, Strafen im Rechtsstaat, 255.
885 Hassemer, Freiheitliches Strafrecht, 226 f.

sozialschädlichsten sind[886]. Selbst wenn es zu einer Anklage kommt, dauern Prozesse oft jahrelang und ziehen in den allermeisten Fällen allenfalls Geld- oder Bewährungsstrafen nach sich[887]. Auf dem Gebiet der Betäubungsmit- telkriminalität ist es der Strafverfolgung offensichtlich nicht gelungen, eine merkliche Eindämmung des Drogenhandels und damit auch der Begehung entsprechender Straftaten zu erreichen. Im Bereich der Computerkriminali- tät kommt ein deutsches Gutachten zum Thema Datenpiraterie zu dem Er- gebnis, „dass rechtliche Instrumentarien die Verbreitung der Raubkopien [...] nicht nennenswert verhindern. Das Ausmaß der in der Praxis festzustel- lenden Raubkopien steht in eklatantem Widerspruch zu den bisherigen rechtlichen Erfolgen"[888].

Eine Ursache für die Vollzugsdefizite kann darin liegen, dass die Straf- verfolgung aus politischen Gründen auf vorweisbare Erfolge angewiesen ist, wobei in der Statistik jeder erledigte Fall gleich viel zählt. Dadurch kann es zu einer Konzentration auf leicht zu erledigende Kleinkriminalität kom- men, wohingegen Fälle der schwersten, folgenreichsten und sozial schäd- lichsten Kriminalität nur höchst selten zur Anklage und Verurteilung ge- bracht werden[889].

Als weitere Ursache für die Vollzugsdefizite kommt die ständige Aus- dehnung des Strafrechts in Betracht. Das Strafrecht beschränkt sich nicht mehr auf die klassische Sicherung eines „ethischen Minimums"[890], also den Schutz konkreter Rechtsgüter. Es soll Rechtsgüter vielmehr bereits im Vor- feld vor vielfältigen Gefahren schützen und wird damit zu einem politischen Steuerungsinstrument auf nahezu allen Gebieten, etwa der Subventions- und Umweltpolitik, der Gesundheits- und Außenpolitik[891]. Kaum ein neues Gesetz kommt ohne einen Annex von Strafnormen zu seiner Durchsetzung aus. Dabei wird das Strafrecht oft nicht als letztes Mittel, sondern häufig als erstes oder sogar einziges Mittel zur Durchsetzung von Normen vorgese- hen[892]. Obwohl den Ermittlungsbehörden, denen oft keine ausreichende Sachkenntnis und keine hinreichenden Mittel zur Verfügung stehen, Strafta-

---

886   Kunz, Kriminologie, § 35, Rn. 2; Hassemer, Freiheitliches Strafrecht, 226 f.
887   Albrecht, Die vergessene Freiheit, 168.
888   Sieber, Gutachten zum Thema Datenpiraterie (I).
889   Kunz, Kriminologie, § 35, Rn. 2 ff.; DG Research, Economic risks arising from the potenzial vulnerability of electronic commercial media to interception (I); Hassemer, Freiheitliches Strafrecht, 226 f.
890   Hassemer, Strafen im Rechtsstaat, 185.
891   Hassemer, Strafen im Rechtsstaat, 185.
892   Hassemer, Strafen im Rechtsstaat, 197.

ten auf solchen Nebengebieten nur ganz ausnahmsweise bekannt werden und diese damit nur selten verfolgt werden können, scheint der Glaube an das Strafrecht als „Allzweckwaffe"[893] zur Lösung gesellschaftlicher Konflikte fortzubestehen und die Flut neuer Strafnormen nicht nachzulassen. Unter dem Aspekt des Grundsatzes der Gleichmäßigkeit der Strafverfolgung kann es nicht angehen, dass unter einer Masse rechtswidrig handelnder Personen nur wenige exemplarisch abgestraft werden, die übrigen dagegen nicht erreichbar sind.

Die Folgerung liegt nahe, dass das Strafrecht schlicht nicht in der Lage ist, in großflächigen Problemlagen Abhilfe zu schaffen, wie sie beispielsweise auf den Gebieten Drogen, Wirtschaft und Umwelt existieren[894]. Es ist als Instrument insoweit vergleichsweise schlecht geeignet[895]: Das Strafrecht ist vergangenheitsgerichtet und erlaubt keine konkreten Maßnahmen zur Vorbeugung von Schäden. Es ist auf die Bestrafung einzelner Täter gerichtet und in seinen Wirkungen entsprechend beschränkt. Das Strafverfahren braucht Zeit; rasche Reaktionen sind kaum möglich. Vielfältige Beschränkungen bei der Sachverhaltsermittlung und die Unschuldsvermutung führen dazu, dass das strafrechtliche Instrumentarium in den weitaus meisten Fällen nicht zum Zug kommt.

Das Strafrecht kann die hohen Erwartungen an seine Wirksamkeit daher zwangsläufig nicht erfüllen. Zur Prävention ist es schon seiner Eigenart nach – wenn überhaupt – nur sehr beschränkt und mittelbar in der Lage. Die meisten Faktoren, die in der Wissenschaft als mögliche Entstehungsgründe für Kriminalität diskutiert werden, sind in Strafverfahren nicht oder kaum beeinflussbar[896], und entsprechend der oben genannten Forschungsergebnisse verspricht eine gegenüber dem bestehenden Maß verschärfte Strafverfolgung weder in general- noch in spezialpräventiver Hinsicht nennenswerten Erfolg[897].

Dieser Befund steht nicht im Widerspruch zu der Annahme, dass die völlige Entkriminalisierung eines sozial schädlichen Verhaltens dessen Ausweitung zur Folge hätte. Diese Hypothese lässt ebenso wenig auf die Wirkung erweiterter Ermittlungsbefugnisse schließen wie auf den Nutzen härterer Strafen: Empirisch widerlegt ist bekanntlich der – von der Alltags- und

---

893 Hassemer, Strafen im Rechtsstaat, 197.
894 Albrecht, Die vergessene Freiheit, 74 und 168.
895 Zum Folgenden Hassemer, Strafen im Rechtsstaat, 185 f. und 275 ff.
896 BMI/BMJ, Sicherheitsbericht 2001, 462.
897 Travis Hirschi, zitiert bei Kunz, Kriminologie, § 34, Rn. 3; Feltes, Fehlquellen im Ermittlungsverfahren (I).

Lebenserfahrung nahe gelegte und von vielen Bürgern als richtig unterstellte – Schluss, dass eine härtere Bestrafung das Kriminalitätsniveau senken könnte[898]. Wenn zum Beleg für die Behauptung, dass die Einführung neuer Ermittlungsbefugnisse typischerweise einen positiven Einfluss auf die Aufklärungsquote habe, auf die Erfahrungen der Eingriffsbehörden verwiesen wird, ist daher zu entgegnen, dass subjektive Einschätzungen keine zuverlässige Beurteilungsgrundlage darstellen. Überdies hat ein internationaler Vergleich der Telekommunikationsüberwachung ergeben, dass „Struktur und Entwicklungen der von der Überwachung der Telekommunikation besonders betroffenen Kriminalitätsbereiche [...] im Vergleich der Länder keine Rückschlüsse darauf [zulassen], dass die Häufigkeit der Anordnung der Überwachung der Telekommunikation mit einer effizienteren Kontrolle der davon erfassten Kriminalitätsbereiche korreliert."[899]

Dieses Ergebnis widerlegt auch die Annahme, dass Ermittlungsbefugnisse, wenn sie die Kriminalität schon nicht eindämmen, wenigstens ihre Ausweitung verhinderten. Im zeitlichen und internationalen Vergleich ist nicht feststellbar, dass geringere Ermittlungsbefugnisse ein höheres Kriminalitätsniveau zur Folge haben. Plausibel – wenn auch mangels praktischer Beispiele nicht erwiesen – ist lediglich die Annahme, dass ein höheres Kriminalitätsniveau zu befürchten wäre, wenn potenzielle Straftäter den Eindruck hätten, eine Strafverfolgung sei in bestimmten Bereichen generell ausgeschlossen[900]. Mehr als ein Mindestmaß an Eingriffsbefugnissen lässt sich damit aber nicht legitimieren.

Soweit ersichtlich hat noch niemand auch nur einen Einfluss der Aufklärungsquote auf die Anzahl der registrierten Straftaten feststellen können. Das bedeutet, dass man selbst dann nicht selbstverständlich von einem Nutzen zusätzlicher Ermittlungsbefugnisse ausgehen könnte, wenn fest stünde, dass diese die Aufklärungsquote erhöhten. Ist schon eine Korrelation zwischen der Aufklärungsquote in Bezug auf eine Straftat und der registrierten Anzahl ihrer Begehung nicht festzustellen, dann kann erst recht nicht davon ausgegangen werden, dass weiter gehende Ermittlungsbefugnisse das tatsächliche Kriminalitätsniveau senken könnten, obwohl gerade dies von Politikern und Bürgern verbreitet angenommen wird.

---

898   Seite 30.
899   Albrecht/Arnold/Demko/Braun, Rechtswirklichkeit und Effizienz der Telekommunikationsüberwachung, 437.
900   Seiten 174-177.

Realistischerweise können neue Ermittlungsbefugnisse die Aufklärungsquote bestenfalls um einige Prozentpunkte steigern. Ob eine Steigerung der Aufklärungsquote in dieser Größenordnung einen negativen Einfluss auf das Kriminalitätsniveau haben könnte, ist – auch angesichts des großen Dunkelfeldes von staatlich nicht registrierten Straftaten – äußerst fragwürdig. Gerade bei rational geplanten und auf dauernde Gewinnerzielung gerichteten Straftaten wie der Wirtschaftskriminalität und der organisierten Vermögenskriminalität, bei denen ein Einfluss des Entdeckungsrisikos auf den Tatentschluss noch am ehesten zu erwarten wäre, ist anzunehmen, dass die Inhaftierung einiger der Straftäter lediglich dazu führt, dass andere Bandenmitglieder ihr Werk fortführen, dass nicht inhaftierte Straftäter infolge der mangelnden Konkurrenz vermehrt Straftaten begehen oder dass Personen die lukrative Begehung der Straftaten neu aufnehmen.

Angesichts dessen spricht viel für die Annahme, dass Befugniserweiterungen – „more of the same" – keinen merklichen Einfluss auf die Kriminalität haben. Soweit die Kriminalität eine Ausprägung struktureller sozialer Probleme wie etwa von Arbeitslosigkeit oder übergreifender Entwicklungen wie der Globalisierung ist, ist anzunehmen, dass sie sich durch politische und erst recht durch lediglich kriminalpolitische Maßnahmen nicht merklich beeinflussen lassen wird[901]. Noch weniger als das Kriminalitätsniveau von Entdeckungsrisiko oder Strafhöhe abhängt, kann es vom Ausmaß abstrakter Eingriffsbefugnisse abhängen. Auf dem Gebiet der Telekommunikationsüberwachung hat eine internationale Untersuchung ergeben, dass ein Einfluss der rechtlichen Ausgestaltung der Eingriffsbefugnisse auf das Kriminalitätsniveau nicht erkennbar sei[902]. Auch Vergleichsuntersuchungen zwischen den einzelnen Bundesstaaten der USA konnten keinen Zusammenhang zwischen den – je nach Staat unterschiedlichen – Ermittlungsbefugnissen und der Kriminalitätsentwicklung feststellen[903]. Im Vergleich zu Deutschland zeigen die Beispiele anderer Staaten, dass das Instrument der Telekommunikationsüberwachung erheblich seltener[904] oder – wie etwa in Japan – überhaupt nicht zum Einsatz kommen kann[905], ohne dass die Sicherheit dieser Staaten unter diesem Umstand erkennbar leiden würde.

---

901 Hassemer, Strafen im Rechtsstaat, 261.
902 Albrecht/Arnold/Demko/Braun, Rechtswirklichkeit und Effizienz der Telekommunikationsüberwachung, 437.
903 Rohe, Verdeckte Informationsgewinnung mit technischen Hilfsmitteln zur Bekämpfung der Organisierten Kriminalität, 47.
904 Seite 23.
905 Für Japan wik-Consult, Studie (I), 103 f. und 110.

Generell weisen Staaten mit erheblich weiter gehenden Eingriffsbefugnissen, Diktaturen aber auch Demokratien wie die USA[906], im Vergleich zu Deutschland keineswegs eine niedrigere Kriminalitätsrate auf. Wenn selbst totalitäre Staaten, in denen der Überwachung keine Grenzen gesetzt sind, die Kriminalität durch Kontrollmaßnahmen nicht spürbar senken können, dann scheint dies in einem Rechtsstaat erst recht nicht möglich zu sein. Aus den genannten Gründen ist anzunehmen, dass erweiterte informationelle Eingriffsbefugnisse keinen nennenswerten Beitrag zum Rechtsgüterschutz erwarten lassen.

(iii) Nutzen einer Vorratsspeicherung im Speziellen

Im vorliegenden Zusammenhang ist von Bedeutung, in welchem Maße gerade eine generelle Vorratsspeicherung von Telekommunikations-Verkehrsdaten zum Rechtsgüterschutz geeignet ist. Zunächst lässt sich daran denken, dass gespeicherte Verkehrsdaten dazu verwendet werden könnten, noch unbekannte Straftaten oder Gefahren aufzudecken. Insoweit kommt etwa eine automatische Durchsuchung und Analyse der Datenbestände auf bestimmte Merkmale hin in Betracht, die geeignet sind, das Vorliegen einer Straftat oder Gefahr zu indizieren. Allerdings erscheint es aufgrund des Aussagegehalts von Verkehrsdaten unwahrscheinlich, dass aus deren Analyse gänzlich neue Anhaltspunkte für Gefahren gewonnen werden könnten. Solche Projekte, die manchmal als „fishing expeditions"[907] oder als „Stochern im Nebel"[908] bezeichnet werden, sind ohne vorherige Anhaltspunkte rechtsstaatlich bedenklich, erfordern ein großes Maß an Ressourcen und versprechen kaum Erfolg. Gerade die Bekämpfung organisierter Kriminalität erfordert stattdessen gezielte kriminalistische Arbeit[909].

Dies bestätigt die mit großem Aufwand im Jahre 2002 durchgeführte Rasterfahndung, die der Identifizierung potenzieller Terroristen dienen sollte. Nicht mehr als fünf Verdächtige wurden auf diesem Weg herausgefiltert, wobei mehrere davon bereits zuvor unter polizeilicher Beobachtung stan-

---

906 Vgl. Bottger/Pfeiffer, ZRP 1994, 7 (14): Die Kriminalität in den USA sei laut Statistik erheblich höher als in Deutschland.

907 GILC, Global Internet Liberty Coalition u.a.: Open letter to the European Parliament, gilc.org/cox_en.html.

908 Weichert, Terror und Informationsgesellschaft (I); ähnlich L/D³-Lisken, C 83: „Suchen im Nebel"; Schütte, ZRP 2002, 393 (397) zur Schleierfahndung spricht von einem Stochern „mit der Nadel im Heuhaufen".

909 Weichert, Terror und Informationsgesellschaft (I).

den[910]. Die Rasterfahndung hat damit im Wesentlichen lediglich zur Aufdeckung einiger Fälle von Sozialhilfebetrug geführt[911]. Auch die Initiatoren der Rasterfahndung mussten schließlich eingestehen, dass sich „Schläfer" gerade dadurch auszeichnen, dass sie ein äußerlich vollkommen normales Leben führen[912]. Viele Terroristen leben über Jahre hinweg in westlichen Ländern und sind dort vollständig integriert. Eine der zentralen Figuren der al-Quaida war beispielsweise Sergeant bei der US-Armee und hatte in dieser Funktion sogar Zugang zu Geheimdokumenten[913]. Führen Terroristen aber ein äußerlich normales Leben, dann ist es aussichtslos, sie anhand äußerlicher Merkmale identifizieren zu wollen – so das Ergebnis einer wissenschaftlichen Vergleichsstudie zu Soziologie und Psychologie des Terrorismus[914]. Dies aber entzieht Verfahren, die – wie die Rasterfahndung – erst der Verdachtsgewinnung dienen sollen, den Boden. Gründe für die Annahme, dass dies bei anderen Kriminalitätszweigen oder speziell im Bereich von Telekommunikations-Verkehrsdaten substanziell anders sein könnte, sind nicht ersichtlich. Eine hinreichende Eignung solcher Filterverfahren zur Verdachtsgewinnung kann somit nicht angenommen werden.

Von Bedeutung können angesichts dessen vor allem Fälle sein, in denen ein Verdacht bezüglich des Vorliegens einer bestimmten Straftat oder Gefahr bereits besteht oder das Vorliegen einer Straftat oder Gefahr bereits gewiss ist. Hier könnten Strafverfolgungsbehörden beispielsweise versuchen, anhand von Telekommunikations-Verkehrsdaten zu klären, ob eine vermutete Straftat begangen wurde und wenn ja, an welchem Ort und durch wen sie begangen wurde. Gefahrenabwehrbehörden könnten versuchen, mit Hilfe von Telekommunikations-Verkehrsdaten zu klären, ob eine vermutete Gefahr besteht und welche Rechtsgüter an welchem Ort durch wen gefährdet sind.

---

910 Klink, Manfred (BKA-Direktor), zitiert in BKA: Rasterfahndung bringt kaum Erfolge, Handelsblatt vom 09./10.05.2003, S. 4; vgl. auch Heise Verlag: Rasterfahndung führt nicht zum Erfolg, Meldung vom 09.04.2004, www.heise.de/newsticker/meldung/46416/

911 Weichert, Thilo: Beängstigende Bilanz der Terrorismusbekämpfung, 10.09.2002, www.datenschutzverein.de/Pressemitteilungen/2002_07.html.

912 Krischer, Markus: In den Köpfen der Krieger Allahs, FOCUS 37/2002, S. 52-58, 52 (54).

913 Krischer, Markus: In den Köpfen der Krieger Allahs, FOCUS 37/2002, S. 52-58, 52 (61).

914 Krischer, Markus: In den Köpfen der Krieger Allahs, FOCUS 37/2002, S. 52-58, 52 (54); vgl. auch AG Wiesbaden, DuD 2003, 375 (375 ff.).

Die Einführung einer obligatorischen Vorratsspeicherung von Telekommunikations-Verkehrsdaten ist grundsätzlich geeignet, die Verdachtssteuerung und Verdachtsverdichtung zu erleichtern. Durch eine Vorratsspeicherung wird vermieden, dass sich Kommunikationsvorgänge nicht nachvollziehen lassen, weil ihre Umstände nicht aufgezeichnet wurden oder die Aufzeichnungen gelöscht wurden. Allerdings ist nicht bekannt, in wie vielen und in welchen Fällen tatsächlich ein Bedarf nach Verkehrsdaten besteht, die gegenwärtig nicht gespeichert oder gelöscht werden und die im Fall einer Vorratsspeicherung verfügbar wären. Zu beachten ist nämlich, dass eine Vorratsspeicherung die Quantität der zu staatlichen Zwecken verfügbaren Verkehrsdaten nur in begrenztem Maße steigern würde: Schon bisher kann die Aufzeichnung von Telekommunikations-Verkehrsdaten in Einzelfällen angeordnet werden (§ 100a StPO). Was Verkehrsdaten aus der Vergangenheit angeht, so wird schon bisher eine Vielzahl von Verkehrsdaten zu Abrechnungs- und Beweiszwecken bis zu sechs Monate lang gespeichert. Eine generelle Vorratsspeicherung von Telekommunikations-Verkehrsdaten würde diese Zeitdauer allenfalls auf 1-2 Jahre erhöhen können. In Großbritannien ist sogar eine Aufbewahrungsfrist von nur sechs Monaten und für Internet-Verkehrsdaten von nur vier Tagen geplant[915].

Angesichts dessen wird teilweise bezweifelt, ob eine generelle Vorratsspeicherung von Telekommunikations-Verkehrsdaten nennenswerten Nutzen für die staatliche Aufgabenerfüllung entfalten kann, und es werden nähere Untersuchungen über den Bedarf danach gefordert[916]. In der Praxis gebe es nur sehr wenige Fälle, in denen ein Auskunftverlangen daran scheitere, dass die Daten bereits gelöscht wurden[917]. Auf die meisten dieser Fälle wiederum seien die Sicherheitsbehörden erst nach so langer Zeit aufmerksam geworden, dass selbst nach den aktuellen Plänen für eine Vorratsspei-

---

915 FIPR (foundation for information policy research): FIPR welcomes Commissioners' rejection of data retention, Pressemeldung vom 16.09.2002, www.fipr.org/press/020916Commissioners.html.

916 ISPA, Internet Service Providers' Association (UK): Memorandum by the Internet Services Providers' Association (ISPA), 19 November 2001, www.parliament.the-stationery-office.co.uk/pa/cm200102/cmselect/cmhaff/351/351ap10.htm; eco, Electronic Commerce Forum e.V., Verband der deutschen Internetwirtschaft: Vorratsdatenspeicherung ist verfassungswidrig! Pressemitteilung vom 17.12.2003, www.eco.de/servlet/PB/menu/1236462_pcontent_l1/content.html.

917 ECTA, European Competitive Telecommunications Association: ECTA position on data retention in the EU, August 2002, https://www.ectaportal.com/uploads/1412ECTAdataretentionstatement.DOC.

cherung, die eine Speicherungsdauer von ein bis zwei Jahren vorsehen, die Daten bereits gelöscht worden wären[918].

Vertreter italienischer Sicherheitsbehörden sind der Ansicht, Untersuchungen im Bereich der Netzkriminalität begönnen nur selten vor Ablauf eines Jahres nach Begehung der Straftat[919]. Ihnen sind keine oder nur wenige Fälle bekannt, in denen eine Ermittlung an der fehlenden Vorratsspeicherung von Telekommunikations-Verkehrsdaten scheiterte[920]. Auch die schwedischen Strafverfolger sehen insoweit keinen Handlungsbedarf[921], wohingegen die britischen Behörden eine „zunehmende Anzahl" von Fällen vermelden, in denen es an Verkehrsdaten mangele[922]. Deutsche Stimmen behaupten, dass die Zuordnung von IP-Adressen zu einer Person im Internet „oftmals" scheitere, wenn nicht zeitnah ermittelt werde[923]. Die Bundesregierung sah im Jahr 2002 dagegen noch keine Notwendigkeit einer generellen Vorratsspeicherung von Telekommunikations-Verkehrsdaten[924].

Der Internet-Access-Provider AOL Großbritannien gibt an, 99,9% der an Sicherheitsbehörden erteilten Auskünfte hätten ausschließlich Bestandsdaten zum Gegenstand[925]. Verkehrsdaten sind also in weniger als 0,1% der Fälle erfragt worden, was gegen die Bedeutung speziell von Internet-Verkehrsdaten für die Sicherheitsbehörden spricht. Es ist bekannt, dass die meisten Auskunftsersuchen Telefon-Verbindungsdaten zum Gegenstand haben und dass Internet-Verkehrsdaten eher selten angefordert werden[926]. In Deutschland sollen Internet-Daten nur in etwa 0,5-1% der Fälle von Telekommunikationsüberwachung betroffen sein[927]. Ähnliche Zahlen sind aus den Niederlanden bekannt, wo Internet-Provider zu Investitionen in

---

918 APIG, Communications Data, 25; vgl. auch Uhe/Herrmann, Überwachung im Internet (I), 111, wonach die vollständige Auswertung einer Computerausrüstung in einem deutschen Bundesland im Schnitt ein bis zwei Jahre dauere; a.A. Finnland in MDG, EU-Questionnaire (I), 24: In den meisten Fällen sei eine zweijährige Speicherung ausreichend.

919 Italien in MDG, EU-Questionnaire (I), 8.

920 Italien in MDG, EU-Questionnaire (I), 19.

921 Schweden in MDG, EU-Questionnaire (I), 19.

922 Großbritannien in MDG, EU-Questionnaire (I), 19.

923 BMI/BMJ, Sicherheitsbericht 2001, 203 f.

924 Deutschland in MDG, EU-Questionnaire (I), 24. Schon in BT-Drs. 13/4438, 39 sah die Bundesregierung keinen „aktuellen Bedarf" für eine Vorratsspeicherung.

925 De Stempel, Camille in APIG, All Party Parliamentary Internet Group (UK): Internet Service Providers Association (UK), APIG Communications Data Inquiry Oral Evidence, 11.12.2002, www.apig.org.uk/ispa_oral_evidence.htm.

926 NCIS Submission (I), Punkt 6.1.1.

927 Schulzki-Haddouti, Lauscher unter Beschuss, c't 09/2001, 24 ff.; Welp, TKÜV, 3 (4).

dreistelliger Millionenhöhe verpflichtet wurden, um die Telekommunikationsüberwachung im Internet sicher zu stellen, wo aber seit 1998 nicht mehr als fünf Internet-Überwachungsmaßnahmen angeordnet wurden[928].

Der mögliche Zusatznutzen einer generellen Vorratsspeicherung von Telekommunikations-Verkehrsdaten reduziert sich weiter dadurch, dass eine Vorratsspeicherung nur die Quantität, nicht aber die Qualität von Verkehrsdaten verbessern würde. Telekommunikations-Verkehrsdaten sind bedeutungslos, sobald die Kommunikationsnetze anonym genutzt werden[929]. Verhalten in den Kommunikationsnetzen nachvollziehen zu können, ist weitgehend sinnlos, wenn es sich nicht auch den jeweiligen Personen zuordnen lässt. Gerade dies ist heutzutage aber nicht gewährleistet; es gibt kostengünstige, leicht erreichbare und effektive Mittel zur anonymen Nutzung der Kommunikationsnetze[930]. Dies führt dazu, dass aus technischer Sicht nahezu jede behördliche Maßnahme unter dem Vorbehalt steht, dass der jeweilige Täter nicht das gewisse Maß an krimineller Energie und technischem Geschick aufwendet, das erforderlich ist, um sich einer Identifizierung zu entziehen[931].

Für die Zukunft ist mit der Neu- und Fortentwicklung von Möglichkeiten zur anonymen Telekommunikation zu rechnen[932], was deren Verbreitung weiter fördern wird. Es ist anzunehmen, dass zunehmend komfortable und preisgünstige Lösungen auf den Markt kommen werden oder dass Anonymisierungstechniken sogar standardmäßig angeboten werden, besonders im Internet. Es dauert erfahrungsgemäß nur drei bis vier Jahre, bis sich neue Technik im Bereich von Endgeräten durchsetzt[933]. Vertreter von Sicherheitsbehörden erkennen an, dass sich die Verbreitung von Datenverschlüsselung im Zusammenhang mit Internetanwendungen weder aufhalten noch

---

928   Ermert, Monika: Jedem Bundesland sein Lauschgesetz, 23.11.2002, Heise Newsticker, www.heise.de/newsticker/data/gr-23.11.02-001/.

929   Lenz, Karl-Friedrich: Stellungnahme zur Anhörung der Kommission über die Schaffung einer sichereren Informationsgesellschaft durch Verbesserung der Sicherheit von Informationsinfrastrukturen und Bekämpfung der Computerkriminalität, europa.eu.int/ISPO /eif/InternetPoliciesSite/Crime/Comments/kf_lenz.html.

930   Seite 12 ff.

931   Germann, 325 für das Internet.

932   Hamm, NJW 2001, 3100 (3101).

933   Pfitzmann, Andreas in Bundestag, Öffentliche Anhörung zum Thema Cyber-Crime/TKÜV (I), 40.

nationalstaatlich begrenzen lässt[934]. Nicht anders verhält es sich auf dem Gebiet von Anonymisierungstechniken.

Die anonyme Nutzung von Kommunikationsnetzen lässt sich in weiten Bereichen nicht verhindern. Denkbar wäre es zwar, in Deutschland oder vielleicht sogar Europa vorzusehen, dass sich jeder Käufer eines Mobiltelefons[935] oder einer Telefonkarte, jeder Benutzer eines Hoteltelefons oder Internet-Cafés mit einem Ausweis identifizieren muss. Abgesehen von den damit verbundenen Freiheitseinbußen, die bisher nur totalitäre Staaten wie China und Pakistan[936] in Kauf nehmen, würde der Versuch der Abschaffung anonymer Telekommunikation spätestens an den Grenzen Europas scheitern. Der Umweg über Drittstaaten würde es weiterhin ohne größere Schwierigkeiten ermöglichen, sich anonym ein Mobiltelefon zu kaufen, Callback-Dienste zu nutzen, E-Mail-Konten einzurichten und Proxies zu verwenden, auch von Ländern aus, in denen eine Identifizierungspflicht existiert. Gerade die Divergenzen der nationalen Rechtsordnungen werden von Straftätern häufig ausgenutzt, um einer Strafverfolgung zu entgehen[937]. So haben Terroristen aus dem Umfeld der Anschläge auf das World Trade Center am 11. September 2001 unter anderem mit Schweizer SIM-Karten in ihren Handys telefoniert[938], weil bei dem Kauf von Schweizer SIM-Karten keine Personalien angegeben werden mussten. In vielen Staaten werden international einsetzbare SIM-Karten anonym verkauft[939].

Die vorliegenden Vorschläge zur Einführung einer Vorratsspeicherung sehen keine wirksamen Einschränkungen der anonymen Nutzung der Netze vor. Sich der verfügbaren Möglichkeiten zur anonymen Nutzung der Netze nicht zu bedienen, wäre für einen Kriminellen aber so leichtsinnig wie eine

---

934   Zwingel (Leiter des BKA-Referates IT-Nutzung und Telekommunikationsüberwachung), Technische Überwachungsmaßnahmen aus Sicht der Polizei, 37 (42).

935   Zu § 111 TKG siehe Seite 19.

936   Dazu Rötzer, Florian: Pakistan: Ausweis für Benutzung von Internetcafés, Telepolis, Heise-Verlag, 05.08.2002, www.heise.de/tp/deutsch/inhalt/te/13040/1.html.

937   BMI/BMJ, Sicherheitsbericht 2001, 204.

938   taz, Die Tageszeitung; Terroristen nutzten SIM-cards, 09.08.2002, www.taz.de/pt/2002/08/09/a0131.nf/text.name,askeVQpje.n,66.

939   taz, Die Tageszeitung: Terroristen nutzten SIM-cards, 09.08.2002, www.taz.de/pt/2002/08/09/a0131.nf/text.name,askeVQpje.n,66; Spanische Delegation in der Gruppe „Drogenhandel" des Rates der Europäischen Union: Entwurf von Schlussfolgerungen des Rates zur Notwendigkeit der Einführung einer gemeinsamen Regelung auf EU-Ebene für die Identifizierung von Guthabenkartenbenutzern zur Erleichterung der Ermittlungen im Bereich der organisierten Kriminalität insbesondere mit Blick auf den illegalen Drogenhandel, 05.06.2002, register.consilium.eu.int/pdf/de/02/st05/05157-r2d2.pdf.

Erpressung unter Benutzung des eigenen Telefonanschlusses oder wie ein Bankraub mit dem eigenen Nummernschild am Fluchtwagen[940]. Bekannt ist, dass sich die Nutzung von Möglichkeiten anonymer Telekommunikation in kriminellen Kreisen immer weiter durchsetzt[941]. Die Verwendung einer Vielzahl von anonym oder unter falschem Namen angemeldeten Mobiltelefonkarten sowie mehrerer Mobiltelefone abwechselnd ist heute bereits unter Kleinkriminellen verbreitet[942]. Die sicherheitsbewusstesten Großkriminellen sollen jedes Mobiltelefon und jede Mobiltelefonkarte gar nur einmal benutzen[943]. Selbst im Bereich redlicher Kunden werden etwa 50% der Mobiltelefonkarten innerhalb eines Jahres verschenkt[944], was eine Identifizierung des jeweiligen Nutzers vereiteln kann. Im Bereich der Internetkriminalität ist bekannt, dass in vielen Fällen gestohlene Internet-Zugangsdaten eines Dritten genutzt werden[945]. Auch die übrigen Möglichkeiten des Internet zur Wahrung der Anonymität und zur Erschwerung der Nachvollziehbarkeit von Absenderadressen werden nach Einschätzung des Ersten Sicherheitsberichts der Bundesregierung ausgenutzt[946]. Nach Angaben des Bayerischen Landeskriminalamts wurden bei 7-8% der dort durchgeführten Untersuchungen mit Internetrelevanz Anonymisierungsdienste eingesetzt[947].

Darüber hinaus ist anzunehmen, dass eine Vorratsspeicherung zu einer erheblich höheren Verbreitung anonymer Telekommunikation als bisher führen würde, weil dadurch ein konkreter Bedarf nach diesen Techniken entstünde[948]. Dieser kontraproduktive Effekt schlägt im Rahmen der Verhältnismäßigkeitsprüfung negativ zu Buche.

---

940 Lenz, Karl-Friedrich: Stellungnahme zur Anhörung der Kommission über die Schaffung einer sichereren Informationsgesellschaft durch Verbesserung der Sicherheit von Informationsinfrastrukturen und Bekämpfung der Computerkriminalität, europa.eu.int/ISPO/eif/InternetPoliciesSite/Crime/Comments/kf_lenz.html.

941 Jeserich (Leitender Oberstaatsanwalt bei der Generalstaatsanwaltschaft in Celle), TK-Überwachung, 63 (69).

942 Heise Verlag: IMSI-Catcher zur Mobilfunküberwachung bald legal, Meldung vom 30.11.2001, www.heise.de/newsticker/data/hod-30.11.01-000/.

943 Fairbrother, Peter: Defeating traffic analysis, www.apig.org.uk/fairbrother.pdf.

944 BMWi-Ressortarbeitsgruppe, Eckpunkte zur Anpassung der Regelungen des § 90 TKG (I), 7.

945 Hong Kong Inter-departmental Working Group on Computer Related Crime, Report (I), 61.

946 BMI/BMJ, Sicherheitsbericht 2001, 205.

947 Gerling/Tinnefeld, DuD 2003, 305 (305).

948 Fairbrother, Peter: Defeating traffic analysis, www.apig.org.uk/fairbrother.pdf.

Angesichts der vielfältigen Möglichkeiten anonymer Telekommunikation ist fraglich, ob gerade gegen besonders gefährliche Personen wie Hintermänner organisierter Kriminalität effektiv im Wege des Zugriffs auf Telekommunikations-Verkehrsdaten vorgegangen werden kann. Teilweise wird vorgetragen, dass selbst professionelle Zielpersonen immer einmal wieder auch identifizierbare Anschlüsse benutzten[949]. Viele Straftäter seien zu bequem, um verfügbare Möglichkeiten anonymer Telekommunikation zu nutzen. Dies gelte jedenfalls außerhalb des Internetbereichs, in dem die Sicherheitsbehörden – wohl wegen der zahlenmäßig seltenen Überwachung in diesem Feld – noch keine Erfahrungen sammeln konnten[950].

Inwieweit die Hoffnung der Strafverfolgungsbehörden, auch Großkriminelle gelegentlich identifizieren zu können, berechtigt ist, lässt sich nicht sicher sagen. Immerhin steht fest, dass sich die Erfahrungswerte der Strafverfolgungsbehörden[951] nur auf die von ihnen tatsächlich erfassten Kommunikationsdaten und nur auf ihnen bekannte Täter beziehen können. Wie viel Telekommunikation und wie viele Personen ihnen dagegen entgehen, können sie kaum beurteilen. Es ist eine allgemeine Erkenntnis moderner Kriminologie, dass das Dunkelfeld unerkannter Straftaten allgemein sehr groß ist und dass, wenn eine Straftat einmal entdeckt und aufgeklärt wird, meistens nur „kleine Fische" überführt werden können[952].

Auch auf dem Gebiet der Telekommunikationsüberwachung konzedieren Vertreter der Sicherheitsbehörden, dass in den Kreisen wirklich gefährlicher Personen „gewichtige Überwachungsdefizite" bestehen und dass sich gerade besonders gefährliche Personen die Möglichkeiten der anonymen Telekommunikationsnutzung in hohem Maße zunutze machen[953]. Wirklich gefährliche Kriminelle suchten immer nach Wegen, um einer Überwachung vorzubeugen, beispielsweise durch die Benutzung vorausbezahlter Handys,

---

949 Jeserich (Leitender Oberstaatsanwalt bei der Generalstaatsanwaltschaft in Celle), TK-Überwachung, 63 (68); so zu den Möglichkeiten der Verschlüsselung auch Graf, Jürgen (Generalbundesanwalt) in Bundestag, Öffentliche Anhörung zum Thema Cyber-Crime/TKÜV (I), 12 f.; Lorenz, GA 97, 51 (69).

950 Graf, Jürgen (Generalbundesanwalt) in Bundestag, Öffentliche Anhörung zum Thema Cyber-Crime/TKÜV (I), 14.

951 Zu deren Maßgeblichkeit BVerfGE 100, 313 (374 f.).

952 Hassemer, Strafen im Rechtsstaat, 278.

953 Jeserich (Leitender Oberstaatsanwalt bei der Generalstaatsanwaltschaft in Celle), TK-Überwachung, 63 (71); für den Internetbereich auch Gehde (LKA Berlin), c't 19/2002, 127.

von Internet-Cafés oder von pauschalen Abrechnungsmodellen[954]. Wenn einige Telekommunikationsunternehmen Verkehrsdaten freiwillig speichern, dann würden organisierte Kriminelle andere Unternehmen nutzen[955]. Im Falle einer generellen Vorratsspeicherung von Telekommunikations-Verkehrsdaten würde diese Gruppe von Kriminellen sofort Gegenmaßnahmen ergreifen, um einer Überwachung zu entgehen[956].

Da es für professionelle Kriminelle, die viel zu verlieren haben, geradezu leichtsinnig wäre, sich vorhandener Möglichkeiten anonymer Kommunikation nicht zu bedienen, spricht viel dafür, dass sich der unsichere Gebrauch von Mobiltelefonen im Wesentlichen auf Kleinkriminalität beschränkt[957]. Organisierte Täterkreise sind demgegenüber bekannt dafür, mit äußerster Professionalität vorzugehen. Sie werden daher selbst hohe Kosten und Unbequemlichkeiten in Kauf nehmen, um ihre lukrativen und oft langfristig aufgebauten Geschäfte nicht zu gefährden. Aus diesen Gründen ist anzunehmen, dass sich ernsthafte Kriminelle regelmäßig einer Identifizierung entziehen werden[958] und dass der Zugriff auf Telekommunikations-Verkehrsdaten daher kein geeignetes Mittel ist, gegen diese Täterkreise effektiv vorzugehen[959].

---

954 Gamble, Jim (Assistant Chief Constable in the UK National Crime Squad) in APIG, All Party Parliamentary Internet Group (UK): UK Law Enforcement, APIG Communications Data Inquiry Oral Evidence, 18.12.2002, www.apig.org.uk/law_enforcement_ oral_evidence.htm.

955 Gamble, Jim (Assistant Chief Constable in the UK National Crime Squad) in APIG, All Party Parliamentary Internet Group (UK): UK Law Enforcement, APIG Communications Data Inquiry Oral Evidence, 18.12.2002, www.apig.org.uk/law_enforcement_oral_ evidence.htm.

956 Gamble, Jim (Assistant Chief Constable in the UK National Crime Squad) in APIG, All Party Parliamentary Internet Group (UK): UK Law Enforcement, APIG Communications Data Inquiry Oral Evidence, 18.12.2002, www.apig.org.uk/law_enforcement_ oral_ evidence.htm.

957 Fairbrother, Peter: Defeating traffic analysis, www.apig.org.uk/fairbrother.pdf.

958 Snape, Tim (Managing Director des britischen ISP West Dorset Internet), zitiert bei McCue, Andy: Government rethinks data policy, 10.10.2001, www.vnunet.com/News/ 1126012: „Any competent technician can bypass logging procedures"; Robinson, James K.: Vortrag auf der International Computer Crime Conference „Internet as the Scene of Crime" in Oslo, Norwegen, 29.-31.05.2000, www.usdoj.gov/criminal/cybercrime/ roboslo.htm: „While less sophisticated cybercriminals may leave electronic ‚fingerprints,' more experienced criminals know how to conceal their tracks in cyberspace."

959 So Pfitzmann, Andreas in Bundestag, Öffentliche Anhörung zum Thema Cyber-Crime/TKÜV (I), 10 angesichts von Verschlüsselungsmöglichkeiten: eher zweifelhaft; a.A. Graf, Jürgen (Generalbundesanwalt) in Bundestag, Öffentliche Anhörung zum Thema Cyber-Crime/TKÜV (I), 12 f. und 44.

Angesichts dieser Situation ist zwar ein kurzfristiger Handlungsvorteil der Behörden nach Einführung einer Vorratsspeicherung denkbar[960]. Dieser kann aber durch Probleme in der Einführungsphase der Technik gemindert werden[961]. Nach einigen Monaten wird sich überdies jedenfalls ein großer Teil der gefährlichen Kriminellen auf die neue Situation eingestellt haben und von den Möglichkeiten anonymer Telekommunikation Gebrauch machen[962]. Es liegt daher nahe, dass eine Vorratsspeicherung zur Überführung einiger Unachtsamer führen könnte und Kleinkriminelle wie schon bisher überführt werden könnten, dass sie gegen umsichtige und ernsthafte Kriminelle aber nahezu gänzlich wirkungslos wäre[963] und dass insoweit nach wie vor nur in Einzelfällen Erfolge erzielt werden könnten.

Angesichts der Möglichkeiten zur anonymen Nutzung der Telekommunikationsnetze muss man daher davon ausgehen, dass eine Vorratsspeicherung von Verkehrsdaten regelmäßig allenfalls bei geringen Gefahren Abhilfe schaffen kann[964]. Die Eignung zur Bekämpfung organisierter Kriminalität oder zur Verhütung terroristischer Anschläge ist demgegenüber als gering einzuschätzen. Die Schaffung besonders eingriffsintensiver Befugnisse, die regelmäßig nur im Bereich der kleinen und mittleren Kriminalität Nutzen entfalten können, steht im Widerspruch zu dem Grundsatz der gleichmäßigen Strafverfolgung und führt zu einer weiteren Konzentration der Strafverfolgung auf die Bekämpfung der „kleinen Fische".

Die Bedeutung des Zugriffs auf Verkehrsdaten im Rahmen von Ermittlungsverfahren darf auch nicht überschätzt werden: Zu Recht warnen Behördenvertreter, dass es eine Überschätzung der Möglichkeiten der Telekommunikationsüberwachung wäre, diese allein als „Schlüssel zur inneren

---

960 Fairbrother, Peter: Defeating traffic analysis, www.apig.org.uk/fairbrother.pdf.

961 Fairbrother, Peter: Defeating traffic analysis, www.apig.org.uk/fairbrother.pdf.

962 Fairbrother, Peter: Defeating traffic analysis, www.apig.org.uk/fairbrother.pdf.

963 Fairbrother, Peter: Defeating traffic analysis, www.apig.org.uk/fairbrother.pdf; BITKOM: Stellungnahme zur Gesetzesinitiative des Bundesrates vom 31.05.2002 (BR-Drs. 275/02), 12.08.2002, www.bitkom.org/files/documents/Position_BITKOM_Vorratsdatenspeicherung_u.a._12.08.2002.pdf, 9; o2 (Germany): Schriftliche Stellungnahme zur öffentlichen Anhörung am 09.02.2004 in Berlin zum Entwurf eines Telekommunikationsgesetzes (TKG), in Ausschussdrucksache 15(9)961, www.bundestag.de/gremien 15/a09/004Anhoerungen/TKG/materialeingeladene.pdf, 140 (146).

964 Fairbrother, Peter: Defeating traffic analysis, www.apig.org.uk/fairbrother.pdf; BITKOM: Stellungnahme zur Gesetzesinitiative des Bundesrates vom 31.05.2002 (BR-Drs. 275/02), 12.08.2002, www.bitkom.org/files/documents/Position_BITKOM_Vorratsdaten speicherung_u.a._12.08.2002.pdf, 9.

Sicherheit" anzusehen[965]. Während plausibel ist, dass der Zugriff auf Verkehrsdaten im Rahmen von Ermittlungsverfahren nützlich sein kann, bedeutet das noch nicht, dass Verkehrsdaten das entscheidende, zur Aufklärung der Straftat führende Element darstellen[966]. Außerhalb des Gebiets der Netzkriminalität stellen Verkehrsdaten nur einen kleinen Teil des Puzzles dar, welches die Ermittler zusammen setzen müssen[967]. Ein Fehlen von Verkehrsdaten kann oft durch andere Informationsquellen ausgeglichen werden[968], deren Erschließung zwar aufwändiger sein kann, dafür aber zielgerichteter erfolgen und infolgedessen effektiver sein kann[969]. Selbst wenn die erforderlichen Verkehrsdaten zur Verfügung stehen, kann die Aufklärung einer Straftat immer noch aus einer Vielzahl von anderen Gründen scheitern.

Es ist daher nicht klar, ob eine generelle Vorratsspeicherung von Telekommunikations-Verkehrsdaten einen merklichen Einfluss auf die Aufklärungsrate oder gar das Kriminalitätsniveau haben könnte. Angesichts der beschriebenen Bedenken gegen die präventive Wirksamkeit der Strafverfolgung allgemein, besonders gegen den Nutzen der Erweiterung ihrer Befugnisse, sowie gegen die Wirksamkeit gerade einer Vorratsspeicherung von Verkehrsdaten ist ein merklicher Einfluss dieser Maßnahme auf die Kriminalitätsrate nicht anzunehmen.

Im Übrigen sollte auch die Bedeutung des Arguments nicht überschätzt werden, dass der verstärkte Zugriff auf Verkehrsdaten dazu dienen könnte, Unschuldige von falschen Verdachtsmomenten zu entlasten[970]. Nur in Einzelfällen kann davon ausgegangen werden, dass Verkehrsdaten mit Hilfe von anderen Ermittlungsmethoden gewonnene Verdachtsmomente entkräften können. Ihre Aussagekraft ist wegen der vielen Manipulationsmöglichkeiten zu gering. Demgegenüber ist mit einer Vielzahl von Massenverdäch-

---

965 Bansberg (Abteilung Grundsatzangelegenheiten des Bundesamtes für Verfassungsschutz), Staatsschutz im Internet, 48 (54).

966 De Stempel, Camille in APIG, All Party Parliamentary Internet Group (UK): Internet Service Providers Association (UK), APIG Communications Data Inquiry Oral Evidence, 11.12.2002, www.apig.org.uk/ispa_oral_evidence.htm.

967 De Stempel, Camille in APIG, All Party Parliamentary Internet Group (UK): Internet Service Providers Association (UK), APIG Communications Data Inquiry Oral Evidence, 11.12.2002, www.apig.org.uk/ispa_oral_evidence.htm.

968 Bansberg (Abteilung Grundsatzangelegenheiten des Bundesamtes für Verfassungsschutz), Staatsschutz im Internet, 48 (54).

969 Weichert, DuD 2001, 694 (694).

970 So NCIS, APIG-Submission (I), Punkt 3.0; zu diesem Argument ausführlich Seiten 154-156.

tigungen durch Verkehrsdaten-Rasterung der oben genannten Art zu rechnen, was den möglichen Entlastungseffekt bei Weitem überwiegt. Als konkretes Beispiel lässt sich der Fall eines Nigerianers in Österreich anführen, der mehrere Monate lang in Untersuchungshaft genommen wurde, weil er wegen seiner zahlreichen Telefonkontakte als Führer einer Rauschgiftbande in Verdacht geraten ist[971]. Später stellte sich der Verdacht als unbegründet und der Nigerianer einfach als gefragter Ratgeber für die schwarze Gemeinschaft in Wien heraus[972]. In den USA sollen 800 Personen nur deshalb in Untersuchungshaft sitzen, weil sie im Vorfeld des 11. September besonders viel kommuniziert haben[973].

(cc) Zusammenfassung: Nutzen einer Vorratsspeicherung von Telekommunikationsdaten

Festzuhalten ist, dass eine vorsorgliche, generelle Speicherung von Telekommunikations-Verkehrsdaten notwendig vergangenheitsbezogen ist und daher im Wesentlichen nur der Aufklärung bereits begangener Straftaten dienen kann. Nach den obigen Ausführungen kann nicht davon ausgegangen werden, dass Strafverfahren den Entschluss von Personen zur Begehung von Straftaten beeinflussen können. Der Verfolgung bereits begangener Straftaten können präventive Effekte nur insoweit zugeschrieben werden, als Straftäter im Wege des Freiheitsentzugs von der Gefährdung von Rechtsgütern abgehalten werden oder als infolge eines Strafverfahrens eine Restitution oder Entschädigung der Opfer einer Straftat erfolgen kann. In wie vielen Fällen gerade eine generelle Vorratsspeicherung von Telekommunikations-Verkehrsdaten dabei von Nutzen wäre, ist nicht bekannt. Die vielfältigen Möglichkeiten zur anonymen Telekommunikation, von denen bei Einführung einer generellen Vorratsspeicherung von Telekommunikations-Verkehrsdaten vermutlich verstärkt Gebrauch gemacht würde, stellen den möglichen Nutzen der Maßnahme allerdings grundlegend in Frage.

Insgesamt ist anzunehmen, dass eine generelle Vorratsspeicherung von Telekommunikations-Verkehrsdaten nur in wenigen und regelmäßig wenig bedeutenden Einzelfällen den Schutz von Rechtsgütern fördern könnte[974].

---

971 Krempl, Stefan: Die totale Informationsüberwachung, die Demokratie und die Hacker, Telepolis, Heise-Verlag, 28.12.2002, www.heise.de/tp/deutsch/inhalt/te/13870/1.html.

972 Krempl, Stefan: Die totale Informationsüberwachung, die Demokratie und die Hacker, Telepolis, Heise-Verlag, 28.12.2002, www.heise.de/tp/deutsch/inhalt/te/13870/1.html.

973 Krempl, Stefan: Die totale Informationsüberwachung, die Demokratie und die Hacker, Telepolis, Heise-Verlag, 28.12.2002, www.heise.de/tp/deutsch/inhalt/te/13870/1.html.

974 Earl of Northesk: Debatte im House of Lords, 27.11.2001, www.parliament.the-stationery-office.co.uk/pa/ld199900/ldhansrd/pdvn/lds01/text/11127-13.htm; vgl. auch

Ein dauerhafter, negativer Effekt auf das Kriminalitätsniveau ist selbst im Bereich der Netzkriminalität nicht zu erwarten. Die Eignung einer Vorratsspeicherung zur Bekämpfung organisierter Kriminalität oder zur Verhütung terroristischer Anschläge ist als äußerst gering bis nicht gegeben einzuschätzen.

(dd) Betroffene Grundrechtsträger nach Art und Zahl, Identifizierbarkeit der Betroffenen, Eingriffsvoraussetzungen

Für die Bemessung des Verlusts an grundrechtlich geschützter Freiheit infolge einer generellen Speicherung von Verkehrsdaten ist zunächst maßgeblich, welche und wie viele Grundrechtsträger von einer solchen Maßnahme negativ betroffen wären. Während konkrete Nachteile von staatlicher Seite regelmäßig erst durch den staatlichen Zugriff auf die gespeicherten Daten drohen, ist bereits die vorbereitende Erfassung der Verkehrsdaten durch die Telekommunikationsunternehmen als Eingriff in Art. 10 Abs. 1 Var. 3 GG zu qualifizieren[975], von dem, wie auszuführen sein wird, auch ohne späteren staatlichen Zugriff auf die Daten erhebliche Gefahren ausgehen können.

Von einer Vorratsspeicherung betroffen wären daher alle Personen, die sich der Fernmeldetechnik bedienen. Eine größere Zahl betroffener Grundrechtsträger infolge einer Grundrechtsbeschränkung ist kaum denkbar. Es gäbe praktisch keine unbeeinträchtigte Telekommunikation mehr[976]. Der EU-Vorschlag[977] ist zwar insoweit eingeschränkt, wie er nur auf solche Kommunikationsvorgänge Anwendung finden soll, die über öffentliche Kommunikationsnetze oder öffentliche Kommunikationsdienste abgewickelt werden (Art. 1 Abs. 1 RSV-E), während Kommunikationsvorgänge, die beispielsweise über Firmennetzwerke oder Nebenstellenanlagen abgewickelt werden, nicht erfasst sein sollen. Diese Einschränkung kann im Rahmen des Art. 10 Abs. 1 Var. 3 GG aber nicht von großem Gewicht sein, weil die Betroffenen regelmäßig keine Wahl zwischen dem Einsatz öffentlicher und privater Kommunikationsnetze haben.

BVerfGE 103, 21 (31) zu vorsorglich gespeicherten DNA-Profilen: „Künftige Straftaten können sie im Regelfall auch tatsächlich nicht verhindern".

975   Seite 89.

976   So auch Bäumler, Helmut, zitiert bei Wagner, Marita: Intimsphäre - lückenlos überwacht? Telepolis, Heise-Verlag, 28.06.2002, www.heise.de/tp/deutsch/inhalt/te/12813/1.html.

977   Seite 5.

Als weiteres Kriterium für die Verhältnismäßigkeitsprüfung fragt das Bundesverfassungsgericht nach der Identifizierbarkeit der Betroffenen. Werden Daten anonym erhoben, so ist der Eingriff nämlich von geringerem Gewicht. Entsprechend dem Zweck einer Vorratsspeicherung müssen die gespeicherten Telekommunikationsdaten jedoch in jedem Fall personenbezogen sein, um der Gefahrenabwehr oder Strafverfolgung förderlich sein zu können. Bei der gewöhnlichen Telekommunikationsnutzung besteht ein Personenbezug regelmäßig insoweit, als sich der Inhaber des genutzten Telekommunikationsanschlusses anhand von Auskünften des jeweiligen Telekommunikationsunternehmens feststellen lässt. Zwar gibt es vielfältige Möglichkeiten der anonymen Telekommunikation, welche die Herstellung eines Personenbezugs verhindern können[978] und deren Einsatz sich für Kriminelle lohnen mag. Dem Normalbürger ist die ausschließliche Nutzung anonymer Formen von Telekommunikation aber wegen des damit verbundenen Aufwands auf Dauer nicht möglich oder jedenfalls unzumutbar. Die Möglichkeiten anonymer Telekommunikation bewirken daher nur eine geringfügige Minderung der Eingriffsintensität einer generellen Vorratsspeicherung von Telekommunikations-Verkehrsdaten.

Für die Verhältnismäßigkeit einer Grundrechtsbeschränkung sind weiterhin die Voraussetzungen, unter denen ein Eingriff zulässig ist, von Bedeutung. Je niedriger die Eingriffsschwelle, desto höher ist die Intensität des Eingriffs. Im vorliegenden Zusammenhang ist bereits die staatlich angeordnete Speicherung oder Aufbewahrung von Verkehrsdaten durch Telekommunikationsunternehmen als Eingriff in Art. 10 Abs. 1 Var. 3 GG anzusehen, soweit sie nicht für Zwecke der Vertragsabwicklung erforderlich ist[979]. Für diesen Eingriff sind im Rahmen der Pläne zur Einführung einer generellen Vorratsspeicherung von Telekommunikations-Verkehrsdaten keine Voraussetzungen vorgesehen. Vielmehr sollen unterschiedslos und unabhängig vom Bestehen eines Verdachts Verkehrsdaten aller Nutzer von Kommunikationsnetzen gespeichert werden. Fast durchgängig betrifft der Eingriff dabei Personen, die sich nichts zuschulden kommen lassen haben. Der Eingriff könnte daher kaum schwerwiegender sein.

(ee) Gefahrennähe

Maßnahmen wie eine generelle Vorratsspeicherung von Telekommunikations-Verkehrsdaten, die bereits im Vorfeld einer konkreten Gefahr oder eines Verdachts wegen einer Straftat getroffen werden, werden als Vor-

---

978   Seite 14.
979   Seiten 93-94.

feldmaßnahmen bezeichnet. In der Sache handelt es sich um Eingriffe in die Grundrechte von Personen, die nicht aufgrund bestimmter Anhaltspunkte verdächtig sind, Rechtsgüter zu gefährden oder eine Straftat begangen zu haben. Letztlich geht es also um verdachtsunabhängige Eingriffe.

Dass allein der Rechtsgüterschutz Grundrechtseingriffe legitimieren kann, wurde bereits ausgeführt[980]. Dass ein Eingriff potenziell geeignet ist, Rechtsgüter zu schützen, kann ihn aber nicht in jedem Fall legitimieren. Ansonsten wäre zur Aufdeckung von Gefahren und Straftaten eine allgemeine Überwachung und Kontrolle der Bürger zulässig und die Grundrechte obsolet. Das Bundesverwaltungsgericht formuliert diesen Gedanken in einer Entscheidung auf dem Gebiet des Strafprozessrechts wie folgt: „Ausgangspunkt hat die Feststellung zu sein, daß nach dem Menschenbild des Grundgesetzes die Polizeibehörde nicht jedermann als potenziellen Rechtsbrecher betrachten und auch nicht jeden, der sich irgendwie verdächtig gemacht hat (‚aufgefallen ist') oder bei der Polizei angezeigt worden ist, ohne weiteres ‚erkennungsdienstlich behandeln' darf. Eine derart weitgehende Registrierung der Bürger aus dem Bestreben nach möglichst großer Effektivität der Polizeigewalt und Erleichterung der polizeilichen Überwachung der Bevölkerung widerspräche den Prinzipien des freiheitlichen Rechtsstaates."[981]

Gerade Vorfeldmaßnahmen sind daher nicht uneingeschränkt zulässig[982]. Der grundsätzliche Freiheitsanspruch des Einzelnen verlangt, dass der Einzelne von solchen Eingriffen verschont bleibt, die nicht durch eine hinreichende Beziehung oder Nähe zwischen ihm und einer Gefahr legitimiert sind[983]. Ob der insoweit erforderliche „Zurechnungszusammenhang"[984]

---

980 Seite 153.

981 BVerwGE 26, 169 (170 f.); vgl. dazu Hohmann-Schwan, Freiheitssicherung durch Datenschutz, 276 (298): „Dies gilt selbstverständlich nicht nur für die Aufbewahrung erkennungsdienstlicher Unterlagen, sondern auch für die Speicherung aller anderen personenbezogenen Daten"; ähnlich wie das BVerwG die abweichende Meinung in BVerfGE 109, 279 (391).

982 SächsVerfGH, DuD 1996, 429 (436): informationelle Vorfeldmaßnahmen seien nur ausnahmsweise zulässig; Hohmann-Schwan, Freiheitssicherung durch Datenschutz, 276 (300): Vorfeldbefugnisse seien nur punktuell und in besonderen Gefährdungslagen zulässig.

983 Für gesetzliche Eingriffe auf dem Gebiet des Polizeirechts MVVerfG, LKV 2000, 149 (153); VG Trier, MMR 2002, 698 (699); vgl. auch Lisken, NVwZ 2002, 513 (515). Für das Gebiet der Straftatenverhütung vgl. BVerfG, NJW 2004, 2213 (2216), wonach das „Risiko einer Fehlprognose" „hinnehmbar" erscheinen müsse. Ähnliche Kriterien leitet Waechter, DÖV 1999, 138 (145) aus dem Gesichtspunkt der Indienstnahme Privater zu öffentlichen Zwecken ab, die nur bei deren besonderer Sachnähe zulässig sei.

gegeben ist, ist im Wege einer Abwägung der einschlägigen Interessen zu entscheiden. Letztlich handelt es sich um nichts anderes als die Prüfung der Verhältnismäßigkeit im engeren Sinne. Im Rahmen der Verhältnismäßigkeitsprüfung ist also die Gefahrennähe der betroffenen Grundrechtsträger zu berücksichtigen, so dass im vorliegenden Zusammenhang fraglich ist, welche Nähe zwischen den von einer generellen Vorratsspeicherung von Telekommunikations-Verkehrsdaten betroffenen Personen und den Gefahren, denen mit Hilfe der Vorratsspeicherung begegnet werden soll, besteht.

Wie gezeigt, kann man diese Gefahren in zwei Gruppen einteilen, nämlich in Gefahren, die aus der rechtswidrigen Nutzung von Telekommunikationsnetzen resultieren einerseits und in sonstige Gefahren, denen mit Hilfe einer Überwachung der Telekommunikation begegnet werden kann, andererseits. Fraglich ist zunächst, welche Nähe zwischen den von einer generellen Vorratsspeicherung von Telekommunikations-Verkehrsdaten betroffenen Personen und den Gefahren infolge von Netzkriminalität besteht.

Eine hinreichende Gefahrennähe liegt grundsätzlich dann vor, wenn eine Person aufgrund konkreter Umstände im Einzelfall im Verdacht steht, Rechtsgüter zu verletzen oder eine strafbare Handlung begangen zu haben[985]. Allgemeines Erfahrungswissen und Vermutungen genügen zur Begründung eines Verdachts nicht[986]. Dementsprechend hat das Bundesverwaltungsgericht in der oben zitierten Entscheidung geurteilt, dass angesichts des Menschenbildes des Grundgesetzes erkennungsdienstliche Unterlagen nur von Beschuldigten angefertigt und aufbewahrt werden dürfen und auch nur von solchen Beschuldigten, bei denen „nach der konkreten Sachlage [...] Anhaltspunkte dafür vor[liegen], daß die erkennungsdienstlich behandelte Person zukünftig strafrechtlich in Erscheinung treten [wird]"[987]. Demnach genügt es beispielsweise nicht, wenn sich die Polizeibehörden auf die generelle Wiedereinlieferungsquote in den Strafvollzug berufen, selbst wenn diese mit 50%[988] außerordentlich hoch liegt.

984　Für gesetzliche Eingriffe auf dem Gebiet des Polizeirechts MVVerfG, LKV 2000, 149 (153); VG Trier, MMR 2002, 698 (699).

985　Vgl. etwa SächsVerfGH, DuD 1996, 429 (437).

986　SächsVerfGH, DuD 1996, 429 (437).

987　BVerwGE 26, 169 (171); vgl. dazu Hohmann-Schwan, Freiheitssicherung durch Datenschutz, 276 (298): „Dies gilt selbstverständlich nicht nur für die Aufbewahrung erkennungsdienstlicher Unterlagen, sondern auch für die Speicherung aller anderen personenbezogenen Daten."

988　Kunz, Kriminologie, § 31, Rn. 40.

In die gleiche Richtung geht eine Entscheidung des Bundesverfassungsgerichts über einen Fall, in dem zur Aufklärung einer Straftat angeordnet
worden war, dass allen männlichen Porschefahrern mit Münchener Kenn-
zeichen eine Blutprobe zu entnehmen sei, um die Proben mit am Tatort
gefundenen Spuren vergleichen zu können. Diese Vorgehensweise sah das
Gericht trotz des großen Adressatenkreises als verhältnismäßig an, führte
aber aus, die Grenze der Zumutbarkeit sei überschritten, wenn die Ermittlungsmaßnahme gegen so viele Personen angeordnet werde, dass ein konkreter Tatverdacht im Sinne des § 152 Abs. 2 StPO gegen die von der Anordnung Betroffenen nicht mehr bestehe[989]. Sobald jemand also nicht aufgrund besonderer Merkmale verdächtiger ist als sonstige Personen, hat er
Eingriffe grundsätzlich nicht hinzunehmen. Die bloße allgemeine Möglichkeit, dass Daten einmal zu Zwecken der Strafverfolgung oder der Gefahrenabwehr benötigt werden könnten, begründet danach grundsätzlich nicht die
von Verfassungs wegen zur Rechtfertigung von Eingriffen erforderliche
Gefahrennähe.

Auch für den Zugriff auf Verkehrsdaten zu Strafverfolgungszwecken hat
das Bundesverfassungsgericht in einem neueren Urteil einen konkreten
Tatverdacht gegen die betroffene Person oder eine hinreichend sichere
Tatsachenbasis für die Annahme, dass die Person als Nachrichtenmittler für
einen Straftäter tätig wird, gefordert[990]. Das Urteil betraf zwar nicht die
generelle Vorratsspeicherung von Verkehrsdaten, sondern die Übermittlung
bestimmter Verkehrsdaten an Strafverfolgungsbehörden im Einzelfall. Das
Gericht spricht in diesem Zusammenhang aber allgemein von der „Erfassung der Verbindungsdaten"[991] und stellt ausdrücklich fest: „Voraussetzung
der Erhebung von Verbindungsdaten ist ein konkreter Tatverdacht."[992] Dies
spricht für die Annahme, dass die Verdachtsschwelle für jede dem Staat als
Eingriff zuzurechnende Erfassung und Speicherung von Verkehrsdaten
gelten soll.

Eine generelle Vorratsspeicherung von Telekommunikations-
Verkehrsdaten würde verdachtsunabhängig erfolgen, so dass sich eine Gefahrennähe der Betroffenen nicht über einen konkreten Verdacht gegen sie
herleiten lässt. Allerdings hat der Gesetzgeber in bestimmten Bereichen
schon bisher zu Vorfeldeingriffen ermächtigt. Dies gilt etwa für die Einrichtung des Bundeszentralregisters, die Daten über Straftäter speichert. Im-

---

989 BVerfG JZ 1996, 1175 (1176).
990 BVerfGE 107, 299 (322).
991 BVerfGE 107, 299 (321).
992 BVerfGE 107, 299 (322).

merhin setzt eine Eintragung in dieses Register, ebenso wie die meisten anderen strafprozessualen Eingriffe, voraus, dass gegen den Betroffenen zu einem früheren Zeitpunkt einmal ein Tatverdacht vorgelegen hat. Diese Voraussetzung ist bei einer generellen Verkehrsdatenspeicherung nicht gegeben, so dass sich auch hieraus keine Gefahrennähe herleiten lässt.

Weiterhin können diejenigen Personen, die eine besondere Gefahrenquelle in ihrer Obhut haben, besonderen Kontrollen unterworfen sein, etwa Kraftfahrzeugführer (§ 36 Abs. 5 StVO) oder Betreiber emittierender Anlagen (§ 52 Abs. 2 BImSchG). Noch einen Schritt weiter geht der Gesetzgeber, wenn er Personen allein schon deshalb Kontrollen unterwirft, weil sie sich an Orten aufhalten, an denen typischerweise Gefahren auftauchen sollen, etwa an Grenzen (§ 2 BGSG; vgl. auch die Landespolizeigesetze). Darüber hinaus muss der Bürger an allen öffentlichen Orten mit Identitätskontrollstellen rechnen, wenn dies zur Verfolgung von Mitgliedern einer terroristischen Vereinigung oder in Fällen schweren Raubes erforderlich ist (§ 111 StPO). Auch eine Inanspruchnahme Unbeteiligter zur Gefahrenabwehr ist nach den Landespolizeigesetzen in Ausnahmefällen zulässig („polizeilicher Notstand").

Unabhängig von der Frage, inwieweit diese Befugnisse jeweils mit der Verfassung vereinbar sind, ist jedenfalls festzustellen, dass eine allgemeine Vorratsspeicherung von Telekommunikations-Verkehrsdaten selbst im Vergleich zu diesen Befugnissen eine gänzlich neue Qualität hätte[993]. Bisher sind Vorfeldeingriffe nur punktuell und in besonderen Gefährdungslagen zulässig[994]. Bei der generellen Speicherung von Verkehrsdaten aber geht es um eine umfassende und generelle Überwachung bisher ungekannten Ausmaßes. Weder ist der Nutzer von Telekommunikationsdiensten für eine Gefahrenquelle verantwortlich, noch hält er sich an einem besonders gefährlichen Ort auf, noch wird er ausschließlich hinsichtlich konkreter, in der Vergangenheit vermutlich begangener Straftaten kontrolliert, noch besteht im Einzelfall ein polizeilicher Notstand. Der einzige Anknüpfungspunkt besteht in der Benutzung von Telekommunikationsnetzen.

Als Vergleichsfall kommt weiterhin das Waffenrecht in Betracht. Auf diesem Gebiet hat der Gesetzgeber angenommen, dass der Besitz von Waffen eine abstrakte Gefahr von solcher Art und von solchem Ausmaß begründet, dass ein weitgehendes Verbot und im Übrigen eine strenge Überwachung des Waffenbesitzes gerechtfertigt ist. Im Unterschied zu Tele-

---

993 Eckhardt, CR 2002, 770 (774).
994 Hohmann-Schwan, Freiheitssicherung durch Datenschutz, 276 (300).

kommunikationsnetzen ist allerdings erstens zu beachten, dass Waffen höchstrangige Rechtsgüter, nämlich Leib und Leben von Personen, gefährden. Außerdem werden diese Rechtsgüter durch den Einsatz von Waffen unmittelbar, also nicht erst in Verbindung mit anderen Faktoren, gefährdet. Ein weiterer Unterschied im Rahmen der grundrechtlich gebotenen Abwägung liegt in dem unterschiedlichen gesellschaftlichen Nutzen der Werkzeuge. Während Waffen nur im Einzelfall, etwa zur Selbstverteidigung oder zur Jagd, nützlich sein können, ihr weitgehendes Fehlen aber auch nicht zu untragbaren Nachteilen führt, baut unsere Gesellschaft immer mehr auf Telekommunikationsnetzen auf. Diese entfalten daher einen großen Nutzen, sowohl materiell-wirtschaftlicher Art wie auch ideell-politischer Art, wenn beispielsweise das Internet zur verstärkten Ausübung von Grundrechten genutzt wird. Die Wertungen des Waffenrechts lassen sich auf das Gebiet der Telekommunikation daher nicht übertragen.

In den Begründungen beider Vorschläge des Bundesrats zur Einführung einer generellen Telekommunikationsdatenspeicherung wird ausgeführt, eine Pflicht zur Speicherung von Daten zu staatlichen Zwecken sei dem geltenden Recht nicht fremd, wie das Geldwäschegesetz (GwG) zeige[995]. Das Geldwäschegesetz[996] sieht vor, dass Kreditinstitute, Versicherungen und gewisse andere Stellen fremde Vermögensangelegenheiten erst nach Identifizierung des Kunden anhand eines amtlichen Ausweises wahrnehmen dürfen (§§ 2-4 und 6 GwG), selbst wenn eine Identifizierung für die Durchführung der Geschäfte nicht erforderlich ist. Im Unterschied zu einer Vorratsspeicherung von Telekommunikations-Verkehrsdaten betrifft die Aufbewahrungspflicht nach dem Geldwäschegesetz allerdings nur die Personalien der Kunden, nicht die einzelnen von ihnen vorgenommenen Transaktionen. Daten über die einzelnen Transaktionen mögen zwar nach anderen Vorschriften aufzubewahren sein. Anders als Telekommunikationsunternehmen sind die aufbewahrungspflichtigen Personen im Finanzbereich aber nicht verpflichtet, den Strafverfolgungs- und Gefahrenabwehrbehörden einschließlich der Nachrichtendienste Auskünfte über ihre Aufzeichnungen zu erteilen. Hierin liegt der entscheidende Unterschied zu Telekommunikations-Verkehrsdaten. Auch auf die nach dem Geldwäschegesetz aufzuzeichnenden Personalien dürfen nur sehr eingeschränkt weitergegeben und

---

995   Beschluss des Bundesrates vom 31.05.2002, BR-Drs. 275/02, 25; Beschluss des Bundesrates vom 19.12.2003, BR-Drs. 755/03, 34.

996   Gesetz über das Aufspüren von Gewinnen aus schweren Straftaten vom 25.10.1993 (BGBl. I 1993, 1770), zuletzt geändert durch Art. 1 des Gesetzes vom 08.08.2002 (BGBl I 2002, 3105).

verwendet werden (§ 10 GwG), insbesondere zur Verfolgung von Geldwäschedelikten. Aus den genannten Gründen ist eine Vorratsspeicherung von Telekommunikations-Verkehrsdaten vielfach eingriffsintensiver als das Geldwäschegesetz.

Eine weitgehende Überwachung auf dem Gebiet der Telekommunikation erlaubt das G10[997], das in seinem § 5 zu einer anlassunabhängigen („strategischen") Überwachung internationaler Telekommunikationsbeziehungen zur Abwehr schwerster Gefahren ermächtigt. Zwar erlaubt das G10 auch die Kenntnisnahme von Kommunikationsinhalten, während eine Verkehrsdatenspeicherung auf die Kommunikationsumstände beschränkt ist. Jene Beschränkung verhindert aber lediglich, dass eine generelle Aufhebung des Fernmeldegeheimnisses zu besorgen ist[998]. Ansonsten sind Telekommunikations-Verkehrsdaten nicht generell weniger schutzwürdig als Kommunikationsinhalte[999], so dass darin kein maßgeblicher Unterschied zu § 5 G10 zu sehen ist.

Das Bundesverfassungsgericht hat eine globale und pauschale Überwachung selbst zur Abwehr größter Gefahren ausdrücklich als verfassungswidrig bezeichnet[1000] und damit eine „flächendeckende Erfassung [...] des [...] Fernmeldeverkehrs"[1001] gemeint. Weil eine Vorratsspeicherung grundsätzlich jeglichen Telekommunikationsverkehr einer Überwachung unterwerfen würde, könnte sie als eine solche „globale und pauschale Überwachung" des Telekommunikationsverkehrs angesehen werden. In der strategischen Überwachung nach dem G10 hat das Bundesverfassungsgericht nur deswegen keine solche Globalüberwachung gesehen, weil nur der internationale Fernmeldeverkehr betroffen sei, es tatsächlich nur selten zu einer Erfassung komme, der Satelliten-Downlink nicht immer erfasst würde, nur die Überwachung bestimmter Fernmeldeverkehrsbeziehungen angeordnet würde und die Überwachung wegen begrenzter Kapazitäten faktisch beschränkt sei[1002]. All diese Gesichtspunkte treffen auf die gegenwärtigen Vorhaben zur Einführung einer Vorratsspeicherung nicht zu, zumal es auf tatsächliche Begrenzungen – wie bereits gezeigt – ohnehin nicht ankommen

---

997 Gesetz zur Beschränkung des Brief-, Post- und Fernmeldegeheimnisses vom 26.06.2001 (BGBl I 2001, 1254, 2298), zuletzt geändert durch Art. 4 des Gesetzes vom 09.01.2002 (BGBl I 2002, 361).
998 Seite 125.
999 Hierzu ausführlich die Seiten 211-217.
1000 BVerfGE 313, 100 (376 und 383).
1001 BVerfGE 313, 100 (377).
1002 BVerfGE 313, 100 (377 f.).

kann[1003]. Eine beachtliche Begrenzung der Überwachung im Fall der Vorratsspeicherung lässt sich auch nicht durch Verweis auf die Möglichkeiten anonymer Telekommunikation[1004] konstruieren, weil die ausschließliche Nutzung anonymer Formen von Telekommunikation auf Dauer nicht möglich oder jedenfalls unzumutbar ist[1005].

§ 5 G10 ist insoweit weniger belastend als eine generelle Vorratsspeicherung, als das Bundesverfassungsgericht festgestellt hat, dass ein „verfassungswidriger Missbrauch" der Befugnis vorliege, wenn sie „zur Einzelüberwachung von Personen oder zur Sammlung von Nachrichten über [...] Gefahren für die innere Sicherheit" verwendet würde[1006]. Auch zur Strafverfolgung darf dieses Instrument nicht eingesetzt werden. Das Mittel der strategischen Überwachung darf vielmehr nur ausnahmsweise zur Aufrechterhaltung der Sicherheit der Bundesrepublik Deutschland gegenüber Gefahren aus dem Ausland, die nicht vornehmlich personenbezogen sind, eingesetzt werden[1007]. Nur dieser besondere Zweck rechtfertigt es, dass die Eingriffsvoraussetzungen im G10 anders bestimmt werden als es im Polizei- oder Strafprozessrecht verfassungsrechtlich zulässig ist[1008]. Die generelle Aufbewahrung von Verkehrsdaten ist demgegenüber auf ein nachträgliches Einschreiten in Einzelfällen zugeschnitten. Ansonsten wäre, wie im Bereich des § 5 G10, lediglich eine einmalige Prüfung der Daten erforderlich und nicht auch deren Aufbewahrung. Auch die Vorschläge des Bundesrats zielen, wie schon die Begründung zum ErmittlungsG-Entwurf[1009] zeigt, vornehmlich auf eine verbesserte Strafverfolgung. Der EU-Vorschlag[1010] ist von vornherein auf diesen Bereich beschränkt. In Anbetracht der weiten Verwendungsmöglichkeiten greift eine generelle Vorratsspeicherung von Telekommunikations-Verkehrsdaten daher in erheblich höherem Maße in die Grundrechte ein als § 5 G10.

Darüber hinaus sind selbst die „strategischen" Kontrollmaßnahmen nach dem G10 nicht ebenso pauschal und allumfassend wie es eine Vorratsspeicherung wäre. Sie sind auf den internationalen Telekommunikationsverkehr beschränkt und werden auch nur im Einzelfall angeordnet, betreffen also

---

1003   Seite 143.
1004   Seite 14.
1005   Seite 197.
1006   BVerfGE 67, 157 (180 f.).
1007   BVerfGE 100, 313 (383).
1008   BVerfGE 100, 313 (383).
1009   Seite 5.
1010   Seite 5.

nur den Telekommunikationsverkehr mit einzelnen Ländern. Außerdem ist ein Verfahren unter Einschaltung von Kontrollorganen vorgesehen, das die Eignung der Maßnahme fördern kann[1011]. Voraussetzung einer Anordnung ist die begründete (vgl. § 9 Abs. 3 G10) Annahme, dass durch die Maßnahme Kenntnisse erlangt werden können, die zur Abwehr schwerster Gefahren für die Sicherheit Deutschlands erforderlich sind. Demnach besteht bei Maßnahmen nach § 5 G10 ein erheblich höherer Eignungsgrad als bei einer generellen Vorratsspeicherung sämtlicher Verkehrsdaten.

Im Ergebnis ist festzuhalten, dass die einzige Verbindung zwischen den von einer Vorratsspeicherung betroffenen Personen und den Gefahren, die aus der Nutzung von Telekommunikationsnetzen zu rechtswidrigen Zwecken erwachsen, darin besteht, dass das gleiche Medium benutzt wird. Es liegen auch nicht die Voraussetzungen vor, unter denen eine allgemeine Telekommunikationsüberwachung bisher für zulässig erachtet worden ist.

Während Telekommunikationsnetze dort, wo sie als Werkzeug zur Begehung von Straftaten genutzt werden, noch eine eigenständige Rechtsgutsgefahr darstellen könnten, ist dies im Übrigen von vornherein ausgeschlossen. Gleichwohl greifen Eingriffsbehörden oftmals auf die Umstände auch von solchen Telekommunikationsvorgängen zu, die in keinem Zusammenhang mit der Begehung von Straftaten standen, sondern der alltäglichen Kommunikation dienten. Beispielsweise kann die Standortkennung des Mobiltelefons eines Straftäters von Strafverfolgungsbehörden abgefragt werden, um dessen Aufenthaltsort zu ermitteln, selbst wenn der Straftäter sein Mobiltelefon zu keiner Zeit zu rechtswidrigen Zwecken genutzt hat. Die Beziehung zwischen dem durchschnittlichen Telekommunikationsnutzer und den Gefahren, die einzelne Telekommunikationsnutzer allgemein verursachen, ist noch entfernter als in dem Bereich, in dem die Eigenschaften der Telekommunikationsnetze, von denen alle Telekommunikationsbenutzer profitieren, zur Begehung von Straftaten ausgenutzt werden.

Aufschlussreich für die Bemessung der Gefahrennähe ist auch das zahlenmäßige Verhältnis der Gesamtheit aller Telekommunikationsvorgänge zu der Anzahl von Telekommunikationsvorgängen, welche später zu Gefahrenabwehr- oder Strafverfolgungszwecken nachvollzogen werden müssen. Die Wahrscheinlichkeit, dass ein beliebiger Telekommunikationsvorgang zu einem späteren Zeitpunkt einmal zu Gefahrenabwehr- oder Strafverfolgungszwecken nachvollzogen werden muss, ist angesichts der Vielzahl an

---

1011   BVerfGE 100, 313 (373).

Telekommunikationsvorgängen als verschwindend gering anzusehen[1012]. Im Jahr 2002 wurden in Deutschland täglich 216 Millionen Telefonverbindungen hergestellt[1013], im gesamten Jahr also etwa 79 Milliarden Verbindungen. Die Zahl von Telekommunikations-Verkehrsdatensätzen, die jährlich an Gefahrenabwehr- oder Strafverfolgungsbehörden übermittelt werden, ist zwar nicht bekannt. Es wird sich aber allenfalls um einige tausend Datensätze handeln. Die Wahrscheinlichkeit, dass eine Telefonverbindung zu einem späteren Zeitpunkt einmal nachvollzogen werden muss, läge damit bei einer Größenordnung von 0,00001%. Im Internetbereich wird diese Zahl noch erheblich geringer sein, weil hier ein Vielfaches an Verkehrsdaten anfällt, Internet-Verkehrsdaten von Gefahrenabwehr- oder Strafverfolgungsbehörden aber vergleichsweise selten angefordert werden. Berechnungen des Internet-Access-Providers T-Online haben ergeben, dass derzeit nur 0,0004% der insgesamt dort anfallenden Verkehrsdaten von den Strafverfolgungsbehörden angefordert werden[1014].

Angesichts dieser geringen Größenordnung ist fraglich, ob auf dem Gebiet der Telekommunikation die Wahrscheinlichkeit, dass ein beliebiger Kommunikationsvorgang zu einem späteren Zeitpunkt einmal zu Gefahrenabwehr- oder Strafverfolgungszwecken nachvollzogen werden muss, größer ist als im Bereich der traditionellen Kommunikation[1015]. Ob dies der Fall ist, ist empirisch noch nicht geprüft worden. Jedenfalls soweit Telekommunikation nicht im unmittelbaren Zusammenhang mit der Begehung von Straftaten erfolgt, ist kein Grund ersichtlich, warum Verkehrsdaten zu Gefahrenabwehr- oder Strafverfolgungszwecken nützlicher sein sollten als die Kenntnis der Umstände von Kommunikationsvorgängen außerhalb von Telekommunikationsnetzen. Während der Zugriff auf Verkehrsdaten bei Straftaten, die mittels Telekommunikationsnetzen begangen werden, oft das einzige Mittel zur Aufklärung der Tat sein wird, wird dies bei anderweitig begangenen Straftaten nur ausnahmsweise der Fall sein. In diesem Bereich stellen Verkehrsdaten eine Informationsquelle wie jede andere dar. Dass sich nur Telekommunikations-Verkehrsdaten generell erfassen und speichern lassen und dass die finanziellen Kosten einer solchen Vorratsspeiche-

---

1012 Dix, Alexander: Schriftliche Stellungnahme zur öffentlichen Anhörung am 09.02.2004 in Berlin zum Entwurf eines Telekommunikationsgesetzes (TKG), in Ausschussdrucksache 15(9)961, www.bundestag.de/gremien15/a09/004Anhoerungen/TKG/materialeingeladene.pdf, 217 (219).

1013 BVerfGE 107, 299 (327).

1014 Uhe/Herrmann, Überwachung im Internet (I), 161.

1015 Hierzu ausführlich die Seiten 315-334.

rung begrenzt sind, erhöht den durchschnittlichen Nutzen dieser Daten nicht und ist daher unbeachtlich. Es ist sogar denkbar, dass Telekommunikations-Verkehrsdaten von geringerem Erkenntnisinteresse sind als die näheren Umstände sonstiger Kommunikation, weil Straftätern die Überwachbarkeit der Telekommunikationsnetze bekannt ist und sie die Nutzung dieses Mediums für ihre Zwecke aus diesem Grunde möglichst vermeiden werden.

Soweit Telekommunikationsnetze zur Begehung von Netzkriminalität im engeren Sinne genutzt werden, ist zu beachten, dass sich Angriffe auf Computersysteme auch ohne Telekommunikationsnutzung vornehmen lassen. Insbesondere Angriffe von Mitarbeitern eines Unternehmens, die besonders schadensträchtig sind[1016], werden vermutlich meist mittels eines Computers des angegriffenen Unternehmens selbst vorgenommen, weil die Angreifer dadurch vermeiden können, dass aufgrund der Zwischenschaltung von Telekommunikationsnetzen Datenspuren entstehen, die sie verraten könnten. Es lässt sich daher ohne nähere Untersuchung nicht sagen, ob im Bereich der Telekommunikation die Wahrscheinlichkeit, dass ein beliebiger Computerbenutzungsvorgang zu einem späteren Zeitpunkt einmal zu Gefahrenabwehr- oder Strafverfolgungszwecken nachvollzogen werden muss, größer ist als im Bereich der unmittelbaren Computernutzung.

Im Bereich der Netzkriminalität im weiteren Sinne wird die Telekommunikation letztlich zum Zweck des Austauschs von Informationen zwischen Menschen eingesetzt. Hier ist also zu fragen, ob der durchschnittliche Kommunikationsvorgang auf dem Gebiet der Telekommunikation öfter der Begehung einer Straftat dient als außerhalb dieses Gebiets, etwa bei der unmittelbar menschlichen Kommunikation oder der Kommunikation per Post. Die verfügbaren Kriminalitätsstatistiken erlauben es leider nicht, Anzahl und Schädlichkeit von Straftaten, die menschliche Kommunikation voraussetzen, inner- und außerhalb von Telekommunikationsnetzen zu vergleichen. Damit ist auch auf diesem Gebiet ein Vergleich der Gefahrennähe nicht möglich.

Lässt man die tatsächlichen Unsicherheiten außer Acht und nimmt man an, dass die Kenntnis der Umstände eines durchschnittlichen Telekommunikationsvorgangs für die Eingriffsbehörden nicht interessanter ist als die Kenntnis der Umstände sonstiger Kommunikationsvorgänge, so fragt es sich, ob schon die allgemeine Möglichkeit, dass Kommunikationsvorgänge zu einem späteren Zeitpunkt einmal von Eingriffsbehörden nachvollzogen werden müssen, deren generelle Aufzeichnung rechtfertigt. Gemessen an

---

1016   Seite 169.

der nahezu unbegrenzten Anzahl von Gesprächen, Briefen und anderen Kommunikationsvorgängen liegt es auf der Hand, dass die Wahrscheinlichkeit, dass eine beliebiger Kommunikationsvorgang zu einem späteren Zeitpunkt einmal zu Gefahrenabwehr- oder Strafverfolgungszwecken nachvollzogen werden muss, verschwindend gering ist. Wollte man trotz dieser geringen Wahrscheinlichkeit eine hinreichende Nähe jedes Kommunizierenden, also im Grunde jedes Menschen, zur Begehung von Straftaten mittels menschlicher Kommunikation annehmen, dann wäre der Gesetzgeber zur Aufzeichnung der näheren Umstände jedes Informationsaustausches legitimiert, allein schon wegen der Tatsache des Informationsaustausches. Dies würde beispielsweise zum Aufbau eines allgemeinen Spitzelsystems berechtigen, wie es durch die Stasi organisiert wurde.

Fraglich ist, ob Derartiges mit dem Menschenbild des Grundgesetzes zu vereinbaren wäre. Das Bundesverfassungsgericht betont in ständiger Rechtsprechung, dass der Mensch ein gemeinschaftsbezogenes und gemeinschaftsgebundenes Wesen ist[1017]. Er „ist eine sich innerhalb der sozialen Gemeinschaft entfaltende, auf Kommunikation angewiesene Persönlichkeit"[1018]. Seiner besonderen Bedeutung entsprechend wird der Informationsaustausch auch durch das Grundgesetz besonders geschützt. So garantiert das Recht auf informationelle Selbstbestimmung den Schutz personenbezogener Informationen vor staatlichen Zugriffen. Das Gleiche gilt für Art. 10 GG. Art. 5 Abs. 1 und 2 GG gewährleistet die Meinungs-, Informations-, Presse- und Rundfunkfreiheit, deren Ausübung notwendig den Austausch von Informationen voraussetzt. Art. 4 Abs. 1 und 2 GG gewährleistet die ungestörte Religionsausübung, die oftmals in Gemeinschaft mit anderen erfolgt und dementsprechend auf einem Gedankenaustausch basiert. In der Tat lässt sich kaum ein Grundrecht denken, dessen Ausübung nicht einen Informationsaustausch erforderlich machen kann. Die Grundrechtsordnung des Grundgesetzes basiert darauf, dass die Grundrechte grundsätzlich ungestört von staatlichen Eingriffen ausgeübt werden können[1019]. Jedenfalls muss der Einzelne keine unzumutbaren Eingriffe in seine Freiheiten dulden[1020]. Außerdem gewährleistet Art. 19 Abs. 2 GG einen unantastbaren Bereich der ungestörten Grundrechtsausübung.

1017   St. Rspr. des BVerfG seit E 4, 7 (15).
1018   BVerfGE 65, 1 (44).
1019   BVerfGE 65, 1 (44): „Grundrechte [...] als Ausdruck des allgemeinen Freiheitsanspruchs des Bürgers gegenüber dem Staat".
1020   St. Rspr. des BVerfG; für Art. 10 GG vgl. nur BVerfGE 67, 157 (178); BVerfGE 100, 313 (391).

Dieser Konzeption des Grundgesetzes würde es widersprechen, wenn man bereits in dem bloßen Austausch von Informationen eine abstrakte Gefahr sehen würde, die den Staat zu Eingriffen berechtigte. Dass ein Informationsaustausch in manchen Fällen konkrete Gefahren begründet oder erhöht, muss vielmehr dem Bereich des allgemeinen Lebensrisikos zugeordnet werden. Der Austausch von Informationen allgemein begründet daher für sich genommen noch keine hinreichende Gefahrennähe der Kommunizierenden, so dass eine Vorratsspeicherung der näheren Umstände beliebiger Kommunikationsvorgänge unzulässig wäre.

Angesichts dessen kann eine generelle Verkehrsdatenspeicherung nur dann gerechtfertigt sein, wenn die näheren Umstände der Telekommunikation für den Schutz von Rechtsgütern von größerer Relevanz sind als die Umstände sonstiger Kommunikation. Ob dies der Fall ist, ist – wie bereits ausgeführt[1021] – unbekannt.

(ff) Aussagekraft der Daten, die erhoben werden können, unter Berücksichtigung ihrer Nutzbarkeit und Verwendungsmöglichkeit; den Betroffenen drohende Nachteile nach Ausmaß und Wahrscheinlichkeit ihres Eintritts

Die vorliegenden Vorschläge zur Einführung einer Vorratsspeicherung sind vage, was die genaue Art der zu speichernden Daten angeht. Der Grund dafür wird darin zu sehen sein, dass Widerstände sowohl von Bürgern wie auch von der Wirtschaft zu erwarten sind, sobald diese klar vor Augen haben, was die Regelungen tatsächlich bedeuten. Es wird daher für politisch klüger erachtet, zunächst die generelle Befugnisnorm zu schaffen. Wenn es dann später um die konkrete Umsetzung geht und den Betroffenen die konkrete Bedeutung der Norm bewusst wird, ist es für sie schon zu spät, über das „Ob" der Regelung noch zu diskutieren. Diese „Scheibchentaktik" wurde im Bereich des § 88 TKG a.F. (jetzt § 110 TKG), der erst 2001 durch die TKÜV konkretisiert wurde, erfolgreich angewandt. Auch in EU-Ländern, in denen die Einführung einer generellen Vorratsspeicherung von Verkehrsdaten geplant ist, ist auf diese Weise verfahren worden.

Dem RSV Entwurf[1022] zufolge sollen insbesondere solche Telekommunikationsdaten gespeichert werden, welche die Identifizierung von Ursprung, Ziel, Zeit und Ort eines Informationsaustausches, des eingesetzten Kommunikationsgeräts (bei Mobiltelefonen etwa die IMEI) sowie des Kunden und des Benutzers des elektronischen Kommunikationsdienstes erlauben (Art. 2

1021   Seite 206.
1022   Seite 5.

Abs. 2 RSV-E). Der ErmittlungsG-Entwurf[1023] enthielt keine nähere Konkretisierung der zu speichernden Daten und umfasste daher potenziell alle zur Verfügung stehenden Telekommunikationsdaten. Die Stellungnahme des Bundesrats vom 19.12.2003 sieht vor, dass die Aufbewahrungspflicht für alle Verkehrsdaten gelten soll, die „erhoben worden sind"[1024]. Dies umfasst alle zum Aufbau und zur Aufrechterhaltung der Telekommunikation sowie zur Entgeltabrechnung von Telekommunikationsdiensten notwenigen Verkehrsdaten (vgl. § 96 Abs. 1 Nr. 5 TKG).

Hinsichtlich der betroffenen Dienste schließt der RSV-Entwurf öffentliche Internetangebote ein (Art. 2 Abs. 3 Buchst. c RSV-E). Auch die Vorschläge des Bundesrats[1025] nehmen die Nutzung öffentlicher Internetangebote nicht aus.

Der RSV-Entwurf erstreckt sich weiterhin auch auf den Informationsaustausch zwischen einem nur empfangsbereiten Mobiltelefon und der Basisstation, so dass die Telekommunikationsunternehmen komplette Bewegungsprofile ihrer Kunden speichern müssten. Gleichermaßen stellt sich die Lage nach den Vorschlägen des Bundesrats dar. Die Tatsache, dass beide Vorschläge die Aufzeichnung von Bewegungsprofilen und die Aufzeichnung der Nutzung von Massenmedien über das Internet einschließen, erhöht ihre Eingriffsintensität erheblich.

Bei der Bemessung der Eingriffsintensität einer Vorratsspeicherung ist zudem der Vergleich mit bestehenden Eingriffsbefugnissen von Nutzen. Dieser ergibt zunächst, dass die Verarbeitung von Verkehrsdaten mit erheblich größeren Gefahren verbunden ist als die automatische Verarbeitung personenbezogener Daten generell; die allgemeinen Gefahren einer automatisierten Datenverarbeitung erhalten im Bereich der Telekommunikationsnetze eine neue Dimension[1026], denn hier besteht die Möglichkeit, Persönlichkeitsbilder mit einer noch nie da gewesenen Genauigkeit zu gewinnen. Das liegt zum einen daran, dass Daten über jede Telekommunikationsnutzung eines Teilnehmers anfallen, das Telekommunikationsverhalten einer Person also vollständig dokumentiert werden kann. In anderen Bereichen müsste ein solcher Datenberg erst aus unterschiedlichen Quellen zusammen getragen werden, etwa in dem aufwändigen Verfahren der Rasterfahndung. Eine weitere, besondere Gefahr auf dem Gebiet der Telekommunikation

---

1023 Seite 5.
1024 BR-Drs. 755/03, 33.
1025 Seite 5.
1026 Zum Folgenden Gridl, Datenschutz in globalen Telekommunikationssystemen, 74 ff.

ergibt sich daraus, dass die Speicherung von Verkehrsdaten entweder schon in der Struktur der Systeme angelegt ist oder sich mit begrenztem Aufwand durchführen lässt. Nicht zuletzt sind Verkehrsdaten auch inhaltlich äußerst aussagekräftig und geben selbst über intime Details Auskunft, etwa im Bereich der Internet-Nutzung. Es lässt sich sagen, dass sich der Mensch nirgendwo im dem Maße, in all seinen Facetten und in so konstanter und aussagekräftiger Weise offenbart wie in den Telekommunikationsnetzen.

Vergleicht man weiterhin beispielsweise den Zugriff auf Mobiltelefon-Positionsdaten mit dem klassischen Mittel der Observation, so ergeben sich gravierende Unterschiede[1027]: Standortdaten können auch für die Vergangenheit abgefragt werden, was eine Observation nicht leisten kann. Standortdaten können zeitlich lückenlos aufgezeichnet werden, was bei einer Observation nicht gewährleistet ist. Die Abfrage von Standortdaten bleibt dem Betroffenen – anders als eine Observation – mit Sicherheit verborgen. Schließlich ist der Zugriff auf Verkehrsdaten für die Behörden mit einem viel geringeren Einsatz von Personal und Kosten möglich als die Vornahme einer Observation, so dass Informationseingriffe tendenziell öfter stattfinden werden. Auch dieses Beispiel zeigt die erheblich höhere Eingriffsintensität einer generellen Vorratsspeicherung von Telekommunikations-Verkehrsdaten gegenüber bestehenden Eingriffsbefugnissen.

(i) Vergleich mit der Aussagekraft von Kommunikationsinhalten

Weit verbreitet ist die Behauptung, der staatliche Zugriff auf die näheren Umstände der Telekommunikation wiege weniger schwer als der Zugriff auf ihren Inhalt[1028]. Gegen die Richtigkeit dieser meist ohne Begründung angeführten These, die an die Art des jeweiligen Datums anknüpft, spricht die Feststellung des Bundesverfassungsgerichts, dass bei der Bemessung der Intensität eines Informationseingriffs „nicht allein auf die Art der Angaben abgestellt werden [kann]. Entscheidend sind ihre Nutzbarkeit und Verwendungsmöglichkeit. Diese hängen einerseits von dem Zweck, dem die Erhebung dient, und andererseits von den der Informationstechnologie eigenen Verarbeitungsmöglichkeiten und Verknüpfungsmöglichkeiten ab. Dadurch kann ein für sich gesehen belangloses Datum einen neuen Stellen-

---

1027 Schenke, AöR 125 (2000), 1 (28).
1028 BVerfGE 107, 299 (322); BVerfGE 109, 279 (345); Bundesregierung in BT-Drs. 14/7008, 6 für Verbindungsdaten: „regelmäßig"; Bundesrat in BT-Drs. 14/7258, 1 für Verbindungsdaten: „bei weitem"; Thüringen in BR-Drs. 513/02, 3 für Mobilfunkstandortdaten; BGH-Ermittlungsrichter, MMR 1999, 99 (101) für Verbindungsdaten; Weichert, Bekämpfung von Internet-Kriminalität (I), Punkt 3: „regelmäßig"; Germann, 620: „deutlich".

wert bekommen; insoweit gibt es unter den Bedingungen der automatischen Datenverarbeitung kein ‚belangloses' Datum mehr."[1029]

Konkret liegt beispielsweise auf der Hand, dass die Kenntnisnahme des Inhalts eines belanglosen Telefonats mit dem Nachbarn weniger belastend ist als die Kenntnisnahme sämtlicher Positionsdaten eines Mobiltelefons, anhand derer sich ein Bewegungsprofil des Besitzers erstellen lässt. Verkehrsdaten sind also keineswegs zwangsläufig weniger aussagekräftig als Kommunikationsinhalte. Sie können es im Einzelfall sein, oft verhält es sich aber auch umgekehrt.

Wie bereits erwähnt, sind bei der Beurteilung der Intensität eines Informationseingriffs auch die Möglichkeiten der Verarbeitung oder Verknüpfung erlangter Daten zu berücksichtigen[1030]. Kommunikationsinhalte – mit Ausnahme unverschlüsselter Textübertragungen wie E-Mail oder SMS – liegen regelmäßig nicht in maschinenlesbarer Form vor (z.B. akustische Gespräche, Telefaxe). In absehbarer Zukunft werden keine Computer zur Verfügung stehen, die ausreichend leistungsfähig sind, den Inhalt solcher Kommunikationsvorgänge automatisch zu analysieren oder eine Vielzahl von Kommunikationsvorgängen nach bestimmten Inhalten zu durchsuchen. Eine Auswertung wird vielmehr stets durch Menschen erfolgen müssen, so dass Inhalte bereits aus diesem Grund nur punktuell erfasst werden können. Auch ist im Bereich der E-Mail-Kommunikation eine effektive, kostengünstige und einfache Verschlüsselung der Kommunikationsinhalte möglich[1031], so dass eine staatliche Vorratsspeicherung insoweit nutzlos wäre. Selbst unverschlüsselte, maschinenlesbare Kommunikationsinhalte könnten wegen der unüberschaubaren Datenmengen kaum auf Vorrat gespeichert werden. Die Entlastung, welche die Ausnahme von Kommunikationsinhalten von einer Vorratsspeicherung bewirkt, darf daher nicht überschätzt werden[1032].

Im Vergleich zu Inhaltsdaten sind die Verarbeitungsmöglichkeiten von Verkehrsdaten weit höher. Da Verkehrsdaten von vornherein als computerlesbare Datensätze gespeichert werden, eignen sie sich in hohem Maße zur Speicherung, Übermittlung und Verknüpfung mit anderen Datenbeständen. Sie können automatisch analysiert und auf bestimmte Suchmuster hin

---

1029 BVerfGE 65, 1 (45).
1030 BVerfGE 65, 1 (45).
1031 BMI/BMJ, Sicherheitsbericht 2001, 200, wonach PGP-chiffrierte Daten derzeit mit unter Kostengesichtspunkten vertretbaren Mitteln nicht entschlüsselbar seien.
1032 Weinem (Diplom-Informatiker beim Bundeskriminalamt), TK-Überwachung, 451 (453).

durchkämmt[1033], nach bestimmten Kriterien geordnet und ausgewertet[1034] werden. All diese Möglichkeiten bestehen bei Inhaltsdaten nicht, was für eine höhere Sensibilität von Verkehrsdaten spricht.

In vielen Fällen ist der Staat auch von vornherein oder jedenfalls zunächst nur an den Umständen eines Telekommunikationsvorgangs interessiert. Geht es etwa darum, heraus zu finden, von welchem Telefonanschluss aus zu einer bestimmten Zeit ein bestimmter anderer Anschluss angerufen wurde (beispielsweise in einem Erpressungsfall), dann müssen alle bei einem Telekommunikationsunternehmen gespeicherten Verbindungsdaten daraufhin durchgesehen werden, ob sie mit diesen Suchmerkmalen übereinstimmen. Was in den einzelnen Gesprächen gesagt wurde, ist den Behörden gleichgültig. Bei dieser Maßnahme geht es nicht um den Inhalt der Gespräche, so dass es falsch wäre, dem Eingriff geringes Gewicht zuzumessen, weil „nur" Verkehrsdaten betroffen sind. Der Eingriff hat vielmehr umgekehrt ein besonders großes Gewicht, da er die Daten einer Vielzahl unbeteiligter Personen betrifft.

Während die Eingriffsbehörden häufig nur oder jedenfalls zunächst nur an Verkehrsdaten interessiert sind, kommt der umgekehrte Fall praktisch nicht vor. Selbst im Fall der strategischen Telekommunikationsüberwachung durch den BND ist ein Zugriff auf Verkehrsdaten erforderlich, um festzustellen, mit welchem Land kommuniziert wird. Die strategische Überwachung nach dem G10 kann nämlich nur für bestimmte Länder angeordnet werden. Aus diesem Grund ist ein Abhören von Kommunikationsinhalten praktisch bedeutungslos, wenn nicht zugleich festgestellt werden kann, wer an dem Kommunikationsvorgang beteiligt ist. Die Aussage, Verkehrsdaten seien für die Arbeit der Sicherheitsbehörden ebenso wichtig wie Kommunikationsinhalte[1035], ist daher eine Untertreibung. An der fehlenden praktischen Nutzbarkeit von Kommunikationsinhalten ohne die zugehörigen Verkehrsdaten zeigt sich die essenzielle Bedeutung von Telekommunikations-Verkehrsdaten.

1033 DSB-Konferenz, Freie Telekommunikation (I); Omega Foundation, Report (I) mit der Forderung, den Einsatz solcher Techniken denselben Tatbestandsvoraussetzungen zu unterwerfen wie das Abfangen von Telekommunikationsinhalten.
1034 Gridl, Datenschutz in globalen Telekommunikationssystemen, 61.
1035 Weinem (Diplom-Informatiker beim Bundeskriminalamt), TK-Überwachung, 451 (453).

Hinzu kommt, dass die Unterscheidung von Inhalts- und Verkehrsdaten besonders im Internetbereich unklar ist[1036]. Im Bereich öffentlich zugänglicher Internet-Inhalte erlaubt es die Kenntnis der Verkehrsdaten (URLs) etwa regelmäßig, den Inhalt der Kommunikation selbst nachzuvollziehen[1037]. Dazu genügt es, die URL in einen Internet-Browser einzugeben. Dementsprechend ist eine niedrigere Eingriffsschwelle als für den unmittelbaren Zugriff auf Kommunikationsinhalte nicht gerechtfertigt[1038]. Teilweise werden WWW-Nutzungsdaten – die als Kommunikationsumstände an sich zu den Verkehrsdaten zu zählen sind[1039] – schon dem Kommunikationsinhalt zugerechnet[1040].

Das Verschwimmen der Grenzen von Verkehrs- und Inhaltsdaten ist nicht auf das Internet begrenzt. Auch wo die Telefontastatur zur Eingabe von Kontonummern und anderen Inhaltsdaten genutzt wird, ist eine technische Abgrenzung zur Eingabe von Telefonnummern nicht möglich[1041]. Dabei erlaubt es die Kenntnis der „Verkehrsdaten", die bei der Kommunikation mit dem Telefoncomputer einer Bank anfallen („Telefonbanking"), den gesamten Kommunikationsvorgang nachzuvollziehen: Werden die aufgezeichneten Ziffern im Rahmen eines Anrufs des Telefoncomputers durch die Polizei erneut gewählt, dann kann ihre Bedeutung anhand der Ansagen

---

1036 Kommission, Discussion Paper for Expert's Meeting on Retention of Traffic Data (I); Artikel-29-Gruppe der EU, Privatsphäre im Internet (I), 55.

1037 Schaar, Cybercrime und Bürgerrechte (I), 11; Queen Mary (University of London), Studie über Netzkriminalität (I); Kommission, Discussion Paper for Expert's Meeting on Retention of Traffic Data (I); Weßlau, ZStW 113 (2001), 681 (703); Weichert, Thilo: BigBrotherAward 2002 in der Kategorie „Kommunikation", 25.10.2002, www.bigbrother-award.de/2002/.comm. Laut EPIC/PI, Privacy and Human Rights 2002 (I), Teil I, 58 und Queen Mary (University of London), Studie über Netzkriminalität (I) sind in Großbritannien für den Zugriff auf URLs stärkere Schutzvorkehrungen vorgesehen als für den Zugriff auf sonstige Verkehrsdaten, soweit nicht nur auf den Namen des Servers zugegriffen wird.

1038 Artikel-29-Gruppe der EU, Privatsphäre im Internet (I), 55.

1039 Schaar, Retention (I), 1.

1040 Schaar, Datenschutz im Internet, Rn. 143; EPIC/PI, Privacy and Human Rights 2002 (I), Teil I, 57: dem Kommunikationsinhalt ähnlicher als Verbindungsdaten; laut Dänemark in MDG, EU-Questionnaire (I), 13 f. unterliegt dort der Zugriff auf Verkehrsdaten denselben Voraussetzungen wie der Zugriff auf Inhaltsdaten; Gridl, Datenschutz in globalen Telekommunikationssystemen, 74: „Aufgrund der verschwimmenden Grenzen zwischen diesen beiden Daten im Internet und in Online-Netzen kann die klassische Unterscheidung zwischen dem Inhalt einer Kommunikation und der Information darüber, dass eine solche Kommunikation stattgefunden hat, nicht mehr aufrecht erhalten werden."

1041 Queen Mary (University of London), Studie über Netzkriminalität (I).

des Telefoncomputers ohne Weiteres nachvollzogen werden. Auch insoweit fehlt jeder Unterschied zu einer direkten Aufzeichnung des Inhalts des Gesprächs, so dass unterschiedliche Eingriffsschwellen nicht gerechtfertigt sind.

Besonders im Bereich der neuen Technologien können Verkehrsdaten aussagekräftiger sein als die Kenntnis von Inhalten. Während Verkehrsdaten traditionell allenfalls im Bereich der Individualkommunikation zur Verfügung standen und dort nur besagen, ob, wann und wie oft zwischen welchen Personen oder Fernmeldeanschlüssen Fernmeldeverkehr stattgefunden hat oder versucht worden ist[1042], hat die Feststellung der jeweiligen Position eines Mobiltelefons oder der von einer Person abgerufenen Internet-Inhalte eine völlig neue Qualität[1043]. Schon quantitativ entstehen durch ein eingeschaltetes Mobiltelefon oder während einer Internetsitzung laufend neue Verkehrsdaten, während im Bereich der Sprachtelefonie nur ein Datensatz pro Kommunikationsvorgang anfällt. Gerade im Bereich der neuen Netze fällt eine so große Menge an Verkehrsdaten an, dass die Bildung umfassender Persönlichkeits- und Verhaltensprofile möglich ist[1044].

In geringerem Maße ist dies auch im Bereich der Individualkommunikation der Fall. Zwar bilden Verbindungsdaten in diesem Bereich insgesamt gesehen nicht einen ebenso großen Bereich des täglichen Lebens ab. Im Einzelfall kann die Kenntnis der Tatsache, ob, wann und wie oft zwischen bestimmten Personen oder Fernmeldeanschlüssen Fernmeldeverkehr stattgefunden hat oder versucht worden ist, für den Betroffenen aber belastender sein als die Kenntnis von Internet-Verkehrsdaten oder Gesprächsinhalten. Dies gilt nicht nur für das Verbindungsdatum der Position eines Mobiltelefons, dessen Aufzeichnung weitgehende Schlüsse über das Verhalten des Benutzers erlaubt. Auch die Kenntnis des Gesprächspartners (z.B. Anwalt für internationales Steuerrecht, Drogenhilfe, auf Geschlechtskrankheiten spezialisierter Arzt), der sich anhand des Verkehrsdatums der Anschlussnummer ermitteln lässt, ermöglicht Rückschlüsse auf das Privatleben einer Person[1045]. Bereits aus solchen Verbindungsdaten können – auch falsche – Folgerungen über Gesundheitszustand, kriminelle Verstrickungen oder

---

1042 Vgl. BVerfGE 100, 313 (358).
1043 Schaar, Retention (I), 2 für Positionsdaten; Gridl, Datenschutz in globalen Telekommunikationssystemen, 74: „neue Dimension"; Meade, Retention of Communications Traffic Data (I): „far more personal and revealing".
1044 Gridl, Datenschutz in globalen Telekommunikationssystemen, 61.
1045 Gridl, Datenschutz in globalen Telekommunikationssystemen, 73 f.

sonstige Eigenschaften einer Person gezogen werden[1046]. Das Bundesverfassungsgericht stellt daher fest, dass „Verbindungsdaten ein detailliertes Bild über Kommunikationsvorgänge und Aufenthaltsorte" ermöglichen[1047] und Rückschlüsse etwa auf das soziale Umfeld einer Person erlauben[1048]. Die Eingriffsintensität, so das Gericht, würde durch die Datenmenge weiter verstärkt, da Auskunftsanordnungen über Verbindungsdaten meist eine Vielzahl von Verbindungen und Personen erfassten[1049].

Weil Telekommunikation in immer mehr Bereichen des täglichen Lebens zum Einsatz kommt, hat sich auch die Menge der anfallenden Verkehrsdaten erhöht. Im Jahr 2002 wurden täglich 216 Millionen Telefonverbindungen hergestellt[1050]. 1997 fielen allein im Festnetz der Deutschen Telekom AG 54 Milliarden Verbindungsdatensätze an[1051]. Nimmt man den Mobilfunkbereich und den Internetbereich hinzu, dann wird deutlich, dass gespeicherte Telekommunikations-Verkehrsdaten eine Datensammlung unermesslichen Ausmaßes darstellen[1052]. Teilweise wird angenommen, dass es sich schon bei den bisher von Telekommunikationsunternehmen gespeicherten Verkehrsdaten um die größte Sammlung personenbezogener Daten in Deutschland handele[1053].

Bei genauer Betrachtung ist auch der Inhalt eines Kommunikationsvorgangs nichts anderes als ein näherer Umstand der Kommunikation[1054], weil er den Kommunikationsvorgang näher beschreibt. Die Unterscheidung von Verkehrs- und Inhaltsdaten ist daher rein technischer und begrifflicher Art, ohne dass daraus auf eine unterschiedliche Aussagekraft der jeweiligen Daten geschlossen werden könnte. Verkehrsdaten bilden vielmehr einen mindestens ebenso großen Ausschnitt des täglichen Lebens ab wie Kommunikationsinhalte[1055].

Die anfängliche Plausibilität der These, der Zugriff auf Verkehrsdaten wiege weniger schwer als der Zugriff auf Inhalte, beruht allein auf der Tat-

---

1046 Gridl, Datenschutz in globalen Telekommunikationssystemen, 74.
1047 BVerfGE 107, 299 (322).
1048 BVerfGE 107, 299 (320).
1049 BVerfGE 107, 299 (320 f.).
1050 BVerfGE 107, 299 (327).
1051 Welp, TKÜV, 3 (9).
1052 Welp, TKÜV, 3 (9).
1053 Welp, TKÜV, 3 (9).
1054 Vgl. schon Seiten 76-77.
1055 Walden, Ian in APIG, All Party Parliamentary Internet Group (UK): Dr. Ian Walden, APIG Communications Data Inquiry Oral Evidence, 11.12.2002, www.apig.org.uk/walden_oral_evidence.htm.

sache, dass die Kenntnisnahme der äußeren Umstände eines Kommunikationsvorgangs weniger belastend ist als wenn zusätzlich noch der Kommunikationsinhalt abgehört wird. Hierbei handelt es sich aber um keine Besonderheit im Verhältnis von Verkehrs- zu Inhaltsdaten. Der Zugriff auf eine quantitativ größere Datenmenge ist für den Betroffenen vielmehr immer belastender als der Zugriff auf nur einige dieser Daten. Wollte man bei der rechtlichen Ausgestaltung der Eingriffsschwellen auf diesen Unterschied abstellen, so müsste man die Eingriffsvoraussetzungen von der Menge wahrgenommener Daten abhängig machen. Es kann demgegenüber nicht angehen, dass das Kommunikationsverhalten einer Vielzahl von Personen anhand derer Telekommunikations-Verkehrsdaten unter geringeren Voraussetzungen nachvollzogen werden darf als der Inhalt eines Telefongesprächs zwischen Nachbarn.

Dem Bundesverfassungsgericht zufolge ist für die Beurteilung der Schwere eines Informationseingriffs die Nutzbarkeit und Verwendungsmöglichkeit des jeweiligen Datums entscheidend. Nach dem Gezeigten kann, abhängig von den jeweiligen Umständen des Einzelfalls, die Aussagekraft von Telekommunikations-Verkehrsdaten die Aussagekraft von Inhalten erreichen oder übersteigen[1056]. Ein Grundsatz, wonach Verkehrsdaten typischerweise weniger schutzbedürftig seien als Inhaltsdaten, lässt sich nicht aufstellen[1057]. Da sich die Schwere der Belastung eines Grundrechtsträgers durch die Kenntnisnahme von Aspekten seiner Telekommunikation jeweils nur im Einzelfall bestimmen lässt, die Voraussetzungen eines zulässigen Eingriffs in das Fernmeldegeheimnis aber durch abstrakt-generelle Rechtsnormen zu regeln sind[1058], ist ein unterschiedliches Schutzniveau für Inhaltsdaten einerseits und Verkehrsdaten andererseits nicht gerechtfertigt[1059], wie es in den Rechtsordnungen einer Reihe von Ländern bereits anerkannt ist[1060].

1056 DSB-Konferenz, Datenschutzbeauftragte des Bundes und der Länder: Zugriff der Strafverfolgungsbehörden auf Verbindungsdaten in der Telekommunikation, Entschließung der 58. Konferenz der Datenschutzbeauftragten des Bundes und der Länder vom 07./08.10.1999, BT-Drs. 14/5555, 217, so auch bereits 1984 der Richter am EGMR Pettiti in seiner zustimmenden Meinung zu EGMR, Malone-GB (1984), Publications A82: „It is known that, as far as data banks are concerned, the processing of 'neutral' data may be as revealing as the processing of sensitive data."

1057 Allitsch, CRi 2002, 161 (164).

1058 Seite 101.

1059 Internationale Konferenz der Datenschutzbeauftragten, Fernmeldegeheimnis (I); Schaar, Retention (I), 2 für Standortdaten; Queen Mary (University of London), Studie über Netzkriminalität (I); Welp, Die strafprozessuale Überwachung des Post- und Fernmel-

(ii) Besonders sensible Verkehrsdaten

Auch wenn die Bedeutung einer Unterscheidung von Daten ihrer Art nach im Allgemeinen gering ist, ist sie doch in den Fällen relevant, in denen ein Datum seiner Natur nach in besonders belastender Weise verwendet werden kann[1061]. Dies gilt insbesondere für sensible Daten etwa über die rassische und ethnische Herkunft, politische Meinungen, religiöse oder philosophische Überzeugungen, Gewerkschaftszugehörigkeit, Gesundheit oder Sexualleben (vgl. § 3 Abs. 9 BDSG). Solche Daten können im Bereich von Telekommunikations-Verkehrsdaten etwa insoweit anfallen, wie die Identität eines Kommunikationspartners – insbesondere bei dauerhaften Kommunikationsbeziehungen – Rückschlüsse auf derartige Tatsachen erlaubt. Das Internet etwa wird im Bereich von Diskussionsforen (Newsgroups) und Beratungsangeboten spezifisch zur Preisgabe und Diskussion von Details des Sexual- und Intimlebens und von Tatsachen genutzt, deren Kenntnis und Zuordnung durch Dritte die Gefahr sozialer Abstempelung (etwa als Drogensüchtiger, Vorbestrafter, Geisteskranker, Asozialer)[1062] mit sich bringt. Das Gleiche gilt für Telekommunikation außerhalb des Internet[1063]. Insbesondere die Rufnummern der Gesprächspartner und der jeweilige Aufenthaltsort, der sich aus Telekommunikations-Verkehrsdaten ermitteln lässt, kann derartige Rückschlüsse erlauben.

Während sich bei der bisherigen Erfassung von Daten im Einzelfall meistens feststellen lässt, wie sensibel ein Datum ist (vgl. § 100h Abs. 2 StPO), würde eine Vorratsspeicherung unterschiedslos die gesamte Nutzung von Telekommunikationsnetzen abbilden. Es ist technisch unmöglich, sensible Daten von der Aufzeichnung auszunehmen[1064]. Dies erhöht die Eingriffsintensität einer Vorratsspeicherung von Telekommunikationsdaten weiter.

Das Leben des modernen Menschen verlagert sich zunehmend in den Bereich der Telekommunikationsnetze[1065], wie bereits die Schlagworte Tele-

---

deverkehrs, 129; ders., Überwachung und Kontrolle, 91; Omega Foundation, Working document (I), Punkt 4.vii. für die automatische Auswertung von Telefongesprächen; Data Protection Commissioner (UK), RIP (I), Punkt 8; Allitsch, CRi 2002, 161 (164 und 166): „outdated and artificial distinction"; IWGDPT, Standortdaten für Standortdaten.

1060 G8 Workshop, Workshop A (I); für Österreich Lücking, Die strafprozessuale Überwachung des Fernmeldeverkehrs.
1061 Vgl. Bizer, Forschungsfreiheit, 148 f.
1062 BVerfGE 65, 1 (48); BVerfGE 78, 78 (87).
1063 Seite 215.
1064 Weichert, Bekämpfung von Internet-Kriminalität (I), Punkt 6.
1065 DSB-Konferenz, Freie Telekommunikation (I).

arbeit, Telemedizin, Telebanking, Telelernen, Teleshopping und Telematik deutlich machen. Betroffen von diesem Trend ist nicht nur das öffentliche, sondern auch das Privatleben. Eine Vorratsspeicherung von Telekommunikations- und Internet-Nutzungsdaten würde weite – und weiterhin steigende – Teile des Privatlebens erfassen. Dementsprechend groß sind auch die Nachteile, die mit einer Vorratsspeicherung einher gehen könnten.

(iii) Staatliche Fehlurteile

Ein Nachteil, den eine generelle Vorratsspeicherung von Telekommunikations-Verkehrsdaten mit sich bringen könnte, ist eine erhöhte Anzahl von Fehlentscheidungen in Ermittlungs- und Gerichtsverfahren. Wie verbreitet Irrtümer in Ermittlungsverfahren allgemein sind, zeigt sich daran, dass 1998 in den alten Bundesländern 2.728 strafmündige Personen von der Polizei ermittelt wurden, welche die Polizei für überführt hielt, ein vorsätzliches Tötungsdelikt begangen zu haben. Wegen eines vorsätzlichen Tötungsdelikts rechtskräftig verurteilt wurden im selben Jahr aber nur 875 Personen[1066], also etwa ein Drittel der vorgenannten Zahl. Für die Annahme einer erheblichen Zahl von Fehlurteilen der Staatsanwaltschaft spricht, dass 1998 in den alten Bundesländern 947.187 Personen strafrechtlich angeklagt wurden, davon aber 176.000 Personen freigesprochen wurden oder das Verfahren gegen sie durch das Gericht eingestellt wurde[1067].

Dass auch gerichtliche Fehlentscheidungen nicht selten sind, zeigen beispielsweise wissenschaftliche Untersuchungen in den USA, wo immer wieder Fälle von zu Unrecht ausgesprochenen Todesurteilen an das Licht der Öffentlichkeit gelangen. In der Tat liegt bei genauer Betrachtung jedem erfolgreichen Rechtsmittel eine gerichtliche Fehlentscheidung in der Vorinstanz zugrunde. Rechtsmittel sind in unzähligen Fällen erfolgreich, und auch wenn sie nicht eingelegt werden oder werden können, garantiert das nicht die Richtigkeit einer Entscheidung. Vielmehr ist anzunehmen, dass eine substanzielle Anzahl rechtskräftiger Gerichtsentscheidungen falsch ist. Es ist daher von großer Bedeutung, eine angemessen hohe Einschreitschwelle für strafprozessuale Ermittlungen vorzusehen, um Fehlurteilen vorzubeugen.

Insgesamt muss davon ausgegangen werden, dass viele Personen unschuldig in Ermittlungs- und Strafverfahren verwickelt werden und dass es in einer erheblichen Anzahl von Fällen zu ungerechtfertigten Verurteilungen kommt. Zahlenmäßig ist von Hunderttausenden auszugehen, die jedes

---

1066   BMI/BMJ, Sicherheitsbericht 2001, 4 f.
1067   BMI/BMJ, Sicherheitsbericht 2001, 360.

Jahr unschuldig von Eingriffen betroffen sind[1068]. Nicht nur staatskritische Personen wie Globalisierungskritiker müssen staatliche Vor- und Fehlurteile fürchten, wenn sie in einen falschen Verdacht geraten. Selbst der unauffälligste Kleinstadtbürger, der an sich „nichts zu verbergen"[1069] hat, kann unschuldig belangt werden, wenn er zur falschen Zeit am falschen Ort war.

Zugriffsmöglichkeiten der Behörden auf Telekommunikations-Verkehrsdaten erhöhen die allgemeine Gefahr, unschuldig verdächtigt zu werden[1070]. Erstens beziehen sich Verkehrsdaten stets nur auf den Inhaber eines Anschlusses. Wird der Anschluss ohne Wissen des Inhabers missbraucht, dann kann dieser leicht in einen falschen Verdacht geraten. Zweitens ermöglicht es der Zugriff auf Verkehrsdaten den Behörden, nach dem Eliminierungsprinzip zu arbeiten. Dabei wird nicht, wie traditionell üblich, eine „heiße Spur" verfolgt, sondern es werden – etwa mit Hilfe von Verkehrsdaten – eine (oft große) Gruppe von Personen ermittelt, die aufgrund bestimmter Merkmale als Täter in Betracht kommen (beispielsweise alle Personen, die innerhalb eines bestimmten Zeitraums das Opfer einer Straftat angerufen haben). Es kommt dadurch quasi zu einer Inflation an Verdächtigungen, aus der sich die so Erfassten nur noch im Wege einer Art Beweislastumkehr befreien können[1071]. Weil ein Verkehrsdatensatz ein Indiz gegen den Angeklagten bilden kann, muss dieser unter Umständen den Richter von seiner Unschuld überzeugen (vgl. § 261 StPO), um nicht zu Unrecht verurteilt zu werden[1072]. Mangels eines Alibis wird Unschuldigen der Beweis des Gegenteils keineswegs immer gelingen.

Aber auch, wenn sich die Unschuld einer Person noch im Ermittlungsverfahren herausstellt, kann ein falscher Verdacht ausreichen, um zu Hausdurchsuchungen, Untersuchungshaft, Bewegungseinschränkungen oder Aus- und Einreiseverboten zu führen, was mit erheblichen Belastungen für die Betroffenen verbunden ist. Dies verdeutlicht ein Blick auf die Rasterfahndung zum Auffinden von Terroristen, die allein in Nordrhein-Westfalen Informationen über 250.000 Personen erbracht hat[1073]. „Verdächtige" Personen wurden von der Polizei überprüft, wobei die Überprüfung die Befra-

---

1068   Albrecht, Die vergessene Freiheit, 139.
1069   Vgl. Wagner, Marita: Intimsphäre - lückenlos überwacht? Telepolis, Heise-Verlag, 28.06.2002, www.heise.de/tp/deutsch/inhalt/te/12813/1.html.
1070   BVerfGE 107, 299 (321).
1071   Hamm, TKÜV, 81 (86).
1072   L/D³-Lisken, C 26.
1073   Albrecht, Die vergessene Freiheit, 137 f.

gung von Nachbarn, Hausmeister und Arbeitgeber ebenso einschließen konnte wie das Durchsuchen des Mülleimers[1074].

Folgende Fälle von Fehlurteilen aufgrund einer Analyse von Telekommunikations-Verkehrsdaten sind in Europa bereits bekannt geworden: In Österreich wurde ein Nigerianer mehrere Monate lang in Untersuchungshaft genommen, weil er wegen seiner zahlreichen Telefonkontakte als Anführer einer Rauschgiftbande in Verdacht geraten war[1075]. Später stellte sich der Verdacht als unbegründet und der Nigerianer lediglich als gefragter Ratgeber in der schwarzen Gemeinschaft in Wien heraus[1076]. In Schweden gab es Fälle, in denen unschuldige Personen im Zusammenhang mit Ermittlungen wegen Netzkriminalität festgenommen wurden. Später stellte sich heraus, dass die wirklichen Straftäter den Internet-Zugangscode der festgenommenen Personen ohne deren Kenntnis missbraucht hatten[1077].

Aufgrund des begrenzten Aussagegehalts von Telekommunikations-Verkehrsdaten und der Tatsache, dass der Zugriff auf Verkehrsdaten oft eine Vielzahl von Personen betrifft, birgt der Zugriff auf Verkehrsdaten ein besonderes Risiko falscher Verdächtigungen. Weil eine generelle Vorratsspeicherung eine erheblich umfangreichere Speicherung von Verkehrsdaten als bisher zur Folge hätte, ist zu erwarten, dass auch die Anzahl der Zugriffe auf Verkehrsdaten erheblich steigen würde. Damit würde sich auch das Risiko von Fehlentscheidungen in Ermittlungs- und Gerichtsverfahren erhöhen.

(iv) Staatlicher Gebrauch und Missbrauch von Verkehrsdaten

Aufgrund der hohen Aussagekraft von Telekommunikations-Verkehrsdaten birgt eine Sammlung dieser Daten zudem die Gefahr staatlichen Missbrauchs. Die Artikel-29-Datenschutzgruppe stellt fest: „Allein dadurch, dass es sie gibt, ermöglichen es Verkehrsdaten, persönliches Verhalten in einem bisher ungekannten Maße zu überwachen und zu kontrollie-

---

1074 Albrecht, Die vergessene Freiheit, 137 f.

1075 Krempl, Stefan: Die totale Informationsüberwachung, die Demokratie und die Hacker, Telepolis, Heise-Verlag, 28.12.2002, www.heise.de/tp/deutsch/inhalt/te/13870/1.html.

1076 Krempl, Stefan: Die totale Informationsüberwachung, die Demokratie und die Hacker, Telepolis, Heise-Verlag, 28.12.2002, www.heise.de/tp/deutsch/inhalt/te/13870/1.html.

1077 Kronqvist, Stefan (Leiter der IT-Kriminalitätsgruppe der nationalen schwedischen Strafverfolgungsbehörde): Submission to the European Commission for the Public Hearing on Creating a Safer Information Society by Improving the Security of Information Infrastructures and Combating Computer-related Crime, europa.eu.int/ISPO/eif/InternetPoliciesSite/Crime/PublicHearingPresentations/Kronqvist.html.

ren."[1078] Telekommunikation wird heute längst nicht mehr nur zur persönlichen Kommunikation genutzt, sondern zur Bewältigung fast beliebiger Alltagsaktivitäten, seien sie intimer, privater oder beruflicher Art. Dies lässt die Telekommunikationsüberwachung zu einem Mittel der Totalkontrolle werden[1079]. Die Datenschutzbeauftragten des Bundes und der Länder wiesen schon 1996 auf diese Gefahr hin[1080]: „Bei digitalen Kommunikationsformen läßt sich anhand der Bestands- und Verbindungsdaten nachvollziehen, wer wann mit wem kommuniziert hat, wer welches Medium genutzt hat und damit wer welchen weltanschaulichen, religiösen und sonstigen persönlichen Interessen und Neigungen nachgeht. Eine staatliche Überwachung dieser Vorgänge greift tief in das Persönlichkeitsrecht der Betroffenen ein und berührt auf empfindliche Weise die Informationsfreiheit und den Schutz besonderer Vertrauensverhältnisse (z.B. Arztgeheimnis, anwaltliches Vertrauensverhältnis)." Die mit einer Vorratsspeicherung von Telekommunikationsdaten verbundene „Gefahr der Sammlung, Verwertung und Weitergabe der Informationen zu anderen Zwecken"[1081] nimmt mit der zunehmenden Verlagerung des Lebens in die Welt der neuen Medien[1082] weiter zu. In Zukunft wird möglicherweise in jedes Kleidungsstück ein mittels Telekommunikation vernetzter Computer eingebaut sein („Ubiquitous Computing").

Das Ausmaß der Gefahr eines staatlichen Missbrauchs von Verkehrsdaten hängt von der Ausgestaltung der Vorratsspeicherung ab. Besonders wenn sämtliche Verkehrsdaten in einer zentralen, staatlichen Datenbank gespeichert würden, wäre der staatliche Zugriff auf sie kaum kontrollierbar, so dass dem Missbrauch Tür und Tor geöffnet wäre. Aber auch wenn den Eingriffsbehörden die Möglichkeit eines automatischen Online-Zugriffs auf Verkehrsdaten-Datenbanken von privaten Telekommunikationsunternehmen eingeräumt würde, bestünde eine erhebliche Missbrauchsgefahr.

Die britischen Eingriffsbehörden forderten bereits im Jahr 2000 die Einrichtung eines zentralen „Datawarehouse", in dem sämtliche britischen

---

1078 Artikel-29-Gruppe der EU, Anonymität, 5.

1079 Weichert, Bekämpfung von Internet-Kriminalität (I), Punkt 5; ders., BigBrotherAward 2002; vgl. auch LINX, User Privacy (I), Punkt 1 für das Internet.

1080 DSB-Konferenz, Datenschutzbeauftragte des Bundes und der Länder: Eingriffsbefugnisse zur Strafverfolgung im Informations- und Telekommunikationsbereich, Entschließung der 52. Konferenz der Datenschutzbeauftragten des Bundes und der Länder vom 22./23.10.1996, BT-Drs. 13/7500, 200.

1081 BVerfGE 85, 386 (399).

1082 Ruhmann/Schulzki-Haddouti, Abhör-Dschungel (I); Artikel-29-Gruppe der EU, Anonymität, 5.

Verkehrsdaten gespeichert werden sollten, um den Behörden das zeitgleiche Durchsuchen und Analysieren des gesamten Datenbestands zu ermöglichen[1083]. Bei Einrichtung eines derartigen Datawarehouse in Deutschland würde selbst die geringe Missbrauchskontrolle entfallen, die durch die derzeit noch notwendige Einschaltung der Telekommunikationsunternehmen gewährleistet ist. Bisher müssen Telekommunikationsunternehmen schriftlich um Auskunft ersucht werden, so dass sie immerhin regelmäßig einige formelle Voraussetzungen überprüfen werden, etwa ob ein Ersuchen von einer zuständigen Stelle gestellt wurde. Ein automatisiertes Abrufverfahren würde dagegen die mit schriftlichen Auskunftsersuchen verbundenen Verfahrensschritte und den damit einher gehenden Arbeitsaufwand überflüssig machen, der bisher als faktische Begrenzung der Inanspruchnahme dieser Befugnisse wirkt.

Die moderne Technik erleichtert die Gewinnung vielfältiger Informationen anhand von Telekommunikations-Verkehrsdaten ungemein. Systeme der Firma Harlequin etwa ermöglichen es, automatisch Kommunikationsprofile auf der Basis von Telefon-Verbindungsdaten erstellen zu lassen, um Freundschaftsnetzwerke darzustellen[1084]. Solche Software wird etwa in Großbritannien routinemäßig von allen Sicherheitsbehörden verwendet[1085]. Mit etwas Mühe lässt sich das soziale Umfeld einer Person auch ohne diese Software identifizieren. Erforderlich ist nur eine Zugriffsmöglichkeit auf Verkehrs- und Bestandsdaten, wie sie schon heute in Deutschland gegeben ist. Mit Hilfe von Computern ist es auch ein Leichtes, anhand von Telekommunikations-Verkehrsdaten allgemein nach „abnormalem" Kommunikationsverhalten Ausschau zu halten. Mit Hilfe einer Analyse von Verkehrsdaten sind sogar automatisierte Vorhersagen von Verhaltensweisen durchführbar[1086].

Die abstrakten Bezeichnungen für die verschiedenen Arten von Verkehrsdaten wie „Ursprung und Ziel einer Kommunikation" sind insoweit irreführend, als sie die Daten als harmlos erscheinen lassen. Die tatsächlichen Verwendungsmöglichkeiten von Verkehrsdaten sind heutzutage jedoch enorm, gerade angesichts der moderner „Informationstechnologie

---

1083 NCIS Submission (I), Punkt 6.6.5.
1084 Omega Foundation, Working document (I), 10.
1085 NCIS Submission (I), Punkt 2.1.5.
1086 DSB-Konferenz, Datenschutzbeauftragte des Bundes und der Länder: Data Warehouse, Data Mining und Datenschutz, Entschließung der 59. Konferenz der Datenschutzbeauftragten des Bundes und der Länder vom 14./15.03.2000, BT-Drs. 14/5555, 232.

eigenen Verarbeitungsmöglichkeiten und Verknüpfungsmöglichkeiten"[1087]. Im Vergleich zu 1983 ist es heute ungleich leichter, verschiedene Informationen zu einem „weitgehend vollständigen Persönlichkeitsbild"[1088] zusammen zu fügen. Gerade Telekommunikations-Verkehrsdaten ermöglichen die Gewinnung mannigfaltiger Informationen über Menschen bis hin zur Bildung von Persönlichkeitsprofilen[1089]. Im Vergleich zu Telekommunikations-Verkehrsdaten gibt es wohl keine andere Methode, die auf ähnlich billige und bequeme Weise die Erforschung der privaten, geschäftlichen und öffentlichen Beziehungen einer Person ermöglicht[1090].

Anhand von Verkehrsdaten lassen sich etwa Fragen der folgenden Art beantworten: Hat eine Person bestimmte Beratungsgespräche per Telefon geführt? Hat sie bei muslimischen Vereinigungen angerufen oder deren Internetseiten betrachtet? Welche Personen surfen überdurchschnittlich oft auf afghanischen Webseiten? Wer benutzt oft die „Online-Banking"-Funktion von schweizer oder liechtensteiner Banken? Hat eine Person an Internet-Foren von Globalisierungskritikern teilgenommen? Wer erhält regelmäßig E-Mails von palästinensischen Menschenrechtsorganisationen? Die Beispiele machen deutlich, welchen Sprengstoff für eine Demokratie der staatliche Zugriff auf Verkehrsdaten darstellt.

Was Staaten mit Informationen der genannten Art anfangen können, zeigt ein Bericht über die Möglichkeiten des Einsatzes von „Technologien zur politischen Kontrolle", den das Europäische Parlament erstellen ließ[1091]. Der Bericht führt aus, dass ein Großteil moderner Überwachungstechnologie in Teilen der Welt eingesetzt wird, um die Aktivitäten von Dissidenten, Menschenrechtsaktivisten, Journalisten, Studentenführern, Minderheiten, Gewerkschaftsführern und politischen Gegenspielern zu überwachen[1092]. Selbst der britische Geheimdienst GCHQ soll Organisationen wie Amnesty International und Christian Aid überwachen[1093].

Die Möglichkeit von Missbräuchen staatlicher Befugnisse darf man in Anbetracht weitgehend fehlender Kontrollmöglichkeiten auch in Deutschland nicht unterschätzen. Dies lehrt bereits die geschichtliche Erfahrung. Bezeichnenderweise erwogen bereits die Verfasser des Grundgesetzes, in

---

1087   BVerfGE 65, 1 (45).
1088   BVerfGE 65, 1 (42).
1089   Bundesregierung, BT-Drs. 14/9801, 14 (15); Schaar, Datenschutz im Internet, 3.
1090   Welp, TKÜV, 3 (9).
1091   Omega Foundation, Report (I).
1092   Omega Foundation, Report (I), Punkt 7.
1093   Omega Foundation, Report (I).

dem späteren Art. 10 GG eine Telekommunikationsüberwachung „zu Zwecken der politischen Überwachung" ausdrücklich auszuschließen[1094]. Die Erfahrung lehrt auch, dass einmal etablierte Überwachungsstrukturen im Laufe der Zeit in immer größerem Maße genutzt zu werden pflegen, auch infolge von rechtlichen Erweiterungen. Dies relativiert mögliche rechtliche Begrenzungen, die in Verbindung mit einer Vorratsspeicherung von Telekommunikationsdaten vorgesehen werden könnten.

Hinzu kommen die offiziellen Zugriffsmöglichkeiten ausländischer Staaten nach der Cybercrime-Konvention. Dieser Vereinbarung zufolge darf Deutschland anderen Vertragsstaaten den Zugriff auf hierzulande gespeicherte Verkehrsdaten nicht verwehren, selbst wenn in diesen Staaten keine auch nur annähernd vergleichbaren Sicherungsmechanismen existieren. Davon ist angesichts der Vielzahl von Vertragsstaaten (darunter Albanien, Azerbaijan und Russland) auszugehen. Sobald ausländische Staaten Zugriff auf deutsche Verkehrsdaten erhalten, kann von deutscher Seite nicht mehr verhindert werden, dass die Daten im Ausland in einer Weise eingesetzt werden, die in Deutschland als exzessiv und rechtswidrig anzusehen wäre. Als Beispiel für ein solches Vorgehen lässt sich anführen, dass in den USA 800 Menschen nur deshalb monatelang inhaftiert worden sein sollen, weil sie im Vorfeld des 11. September 2001 besonders viel kommuniziert haben[1095]. Aussicht auf ordnungsgemäße Gerichtsverfahren hatten diese Menschen nicht[1096]. Man hüte sich auch vor der leichtfertigen Aussage, in Europa sei ein solcher Vorgang nicht denkbar. Eine solche Prognose würde die Veränderlichkeit von Werten außer Betracht lassen.

In diesem Zusammenhang ist zu beachten, dass auch Interessen der Wirtschaft geeignet sind, Tendenzen zur Überwachung der Nutzung von Telekommunikationsnetzen zu bestärken. Unternehmen, die im Bereich der Telekommunikationsnetze aktiv sind, sind regelmäßig an der Gewährleistung eines geschützten Bereiches für ihre Kunden und sie selbst interessiert, in dem ungestört konsumiert werden kann. Kritische Aktivitäten im Netz können dabei etwa insoweit stören, wie Eltern ihren Kindern bestimmte Inhalte im Internet vorenthalten wollen und die Kinder deswegen insgesamt von der Nutzung des Internet ausschließen könnten, wodurch diese auch kommerzielle Angebote nicht mehr nutzen könnten. Von Seiten der

---

1094   AK-GG-Bizer, Art. 10, Rn. 10, Fn. 57.
1095   Krempl, Stefan: Die totale Informationsüberwachung, die Demokratie und die Hacker, Telepolis, Heise-Verlag, 28.12.2002, www.heise.de/tp/deutsch/inhalt/te/13870/1.html.
1096   Krempl, Stefan: Die totale Informationsüberwachung, die Demokratie und die Hacker, Telepolis, Heise-Verlag, 28.12.2002, www.heise.de/tp/deutsch/inhalt/te/13870/1.html.

Wirtschaft bestehen daher Tendenzen, Aktivitäten außerhalb des Gewöhnlichen oder sogar am Rand des Illegalen aus den Telekommunikationsnetzen zu verdrängen und nur wirtschaftlich und politisch erwünschtes Verhalten zuzulassen[1097]. Dieser Gefahr muss vorgebeugt werden, und es muss stets im Auge behalten werden, dass Freiheitsbeschränkungen durch andere Interessen motiviert sein können als es öffentlich vorgetragen wird.

Staatlichen Überwachungsbefugnissen wohnt stets die Gefahr inne, gezielt gegen Personen eingesetzt zu werden, die dem Staat missliebig sind. Dass auch hierzulande gegen staatskritische Personen bislang gezielt vorgegangen wird, zeigt etwa der Fall einer bayerischen Lehrerin, die wegen ihrer „Tätigkeit in organisierten Friedensbewegungen" Repressalien seitens ihres Dienstherrn hinzunehmen hatte[1098]. Weil sie das Hauptquartier des Palästinenserpräsidenten Jassir Arafat in Ramallah besucht hatte, an einer Demonstration für „Solidarität mit Palästina" teilgenommen hatte und Mitglied bei der globalisierungskritischen Nichtregierungsorganisation Attac war, äußerte die Regierung von Oberbayern Zweifel an ihrer Verfassungstreue[1099]. Derartige Zweifel hätten sich auch aus der Analyse von Telekommunikations-Verkehrsdaten ergeben können, etwa aufgrund bestimmter Kontakte oder eines Interesses an bestimmten Internetangeboten. Als weiteres Beispiel politischer Kontrolle ist ein Fall zu nennen, in dem – noch in den 80er Jahren – das Land Niedersachsen eine Lehrerin namens Vogt vom Dienst suspendierte, nachdem sich diese als Kandidatin für die Kommunistische Partei hatte aufstellen lassen. Erst der Europäische Gerichtshof für Menschenrechte stellte fest, dass in diesem Vorgehen ein Verstoß gegen die Meinungsfreiheit der Lehrerin (Art. 10 EMRK) lag[1100]. Dass der deutsche Staat bisweilen versucht ist, in demokratisch bedenklicher Weise seine Muskeln spielen zu lassen, zeigten auch die internationalen Spitzengipfel in Salzburg und Genua im Jahre 2001. In deren Vorfeld hat man auf deutscher Seite die Befugnisse, die ursprünglich als Maßnahmen gegen Hooligans präsentiert und in das Passgesetz eingefügt worden waren, gegen Globalisierungskritiker eingesetzt[1101].

1097 Zur Parallele bei der Videoüberwachung Achelpöhler/Niehaus, DuD 2002, 731 (734 f.).
1098 Eckert, Dirk: Ist eine Tätigkeit in der Friedensbewegung verfassungskonform?, 20.05.2002, Telepolis, Heise-Verlag, www.heise.de/tp/deutsch/inhalt/co/12578/1.html.
1099 Eckert, Dirk: Ist eine Tätigkeit in der Friedensbewegung verfassungskonform?, 20.05.2002, Telepolis, Heise-Verlag, www.heise.de/tp/deutsch/inhalt/co/12578/1.html.
1100 EGMR, Vogt-D (1995), Publications A323.
1101 Kaleck, Wolfgang u.a.: Stellungnahme von Bürgerrechtsorganisationen zur Anhörung des Innenausschusses des Deutschen Bundestages am 30.11.2001 zum Entwurf eines

Weiterhin haben die Praktiken einiger Staaten, Kommunikationsüberwachung zum Zwecke von Wirtschaftsspionage einzusetzen, traurige Berühmtheit erlangt[1102]. In Großbritannien und den USA z.b. ist Wirtschaftsspionage im Ausland legal[1103]. Auch im Zusammenhang mit der Ausforschung wissenschaftlicher Forschungserkenntnisse könnten Zugriffe auf Verkehrsdaten erfolgen, die auf Vorrat gespeichert wurden.

Es existiert mithin eine Vielzahl von Fällen, in denen staatliche Eingriffsbefugnisse – gemessen an dem Standard des Grundgesetzes und der Menschenrechtskonvention – missbraucht wurden, gerade im Bereich der Telekommunikationsüberwachung und des Zugriffs auf Verkehrsdaten. Deshalb und wegen der enormen Verwendungsmöglichkeiten von Telekommunikations-Verkehrsdaten sind missbräuchliche Zugriffe gerade auch auf vorratsgespeicherte Verkehrsdaten zu erwarten.

Was die rechtlich zulässigen Verwendungsmöglichkeiten von mittels einer generellen Vorratsspeicherung erlangten Telekommunikations-Verkehrsdaten angeht, sehen weder der RSV-Entwurf noch die Vorschläge des Bundesrats nennenswerte Einschränkungen vor. In dem ErmittlungsG-Entwurf[1104] holte der Bundesrat zum „Rundumschlag" aus, indem er alle Gefahrenabwehr- und Strafverfolgungsbehörden, einschließlich der Nachrichtendienste, zum Zugriff ermächtigen wollte. Die Stellungnahme des Bundesrats vom 19.12.2003[1105] knüpft an die bestehenden Zugriffsrechte von Strafverfolgungsbehörden und Nachrichtendiensten sowie, nach Maßgabe der Landesgesetze, auch Gefahrenabwehrbehörden an. Der RSV-Entwurf[1106] erlaubt den Zugriff mindestens für Zwecke der „Prävention, Erforschung, Ermittlung und Verfolgung von Kriminalität und Straftaten". Dies entspricht dem einschlägigen Kompetenztitel, Art. 29 EU, der Maßnahmen zur präventiven „Verhütung" und repressiven „Bekämpfung der [...] Kriminalität" abdeckt.

Gesetzes zur Bekämpfung des internationalen Terrorismus (Terrorismusbekämpfungsgesetz), www.cilip.de/terror/atg-stell 281101 pdf, 6.
1102 Dazu nur EP, Echelon-Bericht (I), 102 ff.; Omega Foundation, Report (I); Garstka/Dix/Walz/Sokol/Bäumler, Hintergrundpapier (I), Punkt II.
1103 Schulzki-Haddouti, Christiane: Widerstände gegen Cybercrime-Abkommen aus eigenen Reihen, 09.11.2000, Telepolis, Heise-Verlag, www.heise.de/tp/deutsch/inhalt/te/4228/1.html.
1104 Seite 5.
1105 Seite 5.
1106 Seite 5.

Während die Vorschläge des Bundesrats im Zusammenhang mit Zugriffsnormen wie den §§ 100g, 100h StPO zu lesen sind, bestimmt der RSV-Entwurf selbst, dass auf gespeicherte Daten nur „fallweise" zugegriffen werden darf (Art. 6 Buchst. a RSV-E). Dies dürfte es ausschließen, dass Behörden „ins Blaue hinein" auf die gespeicherten Daten zugreifen, also losgelöst vom Einzelfall den gesamten Datenbestand durchsuchen und auswerten, um überhaupt erst Anhaltspunkte für begangene oder geplante Straftaten zu gewinnen. Aufgrund der unvorstellbar großen Datenmengen könnte dabei zwangsläufig nur nach dem Muster der Rasterfahndung vorgegangen werden, indem nach bestimmten, auffälligen Merkmalen gesucht wird. Gerade diese Vorgehensweise würde der freien Kommunikation in unserer Gesellschaft großen Schaden zufügen. Jeder, dessen Kommunikationsverhalten von dem des europäischen Durchschnittsbürgers abweicht, hätte dann nämlich zu befürchten, allein wegen dieses abweichenden Verhaltens von den Behörden unter die Lupe genommen zu werden und weiteren Ermittlungen, die zwangsläufig das Risiko von Vor- und Fehlurteilen mit sich bringen, ausgesetzt zu werden.

Abgesehen von dem Verbot des Zugriffs „ins Blaue hinein" sieht der RSV-Entwurf keine Eingriffsschwelle vor. Er überlässt es vielmehr den Mitgliedstaaten, zu welchen „bestimmten, [...] legitimen Zwecken" ihre Behörden auf die gespeicherten Verkehrsdaten zugreifen dürfen (Art. 6 Buchst. a RSV-E). Welche Zwecke die Umschreibung „Prävention, Erforschung, Ermittlung und Verfolgung" von Straftaten im Einzelnen abdeckt, ist offen. Eine Erheblichkeitsschwelle ist nicht vorgesehen, so dass auch wegen Bagatelldelikten eine umfassende Untersuchung des Kommunikationsverhaltens erlaubt werden kann. Unbestimmt ist ferner die Formulierung „Kriminalität und Straftaten", der offenbar die Annahme zugrunde liegt, dass Kriminalität auch außerhalb strafbaren Verhaltens existieren können soll.

(v) Risiko des Missbrauchs durch Private

Neben dem Risiko einer missbräuchlichen oder exzessiven Verwendung von Verkehrsdaten durch den Staat besteht die Gefahr, dass der Staat, wo er wegen eigener Überwachungsinteressen einen effektiven Schutz personenbezogener Daten verhindert, auch Dritten den missbräuchlichen Zugriff auf diese Daten erleichtert. Beispielsweise sind die gegenwärtig nach § 110 TKG einzurichtenden Überwachungsschnittstellen Schwachstellen im Sicherheitssystem der Telekommunikationsunternehmen, weil sie den Einbruch unbefugter Personen und das unbefugte Abhören durch Mitarbeiter des Anlagenbetreibers ermöglichen[1107]. Teilweise wird davon ausgegangen, dass es nur eine Frage von Monaten sei, bis diese Schnittstellen von ausländischen Geheimdiensten und der organisierten Kriminalität genutzt würden[1108]. Im Fall der Einführung einer Vorratsspeicherung von Telekommunikations-Verbindungsdaten würde sich diese Problematik erheblich verschärfen[1109]. Wegen der Sicherheitsprobleme und der Kosten für die Wirtschaft hat man in den USA auf die für die Behörden bequeme und preiswerte Schnittstellenlösung verzichtet, ohne dass dies zu erkennbaren Erfolgseinbußen geführt hätte[1110].

Große Bestände von personenbezogenen Daten, wie sie eine Vorratsspeicherung von Telekommunikationsdaten zur Folge hätte, bilden stets einen Anreiz für technisch versierte Hacker[1111]. Sogar deutsche Kreditinstitute, deren Anlagen in hohem Maße gesichert sein sollten, erlagen in der Vergangenheit wiederholt Angriffen von Hackern. Organisationen wie der Chaos Computer Club demonstrierten immer wieder Sicherheitslücken von Online-Banking, Telefonkarten, Geldkarten-PINs usw. Wenn selbst der Großkonzern Microsoft laufend Sicherheitsverbesserungen seiner Internet-Produkte veröffentlichen muss, weil ständig neue Sicherheitslücken bekannt werden, dann ist kaum zu erwarten, dass es hunderte von Telekommunikationsunternehmen in Deutschland verstehen werden, ihre Daten ausreichend zu sichern. Das Risiko eines unbefugten Datenzugriffs steigt allgemein mit der Anzahl von Daten speichernden Stellen. Im Fall einer Vorratsspeicherung wäre eine Vielzahl von Telekommunikationsunternehmen mit der Datenvorhaltung betraut, so dass das Missbrauchsrisiko entsprechend groß wäre. Verbände von Internet-Service-Providern warnen ausdrücklich, dass

---

1107 VATM: 15 Punkte zur TKG-Novelle, 17.12.2002, www.vatm.de/images/dokumente/ 15_punkte_tkg.pdf: „[...] beabsichtigtes und unbeabsichtigtes Eindringen Unbefugter [wird] erleichtert mit dem Risiko schwerster Schäden an innerbetrieblicher bzw. vertraulicher Information"; AK-GG-Bizer Art. 10, Rn. 17 und 114; Garstka/Dix/Walz/ Sokol/Bäumler, Hintergrundpapier (I), Punkt II; Germann, 323: wie wenn die Polizei nach einer gewaltsamen Wohnungsöffnung die Tür offen lassen würde; Weichert, Bekämpfung von Internet-Kriminalität (I); Pernice, Ina (Deutscher Industrie und Handelskammertag) in Bundestag, Öffentliche Anhörung zum Thema Cyber-Crime/TKÜV (I), 14.

1108 Pfitzmann, Andreas in Bundestag, Öffentliche Anhörung zum Thema Cyber-Crime/TKÜV (I), 24.

1109 ULD-SH, Kampagne, Hintergrund (I).

1110 Schulzki-Haddouti, Internationale Abhörpolitik, 125 (130).

1111 Etwa Heise Verlag: Kreditkarten-Nummern bei Online-Händler erbeutet, Meldung vom 19.05.2001, www.heise.de/newsticker/data/em-19.05.01-000/.

ihnen die Gewährleistung der Datensicherheit aller Wahrscheinlichkeit nach unmöglich sein würde, sollten sie zu einer generellen Vorratsspeicherung von Telekommunikations-Verkehrsdaten verpflichtet werden[1112]. Durch Absicht oder unbeabsichtigterweise könnten gespeicherte Daten vielmehr jederzeit in falsche Hände gelangen[1113].

Tatsächlich ist es in der Praxis immer wieder vorgekommen, dass wegen technischer Fehler plötzlich ganze Kundendateien einschließlich Kreditkartennummern für jedermann über das Internet abrufbar waren[1114]. Sogar die Firma Microsoft, die für die Sicherheit der meisten Heimcomputer verantwortlich ist, hat in der Vergangenheit versehentlich interne Geschäftsgeheimnisse und persönliche Daten von Millionen von Kunden öffentlich zugänglich ins Internet gestellt[1115]. Das Internet hat bekanntlich die Eigenschaft, dass sich alle Daten, die dort einmal verfügbar waren, beliebig oft vervielfältigen lassen, so dass Inhalte, einmal veröffentlicht, meistens nicht mehr entfernt werden können. Zu welchen Schäden die unfreiwillige Veröffentlichung von Telekommunikations-Verkehrsdaten führen könnte, lässt sich kaum abschätzen.

1112 EuroISPA, Internet Service Providers' Association (Europe) / US ISPA, Internet Service Providers' Association (U.S.A.): Position on the Impact of Data Retention Laws on the Fight against Cybercrime, 30.09.2002, www.euroispa.org/docs/020930eurousispa_dretent.pdf, 2; Bernhard Rohleder (Bitkom-Geschäftsführer) in Heise Verlag: IT-Branchenverband gegen Vorratsspeicherung von Verbindungsdaten, Meldung vom 19.08.2002, www.heise.de/newsticker/data/hod-19.08.02-001/; Deutsche Telekom AG: Schriftliche Stellungnahme zur öffentlichen Anhörung am 09.02.2004 in Berlin zum Entwurf eines Telekommunikationsgesetzes (TKG), in Ausschussdrucksache 15(9)961, www.bundestag.de/gremien15/a09/004Anhoerungen/TKG/materialeingeladene.pdf, 150 (163): „potentiell wesentlich erhöhte Gefahr des Missbrauchs personenbezogener Daten".

1113 EuroISPA, Internet Service Providers' Association (Europe) / US ISPA, Internet Service Providers' Association (U.S.A.): Position on the Impact of Data Retention Laws on the Fight against Cybercrime, 30.09.2002, www.euroispa.org/docs/020930eurousispa_dretent.pdf, 2.

1114 Vgl. etwa Darstellung bei EPIC/PI, Privacy and Human Rights 2002 (I), Teil I, 79; für Deutschland etwa Heise Verlag: Versicherungsgruppe HUK-Coburg legte Kundendaten offen ins Netz, Meldung vom 06.11.2002, www.heise.de/newsticker/data/jk-06.11.02-001/; Heise Verlag: Schwerwiegende Sicherheitsmängel bei T-Com, Meldung vom 26.07.2004, www.heise.de/newsticker/meldung/49424; für die USA Heise Verlag: Daten von mehr als acht Millionen US-Kreditkarten geklaut, Meldung vom 19.02.2003, www.heise.de/newsticker/data/jk-19.02.03-000/.

1115 Heise Verlag: Microsoft mit offenem ftp-Server, Meldung vom 19.11.2002, www.heise.de/newsticker/data/ps-19.11.02-000/; Heise Verlag: Microsoft veröffentlicht unfreiwillig Kundendaten, c't 25/2002, S. 25.

Außer durch Hacking könnten Telekommunikations-Verkehrsdaten auch auf dem Übertragungsweg zwischen Telekommunikationsunternehmen und Sicherheitsbehörden abgefangen werden. Schon die nach der bestehenden TKÜV in Verbindung mit der zugehörigen technischen Richtlinie geforderten Sicherheitsmechanismen entsprechen aus Sicht von Sachverständigen bei weitem nicht dem, was technisch möglich und zumutbar ist[1116]. Die vorgesehenen Sicherheitsfunktionen schützten allenfalls vor Angriffsversuchen durch Unbedarfte[1117]. Wie allgemein bei den hier diskutierten Missbrauchsrisiken liegt die besondere Gefahr dieser Einbruchstelle darin, dass ein Abhören regelmäßig unbemerkt bleiben wird.

Ein Grund dafür, dass Private großen Aufwand treiben könnten, um illegal an Verkehrsdaten zu gelangen, liegt in dem hohen kommerziellen Wert von Persönlichkeitsprofilen, die durch die Auswertung von Telekommunikations-Verkehrsdaten erstellt werden können[1118]. Nach den Erfahrungen der Datenschutz-Aufsichtsbehörden genügen zur Erstellung eines Persönlichkeitsprofils schon die Verkehrsdaten, die bei dem Besuch weniger Internetseiten durch eine Person anfallen[1119]. Ein Online-Nutzerprofil erspart jedem Unternehmen Marketingausgaben in Höhe von ca. 100 Euro pro Kunde[1120], insbesondere wegen der darin enthaltenen detaillierten Hinweise auf die Interessen, Vorlieben und Gewohnheiten einer Person, die ihre gezielte Ansprache ermöglichen. Die Kenntnis von Verkehrsdaten ermöglicht es damit, Menschen unbemerkt in ihrem Konsumverhalten zu steuern[1121].

Wegen des hohen Wertes von Verkehrsdaten wäre die Versuchung von Telekommunikationsunternehmen groß, die äußerst aussagekräftigen und umfangreichen Verkehrsdaten, die sie zu staatlichen Zwecken auf Vorrat speichern müssten, anderweitig zu nutzen. Ein solcher Missbrauch wäre von außen kaum feststellbar. Zurecht wird darauf hingewiesen, dass eine Vorratsspeicherung insoweit Straftaten nicht bekämpfen, sondern umgekehrt ihre Begehung begünstigt würde (vgl. §§ 206 StGB, 44, 43

1116 Federrath, Schwachstelle Schnittstelle, 115 (122).

1117 Federrath, Schwachstelle Schnittstelle, 115 (122).

1118 Feather, Clive, zitiert bei Loney, Matt: ISPs spell out true cost of data retention, 12.12.2002, news.zdnet.co.uk/story/0,,t295-s2127408,00.html.

1119 Bäumler, Helmut / Leutheusser-Schnarrenberger, Sabine / Tinnefeld, Marie-Theres: Grenzenlose Überwachung des Internets? Steht die freie Internetkommunikation vor dem Aus? Stellungnahme zum Gesetzesentwurf des Bundesrates vom 31. Mai 2002, www.rainer-gerling.de/aktuell/vorrat_stellungnahme.html, Punkt 1.

1120 Schaar, DuD 2001, 383 (384).

1121 Gridl, Datenschutz in globalen Telekommunikationssystemen, 61.

BDSG)[1122]. Wenn für die Daten von 10.000 Kunden nach der oben genannten Wertschätzung bis zu eine Million Euro locken, sind derartige Befürchtungen nicht aus der Luft gegriffen. Gerade bei kleineren Anbietern, die keinen Ruf zu verlieren haben oder sich wirtschaftlich am Rande der Insolvenz bewegen, wäre das Risiko eines solchen Missbrauches hoch. Schon heute gibt es immer wieder Gerüchte, wonach Internetfirmen persönliche Daten ihrer Kunden gewinnbringend weitergegeben haben sollen[1123]. In den USA steht ein Mitarbeiter des Internet-Zugangsanbieters AOL im Verdacht, 92 Millionen Kundendatensätze des Unternehmens für 152.000 US$ verkauft zu haben[1124].

Selbst wenn ein Unternehmen guten Willens wäre, könnte es nicht immer verhindern, dass einzelne Mitarbeiter unbefugt Daten heraus geben, wie es etwa im Rahmen der Bonusmeilen-Affäre mit den Daten von Abgeordneten des Deutschen Bundestags geschehen ist. Dieses Beispiel zeigt, dass im Fall einer Vorratsspeicherung von Telekommunikationsdaten nicht nur die Herausgabe gesamter Datenbestände etwa an Direktmarketingunternehmen zu befürchten wäre, sondern auch die – im Einzelfall ebenfalls lukrative – Erteilung einzelner Auskünfte an Presse, Wirtschaftsauskunfteien, Detektivbüros, Banken, Arbeitgeber oder sonstige interessierte Stellen[1125]. Auch Mitarbeiter staatlicher Stellen missbrauchen ihre Zugriffsbefugnisse mitunter[1126].

Dass Wissen eine Machtposition verleiht, weiß schon der Volksmund. Das Wissen um eine Person, etwa um ihre persönlichen Schwächen, kann zu ihrer Manipulation verwendet werden[1127]. Teilweise wird sogar angenommen, dass man nahezu jeden Menschen inkriminieren kann, wenn man ihn nur lange genug unbemerkt in seinem Tun beobachten kann[1128]. Das Wissen um Telekommunikations-Verkehrsdaten einer Person eignet sich

---

1122 Bäumler, Helmut / Leutheusser-Schnarrenberger, Sabine / Tinnefeld, Marie-Theres: Grenzenlose Überwachung des Internets? Steht die freie Internetkommunikation vor dem Aus? Stellungnahme zum Gesetzentwurf des Bundesrates vom 31. Mai 2002, www.rainer-gerling.de/aktuell/vorrat_stellungnahme.html, Punkt 1.

1123 Bager/Bleich/Heidrich, c't 22/2002, 150 (150 f.).

1124 Heise Verlag: AOL-Mitarbeiter wegen Verkaufs von Kundendaten verhaftet, 24.06. 2004, www.heise.de/newsticker/meldung/48542.

1125 Gridl, Datenschutz in globalen Telekommunikationssystemen, 39 und 61.

1126 Vgl. nur Landesbeauftragter für den Datenschutz in Baden-Württemberg, 7. Tätigkeitsbericht, LT-Drs. 9/4015, 45-49 mit Fällen von absichtlichem und fahrlässigem Datenmissbrauch der Polizei.

1127 Buxel, DuD 2001, 579 (581).

1128 Fairbrother, Peter: Defeating traffic analysis, www.apig.org.uk/fairbrother.pdf, 3.

wegen der hohen Aussagekraft der Daten in besonderem Maße zur Manipulation von Menschen.

Zu welchen Konsequenzen es führen kann, wenn Daten in die falschen Hände gelangen, zeigt in neuester Zeit der bereits erwähnte „Bonusmeilen-Skandal". Deutsche Politiker, die mit dienstlich erworbenen Bonusmeilen Privatflüge bezahlt haben, sahen sich infolge der Veröffentlichung dieser Tatsache zum Rücktritt gezwungen. Auch infolge der „Hunzinger-Affäre" standen plötzlich alle im Rampenlicht der Öffentlichkeit, die Beziehungen zu diesem PR-Berater hatten.

Das Informationspotenzial der Spuren aller deutschen Telekommunikationsnutzer ist nur schwer einzuschätzen. Wer mit Herrn Hunzinger per Telefon, Fax oder E-Mail in Kontakt stand, ließe sich mit ihrer Hilfe unschwer ermitteln. Unzählige Tatsachen über das Privatleben von Prominenten könnten enthüllt werden[1129]. Politiker könnten zum Rücktritt gezwungen, Amtsträger könnten erpresst werden. Informationen über das Sexualleben ließen sich mit Hilfe von Telekommunikations-Verkehrsdaten ebenso ausbeuten wie Hinweise auf Kontakte mit bestimmten Personen oder Ländern.

Nicht nur im öffentlichen und privaten, sondern auch im geschäftlichen Bereich bringt eine generelle Vorratsspeicherung von Telekommunikations-Verkehrsdaten erhebliche Gefahren mit sich[1130]. Unter dem Gesichtspunkt der Wirtschaftsspionage kann es beispielsweise von großem Interesse sein, wo sich ein Vorstandsmitglied aufhält und mit welchen Firmen es Kontakte pflegt. Anfällig für Wirtschaftsspionage sind auch Verhandlungen über die Vergabe großer Aufträge. Für geschäftliche Verhandlungen ist Anonymität nach außen oft vital. Die Speicherung von Verkehrsdaten stellt diese Anonymität in Frage. Angesichts der hohen Summen, um die es im Bereich der internationalen Wirtschaft geht, wird selbst großer Aufwand nicht gescheut werden, um an auf Vorrat gespeicherte Datenbestände zu gelangen. In dementsprechend hohem Maße wären solche Datenbestände gefährdet.

Einen effektiven Schutz vor Missbräuchen ermöglichen letztlich nur Verfahren, die es zur Speicherung von Daten von vornherein nicht kommen lassen (Datensparsamkeitsprinzip, vgl. § 3a BDSG). Eine Vorratsspeicherung von Telekommunikationsdaten würde dem Datensparsamkeitsprinzip diametral zuwider laufen. Insofern spiegelt sich bei den Plänen zur Vorratsspeicherung von Verkehrsdaten ein allgemeiner Konflikt im Bereich der

---

1129 Königshofen, Thomas, zitiert bei Krempl, Stefan: Datenschutz ade? Telepolis, Heise-Verlag, 29.12.2001, www.heise.de/tp/deutsch/inhalt/te/11456/1.html.

1130 ULD-SH, Sichere Informationsgesellschaft (I), Punkt 7a.

Telekommunikationsüberwachung wider. Die Konfliktlinie verläuft nicht streng zwischen den Sicherheitsbehörden einerseits und Datenschützern andererseits. Vielmehr hat sich auch im staatlichen Bereich bei nicht wenigen Personen die Ansicht durchgesetzt, dass der Aufbau einer sicheren Infrastruktur und der damit einher gehende präventive Schutz von persönlichen Daten und Geschäftsgeheimnissen Vorrang haben muss vor kurzfristigen Ermittlungsvorteilen für die Sicherheitsbehörden, die eine Schwächung der informationstechnischen Sicherheit mit sich bringen[1131]. In Anbetracht dieser Tatsache hat die Politik in der Vergangenheit davon abgesehen, die Nutzung von Verschlüsselungstechnologien einzuschränken. Im Bereich der anonymen Telekommunikationsnutzung ist die Interessenlage vergleichbar[1132]. Eine generelle Vorratsspeicherung von Verkehrsdaten würde demgegenüber ein unkontrollierbares Missbrauchspotenzial begründen.

(vi)   Verursachung von Hemmungen seitens der Grundrechtsträger

Wie gezeigt, müsste der Bürger im Falle einer Vorratsspeicherung seiner Telekommunikationsdaten ständig mit dem Risiko staatlicher Fehlentscheidungen oder eines staatlichen oder privaten Missbrauchs seiner Daten rechnen. Aus diesem Grund ist eine Vorratsspeicherung von Telekommunikationsdaten geeignet, die Unbefangenheit der zwischenmenschlichen Kommunikation in unserer Gesellschaft zu gefährden. Wer ständig damit rechnen muss, sein Kommunikationsverhalten könnte in Zukunft einmal gegen ihn verwendet werden, wird im Zweifel versuchen, sich möglichst unauffällig zu verhalten oder Kommunikationsvorgänge gänzlich zu unterlassen. Dies jedoch wäre unserem demokratischen Staatssystem (Art. 20 Abs. 1 GG) abträglich, das auf die aktive und unbefangene Mitwirkung der Bürger angewiesen ist[1133]. Jede Demokratie lebt von der Meinungsfreude und dem Engagement der Bürger und setzt daher Furchtlosigkeit voraus[1134]. Dort, wo „ein Klima der Überwachung und Bespitzelung herrscht, [kann] ein freier und offener demokratischer Prozess nicht stattfinden"[1135]. Gerade eine Vor-

---

1131   Etwa Tauss/Kelber, DuD 2001, 694 (694); vgl. auch Pfitzmann, Andreas in Bundestag, Öffentliche Anhörung zum Thema Cyber-Crime/TKÜV (I), 24.

1132   Fox/Bizer, DuD 1998, 616 (616).

1133   Vgl. BVerfGE 65, 1 (43); BVerfGE 100, 313 (381).

1134   Limbach, Jutta: Ist die kollektive Sicherheit Feind der individuellen Freiheit? 10.05.2002, www.zeit.de/reden/Deutsche%20Innenpolitik/200221_limbach_sicherheit. html.

1135   Kutscha, Martin, zitiert bei Limbach, Jutta: Ist die kollektive Sicherheit Feind der individuellen Freiheit? 10.05.2002, www.zeit.de/reden/Deutsche%20Innenpolitik/ 200221_limbach_sicherheit.html; DG Research, Economic risks arising from the potenzial vulnerability of electronic commercial media to interception (I); vgl. zu Maßnah-

ratsspeicherung von Telekommunikationsdaten wäre ein großer Schritt hin zu mehr Überwachung, weil die Überwachung über Einzelfälle hinaus auf die gesamte Telekommunikation der Gesellschaft ausgedehnt würde. Dies wäre auch für diejenigen Bürger, die sich mit den Feinheiten der gesetzlichen Regelungen nicht auskennen, deutlich erkennbar, so dass ein deutlicher Einfluss auf das Kommunikationsverhalten der gesamten Gesellschaft zu befürchten ist.

In besonderem Maße gilt dies dort, wo staatlicher Missbrauch besonders nahe liegt, nämlich bei staatskritischen Organisationen, deren Aktivitäten in einer Demokratie besonders wichtig sind. Beispielsweise waren die anlässlich des letzten Deutschlandbesuches des US-Präsidenten Bush angekündigten Demonstrationen der Bundesregierung aus Gründen des „außenpolitischen Ansehens" ein Dorn im Auge. In solchen Situationen könnten Organisatoren von Demonstrationen durchaus Anlass sehen, ihre Telekommunikation einzuschränken, um einer missbräuchlichen Überwachung zu entgehen. Von jeher ein besonders legitimes Interesse an Anonymität haben Journalisten, Menschenrechtsaktivisten, Minderheitenvertreter und Oppositionelle. Dies gilt heute besonders in totalitären Staaten[1136]. Aber auch westliche Staaten wie Deutschland sind, wie gezeigt[1137], gegen Missbräuche bezüglich dieser Personen nicht von vornherein immun.

Um Anhaltspunkte für die Frage zu gewinnen, wie sich eine generelle Vorratsspeicherung von Verkehrsdaten auf das Kommunikationsverhalten in Deutschland auswirken könnte, hat der Verfasser im April 2003 einen kurzen Fragenkatalog an Personen und Organisationen versandt, die aufgrund ihrer politisch teilweise brisanten Arbeit besonders sensibel auf staatliche Überwachung reagieren könnten. Im Einzelnen wurde der Fragebogen an die Organisationen Attac, BUND, Deutsches Rotes Kreuz, Eirene, GFBV, Greenpeace, ILMR, IPPNW, Misereor, PDS, Terre des Hommes und X1000malquer sowie an die Journalistin Schulzki-Haddouti versandt. In dem Fragebogen wurden folgende Fragen gestellt: „Berücksichtigen Sie bei Ihren Anrufen, Telefaxen, Emails usw. die Möglichkeit, dass staatliche Stellen (z.B. Geheimdienste) Ihre Telekommunikation abhören oder aufzeichnen könnten? Ergreifen Sie in bestimmten Fällen Gegenmaßnahmen (z.B. Ausweichen auf persönliche Gespräche, Ausweichen auf Briefe, Be-

---

men der Terrorismusbekämpfung auch Weichert, Terror und Informationsgesellschaft (I); Schwimmer, Anti-terrorist measures and Human Rights (I).

1136 Artikel-29-Gruppe der EU, Anonymität, 5.
1137 Seite 226.

nutzung öffentlicher Telefonzellen, Verschlüsselung von Nachrichten)? Würde es Sie zu (verstärkten) Gegenmaßnahmen veranlassen, wenn der Staat die äußeren Umstände jedes Telefonanrufs, Telefaxes, jeder Email und jeder Internetnutzung durch die Telekommunikationsunternehmen speichern lassen würde, um im Bedarfsfall darauf zugreifen zu können (Rufnummern/Emailadressen/Internetadressen der Beteiligten, Uhrzeit, bei eingeschalteten Mobiltelefonen auch der jeweilige Standort)?"

Drei der angeschriebenen Stellen antworteten auf die Anfrage. Die PDS-Bundesgeschäftsstelle erklärte, dass die PDS eine weitgehend öffentliche Partei sei, in der alle Gremien öffentlich tagten und deren Beschlüsse und Diskussionen zum Beispiel über das Internet öffentlich gemacht würden. Aus diesem Grund beantworte man die gestellten Fragen mit „Nein".

Die Antwort der Journalistin und Autorin Christiane Schulzki-Haddouti weist demgegenüber darauf hin, dass die Einführung einer Vorratsspeicherung von Telekommunikationsdaten Beeinträchtigungen der Telekommunikationsnutzung mit sich bringen könnte. Frau Schulzki-Haddouti beschäftigt sich kritisch mit politischen Themen wie etwa der staatlichen Telekommunikationsüberwachung. In der Vergangenheit hat sie unter anderem Informationen über das geheime weltweite Überwachungssystem Echelon recherchiert und veröffentlicht. In Anbetracht solcher Aktivitäten lässt sich sicherlich sagen, dass Frau Schulzki-Haddouti Nachteile infolge einer Vorratsspeicherung der näheren Umstände ihrer Telekommunikation nicht ohne Grund befürchtet[1138]. In ihrer Antwort auf die Fragen des Verfassers gab Frau Schulzki-Haddouti an, bereits gegenwärtig in bestimmten Angelegenheiten auf die Nutzung von Telekommunikationsnetzen zu verzichten und stattdessen auf persönliche Gespräche zurückzugreifen. Für den Fall einer generellen Vorratsspeicherung von Telekommunikationsdaten kündigte sie an, im Bereich des Internet nur noch anonym zu kommunizieren und im Übrigen nur noch unbedenkliche Aktivitäten über die Telekommunikationsnetze abzuwickeln. Teilweise würde sie auch auf die Kommunikation per Briefpost ausweichen.

Auch die Hilfsorganisation Misereor gab an, bei ihrer Telekommunikation zu berücksichtigen, welche Staaten den Telekommunikationsverkehr generell aufzeichnen, besonders, wenn es sich um sensible Themenbereiche wie die Menschenrechtsarbeit handele. Gegebenenfalls würden sensible Informationen in persönlichen direkten Gesprächen oder per Briefpost übermittelt, anstatt Telekommunikationsnetze einzusetzen.

1138 Vgl. Seite 141.

Diese Angaben machen deutlich, dass eine Vorratsspeicherung von Telekommunikationsdaten teilweise einen Verzicht auf die Nutzung des Mediums der Telekommunikation zur Folge hätte. Dieser Verzicht könnte weder durch einen Einsatz anonymer Telekommunikation noch durch eine Nutzung alternativer Kommunikationsformen wie Briefkommunikation oder persönliche Gespräche voll ausgeglichen werden, weil diese Möglichkeiten nur in bestimmten Bereichen praktikabel sind. Letztlich würde eine Vorratsspeicherung daher die gesamtgesellschaftliche Kommunikation beeinträchtigen, was wiederum zur Einschränkung politischer Aktivitäten und damit zu gravierenden Nachteilen für unser demokratisches System führen kann.

Wenn 60% der Deutschen darauf vertrauen, dass die Polizei gespeicherte Daten absolut richtig und zuverlässig verwendet[1139], handelt es sich dabei möglicherweise nur um die „schweigende Mehrheit". Zu den übrigen 40% gehören möglicherweise gerade solche Personen, die sich politisch engagieren und daher für eine funktionierende Demokratie von besonderer Bedeutung sind. Bereits wenn 40% der Bevölkerung Bedenken im Hinblick auf die korrekte Verwendung ihrer Daten durch die Polizei hätten, begründete dies eine reale Gefahr für unser freiheitliches demokratisches Gemeinwesen[1140]. Im Jahr 2003 waren 20% der im Rahmen einer Umfrage befragten Deutschen der Ansicht, es sei besser, vorsichtig zu sein, wenn man in Deutschland seine politische Meinung äußern wolle[1141].

Auch außerhalb des öffentlichen Lebens, wo die Funktionsfähigkeit der Demokratie nicht unmittelbar bedroht ist, muss der Einzelne grundsätzlich sicher sein können, seine Grundrechte unbeschwert und frei von Überwachung oder auch nur der Möglichkeit der Überwachung wahrnehmen zu können. Der Mensch ist ein gemeinschaftsbezogenes Wesen, und der Schutz seiner Würde (Art. 1 Abs. 1 GG) verlangt ein gewisses Maß an unbeobachteter Kommunikation mit anderen Personen, beispielsweise in besonderen Notlagen. Der Schutz der Privatsphäre bildet die Grundlage der Handlungsfreiheit[1142]. Nur wer sich vor Beobachtung sicher sein kann, kann ohne Druck zur Konformität und zur Anpassung an vorgegebene soziale,

---

1139   Opaschowski, DuD 2001, 678 (679).
1140   Vgl. BVerfGE 65, 1 (43).
1141   Institut für Demoskopie Allensbach: Der Wert der Freiheit, Ergebnisse einer Grundlagenstudie zum Freiheitsverständnis der Deutschen, Oktober/November 2003, www.ifd-allensbach.de/pdf/akt_0406.pdf, 48.
1142   Buxel, DuD 2001, 579 (581).

gesellschaftliche und moralische Standards handeln[1143]. Dementsprechend stellt das Bundesverfassungsgericht in einer neueren Entscheidung – interessanterweise ohne auf die Funktionsfähigkeit der Demokratie abzustellen – allgemein fest: „Es gefährdet die Unbefangenheit der Nutzung der Telekommunikation und in der Folge die Qualität der Kommunikation einer Gesellschaft, wenn die Streubreite von Ermittlungsmaßnahmen dazu beiträgt, dass Risiken des Missbrauchs und ein Gefühl des Überwachtwerdens entstehen."[1144]

Gerade das Medium der Telekommunikation dient in besonderem Maße der Grundrechtsverwirklichung, so dass sich Überwachungsmaßnahmen in diesem Bereich besonders nachteilig auf die Kommunikation in einer Gesellschaft auswirken. Wie die folgende Aufzählung[1145] zeigt, sind gerade die vielfältigen Tätigkeiten auf den „Datenautobahnen" mindestens ebenso reichhaltig wie das „wirkliche" Leben außerhalb von Telekommunikationsnetzen: Surfen im Web (Recht auf informationelle Selbstbestimmung, Art. 1 und 2 GG; Informationsfreiheit, Art. 5 Abs. 1 GG; Fernmeldegeheimnis, Art. 10 Abs. 1 Var. 3 GG), E-Mail-Versand und Internet-Telefonie (Fernmeldegeheimnis, Art. 10 Abs. 1 Var. 3 GG), Elektronische Presse, Chatrooms und Newsgroups (Presse- und Meinungsfreiheit, Art. 5 Abs. 1 GG), Elektronischer Handel, E-Commerce (Berufsfreiheit, Art. 12 GG), virtuelle Kunstausstellungen (Kunstfreiheit, Art. 5 Abs. 3 GG), Recherchen für wissenschaftliche Veröffentlichungen (Forschungsfreiheit, Art 5 Abs. 3 GG), elektronische Beichten (Glaubensfreiheit, Art. 4 GG), Beschwerden bei Behörden mittels E-Mail (Petitionsrecht, Art. 17 GG), virtuelle Demonstrationen (Versammlungsfreiheit, Art. 8 GG), virtuelle „Ortsvereine" (Vereinigungs- und Koalitionsfreiheit, Art. 9 GG; Parteienprivileg, Art. 21 GG), behindertengerechte Internetangebote staatlicher Behörden (Diskriminierungsverbot, Art. 3 Abs. 3 GG).

In den Kommunikationsnetzen werden auch viele private und vertrauliche Gespräche und Tätigkeiten abgewickelt. Gerade was Kommunikationsvorgänge privaten Inhalts anbelangt, so geht die Globalisierung an engen persönlichen Beziehungen zu Familienmitgliedern oder Freunden nicht spurlos vorbei und führt zunehmend zu örtlicher Trennung. Das Bedürfnis nach der Möglichkeit, im Familien- und Freundeskreis vertrauliche Gespräche führen

---

1143 Buxel, DuD 2001, 579 (581).
1144 BVerfGE 107, 299 (328).
1145 Nach Schaar, Sicherheit und Freiheitsrechte (I), 2 ff.

zu können, nimmt dabei nicht ab, sondern eher noch zu, so dass privater Telekommunikation in Zukunft zunehmende Bedeutung zukommen wird.

Was besondere Vertrauensverhältnisse zu Vertretern bestimmter Berufsgruppen angeht, so bieten die neuen Medien ideale Voraussetzungen dafür, sich schnell und anonym jemandem anvertrauen zu können, ohne Konsequenzen befürchten zu müssen. Die Bedeutung dieser Möglichkeit für Menschen in Not ist in der heutigen, von Beziehungsdesintegration geprägten Zeit noch gewachsen. Die lange Liste besonderer Vertrauensverhältnisse, in deren Rahmen sich die Beteiligten zunehmend telekommunikativer Mittel bedienen, umfasst Abgeordnete, Geistliche, Rechtsanwälte, Wirtschaftsprüfer, Steuerberater, Ärzte, Psychotherapeuten, Volksvertreter, Journalisten, aber auch Einrichtungen der Schwangerschaftsberatung und der Drogenhilfe (vgl. § 53 StPO). Damit wird das Fernmeldegeheimnis zunehmend zur Vorbedingung einer Vielzahl von Vertrauensverhältnissen und seine zunehmende Durchlöcherung zu einer Gefahr für weite Bereiche der Gesellschaft[1146].

Auch über die Privatsphäre im engeren Sinne hinaus kann schließlich ein legitimes Interesse an Geheimhaltung bestehen, etwa was das eigene Vermögen angeht oder den Schutz von Geschäftsgeheimnissen[1147]. Würde für die Kommunikation in all diesen Situationen nicht das Medium der Telekommunikation genutzt, so würde regelmäßig in einer Wohnung oder einem Geschäftsraum kommuniziert werden, so dass Art. 13 GG einschlägig wäre. Auch tatsächlich werden die Telekommunikationsnetze regelmäßig von abgeschlossenen Räumen aus genutzt, was weiter verdeutlicht, dass die Telekommunikation einer Person oftmals dem Bereich ihrer Privatsphäre zuzuordnen ist. Schon 1983 hat die internationale Konferenz der Datenschutzbeauftragten erklärt, dass die Erfassung von Telekommunikations-Verkehrsdaten das Recht der Unverletzlichkeit der Wohnung berühre[1148]. Auch wenn man so weit nicht gehen möchte, so ist die Schutzwürdigkeit von Telekommunikation derjenigen von Gesprächen in einer Wohnung jedenfalls vergleichbar.

Eine Vorratsspeicherung von Telekommunikationsdaten würde unterschiedslos alle Verkehrsdaten erfassen, also auch die Umstände von Kommunikationsvorgängen mit privatem und vertraulichem Inhalt. Damit müssten sich die an solchen Kommunikationsvorgängen Beteiligten stets mit

---

1146 Ruhmann/Schulzki-Haddouti, Abhör-Dschungel (I).
1147 Ruhmann/Schulzki-Haddouti, Abhör-Dschungel (I).
1148 Internationale Konferenz der Datenschutzbeauftragten, Neue Medien (I).

dem Gedanken tragen, dass ihre Kommunikation jederzeit nachvollzogen werden könnte und dass es zur missbräuchlichen Kenntnisnahme dieser Informationen durch Dritte kommen könnte. Es ist daher nicht unwahrscheinlich, dass eine Vorratsspeicherung von Telekommunikationsdaten zu Kommunikationsanpassungen führen würde, dass also auf die Nutzung des Mediums Telekommunikation für private oder vertrauliche Kommunikationsvorgänge teilweise verzichtet würde, ohne dass den Beteiligten immer Alternativen zur Verfügung stünden. Unerwünschte Beeinträchtigungen der gesamtgesellschaftlichen Kommunikation wären die Folge.

Angesichts der besonderen Bedeutung von Vertrauensverhältnissen hat der sächsische Verfassungsgerichtshof entschieden, dass es unzulässig sei, zum Zwecke der Gefahrenabwehr Daten über unbeteiligte Personen aus Vertrauensverhältnissen zu erheben[1149]. Unbeteiligt sind Personen, bei denen nicht aufgrund tatsächlicher Anhaltspunkte anzunehmen ist, dass von ihnen eine Gefahr ausgeht oder dass sie Nachrichtenmittler eines Störers sind. Erst recht muss all dies im Bereich der Strafverfolgung gelten, die einen verfassungsrechtlich geringeren Stellenwert hat als die unmittelbare Abwehr von Gefahren[1150].

Im Bereich der Telekommunikation dagegen tragen die Normen, die zum Zugriff auf Telekommunikationsdaten ermächtigen, der Bedeutung von Vertrauensverhältnissen nicht oder, wie in § 100h Abs. 2 StPO, nicht ausreichend Rechnung. Zu der neuen Lösung des § 100h Abs. 2 StPO ist kritisch anzumerken, dass die mittelbare Verwertung einer rechtswidrig erlangten Auskunft darin nicht verboten wird[1151]. Dadurch besteht für die Behörden stets der Anreiz, unter § 100h Abs. 2 StPO fallende Daten rechtswidrig zur Ermittlung weiterer Beweise zu verwenden, weil diese von dem Verwertungsverbot nicht mehr erfasst sind. Dies stellt deswegen eine gravierende Gesetzeslücke dar, weil sich zumeist erst im Prozess herausstellen wird, ob das ursprüngliche Auskunftverlangen rechtswidrig war. Die Kenntnis der an einer Kommunikation beteiligten Anschlussinhaber oder auch zusätzlich der Verbindungsdaten erlaubt nämlich keine Rückschlüsse darauf, ob beispielsweise ein Vertrauensverhältnis vorlag und wie weit daher „das Zeugnisverweigerungsrecht in den Fällen des § 53 Abs. 1 Satz 1

1149 SächsVerfGH, DuD 1996, 429 (439).

1150 Seite 177.

1151 Gegen ein Verwertungsverbot in einem solchen Fall allerdings BVerfGE 44, 353 (384); für ein umfassendes Verwertungsverbot im Bereich der Art. 1 und 13 GG BVerfGE 109, 279 (331 f. und 377 f.).

Nr. 1, 2 und 4 reicht"[1152]. Aus diesem Grund ist § 100h Abs. 2 StPO praktisch von geringem Wert. Überdies erscheint die Auswahl der in § 100h Abs. 2 StPO geschützten Vertrauensverhältnisse willkürlich und unvollständig, auch gemessen an den Entscheidungen des Europäischen Gerichtshofs für Menschenrechte und des Bundesverfassungsgerichts.

Für eine Drogenberatungsstelle hat das Bundesverfassungsgericht ausdrücklich entschieden, dass der Schutz von Vertrauensverhältnissen schwerer wiege als das allgemeine Interesse an der Aufklärung von Straftaten[1153]. In der Umgehung des Zeugnisverweigerungsrechts durch eine Beschlagnahmeanordnung sah es einen unverhältnismäßigen Eingriff in das Recht auf informationelle Selbstbestimmung[1154]. Nur wenn im Einzelfall spezifische Anhaltspunkte dafür bestünden, dass Unterlagen zur Verfolgung besonders schwerer Straftaten benötigt werden, sei eine Beschlagnahme zulässig[1155]. Diese Erwägungen des Bundesverfassungsgerichts müssen für Eingriffe in den Fernmeldeverkehr erst recht gelten, weil solche Eingriffe – im Unterschied zu einer Beschlagnahme – geheim erfolgen und daher tendenziell schwerer wiegen. Ob damit eine pauschale Erhebung von Verkehrsdaten aus Vertrauensverhältnissen, wie sie mit einer Vorratsspeicherung verbunden wäre, zu vereinbaren ist, erscheint fragwürdig.

Wegen der Vielzahl von privilegierten Kommunikationsvorgängen, die über wechselnde Anschlüsse von Telefon, Fax, E-Mail, WWW usw. abgewickelt werden, ist es nicht möglich, solche Kommunikationsvorgänge zuverlässig von einer Vorratsspeicherung auszunehmen. Zeugnisverweigerungsberechtigte Stellen pauschal von einer Speicherung auszunehmen, könnte einerseits dazu führen, dass nicht privilegierte Kommunikationsvorgänge, etwa Privatgespräche von Rechtsanwälten (§ 53 Abs. 1 Nr. 3 StPO), die über den beruflichen Telefonanschluss geführt würden, von einer Überwachung ausgenommen wären. Andererseits wäre etwa ein Gespräch des Bruders eines Beschuldigten, das von einer öffentlichen Telefonzelle aus geführt wird, nicht geschützt.

Daraus ergibt sich, dass man bei sämtlichen Verkehrsdaten von der Möglichkeit ausgehen muss, dass es sich um Daten über besondere Vertrauensverhältnisse handelt. Die einzige Möglichkeit eines wirksamen Schutzes von Vertrauensverhältnissen im Bereich der Telekommunikationsnetze ist

---

1152 BR-Drs. 275/02 (Beschluss), 13.
1153 BVerfGE 44, 353 (380).
1154 BVerfGE 44, 353 (380).
1155 BVerfGE 44, 353 (379).

daher ein generell hohes Schutzniveau. Eine generelle Vorratsspeicherung von Telekommunikations-Verkehrsdaten ist mit einem wirksamen Schutz von Vertrauensverhältnissen demnach nicht in Einklang zu bringen.

Die Pläne zur Einführung einer generellen Vorratsspeicherung von Telekommunikations-Verkehrsdaten sind auch im Zusammenhang mit anderen Bestrebungen zur Verbesserung der Sicherheit zu sehen. In der jüngeren Vergangenheit Deutschlands wurden etwa die Instrumente der Rasterfahndung, der akustischen Wohnraumüberwachung und der Ortung von Mobiltelefonen eingeführt. Einen Blick in die mögliche Zukunft erlauben die schon heute existierenden technischen Möglichkeiten: So gibt es Software, die von Überwachungskameras aufgenommene Bilder zeitgleich auswertet und bei „abnormalen Bewegungen" Alarm schlägt[1156]. Auch Bewegungen bestimmter Personen lassen sich so analysieren, dass für jede Person ein unverwechselbares Bewegungsprofil entsteht und dass Personen folglich für entsprechend eingerichtete Überwachungssysteme überall und schon von weitem an ihrem Laufstil erkennbar sind[1157]. Aufnahmen, die Überwachungskameras von Gesichtern anfertigen, lassen sich unter Anwendung eines modernen biometrischen Verfahrens automatisch analysieren und mit einem Datenbestand – etwa aus Fahndungsfotos gewonnen – vergleichen. Das derartige Auffinden und Überwachen von Personen findet in Städten Großbritanniens und der USA bereits statt[1158].

Stets lassen sich die aus den unterschiedlichen Quellen gewonnenen Daten mit Hilfe von Computern ohne Weiteres verknüpfen, so dass sich der Bürger insgesamt einem immer dichter werdenden Netz von Überwachungs-, Kontroll- und Überprüfungsmöglichkeiten ausgesetzt sieht[1159], das ihn veranlassen kann, jedes Verhalten zu meiden, mit dem er sich verdächtig machen könnte. Auch wenn jeder einzelne Eingriff für sich genommen eine gewisse Berechtigung haben mag, so dürfen die gesellschaftlichen Auswirkungen einer insgesamt zunehmenden Überwachung der Bevölkerung nicht unbeachtet bleiben. Leider ist kaum messbar, wie sehr das unbefangene Gebrauchmachen von Grundrechten in einer Demokratie unter staatlichen Überwachungsmöglichkeiten leidet. Es spricht allerdings einiges für die Annahme, dass der Schaden für unsere demokratische Gesellschaft

---

1156 Spiegel Online: Software warnt vor Verbrechen, 01.05.2002, www.spiegel.de/ wissenschaft/mensch/0,1518,194325,00.html.

1157 Spiegel Online: Übeltäter verraten sich durch ihren Gang, 05.11.2001, www.spiegel.de/ wissenschaft/mensch/0,1518,166107,00.html.

1158 Achelpöhler/Niehaus, DuD 2002, 731 (734) für die Stadt Tampa in Florida.

1159 DSB-Konferenz, Zehn Jahre nach dem Volkszählungsurteil (I).

infolge einer zunehmenden Überwachung des Bürgers durch den graduellen Effizienzgewinn, den viele Befugniserweiterungen bestenfalls bewirken können, nicht aufgewogen werden kann. Jedenfalls muss bei der Abwägung von Sicherheit und Freiheit heutzutage besonders vorsichtig vorgegangen und jede einzelne, für sich genommen vielleicht unbedeutende Regelung in ihrer Gesamtwirkung bedacht werden[1160].

(vii) Kontraproduktive Effekte

Auch die kontraproduktiven Effekte auf das Kriminalitätsniveau, die mit der insgesamt zunehmenden Ausweitung von Eingriffsbefugnissen einher gehen können, sind zu beachten[1161]: Vieles spricht für die Annahme, dass die absolute Achtung der Menschenwürde einer Gemeinschaft nach innen und nach außen zu einer moralischen Anziehungs- und Überzeugungskraft verhilft[1162], welche auf lange Sicht einzelne Vorteile, die durch exzessive Eingriffe erzielt werden könnten, überwiegt. Wissenschaftler haben als wichtiges Motiv von Terroristen die Erfahrung von Demütigung ausgemacht[1163]. Schädliche Auswirkungen kann auch eine ausländerfeindliche Einstellung oder ein Klima des Misstrauens haben[1164]. Gerade dies sucht ein Rechtsstaat zu vermeiden. Die Aufgabe rechtsstaatlicher Prinzipien ist demgegenüber geeignet, Fundamentalisten und Extremisten im In- und Ausland Auftrieb zu geben[1165]. Nur der entschiedene Eintritt für Menschenrechte auch in Krisenzeiten sichert die Unterstützung der öffentlichen Meinung im In- und Ausland[1166]. Die Einigkeit über die Achtung der Rechte anderer stärkt soziale Normen in der Gesellschaft und reduziert so zugleich das Maß an Kriminalität[1167]. Maßnahmen staatlicher Überwachung, die diesen sozialen Zusammenhalt gefährden können, sollten daher gerade im Interesse der Sicherheit sehr genau überlegt sein.

1160   Ähnlich schon BVerfGE 34, 238 (249); vgl. auch Weßlau, ZStW 113 (2001), 681, 691.

1161   Schieder, Anti-Terrorist Measures and Human Rights (I).

1162   Hassemer, Freiheitliches Strafrecht, 173.

1163   Rötzer, Florian: Armut ist keine Ursache für den Terrorismus, Telepolis, Heise-Verlag, 01.08.2002, www.heise.de/tp/deutsch/inhalt/co/13015/1.html; Limbach, Jutta: Ist die kollektive Sicherheit Feind der individuellen Freiheit? 10.05.2002, www.zeit.de/reden/ Deutsche%20Innenpolitik/200221_limbach_sicherheit.html.

1164   Weichert, Terror und Informationsgesellschaft (I): „So wird die Terroristenbekämpfung selbst zum Sicherheitsrisiko".

1165   Schieder, Anti-Terrorist Measures and Human Rights (I); Schwimmer, Anti-terrorist measures and Human Rights (I).

1166   Schwimmer, Anti-terrorist measures and Human Rights (I).

1167   Hassemer, Strafen im Rechtsstaat, 262.

Des Weiteren geht mit der Erweiterung staatlicher Ermittlungsbefugnisse auf dem Gebiet der Telekommunikation stets auch die verstärkte Entwicklung von Gegenmaßnahmen, insbesondere von Verschlüsselungs- und Anonymisierungstechniken einher[1168]. Es ist zu erwarten, dass die Einführung einer Vorratsspeicherung von Telekommunikationsdaten über die schon bisher vorsichtigen Kreise organisierter Kriminalität hinaus auch bei Normalnutzern ein Problembewusstsein entstehen lassen würde und dass dadurch auch in diesen Kreisen verstärkt Möglichkeiten zur anonymen und verschlüsselten Netznutzung eingesetzt würden[1169]. Beispielsweise könnten sich Firmen zu Maßnahmen des technischen Selbstschutzes genötigt sehen, wenn sie den Schutz ihrer Geschäftsgeheimnisse und Kontakte auf andere Weise nicht mehr gewährleisten können. Auf dem Gebiet der Verschlüsselung beobachten die Strafverfolgungsbehörden bereits jetzt, dass von diesen Möglichkeiten zunehmend Gebrauch gemacht wird und dass die Nutzung von Verschlüsselungstechniken mit steigendem Benutzerkomfort der verfügbaren Werkzeuge zunimmt[1170]. Dasselbe wird auf dem Gebiet von Anonymisierungstechniken, deren Entwicklung sich momentan teilweise noch in den Kinderschuhen befindet, zu beobachten sein.

Wenn der Staat mit einer erweiterten Telekommunikationsüberwachung indirekt die anonyme Telekommunikation fördert, dann schneidet er sich mittelfristig selbst in Fällen größter Gefahr die Möglichkeit eines Abhörens ab. Selbst die schon bisher zulässige Telekommunikationsüberwachung in Einzelfällen würde damit unmöglich. Ähnlich wie im Falle des Volkszählungsgesetzes[1171] sind zu weite Eingriffsbefugnisse daher kontraproduktiv, weil sie die Überwachung der Telekommunikation letztlich insgesamt in Frage stellen[1172]. Vor dem Hintergrund, dass die Eingriffsbehörden nicht müde werden, die Bedeutung der Telekommunikationsüberwachung für die Wahrnehmung ihrer Aufgaben zu betonen[1173], stimmt dies bedenklich. Im

---

1168 Hamm, NJW 2001, 3100 (3101).

1169 Lenz, Karl-Friedrich: Stellungnahme zur Anhörung der Kommission über die Schaffung einer sichereren Informationsgesellschaft durch Verbesserung der Sicherheit von Informationsinfrastrukturen und Bekämpfung der Computerkriminalität, europa.eu.int/ISPO/eif/InternetPoliciesSite/Crime/Comments/kf_lenz.html.

1170 Zwingel (Leiter des BKA-Referates IT-Nutzung und Telekommunikationsüberwachung), Technische Überwachungsmaßnahmen aus Sicht der Polizei, 37 (42).

1171 BVerfGE 65, 1 (64 und 50).

1172 Bonitz, Sylvia (MdB) in Bundestag, Öffentliche Anhörung zum Thema Cyber-Crime/TKÜV (I), 47.

1173 Seiten 12-13.

Rahmen der Verhältnismäßigkeitsprüfung ist dieser kontraproduktive Effekt negativ zu bewerten.

Eine Minderung der Effektivität bestehender Befugnisse ist auch im Hinblick auf die Kosten einer Vorratsspeicherung für die Wirtschaft abzusehen[1174]: Internationale Telekommunikationskonzerne zentralisieren ihre Informationsverarbeitung schon heute zunehmend und verlagern sie beispielsweise in die USA. Dieser Trend würde durch eine Verpflichtung zu einer kostenträchtigen Vorratsspeicherung erheblich beschleunigt. Die Speicherung von Verkehrsdaten im Ausland würde nicht nur dazu führen, dass eine nationale Pflicht zur Vorratsspeicherung leer laufen würde. Sie würde außerdem die bestehenden Zugriffsbefugnisse im Einzelfall gefährden, weil auf Verkehrsdaten im Ausland in der Praxis nicht oder nur nach langer Zeit zugegriffen werden könnte. Dadurch kann die Einführung einer Vorratsspeicherung letztlich dazu führen, dass weniger Verkehrsdaten verfügbar wären als zuvor.

(viii) Zwischenergebnis

Zusammenfassend ist festzuhalten, dass die Aussagekraft von Verkehrsdaten, gemessen an ihrer Nutzbarkeit und Verwendungsmöglichkeit, äußerst hoch ist und mindestens der Aussagekraft von Kommunikationsinhalten entspricht. Zwar kann mangels einschlägiger Forschung nicht in seriöser Weise angegeben werden, mit welcher Wahrscheinlichkeit eine Vorratsspeicherung wie viele Fehlentscheidungen, Missbräuche und Mitwirkungshemmungen seitens der Bürger hervorrufen würde. Dies hindert aber nicht die Berücksichtigung dieser Faktoren, denn auch ein möglicher Nutzen einer Vorratsspeicherung ist nicht durch konkrete Daten belegt. Anhand von Erfahrungswerten, die nur den öffentlich bekannten Ausschnitt aller Fälle betreffen können, lässt sich jedenfalls sagen, dass die Gefahr von Fehlentscheidungen, Missbräuchen und Mitwirkungshemmungen infolge einer Vorratsspeicherung real und nicht nur unerheblich ist.

Fraglich ist, ob sich argumentieren lässt, dass wesentliche Nachteile für die Betroffenen nicht schon mit der Speicherung von Verkehrsdaten, sondern erst infolge eines anschließenden staatlichen Zugriffs darauf drohten und dass diesen Nachteilen daher durch eine Beschränkung der staatlichen Zugriffsrechte hinreichend begegnet werden könne[1175]. Dieser Argumentation ist entgegenzuhalten, dass Zugriffsbeschränkungen nur Nachteile infol-

---

1174 Zum Folgenden APIG, Communications Data, 26 f.
1175 Ähnlich BVerfGE 100, 313 (384) für die vorbereitende Erfassung von Telekommunikation durch den BND.

ge eines legalen Zugriffs auf Verkehrsdaten abwenden können, etwa Nachteile infolge staatlicher Fehlurteile. Demgegenüber besteht selbst dann, wenn der Zugriff auf gespeicherte Daten verboten ist, die Gefahr von Missbräuchen der Daten von staatlicher oder privater Seite sowie das Risiko von Kommunikationsanpassungen auf Seiten der Betroffenen. Diesen für die Betroffenen und die Gesellschaft insgesamt wesentlichen Nachteilen lässt sich allein dadurch effektiv vorbeugen, dass bereits die Vorratsspeicherung von Telekommunikationsdaten unterbleibt. Es wäre daher unzutreffend, zu behaupten, dass den Betroffenen aufgrund einer bloßen Datenvorhaltung keine Nachteile drohten.

(gg)   Zusammenfassung: Eingriffstiefe und negative Auswirkungen einer Vorratsspeicherung von Telekommunikationsdaten

Unabhängig von der Ausgestaltung einer Vorratsspeicherung von Telekommunikationsdaten im Einzelnen wäre die Beeinträchtigung der betroffenen Grundrechtsträger außerordentlich schwerwiegend. Dies ergibt sich aus folgenden Umständen:

- Nicht nur einzelne Personen, sondern grundsätzlich jeder Bürger wäre von der Aufzeichnung seines Telekommunikationsverhaltens betroffen.

- In vielen Fällen können Personen die Nutzung von Telekommunikationsnetzen nicht oder nur unter unzumutbaren Nachteilen meiden. Dementsprechend könnte im Fall einer Vorratsspeicherung von Telekommunikationsdaten einer Überwachung des eigenen Kommunikationsverhaltens oft nicht entgangen werden[1176].

- Nicht nur vermutete Straftäter oder Störer oder deren vermutete Kontaktpersonen wären betroffen, sondern jeder Telekommunikationsnutzer, ohne dass er einen Grund für die Überwachung geliefert hat[1177] o-

---

1176 Vgl. dazu MVVerfG, LKV 2000, 149 (156).

1177 Zur rechtlichen Bewertung solcher Maßnahmen vgl. BVerfGE 100, 313 (383) zum G10: „Entgegen der Auffassung des Beschwerdeführers zu 1) folgt die Unverhältnismäßigkeit der Überwachungs- und Aufzeichnungsbefugnisse und der gesetzlich vorgesehenen Maßnahmen nicht schon aus dem Fehlen von Einschreitschwellen [...] Die unterschiedlichen Zwecke rechtfertigen es [...], daß die Eingriffsvoraussetzungen im G 10 anders bestimmt werden als im Polizei- oder Strafprozeßrecht. Als Zweck der Überwachung durch den Bundesnachrichtendienst kommt wegen der Gesetzgebungskompetenz des Bundes aus Art. 73 Nr. 1 GG nur die Auslandsaufklärung im Hinblick auf bestimmte außen- und sicherheitspolitisch relevante Gefahrenlagen in Betracht"; SächsVerfGH, DuD 1996, 429 (432): Generell gegen unbeteiligte Dritte mit informationellen Eingriffsmaßnahmen vorzugehen, wäre mit dem freiheitlichen Menschenbild der Verfassung unvereinbar; L/D³-Lisken, C 40: Heimliche Vorfeldbefugnisse sind nur den Äm-

der in einer besonderen Nähebeziehung zu kriminellem Verhalten steht, dessentwegen die Vorratsspeicherung vorgenommen wird. Die Aufzeichnung wäre weder sachlich auf gefahrenträchtige Situationen noch zeitlich auf Sondersituationen noch auf Fälle begrenzt, in denen Anhaltspunkte für das Vorliegen oder Bevorstehen einer konkreten Straftat oder Gefahr gegeben sind.

- Jede Inanspruchnahme der Medien Festnetztelefon, Mobiltelefon, Fax, SMS, E-Mail, WWW usw. würde nach Beteiligten, Zeit, Ort usw. festgehalten, ohne dass es eine Eingriffsschwelle gäbe. Eine Einzelfallprüfung mit Verhältnismäßigkeitskontrolle fände nicht statt. Betroffen wären auch sämtliche Vertrauensverhältnisse und Geschäftsbeziehungen. Entsprechend der fehlenden Eingriffsschwelle würde nur ein verschwindend geringer Teil der gespeicherten Daten später tatsächlich benötigt[1178]. Es würde damit im Wesentlichen keine unbeobachtete Telekommunikation mehr geben[1179].

- Erfasst würden nicht etwa nur öffentlich zugängliche Daten oder Adressdaten, sondern unmittelbar die Privatsphäre betreffende Daten über das Verhalten des Einzelnen[1180]. Die Aussagekraft der Daten ist extrem hoch. Eine missbräuchliche Auswertung könnte daher großen Schaden anrichten und beispielsweise zur öffentlichen Diskreditierung oder zum Verlust der beruflichen Stellung von Personen führen.

- Verkehrsdaten würden nicht nur aus öffentlichen oder geschäftlichen Räumen erhoben. Vielmehr werden Telekommunikationsnetze von Privatpersonen regelmäßig im Schutz der eigenen Wohnung, also innerhalb ihrer räumlichen Privatsphäre, genutzt. Das Verhalten der Bürger

---

tern für Verfassungsschutz gestattet; ders., C 31: Inanspruchgenommene Nichtbeteiligte müssen ansonsten in irgendeiner besonderen Nähe zu der polizeilichen Situation stehen; L/D³-Rachor, F 182: Vorfeldbefugnisse heben das Verhältnismäßigkeitsprinzip aus den Angeln; L/D³-Bäumler, J 546: Die Verarbeitung von Daten über Nichtverdächtige oder Nichtbeteiligte ist unzulässig; ders., J 607 und 671: Zu repressiven Zwecken dürfen Daten nur über Verdächtige gespeichert werden; Albers, ZRP 1990, 147 (149): Nichtstörer dürfen jedenfalls nicht in gleichem Maße in Anspruch genommen werden wie Störer.

1178 Vgl. dazu BVerfGE 109, 279 (354); MVVerfG, LKV 2000, 149 (153).

1179 Vgl. Bäumler, zitiert bei Wagner, Marita: Intimsphäre - lückenlos überwacht? Telepolis, Heise-Verlag, 28.06.2002, www.heise.de/tp/deutsch/inhalt/te/12813/1.html: Der Datenschutz für Internet und Telekommunikation würde fast vollkommen ausgehebelt.

1180 Vgl. dazu L/D³-Bäumler, J 742: In aller Regel ist die Speicherung von das Privatleben oder die Persönlichkeit betreffenden Daten über Personen, die weder Verdächtige noch Störer sind oder waren, unverhältnismäßig.

in diesem Bereich unterliegt ansonsten nur ausnahmsweise staatlichem Zugriff (vgl. Art. 13 GG).

- Die Verkehrsdaten würden nicht etwa als Akten, sondern in maschineller Form gespeichert. Sie können daher potenziell unbegrenzt gespeichert, abgerufen, übermittelt, vervielfältigt oder mit anderen Daten verknüpft werden.

- Verkehrsdaten würden bei einer Vielzahl verschiedener Unternehmen dezentral gespeichert werden und zwar in vielen Fällen auf Datenverarbeitungsanlagen, die mit Telekommunikationsnetzen verbunden wären. Beides erhöht die Gefahr, dass missbräuchlich auf gespeicherte Verkehrsdaten zugegriffen wird.

- Verkehrsdaten würden nicht anonym oder nur zur statistischen Nutzung gespeichert, sondern sie wären dazu bestimmt, für den Verwaltungsvollzug eingesetzt zu werden. Ihre Speicherung und staatliche Verwendung könnte daher einschneidende Folgen für die Betroffenen haben, bis hin zum lebenslänglichen Freiheitsentzug, unter Umständen auch zuunrecht aufgrund eines falschen Verdachts.

- Die Daten würden nicht offen erhoben, sondern im Geheimen. Dadurch könnten die Betroffenen keine rechtzeitige Überprüfung der Richtigkeit der Daten oder der Rechtmäßigkeit des Zugriffs veranlassen[1181]. Eine Überprüfung der Richtigkeit der Daten ist den Betroffenen angesichts der enormen Datenmassen realistischerweise ohnehin nicht möglich.

- Die Daten würden nicht etwa durch die Betroffenen persönlich angegeben, sondern unabhängig von deren Willen und deren Kenntnis automatisch aufgezeichnet und gegebenenfalls an Behörden weiter übermittelt.

- Im Gegensatz zu bisher bekannten Maßnahmen würden nicht nur ursprünglich zu einem anderen Zweck erfasste Daten auf Vorrat gespeichert, bei denen wegen eines früheren Verfahrens eine erhöhte Wahrscheinlichkeit besteht, dass sie in Zukunft erneut benötigt werden. Vielmehr erfolgt bei einer Vorratsspeicherung von Verkehrsdaten bereits die Erhebung ohne konkreten Anlass[1182]. Der Bürger würde also rein vorsorglich überwacht[1183].

1181 Vgl. dazu SächsVerfGH, JZ 1996, 957 (963).
1182 Vgl. zu dieser Unterscheidung L/D³-Bäumler, J 537 f.
1183 DSB-Konferenz, Vorratsspeicherung (I).

- Den zuständigen Behörden entstünden durch Zugriffe auf die gespeicherten Daten kaum Kosten, und es wäre kaum Personal nötig. Damit entfallen faktische Begrenzungen der Eingriffshäufigkeit, die bei traditionellen Befugnissen stets bestanden[1184].

- Mit der Einführung einer Vorratsspeicherung von Telekommunikations-Verkehrsdaten sind gravierende Änderungen und Einschränkungen des Kommunikationsverhaltens zu befürchten, besonders auf Seiten regierungskritischer Personen, deren Aktivitäten in einer Demokratie besonders wichtig sind.

- Es würde zu Gegenmaßnahmen auf Seiten der Telekommunikationsnutzer und der Telekommunikationsunternehmen kommen. Dadurch könnten Maßnahmen der Telekommunikationsüberwachung selbst bei Vorliegen eines konkreten Verdachts unmöglich werden.

Abhängig von der Ausgestaltung der Regelung im Einzelnen können sich noch weiter gehende Belastungen ergeben:

- Wenn den Behörden ein Online-Zugriff auf die Datenbestände eingeräumt würde, fiele auch die faktische Begrenzung der Anzahl von Eingriffen durch den bürokratischen, mit Anfragen verbundenen Aufwand weg. Zugriffe blieben selbst vor den Telekommunikationsunternehmen geheim, was eine Rechtmäßigkeitskontrolle durch diese ausschließt. Außerdem würden solche Schnittstellen eine große Angriffsfläche für Hacker bieten.

- Der Zugriff kann rechtlich auf die Verkehrsdaten solcher Personen beschränkt sein, die aufgrund bestimmter, bereits bekannter Tatsachen als Täter einer Straftat oder Verursacher einer Störung in Betracht kommen. Der Zugriff kann sich aber auch auf mögliche Nachrichtenmittler oder gar auf jede Person erstrecken. Abhängig von der Zugriffsschwelle kann auch eine Durchsuchung ganzer Datenbestände nach bestimmten Merkmalen möglich sein, um Verdachtsmomente überhaupt erst zu gewinnen, ähnlich dem Verfahren der Rasterfahndung. Unter Umständen wäre die Erstellung von Bewegungsbildern, Interessenprofilen, die Abbildung sozialer Beziehungen und die Erstellung weitgehend vollständiger Persönlichkeitsabbilder zulässig.

1184 Vgl. dazu Albrecht/Arnold/Demko/Braun, Rechtswirklichkeit und Effizienz der Telekommunikationsüberwachung, 192, wonach das das Ausmaß an Telefonüberwachung fiskalisch weit mehr begrenzt wird als durch das Gesetz.

- Die Zugriffsschwelle kann niedrig ausgestaltet sein, etwa wenn bereits tatsächliche Anhaltspunkte oder polizeiliche Erfahrungswerte, die für das Vorliegen einer beliebigen Straftat oder Gefahr sprechen, genügen und nicht nur der auf konkreten Tatsachen im einzelnen Fall beruhende Verdacht einer im Einzelnen bestimmten schweren Straftat oder Gefahr.

- Wenn nicht nur Individualkommunikation, sondern auch der Abruf öffentlich zugänglicher Informationen über Telekommunikationsnetze – insbesondere das Internet – aufgezeichnet würde, ließen sich auch das Informationsverhalten und die Interessen einzelner Personen und der Bevölkerung insgesamt in weitem Umfang überwachen und auswerten.

- Wenn der Standort eines Mobiltelefons nicht nur bei dessen Benutzung zum Telefonieren, sondern stets aufgezeichnet würde, ließen sich die Bewegungen der Benutzer von Mobiltelefonen nachvollziehen und überwachen.

- Wenn auch ausländischen Staaten Zugriff auf die Datenbestände eröffnet würde, wäre nicht gewährleistet, dass der Zugriff auf die Daten und die Nutzung der Daten durch den ausländischen Staat unter denselben grundrechtssichernden Bedingungen erfolgen wie sie in Deutschland bestehen mögen.

(hh) Ergebnis

Wie gezeigt, lassen sich sowohl die positiven wie auch die negativen Auswirkungen, die eine Vorratsspeicherung von Telekommunikationsdaten hätte, auf der Basis der gegenwärtigen Erkenntnisse nicht sicher beurteilen. Auch ohne die experimentelle Einführung einer solchen Regelung ließen sich die maßgeblichen Tatsachen aber durch Auswertungen und Untersuchungen in vielerlei Hinsicht klären[1185]. Weil eine Vorratsspeicherung von Telekommunikationsdaten zu schweren und irreparablen Einbußen auf Seiten der Betroffenen führen könnte, ist der Gesetzgeber grundsätzlich verpflichtet, die ihm zugänglichen Erkenntnisquellen vor Einführung einer Vorratsspeicherung auszuschöpfen[1186].

Vor Klärung der für die Beurteilung der Angemessenheit maßgeblichen Tatsachen ist die Einführung einer Vorratsspeicherung von Telekommunikationsdaten nur zulässig, wenn sie ausnahmsweise zum Schutz vor hinreichend wahrscheinlichen Gefahren für wichtige Rechtsgüter erforderlich ist

---

1185 Seite 150.
1186 Vgl. Seite 147.

und die beeinträchtigten Rechtsgüter dahinter zurücktreten müssen[1187]. Wie dargelegt, wäre ein erweiterter Zugriff auf Telekommunikations-Verkehrsdaten vorwiegend im Rahmen der Strafverfolgung von Nutzen. Im Gegensatz zur Netzkriminalität betreffen die allgemeinen Kriminalitätsrisiken auch höchstwertige Rechtsgüter. Die allgemeine Eignung einer Grundrechtsbeschränkung zur Erleichterung der Strafverfolgung kann jedoch noch nicht genügen, um eine besondere Dringlichkeit zu begründen, die ein sofortiges Handeln erforderlich macht. Gegen eine besondere Dringlichkeit einer Vorratsspeicherung von Telekommunikationsdaten spricht auch, dass der Gesetzgeber die Einführung einer Vorratsspeicherung über lange Zeit abgelehnt hat. Zudem lässt eine generelle Verkehrsdatenspeicherung den Schutz von Rechtsgütern nur in wenigen und regelmäßig wenig bedeutenden Einzelfällen erwarten. Sie kann sogar in erheblichem Maße kontraproduktiv wirken.

Die Einführung einer Vorratsspeicherung von Telekommunikationsdaten ohne vorheriges Ausschöpfen der verfügbaren Erkenntnisquellen kann daher nicht als ausnahmsweise zum Schutz wichtiger Rechtsgüter erforderlich angesehen werden. Erst recht nicht müssen die beeinträchtigten Rechtspositionen hinter das Vollzugsinteresse zurücktreten, da eine Vorratsspeicherung unabsehbar große Schäden für die betroffenen Grundrechtsträger und für die gesellschaftliche Kommunikation insgesamt befürchten lässt. Angesichts dessen ist den Betroffenen die experimentelle Einführung einer Vorratsspeicherung unzumutbar. Der Gesetzgeber ist stattdessen verpflichtet, zunächst die ihm bereits jetzt zugänglichen Erkenntnisquellen auszuschöpfen.

Wägt man die verfassungsrechtlichen Interessen auf der Grundlage bisheriger Erkenntnisse gegeneinander ab, so ergibt sich, dass der zu erwartende Nutzen einer Vorratsspeicherung von Telekommunikations-Verkehrsdaten in einem deutlichen Missverhältnis zu den damit verbundenen Nachteilen für die Betroffenen und die Gesellschaft insgesamt steht[1188]. Während der

---

1187 Vgl. Seite 147.

1188 Artikel 29 Gruppe der EU, Stellungnahme 5/2002 (I); Bäumler/v. Mutius-Däumlcr, Anonymität im Internet, 8; BfD, 19. Tätigkeitsbericht, BT-Drs. 15/888, 78; BITKOM: Stellungnahme zur Gesetzesinitiative des Bundesrates vom 31.05.2002 (BR-Drs. 275/02), 12.08.2002, www.bitkom.org/files/documents/Position_BITKOM_Vorratsdatenspeicherung _u.a._12.08.2002.pdf, 10; Covington & Burling, Memorandum (I), 3; Bundesregierung in BT-Drs. 13/4438, 39; Dix, Alexander, zitiert bei LDA Bbg.: Datenschutzbeauftragte kritisieren Entwurf für neues Telekommunikationsgesetz, 21.11.2003, www.lda. brandenburg.de/sixcms/detail.php?id=112968&template=lda_presse; DSB-Konferenz, Vorratsspeicherung (I); DSB-Konferenz, Datenschutzbeauftragte des Bundes und der

drohende Schaden für unser demokratisches Gemeinwesen unabsehbar groß wäre, ist der zu erwartende Zusatznutzen einer Vorratsspeicherung von Telekommunikationsdaten insgesamt gering. Eine Vorratsspeicherung von Telekommunikations-Verkehrsdaten lässt den Schutz von Rechtsgütern nur in wenigen und regelmäßig wenig bedeutenden Einzelfällen erwarten, ohne dass mit einem dauerhaften, negativen Einfluss auf das Kriminalitätsniveau zu rechnen wäre. Etwas anderes lässt sich auf der Grundlage der gegenwärtigen Erkenntnisse nicht vertretbar annehmen, so dass der Gesetzgeber seinen Beurteilungsspielraum in verfassungswidriger Weise überschreiten würde, wenn er eine Vorratsspeicherung von Telekommunikationsdaten

---

Länder: Entschließung zur systematischen verdachtslosen Datenspeicherung in der Telekommunikation und im Internet der 64. Konferenz der Datenschutzbeauftragten des Bundes und der Länder vom 24./25.10.2002, BT-Drs. 15/888, 199; eco, Electronic Commerce Forum e.V., Verband der deutschen Internetwirtschaft: Vorratsdatenspeicherung ist verfassungswidrig! Pressemitteilung vom 17.12.2003, www.eco.de/servlet/PB/ menu/1236462_pcontent_l1/content.html; Empfehlung des Europäischen Parlaments zu der Strategie zur Schaffung einer sichereren Informationsgesellschaft durch Verbesserung der Sicherheit von Informationsinfrastrukturen und Bekämpfung der Computerkriminalität (2001/2070(COS)) vom 06.09.2001, Dokument Nr. T5-0452/2001; EDSB-Konferenz, Europäische Datenschutzbeauftragte: Statement at the International Conference in Cardiff (09.-11.09.2002) on mandatory systematic retention of telecommunication traffic data, BT-Drs. 15/888, 176; EDSB-Konferenz, Europäische Datenschutzbeauftragte: Statement at the International Conference in Athens (10.-11.05.2001) on the retention of traffic data by Internet Service Providers (ISP's), BT-Drs. 15/888, 178; EDSB-Konferenz, Europäische Datenschutzbeauftragte: Statement at the International Conference in Stockholm (06.-07.04.2000) on the retention of traffic data by Internet Service Providers (ISP's), BT-Drs. 14/5555, 211; GDD, Gesellschaft für Datenschutz und Datensicherung e.V.: Bundesratsinitiative zur Vorratsdatenspeicherung verstößt gegen elementare Grundsätze des Datenschutzes, Pressemitteilung vom 05.06.2002, www.rainer-gerling.de/aktuell/vorrat.html; Krader, DuD 2001, 344 (347); Kugelmann, DuD 2001, 215 (220); Queen Mary (University of London), Studie über Netzkriminalität (I): „arguable"; Schaar, Forderungen an Politik und Gesetzgebung (I); Schaar, zitiert bei Hänel, Oberster Datenschützer kritisiert TKG-Novelle (I); Schaar, Retention (I), 4; Uhe/Herrmann, Überwachung im Internet (I), 164 m.w.N.; Unabhängiges Landeszentrum für den Datenschutz Schleswig-Holstein, Tätigkeitsbericht 2002, LT-Drs. 15/1700, 112; ULD-SH, Sichere Informationsgesellschaft (I), Punkt 6; Vertreterin des Bundesministeriums für Wirtschaft und Arbeit für die Bundesregierung, zitiert in der Niederschrift über das Sitzung des Rechtsausschusses des Bundesrates vom 12.11.2003, 16, www.spindoktor.de/vorratsspeicherung1103.pdf; Weichert, Bekämpfung von Internet-Kriminalität (I); Weßlau, ZStW 113 (2001), 681 (703); für Bestandsdaten schon Rieß, DuD 1996, 328 (333); vgl. auch BAG, 1 ABR 21/03 vom 29.06.2004, Absatz-Nrn. 38 ff., www.bundesarbeitsgericht.de zur Unverhältnismäßigkeit einer allgemeinen Videoüberwachung und -aufzeichnung am Arbeitsplatz.

gleichwohl anordnete. Dass nähere Untersuchungen der maßgeblichen Tatsachen an diesem Ergebnis etwas ändern könnten, ist nicht zu erwarten.

(f) Angemessenheit eines Vorratsspeicherungsrechts für Telekommunikationsunternehmen

Als Alternative zur Einführung einer obligatorischen Vorratsspeicherung kommt die Ermächtigung von Telekommunikationsunternehmen in Betracht, die Verkehrsdaten ihrer Kunden freiwillig länger als für ihre Zwecke erforderlich speichern zu dürfen[1189]. In den USA liegt es beispielsweise im Ermessen der Telekommunikationsunternehmen, wie lange sie die Verkehrsdaten ihrer Kunden speichern[1190]. Offenbar werden Daten dort oft auf freiwilliger Basis länger gespeichert als es für Abrechnungszwecke erforderlich ist, was für die dortigen Eingriffsbehörden von Vorteil ist. Diese tragen vor, die von den Unternehmen freiwillig gespeicherten Daten deckten sich weitgehend mit den zu staatlichen Zwecken benötigten[1191]. Für die Unternehmen kann dieses Arrangement mit weit geringeren Kosten verbunden sein, weil die Entscheidung über eine Vorratsspeicherung in ihrem Ermessen liegt.

Auch für die Kunden ist ein Vorratsspeicherungsrecht für Telekommunikationsunternehmen gegenüber einer generellen Vorratsspeicherung vorzugswürdig, solange Höchstspeicherfristen vorgesehen sind. Zum einen wird eine freiwillige Vorratsspeicherung wegen der Kosten einer Datenvorhaltung regelmäßig in geringerem Umfang erfolgen als es den Unternehmen erlaubt ist. Zum anderen haben Kunden die Möglichkeit, auf spezielle Dienste zuzugreifen, die ausdrucklich auf die Speicherung von Verkehrsdaten verzichten. Derartige Dienste können etwa im Rahmen besonderer Vertrau-

---

1189   EuroISPA, Internet Service Providers' Association (Europe) / US ISPA, Internet Service Providers' Association (U.S.A.): Position on the Impact of Data Retention Laws on the Fight against Cybercrime, 30.09.2002, www.euroispa.org/docs/020930eurousispa_dretent.pdf, 1.

1190   Richard, Mark: Statement of the United States of America presented at the EU Forum on Cybercrime in Brussels, 27.11.2001, cryptome.org/eu-dataspy.htm; ETNO / EuroISPA / ECTA: The Implications of „Data Retention" in Article 15.1 of the Common Position on the Electronic Communications Data Protection Directive, Joint Industry Memo in view of the 2nd Reading of the Cappato Report, 16.04.2002, www.euroispa.org/docs/160402_dataretent.doc; EuroISPA, Internet Service Providers' Association (Europe) / US ISPA, Internet Service Providers' Association (U.S.A.): Position on the Impact of Data Retention Laws on the Fight against Cybercrime, 30.09.2002, www.euroispa.org/docs/020930eurousispa_dretent.pdf, 1.

1191   Richard, Mark: Statement of the United States of America presented at the EU Forum on Cybercrime in Brussels, 27.11.2001, cryptome.org/eu-dataspy.htm.

ensverhältnisse oder zum Schutz von Geschäftsgeheimnissen eingesetzt werden.

Solche Dienste werden allerdings größtenteils nur gegen Bezahlung angeboten, während die Benutzung kostenloser Dienste regelmäßig ein gewisses technisches Vorverständnis erfordert. Mittellose und unbedarfte Personen könnten daher von der Benutzung derartiger Telekommunikationsdienste ausgeschlossen werden. Zudem müssen zur Abwicklung der Bezahlung kostenpflichtiger Dienste doch wieder personenbezogene Daten erhoben werden. Angesichts von Gerüchten, dass einige US-amerikanische Anonymisierungsdienste in Wirklichkeit von dortigen Eingriffsbehörden betrieben werden sollen[1192], wird es staatskritischen Personen auch schwer fallen, ihre Daten solchen privaten Diensten, deren Aktivitäten für Kunden intransparent sind, anzuvertrauen. Damit besteht die Gefahr eines veränderten Kommunikationsverhaltens der Bevölkerung ebenso wie im Fall einer Verkehrsdatenspeicherungspflicht. Die mit einer Datenvorhaltung stets verbundene Missbrauchsgefahr besteht ebenfalls unabhängig davon, ob die Speicherung von Verkehrsdaten auf einer Entscheidung des Staates oder des jeweiligen Unternehmens beruht.

Vor allem liegt es auf der Hand, dass ein System teilweiser Datenvorratshaltung dem Gebot gleichmäßiger Strafverfolgung gravierend zuwider läuft. Während einige Kleinkriminelle, die auf die Verdeckung ihrer Spuren keinen Wert legen, auf diese Weise überführt werden könnten, wächst die Wahrscheinlichkeit, dass anonyme Dienste eingesetzt werden, mit dem Ausmaß an Gefahr, das von einer Person ausgeht. Damit aber ist eine freiwillige Datenspeicherung zum Schutz von Rechtsgütern noch weniger geeignet als eine obligatorischen Vorratsspeicherung. Ist diese Eignung bereits bei einer obligatorischen Vorratsspeicherung so gering, dass sie Eingriffe nicht rechtfertigen kann[1193], dann gilt dies erst recht in Bezug auf eine teilweise Vorratsspeicherung.

In Bezug auf die Option eines Vorratsspeicherungsrechts für Telekommunikationsunternehmen ist daher zu resümieren, dass eine solche Regelung für die betroffenen Bürger im Vergleich zu einer Vorratsspeicherungspflicht zwar weniger belastend ist, wenn insgesamt weniger Verkehrsdaten gespeichert werden. Dem stehen aber erhebliche Nachteile entgegen, insbesondere Effektivitätseinbußen bei der Arbeit der Sicherheitsbehörden. Die Abwägungsentscheidung kann daher im Ergebnis nicht anders ausfallen als

---

1192 Cryptome.org: Meldung vom 16.02.2002, cryptome.org/g8-isp-e-spy.htm.
1193 Seite 250.

hinsichtlich einer obligatorischen Vorratsspeicherung. Demnach ist auch die Einräumung eines Vorratsspeicherungsrechts mit Art. 10 Abs. 1 Var. 3 GG oder, soweit das Fernmeldegeheimnis nicht einschlägig ist, Art. 2 Abs. 1, 1 Abs. 1 GG unvereinbar. Folglich sehen insbesondere die §§ 97 Abs. 3 S. 3, 97 Abs. 4 S. 1 Nr. 2, 100 Abs. 1 und 3 TKG und die §§ 6 Abs. 7 S. 1 TDDSG, 19 Abs. 8 S. 1 MDStV unzulässige Vorratsspeicherungsrechte vor[1194].

(g) Angemessenheit einer einzelfallbezogenen Speicherung von Telekommunikations-Verkehrsdaten

Die von Deutschland unterzeichnete Cybercrime-Konvention des Europarates sieht vor, dass die Vertragsstaaten die für die Strafverfolgung zuständigen Stellen dazu ermächtigen, in einzelnen Fällen die Aufbewahrung (Art. 16, 17 CCC) oder Erhebung von Verkehrsdaten (Art. 20 CCC) anordnen zu können[1195]. Eine solche Befugnis könnte auch für andere als computervermittelte Telekommunikationsvorgänge eingeführt werden.

In Deutschland soll bereits der bestehende § 100a StPO die Anordnung der Erhebung und Aufzeichnung von Telekommunikations-Verkehrsdaten erlauben[1196]. Allerdings können nur geschäftsmäßige Anbieter von Telekommunikationsdiensten in Anspruch genommen werden (§ 100b Abs. 3 S. 1 StPO), also nur Anbieter von Telekommunikationsdiensten für Dritte (vgl. § 3 Nr. 10 TKG)[1197]. Während diese Voraussetzung bei Telekommunikationsunternehmen ohne Weiteres gegeben ist, könnten Anbieter eigener Inhalte von dieser Definition nicht erfasst sein.

Die Problematik verdeutlicht das plastische Beispiel einer Wahrsagerin, die Anrufern am Telefon ihre Wahrsagedienste anbietet. Die Wahrsagerin bietet Dritten zwar bestimmte Dienste an, und diesen Diensten liegt auch eine Übermittlung mittels Telekommunikation zugrunde. Angeboten werden den Kunden aber nicht Telekommunikationsdienste (eine Fernübermittlung von Informationen), sondern bestimmte Inhalte. Telekommunikationsanbieter des anrufenden Kunden ist nicht die Wahrsagerin am Telefon, sondern die Telefongesellschaft des Kunden, denn diese übernimmt die Fernübermittlung der ausgetauschten Inhalte.

1194 Zu deren Einordnung als Grundrechtseingriff siehe Seiten 95-101.
1195 Seite 137.
1196 BGH-Ermittlungsrichter, DuD 2001, 297 (297); Begründung der Bundesregierung zu Entwurf der §§ 100g, h StPO in BT-Drs. 14/7008, 6 zu § 100g Abs. 1 S. 3 StPO.
1197 BeckTKG-Büchner, § 85, Rn. 4.

Daran ändert sich auch dadurch nichts, dass die Wahrsagerin ein Telefon betreibt[1198]. Bei diesem Telefon handelt es sich zwar um eine Telekommunikationsanlage, weil das Telefon eine technische Einrichtung ist, „die als Nachrichten identifizierbare [...] Signale senden [und] empfangen" kann (§ 3 Nr. 23 TKG). Die Wahrsagerin verwendet ihr Telefon aber im eigenen Interesse und nicht zu dem Zweck, Dritten Telekommunikationsdienste anzubieten. Dementsprechend kann die Wahrsagerin auch nicht gemäß § 100b Abs. 3 S. 1 StPO verpflichtet werden, die Überwachung und Aufzeichnung der Telekommunikation zu ermöglichen.

Vorstellbar ist weiterhin der Fall, dass die Wahrsagerin expandiert und das Wahrsagen von Mitarbeitern erledigen lässt. Auch wenn die Wahrsagerin nun eine Telefonanlage mit mehreren Anschlüssen betreibt, die von ihren Mitarbeitern genutzt werden, liegt kein Angebot von Telekommunikation an Dritte vor, weil die Nutzung der Telekommunikationsanlage durch die Mitarbeiter unter der Kontrolle der Wahrsagerin erfolgt. Dies ändert sich erst, wenn den Mitarbeitern erlaubt wird, ihr Telefon auch zu Privatgesprächen zu nutzen[1199].

Dieser Sachverhalt lässt sich auf den Internetbereich übertragen. Denkbar ist beispielsweise, dass die Wahrsagerin täglich aktualisierte Horoskope im Internet veröffentlicht, und zwar mittels eines eigenen Webservers. In diesem Fall könnte die Wahrsagerin der Staatsanwaltschaft zwar die Überwachung und Aufzeichnung der Zugriffe auf ihr Angebot ermöglichen, etwa indem sie Zugriffsprotokolle zur Verfügung stellt. Sie kann derzeit aber nicht gemäß § 100b Abs. 3 S. 1 StPO hierzu verpflichtet werden[1200], weil sie keine Telekommunikationsdienste für Dritte anbietet, sondern Inhalte. Ihr Server ist also nicht anders zu behandeln als ihr Telefon im oben diskutierten Fall.

Fraglich ist, ob anders zu entscheiden ist, wenn sich die Wahrsagerin zur Veröffentlichung ihres Angebots eines fremden Unternehmens bedient (Webhosting-Unternehmen). Dieses Unternehmen betreibt einen Server für Dritte, nämlich für die Wahrsagerin. Weil der Server über Internet-Verbindungsnetze „als Nachrichten identifizierbare [...] Signale senden [und] empfangen" kann (§ 3 Nr. 23 TKG), könnte man in dieser Tätigkeit ein geschäftsmäßiges Angebot von Telekommunikationsdiensten sehen[1201].

1198 Vgl. BeckTKG-Büchner, § 85, Rn. 4.
1199 So allgemein zu betrieblich genutzten Telekommunikationsanlagen BeckTKG-Büchner, § 85, Rn. 4.
1200 A.A. in solchen Fällen wohl Schaar, Cybercrime und Bürgerrechte (I), 11.
1201 So Germann, 569.

Dies hätte zur Folge, dass das Unternehmen verpflichtet werden könnte, die Überwachung und Aufzeichnung der vermittelten Telekommunikation zu ermöglichen.

Dies ist im Bereich von Individualkommunikation über das Internet (z.B. E-Mail, Chat) anerkannt[1202]. Dem liegt wohl der Gedanke zugrunde, dass eine Ungleichbehandlung zu den klassischen Formen der Individualkommunikation (z.B. Sprachtelefondienst, Telefax) wegen der sachlichen Vergleichbarkeit nicht einleuchten würde. Dieser Umstand bedeutet aber noch nicht, dass eine Gleichbehandlung in Deutschland auch gesetzlich vorgesehen ist, vor allem mit der nach dem Bestimmtheitsgebot erforderlichen Regelungsdichte. Zu beachten ist auch, dass eine Abgrenzung von Individualkommunikation und Massenkommunikation im Internet auf technischer Ebene nicht möglich ist[1203], weil auch Dienste wie E-Mail zur Verbreitung von Massenkommunikation genutzt werden können (z.B. regelmäßiger Informationsbrief)[1204]. Selbst bei inhaltlicher Prüfung einer Kommunikation wird man oft zu keinem eindeutigen Ergebnis kommen[1205].

Umstritten ist die Geltung traditioneller Telekommunikationsregelungen vor allem in Bezug auf Internetdienste, die vorwiegend dem Angebot öffentlich zugänglicher Informationen dienen (z.B. WWW-Seiten, FTP-Dateien)[1206]. Bei diesen Diensten handelt es sich unbestritten um Tele- oder Mediendienste (vgl. etwa § 2 Abs. 2 TDG). Das technische Anbieten solcher Dienste ist ebenso unbestritten nur mittels Telekommunikation möglich, weil Tele- und Mediendiensten definitionsgemäß eine Übermittlung mittels Telekommunikation zugrunde liegt (§ 2 Abs. 1 TDG). Diese telekommunikative Übermittlung kann auch geschäftsmäßig erfolgen, wie es etwa bei Webhosting-Unternehmen der Fall ist, die Telekommunikationsdienste an Dritte, nämlich an ihre Kunden, anbieten[1207]. Man könnte daher vertreten, dass diese Unternehmen zur Aufzeichnung und Überwachung der

---

1202 Weßlau, ZStW 113 (2001), 681 (699 f.) m.w.N.; Bizer, Rechtsfragen beim Einsatz von Email, Newsgroups und WWW in Schulen (I); BeckTKG-Schuster, § 85, Rn. 4c; BeckTKG-Büchner, § 85, Rn. 4; Germann, 139 und 619 f.

1203 Seite 79.

1204 Ruhmann/Schulzki-Haddouti, Abhör-Dschungel (I).

1205 BeckTKG-Schuster, § 4, Rn. 4; Seite 79.

1206 Klug, RDV 2001, 311 (312): Auf dem zweiten BfD-Symposium „Datenschutz in der Telekommunikation" sei man zu dem Ergebnis gekommen, das Surfen im Internet sei keine Telekommunikation und unterliege daher nicht der Telekommunikationsüberwachung; ebenso Koenig/Koch/Braun, K&R 2002, 289 (291) m.w.N.; Weßlau, ZStW 113 (2001), 681 (699 f.); a.A. Bär, MMR 2000, 472 (473); Kudlich JA 2000, 227 (231).

1207 Germann, 569.

Telekommunikation verpflichtet werden könnten und dass davon auch die Nutzung der Tele- und Mediendienste durch Dritte erfasst sei[1208].

Dagegen spricht allerdings, dass der Inhalteanbieter in diesen Fällen nur zufällig zugleich ein Anbieter von Telekommunikation für Dritte ist. Betreibt ein Inhalteanbieter die erforderlichen Telekommunikationsanlagen selbst, dann kann er nicht verpflichtet werden, die Überwachung der Nutzung seiner Inhalte zu ermöglichen[1209]. Warum ein Outsourcing daran etwas ändern soll, ist nicht verständlich. In beiden Fällen müsste gleichermaßen erst das nächste Glied in der Kette, nämlich der Internet-Access-Provider des Inhalteanbieters, zur Ermöglichung einer Überwachung verpflichtet sein. So verhält es sich auch bei privaten Internetnutzern und bei Tele- und Mediendiensten, die telefonisch erbracht werden[1210].

Begründen kann man die Ausnahme von Inhalteanbietern damit, dass nach dem Schwerpunkt einer Tätigkeit abzugrenzen sei[1211]: Bietet ein Unternehmen schwerpunktmäßig Tele- oder Mediendienste an, dann wird das Angebot der notwendig zugrunde liegenden Telekommunikation von dieser Tätigkeit überlagert. Es liegt dann kein geschäftsmäßiges Angebot von Telekommunikationsdiensten vor. In der Tat bieten Webhosting-Unternehmen ihren Kunden nicht vorwiegend die Erbringung von Tele-kommunikationsdiensten an; zentral geht es vielmehr um das Angebot eines Tele- oder Mediendienstes. Für diese Auffassung kann man auch anführen, dass das Telediensteegesetz nicht für das geschäftsmäßige Erbringen von Telekommunikationsdiensten gilt (§ 2 Abs. 4 Nr. 1 TDG)[1212] und dass das Gesetz daher von einer Ausschließlichkeit ausgeht. Weiterhin wurde argumentiert, dass TDG und MDStV als spätere Gesetze das ältere TKG verdrängten[1213]. Dieses Argument kann nach der Neufassung des TKG im Jahre 2004 jedoch nicht mehr aufrecht erhalten werden.

Unbestritten verpflichtet das geltende Recht nur Anbieter von Telekommunikationsdiensten, nicht aber auch Anbieter von Tele- und Mediendiensten, zur Ermöglichung der Aufzeichnung und Überwachung übermittelter Inhalte[1214]. Auch Art. 1 Nr. 3 Buchst. a.bb des ErmittlungsG-Entwurfs des

---

1208 Germann, 569.
1209 Seite 256.
1210 Seite 256.
1211 BeckTKG-Schuster, § 4, Rn. 4.
1212 BeckTKG-Schuster, § 4, Rn. 4.
1213 BeckTKG-Schuster, § 4, Rn. 4; Roßnagel-Spindler, § 2 TDG, Rn. 37.
1214 Etwa Roßnagel-Dix/Schaar, § 6 TDDSG, Rn. 151.

Bundesrates[1215] hätte daran nichts geändert, sondern nur zu einer Absenkung der Eingriffsschwelle geführt. Wie gezeigt, sind Anbieter von Tele- und Mediendiensten nicht oder jedenfalls nicht immer zugleich auch Anbieter von Telekommunikationsdiensten und als solche zur Mitwirkung bei Überwachungsmaßnahmen verpflichtet. Zwar kann in solchen Fällen eine Überwachung durch das nächste Glied in der Kommunikationskette erfolgen. Technisch ist es beispielsweise möglich, den Internetverkehr erst beim Internet-Access-Provider abzugreifen und aufzuzeichnen. Dies ist aber mit erheblichem Aufwand verbunden und daher praktisch nur in Ausnahmefällen realisierbar.

Vor diesem Hintergrund und angesichts der Tatsache eines wohl steigenden Maßes an Internetkriminalität mag man diesen Zustand für unbefriedigend halten. Die adäquate Reaktion bestünde dann aber nicht in der extremen Lösung[1216] der Einführung einer generellen Vorratsspeicherung von Telekommunikations-Verkehrsdaten. Vielmehr müsste zunächst festgestellt werden, inwieweit es ausreicht, den zuständigen Stellen in einzelnen Fällen Zugriffsmöglichkeiten auf Internet-Verkehrsdaten einzuräumen[1217]. Insoweit stehen insbesondere die Logfiles der Betreiber von Internet-Servern zur Verfügung, die sich von diesen regelmäßig ohne Kostenaufwand erstellen lassen oder – nach geltendem Recht meist illegal (§ 6 Abs. 1 S. 1 TDDSG, § 19 Abs. 2 S. 1 MDStV) – bereits erstellt werden. Mit Art. 12 GG wäre eine derartige Befugnis jedenfalls dann zu vereinbaren, wenn sie auf die Nutzung bereits vorhandener technischer Mittel eines gewerblichen Serverbetreibers beschränkt würde und wenn dessen Kosten im Wesentlichen erstattet würden.

Auch mit dem Recht auf informationelle Selbstbestimmung wäre eine solche Befugnis nicht von vornherein unvereinbar. Allerdings müssten hinreichend hohe Zugriffsschwellen vorgesehen sein[1218], wobei eine Differenzierung zwischen Bestands-, Verkehrs- und Inhaltsdaten nicht gerecht-

---

1215 Seite 5.

1216 EuroISPA, Internet Service Providers' Association (Europe) / US ISPA, Internet Service Providers' Association (U.S.A.): Position on the Impact of Data Retention Laws on the Fight against Cybercrime, 30.09.2002, www.euroispa.org/docs/020930eurousispa_dretent.pdf, 3: „Mandatory data retention is a drastic step".

1217 EUROISPA/US ISPA; dafür auch Kommission, Sichere Informationsgesellschaft (I), 35; Queen Mary (University of London), Studie über Netzkriminalität (I).

1218 Kommission, zitiert bei MDG, Entwurf für Schlussfolgerungen des Rates zur Informationstechnologie vom 28.11.2002, 3: Die Verwendung elektronischer Kommunikationsdaten sollte in Anbetracht des Grundsatzes der Verhältnismäßigkeit streng auf die Bekämpfung organisierter Kriminalität beschränkt sein.

fertigt ist[1219]. Die Ermächtigungsgrundlage müsste hinreichend normenklar und detailliert formuliert sein, und es müsste – anders als es derzeit bei den §§ 100a, 100g StPO der Fall ist – ein tatsächlich wirksames Verfahren zur Gewährleistung des Grundrechtsschutzes vorgesehen werden. Bei Beachtung dieser Erfordernisse wäre die Schaffung einer entsprechenden Befugnis als angemessene Beschränkung der Art. 2 Abs. 1, 1 Abs. 1 GG anzusehen. Art. 10 Abs. 1 Var. 3 GG ist nicht betroffen, weil Anbieter von Tele- und Mediendiensten Verkehrsdaten erst nach Abschluss der telekommunikativen Übermittlung aufzeichnen können[1220].

Sollte der Gesetzgeber Anbieter von Tele- und Mediendiensten im Zuge einer Umsetzung der Cybercrime-Konvention in die Pflicht nehmen wollen, so ist zusätzlich zu beachten, dass diese Konvention eine weit reichende Zusammenarbeit der Vertragsstaaten untereinander vorsieht und dass Deutschland ein ausländisches Ersuchen um Amtshilfe nur unter sehr eingeschränkten Voraussetzungen verweigern dürfte. Übermittelt eine deutsche Behörde Verkehrsdaten an einen anderen Vertragsstaat, dann liegt darin ein rechtfertigungsbedürftiger Eingriff in das Fernmeldegeheimnis oder, soweit dieses nicht einschlägig ist, in das Recht auf informationelle Selbstbestimmung, der nur unter den oben bezeichneten[1221], unabdingbaren formellen und materiellen Erfordernissen des deutschen Verfassungsrechts zulässig ist. Da sich die Vertragsstaaten der Cybercrime-Konvention grundsätzlich uneingeschränkt zur internationalen Amtshilfe verpflichten müssen, ausreichende Garantien dagegen weder ausdrücklich vorgesehen noch Vorbehalte in ausreichendem Maße zugelassen werden[1222], ist die Ratifizierung der Konvention mit dem Grundgesetz unvereinbar.

Auch ob und inwieweit die übermittelten Daten von dem ersuchenden Staat genutzt oder weiter gegeben werden, ist im Hinblick auf das deutsche Verfassungsrecht nicht unerheblich. Ohne ein transparentes, rechtlich abgesichertes Verfahren in dem ersuchenden Staat kann nämlich nicht davon ausgegangen werden, dass die aus dem Recht auf informationelle Selbstbestimmung und Art. 10 Abs. 1 Var. 3 GG abzuleitenden Mindestanforderungen[1223] dort eingehalten werden. Ist die Beachtung dieser Garantien im Ausland aber nicht sicher gestellt, dann birgt die Übermittlung von Daten an einen ausländischen Staat eine besondere Gefahr der Verletzung des

---

1219 Seite 209 ff.
1220 Seite 83 ff.
1221 Seite 101 ff.
1222 Breyer, DuD 2001, 592 (598).
1223 Seite 105 ff.

Rechts auf informationelle Selbstbestimmung in sich, die sich jederzeit verwirklichen kann. Bereits die Datenübermittlung durch eine deutsche Behörde würde in solchen Fällen einen verfassungswidrigen Eingriff in das Fernmeldegeheimnis oder das Recht auf informationelle Selbstbestimmung darstellen. Daraus ergibt sich, dass eine Datenübermittlung ins Ausland – ebenso wie die Gestattung oder Duldung von Eingriffen ausländischer Staaten auf deutschem Hoheitsgebiet – nur dann verfassungsmäßig gerechtfertigt sein kann, wenn die nach deutschem Verfassungsrecht unabdingbaren Garantien auch in dem ausländischen Staat gewährleistet werden. Dies stellt die Cybercrime-Konvention nicht auch nur ansatzweise sicher. Dass hinreichende Sicherungen etwa in den USA nicht existieren, ergibt sich schon daraus, dass Rechtsnormen über den Umgang von Nachrichtendiensten mit Daten ausländischer Bürger dort entweder nicht existieren oder geheim gehalten werden[1224], was dem Bestimmtheitsgebot mangels Vorhersehbarkeit von Eingriffen nicht genügt.

(4) Gesetzgeberische Pflicht zur nachträglichen Aufklärung und Überprüfung

Welche Verhaltenspflichten den Gesetzgeber vor dem Erlass eines Gesetzes treffen, dessen verfassungsrechtliche Zulässigkeit von unbekannten Tatsachen oder zukünftigen Entwicklungen abhängt, wurde bereits erörtert[1225]. Auch wenn der Gesetzgeber aufgrund unklarer Tatsachenbasis entscheiden darf, entledigt ihn seine Entscheidung nicht von jeder weiteren Beschäftigung mit dem beschlossenen Gesetz. Der Gesetzgeber kann vielmehr auch nach dem Beschluss eines Gesetzes zu dessen Änderung oder zur Aufklärung von Tatsachen, aus denen sich eine Pflicht zur Änderung ergeben kann, verpflichtet sein.

(a) Verfassungsrechtliche Nachbesserungspflicht

Art. 20 Abs. 3 GG und gegebenenfalls Art. 1 Abs. 3 GG verpflichten den Gesetzgeber zu jeder Zeit, verfassungswidrige Normen zu ändern, um ihre Vereinbarkeit mit dem Grundgesetz herzustellen[1226]. Dementsprechend kann auch die „Nachbesserung" einer ursprünglich mit der Verfassung vereinbaren Norm geboten sein (so genannte Nachbesserungspflicht). Das Bestehen einer verfassungsrechtlichen Nachbesserungspflicht hängt nicht davon ab, ob der Gesetzgeber die Verfassungswidrigkeit einer Norm er-

---

1224 EP, Echelon-Bericht (I), 94.
1225 Seite 144 ff.
1226 BVerfGE 15, 337 (349 f.).

kannt hat oder erkennen konnte[1227]. Eine solche Einschränkung lassen die Art. 20 Abs. 3, 1 Abs. 3 GG nicht erkennen. Maßgeblich ist allein die objektive Unvereinbarkeit einer Norm mit der Verfassung. Dementsprechend muss es nicht mit einem Vorwurf verbunden sein, wenn das Bundesverfassungsgericht feststellt, dass der Gesetzgeber zur Nachbesserung einer Norm verpflichtet sei. Auf die Frage der Vorwerfbarkeit kommt es nur insoweit an, wie konkrete Fristbestimmungen, Übergangsregelungen und andere vollstreckungsrechtliche Anordnungen durch das Bundesverfassungsgericht angebracht sein können, um den Gesetzgeber zur Erfüllung seiner Nachbesserungspflicht innerhalb angemessener Zeit anzuhalten. Zeitlich entsteht eine Nachbesserungspflicht des Gesetzgebers jedenfalls dann, wenn offenbar wird, dass andere Tatsachen vorlagen oder eingetreten sind als der Gesetzgeber bei Erlass einer Norm vermutet hatte, und wenn die Norm in Anbetracht dieser neuen Tatsachen mit der Verfassung unvereinbar ist[1228].

(b) Verfassungsrechtliche Aufklärungspflicht

Oftmals wird die Verfassungsmäßigkeit einer Norm – und damit auch das Bestehen einer Nachbesserungspflicht – allerdings von unbekannten Tatsachen abhängen. Es fragt sich daher, ob und inwieweit der Gesetzgeber verpflichtet ist, die Verfassungsmäßigkeit einer Norm durch Aufklärung der maßgeblichen Tatsachen zu überprüfen.

Wenn man dem Gesetzgeber bei der Einschätzung von Tatsachen und zukünftigen Entwicklungen einen weiten Einschätzungsspielraum einräumt[1229], darf man nicht vergessen, dass dies aufgrund der besonderen demokratischen Legitimation des Parlaments geschieht. Voraussetzung für eine funktionierende Demokratie ist aber, dass entsprechende Regelungen im Parlament und in der Öffentlichkeit diskutiert werden. Dies wiederum bedingt ein gewisses Maß an Tatsachenkenntnis. Eine demokratische Entscheidungsfindung ins Blaue hinein kann nicht gelingen.

Inwieweit der Gesetzgeber zur Feststellung der Tatsachen verpflichtet ist, deren Kenntnis für die Beurteilung der Verfassungsmäßigkeit einer Norm erforderlich ist, hängt vor allem von der Intensität der (möglichen) Belastungen infolge einer Regelung ab[1230]. Daneben sind der Verwaltungsaufwand, mögliche Effizienzeinbußen sowie etwaige Mehrkosten zu berücksichtigen, die eine Tatsachensammlung und -auswertung mit sich bräch-

---

1227 Zum Folgenden vgl. Baumeister, Das Rechtswidrigwerden von Normen, 235 ff.
1228 St. Rspr. des BVerfG seit E 25, 1 (13); in neuerer Zeit etwa BVerfGE 95, 267 (314 f.).
1229 Seite 144 ff.
1230 BVerfGE 88, 203 (310).

te[1231]. In jedem Fall setzt eine Aufklärungspflicht des Gesetzgebers voraus, dass die ernsthafte Möglichkeit der Verfassungswidrigkeit einer Norm besteht und dass eine Erforschung von Tatsachen erforderlich ist, um die Vereinbarkeit der Norm mit der Verfassung beurteilen zu können. Wenn die Möglichkeit der Verfassungswidrigkeit einer Norm schon im Zeitpunkt ihres Erlasses besteht und der Gesetzgeber die Norm vor Feststellung der maßgeblichen Tatsachen erlassen darf[1232], dann muss er die notwendige Aufklärung sofort nachholen[1233]. Er muss also spätestens gleichzeitig mit Erlass der Norm die notwendigen Aufklärungsmaßnahmen veranlassen.

Eine Pflicht des Gesetzgebers zur Durchführung tatsächlicher Feststellungen hat das Bundesverfassungsgericht etwa im Zusammenhang mit dem Schutz ungeborenen Lebens angenommen[1234]. Auch bei der strafrechtlichen Sanktionierung des Cannabiskonsums hat das Bundesverfassungsgericht den Gesetzgeber verpflichtet gesehen, die Auswirkungen seiner Entscheidung „unter Einschluss der Erfahrungen des Auslandes zu beobachten und zu überprüfen"[1235]. Weil die Gleichbehandlung der Parteien durch die Steuerbefreiung von Spendengeldern bedroht war, stellte das Gericht ebenfalls die Verpflichtung des Gesetzgebers fest, die Richtigkeit seiner Prognose zu überprüfen, indem er sich die notwendigen statistischen Daten verschaffen musste[1236]. Auch im Bereich von Altschulden landwirtschaftlicher Betriebe in den neuen Bundesländern war der Gesetzgeber verpflichtet, die tatsächliche Entwicklung zu beobachten und in angemessenen Zeitabständen zu überprüfen, ob es die tatsächlichen Umstände noch erlaubten, die getroffene Regelung als verhältnismäßig anzusehen[1237].

Die Aufzählung dieser vom Bundesverfassungsgericht entschiedenen Fälle zeigt, dass eine Aufklärungspflicht des Gesetzgebers keineswegs nur im Bereich des Schutzes von Leben und Freiheit in Betracht kommt, sondern bereits dann, wenn eine Regelung mit erheblichen Belastungen für die Betroffenen verbunden ist. Inhaltlich kann die Aufklärungspflicht den Gesetzgeber dazu verpflichten, dafür zu sorgen, dass die für die Beurteilung der Verfassungsmäßigkeit einer Norm notwendigen Daten planmäßig erhoben,

---

1231 Vgl. Karpen, ZRP 2002, 443 (446) zu den Kosten und den praktischen Umsetzungsmöglichkeiten von Evaluierungsverfahren.
1232 Dazu Seite 144 ff.
1233 Gusy, ZRP 1985, 291 (294).
1234 BVerfGE 88, 203 (310).
1235 BVerfGE 90, 145 (194).
1236 BVerfGE 73, 40 (94).
1237 BVerfGE 95, 267 (315).

gesammelt und ausgewertet werden, insbesondere durch Aufstellung verlässlicher Statistiken mit hinreichender Aussagekraft[1238]. Dazu kann es erforderlich sein, Verwaltungsverfahren entsprechend zu gestalten.

Sobald die gesammelten Erkenntnisse eine hinreichend gesicherte Beurteilung zulassen, ist der Gesetzgeber zur Überprüfung der Verfassungsmäßigkeit der Norm verpflichtet (Überprüfungspflicht)[1239]. Geht der Gesetzgeber aufgrund der ersten Überprüfung zulässigerweise von der Verfassungsmäßigkeit der Norm aus, besteht aber weiterhin die ernsthafte Möglichkeit, dass die Norm aufgrund zukünftiger Erkenntnisse als verfassungswidrig anzusehen sein könnte, so hat der Gesetzgeber seine Tatsachensammlung fortzusetzen und die Verfassungsmäßigkeit der Norm in angemessenen Zeitabständen zu überprüfen[1240]. Um die tatsächliche Durchführung der Überprüfung abzusichern, ist die Befristung von Gesetzen ein mögliches Mittel (vgl. z.B. Art. 22 Abs. 2 des Terrorismusbekämpfungsgesetzes). Auch das Bundesverfassungsgericht sollte dem Gesetzgeber stets klare Zeitrahmen vorgeben, wenn es ihn zur Überprüfung seiner Entscheidung verpflichtet sieht.

Bezüglich der Auswirkungen von Verstößen des Gesetzgebers gegen die Aufklärungs- und Überprüfungspflicht gelten die obigen Ausführungen entsprechend[1241], wonach die Verletzung der gesetzgeberischen Aufklärungspflicht bezüglich einer Norm regelmäßig die Verfassungswidrigkeit der Norm begründet. Nur in besonderen Ausnahmefällen ist denkbar, dass eine Norm zum Schutz wichtiger Rechtsgüter vor wahrscheinlichen Gefahren unabdingbar sein kann, so dass von ihrer Verwerfung abgesehen werden muss[1242]. In diesem Fall wird das Bundesverfassungsgericht berechtigt sein, die planmäßige Erhebung, Sammlung und Auswertung der erforderlichen Daten selbst anzuordnen für den Fall, dass der Gesetzgeber dies nicht unverzüglich selbst sicher stellt.

1238 BVerfGE 88, 203 (310 f.).
1239 SächsVerfGH, DuD 1996, 429 (435).
1240 Vgl. BVerfGE 88, 203 (310).
1241 Seiten 149-150.
1242 Vgl. Seite 147.

(c) Aufklärungs- und Überprüfungspflicht in Bezug auf bestehende Regelungen über den staatlichen Zugriff auf Telekommunikations-Verkehrsdaten

Was die bestehenden Regelungen über den staatlichen Zugriff auf Telekommunikations-Verkehrsdaten anbelangt[1243], so ist zweifelhaft, ob das Ausmaß der Befugnisse in einem angemessenen Verhältnis zu ihrem tatsächlichen Nutzen steht. Schon die bisher bestehenden Befugnisse belasten die Grundrechtsträger in erheblichem Maße. Beispielsweise kann die Herausgabe von Verkehrsdaten über eine Person verlangt werden, die über einen erheblichen Zeitraum hinweg angefallen sind. Dies lässt weit gehende Einblicke in das Sozial- und Privatleben der Betroffenen zu. Wie gezeigt, würde eine Vorratsspeicherung lediglich eine quantitative Ausdehnung der schon bisher bestehenden Zugriffsbefugnisse bedeuten, so dass wegen der damit verbundenen Belastungen auf die Ausführungen in jenem Zusammenhang verwiesen werden kann[1244]. Auf der anderen Seite ist nicht ersichtlich, dass eine Evaluierung der bestehenden Befugnisse erhebliche Effektivitätseinbußen, höhere Kosten oder einen unzumutbaren Verwaltungsaufwand mit sich bringen könnte.

Daher ist aus Art. 10 Abs. 1 Var. 3 GG in Verbindung mit dem Verhältnismäßigkeitsprinzip die Pflicht des Gesetzgebers abzuleiten, die bestehenden Befugnisse der Fernmeldeüberwachung zu evaluieren und auf dieser Basis auf ihre Angemessenheit hin zu überprüfen[1245]. Bisher existieren aussagekräftige Statistiken über den Umfang und Untersuchungen über die Wirksamkeit der Fernmeldeüberwachung nur in Einzelbereichen[1246]. Be-

---

1243 Seite 4.

1244 Seite 209 ff.

1245 Dreier-Hermes, Art. 10, Rn. 58: Die Telekommunikationsüberwachung ist einer „nachvollziehbaren Erfolgskontrolle" zu unterziehen; Datenschutzbeauftragte von Berlin, Brandenburg, Bremen, Nordrhein-Westfalen und Schleswig-Holstein, DSB 12/1998, 4 (4): „Generell ist bei sensiblen Eingriffsbefugnissen ein Evaluierungsmechanismus einzuführen, der es dem Parlament ermöglicht, nach einer angemessenen Frist die Erforderlichkeit der Eingriffsbefugnisse anhand objektiver Kriterien zu überprüfen"; DSB-Konferenz, Freie Telekommunikation (I): „[...] ist eine Evaluierung der bestehenden Eingriffsregelungen nach objektiven, nicht zielorientierten Maßstäben vorzunehmen hinsichtlich Effektivität auf der einen und Eingriffsumfang auf der anderen Seite. Eine gesetzliche Berichtspflicht über Anlass, Verlauf, Ergebnisse und Anzahl der Betroffenen ist auch für Telekommunikationsüberwachungen einzuführen." Ebenso Koenig/Koch/Braun, K&R 2002, 289 (293). Zu Einzelheiten vgl. AK-GG-Bizer, Art. 10, Rn. 109.

1246 Garstka/Dix/Walz/Sokol/Bäumler, Hintergrundpapier (I), Punkt II; AK-GG-Bizer, Art. 10, Rn. 111 f. m.w.N.; Albrecht/Arnold/Demko/Braun, Rechtswirklichkeit und Effi-

sonders unzureichend ist der Kenntnisstand, was den isolierten Zugriff auf Telekommunikations-Verkehrsdaten angeht. Der Gesetzgeber verletzt damit gegenwärtig seine Aufklärungs- und Überprüfungspflicht aus Art. 10 Abs. 1 Var. 3 GG[1247].

Immerhin hat das Bundesjustizministerium 1999 bei dem Max-Planck-Institut für ausländisches und internationales Strafrecht in Freiburg eine Untersuchung zur „Rechtswirklichkeit und Effizienz der Überwachung der Telekommunikation nach den §§ 100a, 100b StPO und anderer verdeckter Ermittlungsmaßnahmen" in Auftrag gegeben[1248]. Auf dieser Basis soll der Anlasstatenkatalog des § 100a S. 1 StPO einer grundsätzlichen Überprüfung unterzogen werden[1249]. Die Ergebnisse der Studie[1250] zeigen, dass repräsentative Untersuchungen ein gutes Bild der Gesamtlage abgeben können und darüber hinaus den mit einer Evaluierung verbundenen Aufwand minimieren. Solange die Ergebnisse hinreichend aussagekräftig sind, besteht ein Spielraum des Gesetzgebers im Hinblick auf die Wahl seiner Mittel[1251].

In jedem Fall muss sich der Gesetzgeber umfassend mit der Angemessenheit der bestehenden Befugnisse zur Telekommunikationsüberwachung beschäftigen, nicht nur mit dem Anlasstatenkatalog des § 100a S. 1 StPO. Insbesondere dürfen die Nachrichtendienste nicht wie bisher von jeglichen Evaluierungsmechanismen verschont bleiben[1252]. Geheimhaltungsbedürfnisse mögen zwar der Veröffentlichung einzelner Erkenntnisse entgegen stehen. Dies gilt aber beispielsweise nicht für die Angabe, wie viel Prozent aller Eingriffe der Nachrichtendienste zu nennenswerten Ergebnissen führen.

---

zienz der Telekommunikationsüberwachung, 110: „rechtstatsächliche Erkenntnisse sind kaum vorhanden"; zur internationalen Lage vgl. Omega Foundation, Working document (I): „Cost/benefit analysis of dataveillance measures is seldom performed"; Albrecht/Arnold/Demko/Braun, Rechtswirklichkeit und Effizienz der Telekommunikationsüberwachung, 432 f.; ebenso zu informationell eingreifenden Ermittlungsmaßnahmen allgemein Weichert, Bekämpfung von Internet-Kriminalität (I); zu existierenden Erkenntnissen siehe Seiten 22-26.

1247 Pernice, Ina (Deutscher Industrie- und Handelskammertag) in Bundestag, Öffentliche Anhörung zum Thema Cyber-Crime/TKÜV (I), 13 f.

1248 Bundesregierung, BT-Drs. 14/9801, 14 (14).

1249 Bundesregierung, BT-Drs. 14/9801, 14 (14).

1250 Albrecht/Arnold/Demko/Braun, Rechtswirklichkeit und Effizienz der Telekommunikationsüberwachung.

1251 AK-GG-Bizer, Art. 10, Rn. 109.

1252 AK-GG-Bizer, Art. 10, Rn. 109.

Weiterhin darf nicht vergessen werden, dass die Anwendung des Verhältnismäßigkeitsprinzips im Bereich des Art. 10 Abs. 1 Var. 3 GG nicht nur mit Unsicherheiten hinsichtlich der Effektivität von Eingriffsbefugnissen verbunden ist. Ebenso wenig bekannt ist die Anzahl und der Umfang von Eingriffen in das Fernmeldegeheimnis. Auch die Frage, inwieweit sich das Verhalten der Bevölkerung in Abhängigkeit von Überwachungsmaßnahmen ändert, ist wissenschaftlichen Untersuchungen zugänglich. Mithin besteht auch in Bezug auf die mit Überwachungsmaßnahmen verbundenen Belastungen Aufklärungsbedarf, dem sich der Gesetzgeber stellen muss. Welche Angaben auf dem Gebiet der Telekommunikationsüberwachung sinnvollerweise erhoben werden könnten, zeigt die folgende Aufstellung, die sich an einer Ausarbeitung der Internationalen Arbeitsgruppe über den Datenschutz in der Telekommunikation[1253] orientiert:

- Anlass eines Eingriffs in das Fernmeldegeheimnis und die Angabe, ob die erlangten Erkenntnisse anschließend nur zu diesem oder gegebenenfalls zu welchen anderen Zwecken (auch mittelbar) genutzt wurden.

- Anzahl der angeordneten oder verlängerten Maßnahmen und gegebenenfalls die Dauer der Anordnung oder Verlängerung sowie die Anzahl der abgelehnten Anträge.

- Anzahl der Kommunikationsvorgänge, in die eingegriffen wurde, unterteilt in solche mit und solche ohne Bedeutung für das Ermittlungsverfahren (aufgrund nachträglicher Auswertung).

- Anzahl der identifizierten Einzelpersonen, nicht nur der in der gerichtlichen Anordnung genannten, unter gesondertem Ausweis der Anzahl von Personen, die zeugnisverweigerungsberechtigt waren (Vertrauensverhältnisse).

- Art der Kommunikationsdienste, in die eingegriffen wurde (etwa Telefon, Fax, E-Mail, Pager, Sprachbox-Dienste) und Art der Daten, auf die zugegriffen wurde (wie Kommunikationsinhalte, Telekommunikations-Verbindungsdaten, Standortdaten, Internet-Nutzungsdaten, Bestandsdaten).

Art der untersuchten Straftaten.

- Resultate und Effektivität von Maßnahmen, wie z.B. die Anzahl der Fälle, in denen keine Hinweise für Straftaten gefunden wurden; die Anzahl der Fälle, in denen aufgrund der Maßnahme Verhaftungen erfolgen konnten; die Anzahl der Fälle, in denen aufgrund der Maßnahme

---

1253   IWGDPT, Öffentliche Verantwortung bei Abhörmaßnahmen (I).

Anklage erhoben wurde; die Anzahl der Fälle, in denen aufgrund der Maßnahme erlangte Daten als Beweismittel verwendet wurden; die Anzahl der Fälle, in denen aufgrund der Maßnahme ein Schuldspruch erfolgte, sowie das Maß der ausgesprochenen Strafe; die Anzahl der Fälle, in denen aufgrund der Maßnahme die Unschuld einer Person nachgewiesen werden konnte.

- Kosten der Maßnahme (Sach- und Personalmittel von Behörden und Dritten).

Dass die Erstellung derartiger Statistiken keinen übermäßigen Aufwand verursacht, verdeutlichen die US-amerikanischen „Wiretap-Reports", in denen über viele der genannten Punkte Rechenschaft abgelegt wird[1254]. Alternativ lassen sich Einsichtsrechte von Parlamentariern oder Bürgerbeauftragten denken, die strukturelle Informationen an die Öffentlichkeit weitergeben könnten[1255]. Die bestehenden Einsichtsrechte der Datenschutzbeauftragten genügen nicht, weil diese Stellen nicht hinreichend ausgestattet sind, um aus den großen Datenbeständen strukturelle Informationen zu ermitteln. Eine weitere Idee ist, die Öffentlichkeit in anonymen Einzelfällen an Erfolgen und Misserfolgen von Eingriffen informativ teilhaben zu lassen[1256]. Als Alternative zu einer ausführlichen, allgemeinen Erfassung bieten sich auch repräsentative Teiluntersuchungen an. Wissenschaftliche Untersuchungen könnten auch mit einer „Kontrollgruppe" von Fällen arbeiten, in denen bestimmte Eingriffsbefugnisse nicht eingesetzt wurden, um die Erfolgsraten zu vergleichen.

Bezüglich der Wirkung von Evaluierungsmaßnahmen ist anzumerken, dass die Anzahl von Maßnahmen der Telefonüberwachung in den USA nach Einführung der Berichtspflicht erheblich zurückging[1257]. Weil die Telekommunikationsüberwachung eine Arbeitserleichterung für die Eingriffsbehörden darstellt, liegt es nahe, hierin den Grund für die Abneigung der deutschen Behörden gegen die Einführung von Rechenschaftspflichten[1258] zu sehen. Sicherlich kostet eine Berichtspflicht Zeit und Geld der Entscheidungsträger. Gerade hierdurch kann aber gewährleistet werden,

---

1254 DSB-Konferenz, Datenschutzbeauftragte des Bundes und der Länder: Effektive parlamentarische Kontrolle von Lauschangriffen durch aussagekräftige jährliche Berichte der Bundesregierung, Entschließung der Datenschutzbeauftragten des Bundes und der Länder vom 26.06.2000, BT-Drs. 14/5555, 226.
1255 Hassemer, Strafen im Rechtsstaat, 267.
1256 Hassemer, Strafen im Rechtsstaat, 267.
1257 taz vom 18.12.2000, 11.
1258 Garstka/Dix/Walz/Sokol/Bäumler, Hintergrundpapier (I), Punkt II.

dass Eingriffe nur dort vorgenommen werden, wo sie wirklich erforderlich sind. Hierin liegt ein nützlicher Nebeneffekt von Maßnahmen, die primär der Sachverhaltsaufklärung dienen.

(5) Anforderungen an das Gesetzgebungsverfahren

Wie oben erwähnt, ist die Einräumung eines gesetzgeberischen Beurteilungsspielraumes nur im Hinblick auf die unmittelbare demokratische Legitimation des Parlaments gerechtfertigt[1259]. Damit ist das Funktionieren demokratischer Mechanismen im Bereich von Unsicherheitsentscheidungen des Gesetzgebers von besonderer Bedeutung. Auch in einem System repräsentativer Demokratie darf man nicht verkennen, welche praktische Bedeutung der Beteiligung der Öffentlichkeit und einzelner Interessengruppen für die Entscheidungsfindung des Gesetzgebers zukommt. Unter anderem im Bereich der Telekommunikationsüberwachung ist eine nur unzureichende Beteiligung der Betroffenen, nämlich der Bürger, zu beobachten. Deren Interessenvertreter, etwa Datenschutzbeauftragte, können regelmäßig nicht schnell genug reagieren, wenn ein neuer Vorschlag auf den Tisch gelegt wird. Auch die Presse braucht regelmäßig eine längere Anlaufzeit, um über rechtspolitische Diskussionen auf dem komplizierten Gebiet der Telekommunikationsüberwachung zu berichten. In Anbetracht dessen ist es fraglich, ob das derzeitige Gesetzgebungsverfahren die Interessen der Grundrechtsträger hinreichend berücksichtigt[1260].

Die Bedeutung der grundrechtlichen Gesetzesvorbehalte hat das Bundesverfassungsgericht wie folgt umschrieben: „Wenn das Grundgesetz die Einschränkung von grundrechtlichen Freiheiten und den Ausgleich zwischen kollidierenden Grundrechten dem Parlament vorbehält, so will es damit sichern, daß Entscheidungen von solcher Tragweite aus einem Verfahren hervorgehen, das der Öffentlichkeit Gelegenheit bietet, ihre Auffassungen auszubilden und zu vertreten, und die Volksvertretung anhält, Notwendigkeit und Ausmaß von Grundrechtseingriffen in öffentlicher Debatte zu klären."[1261] Mit diesem Zweck der grundrechtlichen Gesetzesvorbehalte scheint das verbreitete, für die Öffentlichkeit oft überraschende „Durchpeitschen" immer weiter gehender Eingriffsbefugnisse kaum vereinbar zu sein.

1259 Seite 262.

1260 Albers, ZRP 1990, 147 (149) fordert, dass Grundrechtssicherung durch Verfahren auf den Gesetzgebungsprozess bezogen werden muss und dass im Gesetzgebungsverfahren rechtsstaatliche Kosten einer Norm und ihr zu erwartender Nutzen sorgfältig diskutiert werden müssen, gerade wenn es um den Einsatz schwerwiegender Mittel geht.

1261 BVerfGE 85, 386 (403 f.).

Als neueres Beispiel für eine solche Vorgehensweise lässt sich die Verabschiedung des § 100i StPO anführen. § 100i StPO wurde in einem verfassungsrechtlich fragwürdigen Verfahren „durchgedrückt", indem er erst am 15. Mai 2002 durch den Rechtsausschuss des Bundestages in einen Gesetzesentwurf, der ursprünglich ganz andere Fragen betraf[1262], eingefügt wurde, und dann vom Bundestag ohne Aussprache am 17. Mai 2002 beschlossen wurde. Innerhalb dieser zwei Tage musste jede öffentliche Diskussion zwangsläufig zu spät kommen. Dabei ist die Ermöglichung einer öffentlichen Diskussion, wie gezeigt, gerade der Zweck der Gesetzesvorbehalte und des Zitiergebots[1263].

Aus den Grundrechten und dem Zitiergebot in Verbindung mit dem Demokratieprinzip ist daher jedenfalls bei schwerwiegenden Grundrechtsbeschränkungen die Pflicht abzuleiten, als verfahrensrechtliche Vorkehrung zum Grundrechtsschutz ein hinreichend gestrecktes Gesetzgebungsverfahren durchzuführen. Jedenfalls schwerwiegende Einschränkungen von Grundrechten dürfen erst angemessene Zeit – etwa vier Wochen – nach Veröffentlichung des Gesetzesentwurfs beschlossen werden[1264].

Im Zusammenhang mit den oben diskutierten Unsicherheitsentscheidungen ist es weiterhin essenziell, dass die gesetzgeberische Entscheidung über eine mögliche Nachbesserung bestehender Eingriffsbefugnisse von einer öffentlichen Debatte begleitet wird. Dazu ist es grundsätzlich erforderlich, die nach dem oben diskutierten Verfahren gewonnenen, tatsächlichen Erkenntnisse in angemessenen Zeitabständen zu veröffentlichen[1265]. Auch insoweit besteht eine verfassungsrechtliche Pflichten zur Grundrechtssicherung durch entsprechende Verfahrensgestaltung.

1262 Vgl. BT-Drs. 14/7562.
1263 BVerfGE 85, 386 (403 f.); BVerfGE 64, 72 (79).
1264 Ähnlich ULD-SH, IMSI (I), wo eine öffentliche Debatte des Bundestags verlangt wird.
1265 IWGDPT, Öffentliche Verantwortung bei Abhörmaßnahmen (I); Garstka/Dix/Walz/Sokol/Bäumler, Hintergrundpapier (I), Punkt III; Weichert, Bekämpfung von Internet-Kriminalität (I), Punkt 7 fordert Berichtspflichten gegenüber dem Parlament; Breyer, DuD 2001, 592 (594).

2. Die Menschenwürde (Artikel 1 Abs. 1 GG)

Mit der Würde des Menschen unvereinbar wäre eine gänzliche oder teilweise „Registrierung und Katalogisierung der Persönlichkeit"[1266]. Die Zusammenführung einzelner Lebensdaten und Personaldaten zur Erstellung umfassender Persönlichkeitsprofile der Bürger („Totalabbilder") ist selbst in der Anonymität statistischer Erhebungen unzulässig[1267]. Als unzulässige Registrierung der Persönlichkeit sieht das Bundesverfassungsgericht allerdings nur eine „unbeschränkte Verknüpfung" von personenbezogenen Datenbeständen an[1268] und schließt damit letztlich jede Registrierung aus, die Beschränkungen – welcher Art auch immer – unterliegt[1269].

In einer neueren Entscheidung nimmt das Bundesverfassungsgericht eine Verletzung der Menschenwürde an, wenn „eine Überwachung sich über einen längeren Zeitraum erstreckt und derart umfassend ist, dass nahezu lückenlos alle Bewegungen und Lebensäußerungen des Betroffenen registriert werden und zur Grundlage für ein Persönlichkeitsprofil werden können"[1270]. Eine Vorratsspeicherung von Telekommunikationsdaten kann zwar zur Registrierung der Bewegungen Betroffener führen und zur Bildung von Persönlichkeitsprofilen genutzt werden[1271]. Dass „nahezu lückenlos alle [...] Lebensäußerungen des Betroffenen registriert" würden, lässt sich gleichwohl nicht sagen. Es ist fraglich, ob derartiges technisch überhaupt machbar ist. Nichtsdestotrotz weist eine generelle Verkehsdatenspeicherung eine gewisse Nähe zu einer derart umfassenden Überwachung auf.

Nach ständiger Rechtsprechung garantiert die Menschenwürde weiter einen „unantastbaren Bereich privater Lebensgestaltung"[1272]. Allerdings ist es dem Bundesverfassungsgericht bisher nicht gelungen, diesen „unantastbaren Bereich" überzeugend zu konkretisieren[1273]. Im Tagebuch-Urteil hat es all solche Informationen von dem „letzten unantastbaren" Bereich ausgenommen, die „Angaben über die Planung bevorstehender oder Berichte über begangene Straftaten" enthalten und daher „in einem unmittelbaren Bezug zu konkreten strafbaren Handlungen" stünden. Auch die Prüfung

---

1266 BVerfGE 27, 1 (6); BVerfGE 65, 1 (52).
1267 BVerfGE 27, 1 (6); BVerfGE 65, 1 (53).
1268 BVerfGE 65, 1 (53); vgl. auch BVerfGE 27, 1 (6): Verboten sei, den Menschen so zu behandeln, als ob er „einer Bestandsaufnahme in jeder Beziehung zugänglich ist."
1269 Vgl. auch BVerfGE 100, 313 (383).
1270 BVerfGE 109, 279 (323).
1271 Seiten 215-216.
1272 Seite 124.
1273 Bizer, Forschungsfreiheit, 146.

von Aufzeichnungen daraufhin, inwieweit Informationen aus dem „unantastbaren" Bereich enthalten sind, soll zulässig sein[1274]. Insoweit orientiert sich das Bundesverfassungsgericht also ausschließlich an dem öffentlichen Informationsinteresse. Noch deutlicher wird dies an den Ausführungen der vier Bundesverfassungsrichter, deren Auffassung für die Entscheidung tragend war: Die Tagebuchaufzeichnungen gehörten dem absolut geschützten Bereich persönlicher Lebensgestaltung schon deshalb nicht an, weil der Beschwerdeführer seine Gedanken schriftlich niedergelegt habe und sie damit aus dem von ihm beherrschbaren Innenbereich entlassen und der Gefahr eines Zugriffs preisgegeben habe. Jedenfalls aber hätten sie einen Inhalt, der über die Rechtssphäre ihres Verfassers hinausweise und Belange der Allgemeinheit nachhaltig berühre[1275]. Übertragen auf Art. 10 Abs. 1 Var. 3 GG bedeutete dies, dass es dort keinen unantastbaren Bereich gäbe, weil sich die Telekommunikationspartner stets ihrer Gedanken entäußern. Der staatliche Zugriff wäre daher immer dann zulässig, wenn ein nicht nur unerhebliches öffentliches Interesse an den Informationen bestünde[1276]. Mit den genannten Ausführungen beschränkt das Bundesverfassungsgericht seine Theorie eines „unantastbaren Bereich[s] persönlicher Lebensgestaltung" also auf Fälle, in denen Eingriffe schon nach dem Verhältnismäßigkeitsprinzip wegen krassen Missverhältnisses zwischen dem schweren Eingriff und einem schwachen öffentlichen Interesse daran verfassungswidrig wären.

In seinem Urteil zur akustischen Wohnraumüberwachung führt das Bundesverfassungsgericht aus, dass ein Sachverhalt dem unantastbaren Kernbereich der Menschenwürde bereits dann zuzuordnen sei, wenn er seinem Inhalt nach „höchstpersönlichen Charakters" sei[1277]. Entscheidend sei, ob „auf Grund von konkreten Hinweisen oder typischerweise und ohne gegenteilige tatsächliche Anhaltspunkte im Einzelfall der unantastbare Kernbereich privater Lebensgestaltung betroffen [werde], etwa im Zuge der Beobachtung von Äußerungen innerster Gefühle oder von Ausdrucksformen der Sexualität"[1278]. Der „unantastbare Bereich privater Lebensgestaltung" könne auch die Kommunikation mit anderen Personen umfassen, da sich der

---

1274 BVerfGE 80, 367 (375).
1275 BVerfGE 80, 367 (376); vgl. auch BVerfGE 27, 1 (7): „Wo dagegen die statistische Erhebung nur an das Verhalten des Menschen in der Außenwelt anknüpft, wird die menschliche Persönlichkeit von ihr in aller Regel noch nicht in ihrem unantastbaren Bereich privater Lebensgestaltung ‚erfaßt'."
1276 Ähnlich Bizer, Forschungsfreiheit, 147.
1277 BVerfGE 109, 279 (314).
1278 BVerfGE 109, 279 (314 f.).

Mensch notwendig in sozialen Bezügen verwirkliche[1279]. Äußerungen seien zwar nicht unantastbar, wenn sie Hinweise auf konkrete Straftaten enthielten[1280]. Gleichwohl seien Abhörmaßnahmen im Interesse der Effektivität des Schutzes der Menschenwürde bereits dann unzulässig, wenn es wahrscheinlich sei, dass mit ihnen absolut geschützte Gespräche erfasst würden[1281]. Dies sei etwa bei Gesprächen eines in einem Strafverfahren Beschuldigten mit seinen engsten Vertrauten der Fall[1282]. Bei der Zuordnung von Sachverhalten zum „unantastbaren Kernbereich der Menschenwürde" stellt das Bundesverfassungsgericht offenbar auf den Gesprächsinhalt ab, so dass die näheren Umstände von Kommunikationsvorgängen nicht Teil des „unantastbaren Bereichs privater Lebensgestaltung" wären.

Weiterhin hat es das Gericht als Verletzung der Menschenwürde angesehen, wenn jemand „einer Behandlung ausgesetzt wird, die seine Subjektqualität prinzipiell in Frage stellt, oder [wenn] in der Behandlung im konkreten Fall eine willkürliche Mißachtung der Würde des Menschen liegt. Die Behandlung des Menschen durch die öffentliche Hand, die das Gesetz vollzieht, muß also, wenn sie die Menschenwürde berühren soll, Ausdruck der Verachtung des Wertes, der dem Menschen kraft seines Personseins zukommt, also in diesem Sinne eine ‚verächtliche Behandlung' sein."[1283]

Angesichts dieser wenig greifbaren und, wenn es darauf ankommt, engen Formulierungen des Bundesverfassungsgerichts[1284] erscheint es richtiger, die Diskussion um die Schwelle zur verfassungswidrigen Katalogisierung des Einzelnen auf der Ebene des Verhältnismäßigkeitsprinzips anzusiedeln[1285] und die Menschenwürde als nicht berührt anzusehen, was den staatlichen Zugriff auf Telekommunikations-Verkehrsdaten angeht. Aus diesem Grund ist Art. 1 Abs. 1 GG im vorliegenden Zusammenhang nicht einschlägig.

1279 BVerfGE 109, 279 (319).
1280 BVerfGE 109, 279 (319).
1281 BVerfGE 109, 279 (319 f.).
1282 BVerfGE 109, 279 (319 f.).
1283 BVerfGE 30, 1 (25).
1284 Dazu kritisch Simitis-Simitis, § 1, Rn. 95 m.w.N.
1285 In diesem Sinne auch Simitis-Simitis, § 1, Rn. 97: „absolute Eingriffssperren gibt es nicht"; Bizer, Forschungsfreiheit, 418.

3. Die Unverletzlichkeit der Wohnung (Artikel 13 GG)

Art. 13 GG zufolge sind Wohnungen prinzipiell „unverletzlich", das heißt vor staatlichen Eingriffen geschützt. Das Grundrecht dient dem Schutz der Privatsphäre in räumlicher Hinsicht[1286]. Als „Wohnung" im Sinne des Art. 13 GG sind auch Arbeits-, Betriebs- und Geschäftsräume anzusehen[1287], und das Grundrecht findet gemäß Art. 19 Abs. 3 GG auch auf juristische Personen des Privatrechts Anwendung[1288].

Jedes Eindringen staatlicher Stellen in die Wohnung stellt einen Eingriff in Art. 13 GG dar[1289], auch das Abhören einer Wohnung mit technischen Hilfsmitteln[1290] von außerhalb der Wohnung[1291]. Letzteres ergibt sich auch daraus, dass jedes Abhören eine Datenerhebung darstellt und dass Art. 13 GG gegenüber dem Recht auf informationelle Selbstbestimmung das speziellere Grundrecht ist[1292], dass also jede Erhebung von Daten über Geschehnisse in einer Wohnung einen Eingriff in Art. 13 GG darstellt[1293]. Der Schutz des Grundrechts erstreckt sich auch auf die anschließende Verarbeitung der derart gewonnenen Daten[1294].

Fraglich ist, ob Art. 13 GG auch die ungestörte Benutzung von Telekommunikationsendgeräten in einer Wohnung schützt[1295]. Wird beispielsweise ein Telefongespräch abgehört, das aus Wohnungen geführt wird, dann nimmt der Staat zur Kenntnis, was die Gesprächsteilnehmer im Bereich ihrer räumlichen Privatsphäre sagen. Die Situation ist mit dem Abhören der Wohnung mit Hilfe von technischen Hilfsmitteln („Wanzen") vergleichbar. Auch auf diese Weise ließe sich das Telefongespräch rekonstruieren. Zudem handelt es sich bei dem Abhören um eine Datenerhebung über Geschehnisse in Wohnungen, die nach dem oben Gesagten unter Art. 13 GG fällt. Die Telekommunikation unterliegt auch nicht der „natürlichen

---

1286 BVerfGE 65, 1 (40).
1287 BVerfGE 32, 54 (68 ff.).
1288 BVerfGE 32, 54 (72).
1289 BVerfGE 65, 1 (40).
1290 BVerfGE 65, 1 (40).
1291 BVerfGE 109, 279 (327).
1292 BVerfGE 51, 97 (105).
1293 BVerfGE 109, 279 (374).
1294 BVerfGE 109, 279 (325 f. und 374).
1295 Dafür AK-GG-Bizer, Art. 10, Rn. 117: Art. 13 GG sei einschlägig, wenn mittels Telekommunikationstechnik die Kommunikation in der Wohnung überwacht wird; Internationale Konferenz der Datenschutzbeauftragten, Neue Medien (I).

Wahrnehmung" von außerhalb der Wohnung[1296], sondern ist erst mit Hilfe technischer Hilfsmittel abhörbar.

Unzutreffend wäre eine Nichtanwendung des Art. 13 GG mit dem Argument, während sich die Benutzung von Telekommunikationsnetzen vermeiden lasse, sei dies bei der Nutzung der eigenen Wohnung nicht der Fall. Auf die Vermeidbarkeit kann es bei der Definition des Schutzbereiches nicht ankommen. Im Übrigen ließe sich einerseits auch das Leben in der eigenen Wohnung in einem gewissen Maße an andere Orte verlagern, und andererseits lässt sich auch die Benutzung der Telekommunikationsnetze heutzutage in vielen Situationen nicht vermeiden: Angesichts der heutigen Anforderungen des Arbeitsmarktes an die Mobilität von Berufstätigen beispielsweise werden nicht selten Familien – zumindest zeitweise – zerrissen, so dass immer öfter selbst intimste persönliche Kontakte per Telekommunikation abgewickelt werden müssen. Wo zur Zeit der Fassung des Art. 13 GG der unmittelbar menschliche Kontakt in Wohnungen stand, steht heute oftmals die Telekommunikation. Eine vergleichbare Schutzbedürftigkeit ist daher gegeben[1297].

Art. 13 GG ist mithin „an sich" betroffen, wenn der Staat die Benutzung von Telekommunikationsendgeräten in einer Wohnung überwacht oder Daten diesbezüglich erhebt. Allerdings ist das Konkurrenzverhältnis zu Art. 10 Abs. 1 Var. 3 GG zu beachten. Da Telekommunikation in den weitaus meisten Fällen aus Wohnungen oder Geschäftsräumen abgewickelt wird, würde man bei einer Anwendung des Art. 13 GG dem Fernmeldegeheimnis eine eigenständige Bedeutung weitgehend nehmen. Aus diesem Grund ist zu erwägen, Art. 10 Abs. 1 Var. 3 GG als das speziellere Grundrecht anzusehen[1298]. Alternativ könnte man auch beide Grundrechte nebeneinander anwenden. Aus dieser dogmatischen Frage dürfen sich angesichts der vergleichbaren Schutzbedürftigkeit der Betroffenen[1299] materiell keine unterschiedlichen Rechtsfolgen ergeben. Wendet man – wie hier geschehen[1300] – die Wertungen des Art. 13 GG auch im Bereich des Fernmeldegeheimnisses an, dann erscheint die Annahme eines Spezialitätsverhältnisses sinnvoll.

1296   Vgl. BVerfGE 109, 279 (327).
1297   Vgl. auch Seiten 118-119.
1298   So M/D-Dürig, Art. 10, Rn. 29; Dreier-Hermes, Art. 10, Rn. 85; vMKS-Gornig, Art. 13, Rn. 50: „Beide Grundrechte konkurrieren also, wobei Art. 10 in der Regel Vorrang genießen wird"; Brenner, Die strafprozessuale Überwachung des Fernmeldeverkehrs mit Verteidigern, 35.
1299   Seiten 118-119.
1300   Seite 117 ff.

Art. 13 GG ist dementsprechend im Zusammenhang mit einer generellen Speicherung von Telekommunikations-Verkehrsdaten nicht weiter zu prüfen.

4. Die Berufsfreiheit (Artikel 12 Abs. 1 GG)

Fraglich ist weiterhin, ob eine Verpflichtung Privater zur generellen Vorratsspeicherung von Telekommunikations-Verkehrsdaten gegen die Berufsfreiheit aus Art. 12 Abs. 1 GG verstoßen würde.

a) Schutzbereich

Art. 12 Abs. 1 GG gewährleistet jedem Deutschen das Recht, seinen Beruf grundsätzlich frei wählen und ausüben zu dürfen[1301]. Dies gilt gemäß Art. 19 Abs. 3 GG auch für deutsche juristische Personen des Privatrechts[1302]. Zur Frage der Grundrechtsberechtigung der Deutschen Telekom AG, die sich derzeit zu 42,77% im Eigentum der öffentlichen Hand befindet[1303], sei nur soviel angemerkt: Die Kammerentscheidung, in der das Bundesverfassungsgericht die Grundrechtsberechtigung einer sich zu 72% in öffentlichem Eigentum befindlichen Gesellschaft ablehnte[1304], stellte darauf ab, dass die öffentliche Hand in dem entschiedenen Fall erstens entscheidenden Einfluss auf die Geschäftsführung nehmen konnte und dass zweitens in dem entschiedenen Zusammenhang der Energieversorgung von einer privatrechtlichen Selbständigkeit der Gesellschaft ohnehin nichts mehr übrig blieb. Im Fall der Deutschen Telekom AG trifft keiner dieser beiden Gesichtspunkte zu, so dass von der Grundrechtsberechtigung der Gesellschaft auszugehen ist.

Beruf im Sinne des Art. 12 Abs. 1 GG ist jede Tätigkeit, die der Schaffung und Erhaltung einer Lebensgrundlage dient[1305] oder jedenfalls auf Erwerb gerichtet ist, ohne sich in einem einmaligen Erwerbsakt zu erschöpfen[1306]. Es genügt, dass eine Gewinnerzielung durch Ausübung der Tätigkeit angestrebt wird und möglich ist, ohne dass es darauf ankommt, ob im einzelnen Fall tatsächlich ein Gewinn erzielt wird[1307]. Auch gesetzlich verbotene Tätigkeiten können einen Beruf darstellen[1308], da ansonsten der einfache Gesetzgeber entgegen Art. 1 Abs. 3 GG die Reichweite des Schutzbereichs eines verfassungsrechtlich garantierten Grundrechts

---

1301 J/P⁶-Jarass, Art. 12, Rn. 8 m.w.N.
1302 BVerfGE 50, 290 (363).
1303 Deutsche Telekom AG: Aktionärsstruktur, www.telekom.de/dtag/home/portal/ 0,14925,11454,00.html.
1304 BVerfG, JZ 1990, 335.
1305 BVerfG seit E 7, 377 (397); in neuerer Zeit etwa BVerfGE 97, 228 (252 f.).
1306 BVerfGE 97, 228 (253).
1307 v. Münch/Kunig-Gubelt, Art. 12, Rn. 10.
1308 A.A. BVerfGE 7, 377 (397); das Merkmal der Legalität nicht mehr erwähnend BVerfGE 97, 228 (252 f.).

bestimmen könnte. Ob eine Tätigkeit zurecht verboten ist, etwa weil sie sozialschädlich ist, ist eine Frage der Abwägung und damit der Rechtfertigung eines Eingriffs in die Berufsfreiheit, nicht eine Frage des Schutzbereichs.

Das Erbringen von Telekommunikations-, Tele- oder Mediendiensten ist, wie die Vielzahl der auf diesem Gebiet tätigen Unternehmen zeigt, zur dauerhaften Erzielung von Gewinnen geeignet und kann daher als berufliche Tätigkeit ausgeübt werden[1309].

b) Eingriffstatbestand

Die Berufsfreiheit schützt jedenfalls vor finalen oder unmittelbar auf eine Berufstätigkeit bezogenen Einschränkungen der freien Berufswahl und -ausübung[1310]. Sie schützt aber auch vor sonstigen belastenden Maßnahmen, wenn diese einen spezifischen Bezug zu dem Beruf aufweisen (sogenannte „objektiv berufsregelnde Tendenz") und sich auf die Berufswahl oder -ausübung auswirken[1311]. Angesichts der Vielzahl staatlicher Maßnahmen mit Auswirkungen auf die Berufswahl und -ausübung kommt dem Merkmal der „berufsregelnden Tendenz" die Funktion zu, das Grundrecht der Berufsfreiheit vor einer Ausuferung zu bewahren[1312]. Rechtsnormen, die Tätigkeiten unabhängig davon regeln, ob sie berufsmäßig durchgeführt werden oder nicht, kommt jedenfalls dann eine berufsregelnde Tendenz zu, wenn die geregelten Tätigkeiten typischerweise beruflich ausgeübt werden[1313]. In derartigen Fällen liegt ein deutlicher Berufsbezug vor, der eine Anwendung des Art. 12 GG erforderlich macht.

Fraglich ist, ob die Vorschläge zur Einführung einer generellen Vorratsspeicherung von Telekommunikations-Verkehrsdaten in die Berufsfreiheit eingreifen. Die im Rahmen der Vorschläge des Bundesrats[1314] geplanten Speicherpflichten zielen nicht final auf eine Einschränkung der Berufsfreiheit. Sie knüpfen aber spezifisch an das Angebot von Telekommunikations- und Telediensten an und regeln diese Tätigkeit, indem geschäftsmäßigen Anbietern von Telekommunikations- und Telediensten die Speicherung von Verkehrsdaten im Rahmen ihrer Tätigkeit aufgegeben wird. Die angestrebten Speicherpflichten sind zwar nicht unmittelbar auf die Berufstätigkeit

---

1309   Friedrich, Verpflichtung, 165.
1310   BVerfGE 22, 380 (384); BVerfGE 46, 120 (137); BVerfGE 97, 228 (254).
1311   BVerfGE 22, 380 (384); BVerfGE 46, 120 (137).
1312   BVerfGE 97, 228 (253 f.).
1313   BVerfGE 97, 228 (254); zum mittelbaren Eingriffsbegriff vgl. schon Seite 91.
1314   Seite 5.

gewerblicher Anbieter von Telekommunikations- und Telediensten bezogen, weil alle geschäftsmäßigen und damit auch die nicht berufsmäßigen Anbieter in Anspruch genommen werden sollen. Allerdings zeigt die praktische Erfahrung, dass geschäftsmäßige Anbieter von Telekommunikations- und Telediensten typischerweise zum Zweck der Gewinnerzielung handeln. Gewerbliche Angebote werden auch am häufigsten in Anspruch genommen, so dass sich eine Vorratsspeicherungspflicht schwerpunktmäßig auf kommerzielle Diensteanbieter auswirken würde. Damit weisen die vom Bundesrat geplanten Speicherpflichten einen spezifischen Bezug zu der Tätigkeit des gewerblichen Angebots von Telekommunikations- und Telediensten, also eine „berufsregelnde Tendenz", auf. Sie greifen daher jedenfalls in die Freiheit der Berufsausübung ein[1315].

Fraglich ist, was außerhalb des Felds der gewerblichen Anbieter von Telekommunikations- und Telediensten gilt. § 6a TDDSG in der Fassung des Vorschlags des Bundesrats über die Einführung einer Vorratsspeicherung von Verkehrsdaten vom 31.05.2002 (ErmittlungsG-Entwurf)[1316] richtete sich an alle Anbieter von Telediensten, nicht nur an gewerbliche Anbieter. Der ebenfalls angestrebte § 89 Abs. 1 TKG sollte alle Unternehmen treffen, die geschäftsmäßig Telekommunikationsdienste erbringen oder an der Erbringung solcher Dienste mitwirken. Gemäß § 3 Nr. 10 TKG ist „geschäftsmäßiges Erbringen von Telekommunikationsdiensten" ein nachhaltiges Angebot von Telekommunikation für Dritte mit oder ohne Gewinnerzielungsabsicht. Auch diese Definition geht daher über gewerbliche Anbieter hinaus. Die Stellungnahme zur TKG-Novelle vom 19.12.2003[1317] betrifft alle „Unternehmen und Personen, die geschäftsmäßig Telekommunikationsdienste erbringen oder an deren Erbringung mitwirken" (§ 91 Abs. 1 S. 1 TKG).

Soweit Telekommunikations- oder Teledienste zwar nachhaltig, aber ohne Gewinnerzielungsabsicht angeboten werden, ist zu differenzieren: Zum einen kann die Tätigkeit der Ausübung eines anderen Berufes zuzurechnen sein. Beispielsweise lassen die Inhaber mancher Gaststätten von Telefongesellschaften öffentliche Telefone aufstellen. In manchen Fällen sind die Gaststätteninhaber an dem Gewinn nicht beteiligt – ansonsten sind sie selbst gewerbsmäßige Anbieter von Telekommunikation –, sondern wollen das Telefon ihren Kunden lediglich als Service zur Verfügung stellen. In die-

---

1315 Ebenso BeckTKG-Ehmer, § 88, Rn. 45 zu Speicherpflichten allgemein, allerdings ohne Begründung.
1316 Seite 5.
1317 Seite 5.

sem Fall kann das Angebot eines Telefons dem Beruf des Gastwirtes zuge-rechnet werden, so dass Art. 12 Abs. 1 GG unter diesem Aspekt einschlägig ist. Andererseits gibt es Fälle, in denen keinerlei Gewinnerzielungsabsicht im Spiel ist, etwa wenn gemeinnützige Privatuniversitäten ihren Studenten Internet-Zugänge zur Verfügung stellen. Da das Angebot von Telekommu-nikations- oder Telediensten in solchen Fällen nicht als berufliche Tätigkeit ausgeübt wird, kann ein Eingriff die Berufsfreiheit nicht geltend gemacht werden. Insoweit ist lediglich Art. 2 Abs. 1 GG einschlägig[1318].

Der RSV-Entwurf[1319] zielt auf die Verpflichtung der Anbieter öffentlicher Telekommunikationsnetze sowie der Anbieter öffentlich zugänglicher elek-tronischer Kommunikationsdienste ab (Art. 3 RSV-E). Man kann davon ausgehen, dass Anbieter von Festnetz- und Mobilfunktelefonie von dieser Definition erfasst sind (vgl. Art. 2 Abs. 3 Buchst. a und b RSV-E). Das Gleiche wird für geschäftsmäßige Vermittler von Individualkommunikation im Internet gelten (z.B. E-Mail, Chat, vgl. Art. 2 Abs. 3 Buchst. c RSV-E). Im Übrigen ist unklar, inwieweit die Internet-Wirtschaft in die Pflicht ge-nommen werden soll. Wegen Art. 2 Abs. 3 Buchst. c RSV-E ist unzweifel-haft, dass auch der Austausch von Inhalten über das Internet seinen Um-ständen nach festgehalten werden soll. Bei wem die Erfassung stattfinden soll, steht damit aber noch nicht fest. Aus technischer Sicht kommen drei Anknüpfungspunkte in Betracht:

Erstens kommt die Installation so genannter „Black Boxes" bei den Betreibern von Internet-Übertragungswegen (Verbindungsnetzen, „Back-bones") in Betracht[1320]. Dieser Weg ist wegen der paketvermittelten Über-tragungstechnik des Internet (IP) jedoch mit Schwierigkeiten verbunden. Nicht nur bringt beispielsweise der Abruf einer Internetseite regelmäßig mehrere Kommunikationsvorgänge mit sich (Bilder, Frames, Applets usw.), deren Übertragung über jeweils verschiedene Verbindungsnetze erfolgen kann. Jeder Kommunikationsvorgang wird zudem selbst wiederum in Pake-te aufgeteilt, die verschiedene Wege nehmen können. Um das Verhalten eines deutschen Internetnutzers nachvollziehen zu können, müssten daher oft die Daten mehrerer, unter Umständen sogar aller deutschen Betreiber von Backbones zusammen getragen werden. Gleichwohl soll in den USA dieser Weg für den Aufbau eines Überwachungssystems gewählt worden sein, das den Internetverkehr an zentralen Knotenpunkten abfasst[1321]. Auch

---

1318   Vgl. BVerfGE 97, 228 (263); Friedrich, Verpflichtung, 165.
1319   Seite 5.
1320   Dies fordert NCIS Submission (I), Summary Punkte 4.1 und 4.2.
1321   Cryptome.org: Meldung vom 16.02.2002, cryptome.org/g8-isp-e-spy.htm.

Deutschland hat diesen Weg nun im Bereich der Überwachung des internationalen leitungsgebundenen Telefonverkehrs nach dem G10 eingeschlagen (vgl. §§ 26 Abs. 1, 27 Abs. 2 TKÜV).

Alternativ könnten „Black Boxes" bei allen Anbietern von Internet-Zugängen installiert werden. Dies würde die Anschaffung einer Vielzahl solcher Einrichtungen und ihre Installation an jedem Zugangsknoten voraussetzen, was wegen der hohen Zahl von Zugangsknoten mit erheblichen Kosten verbunden wäre. Das FBI hat inzwischen auch bei US-amerikanischen Internet-Access-Providern Überwachungseinrichtungen installiert[1322], wobei der US-amerikanische Staat die Kosten hierfür trug.

Schließlich könnten die Anbieter von Inhalten im Internet verpflichtet werden, Zugriffe auf ihre Inhalte aufzuzeichnen. Diese Option hat den Vorteil, dass Tele- und Mediendienstnutzungsdaten schon im Rahmen der bestehenden technischen Möglichkeiten aufgezeichnet werden können[1323]. Der Nachteil dieser Option besteht aber darin, dass die Aufbewahrungspflicht nur für europäische Inhalteanbieter gelten würde und die Sicherheitsbehörden den Zugriff auf außereuropäische Internet-Inhalte nicht nachvollziehen könnten. Dies würde die Eignung einer Vorratsspeicherung weiter reduzieren; zu ihrer Umgehung würde es dann bereits genügen, Inhalte von einem ausländischen Server aus anzubieten, wie es beispielsweise bei rassistischem Material schon heute regelmäßig geschieht. Auch die Abrufe dieses Materials von Deutschland aus wären dann unkontrollierbar, was zur weitgehenden Vereitelung des Ziels führen würde, der Erzeugung und Verbreitung pädophiler oder rassistischer Inhalten entgegenzuwirken (vgl. Erwägungsgrund 5 RSV-E). Diese Vorgehensweise ist zudem wegen der äußerst großen Zahl von Internet-Content-Providern unzweckmäßig[1324].

Mithin muss man davon ausgehen, dass die Überwachung des Onlineverhaltens jedenfalls auch durch die Anbieter von Internetzugängen oder die Betreiber von Verbindungsnetzen erfolgen soll. Ob der RSV-Entwurf darüber hinaus auch Inhalteanbieter zur Aufzeichnung der Zugriffe auf ihre Inhalte verpflichten will, ist unklar. Der ErmittlungsG-Entwurf hätte seinem Wortlaut nach sowohl Anbieter von Internetzugängen und die Betreiber von Verbindungsnetzen als Telekommunikationsanbieter wie auch Inhalteanbieter – kompetenzbedingt unter Ausnahme von Mediendiensten – erfasst. Die

---

1322 RSF, The Internet on probation, 4.
1323 G8, Availability (I).
1324 Vgl. Queen Mary (University of London), Studie über Netzkriminalität (I): „A specific obligation should only be imposed upon those controlling communication networks."

Verfasser wollten es letztlich dem Verordnungsgeber überlassen, über die konkrete Umsetzung zu entscheiden. Die Stellungnahme des Bundesrats zur TKG-Novelle betrifft Inhalteanbieter nicht.

Würde man mehrere der genannten Gruppen zu einer Vorratsspeicherung verpflichten, so käme es in großem Umfang zu Doppelerfassungen, beispielsweise dann, wenn über einen deutschen Internet-Access-Provider, der sich deutscher Verbindungsnetze bedient, auf einen deutschen Internet-Content-Provider zugegriffen wird. Aus diesem Grund hat man in Deutschland durch § 3 Abs. 2 Nr. 1 TKÜV die Betreiber von Verbindungsnetzen, also auch von Internet-Backbones[1325], sowie gemäß § 3 Abs. 2 Nr. 4 TKÜV Anbieter von für die Öffentlichkeit bestimmten Diensten oder von allgemein zugänglichen Informationen, also Internet-Content-Provider[1326], von der Pflicht zur Vorbereitung von Überwachungsmaßnahmen und zur Vorhaltung von Überwachungseinrichtungen befreit. Ob und inwieweit diese Personen geschäftsmäßig Telekommunikationsdienste erbringen oder daran mitwirken und daher die Überwachung und Aufzeichnung der Telekommunikation im Einzelfall zu ermöglichen haben[1327], bleibt ungeregelt.

Der ErmittlungsG-Entwurf und der RSV-Entwurf schließen die Inpflichtnahme auch von Inhalteanbietern jedenfalls nicht aus, so dass diese Möglichkeit bei der rechtlichen Bewertung mit zu berücksichtigen ist. Bezogen auf die deutsche Situation erscheint dies auch angesichts eines Beschlusses der Innenministerkonferenz aus dem Jahr 2000 angezeigt, in dem gefordert wird, „dass den Providern und Betreibern von Servern eine Protokollierungspflicht hinsichtlich der IP-Adresse und des Nutzungszeitraums sowie eine angemessene Aufbewahrungszeit der Daten vorgeschrieben wird."[1328] Diese Forderung bezieht klar auch Inhalteanbieter als Betreiber von Servern mit ein.

Ein Eingriff in Art. 12 Abs. 1 GG liegt somit vor, soweit gewerbsmäßige Anbieter von Telekommunikations-, Tele- oder Mediendiensten zu einer Vorratsspeicherung von Telekommunikationsdaten ihrer Benutzer verpflichtet werden sollen.

1325   Bundesregierung, Begründung v4.0 zur TKÜV (I), zu § 2 Nr. 1.

1326   Bundesregierung, Begründung v4.0 zur TKÜV (I), zu § 2 Nr. 4.

1327   Dafür Germann, 573 f. m.w.N.; Roßnagel-Spindler, § 2 TDG, Rn. 86; dagegen Roßnagel-Dix/Schaar, § 6 TDDSG, Rn. 35 und 151; zu Internet-Content-Providern siehe auch die Seiten 256-259.

1328   Innenministerkonferenz vom 24.11.2000 (I), 30. Beschluss.

c) Verfassungsmäßige Rechtfertigung

Die Berufsfreiheit kann nach der Rechtsprechung des Bundesverfassungsgerichts durch Gesetz oder auf Grund eines Gesetzes eingeschränkt werden[1329].

aa) Berufswahl- oder Berufsausübungsregelung

Die wichtigste Schranke dieses Gesetzesvorbehalts stellt das Verhältnismäßigkeitsprinzip dar[1330]. Auf dem Gebiet des Art. 12 Abs. 1 GG versucht das Bundesverfassungsgericht, das Verhältnismäßigkeitsprinzip zu konkretisieren, indem es drei Stufen verschieden intensiver Eingriffe unterscheidet[1331]: Berufsausübungsregelungen als mildeste Eingriffe in die Berufsfreiheit, subjektive Berufswahlbeschränkungen und objektive Berufswahlbeschränkungen als intensivste Eingriffe in die Berufsfreiheit. Eine Berufswahlbeschränkung liegt vor, wenn Normen entweder rechtlich den Zugang zu einem Beruf beschränken oder faktisch die sinnvolle Ausübung eines Berufs überhaupt unmöglich machen[1332]. Keine Berufswahlbeschränkung liegt vor, wenn nur Einzelne den Beruf aufgeben müssen, solange nicht die betroffenen Berufsangehörigen in aller Regel wirtschaftlich außer Stande gesetzt werden, den gewählten Beruf zu ihrer Erwerbsgrundlage zu machen[1333].

Im vorliegenden Zusammenhang ist daher zu fragen, ob es die mit einer Vorratsspeicherungspflicht verbundenen Belastungen in aller Regel unmöglich machen würden, Festnetztelefonie, Mobilfunktelefonie, Internetzugänge sowie andere Telekommunikations-, Tele- und Mediendienste gewinnbringend anzubieten. Einige Vertreter der Wirtschaft tragen vor, dass die Wettbewerbssituation eine volle Kostenabwälzung nicht erlauben würde[1334]. Angesichts der großen und steigenden Nachfrage in der Bevölkerung nach den genannten Leistungen ist es aber wahrscheinlich, dass zumindest große Unternehmen den größten Teil ihrer Mehrkosten an ihre Kunden weiterge-

---

1329 J/P⁶-Jarass, Art. 12, Rn. 19 f. m w N

1330 Dazu Seite 133.

1331 BVerfG seit E 7, 377 (397 ff.).

1332 BVerfGE 30, 292 (313) unter Verweis auf BVerfGE 11, 30 (41 f.).

1333 BVerfGE 30, 292 (313 f.) unter Verweis auf BVerfGE 13, 181 (187) und BVerfGE 16, 147 (165).

1334 BITKOM: Stellungnahme zur Gesetzesinitiative des Bundesrates vom 31.05.2002 (BR-Drs. 275/02), 12.08.2002, www.bitkom.org/files/documents/Position_BITKOM_Vorratsdatenspeicherung_u.a._12.08.2002.pdf, 8.

ben könnten[1335], da Kosten bei sämtlichen deutschen oder, im Fall des RSV-Entwurfs, bei sämtlichen Telekommunikationsanbietern in der EU anfallen würden und ein Ausweichen auf Telekommunikations-, Tele- und Mediendienste aus Drittländern für die Kunden teurer und umständlicher wäre. Wegen der fehlenden Substituierbarkeit ist daher davon auszugehen, dass die durch eine Vorratsspeicherung von Telekommunikationsdaten anfallenden Kosten jedenfalls teilweise auf die Kunden abgewälzt werden könnten und daher für die genannten Berufszweige insgesamt keine Gefahr darstellen würden. Für diese Annahme spricht auch, dass die betroffenen Unternehmen trotz permanenter Klagen schon gegen die bisherigen Mitwirkungspflichten, die eine Kostenerstattung in wichtigen Bereichen nicht vorsehen, keine Verfassungsbeschwerde erhoben haben. Zudem war den Unternehmen in der Vergangenheit, etwa bei der Ausdehnung der Telekommunikationsüberwachung auf die Mobilfunknetze, eine Kostenabwälzung in dem beschriebenen Umfang stets möglich. Zu einem wirtschaftlichen Ruin von Firmen aufgrund der staatlichen Mitwirkungspflichten, vor dem stets gewarnt wurde, ist es nie gekommen[1336].

Eine Verkehrsdatenspeicherungspflicht könnte aber in Bezug auf einzelne Berufe eine Berufswahlregelung darstellen. Wie gezeigt, bedroht die Verpflichtung von Telekommunikations-, Tele- und Mediendiensteanbietern zur Vorratsspeicherung von Verkehrsdaten unter anderem die Existenz von Anbietern bisher werbefinanzierter Dienste[1337]. Fraglich ist, ob das werbefinanzierte Anbieten von Telekommunikations-, Tele- oder Mediendiensten einen eigenständigen Beruf darstellt. Bei der Prüfung dieser Frage lässt sich nicht auf traditionelle Berufsbilder zurückgreifen, weil derartige Dienste erst seit wenigen Jahren existieren. Zieht man die gegenwärtige Verkehrsauffassung als Abgrenzungskriterium heran, so erscheint es fernliegend, in dem Anbieten etwa eines werbefinanzierten E-Mail-Dienstes einen anderen Beruf zu sehen als in dem kostenpflichtigen Anbieten eines vergleichbaren E-Mail-Dienstes. Die zugrunde liegende Tätigkeit und die zu ihrer Ausübung erforderlichen Fähigkeiten und Mittel sind in beiden Fällen identisch; unterschiedlich ist nur das Geschäftsmodell zur Erzielung von Einnahmen. In der Praxis kommen nicht selten auch Mischformen beider

---

1335 Vgl. Deutsche Telekom AG: Schriftliche Stellungnahme zur öffentlichen Anhörung am 09.02.2004 in Berlin zum Entwurf eines Telekommunikationsgesetzes (TKG), in Ausschussdrucksache 15(9)961, www.bundestag.de/gremien15/a09/004Anhoerungen/TKG/materialeingeladene.pdf, 150 (163).

1336 Bansberg, Staatsschutz im Internet, 48 (54).

1337 Seite 46.

Finanzierungsmöglichkeiten vor, indem sich Dienste teilweise durch Werbung und teilweise durch Entgelte der Benutzer finanzieren. Einige Anbieter bieten ihren Kunden auch beide Varianten an. Das werbefinanzierte Angebot von Telekommunikations-, Tele- und Mediendiensten ist somit nicht als ein eigenständiger Beruf anzusehen, so dass die Einordnung einer Verkehrsdatenspeicherungspflicht als Berufswahlregelung auch insoweit nicht in Betracht kommt.

Es ist somit nicht als Berufswahl- sondern als Berufsausübungsregelung anzusehen, wenn der Gesetzgeber Telekommunikations-, Tele- und Mediendiensteanbieter zur Vorratsspeicherung von Verkehrsdaten verpflichtet[1338]. Aus diesem Grund sind die qualifizierten Anforderungen, welche das Bundesverfassungsgericht an die Rechtfertigung von Berufswahlregelungen stellt[1339], im vorliegenden Zusammenhang nicht anzuwenden. Das für Berufsausübungsregelungen aufgestellte Erfordernis, dass vernünftige Erwägungen des Gemeinwohls die Beschränkung zweckmäßig erscheinen lassen müssen[1340], geht der Sache nach über das allgemeine Verhältnismäßigkeitsgebot nicht hinaus.

bb) Verhältnismäßigkeitsprüfung

Somit ist eine einfache Verhältnismäßigkeitsprüfung vorzunehmen. Was die Eignung einer Vorratsspeicherung von Telekommunikationsdaten anbelangt, so ist eine solche Maßnahme jedenfalls in einzelnen Fällen nicht ungeeignet, um den Rechtsgüterschutz zu fördern[1341]. Die verfassungsrechtlich zu fordernde Eignung ist daher gegeben. Fraglich ist weiterhin, ob eine Vorratsspeicherungspflicht auch erforderlich ist. An sich ist ein milderes Mittel mit vergleichbarer Eignung nicht ersichtlich[1342]. In Betracht kommt jedoch, eine Vorratsspeicherungspflicht mit staatlicher Kostenerstattung als milderes Mittel im Vergleich zu einer Vorratsspeicherungspflicht ohne staatliche Kostenerstattung anzusehen. Allerdings wäre eine staatliche Kostenerstattung mit erheblichen Mehrbelastungen für die öffentlichen Haushalte verbunden. Würde man eine Kostentragung durch den Staat stets als milderes Mittel ansehen, dann wäre jegliche Inpflichtnahme Privater zu öffentlichen Zwecken, die ohne Kostenerstattung erfolgt, unzulässig. Dies

---

1338   Ebenso für die allgemeine Pflicht zur Vorhaltung von Überwachungsvorrichtungen VG Köln, CR 2000, 747 (749).
1339   Vgl. BVerfGE 7, 377 (405 ff.).
1340   Vgl. BVerfGE 7, 377 (405).
1341   Seite 133.
1342   Seite 138.

erscheint nicht sachgerecht, zumal das Grundgesetz eine Entschädigungspflicht ausdrücklich nur in Art. 14 Abs. 3 und in Art. 15 GG vorsieht. Bei der Frage der Erforderlichkeit bleiben daher solche Mittel außer Acht, deren Einsatz mit merklich höheren Aufwendungen der öffentlichen Hand verbunden wäre[1343]. Eine Verkehrsdatenspeicherungspflicht ist daher unabhängig von der Frage der Kostenerstattung als erforderlich anzusehen.

Fraglich ist, ob die Einschränkung der Berufsfreiheit durch eine Vorratsspeicherungspflicht auch verhältnismäßig im engeren Sinne wäre. Das Bundesverfassungsgericht hat in einer Entscheidung ausgesprochen, dass eine unangemessene Einschränkung der Berufsausübung durch ein Gesetz nur vorliege, wenn die wirtschaftliche Existenz der Gesamtheit der betroffenen Berufsgruppe gefährdet sei[1344]. Während das Abstellen auf die Gesamtheit der Berufsgruppe akzeptiert werden kann, weil Besonderheiten innerhalb einer Berufsgruppe an Art. 12 Abs. 1 GG in Verbindung mit Art. 3 Abs. 1 GG gemessen werden können, ist fraglich, ob eine unangemessene Einschränkung der freien Berufsausübung in jedem Fall eine Existenzgefährdung voraussetzt. Die allgemeine Dogmatik zum Verhältnismäßigkeitsprinzip lässt es genügen, wenn der Verlust an grundrechtlich geschützter Freiheit in einem unangemessenen Verhältnis zu den Gemeinwohlzwecken steht, denen die Grundrechtsbeschränkung dient[1345]. Wendet man diese Formel im Bereich der Berufsfreiheit an, so liegt eine unangemessene Grundrechtsbeschränkung bereits dann vor, wenn ihr keine überwiegenden Interessen des Allgemeinwohls gegenüber stehen, und nicht erst, wenn ein Berufszweig in seiner Existenz gefährdet wird. Eine abweichende Handhabung im Bereich der Berufsfreiheit könnte sich mit einem niedrigeren Stellenwert der Berufsfreiheit im Vergleich zu anderen Grundrechten rechtfertigen lassen, jedenfalls soweit nur die Freiheit der Berufsausübung betroffen ist. Zwar kann die Tatsache, dass ein Eingriff in die Freiheit der wirtschaftlichen Betätigung weniger schwer wiegen mag als ein Eingriff in andere, enger mit der menschlichen Persönlichkeit verbundene Freiheiten, im Rahmen der Abwägung Berücksichtigung finden. Allein dieser Umstand kann aber nicht genügen, um beispielsweise schwerwiegende Beeinträchtigungen der wirtschaftlichen Rentabilität eines Berufs, denen nur geringe Vorteile für das Gemeinwohl gegenüber stehen, zu rechtfertigen.

1343 BVerfG, NJW 2004, 146 (148 f.); BVerfGE 77, 84 (110); J/P[6]-Jarass, Art. 12, Rn. 34.
1344 BVerfGE 30, 292 (325).
1345 Seite 138.

Beschränkungen der Berufsfreiheit können daher auch ohne Gefährdung der Existenz einer Berufsgruppe unverhältnismäßig sein. Maßgeblich ist – auch bei Einschränkungen der Berufsausübungsfreiheit –, ob die Grundrechtsbeschränkung durch überwiegende Allgemeininteressen gerechtfertigt ist oder nicht[1346]. Die abweichende Entscheidung des Bundesverfassungsgerichts auf dem Gebiet der Berufsfreiheit beruhte möglicherweise darauf, dass das Gericht über eine – seiner Meinung nach – in hohem Maße geeignete Maßnahme zum Schutz wichtiger Rechtsgüter zu entscheiden hatte und die angeführte Aussage daher nur in diesem Zusammenhang Geltung beansprucht.

Bei der Prüfung der Verhältnismäßigkeit im engeren Sinne kann auf die Ausführungen zu Art. 10 Abs. 1 Var. 3 GG verwiesen werden, was den möglichen Nutzen einer Vorratsspeicherung von Telekommunikations-Verkehrsdaten angeht[1347]. Mitunter wird behauptet, dass eine EU-weite Verkehrsdatenspeicherung für die betroffenen Unternehmen insoweit nützlich sei, als sie vor Wettbewerbsverzerrungen durch von Mitgliedstaat zu Mitgliedstaat unterschiedliche Belastungen geschützt würden. Diese Argumentation ist abzulehnen. Im Rahmen des Art. 12 Abs. 1 GG kommt es zuallererst auf die Situation deutscher Unternehmen an. Deutsche Unternehmen sind aber im Wettbewerb bereits nicht benachteiligt, weil hierzulande bisher keine Pflicht zur Vorratsspeicherung von Telekommunikations-Verkehrsdaten besteht. Das Fehlen einer Verkehrsdatenspeicherungspflicht bedeutet umgekehrt einen Vorteil deutscher Unternehmen im Wettbewerb, der durch den RSV-Entwurf beseitigt würde. Aber auch für solche ausländische Unternehmen, die einer Vorratsspeicherungspflicht bereits unterworfen sind, wäre ein Entlastungseffekt kaum spürbar. Zunächst einmal steht der RSV-Entwurf umfassenderen Regelungen in den Mitgliedstaaten nicht entgegen und sieht nur einen Mindeststandard vor. Seine Umsetzung könnte daher nicht verhindern, dass es auch weiterhin erhebliche Wettbewerbsverzerrungen innerhalb der EU gäbe. Die verbleibende Entlastung bereits betroffener Unternehmen wird dadurch relativiert, dass der Kostenvorteil außereuropäischer Unternehmen, die einer Pflicht zur Vorratsspeicherung nicht unterliegen, in jedem Fall bestehen bleibt und die Europäische Union einen „verzerrten Wettbewerb" von Seiten dieser Unternehmen im Zeitalter einer globalen Informationswirtschaft nicht verhindern kann. Die Entlastung einiger Unternehmen von einem „verzerrten Wettbewerb" innerhalb der EU kann die Wettbewerbsnachteile für die

---

1346   Seite 138.
1347   Seite 152 ff.

durch den RSV-Entwurf erstmals von einer Vorratsspeicherung betroffenen Unternehmen somit nicht aufwiegen, so dass von einem Nutzen für die betroffenen Unternehmen insgesamt keine Rede sein kann.

Mit welchen Belastungen der betroffenen Unternehmen eine Verpflichtung zur Vorratsspeicherung verbunden wäre, lässt sich abstrakt nicht bestimmen[1348]. Es kommt auf die Ausgestaltung der Regelung im Einzelnen an[1349], insbesondere hinsichtlich der genauen Art der zu speichernden Daten[1350]. Wegen der finanziellen Bedeutung dieser Frage wird von Seiten der Wirtschaft bemängelt, dass bei Diskussionen um die Einführung einer Vorratsspeicherung oftmals nicht klar sei, welche Daten genau gespeichert werden sollen[1351]. Außerdem hängt es vom jeweiligen Geschäftsmodell eines Unternehmens ab, inwieweit die erforderlichen Einrichtungen bereits vorhanden sind oder zusätzliche Investitionen erforderlich sind[1352]. Zukünftige Geschäftsmodelle können schließlich dazu führen, dass bisher verfügbare Daten nicht mehr zur Verfügung stehen werden[1353]. Eine Quantifizierung der Belastungen infolge einer Verkehrsdatenspeicherungspflicht ist daher schwierig.

(1) Speicherungskosten

Während Anbieter von Inhalten im Internet, das heißt Betreiber von Internet-Servern, regelmäßig schon über die zur Aufzeichnung von Verkehrsdaten erforderlichen Einrichtungen verfügen, sind bei Anbietern von E-Mail und sonstiger Individualkommunikation im Internet, bei Anbietern von Internetzugängen und bei Betreibern von Internet-Verbindungsnetzen hohe Anlaufkosten zu erwarten. Da die meisten Geschäftsmodelle dieser Unternehmen keine Aufzeichnung von Internet-Verkehrsdaten erfordern, verfügen diese Anbieter nicht über die dazu erforderlichen Geräte. Zudem ist diese Gruppe von Unternehmen in Deutschland bisher gemäß § 3 Abs. 2 TKÜV teilweise von der Pflicht zur Vorhaltung von Überwachungseinrichtungen befreit[1354], so dass insoweit auch Geräte zur Inhaltsüberwachung

---

1348 G8 Workshop, Workshop 1 (I).
1349 Home Office (UK), Retention (I), 2.
1350 G8 Workshop, Potential Consequences for Data Retention.
1351 G8 Workshop, Workshop 1 (I).
1352 Kommission, Discussion Paper for Expert's Meeting on Retention of Traffic Data (I); G8 Workshop, Potential Consequences for Data Retention; G8 Workshop, Workshop 1 (I); Home Office (UK), Retention (I), 5.
1353 G8 Workshop, Workshop 1 (I).
1354 Berliner Datenschutzbeauftragter, Bericht zum 31. Dezember 2001, LT-Drs. 15/591, 156 f..

nicht zur Verfügung stehen. Eine Pflicht zur Vorratsspeicherung aller Verkehrsdaten würde den ständigen Einsatz spezieller Geräte durch die Anbieter erfordern, was hohe anfängliche Investitionskosten zur Folge hätte[1355]. Weitere Kosten fielen für die technische Nachrüstung an, die für die Trennung von Verkehrsdaten und Nachrichteninhalten notwendig wäre[1356]. Insgesamt gesehen müssten bei vielen Unternehmen die Mehrzahl der bisher eingesetzten Geräte ausgewechselt werden[1357]. Darüber hinaus kann der Kauf von Hardware-Verschlüsselungsmodulen erforderlich sein, um die unbefugte Kenntnisnahme durch Dritte zu verhindern[1358]. AOL Großbritannien schätzt die anfänglichen Investitionskosten für das eigene Unternehmen auf 39 Millionen Euro[1359], was – hochgerechnet auf alle britischen Internet-Access-Provider – Anlaufkosten in Höhe von etwa 160 Millionen Euro bedeuten würde. Während in den USA ein Erstattungsanspruch vorgesehen ist[1360] und auch in Großbritannien der Staat einen „fairen Anteil" der Kosten zu tragen hat[1361], kennen weder das geltende deutsche Recht noch die Vorschläge zur Einführung einer Vorratsspeicherung einen Erstattungsanspruch betroffener Unternehmen für anfängliche Investitionskosten. Das JVEG greift nur für Aufwendungen aufgrund einzelner Auskunftsersuchen.

Was die erforderliche Speicherkapazität angeht, so wird auf Seiten der Internetwirtschaft zwar teilweise von angeblich erforderlichen „Lagerhallen" und einem drohenden „Ersticken im Datenmüll" gesprochen[1362] oder auch behauptet, dass die Speicherung solcher Datenmengen überhaupt „unmöglich" sei[1363]. Davon kann aber bei Vorhandensein der erforderlichen

---

1355 APIG, Communications Data, 26.
1356 Schulzki-Haddouti, Lauscher unter Beschuss, c't 09/2001, 24 ff.
1357 APIG, Communications Data, 26.
1358 Schulzki-Haddouti, Lauscher unter Beschuss, c't 09/2001, 24 ff.
1359 De Stempel, Camille (AOL), zitiert bei BBC News Online: Rethink urged over net snooping laws, BBC News Online, 19.12.2002, news.bbc.co.uk/1/hi/technology/2588213.stm.
1360 Ruhmann/Schulzki-Haddouti, Abhör-Dschungel (I); ECTA, European Competitive Telecommunications Association: ECTA position on data retention in the EU, August 2002, https://www.ectaportal.com/uploads/1412ECTAdataretentionstatement.DOC.
1361 § 14 des Regulation of Investigatory Powers Act 2000, www.legislation.hmso.gov.uk/acts/acts2000/00023--b.htm#14; vgl. auch APIG, Communications Data, 24.
1362 Summa, Harald (Geschäftsführer des Verbands der deutschen Internetwirtschaft eco), zitiert bei Heise Verlag: Empörung über die Datensammelwut der Bundesländer, Meldung vom 02.06.2002, www.heise.de/newsticker/data/jk-02.06.02-004/.
1363 Summa, Harald (Geschäftsführer des Verbands der deutschen Internetwirtschaft eco), zitiert bei Krempl, Stefan: Widerstand gegen die neuen Enfopol-Überwachungspläne, Telepolis, Heise-Verlag, 23.05.2001, www.heise.de/tp/deutsch/special/enfo/7709/1.html.

finanziellen Mittel nicht ausgegangen werden. Allerdings wäre eine Vorratsspeicherung von Telekommunikationsdaten mit hohen Kosten verbunden. Die deutschen Provider rechnen mit Kosten von mehreren hunderttausend bis Millionen Euro pro Anbieter, wenn sie zu einer generellen Vorratsspeicherung von Verkehrsdaten verpflichtet würden[1364]. Bei größeren Unternehmen könnten sogar Kosten im mehrstelligen Millionenbereich anfallen[1365]. In Großbritannien hat die Regierung die mit einer Vorratsspeicherung verbundenen Kosten auf insgesamt ca. 30 Millionen Euro geschätzt[1366]. Berechnungen einzelner Unternehmen zeigen aber, dass diese Zahl allenfalls die Kosten für die bloße Datenspeicherung abdecken kann[1367]. AOL Großbritannien geht allein für sein Unternehmen bereits von Speicherkosten in Höhe von 14 Millionen Euro pro Jahr aus[1368].

Bei den Berechnungen der zu speichernden Datenmengen wird davon ausgegangen, dass die deutschen Internet-Provider gegenwärtig eine Datenmenge von ca. sechs Gigabit pro Sekunde transportieren und dass mindestens ein Tausendstel davon als Verkehrsdaten gespeichert werden müsste[1369]. Das entspräche 65 Gigabyte pro Tag. Auf der Basis dieser Zahlen

---

1364 Summa, Harald (Geschäftsführer des Verbands der deutschen Internetwirtschaft eco), zitiert bei Hürter, Tobias: Der große Bruder wird größer, www.sueddeutsche.de/computer/artikel/367/367/print.htmlwww.sueddeutsche.de/computer/artikel/367/367/print.html.

1365 Summa, Harald (Geschäftsführer des Verbands der deutschen Internetwirtschaft eco), zitiert bei Heise Verlag: Empörung über die Datensammelwut der Bundesländer, Meldung vom 02.06.2002, www.heise.de/newsticker/data/jk-02.06.02-004/; Bäumler, Helmut / Leutheusser-Schnarrenberger, Sabine / Tinnefeld, Marie-Theres: Grenzenlose Überwachung des Internets? Steht die freie Internetkommunikation vor dem Aus? Stellungnahme zum Gesetzesentwurf des Bundesrates vom 31. Mai 2002, www.rainergerling.de/aktuell/vorrat_stellungnahme.html, Punkt 1; Wolf Osthaus (Branchenverband Bitkom), zitiert in Frankfurter Rundschau vom 04.06.2002.

1366 BBC News Online: Anti-terror laws raise net privacy fears, BBC News Online, 11.11.2001, news.bbc.co.uk/2/hi/science/nature/1647309.stm.

1367 APIG, Communications Data, 24.

1368 De Stempel, Camille (AOL), zitiert bei BBC News Online: Rethink urged over net snooping laws, BBC News Online, 19.12.2002, news.bbc.co.uk/1/hi/technology/2588213.stm.

1369 Summa, Harald (Geschäftsführer des Verbands der deutschen Internetwirtschaft eco), zitiert bei Heise Verlag: Empörung über die Datensammelwut der Bundesländer, Meldung vom 02.06.2002, www.heise.de/newsticker/data/jk-02.06.02-004/; ders., zitiert bei Krempl, Stefan: Gläsern im Netz?, www.heise.de/ct/04/05/041/, geht inzwischen von einem Datenvolumen von 15 Gigabit pro Sekunde und einem Verkehrsdatenanteil von 5-10% aus, was einer Datenmenge von 8,1-16,2 Terabyte am Tag entspräche; Uhe/Herrmann, Überwachung im Internet (I), 123 rechnen mit 8,7 Gigabit pro Sekunde und einem Verkehrsdatenanteil von 5%, was insgesamt eine Datenmenge von 4,7 Terabyte am Tag ergäbe.

müssten 5,8 Terabyte Verkehrsdaten ständig gespeichert sein, wenn eine Speicherfrist von drei Monaten vorgesehen wäre, 11,6 Terabyte bei einer Frist von sechs Monaten und 24 Terabyte bei einem Jahr. In Spanien hat die „Nationale Vereinigung von Internet-Firmen" (ANEI) errechnet, dass pro Terabyte gespeicherter Daten etwa 750.000 Euro Kosten im Jahr anfallen[1370]. Die anfänglich erforderlichen Anlaufinvestitionen sind darin nicht berücksichtigt. Übertragen auf die deutschen Zahlen würden dies Kosten von 4,3 Millionen Euro pro Jahr, wenn eine Speicherfrist von drei Monaten vorgesehen wäre, 8,6 Millionen Euro pro Jahr bei einer Frist von sechs Monaten und 17,2 Millionen Euro pro Jahr bei einer Speicherfrist von einem Jahr bedeuten.

Eigene Berechnungen zeigen, dass das tatsächliche Datenvolumen und damit die Kosten um ein Vielfaches höher sein könnten. Die durchschnittliche Größe eines mittels des HTTP-Protokolls übertragenen Objekts beträgt 15 Kilobyte[1371], und pro Kommunikationsvorgang fallen Verkehrsdaten von durchschnittlich mindestens 90 Byte an (Datum, Zeit, IP-Adresse, Operation, Pfadname), die sich auf ca. 30 Byte komprimieren lassen. Dies ergibt ein Verhältnis von etwa zwei Tausendsteln, so dass zwei Tausendstel des gesamten Datenstroms als Verkehrsdaten gespeichert werden müssten. Die oben genannte Annahme von einem Tausendstel ist daher eher noch bescheiden. Verschiedentlich finden sich sogar Angaben, wonach Verkehrsdaten 5% des gesamten Internetverkehrs ausmachten[1372].

Auf höhere Zahlen lässt auch die folgende Rechnung schließen: Im März 2002 hat jeder Internetnutzer durchschnittlich 826 WWW-Seiten im Monat betrachtet[1373]. Jede Internetseite enthält durchschnittlich weitere 14 Grafiken[1374]. Deutschland hatte im Jahre 2000 etwa 24 Millionen Internetnutzer[1375]. Nimmt man ein Verkehrsdatenvolumen von 30 Byte pro Abruf an, dann würden allein durch die WWW-Nutzung in Deutschland pro Jahr 107 Terabyte an Verkehrsdaten anfallen. Hinzu käme die Nutzung anderer In-

---

1370 Streck, Ralf: Keine 12 Monate Speicherung von Verbindungsdaten, Telepolis, Heise-Verlag, 14.06.2002, www.heise.de/tp/deutsch/inhalt/te/12726/1.html.

1371 Berkeley Universität: Raw Data, How much Information Project, www.sims.berkeley. edu/research/projects/how-much-info/internet/rawdata.html.

1372 Uhe/Herrmann, Überwachung im Internet (I), 123 m.w.N.; Wirtschaftsausschuss des Bundesrates in BR-Drs. 755/2/03, 37: „der Anteil der Verkehrsdaten beträgt 5 bis 10 %."

1373 Nielsen Netratings, www.nielsen-netratings.com/news.jsp?section=dat_gi.

1374 Berkeley Universität: Raw Data, How much Information Project, www.sims.berkeley. edu/research/projects/how-much-info/internet/rawdata.html.

1375 Eurostat, Internetnutzung (I).

ternetdienste wie File Transfer Protocol, Internet Relay Chat, Usenet und E-Mail.

Auf dem Gebiet von E-Mails lassen sich ähnliche Rechnungen anstellen. Bei jeder E-Mail fallen etwa 1,6 Kilobyte an Verkehrsdaten an (sog. „Header"), die sich auf etwa ein Drittel ihrer Größe komprimieren lassen. In den USA werden schätzungsweise 300 Millionen E-Mails pro Tag versandt[1376]. Anhand der jeweiligen Zahl von Internetnutzern[1377] auf Deutschland übertragen ergäben dies etwa 50 Millionen deutscher E-Mails pro Tag. Es fielen dann etwa 25 Gigabyte pro Tag[1378] und über 9 Terabyte pro Jahr allein an E-Mail-Verkehrsdaten an. Auch insoweit handelt es sich um enorme Datenmengen.

AOL Großbritannien rechnet allein für sein Unternehmen mit einem Verkehrsdatenvolumen von 800 Gigabyte pro Tag, was einem Speichervolumen von 292 Terabyte oder 360.000 CD-Roms pro Jahr entspricht[1379]. Ob bei diesen Berechnungen eine mögliche Kompression der Daten berücksichtigt wurde, ist unklar. Über AOL werden jeden Tag 329 Millionen Internetverbindungen hergestellt und 597 Millionen E-Mails versandt[1380].

In der Literatur werden die bei einer Verkehrsdatenspeicherung vorzuhaltenden Datenmengen teilweise weit höher geschätzt. Eine Berechnung geht von 4,7 Terabyte Verkehrsdaten pro Tag seitens der deutschen Internet-Access-Provider, 9,75 Terabyte am Tag seitens der deutschen Internet-Content-Provider und 150 Gigabyte pro Tag seitens der deutschen E-Mail-Provider aus[1381]. Bei einer Speicherungsfrist von sechs Monaten müssten insgesamt 2.700 Terabyte an Daten ständig vorgehalten werden, was Kosten von 2 Milliarden Euro pro Jahr verursachen könne[1382]. Dies mache 3,5% des Umsatzes der deutschen Internetwirtschaft aus[1383].

1376 Berkeley Universität: Email Details, How much Information Project, www.sims.berkeley.edu/research/projects/how-much-info/internet/emaildetails.html.

1377 Nach NFO Infratest, Monitoring Informationswirtschaft (I), 15.

1378 Uhe/Herrmann, Überwachung im Internet (I), 124 rechnen für Deutschland mit 150 Gigabyte pro Tag, allerdings ohne Berücksichtigung der Kompressionsmöglichkeit.

1379 De Stempel, Camille (AOL), zitiert in BBC News Online: Rethink urged over net snooping laws, BBC News Online, 19.12.2002, news.bbc.co.uk/1/hi/technology/2588213.stm.

1380 De Stempel, Camille (AOL), zitiert bei Loney, Matt: ISPs spell out true cost of data retention, 12.12.2002, news.zdnet.co.uk/story/0,,t295-s2127408,00.html.

1381 Uhe/Herrmann, Überwachung im Internet (I), 123 f.

1382 Uhe/Herrmann, Überwachung im Internet (I), 131.

1383 Uhe/Herrmann, Überwachung im Internet (I), 131.

Im Internetbereich ist über die gegenwärtigen Zahlen hinaus zu beachten, dass die Zahl der Internetnutzer in Deutschland durchschnittlich um ein Drittel pro Jahr steigt[1384]. In Bezug auf die Zahl von Internetnutzungsvorgängen sind daher exponenzielle Steigerungsraten zu erwarten[1385]. Gegenwärtig verdoppelt sich die Menge der über das Internet übertragenen Daten binnen eines Zeitraums von weniger als einem Jahr[1386]. Auf der anderen Seite ist zu berücksichtigen, dass Speichermedien laufend leistungsfähiger und preisgünstiger werden.

Im Telefonbereich ist von erheblich geringeren Datenmengen auszugehen, die auf Vorrat gespeichert werden müssten. Bei den Telefondienstanbietern ist die für eine Aufzeichung von Verkehrsdaten erforderliche Hardware bereits weitgehend vorhanden, weil diese Verbindungsdaten bereits heute regelmäßig zu Abrechnungszwecken aufzeichnen (etwa Anschlussnummer, Zielnummer, Zeitpunkt und Dauer eines Anrufs). Auch hier wäre aber ein erheblicher Ausbau der vorhandenen Speicherkapazität erforderlich[1387].

(2) Sonstige Kosten

Kosten in weit höherer Größenordnung als für die Speicherung fallen für die Verwaltung, Aufbereitung und Übermittlung gespeicherter Verkehrsdaten an die Eingriffsbehörden an[1388]. Es müsste etwa erst neue Software entwickelt werden, um die enormen Datenbestände zu verwalten und den Zugang zu gesuchten Daten zu gewährleisten[1389]. Die Gewährleistung der

---

1384 NFO Infratest, Monitoring Informationswirtschaft (I), 16.

1385 Queen Mary (University of London), Studie über Netzkriminalität (I).

1386 Kommission, Sichere Informationsgesellschaft (I), 11.

1387 VATM: Schriftliche Stellungnahme zur öffentlichen Anhörung am 09.02.2004 in Berlin zum Entwurf eines Telekommunikationsgesetzes (TKG), in Ausschussdrucksache 15(9)961, www.bundestag.de/gremien15/a09/004Anhoerungen/TKG/materialeingeladene. pdf, 47 (68): die Speicherkapazitäten müssten mindestens verdoppelt werden; ebenso o2 (Germany) a.a.O., 140 (146).

1388 BITKOM: Stellungnahme zur Gesetzesinitiative des Bundesrates vom 31.05.2002 (BR-Drs. 275/02), 12.08.2002, www.bitkom.org/files/documents/Position_BITKOM_ Vorratsdatenspeicherung u.a._12.08.2002.pdf, 8, NCIS Submission (I), Punkte 6.2.3 und 6.6.3; ICC/UNICE/EICTA/INTUG, Common Industry Statement on Storage of Traffic Data for Law Enforcement Purposes, 04.06.2003, www.statewatch.org/news/ 2003/jun/CommonIndustryPositionondataretention.pdf, 8.

1389 BITKOM: Stellungnahme zur Gesetzesinitiative des Bundesrates vom 31.05.2002 (BR-Drs. 275/02), 12.08.2002, www.bitkom.org/files/documents/Position_BITKOM_Vorrats datenspeicherung_u.a._12.08.2002.pdf, 8; Home Office (UK), Retention (I), 2; Feather, Clive, zitiert bei Loney, Matt: ISPs spell out true cost of data retention, 12.12.2002, news.zdnet.co.uk/story/0,,t295-s2127408,00.html; ICC/UNICE/EICTA/INTUG, Common

Zugriffsmöglichkeit ist besonders kompliziert, wenn die Daten an verschiedenen Orten oder in verschiedenen Ländern anfallen oder gespeichert werden[1390]. Sodann ist der Vorgang des Aufsuchens erwünschter und des Ausfilterns unerwünschter Daten mit erheblichem Aufwand verbunden. Vor allem fällt der höhere Personalaufwand ins Gewicht, der durch Bereitschaftsdienste, Prüfpflichten und die Datenadministration verursacht würde[1391]. Eine generelle Vorratsspeicherung von Telekommunikations-Verkehrsdaten hätte zur Folge, dass die betroffenen Unternehmen ein Vielfaches der Verkehrsdaten vorhalten müssten, die sie gegenwärtig speichern. Dies lässt einen entsprechenden Anstieg der Zahl von Auskunftsersuchen erwarten. Bereits bisher beschäftigt die Deutsche Telekom AG fünf Mitarbeiter allein zur Bearbeitung von Anfragen nach § 100g StPO[1392]. Durch Auskünfte über Verbindungsdaten wird der Konzernetat Jahr für Jahr mit Beträgen im zweistelligen Millionenbereich belastet[1393]. Hinzu kommen Aufwendungen für die Ausbildung des Personals[1394].

Weitere Kosten können durch Haftungsfälle entstehen. Beispielsweise können Sanktionen für den Fall vorgesehen sein, dass Daten vorschriftswidrig nicht gespeichert oder aufbewahrt wurden. Weiterhin können Kunden das Unternehmen auf Schadensersatz verklagen, wenn es zu einem Missbrauch der bei dem Unternehmen gespeicherten Daten kommt. Unternehmensverbände argumentieren nicht zu Unrecht, dass sich solche Fälle nicht immer vermeiden lassen[1395]. Selbst wenn im einzelnen Fall kein Verschulden des Unternehmens oder eines Mitarbeiters vorliegt, ist die Vorhaltung

---

Industry Statement on Storage of Traffic Data for Law Enforcement Purposes, 04.06.2003, www.statewatch.org/news/2003/jun/CommonIndustryPositionondataretention.pdf, 8.

1390   G8 Workshop, Potential Consequences for Data Retention.

1391   Schulzki-Haddouti, Lauscher unter Beschuss, c't 09/2001, 24 ff.; Home Office (UK), Retention (I), 5.

1392   Königshofen, Thomas (Datenschutzbeauftragter der Deutschen Telekom AG), zitiert bei Krempl, Stefan: Datenschutz ade? Telepolis, Heise-Verlag, 29.12.2001, www.heise.de/tp/deutsch/inhalt/te/11456/1.html.

1393   Königshofen, Thomas (Datenschutzbeauftragter der Deutschen Telekom AG), zitiert bei Krempl, Stefan: Datenschutz ade? Telepolis, Heise-Verlag, 29.12.2001, www.heise.de/tp/deutsch/inhalt/te/11456/1.html.

1394   Home Office (UK), Retention (I), 5.

1395   EuroISPA, Internet Service Providers' Association (Europe) / US ISPA, Internet Service Providers' Association (U.S.A.): Position on the Impact of Data Retention Laws on the Fight against Cybercrime, 30.09.2002, www.euroispa.org/docs/020930eurousispa_dretent.pdf, 2; Rohleder, Bernhard (Bitkom-Geschäftsführer) in Heise Verlag: IT-Branchenverband gegen Vorratsspeicherung von Verbindungsdaten, Meldung vom 19.08.2002, www.heise.de/newsticker/data/hod-19.08.02-001/.

sensibler Daten eine gefahrenträchtige Tätigkeit, die notwendigerweise das Risiko von Verletzungen der Datensicherheit mit sich bringt. Es wäre falsch, dieses Risiko den Unternehmen oder, durch Haftungsbefreiung, den Betroffenen aufzubürden. Dieses Risiko muss vielmehr der Staat tragen, wenn er im öffentlichen Interesse eine Vorratsspeicherung für geboten hält.

Es wird geschätzt, dass Überwachungskosten bereits heute bis zu 15% jeder Telefonrechnung ausmachen[1396]. Im Telefonbereich ist insbesondere die Zielwahlsuche ein erheblicher Kostenfaktor, weil nach geltendem Recht für die dazu erforderliche Computerbenutzung keine Entschädigung gewährt wird[1397]. Eine Zielwahlsuche wird erforderlich, wenn die Staatsanwaltschaft Auskunft darüber verlangt, wer in einem bestimmten Zeitraum einen bestimmten Anschluss angerufen hat (§ 100g Abs. 2 StPO). Die Erteilung einer solchen Auskunft ist technisch sehr aufwändig, weil sämtliche Verbindungen aller Kunden des befragten Unternehmens durchsucht werden müssen[1398]. Die technischen Kosten für eine solche Suche werden auf 750 Euro pro überprüftem Tag und Anschluss beziffert[1399]. Hohe Kosten entstehen auch dann, wenn die Staatsanwaltschaft darüber Auskunft verlangt, wer in einem bestimmten Zeitraum in einer bestimmten Gegend mit seinem Mobiltelefon telefoniert hat (so genannte Funkzellenabfrage, § 100h Abs. 1 S. 2 Var. 1 StPO).

Eine Reduktion der Kosten einer Vorratsspeicherung von Telekommunikationsdaten wäre möglich, wenn sämtliche Verkehrsdaten an eine private oder öffentliche Zentralstelle zum Zweck der Erteilung von Auskünften an die Eingriffsbehörden übermittelt würden[1400]. Die Vorhaltung von Personal und Einrichtungen wäre dann nur bei dieser Stelle erforderlich. Die Wirtschaft ist einer solchen Lösung zugeneigt[1401]. Andererseits müssten die anfallenden Verkehrsdaten ständig an die Zentralstelle übermittelt werden, um auch Verlangen nach Echtzeit-Übermittlung (Art. 20, 33 CCC) nachkommen zu können. Dies würde den kostensparenden Effekt mindestens dämpfen. Darüber hinaus würde die Schaffung einer solchen Zentraleinrich-

---

1396 Seeger, Martin vom Internet-Access-Provider Netuse, zitiert bei Klotz, Karlhorst: Die Polizei, dein Freund und Mixer, www.sueddeutsche.de/computer/artikel/382/6376/.

1397 Etwa OLG Stuttgart, NStZ 2001, 158; OLG Köln, NStZ-RR 2001, 31.

1398 Königshofen, Thomas (Datenschutzbeauftragter der Deutschen Telekom AG), zitiert bei Krempl, Stefan: Datenschutz ade? Telepolis, Heise-Verlag, 29.12.2001, www.heise.de/tp/deutsch/inhalt/te/11456/1.html.

1399 Angabe bei LG Stuttgart, MMR 2001, 255 (257).

1400 NCIS Submission (I), Punkt 6.2.3.

1401 BMWi-Ressortarbeitsgruppe, Eckpunkte zur Anpassung der Regelungen des § 90 TKG (I), 6.

tung zulasten der Betroffenen gehen[1402] und die Unverhältnismäßigkeit des Eingriffs in Art. 10 Abs. 1 Var. 3 GG weiter verstärken. Diese Lösung kann bei der folgenden Betrachtung daher außer Betracht bleiben. Das gleiche gilt für Ansätze, den Bedarfsträgern einen Online-Zugriff auf die Datenbanken der betroffenen Unternehmen zu eröffnen[1403].

(3) Ergebnis

Fraglich ist, mit welchen Belastungen für die betroffenen Berufszweige eine Verkehrsdatenspeicherungspflicht insgesamt verbunden wäre. Die Deutsche Telekom AG geht davon aus, dass eine Vorratsdatenspeicherungspflicht von sechs Monaten das Unternehmen im Festnetz- und Mobilfunkbereich zu Investitionen in Höhe von 180 Millionen Euro zwingen sowie jährliche Mehrkosten von weiteren 40 Millionen Euro verursachen würde[1404]. Nach einer anderen Schätzung sind für jedes größere Festnetz- oder Mobilfunkunternehmen einmalige Investitionskosten in „dreistelliger Millionenhöhe" sowie jährliche Mehrkosten von weiteren 50 Millionen Euro zu erwarten[1405]. Im Internetbereich wird mit „um ein Vielfaches" höheren Kosten als im Telefoniebereich gerechnet[1406]. Konkrete Zahlen bezüglich der drohenden Gesamtkostenbelastung sind für Großbritannien verfügbar, wo es bereits konkrete Pläne zur Einführung einer Verkehrsdatenspeicherungspflicht gibt. Bisher fallen bei den britischen Telekommunikationsunternehmen im Internet- und Telefonbereich Kosten in Höhe von etwa 14 Millionen Euro pro Jahr an, um kundenbezogene Daten zu speichern und zu verwalten[1407]. Die zusätzlichen Kosten durch eine generelle Vorratsspeicherung von Telekommunikations-Verkehrsdaten werden im

---

1402 Seite 249.

1403 Vgl. dazu NCIS Submission (I), Punkt 6.6.3.

1404 Deutsche Telekom AG: Schriftliche Stellungnahme zur öffentlichen Anhörung am 09.02.2004 in Berlin zum Entwurf eines Telekommunikationsgesetzes (TKG), in Ausschussdrucksache 15(9)961, www.bundestag.de/gremien15/a09/004Anhoerungen/TKG/materialeingeladene.pdf, 150 (163).

1405 Bundesverband der Deutschen Industrie (BDI), BDI-Positionspapier zum Entwurf eines EU-Rahmenbeschlusses zur Einführung einer verbindlichen Vorratsdatenspeicherung, 07.07.2004, www.bdi-online.de/sbrecherche/infostartpage.asp?InfoID={56A443EE-2C51-4E56-BA12-B5EEE890FEEE}, 6.

1406 Bundesverband der Deutschen Industrie (BDI), BDI-Positionspapier zum Entwurf eines EU-Rahmenbeschlusses zur Einführung einer verbindlichen Vorratsdatenspeicherung, 07.07.2004, www.bdi-online.de/sbrecherche/infostartpage.asp?InfoID={56A443EE-2C51-4E56-BA12-B5EEE890FEEE}, 6.

1407 NCIS Submission (I), Punkt 6.6.4.

Internet-Bereich auf 60 Millionen Euro pro Jahr geschätzt[1408]. Für die gesamte Telekommunikationsbranche ist von mehr als 150 Millionen Euro die Rede[1409]. Die Kosten, die durch den Zugriff auf die Daten entstehen, sind in dieser Zahl noch nicht enthalten; insoweit ist in Großbritannien ein Entschädigungsanspruch der Unternehmen vorgesehen. Überträgt man die britische Zahl anhand der Einwohnerzahlen[1410] auf Deutschland, dann ergäben sich Kosten von über 206 Millionen Euro pro Jahr[1411]. Weitere indirekte Kosten können durch den Verlust an Kundenvertrauen entstehen, der zu einer generell reduzierten Inanspruchnahme von Diensten führen kann[1412]. Im Internetbereich, wo bisher kaum Verkehrsdaten gespeichert werden mussten, wird damit gerechnet, dass die Betriebskosten eines Internet-Access-Providers bei Einführung einer Verkehrsdatenspeicherungspflicht um etwa 15-20% steigen würden[1413].

In Anbetracht der schmalen Gewinnmargen in der Telekommunikationsbranche wäre eine Vorratsspeicherung von Telekommunikationsdaten daher mit hohen finanziellen Belastungen für die betroffenen Unternehmen verbunden. Angesichts der genannten Summen wird die Einführung einer Vorratsspeicherung von Telekommunikations-Verkehrsdaten teilweise als unverhältnismäßige Belastung der Unternehmen angesehen[1414], gerade wenn keine Kostenerstattung vorgesehen ist[1415].

1408 Perry, Roland (Director of Public Policy des London Internet Exchange, Linx), zitiert bei Grossman, Wendy: A new blow to our privacy, The Guardian, 06.06.2002, www.guardian.co.uk/Archive/Article/0,4273,4427430,00.html.

1409 APIG, Communications Data, 24.

1410 Nach Eurostat Jahrbuch 2002, Menschen in Europa (I), 3.

1411 Vgl. auch Wirtschaftsausschuss des Bundesrates in BR-Drs. 755/2/03, 37: „Erste entsprechende Schätzungen sprechen von einem Volumen von 200 Millionen Euro jährlich."

1412 G8 Workshop, Potential Consequences for Data Retention.

1413 Tim Snape (ISPA UK), zitiert bei BBC News Online, Net snooping laws ‚too costly'; Einzinger (Generalsekretär Internet Service Providers Austria), Brief an Bundeskanzler Dr. Wolfgang Schüssel; ISPA Austria: ISPA lehnt EU-Vorstoß für verpflichtende Datenspeicherung ab, 07.05.2004, www.ispa.at/www/getFile.php?id=452.

1414 EDSB-Konferenz, Europäische Datenschutzbeauftragte: Statement at the International Conference in Cardiff (09.-11.09.2002) on mandatory systematic retention of telecommunication traffic data, BT-Drs. 15/888, 176; eco, Electronic Commerce Forum e.V., Verband der deutschen Internetwirtschaft: Pressemitteilung vom 31.05.2002 zur Gesetzesinitiative des Bundesrats vom 31.05.2002 (BR-Drs. 275/02), www.eco.de/presse/mitteilungen/2002/02-05-31_de.htm; eco, Electronic Commerce Forum e.V., Verband der deutschen Internetwirtschaft: Vorratsdatenspeicherung ist verfassungswidrig! Pressemitteilung vom 17.12.2003, www.eco.de/servlet/PB/menu/1236462_pcontent_l1/content.html; GDD, Gesellschaft für Datenschutz und Datensicherung e.V.: Bundesrats-

Allerdings könnte bei der Verhältnismäßigkeitsprüfung zu berücksichtigen sein, dass Unternehmen Kostensteigerungen unter Umständen ausgleichen können, etwa indem sie von ihren Kunden höhere Entgelte verlangen. Im besten Fall können negative Auswirkungen auf die Ertragslage der Unternehmen sogar gänzlich verhindert werden. Fraglich ist, wie die Verhältnismäßigkeit einer Verkehrsdatenspeicherungspflicht in diesem bestmöglichen Fall zu beurteilen wäre. Zwar können Berufsausübungsregelungen auch unabhängig von ihren finanziellen Auswirkungen mit Belastungen für die Betroffenen verbunden sein. Durch eine Vorratsspeicherungspflicht würden die betroffenen Unternehmen etwa zu staatlichen Hilfsdiensten verpflichtet, die ansonsten nicht Bestandteil ihrer Tätigkeit wären. Angesichts der Tatsache, dass ein Beruf vorwiegend zur Gewinnerzielung ausgeübt wird, wiegen solche Beeinträchtigungen aber weniger schwer, wenn trotz der staatlichen Inanspruchnahme gleich bleibende Gewinne zu erzielen sind. Im vorliegenden Zusammenhang kommt hinzu, dass Telekommunikations-, Tele- und Mediendiensteanbieter schon heute regelmäßig Verkehrsdaten speichern, es sich also nicht um eine ganz unternehmensfremde Tätigkeit handelt[1416]. Wenn Unternehmen höhere Kosten dauerhaft durch höhere Einnahmen oder durch andere Maßnahmen ausgleichen können, entstehen ihnen daher letztlich keine wesentlichen Nachteile; in diesem Fall ist ihnen eine Vorratsspeicherungspflicht zumutbar.

Im Sinne eines effektiven Grundrechtsschutzes sind Möglichkeiten eines Kostenausgleichs allerdings nur insoweit zu berücksichtigen, wie ein Kostenausgleich jedenfalls typischerweise auch tatsächlich möglich ist[1417]. Zwar mag die jeweilige Marktlage kein geeignetes Kriterium für die Ver-

---

initiative zur Vorratsdatenspeicherung verstößt gegen elementare Grundsätze des Datenschutzes, Pressemitteilung vom 05.06.2002, www.rainer-gerling.de/aktuell/vorrat. html; BITKOM: Stellungnahme zur Gesetzesinitiative des Bundesrates vom 31.05.2002 (BR-Drs. 275/02), 12.08.2002, www.bitkom.org/files/documents/Position_ BITKOM_Vorratsdatenspeicherung_u.a._12.08.2002.pdf, 8; Einzinger (Generalsekretär Internet Service Providers Austria), Brief an Bundeskanzler Dr. Wolfgang Schüssel.

1415 Wirtschaftsausschuss des Bundesrates in BR-Drs. 755/2/03, 37; eco, Electronic Commerce Forum e.V., Verband der deutschen Internetwirtschaft: Pressemitteilung vom 31.05.2002 zur Gesetzesinitiative des Bundesrats vom 31.05.2002 (BR-Drs. 275/02), www.eco.de/presse/mitteilungen/2002/02-05-31_de.htm: „wirtschaftlich untragbar"; vgl. auch allgemein Germann, 576: Zumutbar nur, wenn die zusätzlichen Kosten lediglich einen geringen Teil der Gesamtkosten des Unternehmens ausmachten.

1416 Zu diesem Kriterium BVerfGE 30, 292 (324 f.).

1417 A.A. BVerfGE 30, 292 (326): Es genüge, wenn keine rechtlichen Hindernisse für eine Abwälzung der Kosten bestünden; ebenso Friedrich, Verpflichtung, 178 m.w.N.

fassungsmäßigkeit eines Gesetzes sein[1418]. Jedoch kann nicht außer Acht gelassen werden, wenn ein Auffangen von Mehrkosten nach den tatsächlichen wirtschaftlichen Gegebenheiten typischerweise und dauerhaft, also gerade unabhängig von der jeweiligen Marktlage, unmöglich ist.

Fraglich ist demnach, inwieweit den von einer Vorratsspeicherungspflicht potenziell betroffenen Unternehmen eine Umlegung ihrer Mehrkosten tatsächlich möglich wäre. Wie oben ausgeführt, sind die Kunden von Telekommunikations-, Tele- und Mediendiensteanbietern regelmäßig auf deren Dienste angewiesen. Legt man eine Kostensteigerung um 15% infolge einer Verkehrsdatenspeicherungspflicht zugrunde, dann wäre auch nicht zu befürchten, dass Kunden in großem Maßstab auf Anbieter aus Drittländern ausweichen würden. Es wäre dann davon auszugehen, dass zumindest große Unternehmen ihrer Mehrkosten weitgehend an ihre Kunden weitergeben könnten und dadurch keine erheblichen finanziellen Einbußen erleiden würden. In diesem Fall wäre in einer Vorratsspeicherungspflicht eine angemessene Beschränkung der freien Berufsausübung zu sehen.

Allerdings ist unklar, mit welchen Kosten eine generelle Vorratsspeicherung von Telekommunikations-Verkehrsdaten tatsächlich verbunden wäre und in welchem Maß die betroffenen Unternehmen diese Kosten auffangen könnten. Auch ohne die experimentelle Einführung einer Vorratsspeicherungspflicht lassen sich diese Fragen näher untersuchen. Zudem duldet die Frage Aufschub, weil eine Vorratsspeicherung von Telekommunikationsdaten nicht ausnahmsweise zur Abwendung schwerster Gefahren dringend erforderlich ist[1419]. Weil eine Vorratsspeicherungspflicht im Einzelfall zu Insolvenzen und damit zu irreparablen Einbußen auf Seiten der Betroffenen führen könnte, ist der Gesetzgeber verpflichtet, die ihm zugänglichen Erkenntnisquellen vor Einführung einer Verkehrsdatenspeicherungspflicht auszuschöpfen und die maßgeblichen Tatsachen vor einer Entscheidung prüfen zu lassen[1420]. Ohne eine solche Prüfung ist den betroffenen Unternehmen eine Verkehrsdatenspeicherungspflicht nicht zumutbar[1421]. Sollte die Prüfung ergeben, dass die betroffenen Berufszweige einen erheblichen Teil der Kosten einer Vorratsspeicherung aus eigenen Mitteln tragen müssten, also typischerweise weder von ihren Kunden noch vom Staat Ausgleich erlangen könnten, so entstünde ein Missverhältnis zwischen den negativen wirtschaftlichen Folgen einer Vorratsspeicherungspflicht und dem geringen

---

1418 BVerfGE 30, 292 (326).
1419 Seite 250.
1420 Vgl. Seite 147.
1421 Vgl. Seite 264.

zu erwartenden Nutzen einer solchen Maßnahme[1422]. In diesem Fall läge eine unangemessene Beschränkung der freien Berufsausübung und damit ein Verstoß gegen Art. 12 Abs. 1 GG vor, wenn eine Verkehrsdatenspeicherungspflicht gleichwohl eingeführt würde.

1422 Seite 152 ff.

5. Die Eigentumsgarantie (Artikel 14 Abs. 1 GG)

Fraglich ist, ob eine Verkehrsdatenspeicherungspflicht mit der Eigentumsgarantie aus Art. 14 Abs. 1 GG vereinbar ist. Als „Eigentum" schützt Art. 14 Abs. 1 S. 1 GG jedes konkrete, gegenwärtig bestehende und vermögenswerte subjektive Recht[1423]. Das Vermögen als solches ist grundsätzlich nicht geschützt[1424]. Eine Ausnahme hiervon macht das Bundesverfassungsgericht für Maßnahmen, welche die Betroffenen übermäßig belasten und ihre Vermögensverhältnisse grundlegend beeinträchtigen würden[1425]. Nach Art. 14 Abs. 1 S. 2 GG werden Inhalt und Schranken des Eigentums durch die Gesetze bestimmt. Geht eine solche gesetzliche Inhalts- oder Schrankenbestimmung zu Lasten eines Eigentümers, so liegt ein Eingriff in dessen Eigentumsrecht vor, wie es die Rechtsordnung bisher gewährleistete. Ein Eingriff in den Schutzbereich der Eigentumsgarantie des Art. 14 Abs. 1 GG liegt danach dann vor, wenn eine als Eigentum geschützte Rechtsposition dem bisher Berechtigten entzogen wird oder wenn ihre Nutzung, die Verfügung über sie oder ihre Verwertung behindert wird[1426].

Teilweise wird vertreten, dass auch ein Unternehmen als eingerichteter und ausgeübter Gewerbebetrieb Eigentum im Sinne des Art. 14 Abs. 1 GG sei[1427]. Unabhängig von der Frage der Richtigkeit dieser Ansicht sind jedenfalls Aussichten auf künftige Unternehmensgewinne vom Schutzbereich der Eigentumsgarantie auszunehmen. Nur auf diese Weise ist eine nachvollziehbare Abgrenzung zu Art. 12 Abs. 1 GG zu gewährleisten. Das Bundesverfassungsgericht hat zu diesem Zweck die Formel geprägt, dass Art. 12 GG den Erwerbsvorgang schütze und Art. 14 GG das bereits Erworbene[1428].

Unberührt von der Frage des Schutzes von Unternehmen als eigenständigen Vermögenswerten bleibt der grundrechtliche Schutz des Eigentums von Unternehmen an einzelnen Vermögenswerten. Eine Verkehrsdatenspeicherungspflicht könnte zur Folge haben, dass die zur Erfüllung dieser Pflicht herangezogenen Personen neue Anlagen anschaffen und bestehende Anlagen umgestalten oder sogar stilllegen müssten. Die Notwendigkeit einer Anschaffung neuer Anlagen betrifft lediglich das Vermögen der Betroffenen, so dass die Eigentumsgarantie insoweit nicht betroffen ist. Anders

---

1423 P/S, Rn. 903; J/P⁶-Jarass, Art. 14, Rn. 7 und 22 m.w.N.
1424 J/P⁶-Jarass, Art. 14, Rn. 15 m.w.N.
1425 So für Geldleistungspflichten etwa BVerfGE 14, 221 (241); BVerfGE 82, 159 (190).
1426 P/S, Rn. 912 und 914; J/P⁶-Jarass, Art. 14, Rn. 29 f.
1427 So BGH seit Z 23, 157 (162 f.); BVerwGE 62, 224 (226).
1428 BVerfGE 30, 292 (335); BVerfGE 88, 366 (377).

verhält es sich bei Anlagen, die Anbieter von Telekommunikations-, Tele- und Mediendiensten bisher für ihr Gewerbe einsetzen und die infolge der Einführung einer Verkehrsdatenspeicherungspflicht nicht mehr oder jedenfalls ohne Nachrüstung nicht mehr wirtschaftlich sinnvoll genutzt werden könnten. Insoweit kommt ein Eingriff in die Eigentumsgarantie in Betracht.

Die Anwendbarkeit des Art. 14 Abs. 1 GG hängt zunächst nicht davon ab, ob der Betreiber einer Telekommunikationsanlage auch deren Eigentümer ist. Selbst wenn es sich um gemietete, geleaste, unter Eigentumsvorbehalt gekaufte oder als Sicherheit übereignete Anlagen handelt, so kommt dem Betreiber der Anlagen jedenfalls ein Gebrauchsrecht an ihnen zu, welches Art. 14 GG als vermögenswertes Recht schützt[1429].

Wenn die wirtschaftlich sinnvolle Nutzung einer Anlage überhaupt unmöglich wird, könnte man erwägen, ob eine Enteignung im Sinne von Art. 14 Abs. 3 GG vorliegt. Diese ist dann gegeben, wenn der Staat zur Erfüllung bestimmter öffentlicher Aufgaben eine als Eigentum geschützte Rechtsposition gezielt dem bisherigen Eigentümer entzieht[1430]. Eine Verkehrsdatenspeicherungspflicht hat nicht primär zum Ziel, den Verpflichteten die Rechte an ihren Anlagen zu entziehen. Sinn der Maßnahme ist es vielmehr, die Betreiber zur Anschaffung der für eine Vorratsspeicherung von Telekommunikationsdaten erforderlichen Geräte anzuhalten. Lediglich mittelbar kann eine Verkehrsdatenspeicherungspflicht zum faktischen Verlust von als Eigentum geschützten Rechtspositionen führen, so dass keine Enteignung im Sinne von Art. 14 Abs. 3 GG vorliegt.

Es könnte aber ein Eingriff in Art. 14 Abs. 1 GG vorliegen. Zu bedenken ist, dass nicht jede hoheitliche Beeinträchtigung der Gebrauchsmöglichkeiten einer Sache als Eingriff in Art. 14 Abs. 1 GG anzusehen sein kann. Das Grundgesetz garantiert die Handlungsfreiheit in anderen Grundrechten umfassend, und die Handlungsfreiheit schließt auch das Recht auf Gebrauch der eigenen Sachen ein[1431]. Um einer Ausuferung des Anwendungsbereichs des Art. 14 GG vorzubeugen, erscheint es daher nötig, dessen Anwendungsbereich einzuschränken[1432]: Eine hoheitliche Beeinträchtigung der Gebrauchsmöglichkeiten einer Sache wird erst dann einen Eingriff in Art. 14 Abs. 1 GG darstellen, wenn die öffentliche Gewalt eine sinnvolle Nutzung der Sache durch ihren Eigentümer überhaupt unmöglich macht.

1429 Vgl. Dreier-Wieland, Art. 14, Rn. 38 f.
1430 P/S, Rn. 922; J/P⁶-Jarass, Art. 14, Rn. 70 m.w.N.
1431 J/P⁶-Jarass, Art. 14, Rn. 5 m.w.N.
1432 Ossenbühl, VVDStRL 29, 137 (179); J/P⁶-Jarass, Art. 14, Rn. 5 m.w.N.

Zwar schließt diese Definition Überschneidungen mit den Freiheitsgrundrechten nicht stets aus. Solche Grundrechtskollisionen sind aber allgemein nicht unüblich und unschädlich, wenn sie nicht zu Wertungswidersprüchen führen. Wenn die öffentliche Gewalt die sinnvolle Nutzung einer Sache durch ihren Eigentümer unmöglich macht, dann ist das Eigentum an der Sache zentral betroffen. Man kann insoweit von einer enteignungsähnlichen Wirkung sprechen[1433]. In diesen Fällen erscheint es nicht gerechtfertigt, die Eigentumsgarantie hinter die Freiheitsgrundrechte zurücktreten zu lassen. Insbesondere wäre es dogmatisch nicht begründbar, anzunehmen, dass Art. 14 Abs. 1 GG nur vor finalen Eigentumsverkürzungen schütze. Wie bei den anderen speziellen Grundrechten müssen auch im Bereich der Eigentumsgarantie mittelbare Beeinträchtigungen unter den allgemeinen Voraussetzungen[1434] zur Annahme eines Eingriffs genügen.

Dass eine Verkehrsdatenspeicherungspflicht die sinnvolle Benutzung bestimmter Anlagen durch die bisher Berechtigten unmöglich machen könnte, weil mit einigen Anlagen eine Vorratsspeicherung von Telekommunikationsdaten nicht realisierbar ist, ist gut denkbar. In diesem Fall läge ein Eingriff in die Eigentumsgarantie vor, der den Betroffenen nur nach Maßgabe des Verhältnismäßigkeitsprinzips zuzumuten wäre. Anerkannt ist, dass das Verhältnismäßigkeitsgebot eine Entschädigung der von einem schwerwiegenden Eingriff in Art. 14 Abs. 1 GG Betroffenen gebieten kann[1435], dass die Verhältnismäßigkeit eines solchen Eingriffs in Art. 14 Abs. 1 GG also von der Gewährung einer Entschädigung abhängen kann. Dies ist regelmäßig dann anzunehmen, wenn eine Norm in ihrer Wirkung einer Enteignung nahe oder gleich kommt[1436]. Art. 14 Abs. 2 GG ändert daran nichts, denn wie sich aus Art. 14 Abs. 2 S. 2 GG ergibt, will die Norm den Gebrauch von Eigentum nur einschränken und nicht den entschädigungslosen Entzug sämtlicher Gebrauchsmöglichkeiten ermöglichen.

Wenn die sinnvolle Nutzung einer Sache durch ihren Eigentümer gänzlich unmöglich gemacht wird, wird man eine enteignungsähnliche Wirkung annehmen müssen, denn die Privatnützigkeit ist Wesensmerkmal des Eigentums[1437]. Art. 14 Abs. 1 GG gebietet es daher, eine Entschädigung für unvermeidbare finanzielle Nachteile derjenigen Personen und Unternehmen vorzusehen, die infolge der Einführung einer Verkehrsdatenspeicherungs-

---

1433 Vgl. J/P⁶-Jarass, Art. 14, Rn. 46 m.w.N.
1434 Seite 91.
1435 J/P⁶-Jarass, Art. 14, Rn. 46.
1436 J/P⁶-Jarass, Art. 14, Rn. 46.
1437 Vgl. BVerfGE 100, 226 (241).

pflicht bisher genutzte Einrichtungen nicht mehr einsetzen können. Die Betroffenen sind grundsätzlich so zu stellen wie wenn eine Verkehrsdatenspeicherungspflicht nicht eingeführt worden wäre. Der Eigentümer einer nicht mehr benutzbaren Anlage ist also beispielsweise finanziell in die Lage zu versetzen, eine Anlage mit vergleichbaren Nutzungsmöglichkeiten anzuschaffen, die den neuen gesetzlichen Anforderungen genügt. Bei der Bemessung der Entschädigung darf der Gesetzgeber allerdings einen – etwa durch Verkauf der Anlage in das Ausland – tatsächlich realisierbaren Restwert berücksichtigen. Wenn die Umrüstung einer Anlage möglich ist, kann die Höhe der Entschädigung auf die Umrüstungskosten begrenzt werden. Wäre eine Anlage aus anderen Gründen ohnehin bald ersetzt worden, so darf auch dies entschädigungsmindernd berücksichtigt werden. Zudem darf – parallel zu Art. 12 Abs. 1 GG[1438] – von einer Entschädigung insoweit abgesehen werden, wie der Wertverlust von den Betroffenen durch zumutbare Maßnahmen aufgefangen werden kann, etwa durch Preissteigerungen.

Zwar hat die Sicherung der Verhältnismäßigkeit eines Eingriffs auf der Primärebene, etwa durch Übergangs-, Ausnahme- oder Befreiungsvorschriften, Vorrang vor einer Entschädigungsregelung[1439]. Abhilfe auf der Primärebene ist aber nicht immer möglich, ohne die Eignung einer Regelung unangemessen zu beeinträchtigen. Gerade im Fall einer Verkehrsdatenspeicherungspflicht ist die Vermeidung von Umgehungsmöglichkeiten von zentraler Bedeutung für das Maß an Eignung der Maßnahme[1440]. Zudem kann dem im Wesentlichen wirtschaftlichen Interesse der betroffenen Unternehmen durch eine Entschädigung genügt werden. In einem solchen Fall ist eine Entschädigungsregelung als ausreichend anzusehen, um die Verhältnismäßigkeit des Eingriffs in Art. 14 Abs. 1 GG zu gewährleisten.

Zusammenfassend ist festzuhalten, dass eine Verkehrsdatenspeicherungspflicht insoweit in die Eigentumsgarantie eingreift, wie sie dazu führt, dass bisher zum Angebot von Telekommunikations-, Tele- und Mediendiensten genutzte Einrichtungen von dem Nutzungsberechtigten nicht mehr genutzt werden können, weil die Einrichtungen eine Vorratsspeicherung von Telekommunikationsdaten nicht erlauben. Der Eingriff ist nur verhältnismäßig, wenn den betroffenen Unternehmen dadurch keine wesentlichen, unvermeidbaren finanziellen Nachteile entstehen.

1438   Seite 298.
1439   BVerfGE 100, 226 (245).
1440   Vgl. Seiten 188-193.

6. Die Meinungsfreiheit, die Informationsfreiheit, die Rundfunkfreiheit und die Pressefreiheit (Artikel 5 Abs. 1 GG)

Eine Vorratsspeicherung von Telekommunikationsdaten könnte auch an den Grundrechten[1441] aus Art. 5 Abs. 1 GG zu messen sein.

a) Schutzbereich der Meinungsfreiheit

Art. 5 Abs. 1 S. 1 Hs. 1 GG gewährleistet das Recht, Meinungen in Wort, Schrift und Bild äußern und verbreiten zu dürfen. Dies umfasst auch Meinungsäußerungen unter Benutzung der Medien Telefon („Wort"), Telefax („Schrift und Bild") und Internet („Wort, Schrift und Bild")[1442]. Geschützt sind Meinungsäußerungen sowohl im Wege der Individual- wie auch der Massenkommunikation[1443]. Die Äußerung und Verbreitung von Tatsachenbehauptungen ist dann geschützt, wenn die Kenntnis der Tatsachenbehauptungen Voraussetzung für die Meinungsbildung ist[1444]. Weil die Kenntnis einer Tatsachenbehauptung stets unabdingbare Voraussetzung dafür ist, sich darüber eine Meinung bilden zu können, ist die Äußerung und Verbreitung von Tatsachen und Tatsachenbehauptungen umfassend geschützt.

Erwiesen oder bewusst unwahre Tatsachenbehauptungen sollen dem Bundesverfassungsgericht zufolge nicht von der Meinungsfreiheit erfasst sein[1445]. Dabei geht das Gericht aber von Erfordernissen der „Mißbrauchsbekämpfung, nicht vom Schutzbedürfnis des Bürgers aus" und argumentiert „folglich eingriffsorientiert"[1446]. „Die Möglichkeit von Grundrechtsmißbräuchen kann ein rechtfertigender Grund für Grundrechtsbeschränkungen, nicht aber für Schutzbereichsbegrenzungen sein."[1447] Diese Erwägungen, die das Bundesverfassungsgericht an anderer Stelle anstellt, sind auf den Bereich der Meinungsfreiheit zu übertragen mit der Folge, dass auch erwiesen oder bewusst unwahre Tatsachenbehauptungen dem Schutzbereich der Meinungsfreiheit zuzuordnen sind. Auf die nicht eindeutig durchführbare und die Rechtsprechung stets von Neuem beschäftigende Abgrenzung von Tatsachenbehauptungen und Werturteilen kommt es unter dem Aspekt des Schutzbereiches der Meinungsfreiheit daher nicht an.

1441 P/S, Rn. 547: Art. 5 Abs. 1 GG enthält fünf Grundrechte.
1442 BVerfG EuGRZ 1997, 446 (446) für das Internet.
1443 Für Meinungsäußerungen in der Presse BVerfGE 85, 1 (11 f.); BVerfGE 86, 122 (128).
1444 BVerfGE 94, 1 (7); BVerfGE 65, 1 (41); BVerfGE 61, 1 (8).
1445 BVerfG seit E 54, 208 (219).
1446 Vgl. BVerfGE 85, 386 (397).
1447 Vgl. BVerfGE 85, 386 (397).

Demnach ist das Recht auf Verbreitung von Tatsachenbehauptungen und Werturteilen mittels Telekommunikation durch Art. 5 Abs. 1 S. 1 Hs. 1 GG umfassend gewährleistet. Im Bereich des Internet können alle Dienste zur Verbreitung von Tatsachen und Werturteilen genutzt werden (insbesondere WWW, FTP, Usenet und E-Mail). Allerdings werden das Internet und die genannten Dienste nicht stets zur Verbreitung von Tatsachenbehauptungen oder Werturteilen genutzt. Werden sonstige Arten von Daten über das Internet ausgetauscht, so handelt es sich lediglich um eine Transaktion, die mit dem Austausch materieller Gegenstände vergleichbar ist. Insoweit ist die Meinungsfreiheit nicht einschlägig. So wird es sich etwa regelmäßig bei dem Angebot von Software oder Computerspielen über das Internet verhalten.

Die Meinungsfreiheit gewährleistet auch das Recht, die Umstände – also etwa die Zeit und den Ort – der Meinungskundgabe frei zu bestimmen[1448]. Daraus ergibt sich, dass auch das Recht der Inanspruchnahme Dritter zur Verbreitung eigener Tatsachenbehauptungen oder Meinungen gewährleistet ist. Dieser Schutz wirkt allerdings nur zugunsten dessen, der seine Meinung äußert und verbreitet, nicht zugunsten des Nachrichtenmittlers[1449]. Von der Meinungsfreiheit nicht geschützt sind daher etwa Telefonnetzbetreiber, Anbieter von Internetzugängen und Webhosting-Anbieter.

Fraglich ist, ob Art. 10 GG gegenüber der Meinungsfreiheit speziell ist und sie verdrängt[1450]. Dass Art. 10 GG nicht in jedem Fall das speziellere Grundrecht ist, ergibt sich daraus, dass Art. 10 GG die Übermittlung aller Arten von Informationen schützt und nicht nur die Verbreitung von Tatsachenbehauptungen und Meinungen. Aber auch in Fällen, in denen sowohl ein Grundrecht aus Art. 10 GG als auch die Meinungsfreiheit einschlägig ist, weisen die Grundrechte unterschiedliche Schutzrichtungen auf: Während das Fernmelde- und das Briefgeheimnis die Vertraulichkeit der Kommunikation schützen sollen, schützt die Meinungsfreiheit das Recht, Tatsachenbehauptungen und Meinungen überhaupt frei äußern und verbreiten zu dürfen. Vor staatlicher Kenntnisnahme einer Äußerung schützt die Meinungsfreiheit nicht. Umgekehrt schützt das Fernmelde- und das Briefgeheimnis nicht das Recht der freien Meinungsäußerung. Es ist nicht gerechtfertigt, durch die Annahme eines Spezialitätsverhältnisses die Meinungsfreiheit auf dem Gebiet der räumlich distanzierten Kommunikation quasi

---

1448 P/S, Rn. 556 m.w.N.
1449 Vgl. P/S, Rn. 558.
1450 So J/P⁷-Jarass, Art. 10, Rn. 2; M/D-Dürig, Art. 10, Rn. 29; Brenner, Die strafprozessuale Überwachung des Fernmeldeverkehrs mit Verteidigern, 33.

aufzuheben, zumal Art. 5 Abs. 1 S. 1 Hs. 1 GG die freie Wahl des für eine Meinungsäußerung eingesetzten Mediums gewährleistet[1451]. In Anbetracht der unterschiedlichen Schutzzwecke müssen die Grundrechte aus Art. 10 GG einerseits und die Meinungsfreiheit andererseits daher nebeneinander anwendbar sein (Idealkonkurrenz).

In Idealkonkurrenz stehen auch Meinungs- und Berufsfreiheit[1452], da auch diese Grundrechte unterschiedliche Schutzrichtungen aufweisen. Das Konkurrenzverhältnis zwischen Meinungs- und Berufsfreiheit wird dann relevant, wenn Tatsachen oder Meinungen gewerbsmäßig oder in Gewinnerzielungsabsicht verbreitet werden (z.b. durch ein Presseunternehmen oder ein Online-Nachrichtenmagazin).

b) Schutzbereich der Informationsfreiheit

Art. 5 Abs. 1 S. 1 Hs. 2 GG gewährleistet das Recht, sich aus allgemein zugänglichen Quellen ungehindert zu unterrichten. Erfasst ist sowohl die Unterrichtung über Meinungen als auch über Tatsachenbehauptungen[1453]. Gerade das Recht auf freie Unterrichtung über Tatsachen ist Funktionsbedingung einer Demokratie[1454], die von der Mitwirkung bei und der Kontrolle von staatlichen Entscheidungen durch die Öffentlichkeit lebt. Kann eine Informationsquelle nur mit Hilfe von technischen Vorrichtungen genutzt werden, dann gewährleistet die Informationsfreiheit auch das Recht zur Anschaffung und Nutzung der erforderlichen Vorrichtungen[1455].

Allgemein zugänglich ist eine Informationsquelle jedenfalls dann, wenn sie technisch dazu geeignet und bestimmt ist, einem individuell nicht bestimmbaren Personenkreis Informationen zu verschaffen[1456]. Diese Definition des Bundesverfassungsgerichts ist allerdings insoweit unglücklich, als es statt „individuell bestimmbar" „individuell bestimmt" heißen muss: Einschlägig ist die Informationsfreiheit nur dann nicht, wenn der Adressatenkreis einer Quelle nach dem Willen ihres Inhabers abschließend feststeht

---

1451 Seite 306.
1452 v. Munch/Kunig-Gubelt, Art. 12, Rn. 95; Sachs-Tettinger, Art. 12, Rn. 167; vgl. auch BVerfGE 30, 336 (352) für die Einschlägigkeit der Meinungsfreiheit bei der Verbreitung von Meinungen zur Gewinnerzielung; BVerfGE 85, 1 (11 f.) und BVerfGE 86, 122 (128) für die Einschlägigkeit der Meinungsfreiheit bei Presseunternehmen.
1453 Dreier-Schulze-Fielitz, Art. 5 I, II, Rn. 57; J/P⁶-Jarass, Art. 5, Rn. 15 m.w.N.
1454 Hornung, MMR 2004, 3 (5) m.w.N.
1455 BVerfGE 90, 27 (32).
1456 BVerfGE 27, 71 (83); BVerfGE 33, 52 (65).

und nicht erweiterbar ist[1457]. Demgegenüber ist es für den Schutzzweck der Informationsfreiheit unerheblich, ob eine Informationsquelle nach dem Willen ihres Inhabers nur einem bestimmten, nach allgemeinen Merkmalen abgegrenzten Adressatenkreis offen stehen soll oder der Allgemeinheit. Beispielsweise soll eine Zeitung regelmäßig nur an zahlende Käufer abgegeben werden und jugendgefährdende Schriften nur an Volljährige. In derartigen Fällen müssen sich all diejenigen Personen auf das Grundrecht der Informationsfreiheit berufen können, welche die von dem Inhaber der Informationsquelle geforderten Merkmale erfüllen. Das Wort „zugänglich" in Art. 5 Abs. 1 S. 1 Hs. 2 GG bezieht sich nach allgemeinem Sprachverständnis allein auf die faktische oder technische Erreichbarkeit, so dass auch nur diese „allgemein", also für jedermann, gegeben sein muss. Nicht erforderlich ist, dass der Inhaber einer Informationsquelle diese voraussetzungslos für jedermann eröffnet.

Art. 5 Abs. 1 S. 1 Hs. 2 GG ist hinsichtlich Internetdiensten regelmäßig einschlägig. Dies gilt sowohl im Bereich des World Wide Web[1458], soweit Informationen nicht nur an einen im Voraus abschließend bestimmten Adressatenkreis gerichtet sind (z.B. individuelle elektronische Grußkarten), als auch für die Dienste FTP (File Transfer Protocol) und Usenet (Newsgroups). E-Mails werden oft an einen abschließend bestimmten Adressatenkreis gerichtet sein mit der Folge, dass Art. 5 Abs. 1 S. 1 Hs. 2 GG keine Anwendung findet. Der Versand von E-Mails kann aber auch als Informationsdienst ausgestaltet sein, dessen Inanspruchnahme jedermann oder jedenfalls bestimmten Personenkreisen offen steht (z.B. so genannte Newsletter). In diesem Fall ist die Informationsfreiheit einschlägig.

Entsprechend den Ausführungen zur Meinungsfreiheit erfasst auch die Informationsfreiheit nicht den Bezug bloßer Daten, in denen weder Tatsachen noch Werturteile zum Ausdruck kommen. Zwischen der Informationsfreiheit einerseits und dem Fernmeldegeheimnis und der Berufsfreiheit andererseits besteht Idealkonkurrenz[1459].

c)   **Schutzbereich der Rundfunkfreiheit**

Die besondere Gewährleistung der Rundfunkfreiheit in Art. 5 Abs. 1 S. 2 Var. 2 GG entspricht der herausragenden Bedeutung des Rundfunks in einer freiheitlichen Demokratie. Ein freier Rundfunk vermittelt umfassend Tatsa-

---

1457   Für die Anwendung dieses Kriteriums im Bereich der Rundfunkfreiheit plädiert J/P[6]-Jarass, Art. 5, Rn. 36.
1458   Vgl. Hornung, MMR 2004, 3 (5).
1459   Vgl. Nachweise auf Seiten 306-307 zur Meinungsfreiheit.

chen und Meinungen und dient damit mittelbar der Meinungsbildung der Bürger[1460]. Das Bundesverfassungsgericht bezeichnet die Freiheit der Medien dementsprechend als konstituierend für die freiheitliche demokratische Grundordnung[1461].

Ihrem traditionellen Verständnis nach schützt die Rundfunkfreiheit nur die Vorbereitung und Produktion von Rundfunksendungen im engeren Sinne, also von Hörfunk und Fernsehen[1462]. Seinem Schutzzweck nach ist das Grundrecht aber auch für neuere Abruf- und Zugriffsdienste[1463] wie Video- oder Teletext[1464] und das Internet[1465] einschlägig. Dass die Übertragung per „Funk" keine Voraussetzung des verfassungsrechtlichen Runkfunkbegriffs ist, zeigt bereits die Existenz des Kabelfernsehens, dessen Eigenschaft als Rundfunk allgemein anerkannt ist[1466]. Maßgeblich für den verfassungsrechtlichen Rundfunkbegriff ist allein, dass Ziel des Unternehmens die Verbreitung von Informationen an eine unbestimmte[1467] Vielzahl von Personen mittels elektrischer Schwingungen ist[1468].

Art. 5 Abs. 1 S. 2 Var. 2 GG gewährleistet die Freiheit des gesamten Produktionsvorgangs von Rundfunkprogrammen, von der Informationsbeschaffung bis hin zur Verbreitung des fertigen Erzeugnisses[1469]. Geschützt ist nicht nur die Berichterstattung über Tatsachen, sondern auch die Verbreitung von Meinungen[1470]. Die Verbreitung sonstiger Daten ist dagegen wiederum nicht erfasst.

Von Art. 5 Abs. 1 S. 2 Var. 2 GG geschützt ist der Rundfunk als Medium der Informationsvermittlung. Die Rundfunkfreiheit gewährleistet daher lediglich den Rahmen für die Vermittlung von Inhalten, während für die vermittelten Inhalte selbst allein die Meinungsfreiheit gilt[1471]. Weil der Rundfunk gerade als Medium geschützt ist, wird man eine gewisse Dauerhaftigkeit voraussetzen müssen, wenn ein Dienst als Rundfunk im Sinne des

---

1460 BVerfGE 57, 295 (319); BVerfGE 74, 297 (323).
1461 St. Rspr. seit BVerfGE 7, 198 (208).
1462 BVerfGE 12, 205 (226).
1463 BVerfGE 74, 297 (345); BVerfGE 83, 238 (302).
1464 BVerfGE 74, 297 (345).
1465 Offen gelassen in BVerfG EuGRZ 1997, 446.
1466 Vgl. BVerfGE 74, 297 (351): Übertragung „ohne Verbindungsleitung oder längs oder mittels eines Leiters".
1467 Zu dem Begriff vgl. Seiten 307-308.
1468 P/S, Rn. 573.
1469 BVerfGE 77, 65 (74); BVerfGE 91, 125 (135).
1470 BVerfGE 35, 202 (222); BVerfGE 57, 295 (319).
1471 So für die Pressefreiheit BVerfGE 85, 1 (11 f.); BVerfGE 86, 122 (128).

Art. 5 Abs. 1 S. 2 Var. 2 GG gelten soll. Man wird daher wenigstens verlangen müssen, dass die Verbreitung der Informationen geschäftsmäßig, also nicht nur vorübergehend oder punktuell, erfolgt.

Im Telekommunikationsbereich kann sich auf die Rundfunkfreiheit demnach nur berufen, wer einem nicht abschließend bestimmten Personenkreis eigene oder fremde Tatsachen oder Meinungen geschäftsmäßig zum Abruf anbietet. In diesem Rahmen ist auch das Angebot von Tele- und Mediendiensten von Art. 5 Abs. 1 S. 1 Hs. 1 GG geschützt. Im Internet existiert ein großer Kreis von Rundfunkanbietern, weil die Veröffentlichung von Tatsachen oder Meinungen dort nur mit geringem Aufwand verbunden ist und weil Informationen meistens über längere Zeit abrufbar bleiben, so dass das Merkmal der Geschäftsmäßigkeit regelmäßig erfüllt sein wird. Daraus folgt, dass sich beispielsweise bereits der Betreiber einer privaten Homepage auf die Rundfunkfreiheit berufen kann, wenn er einer unbestimmten Vielzahl von Personen Tatsachen oder Meinungen zum Abruf anbietet.

Entsprechend den Ausführungen zur Meinungsfreiheit besteht auch zwischen der Rundfunkfreiheit einerseits und dem Fernmeldegeheimnis und der Berufsfreiheit andererseits Idealkonkurrenz[1472].

d) Schutzbereich der Pressefreiheit

Art. 5 Abs. 1 S. 2 Var. 1 GG schützt die Freiheit der Presse. Traditionell werden als „Presse" nur Druckerzeugnisse angesehen[1473]. Definiert man den Schutzbereich der Rundfunkfreiheit so umfassend wie oben geschehen, dann ist es unschädlich, elektronisch verbreitete Informationen vom Schutzbereich der Pressefreiheit auszunehmen. Zugleich ist auf diese Weise eine zuverlässige Abgrenzung der beiden Grundrechte anhand des jeweiligen Trägermediums gewährleistet. Die Pressefreiheit ist im vorliegenden Zusammenhang daher nicht einschlägig.

e) Eingriff

Fraglich ist, ob der Staat in die Meinungs-, Informations- oder Rundfunkfreiheit eingreift, wenn er Private zu einer generellen Vorratsspeicherung von Telekommunikations-Verkehrsdaten ihrer Kunden verpflichtet, ohne die dadurch entstehenden Kosten zu erstatten. Es wurde bereits dargelegt, dass ein solches Vorgehen zumindest zu erheblich höheren Preisen der

---

1472 Für Rundfunk- und Berufsfreiheit M/D-Scholz, Art. 12, Rn. 161 und 165; für Presse- und Berufsfreiheit v. Münch/Kunig-Wendt, Art. 5, Rn. 115 und Sachs-Bethge, Art. 5, Rn. 89a; J/P, Art. 5, Rn. 24; M/D-Herzog, Art. 5 Abs. I, II, Rn. 142.
1473 BVerfGE 95, 28 (35).

betroffenen Unternehmen führen würde[1474]. Dies wiederum hätte zur Folge, dass gerade weniger finanzkräftige Bürger, Unternehmen und Organisationen zu einer Einschränkung des Abrufs und der Verbreitung von Tatsachenbehauptungen und Meinungen über Telekommunikationsnetze gezwungen wären. Einzelpersonen und Non-Profit-Organisationen, die Kostensteigerungen nicht tragen können, wären zum Teil gezwungen, eigene Internetangebote einzustellen und von der Nutzung zentraler Kommunikationsdienste wie E-Mail abzusehen[1475]. Dienste im Internet, die sich bisher werbefinanzieren und ihre Leistungen daher unentgeltlich anbieten konnten (z.B. E-Mail-Konten, Suchmaschinen, Webhosting), müssten teilweise eingestellt werden.

Der Kostensteigerungseffekt kann nicht dadurch aufgefangen werden, dass preislich günstige Telekommunikations-, Tele- und Mediendienste aus denjenigen Ländern weiter angeboten oder in Anspruch genommen werden könnten, die eine generelle Vorratsspeicherung von Telekommunikations-Verkehrsdaten ablehnen (wie z.B. die USA). Ein Ausweichen auf Telekommunikations-, Tele- und Mediendienste aus Drittländern wäre oft mit noch höheren Kosten verbunden als die Nutzung deutscher Dienste. Einzelpersonen und kleine Organisationen würden in vielen Fällen auch nicht mit den Querelen zurecht kommen, die mit der Nutzung ausländischer Angebote verbunden sind (z.B. andere Sprache, unbekanntes Rechtssystem). Die Verlagerung eines gesamten Unternehmens in das Ausland wird erst recht nur für größere Unternehmen in Betracht kommen.

Höhere Kosten würden also letztlich zu einer Beeinträchtigung des Austausches von Meinungen und Tatsachen mittels Telekommunikation führen. Die Betroffenen haben heutzutage in vielen Fällen keine zumutbaren Ausweichmöglichkeiten außerhalb der Telekommunikationsnetze, so dass insgesamt eine merklichen Beeinträchtigung des Austausches von Meinungen und Tatsachen in unserer Gesellschaft droht.

Fraglich ist, ob dies dem Staat als Eingriff zuzurechnen ist. Ein Grundrechtseingriff liegt jedenfalls dann vor, wenn der Staat in gezielter und gewollter Weise, rechtlich verbindlich und unmittelbar grundrechtsgeschütztes Verhalten beeinträchtigt (klassischer Eingriffsbegriff)[1476]. Eine

---

1474 Seiten 296-299.

1475 Bäumler, Helmut / Leutheusser-Schnarrenberger, Sabine / Tinnefeld, Marie-Theres: Grenzenlose Überwachung des Internets? Steht die freie Internetkommunikation vor dem Aus? Stellungnahme zum Gesetzesentwurf des Bundesrates vom 31. Mai 2002, www.rainer-gerling.de/aktuell/vorrat_stellungnahme.html, Punkt 1.

1476 Windthorst, § 8, Rn. 27.

gesetzliche Verpflichtung zur Vorratsspeicherung stellt zwar einen Rechtsakt dar, dieser Rechtsakt ist seiner Intention nach aber nicht darauf gerichtet, den Informationsaustausch mittels Telekommunikation zu erschweren.
Zudem hat er nur mittelbar grundrechtsbeeinträchtigende Wirkung. Ein
Grundrechtseingriff im klassischen Sinne liegt daher nicht vor.

Nach neuerem Verständnis schützen die speziellen Grundrechte jedoch
auch vor unbeabsichtigten und mittelbaren Grundrechtsverkürzungen durch
staatliche Maßnahmen, wenn diese die Beeinträchtigung eines grundrechtlich geschützten Verhaltens typischerweise und vorhersehbar zur Folge
haben oder wenn sie eine besondere Beeinträchtigungsgefahr in sich bergen, die sich jederzeit verwirklichen kann[1477]. In einem solchen Fall darf
sich der Staat dem objektiv zu Erwartenden nicht verschließen.

Im vorliegenden Zusammenhang sind die wirtschaftlichen Auswirkungen
einer Vorratsspeicherungspflicht ohne finanzielle Kompensation anerkannt.
Dass ein höherer Preis zu einer geringeren Nachfrage führt als ein niedrige-
rer Preis oder gar ein kostenloses Angebot, liegt als wirtschaftswissen-
schaftliche Grundkenntnis ebenfalls auf der Hand. Der verminderte Austausch von Meinungen und Informationen ist daher typische und vorhersehbare Folge der Einführung einer Vorratsspeicherungspflicht ohne finanzielle Kompensation der Betroffenen. Damit greift eine solche Maßnahme in
die Meinungs-, Informations- und die Rundfunkfreiheit ein.

Unabhängig von der Kostenfrage könnte ein Eingriff in die genannten
Grundrechte auch insoweit vorliegen, wie eine generelle Vorratsspeicherung von Verkehrsdaten Telekommunikationsvorgänge zurückverfolgbar
macht und dies Anbieter wie Nutzer von Informationen abschrecken
kann[1478]. Ein solcher Effekt ist gerade in Bezug auf staatskritische Informationen zu erwarten, deren freier Austausch in einer Demokratie von besonders hohem Wert ist[1479]. Dieser Abschreckungseffekt kann nicht durch
Möglichkeiten anonymer Telekommunikationsnutzung aufgefangen werden, weil die Nutzung dieser Möglichkeiten zusätzliche Kosten verursachen
kann, die verfügbaren Dienste in ihrer Wirkung teilweise intransparent sind
und weil zu ihrer Nutzung meist ein gewisses technisches Grundverständnis
erforderlich ist, über das nicht jeder verfügt. Eine generelle Vorratsspeicherung von Telekommunikations-Verkehrsdaten behindert somit auch durch
ihre abschreckende Wirkung typischerweise und vorhersehbar den Aus-

---

1477 Windthorst, § 8, Rn. 50 und 52 m.w.N.
1478 Seite 234 ff.
1479 Seite 234 ff.

tausch von Meinungen und Tatsachenbehauptungen[1480]. Ein Eingriff in die Meinungsfreiheit, Informationsfreiheit und Rundfunkfreiheit liegt somit auch insoweit vor.

f) Verfassungsmäßige Rechtfertigung

Der Eingriff könnte aber verfassungsmäßig gerechtfertigt sein. Nach Art. 5 Abs. 2 GG finden Meinungsfreiheit, Informationsfreiheit und Rundfunkfreiheit ihre Schranken in den Vorschriften der allgemeinen Gesetze. Als allgemeine Gesetze sieht das Bundesverfassungsgericht solche an, die sich nicht gegen eine bestimmte Meinung als solche richten, sondern letztlich dem Rechtsgüterschutz dienen sollen[1481]. Eine generelle Vorratsspeicherung von Telekommunikations-Verkehrsdaten richtet sich nicht gegen eine bestimmte Meinung, sondern gegen die Gefährdung von Rechtsgütern, denn Ziel einer solchen Maßnahme ist eine verbesserte Strafverfolgung und eventuell auch Gefahrenabwehr. Eine gesetzliche Verkehrsdatenspeicherungspflicht wäre daher als allgemeines Gesetz im Sinne des Art. 5 Abs. 2 GG anzusehen.

Maßgeblich für die Beurteilung der Verfassungsmäßigkeit ist demnach wiederum das allgemeine Verhältnismäßigkeitsgebot. Was den Nutzen einer Vorratsspeicherung angeht, kann auf die Ausführungen zu Art. 10 Abs. 1 Var. 3 GG verwiesen werden[1482]. Auch der drohende Schaden einer solchen Regelung für die Freiheit der Meinungsäußerung, der Information und des Rundfunks wurde bereits untersucht[1483]. Speziell im Bereich des Internet ist zu beachten, dass dieses Medium wie kein anderes die umfassende Verbreitung von und Unterrichtung über Tatsachen und Meinungen auf einfache und kostengünstige Art und Weise ermöglicht. Meinungsfreiheit, Informationsfreiheit und Rundfunkfreiheit sind konstituierend für eine freiheitliche Demokratie[1484] und für das Gemeinwohl von fundamentaler Bedeutung[1485]. Daraus folgt, dass speziell das Internet und seine Dienste heutzutage für das Gemeinwohl von höchster Bedeutung ist und der Erhaltung und dem Ausbau seiner Funktionsweise ein verfassungsrechtlich hoher Stellenwert zukommt[1486]. Das Gleiche gilt für die sonstigen Telekommuni-

---

1480   Seite 234 ff.
1481   Vgl. BVerfG seit E 7, 198 (209).
1482   Seite 152 ff.
1483   Seite 234 ff.
1484   BVerfGE 62, 230 (247) für die Meinungsfreiheit.
1485   Vgl. BVerfGE 7, 198 (208) für die Meinungsfreiheit; BVerfGE 27, 71 (81 f.) für die Informationsfreiheit; BVerfGE 77, 65 (74) für die Rundfunkfreiheit.
1486   Vgl. Hornung, MMR 2004, 3 (5).

kationsnetze, die vor allem den individuellen Austausch von Tatsachen und Meinungen erheblich fördern und erleichtern.

Ein besonderer Gemeinwohlbezug der Telekommunikation ist nicht nur in totalitären Staaten anzuerkennen, in denen die Bedeutung eines (möglichst überwachungsfreien) Zugangs zu Telekommunikation und Internet von kaum zu überschätzender Bedeutung für die Förderung von Demokratie und Menschenrechten ist[1487]. Auch in Deutschland ist der Wert eines freien Austausches von Tatsachenbehauptungen und Meinungen über Telekommunikationsnetze von höchster Bedeutung. Gerade im Internet werden in besonderem Maße öffentliche Missstände aufgedeckt, ansonsten unzugängliche öffentliche Dokumente veröffentlicht und politische Fragen kontrovers diskutiert[1488]. Selbst kleine Menschen- oder Bürgerrechtsgruppen und sogar Einzelpersonen mit sehr beschränkten technischen und finanziellen Ressourcen können der Allgemeinheit über das Internet äußerst interessante Informationen zur Verfügung stellen. Per Internet oder Telekommunikation können über weite Entfernungen hinweg auch vertrauliche Tatsachen mitgeteilt werden, etwa zwischen verschiedenen Sektionen einer Menschenrechtsorganisation oder den Teilnehmern an einer Demonstration[1489].

Wägt man die drohende Beeinträchtigung dieses gesamtgesellschaftlichen Informationsaustausches und den graduellen Nutzen, den eine generelle Vorratsspeicherung von Telekommunikations-Verkehrsdaten bestenfalls bewirken kann[1490], gegeneinander ab, so kommt man nicht umhin, auch den Eingriff in Meinungsfreiheit, Informationsfreiheit und Rundfunkfreiheit, der in einer generellen Vorratsspeicherung von Telekommunikations-Verkehrsdaten liegen würde, als unverhältnismäßig und für die Betroffenen unzumutbar zu bewerten. Eine generelle Vorratsspeicherung von Telekommunikations-Verkehrsdaten ist daher mit Meinungsfreiheit, Informationsfreiheit und Rundfunkfreiheit unvereinbar.

1487 Vgl. Heise Verlag: Schranken der Informationsfreiheit im Internet, Meldung vom 19.06.2003, www.heise.de/newsticker/data/anw-19.06.03-001/.

1488 Simitis, Internet, 291 m.w.N.: Dem Internet komme gerade beim politischen Diskurs eine kaum zu unterschätzende Bedeutung zu.

1489 Weitere Beispiele für die Grundrechtsverwirklichung durch Telekommunikation finden sich auf Seite 238.

1490 Seite 195; ebenso ICC/UNICE/EICTA/INTUG, Common Industry Statement on Storage of Traffic Data for Law Enforcement Purposes, 04.06.2003, www.statewatch.org/news/2003/jun/CommonIndustryPositionondataretention.pdf, 6.

7. Der allgemeine Gleichheitssatz (Artikel 3 Abs. 1 GG)

a) Ungleichbehandlung des Informationsaustausches über Telekommunikationsnetze gegenüber dem räumlich-unmittelbaren Informationsaustausch

Nicht selten wird gegen eine generelle Vorratsspeicherung von Telekommunikations-Verkehrsdaten eingewandt, dass eine solche Maßnahme Telekommunikation einem ungleich höheren Überwachungsdruck aussetze als er bei vergleichbarem Verhalten in der realen Welt existiere[1491]. Wenn außerhalb des Telekommunikationsbereiches unbeobachtet gehandelt werden könne, so dürften im Bereich der Telekommunikationsnetze keine größeren Überwachungsmöglichkeiten vorgesehen werden[1492]. In eine juristische Argumentation gekleidet handelt es sich bei dieser Überlegung um ein Gleichbehandlungsproblem, das im Rahmen des Art. 3 Abs. 1 GG verfassungsrechtlich relevant ist. Zu diskutieren ist zunächst die zwischenmenschliche Individualkommunikation.

aa) Individualkommunikation

(1) Eingriff in den Schutzbereich des Art. 3 Abs. 1 GG

Art. 3 Abs. 1 GG gewährleistet, dass der Staat Sachverhalte, die im Wesentlichen gleich sind, auch gleich behandelt[1493]. Diese Pflicht trifft nach Art. 1 Abs. 3 GG auch den Gesetzgeber[1494]. Im Wesentlichen gleich sind zwei Sachverhalte dann, wenn sie sich einem gemeinsamen Oberbegriff zuordnen lassen[1495]. Der Oberbegriff muss die Sachverhalte vollständig erfassen[1496]. Nicht erforderlich ist dagegen, dass der Oberbegriff ausschließlich die beiden zu vergleichenden Sachverhalte umfasst. Die Vergleichbarkeit zweier Sachverhalte, die sich einem gemeinsamen Oberbegriff zuordnen lassen, kann allenfalls dann verneint werden, wenn die Sachverhalte

---

1491 DSB-Konferenz, Datenschutzbeauftragte des Bundes und der Länder: Entschließung zur systematischen verdachtslosen Datenspeicherung in der Telekommunikation und im Internet der 64. Konferenz der Datenschutzbeauftragten des Bundes und der Länder vom 24./25.10.2002, BT-Drs. 15/888, 199; ULD-SH, Sichere Informationsgesellschaft (I), Punkt 6.

1492 Artikel-29-Gruppe der EU, Anonymität, 7; The President's Working Group on Unlawful Conduct on the Internet (USA), The Electronic Frontier (I).

1493 St. Rspr. seit BVerfGE 1, 14 (52).

1494 BVerfGE 1, 14 (52).

1495 P/S, Rn. 431 ff.

1496 P/S, Rn. 435.

unterschiedlichen rechtlichen Ordnungsbereichen angehören und in anderen systematischen und sozialgeschichtlichen Zusammenhängen stehen[1497].

Eine generelle Vorratsspeicherung von Telekommunikations-Verkehrsdaten führt zur unterschiedlichen Behandlung von Telekommunikation einerseits und räumlich-unmittelbarer Kommunikation andererseits, weil Kommunikationsvorgänge nur im ersten Fall ihren Umständen nach festgehalten würden. Beide Sachverhalte unterscheiden sich dadurch, dass ein Kommunikationsvorgang im einen Fall über eine räumliche Distanz hinweg und unter Nutzung von Telekommunikationstechnik stattfindet, im anderen Fall in räumlicher Gegenwart der Beteiligten. Dieser Unterschied ändert jedoch nichts daran, dass es sich in beiden Fällen um menschliche Kommunikation handelt. Gemeinsamer Oberbegriff ist daher die menschliche Kommunikation. Die Telekommunikation und die räumlich-unmittelbare Kommunikation gehören auch nicht unterschiedlichen rechtlichen Ordnungsbereichen an, so dass sie vergleichbar sind. Der Schutzbereich des Art. 3 Abs. 1 GG ist durch eine generelle Vorratsspeicherung allein von Telekommunikations-Verkehrsdaten demnach betroffen.

Ein Eingriff in Art. 3 Abs. 1 GG liegt vor, wenn eine Person durch eine Ungleichbehandlung von wesentlich Gleichem nachteilig betroffen ist[1498]. Dies ist bei einer Vorratsspeicherung von Telekommunikations-Verkehrsdaten bei denjenigen Menschen der Fall, die sich des Mittels der Telekommunikation bedienen und deren Kommunikation dabei durchgängig registriert wird, während dies im Bereich der räumlich-unmittelbaren Kommunikation nicht geschieht. Damit stellt eine Vorratsspeicherung von Telekommunikationsdaten einen rechtfertigungsbedürftigen Eingriff in das Grundrecht der Telekommunikationsnutzer aus Art. 3 Abs. 1 GG dar.

(2) Rechtfertigungsmaßstab

Unter welchen Umständen eine Ungleichbehandlung verfassungsrechtlich gerechtfertigt ist, hängt nach der Rechtsprechung des Bundesverfassungsgerichts von dem jeweiligen Regelungsgegenstand und Differenzierungsmerkmal ab[1499]. In manchen Fällen lässt das Bundesverfassungsgericht jeden sachlichen Grund als Rechtfertigung genügen[1500]. Für eine bloße Willkürprüfung spricht es etwa, wenn eine Ungleichbehandlung von Sach-

---

1497 J/P⁶-Jarass, Art. 3, Rn. 4 m.w.N.
1498 Vgl. BVerfGE 67, 239 (244).
1499 BVerfGE 88, 87 (96); BVerfGE 95, 267 (316).
1500 BVerfGE 88, 87 (96); BVerfGE 95, 267 (316).

verhalten ohne engen menschlichen Bezug vorliegt[1501], wenn der Bereich der gewährenden Staatstätigkeit betroffen ist[1502], es sich um wirtschaftsordnende Maßnahmen handelt[1503] oder wenn eine Differenzierung bereits im Grundgesetz angelegt ist[1504].

Dasselbe soll im Bereich vielgestaltiger Sachverhalte gelten, die im Einzelnen noch nicht bekannt sind[1505]. Richtigerweise handelt es sich hierbei allerdings um eine Erscheinungsform des allgemeinen Problems der Behandlung unbekannter Tatsachen im Rahmen der verfassungsrechtlichen Prüfung, das differenziert zu lösen ist[1506]. Tatsächliche Unsicherheiten rechtfertigen einen Einschätzungsspielraum des Gesetzgebers nur hinsichtlich der Einschätzung der unbekannten Tatsachen[1507]. Auswirkungen auf den generellen Kontrollmaßstab können sie dagegen nicht haben[1508].

In anderen Fallgruppen wendet das Bundesverfassungsgericht einen strengeren Prüfungsmaßstab an, dem zufolge zu untersuchen ist, ob ein sachlicher Grund von solcher Art und solchem Gewicht vorliegt, dass er die Ungleichbehandlung rechtfertigt[1509]. Im Kern handelt es sich um eine Prüfung der Verhältnismäßigkeit[1510]. Für die Vornahme einer Verhältnismäßigkeitsprüfung spricht es etwa, wenn die diskriminierende Maßnahme in ein Freiheitsgrundrecht eingreift[1511] oder wenn die Diskriminierten keinen Einfluss auf ihre Behandlung nehmen können[1512]. Insgesamt wird die Verhältnismäßigkeit insbesondere in denjenigen Fällen zu prüfen sein, in denen von einer Ungleichbehandlung erhebliche Belastungen für die Betroffenen ausgehen.

Misst man eine generelle Verkehrsdatenspeicherung an den genannten Kriterien, so fragt sich zunächst, ob diese lediglich eine Ungleichbehandlung von Sachverhalten ohne engen menschlichen Bezug darstellt, was für eine bloße Willkürprüfung sprechen würde. Für diese Annahme könnte man

---

1501 Etwa BVerfGE 38, 225 (229).
1502 Etwa BVerfGE 49, 280 (282).
1503 Etwa BVerfGE 18, 315 (331).
1504 J/P⁶-Jarass, Art. 3, Rn. 23; vgl. etwa BVerfGE 52, 303 (346) für Beamte.
1505 BVerfGE 33, 171 (189 f.); BVerfGE 78, 249 (288).
1506 Seiten 144-150.
1507 Seiten 144-150.
1508 Chryssogonos, Verfassungsgerichtsbarkeit und Gesetzgebung, 189.
1509 Vgl. allgemein BVerfGE 87, 234 (255); BVerfGE 91, 389 (401); BVerfGE 95, 267 (317).
1510 Vgl. nur BVerfGE 82, 126 (146) und J/P⁷-Jarass, Art. 3, Rn. 27.
1511 Für das allgemeine Persönlichkeitsrecht BVerfGE 60, 123 (134); BVerfGE 88, 87 (97).
1512 Vgl. BVerfGE 88, 87 (96); BVerfGE 97, 169 (181).

anführen, dass die meisten Menschen sowohl Telekommunikation einsetzen wie auch räumlich-unmittelbar kommunizieren. Ein strikter Personenbezug in dem Sinn, dass ein Sachverhalt ausschließlich eine bestimmte Gruppe von Menschen und der andere Sachverhalt ausschließlich eine andere Menschengruppe betrifft, liegt nicht vor. Fraglich ist aber, ob dies Voraussetzung für die Annahme eines „engen menschlichen Bezugs" ist oder ob es nicht auch genügt, dass bestimmte Personengruppen von der Ungleichbehandlung typischerweise stärker betroffen sind als andere. Von einer Vorratsspeicherung von Telekommunikationsdaten sind etwa Berufstätige und Personen, die weit von ihrer Familie entfernt leben, stärker betroffen als andere Personengruppen, die nicht im gleichen Maße auf Telekommunikation angewiesen sind.

Überhaupt haben die von einer Vorratsspeicherung Betroffenen in vielen Fällen keine Ausweichmöglichkeit. Dass in der heutigen Informationsgesellschaft ein Leben ohne Telekommunikationsnetze kaum noch denkbar ist, beruht keineswegs nur auf Bequemlichkeit und Komfort. Die moderne Arbeitsgesellschaft beispielsweise zwingt zu immer mehr räumlicher Mobilität und bringt vielfach unfreiwillige und kaum überwindbare Trennungen selbst von sich nahe stehenden Personen mit sich. Auch bestimmte Berufsgruppen, etwa Journalisten, sind in hohem Maße auf die Nutzung von Telekommunikationsnetzen angewiesen. Unternehmen, die ein auf den Fernabsatz ausgerichtetes Vertriebs- oder Dienstleistungssystem anbieten, werden oftmals zur Nutzung der Telekommunikationsnetze gezwungen sein, weil nur diese Nische ihr ökonomisches Überleben sichert. Auch Kunden können auf die Leistungen solcher Unternehmen angewiesen sein, etwa wenn jemand spezielle Waren oder Dienstleistungen benötigt, die in seinem räumlichen Umkreis nicht angeboten werden.

Festzuhalten ist somit, dass vielen Menschen in weiten Bereichen keine zumutbare Alternative zur Telekommunikation zur Verfügung steht und dass dies zumeist nicht auf einer freien Willensentscheidung beruht. Dies spricht nach den Kriterien des Bundesverfassungsgerichts für die Vornahme einer Verhältnismäßigkeitsprüfung. Zudem stellt eine Vorratsspeicherung von Telekommunikationsdaten einen schwerwiegenden Eingriff in verschiedene Freiheitsgrundrechte dar (Fernmeldegeheimnis oder Recht auf informationelle Selbstbestimmung, Berufsfreiheit, Meinungsfreiheit, Informationsfreiheit und Rundfunkfreiheit)[1513]. Unabhängig davon, ob man einen engen menschlichen Bezug der Ungleichbehandlung annimmt oder nicht,

---

1513   Seite 70 ff.

überwiegen damit jedenfalls die Gesichtspunkte, die für eine Verhältnismäßigkeitsprüfung sprechen. Prüfungsmaßstab ist daher, ob ein sachlicher Grund von solcher Art und solchem Gewicht existiert, dass er es rechtfertigt, die näheren Umstände der Kommunikation über Telekommunikationsnetze generell zu erfassen, die näheren Umstände der räumlich-unmittelbaren Kommunikation dagegen nicht.

(3) Machbarkeit und Finanzierbarkeit als Rechtfertigungsgrund

Zunächst kann die höhere Praktikabilität einer Regelung einen sachlichen Grund für eine damit verbundene Ungleichbehandlung darstellen[1514]. Im vorliegenden Zusammenhang liegt es auf der Hand, dass eine Erfassung der Umstände der räumlich-unmittelbaren Kommunikation nicht nur weniger praktikabel wäre als eine Vorratsspeicherung von Telekommunikationsdaten. Eine ähnlich umfassende Erfassung des Kommunikationsverhaltens der Bevölkerung wie im Telekommunikations- und Onlinebereich wäre im Bereich der unmittelbaren Kommunikation schlichtweg nicht machbar. Selbst Überwachungsapparate wie das mit unvorstellbaren personellen und finanziellen Ressourcen ausgestattete Ministerium für Staatssicherheit der DDR konnten die unmittelbare Kommunikation in der Bevölkerung immer nur bruchstückhaft erfassen.

Auch finanzielle Vorteile einer Regelung können einen sachlichen Grund für eine damit verbundene Ungleichbehandlung bilden[1515]. Eine Erfassung des räumlich-unmittelbaren Kommunikationsverhaltens der Bevölkerung würde jedenfalls an finanziellen Gesichtspunkten scheitern. Zwar sind bei der Bemessung der finanziellen Folgen einer Vorratsspeicherung von Verkehrsdaten richtigerweise auch die mittelbar damit verbundenen Kosten zu berücksichtigen, die bei den Telekommunikationsunternehmen und den Endverbrauchern anfallen[1516]. Dennoch sind diese Kosten immer noch ungleich geringer als die Kosten des Aufbaus und der Unterhaltung einer Überwachungsstruktur im Bereich der unmittelbaren Kommunikation, soweit dies überhaupt möglich wäre. Somit hat das Finanzierungsargument ebenfalls eine gewisse Berechtigung.

1514 BVerfGE 17, 337 (354); BVerfGE 41, 126 (288); im Einzelfall ablehnend BVerfGE 55, 159 (169); BVerfGE 60, 68 (78).

1515 BVerfGE 3, 4 (11); BVerfGE 75, 40 (72); BVerfGE 87, 1 (45); im Einzelfall ablehnend BVerfGE 61, 43 (63); BVerfGE 87, 1 (46); BVerfGE 92, 53 (69).

1516 Allgemein zur Berücksichtigung von mittelbaren Kosten eines Gesetzes Scholz, ZRP 2002, 361 (361).

Es fragt sich allerdings, ob Gesichtspunkte der Machbarkeit und Finanzierbarkeit in der Abwägung die schwerwiegende Ungleichbehandlung überwiegen können, die eine Vorratsspeicherung ausschließlich von Telekommunikations-Verkehrsdaten mit sich bringt. Angesichts der tief greifenden, nicht zu kompensierenden Freiheitseinbußen durch eine solche Maßnahme[1517] sowie der Tatsache, dass die Betroffenen heutzutage oftmals zu einer Nutzung von Telekommunikationsnetzen gezwungen sind[1518], ist dies zu verneinen. Allein die Tatsache, dass sich das Verhalten der Menschen in Telekommunikationsnetzen umfassend überwachen lässt und sich die dazu erforderlichen materiellen Ressourcen in Grenzen halten, kann zur Rechtfertigung dieser massiven Ungleichbehandlung gegenüber der unmittelbaren Kommunikation nicht genügen[1519].

(4) Erschwerung der staatlichen Aufgabenwahrnehmung als Rechtfertigungsgrund

Zur Rechtfertigung einer generellen Verkehrsdatenspeicherung wird ferner angeführt, dass die besonderen Eigenschaften der Telekommunikationsnetze die Tätigkeit der Gefahrenabwehr- und Strafverfolgungsbehörden erschwerten[1520]. In der Tat führt elektronische Kommunikation nicht selten dazu, dass Spuren entweder von Anfang an nicht entstehen – beispielsweise bei anonymer Telekommunikation – oder nachträglich beseitigt werden – beispielsweise durch Datenlöschung nach Begleichung der Rechnung[1521]. Von staatlicher Seite wird teilweise vorgebracht, dass sich in der wirklichen Welt oftmals Zeugen oder andere Beweismittel für begangene Straftaten finden ließen. Diese Möglichkeit scheide im Bereich der Telekommunikationsnetze von vornherein und generell aus, wenn keine Telekommunikationsdaten gespeichert würden, wie es gegenwärtig bei vorausbezahlten oder pauschal berechneten Abrechnungsmodellen oder bei kostenlosen Diensten der Fall sei[1522].

1517 Seite 246 ff.
1518 Seite 317.
1519 Bäumler, DuD 2001, 348 (349).
1520 Sieber, COMCRIME-Studie (I), 60.
1521 NCIS Submission (I), Summary Punkt 2.1.3.
1522 Tony Hutchings, UK National Hi-Tech Crime Project Team, zitiert in Kommission, Cybercrime-Anhörung (I); Kronqvist, Leiter der IT-Kriminalitätsgruppe der nationalen schwedischen Strafverfolgungsbehörde, Cybercrime-Anhörung; Graf, Jürgen (Generalbundesanwalt), zitiert bei Neumann, Andreas: Internet Service Provider im Spannungsfeld zwischen Strafverfolgung und Datenschutz, Bericht von der Veranstaltung in Bonn am 26./27.02.2002, www.artikel5.de/artikel/ecoveranstaltung2002.html; NCIS Submis-

Dieser Argumentation ist entgegenzusetzen, dass sich auch im Bereich der räumlich-unmittelbaren Kommunikation Zeugen oder andere Beweismittel typischerweise nur für auffälliges Verhalten außerhalb der Privatsphäre der Straftäter finden lassen. Geht es um die Vorbereitung einer Straftat oder um Verhalten im Anschluss an die Tatbegehung, dann kann die Nutzung von Telekommunikationsnetzen für Straftäter zwar auch nützlich sein. Auch ohne sie lassen sich diese Aktivitäten aber konspirativ und geheim durchführen. Das Auge des Gesetzes ist offline nicht überall, so dass es keinen Grund gibt, warum dies online anders sein müsste[1523].

Schon die Annahme, dass die Wahrnehmung staatlicher Aufgaben unter den besonderen Umständen der Telekommunikationsnetze leide, ist kritisch zu hinterfragen. In Fällen, in denen Telekommunikationsnetze eine ordnungsgemäße Aufgabenwahrnehmung nur erschweren (etwa durch die Erforderlichkeit qualifizierten Personals oder sonstiger Mittel wie Zeit und Geld), in denen aber auch ohne einen Zugriff auf vorratsgespeicherte Verkehrsdaten erfolgreich eingeschritten werden kann, rechtfertigt die bloße Erleichterung der Aufgabenwahrnehmung in Anbetracht der hohen Eingriffsintensität keine generelle Vorratsspeicherung[1524]. In Fällen, in denen die Aufgabenwahrnehmung mangels Verkehrsdaten vereitelt wird, ist es nicht sicher, ob eine Vorratsspeicherung tatsächlich weiter geholfen hätte. Auch im Rahmen des Art. 3 Abs. 1 GG ist zu berücksichtigen, dass eine Vorratsspeicherung von Telekommunikationsdaten nur in begrenztem Maße von Nutzen ist[1525].

Im Übrigen darf nicht außer Acht gelassen werden, dass Telekommunikationsnetze den Behörden die Wahrnehmung ihrer Aufgaben ungemein erleichtern[1526]. Vor 100 Jahren hatten die Eingriffsbehörden keine Chance, verdächtige Personen so unbemerkt, kostengünstig und personalsparend zu überwachen wie heute. Im Vergleich zu den Möglichkeiten der Telekom

---

sion (I), Summary Punkt 2.1.3.; a.A. Schmitz, MMR 2003, 214 (216): keine generell schlechtere Beweislage.

1523   Artikel-29-Gruppe der EU, Anonymität, 7.

1524   Vgl. allgemein I/P[7]-Jarass, Art. 3, Rn. 16 a F.; für die geheime Erhebung von Daten L/D[3]-Baumler, J 37.

1525   Seiten 171-196.

1526   Seiten 27-28 und Seiten 210-211; vgl. auch MDG, Entwurf für Schlussfolgerungen des Rates zur Informationstechnologie (I), 3: „Der Rat der Europäischen Union [...] stellt fest, dass die beträchtliche Zunahme der Möglichkeiten elektronischer Kommunikation dazu geführt hat, dass Daten über die Verwendung elektronischer Kommunikation heutzutage ein besonders wichtiges und hilfreiches Mittel bei der Aufklärung und Verfolgung von Straftaten, insbesondere von organisierter Kriminalität, darstellen".

munikationsüberwachung ist eine Überwachung von unmittelbarer Kommunikation erheblich schwerer. Was die Beweislage angeht, so werden Telekommunikations-Verkehrsdaten, wenn sie vorliegen und soweit ihr Informationsgehalt reicht, meist aussagekräftiger und zuverlässiger sein als Zeugenaussagen oder andere Beweismittel für räumlich-unmittelbare Kommunikation. Der Nutzen des staatlichen Zugriffs auf Verkehrsdaten wird zudem durch eine generelle Vorratsspeicherung unterminiert, weil dieses Verfahren Straftätern eindringlich ins Bewusstsein ruft, die Benutzung von Telekommunikationsnetzen zu meiden. Letztlich gefährdet eine Vorratsspeicherung von Telekommunikationsdaten dadurch den Erfolg der bisher bestehenden Überwachungsbefugnisse im Einzelfall[1527].

Insgesamt ist unklar, ob die staatliche Aufgabenwahrnehmung durch die Möglichkeit der Kommunikation über Telekommunikationsnetze tatsächlich erschwert wird. Ohnehin kann richtigerweise nicht schon die abstrakte Erschwerung der staatlichen Aufgabenwahrnehmung eine Ungleichbehandlung der Telekommunikationsnutzung rechtfertigen, sondern erst erhöhte, dadurch verursachte Gefahren für konkrete Rechtsgüter[1528]. Auf dem Gebiet der Strafverfolgung stellt sich damit immer noch das Problem, dass eine gewisse Steigerung der Aufklärungsrate infolge einer generellen Verkehrsdatenspeicherung keine merkliche Senkung des Kriminalitätsniveaus und damit keinen nennenswert verbesserten Rechtsgüterschutz erwarten lässt[1529].

(5) Erhöhtes Gefahrenpotenzial durch besondere Eigenschaften der Telekommunikation als Rechtfertigungsgrund

Zur Rechtfertigung einer Ungleichbehandlung der Telekommunikation könnte weiter vorgebracht werden, dass die Kommunikation über Telekommunikationsnetze größere Gefahren für Rechtsgüter mit sich bringe als die räumlich-unmittelbare Kommunikation. Ob dies der Fall ist, ist umstritten[1530] und empirisch noch nicht untersucht worden. Für eine höhere Gefährlichkeit der Telekommunikation sprechen ihre besonderen Eigenschaften, die in bestimmten Fällen die Begehung von Straftaten begünstigen

---

1527 Ausführlich hierzu Seiten 243-245.
1528 Seiten 152-157.
1529 Seiten 173-196.
1530 Vgl. etwa Weßlau, ZStW 113 (2001), 681 (703), wonach weder Internet-Provider noch Internet-Nutzer gefahrenträchtig handelten; ebenso Bäumler, DuD 2001, 348 (349) und Werner, Befugnisse der Sicherheitsbehörden, 51 für das Telekommunikationsnetz; meist unausgesprochen a.A. sind die Vertreter der Eingriffsbehörden.

können[1531]. Telekommunikationsnetze erleichtern den Austausch von Informationen und ermöglichen diesen kostengünstig, einfach, schnell, vertraulich und über weite Entfernungen – auch Ländergrenzen – hinweg.

Dass die besonderen Eigenschaften der Telekommunikation die Gefährdung von Rechtsgütern in einzelnen Fällen begünstigen, bedeutet indes nicht zwangsläufig, dass sie dies auch in höherem Maße tun als die Kommunikation in räumlicher Gegenwart der Beteiligten[1532]. Bei der Untersuchung dieser Frage ist richtigerweise zu berücksichtigen, wie viele Kommunikationsvorgänge insgesamt über Telekommunikationsnetze oder räumlich-unmittelbar abgewickelt werden. Nur auf diese Weise ist feststellbar, inwieweit höhere Gefahren infolge einer Kommunikationsweise (Telekommunikation oder räumlich-unmittelbare Kommunikation) auf die Eigenart der jeweiligen Kommunikationsweise und nicht bloß auf das Maß an Nutzung der jeweiligen Kommunikationsform zurückzuführen sind. Zu vergleichen ist also das relative Maß an Rechtsgutgefährdung. Es ist darauf abzustellen, in welchem Maß der durchschnittliche Kommunikationsvorgang Rechtsgüter gefährdet.

Dies hat unter anderem zur Folge, dass die absolut steigende Zahl der Fälle von Netzkriminalität im weiteren Sinn in Verhältnis zu setzen ist zu dem Maß, in dem Telekommunikationsnetze insgesamt genutzt werden. Die bisher vorliegenden Zahlen zur Computerkriminalität im engeren Sinne etwa sind in den vergangenen Jahren weit weniger stark gestiegen als die Internetnutzung insgesamt[1533]. Zu berücksichtigen ist auch, in welchem Maße es jeweils zur Gefährdung von Rechtsgütern kommt. Bisher existieren keine Statistiken oder Untersuchungen über das Ausmaß der Schäden, die durch die Inanspruchnahme von Telekommunikationsnetzen durch Straftäter entstehen[1534]. Nach Ermittlung des relativen Gefahrenpotenzials der Telekommunikationsnetze ist dieses mit der Situation im Bereich der räumlich-unmittelbaren Kommunikation zu vergleichen. Zahlen insoweit liegen bisher nicht vor. Die Behauptung, dass Telekommunikation Rechtsgüter in höherem Maße gefährdete als räumlich-unmittelbare Kommunikation, stellt aus diesem Grund lediglich eine Hypothese dar, deren Richtigkeit bisher noch nicht untersucht worden ist.

1531 Sieber, COMCRIME-Studie (I), 60.
1532 In diese Richtung allerdings Sieber, COMCRIME-Studie (I), 61: „computer crime and the Internet have become especially attractive for organised crime groups".
1533 Seite 164.
1534 Seite 162.

Die von der Polizeistatistik ausgewiesenen Fallzahlen der allgemeinen Kriminalität sind in den letzten Jahren ungefähr stabil geblieben, so dass sich nicht feststellen lässt, dass der Einzug der Telekommunikationsnetze in das tägliche Leben insgesamt zu mehr Straftaten geführt hat. Unter der Voraussetzung, dass die Entwicklung der Polizeistatistik der tatsächlichen Kriminalitätsentwicklung entspricht, ist dies ein Indiz für die These, dass mittels Telekommunikation begangene Straftaten ohne die Möglichkeiten der Telekommunikation mittels unmittelbarer Kommunikation begangen würden, dass die Telekommunikationsnetze also nur zu einer Kriminalitätsverlagerung geführt haben[1535].

Zwar können Telekommunikationsnetze durchaus als „gefährliche Werkzeuge" oder Hilfsmittel bei der Gefährdung von Rechtsgütern eingesetzt werden. Allerdings kann prima facie und ohne nähere Untersuchungen nicht davon ausgegangen werden, dass die Telekommunikation zu größeren Schäden führt oder mit weitergehenden Gefahren verbunden ist als die unmittelbare Kommunikation. In Anbetracht der Tatsache, dass sich Telekommunikation leichter überwachen lässt, ist auch das Gegenteil denkbar. In diesem Fall aber sind weitergehende Überwachungsmaßnahmen als im Bereich der unmittelbaren Kommunikation nicht gerechtfertigt.

(6) Höherer Nutzen der Telekommunikationsüberwachung als Rechtfertigungsgrund

Weiterhin könnte eine Vorratsspeicherung allein von Telekommunikationsdaten dadurch gerechtfertigt sein, dass die Kenntnis der näheren Umstände von Telekommunikationsvorgängen typischerweise von größerem Nutzen für den Rechtsgüterschutz sein könnte als die Kenntnis der näheren Umstände von unmittelbaren Kommunikationsvorgängen. Beispielsweise lässt sich denken, dass Straftäter sensible Informationen über geplante oder abgeschlossene Straftaten öfter telefonisch austauschen könnten als im unmittelbaren Gespräch. Diese Annahme erscheint allerdings unzutreffend. Straftäter werden sich heutzutage regelmäßig des Instruments der Telekommunikationsüberwachung bewusst sein und die unmittelbare Kommunikation einem Einsatz von Telekommunikation daher wann immer möglich vorziehen. Auch sonst ist nicht ersichtlich, dass die Kenntnis der näheren Umstände von Telekommunikationsvorgängen typischerweise einen größeren Nutzen für den Rechtsgüterschutz aufweist als die Kenntnis der Um-

---

1535 In diesem Sinne Pfitzmann, Andreas in Bundestag, Öffentliche Anhörung zum Thema Cyber-Crime/TKÜV (I), 52.

stände von unmittelbaren Kommunikationsvorgängen. Ein Rechtfertigungsgrund kann hierin daher nicht erblickt werden.

(7) Unterschiedliche Schutzwürdigkeit als Rechtfertigungsgrund

Als Rechtfertigungsgrund kommt schließlich in Betracht, dass die Umstände unmittelbarer Kommunikation schutzwürdiger sein könnten als die Umstände von Telekommunikation. Für diese These könnte angeführt werden, dass sich Menschen bei Einsatz von Telekommunikationsnetzen ihrer Kommunikation willentlich entäußern und dass sie dementsprechend mit einem höheren Maß an Überwachung rechnen müssten als im Fall unmittelbarer Kommunikation. Wie bereits gezeigt, kann die bloße Tatsache, dass sich Telekommunikation einfacher überwachen lässt, zur Rechtfertigung einer generellen Verkehrsdatenspeicherung aber nicht genügen[1536]. Ebenso wenig kann daraus eine verminderte Schutzwürdigkeit von Telekommunikation hergeleitet werden. Wenn Menschen miteinander telekommunizieren, vertrauen sie typischerweise darauf, ebenso ungestört zu sein wie im Fall unmittelbarer Kommunikation. Hinzu kommt, dass heutzutage in vielen Situationen keine Möglichkeit unmittelbarer Kommunikation mehr besteht[1537]. Dieser Umstand darf nicht zulasten der Betroffenen gehen.

Für eine verminderte Schutzwürdigkeit von Telekommunikation könnte weiterhin angeführt werden, dass vertrauliche Gespräche zumeist in Wohnungen geführt würden, dass Telekommunikation den Bereich einer Wohnung dagegen stets verlässt. Auch diese Tatsache scheint indes nicht geeignet, die Schutzwürdigkeit von Telekommunikation zu reduzieren[1538]. Die Funktion eines Gespräches innerhalb einer Wohnung unterscheidet sich nicht von der Funktion eines Telefongesprächs zwischen zwei Wohnungen.

Die hohe Sensibilität und Aussagekraft von Telekommunikations-Verkehrsdaten wurde bereits ausführlich dargestellt[1539]. Es sind keine Anhaltspunkte dafür ersichtlich, dass Telekommunikation typischerweise weniger sensibel ist als räumlich-unmittelbare Kommunikation. Dementsprechend kann von einer verminderten Schutzwürdigkeit von Telekommunikation nicht ausgegangen werden.

1536 Seite 320.
1537 Seite 318.
1538 Vgl. auch Seiten 118-119.
1539 Seiten 209-246.

(8) Abwägung und Ergebnis

Festzuhalten ist, dass sich eine generelle Vorratsspeicherung allein von Telekommunikations-Verkehrsdaten nur dann rechtfertigen lässt, wenn der durchschnittliche Telekommunikationsvorgang Rechtsgüter in erheblich höherem Maß gefährdet als der typische räumlich-unmittelbare Kommunikationsvorgang. Als Unterfall der Gefährdung von Rechtsgütern ist es dabei anzusehen, wenn der Schutz von Rechtsgütern durch die Eingriffsbehörden vereitelt wird, weil diese keine Kenntnis von den Umständen eines Kommunikationsvorgangs haben.

Ob die Kommunikation über Telekommunikationsnetze Rechtsgüter tatsächlich in überdurchschnittlichem Maße gefährdet, ist unbekannt. Bei der Einschätzung dieser Tatsache kommt dem Gesetzgeber ein gewisser Spielraum zu, dessen Ausmaß sich nach den oben diskutierten Kriterien bestimmt[1540]. Wegen der hohen Eingriffsintensität einer generellen Verkehrsdatenspeicherung ist zu verlangen, dass der Gesetzgeber eine vertretbare Entscheidung trifft[1541] und die ihm zugänglichen Erkenntnisquellen vor der Einführung einer solchen Maßnahme ausschöpft[1542], etwa durch Einholung einer wissenschaftlichen Vergleichsstudie. Es liegt keine besondere Dringlichkeitssituation vor, in der von der vorherigen Analyse der maßgeblichen Tatsachen abgesehen werden könnte[1543]. Ebenso wenig verspricht die Einführung einer Vorratsspeicherung von Telekommunikationsdaten einen Erkenntnisgewinn bezüglich des Maßes an Rechtsgutgefährdung durch Telekommunikation oder räumlich-unmittelbare Kommunikation, so dass sich eine solche Maßnahme auch nicht als notwendiges Experiment rechtfertigen lässt[1544].

Auf der Basis des gegenwärtigen Erkenntnisstandes ist nicht ersichtlich, dass der durchschnittliche, über Telekommunikationsnetze abgewickelte Kommunikationsvorgang Rechtsgüter in höherem Maße gefährdet als der typische räumlich-unmittelbare Kommunikationsvorgang. Wie oben gezeigt[1545], legt die leichtere Überwachbarkeit der Telekommunikation eher den umgekehrten Schluss nahe. Ohne entsprechende empirische Befunde ist die Unterstellung einer besonderen Rechtsgutgefährdung durch menschliche Kommunikation über Telekommunikationsnetze angesichts dessen

---

1540 Seiten 145-146.
1541 Seiten 150-152.
1542 Seiten 250-251.
1543 Seiten 250-251.
1544 Vgl. dazu Seite 148.
1545 Seite 324.

unvertretbar. Ausgehend von den derzeit vorliegenden Erkenntnissen ist die Einführung einer Vorratsspeicherung von Telekommunikationsdaten daher mit Art. 3 Abs. 1 GG unvereinbar.

bb) Massenkommunikation

Telekommunikationsnetze stellen nicht nur ein Medium für Individual- sondern auch für Massenkommunikation dar. Für das Angebot und die Nutzung von Informationen, die an eine unbestimmte Vielzahl von Perso- nen gerichtet sind, eignet sich insbesondere das Internet. Eine generelle Vorratsspeicherung von Telekommunikations-Verkehrsdaten führt dazu – eine entsprechende Ausgestaltung vorausgesetzt –, dass die Nutzung tele- kommunikativer Informationsangebote ihren Umständen nach festgehalten wird, während die räumlich-unmittelbare Nutzung traditioneller Massen- medien (z.B. Zeitschriften, Bücher, Fernsehen) überwachungsfrei bleibt. Wegen der Frage, ob diese Ungleichbehandlung gerechtfertigt ist, kann weitgehend auf die obigen Ausführungen zur Individualkommunikation verwiesen werden[1546].

Eine stärkere Überwachung der Massenkommunikation über Telekom- munikationsnetze ist nur dann gerechtfertigt, wenn aus dieser – gemessen an der Gesamtzahl von Nutzungsvorgängen – überproportional hohe Gefah- ren erwachsen. Vergleichsmaßstab ist das Gefahrenpotenzial von räumlich- unmittelbarer Massenkommunikation. Für ein höheres Gefahrenpotenzial der Telekommunikationsnetze könnte sprechen, dass Telekommunikations- netze und insbesondere das Internet nicht selten zum Angebot und zur Nut- zung illegaler Informationen eingesetzt werden und dass sich insbesondere das Internet hierzu besser eignet als Printmedien und andere traditionelle Massenmedien. Telekommunikationsnetze erleichtern aber andererseits auch das Angebot und die Nutzung legaler Informationen. Speziell das Internet wird in hohem Maße zur Verbreitung legaler und sogar nützlicher und politisch wichtiger Informationen genutzt[1547]. Aus diesem Grund kön- nen steigende Zahlen hinsichtlich der Verbreitung illegaler Informationen über das Internet dessen stärkere Überwachung für sich genommen nicht rechtfertigen. Zu berücksichtigen ist stets die Entwicklung des gesamten Telekommunikationsaufkommens und die Situation im Bereich der tradi- tionellen Massenmedien.

Ob über Telekommunikationsnetze abgewickelte Massenkommunikation prozentual öfter illegalen Zwecken dient als traditionelle Massenkommuni-

---

1546   Seiten 319-327.
1547   Seiten 313-314.

kation, ist bisher noch nicht empirisch untersucht worden, obwohl dies in gewissem Maße möglich wäre. Beispielsweise könnten die Erkenntnisse des Bundesamts für Verfassungsschutz über die Verbreitung verfassungsfeindlicher Druckschriften mit den Angaben von Internet-Suchmaschinen über die Verbreitung solcher Angebote im Internet verglichen werden. Angesichts der unüberschaubaren Vielzahl legaler Angebote im Internet ist es nicht vertretbar, über Telekommunikationsnetze verbreitete Massenkommunikation ohne stichhaltige, dahin gehende Anhaltspunkte als schadensträchtiger anzusehen als die traditionelle Massenkommunikation. Aus diesem Grund ist die Einführung einer Vorratsspeicherung von Telekommunikationsdaten auf der Grundlage des gegenwärtigen Kenntnisstandes mit Art. 3 Abs. 1 GG unvereinbar.

cc) Computerdaten

Außer als Medium für die zwischenmenschliche Kommunikation können Telekommunikationsnetze auch zur Übertragung von Computerdaten (z.B. Musik, Software) eingesetzt werden. Technisch geschieht dies, indem fremde Computer (so genannte Server) zur Übermittlung von Daten angewiesen werden oder indem Daten an diese Computer übermittelt werden. Auch im Bereich der Netzkriminalität im engeren Sinne werden Telekommunikationsnetze als Mittel zur Steuerung anderer Computersysteme eingesetzt.

Eine generelle Vorratsspeicherung von Telekommunikations-Verkehrsdaten zeichnet nur die telekommunikative Computerbenutzung ihren Umständen nach auf, nicht dagegen die unmittelbare Benutzung eines Computers. Als unmittelbare Computerbenutzung ist dabei auch der Zugriff mittels selbst betriebener Netzwerke (z.B. Unternehmensnetzwerke) anzusehen, der keine Telekommunikation im Sinne des TKG darstellt[1548]. Der gemeinsame Oberbegriff liegt in der Benutzung von Computern, so dass die Vergleichbarkeit der Sachverhalte gegeben ist. Da im Fall einer Vorratsspeicherung von Telekommunikationsdaten nur die telekommunikative Computerbenutzung ihren Umständen nach aufgezeichnet wird, werden diejenigen Personen benachteiligt, die Computer mittels Telekommunikation und nicht unmittelbar benutzen. Ein Eingriff in das Grundrecht dieser Personen aus Art. 3 Abs. 1 GG liegt damit vor.

Fraglich ist, welcher Maßstab bei der Rechtfertigungsprüfung anzuwenden ist. Wie im Bereich der zwischenmenschlichen Kommunikation[1549] gibt es viele Menschen und Berufsgruppen, die auf die telekommunikative

---

1548 Vgl. schon Seiten 255-256.
1549 Seite 318.

Computerbenutzung angewiesen sind, ohne zumutbarerweise auf die unmittelbare Computerbenutzung ausweichen zu können. Gerade das Internet ermöglicht die Nutzung von Computern in der ganzen Welt, zu denen kein unmittelbarer Zugang besteht. Im Berufsleben sind auch Direktverbindungen von Berufstätigen mit dem Computer ihres Arbeitgebers üblich, um Daten auszutauschen. Da viele Berufe die räumliche Trennung von dem jeweiligen Arbeitgeber mit sich bringen, ist Telekommunikation in diesen Bereichen unersetzlich. Eine generelle Verkehrsdatenspeicherung stellt darüber hinaus einen schweren Eingriff in verschiedene Freiheitsgrundrechte dar[1550], was ebenfalls für eine strikte Prüfung spricht. Insgesamt ergibt sich wiederum[1551], dass eine Verhältnismäßigkeitsprüfung durchzuführen ist.

Auf dem Gebiet der Computerbenutzung kann nicht geltend gemacht werden, dass eine Aufzeichnung und Vorhaltung von Daten über die näheren Umstände der unmittelbaren Computerbenutzung nicht realisierbar sei. In vielen Unternehmen gibt es bereits Mechanismen, um die Computernutzung durch Mitarbeiter zu protokollieren. Diese Verfahren könnten auf sämtliche Computer ausgedehnt werden. Dass eine Vorratsspeicherung im Bereich der Benutzung einzelner Computer mit höherem Aufwand verbunden wäre als im Bereich der Telekommunikation, kann entsprechend den obigen Ausführungen[1552] auch hier nicht die gravierende Ungleichbehandlung rechtfertigen, die mit einer generellen Vorratsspeicherung allein von Telekommunikations-Verkehrsdaten verbunden ist.

Als Rechtfertigungsgrund kommt weiterhin in Betracht, dass von der telekommunikativen Computerbenutzung ein höheres Gefährdungspotenzial ausgehen könnte als von der unmittelbaren Computerbenutzung. Ob dies der Fall ist, ist bisher nicht bekannt. Einerseits lassen sich beispielsweise Computerangriffe über das Internet über weitere Entfernungen hinweg vornehmen als wenn unmittelbar auf einen Computer des Opfers zugegriffen werden müsste. Zudem sind Computer nur für einen eingeschränkten Personenkreis unmittelbar zugänglich. Andererseits wurde bereits ausgeführt, dass ein großer Teil der durch Netzkriminalität im engeren Sinne verursachten Schäden auf Mitarbeiter der betroffenen Unternehmen zurück zuführen ist und dass Telekommunikationsnetze insoweit nur selten zum Einsatz kommen[1553]. Wo die Möglichkeit eines unmittelbaren Computer-

---

1550 Seite 318.
1551 Vgl. schon Seiten 317-319.
1552 Seite 320.
1553 Seiten 168-169.

zugriffs besteht, werden Straftäter die Benutzung von Telekommunikationsnetzen schon deshalb meiden, weil ihnen regelmäßig bekannt sein wird, dass dabei Verkehrsdaten anfallen können. Ohne entsprechende empirische Erkenntnisse kann mithin nicht unterstellt werden, dass der typische Telekommunikationsvorgang öfter dem Angriff auf Computersysteme dient als die durchschnittliche unmittelbare Computernutzung. Es spricht vielmehr einiges für die Annahme, dass die unmittelbare wie die telekommunikative Benutzung von Computern gleichermaßen ganz überwiegend zu legitimen Zwecken und nur äußerst selten zum Zweck von Computerangriffen erfolgt.

Die Ausnahme der unmittelbaren Computerbenutzung von einer Vorratsspeicherungspflicht könnte ferner damit gerechtfertigt werden, dass es jeder Betreiber eines Computersystems in der Hand habe, den unmittelbaren Zugriff auf sein System zu unterbinden oder zu kontrollieren, dass er den Zugriff mittels Telekommunikationsnetzen dagegen nicht in gleichem Maße kontrollieren könne. Gegen diese Argumentation ist einzuwenden, dass sich der Personenkreis, der unmittelbaren Zugriff auf Computersysteme hat, zwar einschränken lässt (z.B. durch Eingangskontrollen), dass es aber auch im Bereich der Telekommunikationsnetze Mechanismen gibt, welche das sichere Authentifizieren von Benutzern ermöglichen. Computerkriminalität im engeren Sinne wird zudem oft von Mitarbeitern des Geschädigten begangen, die legalen räumlichen Zugang zu den angegriffenen Systemen haben. Nicht selten sind diese Personen technisch äußerst versiert und können dadurch Schutzmechanismen umgehen. Oft wird Computerkriminalität im engeren Sinne auch gerade von denjenigen Personen begangen, die für die Sicherheit der angegriffenen Systeme sorgen sollen (Administratoren). Im Gegensatz dazu gestaltet sich der Angriff auf Computersysteme mittels Telekommunikationsnetzen regelmäßig schwieriger. Der Betreiber hat es insoweit in hohem Maße in der Hand, Computerangriffen durch technische Maßnahmen vorzubeugen. Wenn die eingesetzte Software regelmäßig aktualisiert wird, lassen sich Schäden infolge von „Hacking" weitgehend ausschließen. Jedenfalls lässt sich nicht ohne genauere Untersuchungen behaupten, dass der Schutz vor unmittelbaren Zugriffen einfacher möglich sei als der Schutz vor Angriffen mittels Telekommunikationsnetzen.

In Anbetracht der insoweit bestehenden Unsicherheitsfaktoren bemisst sich der Einschätzungsspielraum des Gesetzgebers nach den oben diskutierten Kriterien[1554]. Wegen der Eingriffsintensität einer Vorratsspeicherung von Verkehrsdaten ist zu verlangen, dass der Gesetzgeber eine vertretbare

---

1554 Seiten 145-146.

Entscheidung trifft und die für die Beurteilung der Verfassungsmäßigkeit relevanten Tatsachen zuvor möglichst vollständig ermittelt[1555]. Die Einführung einer auf den Telekommunikationsbereich beschränkten Vorratsspeicherung ist nur dann eine vertretbare Entscheidung des Gesetzgebers, wenn er sich zuvor durch Aufklärung der Sachlage versichert, dass von der telekommunikativen Computerbenutzung überproportional größere Gefahren ausgehen. Größere Gefahren können sich dabei auch aus verminderten Schutzmöglichkeiten gegenüber Angriffen über Telekommunikationsnetze ergeben.

Auf der Grundlage der bisherigen Kenntnisse kann von größeren Gefahren infolge von telekommunikativer Computerbenutzung – wie gezeigt – nicht ausgegangen werden, so dass derzeit keine Gründe von solcher Art und solchem Gewicht ersichtlich sind, dass sie eine Ungleichbehandlung der telekommunikativen gegenüber der unmittelbaren Computerbenutzung rechtfertigen könnten. Aus diesem Grund ist die Einführung einer Vorratsspeicherung von Telekommunikationsdaten gegenwärtig mit Art. 3 Abs. 1 GG unvereinbar.

b)   Ungleichbehandlung der Telekommunikation gegenüber dem Postwesen

aa) Ungleichbehandlung des distanzierten Informationsaustausches per Telekommunikation gegenüber dem distanzierten Austausch verkörperter Informationen

Des Weiteren ist fraglich, ob es gerechtfertigt ist, eine Pflicht zur Vorratsspeicherung von Verkehrsdaten nur im Telekommunikationsbereich vorzusehen, nicht aber im Postbereich. Zu vergleichen ist also die Übermittlung von Informationen mittels Telekommunikation mit der postalischen Übermittlung von Informationen. Gemeinsamer Oberbegriff ist die räumlich distanzierte Übermittlung von Informationen, so dass die Vergleichbarkeit der Sachverhalte gegeben ist. Dies gilt auch im Hinblick auf computerlesbare Daten, weil auch diese auf Datenträgern postalisch versandt werden können. Durch den intensiven Eingriff in verschiedene Freiheitsgrundrechte[1556] werden die Telekommunikationsnutzer gegenüber den Nutzern von Postdienstleistungen benachteiligt, weil die näheren Umstände der Informationsübermittlung nur im ersten Fall festgehalten werden. Darin liegt ein

---

1555   Seiten 326-327.
1556   Seite 318.

Eingriff in das Grundrecht der Telekommunikationsnutzer aus Art. 3 Abs. 1 GG.

Was den Rechtfertigungsmaßstab anbelangt, so gibt es viele Menschen und Berufsgruppen, die typischerweise auf die Möglichkeit des telekommunikativen Informationsaustausches angewiesen sind, ohne zumutbarerweise auf die Post ausweichen zu können. Dies gilt besonders für Arbeitnehmer und Selbstständige, die sich bei ihrer Tätigkeit nach äußeren Zwängen richten müssen. Zu dieser Gruppe gehören auch Journalisten, deren zum Teil vertrauliche Arbeit in unserer freiheitlichen Demokratie besonders wichtig ist. Dasselbe gilt etwa für Menschenrechtsorganisationen. Auch außerhalb des beruflichen Bereichs wird im Zeitalter der Informationsgesellschaft der körperliche Informationsaustausch immer mehr verdrängt. Während es beispielsweise Bürger- und Sorgentelefone gibt, die Bürgern eine fachkundige Beratung in Notlagen bieten, ist die Nutzung solcher Angebote per Post meist nicht möglich. Ähnlich verhält es sich mit dem Internet, dessen reichhaltiges Informationsangebot sich durch keine Bibliothek mit Fernleihemöglichkeit ersetzen lässt. Nimmt man die hohe Eingriffsintensität einer Vorratsspeicherung von Telekommunikationsdaten hinzu, dann wiegt die Ungleichbehandlung gegenüber der Postbenutzung so schwer, dass wiederum[1557] eine Verhältnismäßigkeitsprüfung erforderlich ist.

Im Unterschied zum unmittelbaren Informationsaustausch kann auf dem Gebiet der Postdienstleistungen nicht geltend gemacht werden, dass eine Aufzeichnung und Vorhaltung von Verkehrsdaten nicht realisierbar sei. Auch dass der Absender auf postalischen Sendungen bisher nicht angegeben werden muss, hindert die Aufzeichnung von Verkehrsdaten nicht, weil eine Identifizierungspflicht eingeführt werden könnte. Im Übrigen ist auch im Telekommunikationsbereich stets nur der Anschlussinhaber, nicht aber der jeweilige Benutzer des Anschlusses identifizierbar. Dass eine Vorratsspeicherung im Postbereich mit höherem Aufwand verbunden sein könnte als im Bereich der Telekommunikation, genügt nach dem oben Gesagten[1558] nicht, um die gravierende Ungleichbehandlung zu rechtfertigen, zumal der Aufwand einer Vorratsspeicherung im Postbereich ungleich geringer wäre als im Bereich unmittelbarer Kommunikation.

Als Rechtfertigungsgrund kommt weiterhin in Betracht, dass von dem telekommunikativen Informationsaustausch ein höheres Gefahrenpotenzial

---

1557 Vgl. schon Seiten 317-319.
1558 Seite 320.

ausgehen könnte als von dem Informationsaustausch per Post. Ob dies der Fall ist, ist unbekannt und lässt sich empirisch wohl nur im Wege von repräsentativen Untersuchungen feststellen. Fest steht zwar, dass Telekommunikationsnetze im Vergleich zur Nutzung der Post den Austausch von Informationen allgemein erleichtern und diesen kostengünstig, einfach, schnell, vertraulich und über weite Entfernungen – auch Ländergrenzen – hinweg ermöglichen. Allerdings ist auch dem Postverkehr ein spezifisches Gefährdungspotenzial zueigen. Weil bei dem postalischen Verkehr kein Absender angegeben werden muss oder die Absenderangabe nicht überprüft wird, eröffnet die Post zusätzliche Möglichkeiten des konspirativen Informationsaustausches zwischen Straftätern. Ebenso wie im Telekommunikationsbereich lässt sich auch beim postalischen Informationsaustausch jegliche Kontrolle unterbinden, indem man verschlüsselte Informationen versendet. Zudem kann der Inhalt von Postsendungen schon des hohen Aufwandes wegen nicht in nennenswertem Maße auf einschlägige Hinweise kontrolliert werden. Damit kann sich die Post als Ausweichmöglichkeit für Straftäter anbieten, die ihre Kommunikation nicht mehr konspirativ über Telekommunikationsnetze abwickeln können, weil in diesem Bereich eine generelle Verkehrsdatenspeicherung eingeführt wurde.

Summa summarum lassen die generellen Merkmale von Telekommunikationsnetzen nicht mit hinreichender Sicherheit auf ein höheres Gefahrenpotenzial der Telekommunikation schließen als es der Austausch von Informationen per Post aufweist. Entsprechend der obigen Feststellungen[1559] ist der Gesetzgeber auch in Bezug auf die Frage, ob von dem telekommunikativen Informationsaustausch größere Gefahren ausgehen als von dem Informationsaustausch per Post, gemäß Art. 3 Abs. 1 GG zur Aufklärung verpflichtet, bevor er eine Vorratsspeicherung allein von Telekommunikationsdaten beschließen darf. Nach bisherigen Erkenntnissen existieren keine Gründe von solcher Art und solchem Gewicht, dass sie eine Diskriminierung der Telekommunikationsbenutzung gegenüber der Postbenutzung im Wege einer generellen Vorratsspeicherung nur von Telekommunikations-Verkehrsdaten rechtfertigen könnten.

bb) Ungleichbehandlung von Telekommunikationsunternehmen gegenüber Postunternehmen

Statt aus der Nutzerperspektive lässt sich der Vergleich von Telekommunikation und Post auch aus Sicht der befördernden Unternehmen anstellen. Eine Pflicht zur generellen Vorratsspeicherung von Telekommunikations-

---

1559 Seiten 326-327.

Verkehrsdaten trifft nur Telekommunikations-, nicht aber Postunternehmen, so dass eine Ungleichbehandlung erfolgt. Beide Arten von Unternehmen unterfallen dem Oberbegriff der beruflichen Übermittler von Informationen, so dass sie vergleichbar sind. Von der Ungleichbehandlung nachteilig betroffen sind die Telekommunikationsunternehmen, so dass eine Speicherungspflicht nur für Telekommunikations-Verkehrsdaten einen Eingriff in das Grundrecht der Telekommunikationsunternehmen aus Art. 3 Abs. 1 GG darstellt.

Was den Rechtfertigungsmaßstab angeht, so knüpft eine generelle Verkehrsdatenspeicherung eindeutig an Personengruppen – nämlich an den Beruf des Telekommunikationsdienstleisters – und nicht nur an Sachverhalte an. Wie gezeigt, greift die Verkehrsdatenspeicherungspflicht auch intensiv in das Grundrecht der betroffenen Unternehmen aus Art. 12 Abs. 1 GG ein, wenn keine umfassende Kostenerstattung vorgesehen wird[1560]. Es ist daher eine Verhältnismäßigkeitsprüfung vorzunehmen.

Wie gezeigt, gibt es nach derzeitigen Erkenntnissen keine hinreichenden Gründe für die Annahme, dass mit der postalischen Vermittlung von Informationen typischerweise geringere Gefahren verbunden seien als mit der telekommunikativen Informationsübermittlung[1561]. Weil damit gegenwärtig nicht ersichtlich ist, dass die mit einer Verkehrsdatenspeicherungspflicht verbundene Benachteiligung von Telekommunikationsunternehmen gerechtfertigt ist, ist eine solche Maßnahme mit Art. 3 Abs. 1 GG unvereinbar.

c) Ungleichbehandlung der Telekommunikation gegenüber sonstigen Leistungen

aa) Ungleichbehandlung der Inanspruchnahme von Telekommunikation gegenüber der Inanspruchnahme sonstiger Leistungen

Teilweise wird argumentiert, es sei nicht ersichtlich, dass Telekommunikations-Verkehrsdaten für die Eingriffsbehörden nützlicher sein könnten als jegliche andere personenbezogenen Daten, wie sie etwa bei Banken oder Fluggesellschaften gespeichert werden. Im Hinblick darauf sei es nicht gerechtfertigt, nur im Telekommunikationsbereich eine Vorratsspeicherung zu staatlichen Zwecken vorzusehen. Aus verfassungsrechtlicher Sicht ist diese Frage wiederum unter dem Aspekt des Art. 3 Abs. 1 GG zu prüfen.

1560   Seiten 296-297.
1561   Seiten 332-333.

Eine generelle Verkehrsdatenspeicherung führt dazu, dass die Inanspruchnahme von Telekommunikation anders behandelt wird als die Inanspruchnahme sonstiger Leistungen, bei deren Erbringung Daten anfallen oder gespeichert werden können, die für die Gefahrenabwehr oder Strafverfolgung nützlich sein können. Allgemein existiert nämlich keine Pflicht zur Vorhaltung gefahrenabwehr- und strafverfolgungsrelevanter Daten zu staatlichen Zwecken. Gemeinsamer Oberbegriff der genannten Sachverhalte ist die Inanspruchnahme von Leistungen, bei deren Erbringung Daten anfallen oder gespeichert werden können, die für die Gefahrenabwehr oder Strafverfolgung nützlich sein können. Eine generelle Vorratsspeicherung von Telekommunikations-Verkehrsdaten benachteiligt Telekommunikationsbenutzer unter anderem gegenüber Kunden von Banken und Fluggesellschaften, so dass ein Eingriff in das Recht der Telekommunikationsnutzer aus Art. 3 Abs. 1 GG vorliegt.

Bezüglich der Anforderungen an eine verfassungsmäßige Rechtfertigung dieser Ungleichbehandlung ist zunächst festzuhalten, dass sich eine Ungleichbehandlung von Sachverhalten ohne unmittelbaren Personenbezug annehmen ließe. Allerdings gilt auch hier wieder, dass man die Benutzung von Telekommunikationsnetzen heutzutage kaum vermeiden kann und dass bestimmte Personengruppen typischerweise besonders darauf angewiesen sind, insbesondere bestimmte Berufsgruppen[1562]. Außerdem ist eine generelle Vorratsspeicherung von Telekommunikations-Verkehrsdaten mit einem schwerwiegenden Eingriff in verschiedene Freiheitsgrundrechte[1563] verbunden, so dass eine Verhältnismäßigkeitsprüfung vorzunehmen ist. Prüfungsmaßstab ist daher, ob ein sachlicher Grund von solcher Art und solchem Gewicht existiert, dass er die Ungleichbehandlung rechtfertigt.

Dass eine Vorratsspeicherung der Kundendaten von Banken, Fluggesellschaften und anderen Unternehmen nicht machbar oder finanzierbar sei, lässt sich nicht behaupten. Im Unterschied zu Telekommunikations-Verkehrsdaten wäre in diesen Bereichen vielfach sogar keine zusätzliche Erfassung, sondern nur eine verlängerte Speicherung ohnehin erfasster Daten erforderlich, so dass der Aufwand eher geringer wäre.

Weiterhin ist zu überlegen, ob die Kundendaten von Banken und Fluggesellschaften für die Gefahrenabwehr oder Strafverfolgung typischerweise weniger nützlich sind als Telekommunikations-Verkehrsdaten. Gegen diese Überlegung spricht, dass gerade bei der organisierten Kriminalität vermehrt

---

1562   Seite 318.
1563   Seite 318.

finanzielle Transaktionen und räumliche Mobilität anzunehmen sind. Angesichts der äußerst geringen Wahrscheinlichkeit, dass ein Telekommunikations-Verkehrsdatum bei der Abwehr einer Gefahr von Nutzen ist[1564], liegt es nahe, dass diese Wahrscheinlichkeit bei Daten etwa über finanzielle Transaktionen und Flüge mindestens ebenso hoch liegt[1565]. Es ist sogar wahrscheinlich, dass in diesen Bereichen zahlenmäßig erheblich weniger Daten anfallen als Telekommunikations-Verkehrsdaten, was für den höheren Nutzen eines typischen, bei Banken oder Fluggesellschaften anfallenden Datums spricht. Dass Telekommunikations-Verkehrsdaten einen höheren Nutzen für die Gefahrenabwehr- oder die Strafverfolgungsbehörden aufweisen, kann daher nicht ohne Weiteres, das heißt nicht ohne entsprechende empirische Erkenntnisse, unterstellt werden, so dass ein unterschiedlicher Nutzen gegenwärtig als Rechtfertigungsgrund ausscheidet.

Ferner ist daran zu denken, dass Daten über finanzielle Transaktionen und über Flüge von Personen schutzwürdiger sein könnten als Telekommunikations-Verkehrsdaten. Dagegen ist die hohe Sensibilität und Aussagekraft von Telekommunikations-Verkehrsdaten anzuführen[1566]. Zwar kann man anhand von Flugdaten grobe Bewegungsprofile erstellen. Eine generelle Vorratsspeicherung von Telekommunikations-Verkehrsdaten und damit auch der Mobiltelefon-Positionsdaten ermöglicht die Erstellung von Bewegungsprofilen aber in viel genauerem Maße. Ebenso mögen, was bei Banken gespeicherte Daten angeht, Daten über das Vermögen von Personen besonders sensibel sein. Daten über die Nutzung von Telefon und Internet sind aber nicht weniger sensibel[1567]. Dass Telekommunikations-Verkehrsdaten typischerweise weniger schutzwürdig seien als die anderen genannten Daten, lässt sich daher nicht sagen.

Mithin ist kein sachlicher Grund von solcher Art und solchem Gewicht ersichtlich, dass er die generelle Vorratsspeicherung nur von Telekommunikations-Verkehrsdaten rechtfertigen kann. Die Einführung einer solchen Maßnahme ist daher nach gegenwärtigem Erkenntnisstand mit Art. 3 Abs. 1 GG unvereinbar.

Banken und Fluggesellschaften wurden hier im Übrigen nur beispielhaft heraus gegriffen. Sammlungen personenbezogener Daten existieren auch bei einer Vielzahl anderer Stellen wie etwa Kreditauskunfteien, Direktmar-

---

1564   Seiten 205-206.
1565   Ebenso Schmitz, MMR 2003, 214 (216) für die Benutzung von Flohmärkten, Supermärkten und Autobahnen.
1566   Seiten 209-246.
1567   Seiten 209-246.

ketingfirmen, Anwälten, Steuerberatern, Wirtschaftsprüfern, Krankenhäusern, Hotels, Ärzten, Apotheken und Behörden, ohne dass zugunsten der Eingriffsbehörden Mindestspeicherfristen oder auch nur Zugriffsrechte im Einzelfall vorgesehen sind. Weitergehende Möglichkeiten zur Speicherung potenziell nützlicher Daten sind nahezu unbegrenzt denkbar. So könnte man sämtliche Läden und Geschäfte dazu verpflichten, die Identität ihrer Besucher festzuhalten oder die Videobänder von Überwachungskameras aufzubewahren[1568]. Man könnte Bewegungen des Straßenverkehrs registrieren, die Benutzung des öffentlichen Personenverkehrs und die Anwesenheit auf öffentlichen Veranstaltungen. Derartige Pflichten wären jedenfalls für diejenigen Stellen, die Kundendaten ohnehin erfassen und im Fall einer Vorratsspeicherungspflicht nur länger aufbewahren müssten, nicht belastender als es eine Verkehrsdatenspeicherungspflicht für Telekommunikationsunternehmen ist. Zudem scheinen solche Maßnahmen zur Strafverfolgung und Gefahrenabwehr mindestens ebenso geeignet zu sein wie eine generelle Vorratsspeicherung von Telekommunikations-Verkehrsdaten. Überhaupt ist zweifelhaft, ob Telekommunikations-Verkehrsdaten nützlicher sind als jegliche sonstige Daten oder Kenntnisse über das Verhalten der Bevölkerung.

bb) Ungleichbehandlung von Telekommunikationsunternehmen gegenüber anderen Unternehmen, z.B. Banken und Fluggesellschaften

Die zuvor diskutierte Ungleichbehandlung lässt sich auch unter dem Blickwinkel derjenigen betrachten, die zur Durchführung einer Vorratsspeicherung von Telekommunikations-Verkehrsdaten verpflichtet wären. Zu vergleichen sind dann Telekommunikationsunternehmen einerseits mit Unternehmen wie Banken und Fluggesellschaften andererseits. Als gemeinsamer Oberbegriff ist die Gruppe der Unternehmen anzusehen, die Leistungen anbieten, bei deren Erbringung Daten anfallen oder gespeichert werden können, welche für die Gefahrenabwehr oder Strafverfolgung nützlich sein können. Die benachteiligende Pflicht zur Vorratsspeicherung knüpft an eine bestimmte Personengruppe an, nämlich an den Beruf des Telekommunikationsdienstleisters, so dass alle der oben genannten Kriterien[1569] für eine Verhältnismäßigkeitsprüfung sprechen. Nach dem zuvor Gesagten[1570] ist kein sachlicher Grund von solcher Art und solchem Gewicht ersichtlich,

---

1568 APIG, Communications Data, 29.
1569 Seiten 316-317.
1570 Seiten 335-337.

dass er die Einführung einer Mindestspeicherungspflicht nur für Telekommunikations-Verkehrsdaten rechtfertigen kann. Die Einführung einer Vorratsspeicherungspflicht ist daher auch wegen ungerechtfertigter Benachteiligung der Telekommunikationsunternehmen gegenüber sonstigen Unternehmen der genannten Art mit Art. 3 Abs. 1 GG unvereinbar.

d) Ungleichbehandlung durch Absehen von der Wahl milderer Mittel

Zu prüfen ist weiterhin, ob und inwieweit Art. 3 Abs. 1 GG die Wahl milderer Mittel als einer generellen Verkehrsdatenspeicherung gebietet.

aa) Eingriff in den Schutzbereich des Art. 3 Abs. 1 GG

Fraglich ist zunächst, ob Art. 3 Abs. 1 GG unter dem Aspekt der Verfügbarkeit milderer Mittel betroffen sein kann. Grundsätzlich ist anerkannt, dass der Staat unter mehreren zur Erreichung eines Zwecks geeigneten Mitteln die Wahl hat[1571]. Wenn mildere Mittel als das gewählte nicht in jedem Einzelfall die gleiche Wirkung entfalten, verstößt der Staat mit seiner Wahl auch nicht gegen das Gebot der Erforderlichkeit des Eingriffs[1572].

Im Hinblick auf Art. 3 Abs. 1 GG kann der Grundsatz der freien Wahl unter mehreren geeigneten Mitteln aber dann nicht uneingeschränkt gelten, wenn gegenüber einer ergriffenen Maßnahme mildere Mittel zur Verfügung stehen, die zwar nicht in jedem Einzelfall die gleiche Wirkung entfalten mögen, aber doch bezogen auf die Gesamtheit der Fälle. In diesen Fällen verlangt Art. 3 Abs. 1 GG eine sachliche Rechtfertigung für die Wahl des Staates. Eine solche kann beispielsweise darin liegen, dass die Wirksamkeit des Mittels gerade in bestimmten Fällen angestrebt ist. Zur Rechtfertigung kann demgegenüber nicht bereits die Behauptung genügen, weitergehende Maßnahmen würden später ergriffen.

Liegt ein Rechtfertigungsgrund nicht vor, dann gebietet Art. 3 Abs. 1 GG dem Gesetzgeber, von mehreren gleichwertigen Mitteln gleichen Gebrauch zu machen. Stehen also beispielsweise zwei gleich wirksame Mittel zur Verfügung, dann muss der Gesetzgeber wählen, ob er auf beide Mittel verzichtet, nur das mildere Mittel einsetzt oder beide Mittel zugleich einsetzt. Die Wahl nur des stärker eingreifenden Mittels verstößt gegen Art. 3 Abs. 1 GG, wenn sie nicht aus besonderen Gründen gerechtfertigt ist.

Fraglich ist, ob gleich wirksame Alternativen zu einer generellen Vorratsspeicherung von Telekommunikations-Verkehrsdaten zur Verfügung stehen. In der Tat existiert neben einer generellen Verkehrsdatenspeicherung

---

1571 BVerfG, NJW 2004, 146 (149).
1572 Seite 135.

eine Vielzahl von Mitteln, die als mildere aber gleichermaßen wirksame Alternativen gegenüber einer generellen Vorratsspeicherung aller Tele-kommunikations-Verkehrsdaten in Betracht kommen. Dabei handelt es sich nicht in erster Linie um rechtspolitische Möglichkeiten. In vielen Bereichen erscheinen tatsächliche Maßnahmen in Bezug auf potenzielle Täter, potenzielle Opfer und die zuständigen Behörden sinnvoller.

Was die allgemeine Kriminalprävention angeht, so zeigen einschlägige Forschungsergebnisse, dass Ansätze zur Bekämpfung der Wurzeln von Kriminalität nicht weniger Erfolg versprechen als repressive Maßnahmen[1573]. Politische Arbeit etwa in den Bereichen Jugend, Arbeit, Wohnen, Soziales und Bildung kann langfristig die beste Sicherheitspolitik sein[1574].

Gerade im Bereich der Netzkriminalität im engeren Sinne sind kriminalpräventive Projekte vielversprechend[1575]. Hier sind es nämlich zum größten Teil jugendliche Täter, die ohne kriminelle Energie oder Bereicherungsabsicht große Schäden verursachen[1576]. Wenn hier beispielsweise durch Aktionen an Schulen ein entsprechendes Problem- und Unrechtsbewusstsein erzeugt würde, wären reale Erfolge zu erwarten[1577].

Auch auf Seiten der Opfer von Netzkriminalität – häufig Wirtschaftsunternehmen – ist es erforderlich, ein Problembewusstsein zu erzeugen[1578]. Unternehmen sollten bei jeder Veränderung ihrer Informationsstruktur Sicherheitsfragen bedenken. Es sollte sicher gestellt werden, dass Mitarbeiter bei der Computerbenutzung bestimmte Sicherheitsregeln befolgen. Firmen, die Hard- oder Software produzieren, sollten Sicherheitsbelange be-

---

1573 Travis Hirschi, zitiert bei Kunz, Kriminologie, § 34, Rn. 3; Schneider, Kriminologie, 325; Diekmann, Die Befolgung von Gesetzen, 151.

1574 Hassemer, Strafen im Rechtsstaat, 262.

1575 Sieber, COMCRIME-Studie (I), 199: „The future information society requires mainly non-criminal measures for the prevention of computer crime"; ders., 202: „In the modern risk society the main efforts to reduce risks must focus on technical, structural and educational measures."

1576 BMI/BMJ, Sicherheitsbericht 2001, 202: „Der bisher im Zusammenhang mit Angriffen auf die Sicherheit, Zuverlässigkeit und Integrität von Daten bekannt gewordene Tätertypus entspricht weitgehend dem Klischee des jugendlichen Hackers, der zwar mit außergewöhnlich hoher krimineller Energie und mit Bereicherungsabsicht agiert"; Hong Kong Inter-departmental Working Group on Computer Related Crime, Report (I), 79 f.

1577 Robinson, James K.: Vortrag auf der International Computer Crime Conference „Internet as the Scene of Crime" in Oslo, Norwegen, 29.-31.05.2000, www.usdoj.gov/criminal/cybercrime/roboslo.htm; Hong Kong Inter-departmental Working Group on Computer Related Crime, Report (I), 79 f.

1578 Zum Folgenden vgl. Hong Kong Inter-departmental Working Group on Computer Related Crime, Report (I), 85 f.

reits bei der Produktentwicklung angemessen berücksichtigen. Für einzelne Industriezweige könnten spezielle Verhaltenskodizes erarbeitet werden. Sicherheits-Know-how sollte regelmäßig ausgetauscht werden. Auch der Informationsfluss zwischen Wirtschaft und den Sicherheitsbehörden sollte erhöht werden.

Ein marktwirtschaftlicher Mechanismus zur Durchsetzung solcher Ziele ist die Einführung eines Datenschutz-Audits, wie es etwa das Datenschutzzentrum Schleswig-Holstein bereits anbietet. Der Anreiz für Unternehmen, sich einer solchen Prüfung zu unterziehen, besteht in der Anerkennung von Kundenseite. Der Staat kann sich zudem auf den Kauf von geprüften Produkten beschränken. Weiterhin ist anzunehmen, dass freiwillige Prüfverfahren Auswirkungen auf die von Unternehmen zu zahlende Prämie für Versicherungen gegen Computerschäden haben, so dass auch auf diese Weise marktkonform Druck ausgeübt werden kann. Daneben könnte der Staat die Durchführung von Audits auch durch Gewährung von Steuervorteilen fördern. Mittelfristig kann sich dies für den Staat lohnen, weil ein verstärkter Selbstschutz auf Seiten der Wirtschaft die Eingriffsbehörden entlastet.

Auch die Einführung einer Pflichtversicherung für gewerblich betriebene, an das Internet angeschlossene Informationssysteme kommt in Betracht, zumal sich die Auswirkungen von Netzkriminalität oft auf Vermögensschäden beschränken[1579]. Im Bereich der Arbeitsunfälle hat das deutsche Pflichtversicherungssystem zu einer enormen Steigerung des Sicherheitsbewusstseins geführt, was für die Effektivität einer möglichen Pflichtversicherung auch auf dem Gebiet der Telekommunikationsnetze spricht. Gegen Wirtschaftskriminalität sind bisher nur etwa ein Drittel der deutschen Unternehmen versichert[1580].

Im Bereich national wichtiger Informationssysteme ist weiterhin die Einführung einer klassischen verwaltungsrechtlichen Genehmigungspflicht mit anschließender Überwachung der Computersysteme denkbar. Die Überwachung ließe sich turnusmäßig wie im Bereich der Kfz-Überwachung oder stichprobenartig wie bei der Lebensmittelüberwachung gestalten. Die Einhaltung verwaltungsrechtlicher Pflichten ließe sich mit der Androhung von Bußgeldern absichern. Das Recht der Ordnungswidrigkeiten ist vom Opportunitätsprinzip bestimmt und wirft daher die Gleichheitsfragen, die sich bei einer faktisch nur fragmentarischen Strafverfolgung stellen, nicht in gleichem Maße auf. Soweit man nicht in Anbetracht der vielfältigen Möglich-

---

1579 Seiten 157-171.
1580 PricewaterhouseCoopers, Wirtschaftskriminalität 2003 (I).

keiten der Eigenvorsorge ganz auf das Strafrecht verzichten möchte, kann man die Verfolgung von Straftaten im Bereich der Netzkriminalität im engeren Sinne wenigstens auf Fälle von besonderem öffentlichen Interesse beschränken und es ansonsten den Betroffenen (etwa gewerblichen Inhabern von Urheberrechten) ermöglichen, zivilrechtliche Verfahren zu betreiben.

Auch die Bürger lassen sich aktivieren, um die Einhaltung von Datensicherheitsregeln durch Organisationen sicherzustellen. So könnte den Kunden eines Unternehmens ein Auskunftsanspruch bezüglich der vorhandenen Sicherheitsmechanismen zum Schutz ihrer Daten eingeräumt werden. Weiterhin sind Mitarbeiter von Unternehmen und Behörden eine wichtige Informationsquelle, die sich nutzen lässt, indem man eine Möglichkeit zur anonymen Erteilung von Hinweisen auf Sicherheitslücken bereit stellt. Eine starke Einbindung der Beschäftigten ist auch angesichts der Tatsache sinnvoll, dass ein Großteil der Schäden durch Computerkriminalität auf Mitarbeiter des geschädigten Unternehmens zurückzuführen ist[1581]. Gerade Missbräuche innerhalb des eigenen Unternehmens lassen sich durch interne Maßnahmen relativ leicht feststellen und unterbinden[1582].

In anderen Staaten geht eine Steuerungsfunktion zudem oft vom Zivilrecht aus. Dies funktioniert allerdings nur, wenn hinreichend hohe Schadenssummen drohen. Die USA kennen beispielsweise das Institut des „Strafschadensersatzes" („punitive damages") und das Instrument der Sammelklage („class action"). In Deutschland hat die Rechtsentwicklung auf dem Gebiet der Produkthaftung zu erheblichen Anstrengungen der Hersteller geführt, die auf dem Gebiet der Hard- und Softwaresicherheit in dieser Form nicht zu beobachten sind. Dies wird darauf zurückzuführen sein, dass die verschuldensunabhängige Haftung nach dem Produkthaftungsgesetz nur im Fall von Körper- und Sachschäden greift (§ 1 Abs. 1 S. 1 ProdHG), Netzkriminalität im engeren Sinne aber regelmäßig zu immateriellen Schäden führt. Schäden dieser Art sind auch von der deliktischen Haftung nach § 823 Abs. 1 BGB nicht erfasst. Insoweit könnte es nützlich sein, wenn Betroffene, denen Schäden wegen einer unsicheren Gestaltung von Computersystemen entstanden sind, gegen den Hersteller vorgehen könnten, ohne diesem ein Verschulden nachweisen zu müssen.

1581   Symantec, Symantec Internet Security Threat Report (I), 5 und Seiten 168-169.
1582   Symantec, Symantec Internet Security Threat Report (I), 5.

Im Internet sind Maßnahmen des Selbstschutzes von außerordentlich hoher Bedeutung[1583]. Eine amerikanische Untersuchung kommt zu dem Ergebnis, dass Sicherheitslücken, welche sich verbreitete Viren zunutze machten, ausnahmslos schon über einen Monat lang bekannt waren, bevor es zu Schäden durch Ausnutzen der Lücken kam[1584]. Auch die Angriffe, welche in den vergangenen Jahren kommerzielle Internetpräsenzen zum Ziel hatten, sind unter Ausnutzung alter und lange bekannter Sicherheitslücken ausgeführt worden. Allgemein sind im Bereich der Netzkriminalität im engeren Sinne viele Angriffe nur deswegen möglich, weil die Betroffenen ihre Systeme unzureichend eingerichtet haben oder nicht in Stand halten[1585]. Dass Sicherheitslücken schon in der Zeit vor Bereitstellung einer Abhilfemöglichkeit ausgenutzt werden, ist selten, so dass sich Schäden durch Netzkriminalität im engeren Sinne in aller Regel effektiv durch Maßnahmen der Betreiber der Einrichtungen unterbinden lassen. Gerade wenn Computeranlagen kommerziell betrieben werden, sollten sie stets auf dem neuesten Stand gehalten werden. Da die Aufdeckung von Sicherheitslücken nach kurzer Zeit zur Bereitstellung einer kostenlosen Abhilfemöglichkeit durch den Hersteller führt („Updates", „Patches"), ist dies ohne unzumutbaren Aufwand möglich. Naturgemäß setzt die sichere Gestaltung von Informationssystemen ein gewisses technisches Verständnis voraus, welches gerade Privatnutzern verstärkt vermittelt werden sollte.

Das enorme Potenzial technischer Schutzmaßnahmen verdeutlicht die Tatsache, dass 77% der im Rahmen einer Umfrage antwortenden Unternehmen und Organisationen als Reaktion auf Computerkriminalität in den meisten Fällen Sicherheitslücken gestopft haben[1586]. Die beste Prävention in solchen Fällen ist daher nicht ein staatliches Ermittlungsverfahren, sondern eine Veränderung der betroffenen Systeme. Solche Maßnahmen anstelle eines Strafverfahrens werden regelmäßig auch ausreichen, wo ausschließlich ein Vermögensschaden bei der betroffenen Firma eingetreten ist, zumal sich solche Schäden problemlos versichern lassen[1587]. Nur durch technische Maßnahmen ist ein dauerhafter und effektiver Schutz vor Schäden durch Hacking möglich; staatliche Überwachungsmaßnahmen nützen im Ver-

---

1583   Hassemer, Staat, Sicherheit und Information, 225 (244).
1584   Symantec, Symantec Internet Security Threat Report (I), 7 und 32.
1585   Sieber, COMCRIME-Studie (I), 204.
1586   CSI/FBI, 2002 Survey (I), 20.
1587   CSI/FBI, 2002 Survey (I), 19.

gleich dazu kaum[1588]. Zu Recht wird darauf hingewiesen, dass es wenig weiter hilft, wenn ein Teenager, dessen Computervirus die Verwaltung in Deutschland zwei Tage lang lahm gelegt hat, dafür einige Jahre ins Gefängnis kommt. An dem entstandenen Schaden kann dies nichts ändern[1589] und ebenso wenig an der fortbestehenden Anfälligkeit der betroffenen Systeme für Computerviren, wenn nicht Vorbeugemaßnahmen ergriffen werden. Durch staatliche Eingriffe im Einzelfall werden sich Angriffe auf Computersysteme kaum einmal abwenden lassen. Dass die präventive Wirkung einer verstärkten Strafverfolgung im Bereich der Netzkriminalität im engeren Sinne besonders niedrig angesetzt werden muss, zeigt auch das Beispiel immer neuer Computerviren, die nicht selten aus Ländern mit einer effektiven Strafverfolgung stammen.

Soweit sich Angriffe auf Computersysteme nicht von vornherein verhindern lassen, ist es sinnvoll, Pläne zur Minimierung der Auswirkungen solcher Angriffe und zur möglichst zügigen Instandsetzung betroffener Anlagen bereit zu halten, insbesondere für den Fall ernsthafter Angriffe auf bedeutende Teile der Telekommunikationsinfrastruktur.

Schäden durch Netzkriminalität im engeren Sinne sind mithin in hohem Maße durch technische und organisatorische Maßnahmen vermeidbar. Aber auch im Bereich der Netzkriminalität im weiteren Sinne, etwa in Fällen von Betrug und anderen Vermögensdelikten im Internet, lässt sich durch Sensibilisierung der Nutzer einiges erreichen. Oft wird nur allzu blauäugig auf Angebote eingegangen, deren Unseriosität erfahrene Nutzern sofort bemerkt hätten. Auch ein leichtsinniger Umgang mit persönlichen Daten wie Kreditkartennummern ist zu beklagen. Ein Entgegensteuern durch entsprechende Information erscheint sinnvoll. Die Anzahl der Fälle von Kreditkartenmissbrauch ließe sich zudem durch die Einführung eines günstigen, sicheren und einfachen bargeldlosen Zahlungssystems im Internet erheblich reduzieren. Auf Seiten der Wirtschaft ist davon auszugehen, dass sich die meisten Betrugsfälle zulasten von Unternehmen mit guten Sicherheits- und Kontrollmechanismen vermeiden lassen[1590].

[1588] Holznagel, Bernd: Stellungnahme für die öffentliche Anhörung „Von der Industrie- zur Wissensgesellschaft: Wirtschaft, Arbeitswelt und Recht, Privatisierung und Patentierung von Wissen", 08.10.2001, www.bundestag.de/gremien/welt/weltto/weltto126_stell004. pdf, 22.

[1589] Bogk, Andreas (Chaos Computer Club) in Bundestag, Öffentliche Anhörung zum Thema Cyber-Crime/TKÜV (I), 55; vgl. auch Hassemer, Strafen im Rechtsstaat, 289.

[1590] CSI/FBI, 2002 Survey (I), 15; vgl. auch Kubica, Die Kriminalpolizei 9/2001 zu Möglichkeiten der Betrugsprävention.

Hier ist nicht der Raum, um ausführlich zu analysieren, welche Maßnahmen im Einzelnen zur Verfügung stehen und welche Potenziale noch ausgeschöpft werden können. Diese Fragen sind unter anderem im Rahmen der G8 bereits behandelt worden[1591]. Auf der Hand liegt jedenfalls, dass Ansätze zur Prävention, also insbesondere technische, strukturelle und aufklärende Maßnahmen, von vornherein umfassender angelegt sind als repressive Methoden, schon deshalb, weil sie nicht nur vor Schäden durch Straftaten schützen, sondern auch vor Schäden etwa durch Fahrlässigkeit, menschlichen Irrtum, Inkompetenz und höhere Gewalt[1592].

Auch auf Seiten der Eingriffsbehörden bestehen erhebliche Verbesserungsmöglichkeiten. Zu Recht warnen Behördenvertreter, dass es eine Überschätzung der Möglichkeiten der Telekommunikationsüberwachung wäre, diese allein als „Schlüssel zur inneren Sicherheit" anzusehen[1593]. Entsprechende Informationen lassen sich oft auch durch klassische Polizeiarbeit finden[1594], die zwar aufwändiger sein mag, dafür aber zielgerichteter erfolgen und infolgedessen effektiver sein kann[1595]. Die weitgehendsten Befugnisse sind zudem ohne Wert, wenn es immer noch Polizeistellen gibt, die nicht einmal über einen internetfähigen PC verfügen[1596]. Es mehren sich die Stimmen, denen zufolge es in Deutschland nicht an Eingriffsbefugnissen fehlt[1597], sondern vor allem an personeller Kompetenz[1598]. Die bessere

---

[1591] Vgl. die detaillierte Auflistung von Präventionsmöglichkeiten für jeweilige Gefahren bei G8 Workshop, Workshop 3 (I) sowie die Zusammenstellung bei G8 Workshop, Workshop 4 (I).

[1592] Sieber, COMCRIME-Studie (I), 202 f.

[1593] Bansberg (Abteilung Grundsatzangelegenheiten des Bundesamtes für Verfassungsschutz), Staatsschutz im Internet, 48 (54).

[1594] Bansberg (Abteilung Grundsatzangelegenheiten des Bundesamtes für Verfassungsschutz), Staatsschutz im Internet, 48 (54).

[1595] Weichert, DuD 2001, 694 (694).

[1596] Gusy, Christoph, zitiert bei Thomas, Volker: Christoph Gusy: „Vollständige Sicherheit darf es nicht geben", fluter 2/2002, 25 (25), www.fluter.de/look/issues/issue6/pdf/FL2_24_25.pdf; vgl. auch Uhe/Herrmann, Überwachung im Internet (I), 111.

[1597] Bundesregierung, BT-Drs. 14/4173, 20: „In rechtlicher Hinsicht ist wesentlichen Aspekten der Datennetzkriminalität und der Computerstraftaten bereits mit dem derzeit geltenden materiellen Computerstrafrecht und dem Strafprozessrecht Rechnung getragen."; Weichert, Bekämpfung von Internet-Kriminalität (I), Punkt 8; Schaar, Sicherheit und Freiheitsrechte (I), 17; Garstka, zum Terrorismusbekämpfungsgesetz (I); Germann, 689; eco, Electronic Commerce Forum e.V., Verband der deutschen Internetwirtschaft: Pressemitteilung vom 31.05.2002 zur Gesetzesinitiative des Bundesrats vom 31.05.2002 (BR-Drs. 275/02), www.eco.de/presse/mitteilungen/2002/02-05-31_de.htm.

[1598] BMI/BMJ, Sicherheitsbericht 2001, 201; Weichert, Bekämpfung von Internet-Kriminalität (I), Punkt 8; Germann, 689; eco, Electronic Commerce Forum e.V., Ver-

Qualifizierung des eingesetzten Personals in technischer Hinsicht verspricht also großen Erfolg[1599], gerade bei internetbezogenen Sachverhalten. Ebenso ist an eine Kompetenzbündelung zu denken, etwa durch Einrichtung von „Taskforces" oder Zentralstellen[1600]. Demgegenüber ist zu beachten, dass nach den bislang vorliegenden empirischen Studien weder ein erhöhter Personalbestand bei der Polizei noch eine verbesserte sachliche Ausstattung unmittelbar und signifikant zu einer höheren Aufklärungsquote oder gar zu einer Reduktion von polizeilich registrierter Kriminalität geführt hat – im Gegenteil: Mehrere Studien konnten einen linearen Zusammenhang zwischen mehr Polizei und mehr Kriminalität feststellen[1601].

Die Bedeutung technischer und organisatorischer Maßnahmen im Bereich der Eingriffsbehörden gegenüber rechtspolitischen Lösungen wird deutlich, wenn man Erfahrungswerte betrachtet: Dass etwa die Terroranschläge vom 11. September 2001 nicht abgewendet wurden, ist auf mangelnde menschliche Ermittlungsarbeit und nicht auf mangelnde Daten zurückzuführen[1602]. Die US-amerikanischen Nachrichtendienste verfügten im Vorfeld über eine Vielzahl relevanter Informationen, denen keine Bedeutung beigemessen wurde.

Insgesamt liegt die Annahme nahe, dass Verbesserungen technischer und organisatorischer Art ergiebiger sind als die Schaffung neuer Überwachungsbefugnisse. Anders als in den USA, wo ernsthafte Anstrengungen in

---

band der deutschen Internetwirtschaft: Pressemitteilung vom 31.05.2002 zur Gesetzesinitiative des Bundesrats vom 31.05.2002 (BR-Drs. 275/02), www.eco.de/presse/mitteilungen/2002/02-05-31_de.htm; Polizeigewerkschaft, zitiert bei Heise Verlag: Thüringens Justizminister fordert stärkere Bekämpfung der Internet-Kriminalität, Meldung vom 29.03.2003, www.heise.de/newsticker/data/anm-29.03.03-000/.

1599 Kommission, Sichere Informationsgesellschaft (I), 30; Queen Mary (University of London), Studie über Netzkriminalität (I); EuroISPA, Internet Service Providers' Association (Europe) / US ISPA, Internet Service Providers' Association (U.S.A.): Position on the Impact of Data Retention Laws on the Fight against Cybercrime, 30.09.2002, www.euroispa.org/docs/020930eurousispa_dretent.pdf, 3; Weichert, Bekämpfung von Internet-Kriminalität (I), Punkt 8; Uhe/Herrmann, Überwachung im Internet (I), 111.

1600 Kommission, Sichere Informationsgesellschaft (I), 30; Robinson, James K.: Vortrag auf der International Computer Crime Conference „Internet as the Scene of Crime" in Oslo, Norwegen, 29.-31.05.2000, www.usdoj.gov/criminal/cybercrime/roboslo.htm.

1601 Feltes, Fehlerquellen im Ermittlungsverfahren (I) m.w.N.

1602 Cappato, Marco (MdEP), zitiert bei Schulzki-Haddouti, Christiane: EU-Rat auf dem Weg zur Verbindungsdaten-Speicherung, 23.11.2002, Telepolis, Heise-Verlag, www.heise.de/tp/deutsch/inhalt/te/13660/1.html.

dieser Richtung gemacht werden[1603], werden hierzulande die vorhandenen Potenziale bei weitem nicht ausgeschöpft[1604]. Alternative Präventivmaßnahmen bleiben auf politischer Ebene nicht selten gänzlich unberücksichtigt[1605]. Dies mag daran liegen, dass sich rechtspolitische Maßnahmen auf dem Gebiet der inneren Sicherheit der Öffentlichkeit leichter als tatkräftiges Zupacken der Entscheidungsträger präsentieren lassen. Präventivmaßnahmen kosten den Staat zudem oft Geld[1606], so dass rechtspolitische Lösungen meist einfacher durchzusetzen sind. Die indirekten Kosten dieser Lösungen – Einbußen an Freiheit und finanzielle Aufwendungen der Wirtschaft – trägt letztlich der Bürger, oft ohne dass er es merkt. Würde der Staat der Wirtschaft für Aufwendungen im Zusammenhang mit staatlichen Hilfsdiensten einen vollen Kostenerstattungsanspruch einräumen und hätten die Bürger diese Kosten daher deutlich sichtbar in Form von Steuern zu tragen, so würde die politisch leichte Durchsetzbarkeit neuer Überwachungsbefugnisse sofort entfallen. Gerade mit einer generellen Vorratsspeicherung von Telekommunikations-Verkehrsdaten sind immense Kosten verbunden[1607]. Schon mit einem Bruchteil dieser Mittel können viele der zuvor genannten Alternativmaßnahmen durchgeführt werden.

Neben den genannten Maßnahmen tatsächlicher Art finden sich auch auf dem Gebiet der Rechtspolitik mildere Mittel gegenüber einer generellen Vorratsspeicherung von Telekommunikations-Verkehrsdaten. Insbesondere kommt in Betracht, Sicherheitsbehörden die Befugnis einzuräumen, im Einzelfall die Aufbewahrung bereits gespeicherter Verkehrsdaten zu verlangen (vgl. Art. 16, 17 CCC). Darüber hinaus kann den Eingriffsbehörden die Befugnis eingeräumt werden, in Einzelfällen die Aufzeichnung von Verkehrsdaten anzuordnen (Art. 20 CCC)[1608]. Zwar gilt die Cybercrime-

---

1603 Vgl. die US-Initiative „National Strategy to Secure Cyberspace": Heise Verlag: US-Regierung startet Netzwerk-Sicherheitsinitiative, Meldung vom 11.06.2002, www.heise.de/newsticker/data/pmz-11.06.02-000/.

1604 Kommission, Sichere Informationsgesellschaft (I), 8: „Die meisten Länder konzentrieren ihre Maßnahmen zur Bekämpfung der Computerkriminalität (und insbesondere ihre strafrechtlichen Maßnahmen) auf die nationale Ebene, ohne alternative Präventivmaßnahmen zu berücksichtigen."

1605 Kommission, Sichere Informationsgesellschaft (I), 8.

1606 Kommission, Sichere Informationsgesellschaft (I), 30.

1607 Seiten 296-297.

1608 Bäumler, Helmut / Leutheusser-Schnarrenberger, Sabine / Tinnefeld, Marie-Theres: Grenzenlose Überwachung des Internets? Steht die freie Internetkommunikation vor dem Aus? Stellungnahme zum Gesetzesentwurf des Bundesrates vom 31. Mai 2002, www.rainer-gerling.de/aktuell/vorrat_stellungnahme.html, Punkt 2; vgl. auch die Seiten 255-259.

Konvention des Europarates, anders als die Vorschläge des Bundesrats und der EU-Vorschlag[1609], nur für den Zugriff auf Telekommunikations-Verkehrsdaten bezüglich computergestützter Kommunikationsvorgänge (Art. 1 Buchst. d CCC) im Rahmen von Strafverfahren (Art. 14 CCC). Dies hindert aber nicht daran, die Einführung der in der Cybercrime-Konvention vorgesehenen Befugnisse auch in den übrigen Bereichen als Alternative zur Einführung einer generellen Vorratsspeicherung zu prüfen[1610].

In vielen Fällen genügen Einzelfallbefugnisse zur Erreichung des angestrebten Zwecks. In den USA etwa funktionieren diese Befugnisse gut[1611], so dass man eine generelle Vorratsspeicherung von Telekommunikations-Verkehrsdaten dort nicht für erforderlich hält. In manchen Fällen sind Einzelfallbefugnisse zwar nicht gleichermaßen wirksam, nämlich dann, wenn der Zugriff auf in der Vergangenheit angefallene Telekommunikations-Verkehrsdaten erforderlich wird, die nicht gespeichert wurden oder bereits gelöscht worden sind. Der mögliche Effizienzgewinn durch die Einführung einer Vorratsspeicherung von Telekommunikations-Verkehrsdaten wird allerdings dadurch relativiert, dass auch diese Maßnahme ohne Erfolg bleibt, wenn der Nutzer es darauf anlegt, unentdeckt zu bleiben[1612]. Zudem zeigen die praktischen Erfahrungen von Internet-Service-Providern, dass Einzelfallbefugnisse im Zusammenspiel mit klassischer kriminalistischer Arbeit regelmäßig ausreichen, um eine ordnungsgemäße Strafverfolgung sicherzustellen[1613]. Gerade bei Wiederholungstätern schadet es nicht, wenn Verkehrsdaten zunächst nicht verfügbar sind, weil diese Daten im Wiederholungsfall durch eine Einzelfallanordnung erhoben werden können. Handelt es sich nicht um einen Wiederholungstäter, dann geht von diesem keine weitere Gefahr aus, so dass das Strafverfolgungsinteresse gegenüber der Privatsphäre rechtstreuer Bürger zurücktreten muss.

Für schwerste Fälle lässt sich auch daran denken, die Sicherheitsbehörden zur Anordnung der kurzzeitigen Aufbewahrung sämtlicher gespeicherter Verkehrsdaten zu ermächtigen. In Großbritannien wurden Internet-Service-

---

1609 Seite 5.
1610 Zur Problematik einer Ratifizierung der Konvention siehe Seite 260.
1611 Lack, Bob in APIG, All Party Parliamentary Internet Group (UK): The Home Office, APIG Communications Data Inquiry Oral Evidence, 18.12.2002, www.apig.org.uk/homeoffice_oral_evidence.htm.
1612 Seite 190.
1613 EuroISPA, Internet Service Providers' Association (Europe) / US ISPA, Internet Service Providers' Association (U.S.A.): Position on the Impact of Data Retention Laws on the Fight against Cybercrime, 30.09.2002, www.euroispa.org/docs/020930eurousispa_dretent.pdf, 2.

Provider beispielsweise am 11. September 2001 um Aufbewahrung aller verfügbaren Verkehrsdaten gebeten, was für die Ermittlungen im Zusammenhang mit dem Anschlag auf das World Trade Center von erheblichem Nutzen gewesen sein soll[1614].

Als weitere rechtspolitische Maßnahme kommt in Betracht, ein Verfahren der internationalen Rechtshilfe hinsichtlich des Zugriffs auf Telekommunikations-Verkehrsdaten vorzusehen, um den Zugriff auf ausländische Telekommunikations-Verkehrsdaten zu ermöglichen. Für den Bereich der Strafverfolgung leistet dies die Cybercrime-Konvention, in der unter anderem vorgesehen ist, dass jede Vertragspartei von den anderen Unterzeichnerstaaten die Erhebung und Übermittlung vorhandener oder zukünftig anfallender Verkehrsdaten verlangen kann (Art. 29 und 33 CCC). Ähnliche Mechanismen könnten auch im Bereich der Gefahrenabwehr geschaffen werden, wobei die eigenständige Bedeutung dieses Gebiets gegenüber den Bereich strafbarer Handlungen eher gering ist[1615]. Der Verwendung von Erkenntnissen, die im Rahmen von strafrechtlichen Ermittlungen angefordert wurden, zur Gefahrenabwehr steht die Cybercrime-Konvention zudem regelmäßig nicht entgegen (vgl. Art. 28 Abs. 2 Buchst. b CCC).

Die Erforderlichkeit einer internationalen Zusammenarbeit zeigt sich daran, dass es moderne Informations- und Kommunikationssysteme möglich machen, jederzeit von jedem Ort der Welt aus illegale Handlungen zu begehen[1616] und Schäden an den verschiedensten Orten der Welt herbeizuführen[1617]. Die neuen Technologien kennen keine Staatsgrenzen, obwohl für die Strafverfolgung nach wie vor die Einzelstaaten zuständig sind[1618]. Dies macht die internationale Kooperation bei der Strafverfolgung und ein international hinreichend abgestimmtes materielles Strafrecht so wichtig[1619]. Dabei sind internationale Rechtshilfeabkommen so lange ein milderes Mittel gegenüber der Einführung einer generellen Vorratsspeicherung von Telekommunikations-Verbindungsdaten wie sie den internationalen Zugriff auf Telekommunikations-Verkehrsdaten nur in einzelnen Fällen erlauben.

1614   APIG, Communications Data, 30.
1615   Seite 172.
1616   Kommission, Sichere Informationsgesellschaft (I), 13.
1617   Weichert, Bekämpfung von Internet-Kriminalität (I), Punkt 2.
1618   G7, High-Tech Crime Communiqué (I).
1619   G7, High-Tech Crime Communiqué (I); Weichert, Bekämpfung von Internet-Kriminalität (I), Punkt 2.

Der potenzielle Nutzen von Verfahren der internationalen Rechtshilfe ist hoch einzuschätzen. Wie dargelegt[1620], können Benutzer von Telekommunikationsnetzen nämlich in weiten Bereichen ohne größere Schwierigkeiten ausländische Diensteanbieter nutzen, so dass der Zugriff auf ihre Telekommunikations-Verkehrsdaten ausschließlich im Ausland möglich ist. Gerade in Kreisen ernsthafter Kriminalität muss davon ausgegangen werden, dass von derartigen Möglichkeiten Gebrauch gemacht wird. Bekannt ist, dass bis zu 89% der Fälle organisierter Kriminalität einen internationalen Bezug aufweisen[1621]. Um die internationalen Aktivitäten solcher Organisationen zu koordinieren, werden regelmäßig Telekommunikationsnetze zum Einsatz kommen. Auch von den 1.126 im Jahre 1999 von der im Bundeskriminalamt eingerichteten „Zentralstelle für anlassunabhängige Recherchen in Datennetzen" ermittelten Verdachtsfällen wiesen 81% einen Auslandsbezug auf[1622]. Dementsprechend waren in 80% der eingeleiteten strafrechtlichen Ermittlungsverfahren Zugriffe auf im Ausland gespeicherte Verkehrsdaten erforderlich[1623].

In Anbetracht dessen erscheint es um vieles nützlicher, den internationalen Zugriff auf ohnehin erhobene Telekommunikations-Verkehrsdaten zu ermöglichen sowie Mechanismen zur internationalen Erhebung von Verkehrsdaten im Einzelfall einzuführen als leicht zu umgehende Regelungen zur Vorratsspeicherung im nationalen oder regionalen Alleingang vorzusehen. Gerade in den USA befindet sich eine Vielzahl von Diensteanbietern. Da deutsche Behörden insoweit bislang keinen Zugriff haben, erscheint der mögliche Effizienzgewinn durch die national oder kontinental beschränkte Einführung einer Vorratsspeicherung von Telekommunikations-Verkehrsdaten vergleichsweise gering[1624].

Diese Einschätzung bestätigen die Ausführungen der finnischen Delegation zur Multidisciplinary Group on Organised Crime der EU. Als größtes Problem im Zusammenhang mit dem Zugriff auf Verkehrsdaten beklagt sie nicht, dass Daten mangels obligatorischer Vorratsspeicherung teilweise nicht zur Verfügung stehen. Dies sei nur „gelegentlich" ein Problem[1625].

1620 Seiten 14-19.
1621 Jeserich, TK-Überwachung, 63 (71).
1622 BMI/BMJ, Sicherheitsbericht 2001, 203.
1623 BMI/BMJ, Sicherheitsbericht 2001, 203.
1624 Bundesregierung, BT-Drs. 14/4173, 43 f.: „vorrangig international verbindliche Lösungen".
1625 Finnland in MDG, EU-Questionnaire (I), 18; ebenso für Deutschland Frank Gehde (LKA Berlin), c't 19/2002, 127.

Das größte Problem bestehe vielmehr in der mangelhaften internationalen Zusammenarbeit, besonders mit Nicht-EU-Staaten[1626]. Innerhalb der EU dauere es Monate bis Jahre, bis Daten übermittelt würden. Der Zugriff auf Verkehrsdaten außerhalb der EU sei nahezu komplett unmöglich[1627]. Auch Vertreter der deutschen Sicherheitsbehörden betonen, dass die derzeitigen Möglichkeiten der grenzüberschreitenden Telekommunikationsüberwachung völlig unzureichend seien[1628]. Neben der normativen Einführung von Rechtshilfeverfahren ist damit auch ihre praktische Effektivierung dringend erforderlich und für die Arbeit der Eingriffsbehörden von großer Bedeutung.

Zusammenfassend existieren verschiedene Mittel, die gegenüber einer generellen Vorratsspeicherung weniger eingreifend sind und gleichwohl einen mindestens ebenso hohen, wenn nicht sogar weitaus höheren Nutzen versprechen. Art. 3 Abs. 1 GG ist betroffen, wenn der Gesetzgeber eine Vorratsspeicherung von Telekommunikationsdaten einführt, ohne zuvor diese Mittel ausgeschöpft zu haben. Durch ein solches Vorgehen würden sowohl die Telekommunikationsnutzer wie auch die Betreiber von Telekommunikationsnetzen benachteiligt, so dass ein Eingriff in die Rechte dieser Personen aus Art. 3 Abs. 1 GG vorläge.

bb) Rechtfertigung

Es fragt sich, ob sich die Einführung einer Vorratsspeicherung als im Vergleich zu den genannten Alternativen kostengünstigere Maßnahme rechtfertigen ließe. Bei der Vornahme eines Kostenvergleichs sind richtigerweise nicht nur die unmittelbaren Kosten für den Staatshaushalt zu berücksichtigen, sondern auch mittelbare Kosten einer generellen Verkehrsdatenspeicherung für den Bürger[1629]. Deswegen ist ein Verzicht auf Präventivmaßnahmen nicht schon wegen deren Kosten für den Staatshaushalt gerechtfertigt. Eine generelle Verkehrsdatenspeicherung in Deutschland würde laufende Kosten in Höhe eines zwei- bis dreistelligen Millionenbetrages pro Jahr verursachen[1630], die sich letztlich weitgehend in höheren Preisen für die Inanspruchnahme von Telekommunikationsleistungen nie-

---

1626 Finnland in MDG, EU-Questionnaire (I), 19.
1627 Finnland in MDG, EU-Questionnaire (I), 19.
1628 Jeserich (Leitender Oberstaatsanwalt bei der Generalstaatsanwaltschaft in Celle), TK-Überwachung in Zahlen und Fakten, 63 (71); Kubica (Leitender Kriminaldirektor beim BKA), Die Kriminalpolizei 9/2001.
1629 Seite 319.
1630 Seiten 296-297.

derschlagen würden. Dass man mit Mitteln in dieser Größenordnung substanzielle Präventionsprogramme starten kann, liegt auf der Hand.

Als weiterer Rechtfertigungsgrund kommt in Betracht, dass eine Vorratsspeicherung sofort, Alternativen aber erst mittelfristig Nutzen entfalten könnten. Die Richtigkeit dieser Annahme unterstellt, ist freilich zu beachten, dass sofortige Wirkungen auf dem Gebiet des Zugriffs auf Telekommunikations-Verkehrsdaten nicht dringend erforderlich sind[1631]. Hinzu kommt, dass Kriminelle schon nach kurzer Zeit lernen würden, eine Vorratsspeicherung zu umgehen, während die oben genannten Alternativen mittel- und langfristig einen nachhaltigen Nutzen erwarten lassen. Die Tatsache, dass eine Vorratsspeicherung von Telekommunikationsdaten schneller Wirkungen zeigen könnte, kann ihre Bevorzugung daher ebenfalls nicht rechtfertigen.

cc) Ergebnis

Die Einführung einer generellen Verkehrsdatenspeicherung ist somit erst dann gerechtfertigt, wenn der Staat alle Mittel, die weniger eingreifend sind, insgesamt einen mindestens ebenso hohen Nutzen versprechen und keine höheren Kosten verursachen, ausgeschöpft hat. Ob und welche Mittel diese Voraussetzung im Einzelnen erfüllen, bedarf näherer Untersuchung. Wegen der Eingriffsintensität einer generellen Verkehrsdatenspeicherung muss der Gesetzgeber vor ihrer Einführung entsprechende Untersuchungen vornehmen lassen und sodann in vertretbarer Weise entscheiden[1632]. Die erforderlichen Untersuchungen setzen die Einführung einer generellen Verkehrsdatenspeicherung nicht voraus[1633]. Es liegt auch keine besondere Dringlichkeitssituation vor, in der die sofortige Einführung einer generellen Verkehrsdatenspeicherung geboten ist. Somit ist die Einführung einer generellen Vorratsspeicherung von Telekommunikations-Verkehrsdaten mit Art. 3 Abs. 1 GG nur dann vereinbar, wenn die verfügbaren Alternativen vorab untersucht und gegebenenfalls ausgeschöpft worden sind.

e) Gleichbehandlung kleiner Telekommunikationsunternehmen mit anderen Telekommunikationsunternehmen

Eine unterschiedslose Verpflichtung aller Telekommunikationsunternehmen zur Vorratsspeicherung von Verkehrsdaten könnte weiter gegen den

---

1631 Seiten 250-251.

1632 Vgl. Seiten 145-146.

1633 Für Untersuchungen über die Effektivität und Belastungsintensität einer Vorratsspeicherung von Telekommunikationsdaten siehe schon Seiten 150-152.

Gleichheitssatz verstoßen, wenn damit „innerhalb der betroffenen Berufs-gruppe nicht nur einzelne, aus dem Rahmen fallende Sonderfälle, sondern bestimmte, wenn auch zahlenmäßig begrenzte, Gruppen typischer Fälle ohne zureichende sachliche Gründe wesentlich stärker belastet" werden[1634]. In solchen Fällen liegt eine unzulässige Gleichbehandlung ungleicher Sach-verhalte vor[1635]. Es handelt sich um eine Ausnahme von dem Grundsatz, dass der Gesetzgeber ungleiche Sachverhalte aus Gründen der Praktikabili-tät grundsätzlich typisieren und die Mitglieder typischer Gruppen gleich behandeln darf[1636].

Im vorliegenden Zusammenhang ist fraglich, ob eine Verkehrsdatenspei-cherungspflicht bestimmte Gruppen von Unternehmen wesentlich stärker belastet als die sonst betroffenen Unternehmen. Im Mobilfunkbereich wer-den sich ungewöhnlich schwerwiegend betroffene Unternehmen nicht fin-den lassen, weil der deutsche Mobilfunkmarkt von wenigen großen Netz-betreibern dominiert wird. Auch im Festnetzbereich gibt es nur vergleichs-weise wenige Betreiber öffentlicher Telekommunikationsnetze. Es existiert zwar eine Vielzahl zum Teil kleiner Unternehmen, die Kapazitäten dieser Netzbetreiber weiter verkaufen (so genannte „Reseller"). Allerdings wird von diesen Unternehmen zum Zweck der Abrechnung schon bisher eine Aufzeichnung von Verkehrsdaten durchgeführt, so dass in der Einführung einer Mindestspeicherfrist nur eine quantitative Ausweitung der Speiche-rung liegen würde. Kleine Reseller wären daher nur entsprechend dem von ihnen verkauften Gesprächsvolumen betroffen, so dass der Eintritt einer im Verhältnis erheblich stärkeren Belastung kleiner Unternehmen nicht zu erwarten ist.

Anders liegt es bei Betreibern privater Firmennetze oder von Telekom-munikationseinrichtungen beispielsweise in Hotels oder Krankenhäusern. Eine Aufzeichnung von Verkehrsdaten wird von diesen Betreibern bisher oft nicht durchgeführt[1637]. Während sich der RSV-Entwurf[1638] nur auf sol-che Kommunikationsvorgänge bezieht, die über öffentliche Kommunikati-onsnetze oder öffentliche Kommunikationsdienste abgewickelt werden

---

1634   Vgl. BVerfGE 30, 292 (327).
1635   BVerfGE 30, 292 (333).
1636   J/P⁶-Jarass, Art. 3, Rn. 30 m.w.N.
1637   BITKOM: Stellungnahme zur Gesetzesinitiative des Bundesrates vom 31.05.2002 (BR-Drs. 275/02), 12.08.2002, www.bitkom.org/files/documents/Position_BITKOM_Vorratsdatenspeicherung_u.a._12.08.2002.pdf, 8 f.
1638   Seite 5.

(Art. 3 RSV-E), enthalten die Bundesrats-Vorschläge[1639] eine derartige Einschränkung nicht. Sie erfassen vielmehr alle „Unternehmen, die geschäftsmäßig Telekommunikationsdienste erbringen oder an deren Erbringung mitwirken" (vgl. § 91 TKG). Diese Definition erfasst jeden Anbieter von Telekommunikation für Dritte, unter anderem also Unternehmen, die ein Firmennetz für eine andere Organisation betreiben, sowie jede Organisation, die Mitarbeitern, Kunden oder sonstigen Personen geschäftsmäßig die Nutzung ihrer Telekommunikationseinrichtungen zu privaten Zwecken gestattet[1640].

In diesem Bereich ist allerdings problematisch, ob und inwieweit Unternehmen dieser Art durch eine Verkehrsdatenspeicherungspflicht gerade in ihrer Berufsausübung beeinträchtigt werden. Selbst wenn die hohen Kosten einer Vorratsspeicherung Unternehmen dazu zwingen, auf das Angebot von Telekommunikation für Dritte zu verzichten, bedeutet dies nicht notwendig eine Beeinträchtigung der Ausübung ihres eigentlichen Berufs, etwa im Fall von Krankenhäusern. Nur in bestimmten Fällen lässt sich das Angebot von Telekommunikation für Dritte als von der beruflichen Tätigkeit eines Unternehmens erfasst sehen, etwa im Fall von Hotels und dem Betrieb von Firmennetzen für Dritte. In diesen Fällen ist es denkbar, dass nur größere Unternehmen dieser Art die mit einer generellen Vorratsspeicherung von Verkehrsdaten verbundenen Kosten tragen können, während kleinere Unternehmen das Angebot von Telekommunikation aufgeben müssen. Im Fall von Hotels etwa bedeutet das fehlende Angebot von Telefonen einen gravierenden Wettbewerbsnachteil. Kleinere Betreiber von Firmennetzen für Dritte können sogar zur gänzlichen Aufgabe ihres Gewerbes gezwungen sein.

Im Internetbereich ist unklar, welche Unternehmen die Speicherung von Verkehrsdaten letztlich durchführen würden. Denkbar ist eine Verpflichtung von Verbindungsnetzbetreibern, Internet-Access-Providern und Serverbetreibern, wobei E-Mail-Server, FTP-Server, Webserver, Newsgroupserver und Chatserver betroffen sein können[1641]. Nur was kommerzielle Betreiber internationaler Internet-Backbones angeht, ist wegen der hohen Investitionskosten für den Aufbau eines solchen Netzes anzunehmen, dass diese Tätigkeit ausschließlich durch wenige große Unternehmen versehen wird. Das Vorsehen von Härteklauseln ist in diesem Bereich daher

---

1639 Seite 5.
1640 Garstka/Dix/Walz/Sokol/Bäumler, Hintergrundpapier (I), Punkt II.; Werner, Befugnisse der Sicherheitsbehörden, 40 m.w.N.
1641 Seiten 279-282.

nicht erforderlich. In den übrigen Bereichen finden sich derart hohe Eingangsschwellen nicht, so dass es dort eine Vielzahl kleiner, unabhängiger Unternehmen gibt, die keine Finanzpolster aufweisen und von einer staatlichen Inpflichtnahme folglich empfindlich getroffen werden könnten[1642]. Daran ändert die grundsätzliche Möglichkeit der Kostenabwälzung – soweit sie in der Praxis überhaupt besteht[1643] – jedenfalls insoweit nichts, als sich etwa erforderliche Anlaufinvestitionen nur allmählich wieder amortisieren können, wenigstens für eine Übergangszeit aber aus eigenen Mitteln vorfinanziert werden müssen. In den Niederlanden sollen einige kleine Internet-Access-Provider an dieser Hürde gescheitert sein, als der Staat Auflagen zur Sicherstellung der Überwachbarkeit von Internetkommunikation machte. Dementsprechend ist auch in Deutschland davon auszugehen, dass eine bedeutende Zahl von kleinen Unternehmen und Organisationen nicht in der Lage ist, die Mittel aufzubringen, die erforderlich sind, um einer Verkehrsdatenspeicherungspflicht nachzukommen.

Auf die Wettbewerbssituation von Kleinunternehmen wirken sich Kosten steigernde Belastungen von vornherein stärker aus als auf größere Unternehmen, die über eine gewisse Kapitaldecke verfügen und – im Fall von Konzernen – teilweise auch auf die Ressourcen verbundener Unternehmen zurückgreifen können[1644]. Weil die großen Unternehmen am Markt das Preisniveau vorgeben, ist kleinen Unternehmen die Abwälzung von Überwachungskosten nur in geringerem Maße möglich als Großunternehmen[1645]. Ein Großteil dieser Kosten stellt Fixkosten dar, deren Höhe von der Unternehmensgröße unabhängig ist[1646]. Solche Kosten treffen Kleinunternehmen daher – gemessen an ihrem Kundenkreis, ihrer Größe und Kapitalausstattung – ungleich härter. Hinzu kommt, dass größere Unternehmen erforderliche Einrichtungen oder Leistungen in größeren Mengen einkaufen und dadurch niedrigere Preise aushandeln können. Der Größenvorteil von

---

1642 Home Office (UK), Retention (I), 2: „Smaller or niche-market firms might suffer disproportionately from a blanket requirement"; BITKOM: Stellungnahme zur Gesetzesinitiative des Bundesrates vom 31.05.2002 (BR-Drs. 275/02), 12.08.2002, www.bitkom.org/files/documents/Position_BITKOM_Vorratsdatenspeicherung_u.a._12 .08.2002.pdf, 8; G8 Workshop, Potential Consequences for Data Retention; vgl. auch Karpen, ZRP 2002, 443 (444) allgemein für kleine und mittlere Unternehmen; weitere Nachweise auf Seite 46.

1643 Seiten 299-300.

1644 So schon BVerfGE 30, 292 (330 f.).

1645 APIG, All Party Parliamentary Internet Group (UK): The Internet Society of England: APIG Response, 06.12.2002, www.apig.org.uk/isoc.pdf, 4.

1646 APIG, Communications Data, 26.

Großunternehmen wirkt sich auch bei den variablen Kosten und bei den Möglichkeiten, staatliche Anforderungen kostensparend umzusetzen, aus[1647]. Größere Unternehmen werden den Kunden folglich günstigere Konditionen bieten können, was zu einem weiteren Nachteil der Kleinunternehmen führt, die oft gerade auf günstige Preise angewiesen sind, um im Wettbewerb bestehen zu können. Im Internetbereich stellt Werbung zudem oft die einzige Einnahmequelle von Kleinunternehmen dar. Diese Unternehmen können selbst eine geringe Kostenerhöhung an ihre Nutzer nicht weiter geben, weil die Anziehungskraft ihres Angebots gerade in dessen Unentgeltlichkeit liegt. Nach aktuellen Untersuchungen ist nur eine Minderheit von Internetnutzern zur Zahlung eines Entgelts für Internetdienste bereit. Dies gilt besonders für Dienste, die an anderer Stelle (z.B. im Ausland) kostenfrei abgeboten werden, etwa E-Mail- oder Chatdienste.

Aus diesen Gründen sind seitens der Kleinunternehmen Insolvenzen und ähnliche schwerste Belastungen ernsthaft zu befürchten, wenn eine generelle Verkehrsdatenspeicherung eingeführt wird[1648]. Da sich die Auswirkungen eines Gesetzes oft nicht sicher prognostizieren lassen und sich zumeist nur feststellen lässt, dass der Eintritt einer unzumutbaren – insbesondere existenzgefährdenden – Belastung typischer Gruppen von Betroffenen nicht auszuschließen ist, hat das Bundesverfassungsgericht entschieden, dass den Betroffenen unter diesen Umständen ein Abwarten bis zu dem möglichen Eintritt irreparabler Schäden unzumutbar ist, so dass eine Verletzung des Gleichheitssatzes schon dann vorliegt, wenn ein Gesetz für den Fall des Eintritts unzumutbarer Belastungen keine Abhilfemöglichkeit vorsieht[1649].

Dieses Risiko des Eintritts unzumutbarer Belastungen für Unternehmen der genannten Art lässt sich nur dann weitgehend ausschließen, wenn der Gesetzgeber die Kosten einer Verkehrsdatenspeicherungspflicht für diese Unternehmen gering hält. Dies lässt sich einerseits durch staatliche Sach- oder Geldmittel erreichen oder andererseits dadurch, dass lediglich die Aufbewahrung von Logfiles, die mit bereits vorhandenen Einrichtungen erzeugt werden können, vorgeschrieben wird. Im letztgenannten Fall muss sich außerdem die Anzahl von Anfragen an Kleinunternehmen in engen

---

1647 Vgl. schon BVerfGE 30, 292 (330 f.).
1648 APIG, All Party Parliamentary Internet Group (UK): The Internet Society of England: APIG Response, 06.12.2002, www.apig.org.uk/isoc.pdf, 4; ICC/UNICE/EICTA/ INTUG, Common Industry Statement on Storage of Traffic Data for Law Enforcement Purposes, 04.06.2003, www.statewatch.org/news/2003/jun/CommonIndustryPositionon dataretention.pdf, 8.
1649 BVerfGE 30, 292 (333).

Grenzen halten, von diesen dürften keine besonderen Antwortzeiten verlangt werden und die Unternehmen müssen von der Haftung freigestellt werden, wenn sie mit gespeicherten Daten nicht ebenso sicher umgehen können wie größere Unternehmen.

Der Nachteil dieser Möglichkeiten liegt im ersten Fall in der Belastung des Staatshaushaltes. Die Aufzeichnung von Verkehrsdaten kann je nach Geschäftsmodell eines Unternehmens bisher nicht vorgesehen sein[1650] und sich daher nur unter hohen Kosten realisieren lassen. Die zweite Option, nämlich Ausnahmen für Kleinunternehmen vorzusehen, führt zu erheblichen Effektivitätseinbußen. Es ist zu erwarten, dass sich gerade die organisierte Kriminalität Ausnahmen zunutze macht, indem sie gezielt Kleinunternehmen nutzt oder sogar selbst betreibt[1651].

Wird keiner der vorgenannten Wege eingeschlagen, dann kann es zu unzumutbaren Belastungen betroffener Unternehmen kommen. Im Vergleich zum Ausmaß dieser Schwierigkeiten müssen Kosten- und Effektivitätserwägungen des Staates zurücktreten, zumal Maßnahmen der Telekommunikationsüberwachung in Deutschland nur in jeweils etwa 0,5-1% der Fälle Betreiber privater Telekommunikationsnetze oder Unternehmen im Internet-Bereich betreffen[1652].

Art. 3 Abs. 1 GG gebietet es daher, die Belastung kleiner Internet-Access-Provider und Serverbetreiber in erträglichen Grenzen zu halten. Der Gesetzgeber hat einen Spielraum bezüglich der Frage, wie er dies sicherstellt. Unter dem Aspekt des Art. 10 Abs. 1 Var. 3 GG ist allerdings anzumerken, dass Ausnahmeklauseln für Kleinunternehmen, wie sie etwa in der TKÜV vorgesehen sind, empfindliche Effektivitätseinbußen zur Folge haben, welche die Unverhältnismäßigkeit des Eingriffs in Art. 10 Abs. 1 Var. 3 GG durch eine generelle Verkehrsdatenspeicherung weiter verstärken würden. Diese Möglichkeit hat daher auszuscheiden, so dass eine obligatorische Vorratsspeicherung von Telekommunikations-Verkehrsdaten mit den Art. 3

1650 Kommission, Discussion Paper for Expert's Meeting on Retention of Traffic Data (I); G8, Availability (I), Annex A: „It should be noted that the content of these logs might be subject to relevant business, technical and legal conditions; not all of the following data elements will be available in all logs.".

1651 Lenz, Karl-Friedrich: Stellungnahme zur Anhörung der Kommission über die Schaffung einer sichereren Informationsgesellschaft durch Verbesserung der Sicherheit von Informationsinfrastrukturen und Bekämpfung der Computerkriminalität, europa.eu.int/ISPO/eif/InternetPoliciesSite/Crime/Comments/kf_lenz.html.

1652 Schulzki-Haddouti, Lauscher unter Beschuss, c't 09/2001, 24 ff.

Abs. 1, 12 Abs. 1 GG nur vereinbar ist, wenn für Kleinunternehmen der oben genannten Art eine weitgehende Kostenerstattung vorgesehen wird.

f) Ungleichbehandlung von Telekommunikationsunternehmen und ihren Kunden gegenüber der Allgemeinheit der Steuerzahler

aa) Eingriff in den Schutzbereich

Zu prüfen ist weiterhin, ob geschäftsmäßige Anbieter von Telekommunikationsdiensten oder Telekommunikationsnutzer gegenüber sonstigen Personen ungerechtfertigt benachteiligt werden, wenn ihnen allein die Kosten einer Vorratsspeicherung von Telekommunikations-Verkehrsdaten aufgebürdet werden[1653]. Gemeinsamer Oberbegriff ist hier die Gruppe aller Personen, denen die Lasten staatlicher Aufgabenwahrnehmung aufgebürdet werden können. Durch eine generelle Verkehrsdatenspeicherung ohne staatliche Kostenerstattung werden Telekommunikationsunternehmen und mittelbar auch ihre Kunden gegenüber sonstigen Personen benachteiligt, weil sie die mit der Speicherungspflicht verbundenen Kosten und sonstige Belastungen im Wesentlichen allein zu tragen haben. Darin liegt ein Eingriff in ihr Recht auf Gleichbehandlung aus Art. 3 Abs. 1 GG.

bb) Rechtfertigung

Was die Frage der Rechtfertigung anbelangt, so wird teilweise die Auffassung vertreten, eine Inpflichtnahme Privater zu öffentlichen Zwecken, die ohne Kostenerstattung erfolge, sei einer Sonderabgabe vergleichbar und daher nur zulässig, wenn die insoweit vom Bundesverfassungsgericht entwickelten Kriterien vorlägen[1654]. Zur Begründung wird vorgetragen, es mache keinen Unterschied, ob der Gesetzgeber Personen entschädigungslos in Anspruch nehme oder ob er eine Kostenerstattung vorsehe und die erstatteten Kosten im Wege einer Sonderabgabe wiederum von den Verpflichteten erhebe[1655].

(1) Verkehrsdatenspeicherungspflicht als entschädigungslose Inpflichtnahme Privater zu öffentlichen Zwecken

Die Verpflichtung privater Unternehmen zur Aufzeichnung und Vorhaltung von Telekommunikations-Verkehrsdaten für staatliche Behörden stellt eine Inpflichtnahme Privater zu öffentlichen Zwecken dar. Dies gilt unab-

---

1653 Vgl. Friedrich, Verpflichtung, 182 f. m.w.N.

1654 BeckTKG-Ehmer, § 88, Rn. 51 m.w.N.; Welp, Überwachung und Kontrolle, 136 m.w.N.; „prima facie" auch Schenke, AöR 125 (2000), 1 (39) m.w.N.; a.A. Germann, 576.

1655 BeckTKG-Ehmer, § 88, Rn. 51 m.w.N.; Waechter, VerwArch 87 (1996), 68 (96).

hängig davon, ob den Unternehmen auch der eigene Zugriff auf die Datenbestände erlaubt ist[1656].

Fraglich ist, ob eine Kostenerstattung oder wenigstens eine Entschädigung der betroffenen Unternehmen für die Vorratsspeicherung vorgesehen ist. Bisher kennt das deutsche Recht eine Entschädigungspflicht bei Auskunftanordnungen von Strafverfolgungsbehörden (§ 23 Abs. 1 S. 1 Nr. 2 JVEG) und von Nachrichtendiensten (§ 20 G10). Nach dem JVEG ist zu entschädigen, wer einem Beweiszwecken dienenden Ersuchen einer Strafverfolgungsbehörde um Auskunfterteilung nachkommt (§ 23 Abs. 1 S. 1 Nr. 2 JVEG). Nach den §§ 23 Abs. 2, 22 S. 1 JVEG kann für einen dazu eingesetzten Mitarbeiter Aufwendungsersatz in Höhe des gezahlten Gehalts verlangt werden, maximal aber 17 Euro pro Stunde und Mitarbeiter. Auch sonst erforderliche Aufwendungen werden ersetzt (§ 7 Abs. 1 S. 1 JVEG), allerdings nur, wenn sie ohne das Auskunftsersuchen nicht angefallen wären[1657]. Die Entschädigung umfasst daher nicht die vorbeugende Vorhaltung von Personal und Einrichtungen[1658] und bleibt infolgedessen regelmäßig erheblich hinter den tatsächlichen Kosten zurück[1659]. So wird unter anderem für die Nutzung zusätzlicher Rechnerkapazitäten, etwa zur Durchführung einer Zielwahlsuche, keine Entschädigung gewährt[1660].

§ 23 Abs. 1 S. 1 Nr. 4 Buchst. b JVEG sieht zwar eine Entschädigungspflicht für den Fall vor, dass Dritte „auf Grund eines Beweiszwecken dienenden Ersuchens der Strafverfolgungsbehörde [...] durch telekommunikationstechnische Maßnahmen die Ermittlung [...] der von einem Telekommunikationsanschluß hergestellten Verbindungen ermöglichen (Zählver-

---

1656 Seite 51.

1657 Höver, Rn. 9.2.1.

1658 Höver, Rn. 9.2.1; Pernice, DuD 2002, 207 (210); Germann, 575 f.; Koenig/Koch/Braun, K&R 2002, 289 (294).

1659 Graf, Jürgen (Generalbundesanwalt), zitiert bei Neumann, Andreas: Internet Service Provider im Spannungsfeld zwischen Strafverfolgung und Datenschutz, Bericht von der Veranstaltung in Bonn am 26./27.02.2002, www.artikel5.de/artikel/ecoveranstaltung 2002.html; BITKOM: Stellungnahme zur Gesetzesinitiative des Bundesrates vom 31.05.2002 (BR-Drs. 275/02), 12.08.2002, www.bitkom.org/files/documents/Position_ BITKOM_Vorratsdatenspeicherung_u.a._12.08.2002.pdf, 4; BITKOM: Schriftliche Stellungnahme zur öffentlichen Anhörung am 09.02.2004 in Berlin zum Entwurf eines Telekommunikationsgesetzes (TKG), in Ausschussdrucksache 15(9)961, www. bundestag.de/gremien15/a09/004Anhoerungen/TKG/materialeingeladene.pdf, 20 (33): die gesetzliche Entschädigung decke durchschnittlich nur 2% der Kosten; ebenso die Deutsche Telekom AG a.a.O., 150 (164); vgl. auch Bundesrat, BR-Drs. 755/03, 35: es sei kein Kostenersatz „in nennenswertem Umfang" vorgesehen.

1660 OLG Stuttgart, NStZ 2001, 158; OLG Köln, NStZ-RR 2001, 31.

gleichseinrichtung)". Man wird dieser Regelung aber keinen Kostenerstattungsanspruch für den Fall einer generellen Verkehrsdatenspeicherungspflicht entnehmen können. Dies würde nicht nur dem historischen Willen des Gesetzgebers, sondern auch dem Wortlaut widersprechen, der darauf abstellt, dass die Ermittlung der Daten erst auf Ersuchen der Strafverfolgungsbehörde, also im Einzelfall, erfolgt und nicht im Wege einer generellen Verkehrsdatenspeicherung. Im Zeitalter digitaler Kommunikation kann man zudem von einer „Zählvergleichseinrichtung" schon begrifflich nicht mehr sprechen.

Auch die Vorschläge des Bundesrats und der RSV-Entwurf[1661] sehen keinen Anspruch auf Kostenerstattung vor. Dem ErmittlungsG-Entwurf[1662] zufolge sollten umgekehrt Auskünfte nach § 100g StPO – anders als bisher (vgl. § 23 Abs. 1 S. 1 Nr. 2 JVEG) – nicht mehr entschädigungspflichtig sein (Art. 1 Nr. 3 Punkt a.aa.bbb ErmittlungsG-E). In seiner Stellungnahme zur Novelle des Telekommunikationsgesetzes meldet der Bundesrat immerhin Zweifel an, ob die entschädigungslose Inanspruchnahme der Telekommunikationsunternehmen zu Überwachungszwecken verfassungsgemäß ist, und fordert eine Überprüfung der bisherigen Kostentragungsvorschriften[1663], ohne aber in seinem zugleich unterbreiteten Vorschlag für eine generelle Verkehrsdatenspeicherungspflicht[1664] eine Kostenerstattung vorzusehen.

(2) Rechtfertigung als Sonderabgabe nach der Rechtsprechung des Bundesverfassungsgerichts

Geht man von dem Fehlen eines Kostenerstattungsanspruchs aus, dann richtet sich die Verfassungsmäßigkeit einer generellen Verkehrsdatenspeicherungspflicht der oben dargestellten Meinung zufolge nach den Kriterien für die Zulässigkeit einer Sonderabgabe. Sonderabgaben bedürfen in einem Steuerstaat besonderer sachlicher Rechtfertigung[1665]. Als Rechtfertigungsgründe kommen beispielsweise Ausgleichs- oder Lenkungszwecke in Betracht[1666]. Wenn allerdings die Inpflichtnahme Privater zur Durchführung einer Verkehrsdatenspeicherung ohne Kostenerstattung erfolgt, so soll dies weder Vorteile ausgleichen, die der Staat oder die Allgemeinheit Telekom-

---

1661   Seite 5.
1662   Seite 5.
1663   BR-Drs. 755/03, 35 f.
1664   BR-Drs. 755/03, 33 f.
1665   BVerfG, NVwZ 1996, 469 (471).
1666   Zusammenfassend BVerfG, NVwZ 1996, 469 (471).

munikationsunternehmen gewähren (Ausgleichsfunktion) noch soll es die betroffenen Unternehmen zu einem bestimmten Verhalten anhalten (Lenkungsfunktion). Eine Kostenerstattung unterbleibt vielmehr allein, um dem Staatshaushalt Ausgaben zu ersparen und die Finanzierbarkeit einer generellen Verkehrsdatenspeicherung zu gewährleisten. Damit sind nach der aufgezeigten Meinung die Kriterien für die Zulässigkeit von Sonderabgaben mit Finanzierungsfunktion anzuwenden.

Nach der Rechtsprechung des Bundesverfassungsgerichts ist die Auferlegung von Sonderabgaben mit Finanzierungsfunktion nur dann zulässig, wenn die belastete Gruppe „durch eine gemeinsame, in der Rechtsordnung oder in der gesellschaftlichen Wirklichkeit vorgegebene Interessenlage oder durch besondere gemeinsame Gegebenheiten von der Allgemeinheit und anderen Gruppen abgrenzbar ist"[1667], wenn sie dem mit der Abgabenerhebung verfolgten Zweck evident näher steht als jede andere Gruppe oder die Allgemeinheit der Steuerzahler[1668], wenn die Aufgabe, die mit Hilfe des Abgabenaufkommens erfüllt werden soll, ganz überwiegend in die Sachverantwortung der belasteten Gruppe fällt und nicht der staatlichen Gesamtverantwortung zuzuordnen ist[1669] und wenn die erzielten Mittel entweder gruppennützig verwendet werden oder „die Natur der Sache eine finanzielle Inanspruchnahme der Abgabenpflichtigen zugunsten fremder Begünstigter aus triftigen Gründen eindeutig rechtfertigt"[1670].

Die Abgrenzbarkeit der Gruppe der Anbieter von Telekommunikationsdiensten ist zunächst gegeben. Das Kriterium der besonderen Sachnähe dieser Gruppe kann man hingegen nur dann als erfüllt ansehen, wenn die Anbieter von Telekommunikation durch ihr Angebot eine Quelle besonderer Gefahren für bestimmte Rechtsgüter schaffen. Um dies zu begründen, könnte man auf die besonderen Eigenschaften der Telekommunikation verweisen, die sich Kriminelle in vielen Fällen zunutze machen[1671]. Daraus ließe sich eine mittelbare Rechtsgutgefährdung durch das Angebot von Telekommunikation herleiten.

Gegen eine solche Argumentation ist jedoch anzuführen, dass § 9 Abs. 1 TDG deutlich der Gedanke einer prinzipiellen Nichtverantwortlichkeit der Anbieter von Telediensten zugrunde liegt, wenn er bestimmt: „Diensteanbieter sind für fremde Informationen, die sie in einem Kommunikationsnetz

---

1667 BVerfGE 55, 274 (305 f.).
1668 BVerfGE 55, 274 (306).
1669 BVerfGE 55, 274 (306).
1670 BVerfGE 55, 274 (306).
1671 Welp, Überwachung und Kontrolle, 137.

übermitteln oder zu denen sie den Zugang zur Nutzung vermitteln, nicht verantwortlich, sofern sie 1. die Übermittlung nicht veranlasst, 2. den Adressaten der übermittelten Informationen nicht ausgewählt und 3. die übermittelten Informationen nicht ausgewählt oder verändert haben. Satz 1 findet keine Anwendung, wenn der Diensteanbieter absichtlich mit einem der Nutzer seines Dienstes zusammenarbeitet, um rechtswidrige Handlungen zu begehen." Die Begründung zur ursprünglichen Gesetzesfassung führte dazu aus[1672]: „Dem Diensteanbieter, der fremde Inhalte lediglich, ohne auf sie Einfluss nehmen zu können, zu dem abrufenden Nutzer durchleitet, obliegt es nicht, für diese Inhalte einzutreten. Er soll nicht anders behandelt werden als ein Anbieter von Telekommunikationsdienstleistungen. Denn der bloße Zugangsvermittler leistet ebenfalls keinen eigenen Tatbeitrag." Die Begründung zur Neufassung stellt fest[1673]: „Diese Tätigkeit ist automatischer Art, bei der der Diensteanbieter in der Regel keine Kenntnis über die weitergeleitete oder kurzzeitig zwischengespeicherte Information hat und diese auch nicht kontrolliert. Bei dem automatisiert ablaufenden Prozess trifft der Diensteanbieter im Hinblick auf die Informationen keine eigene Entscheidung. [...] [I]n den Fällen, in denen der Diensteanbieter keine Kontrolle ausübt und keine Kenntnis von der Information haben kann, kann sie ihm auch nicht im Sinne eigener Verantwortlichkeit zugerechnet werden." Diese Ausführungen betreffen zwar unmittelbar nur Teledienste. Die Lage stellt sich bei Telekommunikationsdiensten aber ganz genauso dar[1674]. Der Auffassung des Gesetzgebers zufolge sind Betreiber von Telekommunikationsdiensten daher grundsätzlich nicht für die Nutzung ihrer Dienste zu rechtswidrigen Zwecken verantwortlich zu machen.

Die Annahme, dass Telekommunikationsnetze eine besondere Rechtsgutsgefahr darstellten oder erhöhten, ist folglich abzulehnen[1675]. Die aus Telekommunikationsnetzen resultierenden Gefahren erscheinen nicht höher als die aus anderen neutralen Tätigkeiten wie Alltagsverrichtungen einer Bank, eines Verkehrs- oder eines Versorgungsunternehmens resultierenden Gefahren. Auch die Tätigkeit eines Automobilherstellers ist beispielsweise kausal dafür, dass Autos als Fluchtfahrzeuge missbraucht werden können, ohne dass man Automobilhersteller deswegen besonders in die Pflicht neh-

---

1672 BT-Drs. 13/7385, 1 (20).
1673 BT-Drs. 14/6098, 1 (24).
1674 Vgl. BT-Drs. 13/7385, 1 (20).
1675 Germann, 576; Werner, Befugnisse der Sicherheitsbehörden, 51; ähnlich Schenke, AöR 125 (2000), 1 (39); für Betreiber von Telekommunikationsanlagen auch Kube/Schütze, CR 2003, 663 (669).

men dürfte[1676]. Ebenso wenig ist es gerechtfertigt, Automobilhändlern die Kosten aufzuerlegen, welche dem Staat durch die Verfolgung von Geschwindigkeitsüberschreitungen entstehen[1677]. Nicht anders verhält es sich bei dem Missbrauch von Telekommunikationsnetzen. Solche mit Alltagstätigkeiten verbundene Gefahren sind in den Bereich des allgemeinen Lebensrisikos zu verweisen, der keine besondere Verantwortlichkeit begründen kann[1678].

Es kann somit keine Rede davon sein, dass die von einer Vorratsspeicherungspflicht belasteten Unternehmen dem mit der Vorratsspeicherung verfolgten Zweck evident näher stünden als die Allgemeinheit der Steuerzahler. Ebenso wenig fällt die Aufgabe der Strafverfolgung und der Gefahrenabwehr ganz überwiegend in die Sachverantwortung der belasteten Unternehmen[1679].

Was das Kriterium der Gruppennützigkeit angeht, so kommt ein Sondernutzen durch eine generelle Verkehrsdatenspeicherung insoweit in Betracht, als sie das Vertrauen der Nutzer stärken und dadurch die Nutzung der Telekommunikationsnetze insgesamt fördern könnte[1680]. Dieser Zusammenhang kann allerdings bestenfalls indirekter Art sein, weil er nicht Ziel der Verkehrsdatenspeicherung ist, sondern allenfalls ein möglicher Nebeneffekt. Es ist nicht nur in hohem Maße unsicher, ob eine generelle Verkehrsdatenspeicherung tatsächlich zu einem niedrigeren Kriminalitätsniveau führt[1681]. Noch unsicherer ist es, ob sich ein objektiv niedrigeres Kriminalitätsniveau auch auf das subjektive Nutzervertrauen und letztlich auf das Maß an Inanspruchnahme der Telekommunikationsnetze durchschlägt. Umgekehrt gibt es Untersuchungen, die auf die Abwesenheit eines solchen Zusammenhangs hindeuten[1682]. Die genannte These ist daher mit so vielen Unsicherheitsfaktoren behaftet, dass sie – vorbehaltlich neuer Forschungserkenntnisse – abzulehnen ist[1683].

1676 So Mobilkom Austria und Telekom Austria in Österr. Verfassungsgerichtshof, G 37/02-16 u.a. vom 27.02.2003, S. 18 f., www.vfgh.gv.at/presse/G37-16-02.pdf.
1677 Mobilkom Austria und Telekom Austria in Österr. Verfassungsgerichtshof, G 37/02-16 u.a. vom 27.02.2003, S. 19, www.vfgh.gv.at/presse/G37-16-02.pdf.
1678 Weichert, Terrorismusbekämpfungsgesetze (I), Punkt I.
1679 Im Ergebnis auch BITKOM: Stellungnahme zur Gesetzesinitiative des Bundesrates vom 31.05.2002 (BR-Drs. 275/02), 12.08.2002, www.bitkom.org/files/documents/Position_BITKOM_Vorratsdatenspeicherung_u.a._12.08.2002.pdf, 9.
1680 Seiten 93-95.
1681 Seiten 184-196.
1682 Seite 52.
1683 Im Ergebnis auch Schenke, AöR 125 (2000), 1 (39).

Zu überlegen ist außerdem, ob eine generelle Verkehrsdatenspeicherung in besonderem Maße Betreiber von an Telekommunikationsnetze angeschlossenen Computersystemen, insbesondere Betreiber von Internet-Servern, schützt. Allein diese Personengruppe ist nämlich von Netzkriminalität im engeren Sinne betroffen. Dieser Zusammenhang rechtfertigt eine Sonderbelastung der Betreiber solcher Systeme allerdings nur dann, wenn diese Systeme störanfälliger und kriminalitätsgefährdeter sind als andere Anlagen. Nur in diesem Fall dürfen die Kosten von Maßnahmen, die über den Schutz der Allgemeinheit hinaus gehen, anteilig auf die Serverbetreiber abgewälzt werden. Soweit Serverbetreiber von Maßnahmen nicht in besonderer Weise profitieren, sind die Kosten dagegen von der Allgemeinheit zu tragen[1684]. Letztlich kann die Frage im vorliegenden Zusammenhang offen bleiben, weil von einer generellen Verkehrsdatenspeicherung keine merkliche Schutzwirkung zugunsten der Betreiber von Servern zu erwarten ist[1685]. Einen wirksamen Schutz auf diesem Gebiet erlauben nur technisch-organisatorische Maßnahmen der Betreiber selbst[1686].

Für andere Personen oder Unternehmen, die zu einer Vorratsspeicherung verpflichtet wären, ist ein möglicher Sondernutzen von vornherein nicht zu erkennen. Telefongesellschaften und Internet-Provider etwa sind Netzkriminalität im engeren Sinne grundsätzlich nicht ausgesetzt, weil ihre Einrichtungen für Computerangriffe regelmäßig unzugänglich sind. Auch sonst ist ein Sondernutzen für diese Gruppe nicht zu erkennen, so dass eine entschädigungslose Inanspruchnahme der betroffenen Unternehmen zugunsten der Allgemeinheit durchweg ungerechtfertigt ist.

Soweit das Bundesverfassungsgericht Unternehmen auf die Möglichkeit einer Abwälzung von Kosten auf ihre Kunden verweist, ist es denkbar, die Kriterien der besonderen Sachnähe und der Gruppennützigkeit auf die Telekommunikationsnutzer anzuwenden, welche die Kosten einer generellen Verkehrsdatenspeicherung letztlich zu tragen haben[1687]. Tut man dies, so gelangt man zu dem Ergebnis, dass auch auf Seiten der Telekommunikationsnutzer keine spezifische Nähe zu dem Missbrauch von Telekommunika-

---

1684 Vgl. BVerwGE 112, 194 (205).
1685 Seiten 195-196.
1686 Seiten 342-343.
1687 BeckTKG-Ehmer, § 88, Rn. 54 m.w.N.; der Sache nach wohl auch Pernice, Ina (Deutscher Industrie- und Handelskammertag) in Bundestag, Öffentliche Anhörung zum Thema Cyber-Crime/TKÜV (I), 14.

tionseinrichtungen durch einzelne unter ihnen vorliegt[1688]. Von einer besonderen Gruppennützigkeit lässt sich ebenso wenig sprechen[1689].

Überhaupt sind kaum Menschen denkbar, die sich jeglicher Telekommunikation enthalten, so dass schon fraglich ist, ob man hier von einer bestimmten Gruppe sprechen kann. In seiner Kohlepfennig-Entscheidung hat das Bundesverfassungsgericht argumentiert, das Interesse an einer funktionsfähigen Energieversorgung sei ein Allgemeininteresse, das nicht im Wege einer Sonderabgabe, sondern nur durch Steuermittel befriedigt werden dürfe[1690]. Auch in der Feuerwehrabgabenentscheidung heißt es: „Das Feuerwehrwesen ist eine öffentliche Angelegenheit, deren Lasten nur die Allgemeinheit treffen dürfen und die deshalb [...] nur mit von der Allgemeinheit zu erbringenden Mitteln, im Wesentlichen also durch die Gemeinlast Steuer, finanziert werden darf (vgl. BVerfGE 55, 274 [306]; 82, 159 [180]). Wird in einem solchen Fall nur ein abgegrenzter Personenkreis mit der Abgabe belastet, so verstößt dies auch gegen den allgemeinen Gleichheitssatz nach Art. 3 Abs. 1 GG (vgl. auch BVerfGE 9, 291 [301]).“[1691] Diese Ausführungen gelten grundsätzlich auch für die Inpflichtnahme Privater im Bereich der Telekommunikation[1692]. Sinngemäß haben dies der französische Verfassungsgerichtshof im Dezember 2000[1693] und der österreichische Verfassungsgerichtshof im Februar 2003[1694] bereits entschieden. Auch in Italien und den USA trägt der Staat die Kosten für die Vorhaltung von Überwachungseinrichtungen durch Privatunternehmen[1695]. Kommt eine generelle Vorratsspeicherung von Telekommunikations-Verkehrsdaten danach hauptsächlich der Allgemeinheit zugute, dann dürfen ihre Kosten auch nicht allein den betroffenen Unternehmen oder ihren Kunden auferlegt werden.

Gemessen an den Kriterien für die Zulässigkeit einer Sonderabgabe ist es demnach unzulässig, die Telekommunikationsanbieter zur Finanzierung einer generellen Verkehrsdatenspeicherung heranzuziehen.

1688 BeckTKG-Ehmer, § 88, Rn. 54; Welp, Überwachung und Kontrolle, 137.
1689 Welp, Überwachung und Kontrolle, 137.
1690 BVerfGE 91, 186 (206); vgl. schon BVerfGE 23, 12 (23); ähnlich für Betreiber elektrischer und elektronischer Geräte BVerwGE 112, 194 (205).
1691 BVerfGE 92, 91 (121).
1692 BeckTKG-Ehmer, § 88, Rn. 55.
1693 Conseil constitutionnel, 2000-441 DC vom 28.12.2000, www.conseil-constitutionnel.fr/decision/2000/2000441/2000441dc.htm.
1694 Österr. Verfassungsgerichtshof, G 37/02-16 u.a. vom 27.02.2003, www.vfgh.gv.at/presse/G37-16-02.pdf.
1695 wik-Consult, Studie (I), 41, 50 und 89.

(3) Anwendung auf tatsächliche Inpflichtnahmen

Fraglich ist, ob hieraus zwangsläufig auch die Unzulässigkeit ihrer entschädigungslosen Heranziehung zur Mitwirkung bei einer generellen Verkehrsdatenspeicherung folgt. Das Bundesverfassungsgericht wendet die Kriterien für die Zulässigkeit einer Sonderabgabe nicht auf tatsächliche Inpflichtnahmen Privater zu öffentlichen Zwecken an. In solchen Fällen prüft es nur die Verhältnismäßigkeit der Inpflichtnahme[1696]. Für eine enge Auslegung der Rechtsprechung zu Sonderabgaben spricht, dass sich diese auf das Argument stützt, dass das Grundgesetz grundsätzlich abschließend regele, auf welche Weise der Staat Einnahmen erzielen dürfe[1697]. Dieser Gesichtspunkt trifft auf die tatsächliche Inpflichtnahme Privater nicht zu, weil der Staat auf diese Weise keine Einnahmen erzielt.

Ein weiteres Argument, welches das Bundesverfassungsgericht in Bezug auf Sonderabgaben heran zieht, ist demgegenüber ohne weiteres auf Inpflichtnahmen Privater übertragbar. Der Grundsatz der Vollständigkeit des Haushaltsplans[1698], welcher die Transparenz der Kosten staatlicher Aktivitäten und die Überschaubarkeit und Kontrolle der dem Bürger auferlegten Lasten gewährleisten soll, ist nämlich in beiden Fällen beeinträchtigt[1699].

Ein Grund für die Zurückhaltung des Bundesverfassungsgerichts bei der Ausweitung seiner Rechtsprechung zu Sonderabgaben mag darin liegen, dass die staatliche Inpflichtnahme Privater zu öffentlichen Zwecken weit verbreitet ist und eine restriktive verfassungsrechtliche Beurteilung daher weitreichende Konsequenzen hätte[1700]. Beispiele solcher Pflichten sind die Inanspruchnahme der Banken zum Abzug der Kapitalertragssteuer, die Heranziehung der Arbeitgeber zum Lohnsteuerabzug und zur Abführung von Sozialversicherungsbeiträgen, die Verpflichtung von Versicherungsunternehmen zur Einbehaltung der Versicherungssteuer und die Auferlegung von Bevorratungspflichten für Ölimporteure[1701]. Eine besondere Verantwortlichkeit wegen Schaffung einer Gefahrenquelle ließe sich wohl in keinem dieser Fälle begründen.

1696 Etwa BVerfGE 30, 292 (315).
1697 BVerfGE 55, 274 (299 f.) spricht von einer Gefahr der Aushöhlung der Finanzverfassung durch Sonderabgaben.
1698 BVerfG, NVwZ 1996, 469 (471).
1699 Elicker, NVwZ 2003, 304 (306).
1700 Vgl. VG Köln, CR 2000, 747 (750).
1701 Beispiele nach BVerfGE 73, 102 (119 f.).

Für eine Gleichbehandlung beider Fälle kann man geltend machen, dass eine Inanspruchnahme Privater ohne Kostenerstattung einer Inanspruchnahme mit Kostenerstattung, bei der die erstatteten Kosten im Wege einer Sonderabgabe von den Verpflichteten wieder erhoben werden, gleich kommt[1702]. Weiter kann man anführen, dass die Inpflichtnahme Privater in Verbindung mit der aus einer Sonderabgabe finanzierten Kostenerstattung den betroffenen Unternehmen eher zumutbar sein kann als eine entschädigungslose Inpflichtnahme ohne Sonderabgabe. Das gilt insbesondere deswegen, weil eine Sonderabgabe Ausnahmen für besonders hart betroffene Unternehmen zulassen kann, ohne zu Effektivitätseinbußen zu führen. So kann man beispielsweise kleine Internet-Access-Provider von einer Sonderabgabe zur Finanzierung einer generellen Verkehrsdatenspeicherung ausnehmen, während ihre Befreiung von der Speicherungspflicht selbst nicht ohne Effektivitätseinbußen möglich ist. Kann damit aber die Auferlegung einer Sonderabgabe für die Gruppe der Betroffenen insgesamt weniger belastend sein, dann können für die Zulässigkeit einer Sonderabgabe auch keine strengeren Kriterien gelten als für die Zulässigkeit einer entschädigungslosen Inpflichtnahme.

Es ist demnach überzeugender, beide Fälle gleich zu behandeln[1703]. Ein durchgreifender sachlicher Grund für eine Unterscheidung ist nicht ersichtlich. Dies gilt gerade für eine Vorratsspeicherungspflicht, deren Schwerpunkt nicht in der Auferlegung von Hilfsdiensten liegt – die Speicherung von Telekommunikations-Verkehrsdaten könnte der Staat auch selbst vornehmen[1704] – sondern in der Abwälzung der hohen, damit verbundenen Kosten.

(4) Gemeinsame Rechtfertigungskriterien

Sind Sonderabgaben und entschädigungslose Inpflichtnahmen somit gleich zu behandeln, so bedeutet dies noch nicht, dass die engen Kriterien des Bundesverfassungsgerichts zur Zulässigkeit von Sonderabgaben zu akzeptieren sind. Vielmehr kann die verbreitete Inpflichtnahme Privater umgekehrt Anlass sein, auch die finanzielle Heranziehung Privater im We-

---

1702 Vgl. Nachweise auf Seite 357, Fn. 1654.
1703 So auch Friedrich, Verpflichtung, 184 m.w.N.; Friauf, FS Jahrreiß, 45 (56 f.); Waechter, VerwArch 87 (1996), 68 (76); Elicker, NVwZ 2003, 304 (306); a.A. VG Köln, CR 2000, 747 (750).
1704 Zu der Ausgestaltung der Telekommunikationsüberwachung in den USA siehe die Seiten 280-281.

ge von Sonderabgaben in höherem Maße zuzulassen als es das Bundesverfassungsgericht bisher tut.

Schon die Abgrenzung der „Sonderabgaben" von den Steuern ist nicht unproblematisch[1705]. Wann das Bundesverfassungsgericht eine Geldleistungspflicht als Sonderabgabe ansieht und dementsprechend strenge Kriterien anwendet, lässt sich nicht eindeutig vorhersehen. Nach § 3 AO sind Steuern „Geldleistungen, die nicht eine Gegenleistung für eine besondere Leistung darstellen und von einem öffentlich-rechtlichen Gemeinwesen zur Erzielung von Einnahmen allen auferlegt werden, bei denen der Tatbestand zutrifft, an den das Gesetz die Leistungspflicht knüpft; die Erzielung von Einnahmen kann Nebenzweck sein." Worin sich hiervon eine Sonderabgabe unterscheiden soll, ist nicht ersichtlich.

Zwar mag der Kreis der von einer Sonderabgabe Betroffenen klein sein. Das kann aber auch bei besonderen Steuern der Fall sein (z.B. Spielbankenabgabe). Es kann legitime Gründe dafür geben, einem kleinen Personenkreis eine besondere Abgabenlast aufzuerlegen. Im heutigen Zeitalter der Globalisierung kann etwa der Gesichtspunkt maßgeblich sein, dass Rechtssubjekte einer bestimmten Besteuerung nicht durch Ausweichen in das Ausland entgehen können. Ein weiterer Gesichtspunkt kann die besondere Leistungsfähigkeit einzelner Steuersubjekte sein, etwa wenn deren Tätigkeit besonders profitabel ist. Weiterhin kann vorrangig eine Lenkungswirkung angestrebt sein, die es erforderlich macht, gerade bestimmte Personen in Anspruch zu nehmen.

Festzuhalten bleibt, dass es nicht gerechtfertigt ist, die Zulässigkeit der Inanspruchnahme einzelner Personen davon abhängig zu machen, ob diesen Personen aufgrund ihrer spezifischen Sachnähe eine Kostenverantwortung zugeteilt werden kann und ob die Einnahmen gruppennützig verwendet werden. Stattdessen sind die allgemeinen Kriterien über die Zulässigkeit von Steuern anzuwenden, die vornehmlich auf die Verhältnismäßigkeit der Belastung[1706] und auf die Gleichmäßigkeit der Besteuerung[1707] abstellen. Diese Kriterien sind sowohl in Fällen von Sonderabgaben wie auch in Fällen der tatsächlichen Inpflichtnahme Privater zu öffentlichen Zwecken anzuwenden, da sich diese beiden Fallgruppen – wie oben dargelegt – nicht maßgeblich unterscheiden.

1705 BVerfGE 50, 274 (300): „Abgrenzungsprobleme"; BVerfG, NVwZ 1996, 469 (471): „große Ähnlichkeit".
1706 BVerfGE 91, 207 (221).
1707 BVerfGE 66, 214 (223): „Gebot der Steuergerechtigkeit".

(5) Rechtfertigung im Fall einer Vorratsspeicherung

Im vorliegenden Zusammenhang ist daher eine Prüfung des allgemeinen Gleichheitssatzes vorzunehmen[1708]. In Bezug auf den Rechtfertigungsmaßstab liegt eine eindeutige Anknüpfung an Personengruppen – nämlich an die Gruppe der Telekommunikationsunternehmen – und nicht nur an Sachverhalte vor. Wie gezeigt, greift eine Pflicht zur Vorratsspeicherung von Telekommunikations-Verkehrsdaten ohne Kostenerstattung auch intensiv in das Grundrecht der Telekommunikationsunternehmen aus Art. 12 Abs. 1 GG ein[1709]. Es ist daher eine Verhältnismäßigkeitsprüfung vorzunehmen. Das Gleiche gilt, wenn man auf die Kunden der Telekommunikationsunternehmen abstellt[1710].

Die tatsächliche Inpflichtnahme Privater hat das Bundesverfassungsgericht mitunter damit gerechtfertigt, dass die normativ vorgeschriebene Tätigkeit an diejenige Tätigkeit angelehnt sei, die eine Person ohnehin verrichte[1711]. In der Tat mag es volkswirtschaftlich gesehen Sinn machen, Telekommunikationsunternehmen zur Durchführung der Telekommunikationsüberwachung zu verpflichten anstatt ein kompliziertes staatliches Einsatzsystem aufzubauen. Dieser Einsparungseffekt ist allerdings auch dann zu erzielen, wenn den betroffenen Unternehmen ihre Kosten erstattet werden, so dass die bloße Tatsache der Berufsnähe keine entschädigungslose Inpflichtnahme rechtfertigt.

Nach dem oben Gesagten[1712] ist auch sonst kein Grund ersichtlich, der nach Art und Gewicht die Belastung der beteiligten Unternehmen oder mittelbar ihrer Kunden mit den Kosten einer Verkehrsdatenspeicherung zu staatlichen Zwecken rechtfertigen kann. Die Abwehr von Gefahren und die Ahndung von Straftaten ist eine Aufgabe der Allgemeinheit, deren Lasten nur die Allgemeinheit treffen dürfen und die deshalb im Wesentlichen nur mit Steuermitteln finanziert werden darf[1713]. Eine abweichende Regelung im Zusammenhang mit einer Vorratsspeicherungspflicht für Telekommunikations-Verkehrsdaten ist mit Art. 3 Abs. 1 GG unvereinbar.

1708   Vgl. auch Friedrich, Verpflichtung, 174 für die Vorhaltung von Überwachungseinrichtungen.
1709   Seiten 296-297.
1710   Seiten 317-319.
1711   BVerfGE 30, 292 (324 f.).
1712   Seiten 362-364.
1713   Friedrich, Verpflichtung, 183 m.w.N.; allgemein für Staatsaufgaben BVerfGE 23, 12 (23).

8. Das Recht auf Achtung des Privatlebens und der Korrespondenz (Artikel 8 EMRK)

a) Eingriff in den Schutzbereich

Was den Schutz des Einzelnen vor der Verarbeitung seiner Telekommunikations-Verkehrsdaten durch die EMRK anbelangt, so kommt vor allem eine Anwendung des Art. 8 EMRK in Betracht. Diese Norm garantiert unter anderem das Recht auf Achtung des Privatlebens und der Korrespondenz. Fraglich ist, ob eine generelle Vorratsspeicherung von Telekommunikations-Verkehrsdaten einen Eingriff in Art. 8 EMRK darstellt. Der Europäische Gerichtshof für Menschenrechte (EGMR) hat wiederholt entschieden, dass auch Telefongespräche als „Korrespondenz" im Sinne des Art. 8 EMRK anzusehen sind[1714]. Trotz des jedenfalls im Deutschen abweichenden Wortlauts ist diese Gleichstellung teleologisch geboten, weil sich der Bürger in beiden Fällen in einer vergleichbaren Gefährdungslage bezüglich seiner räumlich distanzierten Kommunikation befindet. Aus demselben Grund liegt es nahe, auch die näheren Umstände der Telekommunikation unter den Begriff der „Korrespondenz" zu fassen.

Die Subsumtion unter den Begriff des „Privatlebens" fällt leichter, weil der Gerichtshof unter Bezugnahme auf die Datenschutzkonvention allgemein anerkennt, dass die Sammlung und Speicherung personenbezogener Daten einen Eingriff in das Privatleben des Einzelnen darstellt[1715], ebenso wie die Verwendung solcher Daten und die Verweigerung ihrer Löschung[1716].

In vergangenen Urteilen hat der Gerichtshof wiederholt entschieden, dass die Erhebung von Verbindungsdaten ohne Einwilligung des Betroffenen einen Eingriff in dessen Rechte auf Achtung der Korrespondenz und des Privatlebens darstellt[1717], weil Verbindungsdaten, „besonders die gewählten Nummern [...] integraler Bestandteil der Kommunikation" seien[1718]. Entsprechend der zu Art. 10 Abs. 1 Var. 3 GG aufgeführten Argumentation[1719]

1714 Frowein/Peukert-Frowein, Art. 8, Rn. 34 m.w.N.
1715 Frowein/Peukert-Frowein, Art. 8, Rn. 5 m.w.N.
1716 EGMR, Leander-S (1987), Publications A116, Abs. 48; EGMR, Rotaru-ROM (2000), Decisions and Reports 2000-V, Abs. 46.
1717 EGMR, Malone-GB (1984), EuGRZ 1985, 17 (23), Abs. 84; EGMR, Valenzuela Contreras-ES (1998), Decisions and Reports 1998-V, Abs. 47; EGMR, P.G. und J.H.-GB (2001), Decisions and Reports 2001-IX, Abs. 42.
1718 EGMR, Malone-GB (1984), EuGRZ 1985, 17 (23), Abs. 84.
1719 Seiten 90-95.

ist die Vorratsspeicherung von Verkehrsdaten daher als Eingriff in Art. 8 EMRK anzusehen, selbst wenn sie von Privaten durchgeführt wird[1720]. Art. 8 EMRK schützt dabei sowohl geschäftliche als auch private Kommunikation[1721].

b) Rechtfertigung von Eingriffen

aa) Erfordernis einer gesetzlichen Grundlage

Eingriffe in den Schutzbereich des Art. 8 EMRK bedürfen der Rechtfertigung. Gemäß Art. 8 Abs. 2 EGMR ist zunächst eine gesetzliche Grundlage für Eingriffe erforderlich. Als „Gesetz" sieht das Gericht nicht nur verbindliche Rechtsnormen, sondern auch eine gefestigte innerstaatliche Rechtsprechung an[1722]. Rechtlich unverbindliche Regulierungsmechanismen wie deutsche Verwaltungsvorschriften oder eine bestimmte Praxis der zuständigen Organe genügen dagegen nicht[1723]. Einen Parlamentsvorbehalt[1724] kennt das Gericht nicht.

Die Entscheidung, ob eine Einzelmaßnahme nach nationalem Recht rechtmäßig ist, überlässt der EGMR grundsätzlich den nationalen Gerichten[1725], wobei deren Entscheidung nachvollziehbar sein muss[1726]. Aus dem Erfordernis einer gesetzlichen Grundlage in Verbindung mit dem in der Präambel der EMRK erwähnten Rechtsstaatsprinzip leitet der EGMR zudem ab, dass das eingreifende innerstaatliche Recht hinreichend bestimmt und für den Bürger zugänglich sein muss[1727]. Dem Einzelnen müsse es möglich sein, sein Verhalten den Vorschriften entsprechend einzurichten, was ein – gemessen an der Schwere des Eingriffs[1728] – hinreichendes Maß

1720 So auch Allitsch, CRi 2002, 161 (166); Covington & Burling, Memorandum (I), 3; ebenso die Verfasser des RSV-Entwurfs in dessen Erwägungsgrund 9.

1721 EGMR, Niemietz-D (1992), Publications A251-B, Abs. 29, 31 und 33; EGMR, Rotaru-ROM (2000), Decisions and Reports 2000-V, Abs. 43; EGMR, Amann-CH (2000), Decisions and Reports 2000-II, Abs. 65.

1722 EGMR, Huvig-F (1990), Publications A176-B, Abs. 28.

1723 Vgl. EGMR, Khan-GB (2000), Decisions and Reports 2000-V, Abs. 27.

1724 Seiten 130-131.

1725 EGMR, Kruslin-F (1990), Publications A176-A, Abs. 29.

1726 Vgl. EGMR, Craxi-IT (2003), hudoc.echr.coe.int/Hudoc1doc/HEJUD/200307/craxi%20-%2025337jv.chb1%2017072003e(sl).doc, Abs. 78 und 81.

1727 EGMR, Sunday Times-GB (1979), EuGRZ 1979, 386 (387), Abs. 49; EGMR, Silver u.a.-GB (1983), EuGRZ 1984, 147 (150), Abs. 87 und 88; EGMR, Lambert-F (1998), Decisions and Reports 1998-V, Abs. 23.

1728 EGMR, Kruslin-F (1990), Publications A176-A, Abs. 33.

an Vorhersehbarkeit voraussetze[1729]. Ob diese Voraussetzungen gegeben sind, prüft der Gerichtshof selbst.

Aus dem Rechtsstaatsprinzip leitet der EGMR auch inhaltliche Anforderungen an das einzelstaatliche Recht ab. So muss das nationale Recht einen hinreichenden und effektiven Schutz vor willkürlichen Eingriffen und vor Missbrauch der eingeräumten Befugnisse gewährleisten, wobei der Gerichtshof betont, dass dieses Risiko gerade bei Maßnahmen ohne Wissen des Betroffenen „evident" sei[1730]. Bei solchen Maßnahmen muss unter anderem eine effektive, rechtsstaatliche, unabhängige und unparteiische Kontrolle über eingreifende Maßnahmen gewährleistet sein, welche grundsätzlich, zumindest als nachträglicher Rechtsbehelf, durch die Justiz zu gewährleisten ist[1731]. Welche rechtsstaatlichen Sicherungen von der EMRK gefordert werden, hängt vom Einzelfall ab, insbesondere von der Art, dem Umfang und der Dauer möglicher Maßnahmen, den Voraussetzungen für ihre Anordnung, den für die Anordnung, Durchführung und Kontrolle zuständigen Organen sowie den verfügbaren Rechtsbehelfen[1732].

Räumt das nationale Recht der Exekutive oder dem zuständigen Richter ein Ermessen bei der Anordnung von Maßnahmen ein, dann verlangt das Bestimmtheitserfordernis – auch und gerade bei geheimen Maßnahmen –, dass der zulässige Zweck der Maßnahme, die Reichweite und Grenzen des Ermessens und die Kriterien, nach denen es auszuüben ist, hinreichend erkennbar sind, insbesondere, dass vorhersehbar ist, unter welchen Umständen und Bedingungen Eingriffe zulässig sind[1733]. Die Anforderungen an die Vorhersehbarkeit im Einzelnen hängen von der Eingriffstiefe der jeweiligen Maßnahme ab, so dass schwerwiegende Eingriffe eine besonders präzise gesetzliche Regelung erforderlich machen[1734].

Für den Fall einer Informationssammlung und -speicherung durch einen Geheimdienst wurde etwa entschieden, dass das nationale Recht detailliert

1729 EGMR, Silver u.a.-GB (1983), EuGRZ 1984, 147 (150), Abs. 88; EGMR, Malone-GB (1984), EuGRZ 1985, 17 (20), Abs. 66; EGMR, Amann-CH (2000), Decisions and Reports 2000-II, Abs. 56.

1730 EGMR, Malone-GB (1984), EuGRZ 1985, 17 (20 und 22), Abs. 67 und 81.

1731 EGMR, Klass u.a.-D (1978), EuGRZ 1979, 278 (286), Abs. 55; EGMR, Rotaru-ROM (2000), Decisions and Reports 2000-V, Abs. 59.

1732 EGMR, Klass u.a.-D (1978), EuGRZ 1979, 278 (285), Abs. 50.

1733 EGMR, Silver u.a.-GB (1983), EuGRZ 1984, 147 (150), Abs. 88; EGMR, Malone-GB (1984), EuGRZ 1985, 17 (20 f.), Abs. 67 und 68; EGMR, Leander-S (1987), Publications A116, Abs. 51; EGMR, Valenzuela Contreras-ES (1998), Decisions and Reports 1998-V, Abs. 60; EGMR, Khan-GB (2000), Decisions and Reports 2000-V, Abs. 26.

1734 EGMR, Kopp-CH (1998), StV 1998, 683 (684), Abs. 72.

festlegen muss, welche Arten von Informationen gespeichert werden dürfen, gegenüber welchen Personengruppen Überwachungsmaßnahmen ergriffen werden dürfen, unter welchen Umständen Informationen gesammelt werden dürfen, welches Verfahren dabei einzuhalten ist, nach welcher Zeitdauer erlangte Informationen zu löschen sind, welche Personen auf den Datenbestand zugreifen dürfen, die Art und Weise der Speicherung, das Verfahren des Informationsabrufs sowie die zulässigen Verwendungszwecke für die abgerufenen Informationen[1735].

Zum Schutz vor Missbrauch durch Telefonüberwachung ohne Wissen des Betroffenen hat der Gerichtshof die detaillierte Festlegung der folgenden Umstände durch das nationale Recht gefordert: Gegen welche Personen und bei welchen Straftaten das Instrument der Telefonüberwachung eingesetzt werden darf, die maximale Dauer der Überwachungsmaßnahme, das Verfahren, in welchem Abhörprotokolle erstellt werden, die Sicherungsmaßnahmen dafür, dass die Originalbänder intakt und in ihrer Gesamtheit erhalten bleiben, damit sie vom Richter und dem Verteidiger des Beschuldigten untersucht werden können, sowie Fristen für die Löschung der erlangten Informationen[1736]. Für den Fall, dass unbeteiligte Dritte von einer Überwachungsmaßnahme betroffen sind (z.B. als Gesprächspartner eines Verdächtigen), müssen Sicherungsvorkehrungen in Bezug auf deren Daten vorgesehen werden[1737].

Auch wenn Strafverfolgungsorgane um die Herausgabe von Daten „bitten", ohne das Telekommunikationsunternehmen dazu zu verpflichten, ist erforderlich, dass die freiwillige Übermittlung der angeforderten Daten nach innerstaatlichem Recht rechtmäßig und dass die Befugnis der Strafverfolgungsorgane zur Anforderung solcher Daten im innerstaatlichen Recht detailliert geregelt ist[1738]. In jedem Fall muss der Staat angemessene Maßnahmen ergreifen, um zu verhindern, dass Dritte unbefugt Kenntnis von überwachten Telekommunikationsinhalten erlangen[1739].

In einer Entscheidung aus dem Jahr 2001 hat der Gerichtshof gegenüber seiner bisherigen Rechtsprechung weit weniger strenge Forderungen erho-

---

1735 EGMR, Rotaru-ROM (2000), Decisions and Reports 2000-V, Abs. 57.
1736 EGMR, Kruslin-F (1990), Publications A176-A, Abs. 35; EGMR, Valenzuela Contreras-ES (1998), Decisions and Reports 1998-V, Abs. 46.
1737 EGMR, Amann-CH (2000), Decisions and Reports 2000-II, Abs. 61.
1738 EGMR, Malone-GB (1984), EuGRZ 1985, 17 (23), Abs. 87.
1739 EGMR, Craxi-IT (2003), hudoc.echr.coe.int/Hudoc1doc/HEJUD/200307/craxi%20-% 2025337jv.chb1%2017072003e(sl).doc, Abs. 74.

ben[1740]. In diesem Fall hatten die britischen Strafverfolgungsbehörden die Herausgabe von Telefonnummern erwirkt, die in einem bestimmten Zeitraum von dem Anschluss eines Beschuldigten aus gewählt worden waren. Die erlangten Daten wurden dann später in dem Strafverfahren gegen den Beschuldigten verwendet. Dieser berief sich vor dem EGMR darauf, dass das innerstaatliche Recht weder regele, in welchen Beziehungen erlangte Verbindungsdaten verwendet werden dürften, noch unter welchen Bedingungen sie gespeichert werden dürften oder wann sie zu löschen seien. In der Tat erschöpfte sich das einzige einschlägige Gesetz (Data Protection Act 1984) in der Aussage, dass Übermittlungsverbote (hier: Fernmeldegeheimnis nach dem Telecommunications Act 1945) nicht anzuwenden seien, soweit dies „zur Verhinderung oder Verfolgung von Straftaten" erforderlich sei.

In Anbetracht der „sehr eingeschränkten Verwendungsmöglichkeiten" von Verbindungsdaten hat der Gerichtshof eine detailliertere Regelung im nationalen Recht jedoch nicht für erforderlich gehalten. Ihr Fehlen habe im vorliegenden Fall kein erkennbares Willkür- oder Missbrauchsrisiko mit sich gebracht und auch nicht zur Unvorhersehbarkeit im Hinblick auf die Erhebung oder Verwendung der Verbindungsdaten geführt. Diese seien vielmehr ausschließlich in dem Strafverfahren gegen den Beschwerdeführer erhoben und verwendet worden, womit dieser habe rechnen müssen. Die Beschwerde wurde daher abgewiesen.

Damit wich der EGMR erstmals von seiner bisherigen Linie ab, wonach es für die Begründetheit einer Beschwerde genügte, dass das nationale Recht einen der oben aufgezählten Punkte[1741] nicht ausreichend detailliert regelte, selbst wenn dies den Beschwerdeführer im konkreten Fall nicht betraf[1742]. Eine Kausalität des Mangels für den konkreten Fall wurde bisher nicht verlangt. Für die Zulässigkeit einer Beschwerde genügte außerdem bereits die ernsthafte Möglichkeit, dass der Beschwerdeführer von Maßnahmen der angegriffenen Art betroffen war oder sein wird[1743], was für den Rechtsschutz gegen geheime Maßnahmen wichtig ist. Um effektiven Rechtsschutz zu gewährleisten, galt dies selbst dann, wenn die zuständigen

---

1740 EGMR, P.G. und J.H.-GB (2001), Decisions and Reports 2001-IX, Abs. 46-48.
1741 Seiten 371-372.
1742 EGMR, Kruslin-F (1990), Publications A176-A, Abs. 31 und 32; EGMR, Huvig-F (1990), Publications A176-B, Abs. 35.
1743 EGMR, Klass u.a.-D (1978), EuGRZ 1979, 278 (283), Abs. 36; EGMR, Malone-GB (1984), EuGRZ 1985, 17 (20 und 23), Abs. 64 und 86.

Staatsorgane versicherten, dass der Beschwerdeführer tatsächlich von keiner geheimen Überwachungsmaßnahme betroffen war[1744].

Es bleibt abzuwarten, ob sich die neue Linie des EGMR in Zukunft durchsetzen wird. Wahrscheinlicher ist, dass der EGMR hinsichtlich der Kontrolldichte – wie schon in der Vergangenheit – schwanken wird. Für eine strengeres Maß an Kontrolle sprechen die Ausführungen des EGMR im Fall Klass u.a. gegen Deutschland, in dem das G10 angegriffen worden war. In diesem Verfahren führte der Gerichtshof zu Art. 8 Abs. 2 EMRK aus: „Diese Bestimmung muss, da sie eine Ausnahme zu einem von der Konvention geschützten Recht enthält, eng ausgelegt werden. Befugnisse zur geheimen Überwachung von Bürgern, wie sie für den Polizeistaat typisch sind, können nach der Konvention nur insoweit hingenommen werden, als sie zur Erhaltung der demokratischen Einrichtungen unbedingt notwendig sind."[1745] Der Gerichtshof sieht ausdrücklich die Gefahr, dass eine Demokratie durch Maßnahmen zu ihrem Schutz unterminiert oder sogar zerstört wird[1746]. Einen effektiven Schutz hiergegen kann die EMRK nur bei Anwendung eines strengen Maßstabes durch den EGMR bieten.

Die neue Entscheidung betrifft ohnehin nur Telefon-Verbindungsdaten. Sie ist daher nicht anwendbar auf Internet-Verkehrsdaten, insbesondere nicht auf die URLs aufgerufener Informationen. Diese lassen Rückschlüsse auf den abgerufenen Inhalt oder sogar dessen vollständige Kenntnisnahme zu und sind daher dem Inhalt eines Telefongesprächs besonders ähnlich. Weiterhin hatte die Entscheidung keine Positionsdaten eines Mobiltelefons zum Gegenstand. Auch insoweit bestehen erheblich weitergehende Verwendungsmöglichkeiten als bei der Aufzeichnung klassischer Verbindungsdaten. Mit Positionsdaten können beispielsweise Bewegungsprofile erstellt werden.

Aber auch bezüglich klassischer Telefon-Verbindungsdaten, wie sie Entscheidungsgegenstand waren, kann dem Urteil nicht zugestimmt werden. Ausgangspunkt der Entscheidung bildet die Annahme, dass sich Telefon-Verbindungsdaten nur sehr eingeschränkt verwenden ließen. Nach dem oben Gesagten[1747] ist jedoch das Gegenteil der Fall. Gerade die Kenntnis

---

1744 EGMR, Klass u.a.-D (1978), EuGRZ 1979, 278 (283), Abs. 37; EGMR, Malone-GB (1984), EuGRZ 1985, 17 (23), Abs. 86.

1745 EuGRZ 1979, 278 (284), Abs. 42; ebenso EGMR, Rotaru-ROM (2000), Decisions and Reports 2000-V, Abs. 47.

1746 EGMR, Klass u.a.-D (1978), EuGRZ 1979, 278 (285), Abs. 49; EGMR, Leander-S (1987), Publications A116, Abs. 60.

1747 Seiten 211-217.

der Tatsache, dass mit einer bestimmten Person telefoniert wurde, kann einen entscheidenden Hinweis in einem Ermittlungsverfahren geben. Ebenso kann sie eine Person einem falschen Verdacht aussetzen. Bei einem Gesprächspartner kann es sich um eine Beratungsstelle handeln, was beispielsweise auf den Drogenkonsum einer Person schließen lassen kann. Es kann auch ein Unternehmen oder eine Bank angerufen worden sein, was Hinweise auf Geschäftsbeziehungen geben kann. In Bezug auf angerufene Privatpersonen lassen sich mit Hilfe von Gesprächsdaten soziale Netzwerke nachvollziehen und abbilden. Gesprächsdaten können auch inhaltliche Informationen beinhalten, etwa wenn bei der Kommunikation mit einem Telefoncomputer Daten über die Telefontastatur eingetippt werden[1748]. Weiterhin können Gesprächszeiten Hinweise über den Aufenthalt von Personen geben. Wurde beispielsweise vergebens versucht, eine Person anzurufen, dann lässt sich mit einiger Wahrscheinlichkeit schließen, dass diese zu der jeweiligen Zeit nicht zu Hause war.

Bestehen somit bereits bei Telefon-Verbindungsdaten weitgehende Verwendungsmöglichkeiten, dann ist ein unterschiedliches Schutzniveau in Bezug auf den Inhalt eines Kommunikationsvorgangs einerseits und dessen näheren Umständen andererseits nicht gerechtfertigt[1749]. Dementsprechend sind die oben aufgeführten Bestimmtheitsanforderungen, die der Gerichtshof anhand einzelner Fälle entwickelt hat, zu verallgemeinern und auf sämtliche Informationseingriffe zu übertragen, auch wenn diese „nur" Telekommunikations-Verkehrsdaten zum Gegenstand haben.

Wo der Zugriff auf Verkehrsdaten erlaubt wird, muss das innerstaatliche Recht daher der EMRK zufolge folgende Umstände detailliert regeln[1750]: Auf wessen Verkehrsdaten zugegriffen werden darf; bei welchen Straftaten bzw. unter welchen sonstigen Voraussetzungen (z.B. Gefahr für bestimmte Rechtsgüter) ein Zugriff erfolgen darf; auf wie viele Verkehrsdaten zugegriffen werden darf (maximaler Zeitraum); das Verfahren des Zugriffs; die Sicherungsmaßnahmen dafür, dass die erlangten Verkehrsdaten intakt und in ihrer Gesamtheit erhalten bleiben, damit sie vom Richter und dem Verteidiger des Beschuldigten untersucht werden können; Fristen für die Löschung der erlangten Informationen; welche Personen auf den Datenbestand zugreifen dürfen; die Art und Weise der Speicherung; das Verfahren des Informationsabrufs sowie die zulässigen Verwendungszwecke für die abge-

---

1748   Queen Mary (University of London), Studie über Netzkriminalität (I).
1749   Seite 217.
1750   Aufzählung nach dem auf den Seiten 371-372 dargestellten Fallrecht des EGMR.

rufenen Informationen. Für den Fall, dass unbeteiligte Dritte von einem Zugriff betroffen sind (z.B. als Kommunikationspartner eines Verdächtigen), müssen Sicherungsvorkehrungen im Hinblick auf deren Daten vorgesehen werden.

Misst man die Regelung der §§ 100g, 100h StPO an diesen Vorgaben, dann ergeben sich folgende Bedenken: Der unbestimmte Rechtsbegriff der „Straftaten von erheblicher Bedeutung" scheint dem Erfordernis nicht Rechnung zu tragen, detailliert zu regeln, bei welchen Straftaten Eingriffe erfolgen dürfen. Zwar berücksichtigt der EGMR auch eine gefestigte Rechtsprechung bei der Frage der hinreichenden Bestimmtheit. Eine gefestigte oder gar höchstrichterliche Rechtsprechung zu der Vorschrift liegt aber nicht vor oder ist fragmentarisch auf einzelne Tatbestände beschränkt. Sicherungsmaßnahmen dafür, dass die erlangten Verkehrsdaten intakt und in ihrer Gesamtheit erhalten bleiben, damit sie vom Richter und dem Verteidiger des Beschuldigten untersucht werden können, sind gesetzlich nicht vorgesehen. Ebenso wenig finden sich Sicherungsvorkehrungen in Bezug auf Daten Unbeteiligter. § 100h Abs. 3 StPO erlaubt die Verwertung erlangter Daten vielmehr in jedem Verfahren wegen einer „Straftat von erheblicher Bedeutung", also auch in Verfahren gegen Personen, die weder Verdächtige noch Nachrichtenmittler im Ausgangsverfahren waren. Diese niedrige Schwelle erscheint jedenfalls in denjenigen Fällen nicht verhältnismäßig zu sein, in denen von einer Maßnahme notwendigerweise eine Vielzahl unbeteiligter Personen betroffen sind. Dies ist insbesondere bei der Funkzellenabfrage nach § 100h Abs. 1 S. 2 StPO der Fall, bei der Daten über alle eingeschalteten Mobiltelefone übermittelt werden, die sich in einem bestimmten Zeitraum in einer bestimmten Gegend befanden. In diesem Fall dürfen die Daten Unbeteiligter in anderen Strafverfahren verwendet werden, selbst wenn die Datenerhebung in jenen Verfahren nicht zulässig gewesen wäre, weil mildere Mittel zur Verfügung standen (§ 100h Abs. 1 S. 2 StPO). Jedenfalls insoweit erscheinen die gesetzlichen Vorkehrungen zum Schutz Unbeteiligter ungenügend.

Teilweise wird die Ansicht vertreten, eine generelle Speicherung von Verkehrsdaten verstoße per se gegen das Gebot der Vorhersehbarkeit, weil der Einzelne einer Überwachung seiner Telekommunikation nicht mehr entgehen könne und weil die Überwachung nicht nur unter bestimmten, gesetzlich geregelten Voraussetzungen, sondern generell erfolge[1751]. Genau betrachtet handelt es sich aber nicht um ein Problem der Normenklarheit,

---

[1751] Covington & Burling, Memorandum (I), 8 f.

wenn eine Norm Eingriffe voraussetzungslos erlaubt. Ein Gesetz, das eine generelle Verkehrsdatenspeicherungspflicht einführt, regelt klar und für die Betroffenen vorhersehbar, dass die näheren Umstände jedes Telekommunikationsvorgangs aufgezeichnet und für eine gewisse Zeit aufbewahrt werden. Wenn die Regelungen über den Zugriff auf diese Daten den oben aufgeführten Erfordernissen entsprechen, lässt sich daher nicht sagen, dass eine generelle Verkehrsdatenspeicherungspflicht per se gegen das Erfordernis einer gesetzlichen Grundlage nach Art. 8 EMRK verstoße. Die angeführten Argumente sind vielmehr unter dem Aspekt der Verhältnismäßigkeit zu würdigen.

Das Gleiche gilt für das Argument, eine generelle Speicherung von Verkehrsdaten sei mit den vom Gerichtshof aufgestellten „Erfordernissen einer gerichtlichen Genehmigung im Einzelfall und für begrenzte Dauer, einer Unterscheidung nach Personengruppen, die überwacht werden können, der Wahrung der Vertraulichkeit geschützter Kommunikation (beispielsweise zwischen Rechtsanwälten und ihren Mandanten) sowie der Angabe der Art der Straftat oder der Umstände, die einen solchen Eingriff rechtfertigen" unvereinbar[1752]. Diese Erfordernisse hat der Gerichtshof als rechtsstaatliche Sicherungen für staatliche Überwachungsmaßnahmen im Einzelfall aufgestellt. Eine Übertragung dieser Anforderungen auf eine generelle Verkehrsdatenspeicherung durch Private bedarf einer besonderen Begründung und ist im Rahmen der Verhältnismäßigkeitsprüfung zu diskutieren.

bb) Erforderlichkeit in einer demokratischen Gesellschaft

Liegt eine gesetzliche Grundlage der fraglichen Maßnahme nach den vorgenannten Kriterien vor, dann muss die Maßnahme nach Art. 8 Abs. 2 EMRK zusätzlich in einer demokratischen Gesellschaft für die nationale Sicherheit, die öffentliche Ruhe und Ordnung, das wirtschaftliche Wohl des Landes, die Verteidigung der Ordnung und zur Verhinderung von strafbaren Handlungen, zum Schutz der Gesundheit und der Moral oder zum Schutz der Rechte und Freiheiten anderer erforderlich sein. Die einzelnen Staaten haben nach der Rechtsprechung des Gerichtshofs einen Beurteilungsspielraum bezüglich der Frage, ob eine Maßnahme zu einem der in Art. 8 Abs. 2 EMRK genannten Zwecke erforderlich ist[1753]. Dabei behält

---

1752 EP, Entschließung zur Durchführung der Datenschutzrichtlinie (I), Punkt 18.
1753 EGMR, Sunday Times-GB (1979), EuGRZ 1979, 386 (388 f.), Abs. 59; EGMR, Silver u.a.-GB (1983), EuGRZ 1984, 147 (152), Abs. 97; EGMR, Lambert-F (1998), Decisions and Reports 1998-V, Abs. 30; EGMR, Foxley-GB (2000), hudoc.echr.coe.int/ Hudoc1doc2/HEJUD/200107/foxley%20-%2033274jv.chb3%2020062000e.doc, Abs. 43.

sich der EGMR aber das Letztentscheidungsrecht vor, so dass er selbst vertretbare nationale Entscheidungen verwerfen kann[1754]. Hinsichtlich des Ausmaßes des nationalen Beurteilungsspielraums schwankt das Gericht von Entscheidung zu Entscheidung[1755].

In einer demokratischen Gesellschaft erforderlich ist eine Maßnahme nur, wenn ein in Anbetracht des Stellenwerts des garantierten Freiheitsrechts hinreichend dringendes soziales Bedürfnis nach ihr besteht, sie einen legitimen Zweck verfolgt und ihre Belastungsintensität nicht außer Verhältnis zu dem Gewicht des Zwecks steht[1756]. Der EGMR hat dazu eindeutig erklärt, dass das Interesse des Staates gegenüber den Interessen des Einzelnen an der Achtung seiner Privatsphäre abgewogen werden müsse[1757]. Eingriffe sind zwar nicht auf das unerlässliche Maß beschränkt, aber ein bloßes Nützlich- oder Wünschenswertsein genügt nicht[1758]. Sind die genannten Kriterien erfüllt, dann liegt keine Verletzung von Art. 8 EMRK vor.

In Bezug auf Vorschläge zur Vorratsspeicherung von Telekommunikationsdaten wurde die Rechtsprechung des EGMR teilweise so interpretiert, dass jede Form einer groß angelegten, allgemeinen oder sondierenden elektronischen Überwachung unzulässig sei[1759], insbesondere, wenn nicht wegen einer bestimmten Tat oder Gefahr ermittelt wird, sondern nach möglichen Taten oder Gefahren erst gesucht werden soll[1760]. Ob der EGMR so entscheiden würde, ist alles andere als klar. Jedenfalls hat er eine dahin

---

1754   EGMR, Sunday Times-GB (1979), EuGRZ 1979, 386 (389), Abs. 59.

1755   Van Dijk/van Hoof, Theory and Practise of the European Convention on Human Rights, 585 ff.

1756   EGMR, Sunday Times-GB (1979), EuGRZ 1979, 386 (389), Abs. 62; EGMR, Silver u.a.-GB (1983), EuGRZ 1984, 147 (152), Abs. 97; EGMR, Foxley-GB (2000), hudoc.echr.coe.int/Hudoc1doc2/HEJUD/200107/foxley%20-%2033274jv.chb3%20200 62000e.doc, Abs. 43.

1757   EGMR, Sunday Times-GB (1979), EuGRZ 1979, 386 (390 und 391), Abs. 65 und 67; EGMR, Leander-S (1987), Publications A116, Abs. 59.

1758   EGMR, Silver u.a.-GB (1983), EuGRZ 1984, 147 (151), Abs. 97.

1759   Empfehlung des Europäischen Parlaments zu der Strategie zur Schaffung einer sichereren Informationsgesellschaft durch Verbesserung der Sicherheit von Informationsinfrastrukturen und Bekämpfung der Computerkriminalität (2001/2070(COS)) vom 06.09.2001, Dok.-Nr. T5-0452/2001; Ausschuss des Europäischen Parlaments für die Freiheiten und Rechte der Bürger, Justiz und innere Angelegenheiten: Zweiter Bericht betreffend den Vorschlag für eine Richtlinie des Europäischen Parlaments und des Rates über die Verarbeitung personenbezogener Daten und den Schutz der Privatsphäre in der elektronischen Kommunikation, 24.10.2001, Dok.-Nr. A5-0374/2001, Abänderung 4; Artikel-29-Gruppe der EU, Überwachung, 5.

1760   Allitsch, CRi 2002, 161 (167).

gehende ausdrückliche Feststellung nicht getroffen[1761]. In seiner Entscheidung zum deutschen G10 hat er lediglich darauf hingewiesen, dass dieses Gesetz keine „so genannte erkundende oder allgemeine Überwachung" gestatte[1762], ohne allerdings erkennen zu lassen, welche Folgen dies gehabt hätte. Dieser Hinweis scheidet daher als Argumentationsgrundlage aus, so dass sich nur mit dem allgemeinen Verhältnismäßigkeitsprinzip argumentieren lässt. Insoweit gelten die oben zum Grundgesetz gemachten Ausführungen analog, wonach eine generelle Verkehrsdatenspeicherung das Verhältnismäßigkeitsgebot verletzt[1763]. Eine generelle Vorratsspeicherung von Telekommunikations-Verkehrsdaten ist daher mit Art. 8 EMRK unvereinbar[1764].

cc) Eingriffe durch internationale Rechtshilfe

Sowohl der RSV-Entwurf[1765] wie auch das Europäische Rechtshilfeübereinkommen[1766] und die Cybercrime-Konvention sehen vor, dass ein Mitglieds- bzw. Vertragsstaat im Wege der Rechtshilfe die Erhebung und Übermittlung von Telekommunikationsdaten durch jeden anderen Mitglieds- bzw. Vertragsstaat verlangen kann (vgl. Art. 3 ff. RSV-E, Art. 17 ff. ERÜ, Art. 29 und 33 CCC). Regelmäßig hat der ersuchte Staat keine Handhabe, um rechtswidrige oder in seinem Land unzulässige Ersuchen zurückzuweisen. Dies entspricht dem Zweck der Regelungswerke, eine schnelle und unbürokratische Bearbeitung zu gewährleisten. Fraglich ist aber die Vereinbarkeit dieser Regelungen mit der EMRK.

Die in der EMRK verbürgten Rechte stellen allgemeine Menschenrechte dar, so dass Art. 8 EMRK unabhängig von der Staatsangehörigkeit der Betroffenen gilt. Nach Art. 1 EMRK gewährleisten die Vertragsstaaten die Rechte aus der EMRK allerdings nur den ihrer Herrschaftsgewalt unterstehenden Personen. Dies ist grundsätzlich nur bei Personen der Fall, die sich

---

1761 Kommission, SEK(2002) 124 endg. (I), 3.

1762 EGMR, Klass u.a.-D (1978), EuGRZ 1979, 278 (285), Abs. 51. Im englischen Originaltext: „Consequently, so-called exploratory or general surveillance is not permitted by the contested legislation."

1763 Seiten 133-253.

1764 I.E. ebenso EP, Entschließung zur Durchführung der Datenschutzrichtlinie (I), Punkt 18.

1765 Seite 5.

1766 Übereinkommen – gemäß Artikel 34 des Vertrags über die Europäische Union vom Rat erstellt - über die Rechtshilfe in Strafsachen zwischen den Mitgliedstaaten der Europäischen Union, ABl. EG Nr. C 197 vom 12.07.2000, 3-23.

auf dem Hoheitsgebiet eines Vertragsstaates aufhalten[1767]. Personen, die sich beispielsweise in Deutschland aufhalten, schützt die EMRK daher grundsätzlich nur vor Eingriffen durch die deutsche Staatsgewalt.

Innerhalb dieses Rahmens bindet die EMRK die Vertragsstaaten aber nicht nur im Rahmen eigener Verfahren. Auch die Weitergabe von Daten an Drittstaaten kann für die Betroffenen belastende Folgen haben und stellt daher einen Eingriff in ihre Rechte aus der EMRK dar. Aus der EMRK folgt daher, dass Verkehrsdaten nur dann an andere Staaten übermittelt werden dürfen, wenn die beschriebenen Voraussetzungen für die Rechtmäßigkeit von Eingriffen[1768] erfüllt sind, wenn in den Drittstaaten also ein der EMRK genügendes Schutzniveau existiert[1769]. Erforderlich ist beispielsweise, dass die rechtlichen Regelungen über die Verarbeitung erlangter Daten in Drittstaaten allgemein zugänglich gemacht werden, dass sie auch qualitativ dem Grundsatz der Verhältnismäßigkeit entsprechen und dass ausreichende Kontrollsysteme und Garantien gegen Missbrauch durch die Drittstaaten existieren[1770].

Anders als für den die Verkehrsdaten erhebenden Staat gilt die EMRK wegen ihres Art. 1 grundsätzlich nicht für den ersuchenden Staat, der die Erhebung oder Übermittlung der Verkehrsdaten aus dem Ausland anfordert. Nur wenn die Anforderung Verkehrsdaten von Personen betrifft, die der Herrschaftsgewalt dieses Staates unterstehen, ist Art. 8 EMRK anwendbar. In diesem Fall können sich an die EMRK gebundene Staaten ihrer Verpflichtungen aus Art. 8 EMRK nicht dadurch entledigen, dass sie sich zur Datenerhebung ausländischer Behörden bedienen, die weniger strengen Bestimmungen unterliegen[1771]. Dies folgt auch daraus, dass bei Eingriffen in Art. 8 EMRK stets das mildeste Mittel gewählt werden muss. Gegenüber Rechtshilfeersuchen ist es ein milderes Mittel, wenn ein Vertragsstaat die gewünschten Daten selbst erhebt, weil dem Betroffenen dann der innerstaatliche Rechtsweg offen steht[1772].

Zu ergänzen ist, dass Art. 1 EMRK nur im unmittelbaren Anwendungsbereich der Konvention gilt. Wird dagegen im Bereich des EU-Rechts (Art. 6 Abs. 2 EU) oder zur Auslegung der Gemeinschaftsgrundrechte auf die Be-

---

1767   EGMR, Bankovic u.a.-B u.a. (2001), NJW 2003, 413 (414 ff.), Abs. 59 ff.
1768   Seiten 369-378.
1769   EP, Echelon-Bericht (I), 93 f.; EU-Netzwerk unabhängiger Grundrechtsexperten, The balance between freedom and security (I), 51.
1770   EP, Echelon-Bericht (I), 94 f.
1771   EP, Echelon-Bericht (I), 92 f.
1772   Ähnlich EP, Echelon-Bericht (I), 94 f.

stimmungen der EMRK zurückgegriffen[1773], so gilt nur der Anwendungsbereich des EU-Rechts oder der Gemeinschaftsgrundrechte, der keine Beschränkung auf Personen, die der Herrschaftsgewalt der EU oder eines Mitgliedstaats unterstehen, kennt. Die Grundrechte der EMRK gelten in diesem Bereich daher umfassend und auch für die Anforderung von Verkehrsdaten über Personen in Drittstaaten.

1773   Seite 56.

9. Das Recht auf Achtung des Eigentums (Artikel 1 ZEMRK)

Den Schutz des Eigentums gewährleistet das erste Zusatzprotokoll zur EMRK[1774] (ZEMRK). Art. 1 ZEMRK bestimmt: „(1) Jede natürliche oder juristische Person hat ein Recht auf Achtung ihres Eigentums. Niemandem darf sein Eigentum entzogen werden, es sei denn, dass das öffentliche Interesse es verlangt, und nur unter den durch Gesetz und durch die allgemeinen Grundsätze des Völkerrechts vorgesehenen Bedingungen. (2) Die vorstehenden Bestimmungen beeinträchtigen jedoch in keiner Weise das Recht des Staates, diejenigen Gesetze anzuwenden, die er für die Regelung der Benutzung des Eigentums im Einklang mit dem Allgemeininteresse oder zur Sicherung der Zahlung der Steuern, sonstiger Abgaben oder von Geldstrafen für erforderlich hält."

Bei der Prüfung der Vereinbarkeit einer Maßnahme mit Art. 1 ZEMRK ist zunächst zu untersuchen, ob in Eigentum im Sinne des Artikels eingegriffen wurde. Sodann ist zu prüfen, ob ein Entzug von Eigentum (Abs. 1 S. 2), eine Regelung der Benutzung des Eigentums (Abs. 2) oder ein sonstiger Eingriff (Abs. 1 S. 1) vorliegt. Schließlich ist zu prüfen, ob der Eingriff gerechtfertigt ist.

- Schutzbereich

Die Eigentumsgarantie nach Art. 1 ZEMRK schützt – ebenso wie Art. 14 GG – nur bereits erworbenes Eigentum und nicht künftiges[1775]. Das Vermögen einer Person als solches ist nicht geschützt. Der Umstand, dass eine Vorratsspeicherungspflicht die betroffenen Unternehmen wirtschaftlich belasten würde, begründet daher für sich genommen noch keinen Eingriff in Eigentum im Sinne des Art. 1 ZEMRK.

Nach der Rechtsprechung des EGMR ist allerdings der Kundenstamm eines Unternehmens als Eigentum im Sinne des Art. 1 ZEMRK anzusehen[1776]. In dieses Eigentum greift der Staat ein, wenn eine staatliche Maßnahme zum Verlust von Kunden führt[1777]. Auf diese Weise gewährleistet

---

1774 Zusatzprotokoll zur Europäischen Menschenrechtskonvention zum Schutze der Menschenrechte und Grundfreiheiten vom 20.03.1952 (BGBl. II 1956, 1880), geändert durch Protokoll Nr. 11 vom 11.05.1994 (BGBl. II 1995, 578), conventions.coe.int/ Treaty/en/Treaties/Html/009.htm. Deutsche Übersetzung unter www2.amnesty.de/ internet/ai-theme.nsf/WAlleDok?OpenView&Start=1&Count=30&Expand=8.

1775 EGMR, Wendenburg u.a.-D (2003), NJW 2003, 2221 (2222).

1776 EGMR, Wendenburg u.a.-D (2003), NJW 2003, 2221 (2222) m.w.N.

1777 EGMR, Wendenburg u.a.-D (2003), NJW 2003, 2221 (2222).

Art. 1 ZEMRK einen gewissen Schutz der Berufsfreiheit. Von der Rechtsprechung des EGMR nicht gedeckt ist allerdings die Aussage, geschützt sei generell das Recht am eingerichteten und ausgeübten Gewerbebetrieb[1778]. Der EGMR hat in keinem Urteil darauf abgestellt, dass ein Unternehmen als solches geschütztes Eigentum darstelle.

Eine Vorratsspeicherungspflicht würde alle Anbieter von Telekommunikations-, Tele- und Mediendiensten betreffen, so dass eine Verringerung des Kundenstamms einzelner Unternehmen nicht zu erwarten ist. Folglich lässt sich auch unter dem Gesichtspunkt einer Verminderung des Kundenstamms kein Eigentumseingriff durch eine Vorratsspeicherungspflicht annehmen.

Eine Vorratsspeicherungspflicht berührt den Schutzbereich des Art. 1 ZEMRK somit nur bezüglich des Eigentums der betroffenen Unternehmen an ihren Anlagen.

- Entzug von Eigentum

Dieses Eigentum könnte durch eine Vorratsspeicherungspflicht entzogen werden. Als Entzug von Eigentum im Sinne des Art. 1 Abs. 1 S. 2 ZEMRK sind nicht nur formelle, sondern auch „de facto"-Enteignungen anzusehen[1779]. Eine solche „faktische Enteignung" liegt nach der Rechtsprechung des EGMR vor, wenn eine hoheitliche Maßnahme wegen ihrer schwerwiegenden Auswirkungen einer förmlichen Aufhebung der Eigentümerposition gleich kommt[1780], insbesondere wenn die verbleibende Rechtsposition eine sinnvolle Nutzung der betroffenen vermögenswerten Gegenstände nicht mehr zulässt[1781]. Ein solcher Eigentumsentzug ist in der Regel nur dann verhältnismäßig, wenn eine angemessene Entschädigung vorgesehen ist[1782].

Die Anlagen und Gerätschaften der Anbieter von Telekommunikations-, Tele- und Mediendiensten stellen gegenwärtiges Eigentum dar und sind daher durch das ZEMRK geschützt. Eine Verkehrsdatenspeicherungspflicht begründet insoweit einen Eingriff in dieses Eigentum wie bisher genutzte Einrichtungen von den Nutzungsberechtigten nicht mehr genutzt werden können, weil sie eine Vorratsspeicherung von Telekommunikationsdaten

---

1778 So Frowein/Peukert-Peukert, Art. 1 ZEMRK, Rn. 6.
1779 Frowein/Peukert-Peukert, Art. 1 des 1. ZP, Rn. 25; Grabenwarter, 417.
1780 Frowein/Peukert-Peukert, Art. 1 des 1. ZP, Rn. 25; Grabenwarter, 417.
1781 Grabenwarter, 417.
1782 EGMR, James u.a.-GB (1986), Publications A98, Abs. 54; Meyer-Ladewig, Art. 1 des 1. ZP, Rn. 29 m.w.N.

nicht erlauben[1783]. Dieser Eingriff ist nur unter den Voraussetzungen des Art. 1 S. 2 ZEMRK zulässig. Insbesondere müssen die Betroffenen einen angemessenen Ausgleich erhalten[1784].

- Nutzungsregelung

Was das sonstige, weiterhin nutzbare Eigentum der von einer Vorratsspeicherungspflicht Betroffenen anbelangt, so kommt in Betracht, die Vorratsspeicherungspflicht als Regelung über die Benutzung des Eigentums anzusehen (Art. 1 Abs. 2 ZEMRK). Für die Annahme, dass Handlungspflichten Privater Eingriffe in Art. 1 ZEMRK darstellen können, spricht die Entscheidung der Europäischen Kommission für Menschenrechte (EKMR) für den Fall der gesetzlichen Verpflichtung Privater zur Berechnung, Einbehaltung und Abführung der Lohnsteuer[1785]. Zwar lässt die EKMR die Frage eines Eigentumseingriffs offen. Sie prüft aber dann doch die Rechtfertigung der Maßnahme in der Sache, was für die Annahme spricht, dass sie einen Eigentumseingriff nicht verneinen würde, wenn es darauf ankäme.

In der Tat sind Nutzungsregelungen im Sinne des Art. 1 Abs. 2 ZEMRK grundsätzlich alle hoheitlichen Maßnahmen, die einen bestimmten Gebrauch des Eigentums gebieten oder untersagen[1786]. Zwar würde die Eigentumsgarantie ausufern, wenn man jede Handlungspflicht, zu deren Erfüllung der Verpflichtete sein Eigentum einsetzen muss, als Regelung über die Benutzung des Eigentums ansähe. Indes ist – anders als bei Art. 14 GG[1787] – eine Abgrenzung des Anwendungsbereichs des Art. 1 ZEMRK zur Berufsfreiheit nicht erforderlich, weil letztere durch die EMRK nicht gewährleistet ist. Der Schutzbereich des Art. 1 ZEMRK kann daher weiter gezogen werden als der des Art. 14 GG. Angemessen erscheint es, mittelbare Verkürzungen von Eigentumsrechten immer dann als Eingriffe in Art. 1 Abs. 2 ZEMRK anzusehen, wenn sie die Beeinträchtigung des Eigentums typischerweise und vorhersehbar zur Folge haben oder eine besondere Beeinträchtigungsgefahr in sich bergen, die sich jederzeit verwirklichen kann[1788].

Durch die Einführung einer Vorratsspeicherungspflicht würde der Staat die betroffenen Unternehmen zwingen, ihr Eigentum zur Speicherung und

---

1783 Vgl. schon Seiten 302-303.
1784 Vgl. schon Seiten 303-304.
1785 EKMR, E 7427/76, Decisions and Reports 7, 148.
1786 Grabenwarter, 418; vgl. auch EKMR, E 5593/72, Collection of Decisions 45, 113: Eigentumseingriff durch eine gesetzliche Verpflichtung zur Instandhaltung von Mietshäusern.
1787 Seiten 302-303.
1788 Vgl. Seite 91.

Vorhaltung von Verkehrsdaten zu nutzen. Einige Gerätschaften müssten sogar allein zu diesem Zweck eingesetzt werden und könnten ansonsten nicht mehr gebraucht werden. Wenn man nicht bereits einen unmittelbaren Eingriff in das Eigentum an den betroffenen Geräten annimmt, so werden die Eigentümerbefugnisse jedenfalls typischerweise und vorhersehbar verkürzt, so dass ein staatlicher Eingriff in Art. 1 ZEMRK vorliegt.

Ein solcher kann nach Art. 1 Abs. 2 ZEMRK aus Gründen des Allgemeininteresses gerechtfertigt sein, wobei den Vertragsstaaten ein weiter Beurteilungsspielraum zukommt[1789]. Stets ist aber das Verhältnismäßigkeitsprinzip zu beachten[1790]. In Bezug auf die Verhältnismäßigkeit einer generellen Verkehrsdatenspeicherungspflicht ist auf die obigen Ausführungen zu verweisen, wonach der Nutzen einer solchen Regelung nur gering ist[1791], die finanzielle Belastung der Betroffenen dagegen erheblich ausfallen kann[1792]. Wie zu Art. 12 GG im Einzelnen dargelegt[1793], ist die Verhältnismäßigkeit einer Verkehrsdatenspeicherungspflicht daher auch unter dem Aspekt des Art. 1 ZEMRK zu verneinen, wenn die zur Durchführung der Verkehrsdatenspeicherung Verpflichteten einen erheblichen Teil der anfallenden Kosten aus eigenen Mitteln tragen müssen.

1789 EGMR, Tre Traktörer Aktiebolag-S (1989), Publications A159, Abs. 62.
1790 EGMR, Tre Traktörer Aktiebolag-S (1989), Publications A159, Abs. 59; Frowein/Peukert-Peukert, Art. 1 ZEMRK, Rn. 62.
1791 Seite 152 ff.
1792 Seiten 296-297.
1793 Seiten 298-300.

10. Die Freiheit der Meinungsäußerung (Artikel 10 EMRK)

Art. 10 Abs. 1 S. 1 und 2 EMRK bestimmt: „Jeder hat Anspruch auf freie Meinungsäußerung. Dieses Recht schließt die Freiheit der Meinung und die Freiheit zum Empfang und zur Mitteilung von Nachrichten oder Ideen ohne Eingriffe öffentlicher Behörden und ohne Rücksicht auf Landesgrenzen ein." Art. 10 EMRK schützt also unter anderem die Mitteilung und den Empfang von Tatsachen und Meinungen[1794]. In technischer Hinsicht geschützt sind alle Kommunikationsformen[1795], also auch die Nutzung der Telekommunikationsnetze. Es kommt nicht darauf an, ob es sich um private oder um öffentliche, um individuelle oder um Massenkommunikation handelt[1796].

Wie bei Art. 5 GG[1797] stellt sich die Frage, ob eine vorbeugende, generelle Aufzeichnung der näheren Umstände der Telekommunikation einen Eingriff in die Meinungsfreiheit darstellt. Der Zweck des Art. 10 EMRK gebietet, dass dem Staat auch eine mittelbare Behinderung der freien Kommunikation als Eingriff zuzurechnen sein muss, wenn die Maßnahme typischerweise und vorhersehbar den Austausch von Meinungen und Tatsachenbehauptungen beeinträchtigt. Wie gezeigt, ist dies bei einer generellen Vorratsspeicherung von Telekommunikations-Verkehrsdaten der Fall[1798]. Eine Behinderung der Kommunikation erfolgt insoweit einerseits durch den Abschreckungseffekt, der mit einer generellen Vorratsspeicherung von Verkehrsdaten verbunden ist, andererseits aber auch durch die Kostensteigerungen, die mit einer nutzerfinanzierten Vorratsspeicherung einher gehen[1799]. Die Einführung einer Vorratsspeicherung von Telekommunikationsdaten stellt damit einen Eingriff in Art. 10 EMRK dar.

Nach Art. 10 Abs. 2 EMRK kann die Ausübung der in Art. 10 Abs. 1 EMRK genannten Freiheiten eingeschränkt werden, und zwar unter anderem im Interesse der öffentlichen Sicherheit, der Verbrechensverhütung und des Schutzes der Rechte anderer. Hierbei gelten allerdings dieselben einschränkenden Voraussetzungen wie bei Eingriffen in Art. 8 EMRK[1800], insbesondere das Verhältnismäßigkeitsprinzip. Wie zu Art. 5 GG ge-

---

1794 Frowein/Peukert-Frowein, Art. 10, Rn. 5; Kugelmann, EuGRZ 2003, 16 (20) m.w.N.
1795 Frowein/Peukert-Frowein, Art. 10, Rn. 5; Kugelmann, EuGRZ 2003, 16 (19).
1796 Vgl. Frowein/Peukert-Frowein, Art. 10, Rn. 15 ff.
1797 Seiten 305-314.
1798 Seiten 310-313.
1799 Seiten 310-313.
1800 Seiten 370-379.

zeigt[1801], stehen die mit einer Vorratsspeicherung von Telekommunikationsdaten einher gehenden Einbußen für die freie Kommunikation in der Gesellschaft in einem deutlichen Missverhältnis zu den Vorteilen einer solchen Maßnahme. Eine generelle Vorratsspeicherung von Telekommunikations-Verkehrsdaten ist daher mit Art. 10 EMRK unvereinbar.

Soweit sich der Anwendungsbereich des Art. 10 EMRK mit dem des Art. 8 EMRK überschneidet, fragt es sich, ob ein Spezialitätsverhältnis anzunehmen ist oder ob beide Normen nebeneinander anzuwenden sind[1802]. Entsprechend den Ausführungen zu den Grundrechten des Grundgesetzes[1803] ist darauf abzustellen, dass beide Grundrechte verschiedene Schutzrichtungen haben und daher nebeneinander anwendbar sein müssen. Dies bedeutet im Ergebnis, dass sich die Anforderungen beider Grundrechte kumulieren.

1801   Seiten 313-314.
1802   Zur Diskussion Kugelmann, EuGRZ 2003, 16 (20) m.w.N.
1803   Seiten 306-307.

D. Ergebnis und Zusammenfassung

Als Ergebnis der Untersuchung ist festzuhalten, dass eine generelle Vorratsspeicherung von Telekommunikations-Verkehrsdaten aus mehreren Gründen mit dem Grundgesetz und der Europäischen Menschenrechtskonvention unvereinbar ist. Weil diese Unvereinbarkeit insbesondere in der Verdachtsunabhängigkeit einer generellen Verkehrsdatenspeicherung begründet ist, besteht sie unabhängig von der inhaltlichen Ausgestaltung einer solchen Regelung im Einzelnen.

Erstens verstößt eine generelle Verkehrsdatenspeicherung gegen die Rechte der an den Kommunikationsvorgängen Beteiligten aus Art. 10 Abs. 1 Var. 3 GG (Fernmeldegeheimnis) oder den Art. 2 Abs. 1, 1 Abs. 1 GG (Recht auf informationelle Selbstbestimmung), aus Art. 5 Abs. 1 S. 1 Hs. 1 GG (Meinungsfreiheit), Art. 5 Abs. 1 S. 1 Hs. 2 GG (Informationsfreiheit), Art. 5 Abs. 1 S. 2 Var. 2 GG (Rundfunkfreiheit) sowie aus Art. 8 EMRK (Achtung des Privatlebens und der Korrespondenz) und Art. 10 EMRK (Meinungsfreiheit). Im Vergleich zu den einschneidenden Folgen und Gefahren einer Vorratsspeicherung ist ihr zu erwartender Nutzen unverhältnismäßig gering.

Zum Zweiten verstößt eine generelle Verkehrsdatenspeicherung gegen die Rechte der zur Durchführung der Speicherung verpflichteten Unternehmen und Organisationen aus Art. 12 Abs. 1 GG und Art. 1 ZEMRK, wenn keine weitgehende Kostenkompensation erfolgt. Der zu erwartende Nutzen einer Vorratsspeicherung steht in diesem Fall in keinem angemessenen Verhältnis zu ihren wirtschaftlichen Belastungsfolgen. Zugleich würde eine generelle Pflicht zur Vorratsspeicherung Kleinunternehmen ungleich stärker belasten als ihre größeren Konkurrenten und damit gegen die Art. 3 Abs. 1, 12 Abs. 1 GG verstoßen.

Drittens würde eine generelle Verkehrsdatenspeicherung die Rechte der Kommunizierenden und die Rechte der zur Durchführung der Speicherung verpflichteten Unternehmen und Organisationen aus Art. 3 Abs. 1 GG verletzen. Es stellt eine ungerechtfertigte Ungleichbehandlung des Informationsaustausches über Telekommunikationsnetze dar, wenn nur dieser, nicht aber der Informationsaustausch in räumlicher Gegenwart seinen Umständen nach festgehalten wird. Ebenso wenig ist es gerechtfertigt, den distanzierten Austausch verkörperter Informationen per Post anders zu behandeln als die

Telekommunikation. Ungerechtfertigt ist es auch, sonstige Daten, deren Vorhaltung für die Abwehr von Gefahren nützlich sein kann (z.B. Kundendaten von Banken und Fluggesellschaften), von einer Vorratsspeicherung auszunehmen. Nicht zu rechtfertigen ist es schließlich, eine generelle Vorratsspeicherung von Telekommunikations-Verkehrsdaten einzuführen, ohne von denjenigen milderen Mitteln Gebrauch zu machen, die eine mindestens gleich hohe Wirksamkeit bei höchstens gleich hohen Kosten versprechen.

Die Informationsgesellschaft bringt es mit sich, dass immer mehr menschliche Kontakte über Telekommunikationsnetze abgewickelt werden und dass sich das private und geschäftliche Leben immer weiter in diesen Bereich verlagert. Patienten holen telefonisch ärztlichen Rat ein, Menschen in seelischer Not nutzen die Telefonseelsorge oder die Drogenberatung im Internet, Wirtschaftsunternehmen tauschen interne Daten zwischen ihren Niederlassungen aus. Gerade mit dem Siegeszug von Mobiltelefon und Internet als immer wichtigeren Bestandteilen unseres täglichen Lebens eröffnen sich nie zuvor geahnte Überwachungspotenziale, die den „Traum jedes Kriminalisten" ebenso wahr machen können wie (ehemalige) „Big-Brother"-Utopien. Was auch immer mit einem Handy oder Computer gemacht wird, lässt sich aus technischer Sicht ohne Weiteres an zentraler Stelle aufzeichnen. Anhand solcher „Verkehrsdaten" (traffic data) lässt sich dann nachvollziehen, wer wann mit wem kommuniziert hat, wer welches Medium genutzt hat und wer welchen politischen, finanziellen, sexuellen, weltanschaulichen, religiösen oder sonstigen persönlichen Interessen und Neigungen nachgeht. Eine generelle Vorratsspeicherung von Telekommunikations-Verkehrsdaten wird zu Recht als Quantensprung gegenüber den bestehenden staatlichen Zugriffsbefugnissen bezeichnet, da eine solche Maßnahme nicht mehr nur in einzelnen Fällen zur Anwendung kommt, sondern die gesellschaftlichen Verhältnisse vorbeugend so gestaltet, dass eine lückenlose Überwachung des Kommunikationsverhaltens der Bevölkerung möglich wird.

Der Ruf nach einer generellen Verkehrsdatenspeicherung ist vor dem Hintergrund laut geworden, dass sich der Zugriff auf Telekommunikationsdaten immer öfter als einziges Mittel der Eingriffsbehörden zur Erfüllung ihrer Aufgaben darstellt. Unbestritten stellt der Zugriff auf die Telekommunikation aus staatlicher Sicht eines der wichtigsten Instrumente zur Informationsbeschaffung dar, für die Strafverfolgung ebenso wie für die Tätigkeit der Nachrichtendienste. Telekommunikationsdaten sind das nahezu einzige Mittel zur Identifizierung von Personen, die sich der neuen Medien bedienen oder bedient haben. Bei der Verfolgung von Straftaten, die unter

Einsatz von Telekommunikationsnetzen begangen wurden, ist die Verfügbarkeit von Kommunikationsdaten daher unerlässlich. Die große Bedeutung der Telekommunikationsüberwachung für den Staat ist einerseits auf den großen Nutzen zurückzuführen, den Maßnahmen der Telekommunikationsüberwachung für die Behörden aufweisen, und andererseits auf den geringen Aufwand, den diese Maßnahmen für den Staat mit sich bringen.

Im Mittelpunkt der politischen Diskussion um Maßnahmen dieser Art steht meist die Sicherheit der Bevölkerung. Erfahrungsgemäß werden erweiterte Überwachungsbefugnisse von der Bevölkerung oft begrüßt. Mit bedingt durch die Wirkung der täglichen Medienberichterstattung ist eine zunehmende, objektiv unbegründete Furcht der Bürger vor Gefahren aller Art festzustellen. Dies wirkt sich auch auf dem Gebiet des Strafrechts aus. Das Sicherheitsbedürfnis und die Gefühle von Unsicherheit und Kriminalitätsfurcht sind heutzutage stark ausgeprägt. Demgegenüber zeichnet sich der historisch gewachsene Rechtsstaat des Grundgesetzes unter anderem dadurch aus, dass er eine Grenze vorsieht, jenseits derer Bürger Eingriffe nicht mehr hinnehmen müssen. Die potenzielle Eignung von Maßnahmen zur Bekämpfung selbst schwerwiegendster Gefahren kann Eingriffe daher nicht in jedem Fall rechtfertigen. Die Einstellung der Wirtschaft zu Plänen über die Einführung einer Verkehrsdatenspeicherungspflicht schließlich ist ambivalent und von der jeweiligen Interessenlage der einzelnen Unternehmen geprägt.

Aus juristischer Sicht kommt den Grund- und Menschenrechten entscheidende Bedeutung hinsichtlich der Zulässigkeit der Einführung einer generellen Verkehrsdatenspeicherung zu. Die Grundrechte des Grundgesetzes gelten dabei auch für die Mitwirkung Deutschlands an der EU-Gesetzgebung. Einschlägig ist zunächst das Fernmeldegeheimnis (Art. 10 GG) und, soweit dieses nicht anwendbar ist, das allgemeine Grundrecht auf informationelle Selbstbestimmung.

Zweck des Fernmeldegeheimnisses ist es, die Beteiligten so zu stellen, wie sie ohne die Inanspruchnahme der Fernmeldetechnik, also bei unmittelbarer Kommunikation in beiderseitiger Gegenwart, stünden. Dabei schützt das Fernmeldegeheimnis nicht nur die Individualkommunikation, sondern auch die Inanspruchnahme von Massenmedien mittels Telekommunikation (z.B. Online-Zeitungen). Allerdings sind Daten, die Anbieter von Inhalten über Kommunikationsvorgänge mit ihren Kunden speichern, nur dann von Art. 10 Abs. 1 Var. 3 GG geschützt, wenn sie gerade auf dem Übermittlungsweg erfasst werden. Bei nur empfangsbereiten Mobiltelefonen schützt Art. 10 Abs. 1 Var. 3 GG auch die Angabe, dass und wo ein Mobiltelefon empfangsbereit ist, welche SIM-Karte in das Telefon eingesteckt ist (IMSI) und um welches Mobiltelefon es sich handelt (IMEI).

Jede staatliche Verarbeitung, Verwendung oder Weitergabe von Daten, die durch das Grundrecht auf informationelle Selbstbestimmung oder das Fernmeldegeheimnis geschützt sind, stellt einen Grundrechtseingriff dar. Es wurde gezeigt, dass dies auch für die Anordnung einer generellen Vorratsspeicherung von Telekommunikations-Verkehrsdaten durch den Gesetzgeber gilt. Dass sich der Staat zur Speicherung privater Unternehmen bedient, kann keinen Unterschied machen, wenn er sich gleichzeitig den Zugriff auf die gespeicherten Daten eröffnet. Unerheblich für die Einordnung als Eingriff ist auch, ob Unternehmen Verkehrsdaten allein zu staatlichen Zwecken speichern oder ob ihnen zugleich die Nutzung der gespeicherten Daten zu eigenen Zwecken erlaubt ist. Schließlich liegt ein staatlicher Eingriff auch dann vor, wenn der Gesetzgeber Unternehmen zur Speicherung von Verkehrsdaten über die sachlich gebotene Dauer hinaus ermächtigt. Für die Annahme eines Grundrechtseingriffs genügt es, dass sich der Staat den Zugriff auf die freiwillig gespeicherten Daten eröffnet.

In der Rechtsprechung ist anerkannt, dass der Gesetzgeber gewisse verfahrensrechtliche Vorkehrungen zum Grundrechtsschutz treffen muss, wenn er Grundrechte einschränkt. Die Eingriffsintensität einer generellen Vorratsspeicherung von Telekommunikations-Verkehrsdaten gebietet weiter gehende Schutzvorkehrungen als herkömmliche Grundrechtseinschränkungen. Insbesondere ist der Gesetzgeber zu einer verständlichen Information der Bürger verpflichtet, wenn er die generelle Speicherung von Telekommunikations-Verkehrsdaten vorschreibt. Nur auf diese Weise können sich besorgte Bürger über den tatsächlichen Umfang der Überwachung und die damit verbundenen Risiken informieren; nur so kann unbegründeten Befürchtungen, die zu vorauseilend konformem Verhalten führen können, so weit wie möglich entgegengetreten werden. Der Öffentlichkeit sollte anschaulich erklärt werden, welche Daten wo und unter welchen Sicherheitsvorkehrungen gespeichert werden, wer unter welchen Umständen und in welchen Verfahren darauf zugreifen darf und welche Einwirkungsrechte und -möglichkeiten der Bürger hat.

Weiterhin darf der staatliche Zugriff auf nähere Umstände der Telekommunikation von Verfassungs wegen grundsätzlich nur durch den Richter angeordnet werden. Dies gilt entgegen der gegenwärtigen Gesetzeslage auch im Bereich der Nachrichtendienste. Änderungen bestehenden Rechts sind außerdem erforderlich, um zu gewährleisten, dass der Richtervorbehalt über eine bloße Willkürprüfung hinaus gehen kann. Aus den Grundrechten ist bei schwerwiegenden Grundrechtsbeschränkungen zudem die Pflicht abzuleiten, ein hinreichend gestrecktes Gesetzgebungsverfahren durchzuführen. Schwerwiegende Einschränkungen von Grundrechten dürfen erst angemessene Zeit – etwa vier Wochen – nach Veröffentlichung eines entsprechenden Gesetzesentwurfs beschlossen werden.

Aus dem verfassungsrechtlichen Bestimmtheitsgebot ist abzuleiten, dass eine konkrete Umschreibung derjenigen Straftaten geboten ist, deren Erforschung nach Ansicht des Gesetzgebers einen Zugriff auf Telekommunikations-Verkehrsdaten rechtfertigen soll. Sollte sich der Gesetzgeber zur Einführung einer generellen Vorratsspeicherungspflicht für Verkehrsdaten entschließen, so müssten unter anderem die folgenden Gesichtspunkte durch Parlamentsgesetz geregelt werden: die genauen Kategorien der aufzubewahrenden Daten, die Dauer der Speicherung, die verfahrensrechtlichen Vorkehrungen zum Grundrechtsschutz, inwieweit den an einer Kommunikation Beteiligten oder einem Diensteanbieter der Rechtsweg zur Klärung streitiger Fragen offen steht sowie die Frage der Kostentragung.

Von Verfahrensfragen abgesehen fragt es sich, ob eine generelle Verkehrsdatenspeicherung mit der Verfassung überhaupt vereinbar ist. Die verfassungsrechtliche Unzulässigkeit einer generellen Vorratsspeicherung von Verkehrsdaten lässt sich nicht darauf stützen, dass man diese Maßnahme als globale und pauschale Überwachung des Fernmeldeverkehrs ansieht, die in den Wesensgehalt des Art. 10 Abs. 1 Var. 3 GG eingreift oder die Würde des Menschen (Art. 1 Abs. 1 GG) verletzt. Dies verbietet der Umstand, dass der Inhalt der Telekommunikation von einer Verkehrsdatenspeicherung nicht erfasst wäre. Das Bundesverfassungsgericht sieht auch nicht jede Datenspeicherung auf Vorrat als verfassungswidrig an. Als verfassungswidrig hat es eine Vorratsspeicherung vielmehr nur für den Fall bezeichnet, dass der Gesetzgeber den Verwendungszweck der Daten nicht bereichsspezifisch und prazise bestimmt.

Die Frage der Vereinbarkeit einer generellen Verkehrsdatenspeicherung mit den genannten Grundrechten ist anhand des allgemeinen Verhältnismäßigkeitsprinzips zu entscheiden. Die abstrakte Eignung der Maßnahme zur Förderung der angestrebten Zwecke ist zunächst gegeben. Es ist nicht von vornherein ausgeschlossen, dass eine Vorratsspeicherung von Verkehrsdaten in einzelnen Fällen der Strafverfolgung oder der Gefahrenabwehr förderlich sein kann. Es ist auch kein milderes Mittel ersichtlich, welches das Erreichen der angestrebten Zwecke in jedem Einzelfall mit der gleichen Sicherheit ermöglicht wie eine generelle Verkehrsdatenspeicherung.

Der Verhältnismäßigkeitsgrundsatz verlangt schließlich, dass der Verlust an grundrechtlich geschützter Freiheit nicht in einem unangemessenen Verhältnis zu den Gemeinwohlzwecken stehen darf, denen die Grundrechtsbeschränkung dient. Insoweit ist eine Abwägung der mit dem Eingriff verbundenen positiven und negativen Effekte auf die Grundrechtsträger und die Allgemeinheit vorzunehmen. Die Abwägung kann dabei nicht schon abstrakt auf Rechtsgüterebene vorgenommen werden, weil sich Rechtsgüter nicht in ein abstraktes Rangverhältnis einordnen lassen. Vielmehr ist konkret zu bestimmen, welchen Gewinn für die Interessen der Allgemeinheit und welchen Verlust an individueller Freiheit die Regelung konkret bewirken würde. Dabei ist zu beachten, dass Strafverfolgung kein Selbstzweck ist und eine „geordnete Strafrechtspflege" als solche kein Verfassungswert. Andernfalls könnte der Staat, der die Definitionsmacht über das Strafrecht hat, alle Grundrechte im Staatsinteresse relativieren. Strafe als bloße Vergeltung für in der Vergangenheit begangenes Unrecht kann keine Eingriffe in Grundrechte legitimieren. Das Gleiche gilt für andere abstrakte Werte wie die „Sicherung der Gleichmäßigkeit der Strafverfolgung" und die „Gewährleistung der Verteidigung von Beschuldigten". Das Strafrecht ist nur als Mittel des Rechtsgüterschutzes legitim, also als Instrument zur Verhütung des Eintritts konkreter Schäden. Inwieweit Normen des Strafrechts zur Erreichung dieses Zwecks geeignet sind, ist von Verfassungs wegen zu überprüfen. Dem Bundesverfassungsgericht ist entgegenzutreten, wenn es Grundrechtsbeschränkungen zu Strafverfolgungszwecken hinnimmt, ohne die tatsächliche Wirksamkeit der Strafverfolgung zu untersuchen.

Zu prüfen war mithin, welchen Rechtsgütern eine Speicherung von Verkehrsdaten zugute kommen kann. Es wurde dargelegt, dass die Verfügbarkeit von Telekommunikations-Verkehrsdaten grundsätzlich der Abwendung von Gefahren für Rechtsgüter jeder Art dienen kann. Wo Rechtsgüter allerdings gerade durch die Nutzung von Telekommunikationsnetzen gefährdet werden, ist vorwiegend das Vermögen Einzelner betroffen und eine Gefährdung der Allgemeinheit oder der physischen Sicherheit einzelner Bürger kaum denkbar. Eine Speicherung von Telekommunikations-Verkehrsdaten wirkt notwendig vergangenheitsbezogen und kann daher im Wesentlichen nur der Aufklärung bereits begangener Straftaten dienen, während sie zur unmittelbaren Abwehr gegenwärtiger Gefahren kaum geeignet ist. Eine Analyse der einschlägigen Forschungsergebnisse hat ergeben, dass eine Intensivierung der Strafverfolgung generell nicht geeignet ist, den Entschluss von Personen zur Begehung von Straftaten zu beeinflussen. Der Verfolgung bereits begangener Straftaten konnten rechtsgüterschützende Effekte nur insoweit zugeschrieben werden, als Straftäter im Wege des Freiheitsentzugs von der Gefährdung von Rechtsgütern abgehalten werden oder als infolge eines Strafverfahrens eine Restitution oder Entschädigung der Opfer einer Straftat erfolgen kann. In wie vielen Fällen gerade eine generelle Vorratsspeicherung von Telekommunikations-Verkehrsdaten dabei von Nutzen wäre, ist nicht bekannt. Ein Einfluss erweiterter Ermittlungsbefugnisse auf das Kriminalitätsniveau ist in der Rechtswirklichkeit allerdings nicht erkennbar.

Die vielfältigen Möglichkeiten zur anonymen Telekommunikation, von denen bei Einführung einer generellen Vorratsspeicherung von Telekommunikations-Verkehrsdaten vermutlich verstärkt Gebrauch gemacht würde, stellen den möglichen Nutzen einer solchen Maßnahme grundlegend in Frage. Es gibt viele Möglichkeiten, Telekommunikationsdaten entweder nicht entstehen zu lassen oder den Zugriff deutscher Behörden darauf zu verhindern. Die verschiedenen Möglichkeiten anonymer Telekommunikation ließen sich nur durch eine weltweite Zusammenarbeit auf höchstem Niveau beseitigen, die aus praktischer Sicht nicht zu erwarten ist. Selbst wenn eine solche Zusammenarbeit einmal erfolgen sollte, dann könnte man dennoch nicht erwarten, dass sich Gesetzesbrecher gerade an die Gesetze halten, die ihnen den Einsatz von Anonymisierungsverfahren verbieten könnten. Dementsprechend würden erfahrenere Kriminelle trotz Einführung einer Verkehrsdatenspeicherung weiterhin verhindern können, dass Datenspuren anfallen, die ihre Identifizierung ermöglichen.

Insgesamt kommt die Untersuchung zu dem Ergebnis, dass die Einführung einer generellen Vorratsspeicherung von Telekommunikations-Verkehrsdaten den Schutz von Rechtsgütern nur in wenigen und regelmäßig wenig bedeutenden Einzelfällen fördern könnte. Ein dauerhafter, negativer Effekt auf das Kriminalitätsniveau ist – selbst im Bereich der Netzkriminalität – demgegenüber nicht zu erwarten. Die Eignung einer Vorratsspeicherung zur Bekämpfung organisierter Kriminalität oder zur Verhütung terroristischer Anschläge ist als äußerst gering bis nicht gegeben einzuschätzen.

Auf der anderen Seite war die Belastungswirkung einer generellen Verkehrsdatenspeicherung für die betroffenen Grundrechtsträger zu bestimmen. Die Intensität eines Eingriffs bemisst sich allgemein danach, unter welchen Voraussetzungen Eingriffe zulässig sind, welche und wie viele Grundrechtsträger betroffen sind und wie intensiv die Grundrechtsträger dabei beeinträchtigt werden. Auch reale Missbrauchsgefahren sind im Rahmen der Abwägung zu berücksichtigen.

Es wurde dargelegt, dass die Beeinträchtigung der betroffenen Grund-rechtsträger durch eine Vorratsspeicherung von Telekommunikationsdaten unabhängig von der Ausgestaltung der Maßnahme im Einzelnen außeror-dentlich schwerwiegend wäre. Nicht nur einzelne Personen, sondern grund-sätzlich jeder Bürger wäre von der Aufzeichnung seines Telekommunikati-onsverhaltens betroffen. In vielen Fällen können Personen die Nutzung von Telekommunikationsnetzen nicht oder nur unter unzumutbaren Nachteilen meiden. Dementsprechend könnte einer Überwachung des eigenen Kom-munikationsverhaltens oft nicht entgangen werden, selbst in besonderen Vertrauensverhältnissen. Jede Nutzung der Medien Festnetztelefon, Mobil-telefon, Fax, SMS, E-Mail, WWW usw. würde nach Beteiligten, Zeit, Ort usw. festgehalten. Es würde damit grundsätzlich keine unbeobachtete Tele-kommunikation mehr geben. Verkehrsdaten würden nicht nur aus öffentli-chen oder geschäftlichen Räumen erhoben, sondern zu einem großen Teil auch aus Privatwohnungen. Das Verhalten der Bürger in diesem Bereich unterliegt sonst nur ausnahmsweise staatlichem Zugriff. Verkehrsdaten würden nicht anonym oder nur zur statistischen Nutzung gespeichert, son-dern sie wären dazu bestimmt, für den Verwaltungsvollzug eingesetzt zu werden. Ihre Speicherung und staatliche Verwendung kann einschneidende Folgen für den Betroffenen haben, bis hin zum lebenslänglichen Freiheits-entzug – selbst aufgrund eines falschen Verdachts. Den zuständigen Behör-den entstünden durch Zugriffe auf die gespeicherten Daten zudem kaum Kosten, so dass diese faktische Begrenzung der Eingriffshäufigkeit, die bei traditionellen Befugnissen bestand, wegfiele.

Im Gegensatz zu bisher bekannten Maßnahmen würden nicht nur ur-sprünglich zu einem anderen Zweck erfasste Daten auf Vorrat gespeichert, bei denen wegen eines früheren Verfahrens eine erhöhte Wahrscheinlichkeit besteht, dass sie in Zukunft erneut benötigt werden. Vielmehr erfolgt bei einer Vorratsspeicherung von Verkehrsdaten bereits die Erhebung der Da-ten ohne konkreten Anlass. Der Bürger würde also rein vorsorglich über-wacht. Die Wahrscheinlichkeit, dass ein beliebiger Telekommunikations-vorgang zu einem späteren Zeitpunkt einmal zu Gefahrenabwehr- oder Strafverfolgungszwecken nachvollzogen werden muss, ist angesichts der Vielzahl an Telekommunikationsvorgängen verschwindend gering. Zwar hat der Gesetzgeber in bestimmten Bereichen schon bisher zu Eingriffen im Vorfeld eines konkreten Verdachts ermächtigt. Eine allgemeine Vorrats-speicherung von Telekommunikations-Verkehrsdaten hätte jedoch im Ver-gleich zu bestehenden Befugnissen eine neue Qualität. Bisher sind Vorfeld-eingriffe nur punktuell und in besonderen Gefährdungslagen zulässig. Bei der generellen Speicherung von Telekommunikations-Verkehrsdaten geht es dagegen um eine permanente, vorsorgliche Überwachung der Bürger. Weder ist der Nutzer von Telekommunikationsdiensten für eine Gefahrenquelle verantwortlich, noch hält er sich an einem besonders gefährlichen Ort auf, noch besteht im Einzelfall ein polizeilicher Notstand. Der einzige Anknüpfungspunkt besteht in der Benutzung von Telekommunikationsnetzen. Selbst die „strategischen" Kontrollmaßnahmen nach dem G10 sind nicht ebenso pauschal und allumfassend wie es eine generelle Verkehrsdatenspeicherung wäre.

Außerdem ist die verbreitete Annahme, der staatliche Zugriff auf die näheren Umstände der Telekommunikation wiege weniger schwer als der Zugriff auf Telekommunikationsinhalte, unzutreffend. Die Aussagekraft von Verkehrsdaten ist, gemessen an ihrer Nutzbarkeit und Verwendungsmöglichkeit, äußerst hoch und entspricht mindestens der Aussagekraft von Kommunikationsinhalten. Im Vergleich zu Inhaltsdaten sind die Verarbeitungsmöglichkeiten von Verkehrsdaten weit höher. Verkehrsdaten können automatisch analysiert, mit anderen Datenbeständen verknüpft und auf bestimmte Suchmuster hin durchkämmt sowie nach bestimmten Kriterien geordnet und ausgewertet werden. Diese Möglichkeiten bestehen bei Inhaltsdaten nicht. Während die Eingriffsbehörden oftmals nur oder jedenfalls zunächst nur an Verkehrsdaten interessiert sind, kommt der umgekehrte Fall praktisch nicht vor. Verkehrsdaten vermitteln ein detailliertes Bild über Kommunikationsvorgänge und Aufenthaltsorte und erlauben Rückschlüsse auf das soziale Umfeld von Menschen. Dem Bundesverfassungsgericht zufolge richtet sich die Schwere eines Informationseingriffs nach Nutzbarkeit und Verwendungsmöglichkeit der betroffenen Daten. Wie gezeigt, kann die Aussagekraft von Telekommunikations-Verkehrsdaten die Aussagekraft von Inhalten, abhängig von den jeweiligen Umständen des Einzelfalls, erreichen oder übersteigen. Ein Grundsatz, wonach Verkehrsdaten typischerweise weniger schutzbedürftig seien als Inhaltsdaten, lässt sich daher nicht aufstellen; ein unterschiedliches Schutzniveau für Inhaltsdaten einerseits und Verkehrsdaten andererseits ist nicht gerechtfertigt.

Eine generelle Vorratsspeicherung von Telekommunikations-Verkehrsdaten begründet weiter die Gefahr einer erhöhten Zahl von Fehlentscheidungen in Ermittlungs- und Gerichtsverfahren. Aufgrund des begrenzten Aussagegehalts von Telekommunikations-Verkehrsdaten und der Tatsache, dass der Zugriff auf Verkehrsdaten oft eine Vielzahl von Personen betrifft, birgt die Maßnahme ein besonderes Risiko falscher Verdächtigungen. Daneben begründet die Sammlung aller Verkehrsdaten die Gefahr staatlichen Missbrauchs. Die aus Verkehrsdaten gewonnenen Informationen können hervorragend zur politischen Kontrolle eingesetzt werden, z.b. durch die verdeckt operierenden Nachrichtendienste. Die Erfahrung zeigt, dass die Möglichkeit des Missbrauchs staatlicher Befugnisse mangels wirksamer Kontrollen auch in Deutschland nicht unterschätzt werden darf. Neben dem Risiko einer missbräuchlichen oder exzessiven Verwendung von Verkehrsdaten durch den Staat besteht die Gefahr, dass der Staat, wo er wegen eigener Überwachungsinteressen einen effektiven Schutz personenbezogener Daten verhindert, auch Dritten den missbräuchlichen Zugriff auf diese Daten erleichtert. Unzählige Tatsachen über das Privatleben von Prominenten könnten durch unberechtigte Zugriffe enthüllt werden, Politiker könnten zum Rücktritt gezwungen, Amtsträger könnten erpresst werden. Auch Wirtschaftsspionage lässt sich mit Hilfe von Verkehrsdaten betreiben.

Der Bürger sähe sich im Falle einer Vorratsspeicherung seiner Telekommunikationsdaten mithin ständig dem Risiko staatlicher Fehlentscheidungen oder eines staatlichen oder privaten Missbrauchs seiner Daten ausgesetzt. Daher ist eine Vorratsspeicherung von Telekommunikationsdaten in hohem Maße geeignet, die Unbefangenheit der zwischenmenschlichen Kommunikation in unserer Gesellschaft zu gefährden. Wer ständig damit rechnen muss, sein Kommunikationsverhalten könnte in Zukunft einmal gegen ihn verwendet werden, wird versuchen, sich möglichst unauffällig zu verhalten oder Kommunikationsvorgänge gänzlich zu unterlassen. Dies jedoch wäre unserem demokratischen Staatssystem abträglich, das auf die aktive und unbefangene Mitwirkung der Bürger angewiesen ist. In besonderem Maße gilt dies dort, wo staatlicher Missbrauch besonders nahe liegt, nämlich bei staatskritischen Organisationen und Personen. Letztlich könnte eine Vorratsspeicherung zur Einschränkung politischer Aktivitäten und dadurch zu Nachteilen für die Funktionsfähigkeit unseres demokratischen Systems führen.

Eine Verkehrsdatenspeicherung würde schließlich zur verstärkten Entwicklung von Gegenmaßnahmen führen, insbesondere von Anonymisierungstechniken. Wenn der Staat durch eine erweiterte Telekommunikationsüberwachung indirekt die anonyme Telekommunikation fördert, dann schneidet er sich mittelfristig selbst in Fällen größter Gefahr die Möglichkeit eines Abhörens ab.

Insgesamt lassen sich die positiven wie die negativen Auswirkungen einer Vorratsspeicherung von Telekommunikationsdaten auf der Basis der gegenwärtigen Erkenntnisse nicht sicher beurteilen. Dem demokratisch legitimierten Gesetzgeber kommt in Unsicherheitssituationen vor den Grundrechten ein gewisser Einschätzungsspielraum zu, was die unklare Faktenlage betrifft. In Fällen von größerem Gewicht muss der Gesetzgeber allerdings die ihm zugänglichen Erkenntnisquellen ausschöpfen, um die maßgeblichen Tatsachen möglichst vollständig zu ermitteln, und sodann auf dieser Basis eine vertretbare Entscheidung treffen. Irreparable Grundrechtseingriffe sind vor Ermittlung der maßgeblichen Tatsachen grundsätzlich unzulässig. Nur in Ausnahmefällen ist es denkbar, dass eine Norm zum Schutz wichtiger Rechtsgüter vor wahrscheinlichen Gefahren unabdingbar ist. Ansonsten sind auf unzureichender Tatsachenbasis beschlossene Normen verfassungswidrig.

Vor der Einführung einer generellen Verkehrsdatenspeicherungspflicht als besonders belastender Maßnahme ist eine Aufklärung der maßgeblichen Tatsachen durch den Gesetzgeber zu verlangen. Dies ist bereits vor Einführung einer Vorratsspeicherung möglich, auch was das Maß an Eignung einer solchen Maßnahme anbelangt. Da eine Vorratsspeicherung von Verkehrsdaten nur eine quantitative Ausweitung der bestehenden Zugriffsbefugnisse auf Telekommunikations-Verkehrsdaten bewirken würde, kann schon eine Evaluierung dieser Befugnisse zu wichtigen Erkenntnissen führen. Überdies existierten auf internationaler Ebene geradezu ideale Bedingungen für eine Evaluierung dadurch, dass einige EU-Staaten eine generelle Vorratsspeicherung von Telekommunikations-Verkehrsdaten bereits eingeführt haben und andere dies in Kürze zu tun beabsichtigen. Dies macht es möglich, sowohl im zeitlichen Vergleich innerhalb dieser Staaten wie auch im Vergleich mit Staaten ohne Vorratsspeicherung zu überprüfen, ob die Vorratsspeicherung den Gefahrenabwehr- und Strafverfolgungsbehörden tatsächlich hilft, in wie vielen und welchen Fällen die Vorratsspeicherung für die Gefahrenabwehr oder Strafverfolgung letztlich wesentlich war, ob es im Rahmen der Strafverfolgung gelungen ist, in die Reihe der Hintermänner organisierter Kriminalität einzudringen, und ob die Einführung der Vorratsspeicherung insgesamt zu einer spürbaren Senkung des Kriminalitätsniveaus geführt hat. Es ist nicht ersichtlich, dass die sofortige Einführung einer Vorratsspeicherung von Telekommunikationsdaten zum Schutz vor hinreichend wahrscheinlichen Gefahren für wichtige Rechtsgüter geboten ist.

Wägt man die verfassungsrechtlichen Interessen auf der Grundlage der bisherigen Erkenntnisse ab, so ergibt sich, dass der zu erwartende Nutzen einer Vorratsspeicherung von Telekommunikations-Verkehrsdaten in einem deutlichen Missverhältnis zu den damit verbundenen Nachteilen für die Betroffenen und die Gesellschaft insgesamt steht. Während die drohende

Schaden für unser demokratisches Gemeinwesen unabsehbar groß ist, ist der zu erwartende Zusatznutzen einer Vorratsspeicherung von Telekommunikationsdaten insgesamt gering. Eine Vorratsspeicherung von Telekommunikations-Verkehrsdaten lässt den Schutz von Rechtsgütern nur in wenigen und regelmäßig wenig bedeutenden Einzelfällen erwarten, ohne dass mit einem dauerhaften, negativen Einfluss auf das Kriminalitätsniveau zu rechnen ist. Etwas anderes lässt sich auf der Grundlage der gegenwärtigen Erkenntnisse nicht vertretbar annehmen, so dass der Gesetzgeber seinen Beurteilungsspielraum in verfassungswidriger Weise überschreiten würde, wenn er eine Vorratsspeicherung von Telekommunikationsdaten gleichwohl anordnete.

In Bezug auf die Option eines Vorratsspeicherungsrechts für Telekommunikationsunternehmen wurde gezeigt, dass eine solche Regelung für die betroffenen Bürger im Vergleich zu einer generellen Vorratsspeicherungspflicht zwar weniger belastend ist. Dem stehen aber erhebliche Nachteile gegenüber, insbesondere Effektivitätseinbußen bei der Arbeit der Sicherheitsbehörden. Die Abwägungsentscheidung kann daher im Ergebnis nicht anders ausfallen als hinsichtlich einer obligatorischen Vorratsspeicherung.

Mit dem Grundgesetz vereinbar ist es demgegenüber, den zuständigen Stellen über die bestehenden Befugnisse hinaus das Recht einzuräumen, im Einzelfall die Aufzeichnung von Internet-Verkehrsdaten und die Auskunft über bereits gespeicherte Internet-Verkehrsdaten anzuordnen. Voraussetzung ist, dass hinreichend hohe Zugriffsschwellen vorgesehen werden und dass den mitwirkenden Unternehmen ihre Kosten im Wesentlichen erstattet werden. Die Umsetzung der Cybercrime-Konvention, welche derartige Befugnisse vorsieht, ist allerdings aus anderen Gründen mit dem Grundgesetz unvereinbar. Die Konvention sieht einen weit reichenden Datenaustausch der Vertragsstaaten untereinander vor, ohne dass gewährleistet ist, dass die unabdingbaren formellen und materiellen Erfordernisse des deutschen Verfassungsrechts und der Europäischen Menschenrechtskonvention auch im Ausland eingehalten werden.

Es wurde weiter gezeigt, dass auch die bestehenden Befugnisse der Fernmeldeüberwachung zu evaluieren und davon ausgehend auf ihre Angemessenheit hin zu überprüfen sind. Gegenwärtig ist die Anwendung des Verhältnismäßigkeitsprinzips insoweit nicht nur mit Unsicherheiten hinsichtlich der Effektivität der Befugnisse verbunden. Ebenso wenig bekannt ist die Anzahl und der Umfang von Eingriffen in das Fernmeldegeheimnis. Auch die Frage, inwieweit sich das Verhalten der Bevölkerung in Abhängigkeit von Überwachungsmaßnahmen ändert, ist wissenschaftlichen Untersuchungen zugänglich.

Eine generelle Vorratsspeicherung von Telekommunikations-Verkehrsdaten stellt auch einen Eingriff in das Recht auf Achtung des Privatlebens und der Korrespondenz aus Art. 8 der Europäischen Menschenrechtskonvention (EMRK) dar. Nach der Rechtsprechung des Europäischen Gerichtshofs für Menschenrechte (EGMR) müssen Ausmaß und Modalitäten von Eingriffen in Art. 8 EMRK im einzelstaatlichen Recht detailliert festgelegt werden. Auch muss das nationale Recht einen hinreichenden und effektiven Schutz vor willkürlichen Eingriffen und vor Missbrauch der eingeräumten Befugnisse gewährleisten, insbesondere durch Einrichtung einer effektiven und unabhängigen Kontrolle eingreifender Maßnahmen. Zudem muss die Eingriffsbefugnis verhältnismäßig sein, was bei einer generellen Verkehrsdatenspeicherung – wie gezeigt – nicht der Fall ist. Eine solche Maßnahme ist daher mit Art. 8 EMRK gleichfalls unvereinbar.

Eine Verkehrsdatenspeicherungspflicht greift ferner in die Berufsfreiheit (Art. 12 GG) derjenigen ein, die zur Durchführung der Speicherung verpflichtet werden; es handelt sich um eine Berufsausübungsregelung. Die Verhältnismäßigkeit einer Berufsausübungsregelung ist nach allgemeinen Grundsätzen zu verneinen, wenn der Verlust an grundrechtlich geschützter Freiheit in einem unangemessenen Verhältnis zu den Gemeinwohlzwecken steht, denen die Grundrechtsbeschränkung dient. Bezüglich des möglichen Nutzens einer generellen Verkehrsdatenspeicherung kann auf die obigen Ausführungen verwiesen werden. Auf der anderen Seite sind die belastenden Auswirkungen einer Verkehrsdatenspeicherungspflicht auf die betroffenen Unternehmen zu berücksichtigen. Kosten in weit höherer Größenordnung als für die Speicherung der Daten fielen für die Verwaltung, Aufbereitung und Übermittlung gespeicherter Verkehrsdaten an die Eingriffsbehörden an. Es wurde gezeigt, dass eine Vorratsspeicherung von Telekommunikationsdaten insgesamt mit hohen finanziellen Belastungen für die betroffenen Unternehmen verbunden wäre. Angesichts ihres geringen Nutzens lässt sich die Maßnahme daher nur dann rechtfertigen, wenn höhere Kosten dauerhaft durch höhere Einnahmen der betroffenen Unternehmen oder auf andere Weise ausgeglichen werden können. Ob dies gewährleistet ist, muss der Gesetzgeber vor der Einführung einer generellen Verkehrsdatenspeicherungspflicht untersuchen. Solange von einem im Wesentlichen vollständigen Kostenausgleich nicht ausgegangen werden kann, ist die Einführung einer Verkehrsdatenspeicherungspflicht mit Art. 12 Abs. 1 GG unvereinbar. Das Gleiche gilt unter dem Aspekt des Rechts auf Achtung des Eigentums aus Art. 1 ZEMRK, das unverhältnismäßigen Einschränkungen der freien Benutzung des Eigentums entgegen steht.

Eine entschädigungslose Verkehrsdatenspeicherungspflicht benachteiligt überdies ungerechtfertigt geschäftsmäßige Anbieter von Telekommunikationsdiensten sowie Telekommunikationsnutzer gegenüber der Allgemeinheit (Art. 3 Abs. 1 GG). Eine Verkehrsdatenspeicherungspflicht stellt eine Inpflichtnahme Privater zu öffentlichen Zwecken dar. Die Zulässigkeit einer derartigen Inpflichtnahme ist anhand des allgemeinen Gleichheitssatzes zu beurteilen. Daran gemessen ist kein Grund ersichtlich, der nach Art und Gewicht die Belastung der beteiligten Unternehmen oder mittelbar ihrer Kunden mit den Kosten einer Verkehrsdatenspeicherung zu staatlichen Zwecken rechtfertigen kann. Die Abwehr von Gefahren und die Ahndung von Straftaten ist eine Aufgabe der Allgemeinheit, deren Lasten nur die Allgemeinheit treffen dürfen und die deshalb in der Hauptsache nur mit Steuermitteln finanziert werden darf. Eine abweichende Regelung im Zusammenhang mit einer Vorratsspeicherungspflicht für Telekommunikations-Verkehrsdaten ist mit Art. 3 Abs. 1 GG unvereinbar. Art. 3 Abs. 1 GG gebietet es darüber hinaus, die Kostenbelastung gerade kleiner Internet-Access-Provider und Serverbetreiber in erträglichen Grenzen zu halten, weil diese von den Kosten einer Vorratsspeicherungspflicht überproportional betroffen wären.

Es wurde weiter gezeigt, dass es die Eigentumsgarantien des Art. 14 Abs. 1 GG und des Art. 1 ZEMRK gebieten, eine Entschädigung für unvermeidbare finanzielle Nachteile derjenigen Unternehmen vorzusehen, die infolge der Einführung einer Verkehrsdatenspeicherungspflicht bisher genutzte Einrichtungen und Anlagen nicht mehr wirtschaftlich sinnvoll einsetzen könnten. Demgegenüber sind Aussichten auf zukünftige Unternehmensgewinne vom Schutzbereich der Eigentumsgarantien auszunehmen, weil nur auf diese Weise eine nachvollziehbare Abgrenzung zu den Freiheitsgrundrechten gewährleistet ist.

Auch Meinungsfreiheit, Informationsfreiheit und Rundfunkfreiheit (Art. 5 GG) sind berührt, wenn Verkehrsdaten generell gespeichert und vorgehalten werden. Die Meinungsfreiheit gewährleistet das Recht auf Verbreitung, die Informationsfreiheit das Recht auf den Empfang von Tatsachenbehauptungen und Werturteilen mittels Telekommunikation. Auf die Rundfunkfreiheit kann sich im Telekommunikationsbereich berufen, wer einem nicht abschließend bestimmten Personenkreis eigene oder fremde Tatsachen oder Meinungen geschäftsmäßig zum Abruf anbietet. Im Internet existiert ein großer Kreis von Rundfunkanbietern im verfassungsrechtlichen Sinn, weil die Veröffentlichung von Tatsachen oder Meinungen im Internet nur mit geringem Aufwand verbunden ist und weil Informationen meistens über längere Zeit abrufbar bleiben, so dass das Merkmal der Geschäftsmäßigkeit regelmäßig erfüllt sein wird. Daraus folgt, dass sich beispielsweise bereits der Betreiber einer privaten Homepage auf die Rundfunkfreiheit berufen kann, wenn er einer unbestimmten Vielzahl von Personen Tatsachenbehauptungen oder Meinungen zum Abruf anbietet. In Anbetracht der unterschiedlichen Schutzzwecke sind die genannten Grundrechte einerseits und das Fernmeldegeheimnis (Art. 10 Abs. 1 Var. 3 GG) andererseits nebeneinander anwendbar.

Eine generelle Verkehrsdatenspeicherung greift in die Meinungs-, Informations- oder Rundfunkfreiheit ein, weil sie Telekommunikationsvorgänge zurückverfolgbar macht und dies Anbieter wie Nutzer von Informationen abschrecken kann. Ein solcher Effekt ist gerade in Bezug auf staatskritische Informationen zu erwarten, deren freier Austausch in einer Demokratie von besonders hoher Bedeutung ist. Ein zusätzlicher Eingriff liegt vor, wenn Kommunikationsunternehmen die Kosten der Maßnahme tragen müssten. Höhere Kosten des telekommunikativen Informationsaustausches würden nämlich unmittelbar und mittelbar zu einer Beeinträchtigung des Informationsaustausches in der Gesellschaft führen. Beispielsweise könnten derzeit kostenlose Dienste infolge einer Vorratsspeicherungspflicht nur noch kostenpflichtig oder gar nicht mehr angeboten werden.

Die Abwägung der drohenden Beeinträchtigung des gesamtgesellschaftlichen Informationsaustausches einerseits und des graduellen Nutzens, den eine generelle Vorratsspeicherung von Telekommunikations-Verkehrsdaten andererseits bestenfalls bewirken kann, hat ergeben, dass eine generelle Verkehrsdatenspeicherung als unverhältnismäßig und für die Betroffenen unzumutbar zu bewerten ist. Eine generelle Vorratsspeicherung von Telekommunikations-Verkehrsdaten ist daher mit Meinungsfreiheit, Informationsfreiheit und Rundfunkfreiheit nach Art. 5 GG unvereinbar. Das Gleiche gilt unter dem Aspekt des Art. 10 EMRK (Recht auf freie Meinungsäußerung).

Problematisch ist eine generelle Vorratsspeicherung von Telekommunikations-Verkehrsdaten schließlich im Hinblick auf den allgemeinen Gleichheitssatz (Art. 3 Abs. 1 GG). So würde eine derartige Maßnahme Telekommunikation einem ungleich höheren Überwachungsdruck aussetzen als vergleichbares Verhalten in der „realen" Welt. Zu untersuchen war daher, ob ein sachlicher Grund von solcher Art und solchem Gewicht existiert, dass er es rechtfertigt, die näheren Umstände der Kommunikation über

Telekommunikationsnetze generell zu erfassen, die näheren Umstände der räumlich-unmittelbaren Kommunikation dagegen nicht. Es wurde dargelegt, dass eine Prüfung am Maßstab des Willkürverbots aus zweierlei Gründen nicht genügt: Zum einen steht vielen Menschen in weiten Bereichen keine zumutbare Alternative zur Telekommunikation zur Verfügung. Zum anderen stellt eine Vorratsspeicherung von Telekommunikationsdaten einen äußerst schwerwiegenden Eingriff in verschiedene Freiheitsgrundrechte dar (Fernmeldegeheimnis oder Recht auf informationelle Selbstbestimmung, Berufsfreiheit, Meinungsfreiheit, Informationsfreiheit und Rundfunkfreiheit). Aus diesen Gründen ist eine Verhältnismäßigkeitsprüfung erforderlich.

Eine Prüfung denkbarer Rechtfertigungsgründe hat ergeben, dass sich eine Vorratsspeicherung allein von Telekommunikations-Verkehrsdaten nur dann rechtfertigen lässt, wenn der durchschnittliche Telekommunikationsvorgang Rechtsgüter in erheblich höherem Maß gefährdet als der typische räumlich-unmittelbare Kommunikationsvorgang. Als Unterfall der Gefährdung von Rechtsgütern ist es dabei anzusehen, wenn der Schutz von Rechtsgütern durch die Eingriffsbehörden vereitelt wird, weil diese keine Kenntnis von den Umständen eines Kommunikationsvorgangs haben. Allein die Tatsache, dass sich das Verhalten der Menschen in Telekommunikationsnetzen umfassend überwachen lässt und sich die dazu erforderlichen materiellen Ressourcen in Grenzen halten, kann zur Rechtfertigung demgegenüber nicht genügen.

Letztlich konnte auf der Basis der gegenwärtigen Erkenntnisse nicht geklärt werden, ob die Kommunikation über Telekommunikationsnetze Rechtsgüter tatsächlich in überdurchschnittlichem Maße gefährdet. Wegen der hohen Eingriffsintensität einer generellen Verkehrsdatenspeicherung ist zu verlangen, dass der Gesetzgeber die ihm zugänglichen Erkenntnisquellen vor der Einführung einer solchen Maßnahme ausschöpft. Auf der Basis des gegenwärtigen Erkenntnisstandes ist nicht ersichtlich, dass der durchschnittliche, über Telekommunikationsnetze abgewickelte Kommunikationsvorgang Rechtsgüter in höherem Maße gefährden könnte als der typische räumlich-unmittelbare Kommunikationsvorgang. Die leichtere Überwachbarkeit der Telekommunikation legt eher den umgekehrten Schluss nahe. Ohne entsprechende empirische Befunde ist die Unterstellung einer besonderen Rechtsgutgefährdung durch menschliche Kommunikation über Telekommunikationsnetze daher unvertretbar und die Einführung einer Vorratsspeicherung von Telekommunikationsdaten mit Art. 3 Abs. 1 GG unvereinbar. Dies gilt im Hinblick auf Individualkommunikation ebenso wie für Massenkommunikation und die Benutzung von Computern allgemein.

Des Weiteren wurde geprüft, ob die Benachteiligung der Telekommunikation gegenüber dem Postwesen, die mit einer Pflicht zur Vorratsspeicherung von Verkehrsdaten nur im Telekommunikationsbereich verbunden wäre, vor Art. 3 Abs. 1 GG zu rechtfertigen ist. Diese Frage ist nicht nur aus der Nutzerperspektive, sondern auch aus Sicht der Telekommunikationsunternehmen relevant. Die Untersuchung hat ergeben, dass die Besonderheiten von Telekommunikationsnetzen letztlich nicht mit hinreichender Sicherheit auf ein höheres Gefahrenpotenzial der Telekommunikation schließen lassen als es der Austausch von Informationen per Post aufweist. Der Gesetzgeber ist daher auch in Bezug auf die Frage, ob von dem telekommunikativen Informationsaustausch größere Gefahren ausgehen als von dem Informationsaustausch per Post, gemäß Art. 3 Abs. 1 GG zur Aufklärung verpflichtet, bevor er eine Vorratsspeicherung allein von Telekommunikationsdaten anordnen darf. Das Gleiche gilt hinsichtlich sämtlicher anderer Unternehmen, die Leistungen anbieten, bei deren Erbringung Daten anfallen oder gespeichert werden können, welche für die Gefahrenabwehr oder Strafverfolgung nützlich sein können. Es ist prima facie nicht ersichtlich, dass Telekommunikations-Verkehrsdaten für die Eingriffsbehörden hilfreicher sind als jegliche andere kundenbezogene Daten.

Art. 3 Abs. 1 GG ist zudem unter dem Aspekt der Verfügbarkeit milderer Mittel betroffen. Zwar ist grundsätzlich anerkannt, dass der Staat unter mehreren zur Erreichung eines Zwecks geeigneten Mitteln die freie Wahl hat. Im Hinblick auf Art. 3 Abs. 1 GG kann dieser Grundsatz aber dann nicht uneingeschränkt gelten, wenn im Vergleich zu einer ergriffenen Maßnahme mildere Mittel zur Verfügung stehen, die bezogen auf die Gesamtheit der Fälle die gleiche Wirkung entfalten. In diesem Fall verlangt Art. 3 Abs. 1 GG eine sachliche Rechtfertigung für die Wahl des Staates. Eine solche kann beispielsweise darin liegen, dass die Wirksamkeit des Mittels gerade in bestimmten Fällen angestrebt ist.

Im vorliegenden Zusammenhang existieren verschiedene Mittel, die gegenüber einer generellen Vorratsspeicherung von Verkehrsdaten weniger eingreifend sind und gleichwohl einen mindestens ebenso hohen, wenn nicht sogar weitaus höheren Nutzen versprechen. So erscheint die Bekämpfung der Entstehungsbedingungen von Kriminalität etwa mit Mitteln der Sozialpolitik nicht weniger wirksam als eine verstärkte Strafverfolgung. Im Bereich der Netzkriminalität ist es sinnvoll, Problem- und Unrechtsbewusstsein auf Seiten der oft jugendlichen Täter zu erzeugen. Auf der Hand liegt auch, dass technische, strukturelle und aufklärende Präventionsmaßnahmen auf Seiten potentieller Opfer von Netzkriminalität von vornherein umfassender angelegt sind als repressive Maßnahmen, schon deshalb, weil sie nicht nur vor Schäden durch Straftaten schützen, sondern auch vor Schäden durch Fahrlässigkeit, menschlichen Irrtum, Inkompetenz und höhere Gewalt. Schäden durch Netzkriminalität im engeren Sinne sind in hohem Maße durch technische und organisatorische Maßnahmen vermeidbar. Nur auf diesem Weg ist ein dauerhafter und effektiver Schutz vor Schäden durch Hacking überhaupt möglich; staatliche Überwachungsmaßnahmen nützen im Vergleich dazu kaum. Besonders in der Wirtschaft als vielfachem Opfer von Netzkriminalität ist es erforderlich, ein Problembewusstsein zu schaffen. Auch die Bürger lassen sich aktivieren, um die Einhaltung von Datensicherheitsregeln durch Unternehmen sicherzustellen. So könnte den Kunden eines Unternehmens ein Auskunftsanspruch bezüglich der vorhandenen Sicherheitsmechanismen zum Schutz ihrer personenbezogenen Daten eingeräumt werden. Weiter könnte es nützlich sein, wenn Betroffene, denen Schäden wegen einer unsicheren Gestaltung von Computersystemen entstehen, gegen den Hersteller vorgehen könnten, ohne diesem ein Verschulden nachweisen zu müssen. Dieser Ansatz hat sich im Bereich der Produkthaftung als erfolgreich erwiesen. Es lässt sich auch an die Einführung einer Pflichtversicherung für gewerblich betriebene, an das Internet angeschlossene Informationssysteme denken.

Im Bereich der Netzkriminalität im weiteren Sinne, etwa in Fällen von Betrug und anderen Vermögensdelikten im Internet, lässt sich durch Sensibilisierung der Nutzer als potentielle Opfer ebenfalls einiges erreichen. Überdies bestehen auf Seiten der Eingriffsbehörden erhebliche Verbesserungsmöglichkeiten. Eine verbesserte Ausbildung und Bereitstellung von Sachmitteln sowie eine Kompetenzbündelung durch Einrichtung von „Taskforces" oder Zentralstellen kann den Eingriffsbehörden helfen, bestehende Befugnisse effektiver auszuschöpfen und einzusetzen.

Neben den genannten Maßnahmen tatsächlicher Art finden sich auch auf dem Gebiet der Rechtspolitik mildere Mittel gegenüber einer generellen Vorratsspeicherung von Telekommunikations-Verkehrsdaten. Insbesondere kommt in Betracht, ein Verfahren der internationalen Rechtshilfe hinsichtlich des Zugriffs auf Telekommunikations-Verkehrsdaten vorzusehen, um den Zugriff auf ausländische Telekommunikations-Verkehrsdaten zu ermöglichen. Der potenzielle Nutzen von Verfahren der internationalen Rechtshilfe ist als hoch einzuschätzen. So sind in 80% der durch das Bundeskriminalamt ermittelten Verdachtsfälle von Netzkriminalität Zugriffe auf im Ausland gespeicherte Verkehrsdaten erforderlich. Daher erscheint es um vieles nützlicher, den internationalen Zugriff auf ohnehin gespeicherte Telekommunikations-Verkehrsdaten zu ermöglichen sowie Mechanismen zur internationalen Erhebung von Verkehrsdaten im Einzelfall einzuführen als leicht zu umgehende Regelungen zur Vorratsspeicherung im nationalen oder regionalen Alleingang vorzusehen.

Zusammenfassend existieren verschiedene Mittel, die gegenüber einer generellen Verkehrsdatenspeicherung weniger eingreifend sind und gleichwohl einen mindestens ebenso hohen, wenn nicht sogar weitaus höheren Nutzen versprechen. Solange diese Mittel nicht ausgeschöpft sind, lässt sich die Einführung einer Vorratsspeicherung von Telekommunikationsdaten nur dann rechtfertigen, wenn die in Frage kommenden Alternativen ein ungünstigeres Kosten-Nutzen-Verhältnis aufweisen als eine generelle Verkehrsdatenspeicherung. Bei dieser Frage sind nicht nur die unmittelbaren Kosten für den Staatshaushalt zu berücksichtigen, sondern auch die jeweils mittelbar den Bürgern entstehenden Kosten.

Die Einführung einer generellen Verkehrsdatenspeicherung ist somit erst dann mit Art. 3 Abs. 1 GG vereinbar, wenn der Staat alle Mittel ausgeschöpft hat, die weniger eingreifend sind, insgesamt einen mindestens ebenso hohen Nutzen versprechen und keine höheren Kosten verursachen. Ob und welche Mittel diese Voraussetzungen im Einzelnen erfüllen, bedarf näherer Untersuchung. Wegen der Eingriffsintensität einer generellen Verkehrsdatenspeicherung muss der Gesetzgeber vor ihrer Einführung die verfügbaren Alternativen untersuchen und gegebenenfalls ausschöpfen. Es liegt keine besondere Dringlichkeitssituation vor, in der die sofortige Einführung einer generellen Verkehrsdatenspeicherung geboten wäre.

E. Anhang: Abdruck von Vorschlägen zur Einführung einer generellen Vorratsspeicherung von Telekommunikations-Verkehrsdaten

I. Auszug aus dem Bundesratsentwurf eines Gesetzes zur Verbesserung der Ermittlungsmaßnahmen wegen des Verdachts sexuellen Missbrauchs von Kindern und der Vollstreckung freiheitsentziehender Sanktionen (ErmittlungsG-E)

Quelle: BR-Drs. 275/02 (Beschluss) vom 31.05.2002

[...]

Artikel 3
Änderung des Telekommunikationsgesetzes

Das Telekommunikationsgesetz vom 25. Juli 1996 (BGBl. I S. 1120), zuletzt geändert durch ..., wird wie folgt geändert:

[...]

2. § 89 wird wie folgt geändert[1804]:

a) In der Überschrift wird nach dem Wort „Datenschutz" das Wort „„ Vorratsspeicherung" eingefügt.

[1804] § 89 Abs. 1 TKG a.F. lautete wie folgt: „Die Bundesregierung erläßt für Unternehmen, die geschäftsmäßig Telekommunikationsdienste erbringen oder an der Erbringung solcher Dienste mitwirken, durch Rechtsverordnung mit Zustimmung des Bundesrates Vorschriften zum Schutze personenbezogener Daten der an der Telekommunikation Beteiligten, welche die Erhebung, Verarbeitung und Nutzung dieser Daten regeln. Die Vorschriften haben dem Grundsatz der Verhältnismäßigkeit, insbesondere der Beschränkung der Erhebung, Verarbeitung und Nutzung auf das Erforderliche, sowie dem Grundsatz der Zweckbindung Rechnung zu tragen. Dabei sind Höchstfristen für die Speicherung festzulegen und insgesamt die berechtigten Interessen des jeweiligen Unternehmens und der Betroffenen zu berücksichtigen. Einzelangaben über juristische Personen, die dem Fernmeldegeheimnis unterliegen, stehen den personenbezogenen Daten gleich."

b) In Absatz 1 Satz 1 wird der abschließende Punkt durch ein Komma ersetzt und werden folgende Wörter angefügt: „sowie Vorschriften zur Vorratsspeicherung für Zwecke der Strafverfolgung und der Gefahrenabwehr und für die Erfüllung der gesetzlichen Aufgaben der Verfassungsschutzbehörden des Bundes und der Länder, des Bundesnachrichtendienstes, des Militärischen Abschirmdienstes sowie des Zollkriminalamtes."

c) In Absatz 1 Satz 3 werden vor dem Wort „Höchstfristen" die Wörter „Mindest- und" und nach dem Wort „Betroffenen" die Wörter „sowie die Erfordernisse effektiver Strafverfolgung und Gefahrenabwehr sowie der effektiven Erfüllung der gesetzlichen Aufgaben der Verfassungsschutzbehörden des Bundes und der Länder, des Bundesnachrichtendienstes, des Militärischen Abschirmdienstes sowie des Zollkriminalamtes" eingefügt.

Artikel 4
Änderung des Teledienstedatenschutzgesetzes

Das Teledienstedatenschutzgesetz vom 22. Juli 1997 (BGBl. I S. 1870, 1871), zuletzt geändert durch ..., wird wie folgt geändert:

Nach § 6 wird folgender § 6a eingefügt:

„§ 6a Vorratsspeicherung

Die Bundesregierung erlässt für Diensteanbieter durch Rechtsverordnung mit Zustimmung des Bundesrates Vorschriften zur Vorratsspeicherung für die Zwecke der Strafverfolgung und der Gefahrenabwehr und für die Erfüllung der gesetzlichen Aufgaben der Verfassungsschutzbehörden des Bundes und der Länder, des Bundesnachrichtendienstes, des Militärischen Abschirmdienstes sowie des Zollkriminalamtes. Dabei sind Mindestfristen für die Speicherung von Bestands-, Nutzungs- und Abrechnungsdaten festzulegen und insgesamt die berechtigten Interessen der Diensteanbieter, der Betroffenen und die Erfordernisse effektiver Strafverfolgung und Gefahrenabwehr sowie der effektiven Erfüllung der gesetzlichen Aufgaben der Verfassungsschutzbehörden des Bundes und der Länder, des Bundesnachrichtendienstes, des Militärischen Abschirmdienstes sowie des Zollkriminalamtes zu berücksichtigen."

Artikel 5
Einschränkung von Grundrechten

Das Brief-, Post-, und Fernmeldegeheimnis (Artikel 10 des Grundgesetzes) werden nach Maßgabe dieses Gesetzes eingeschränkt.

II. Auszug aus der Stellungnahme des Bundesrats zum Entwurf eines Telekommunikationsgesetzes

Quelle: BR-Drs. 755/03 (Beschluss) vom 19.12.2003

[...]

64. Zu § 94 Abs. 2, § 95 Abs. 3 Satz 2 bis 4, Abs. 4 Satz 1, 2, 4, § 97 Abs. 1 Satz 1, 5

a) In § 94[1805] ist Absatz 2 wie folgt zu fassen:

„(2) Soweit Verkehrsdaten erhoben worden sind, sind diese für die Dauer von sechs Monaten zu speichern. Die gespeicherten Verkehrsdaten dürfen über das Ende der Verbindung hinaus nur verwendet werden, soweit sie zum Aufbau weiterer Verbindungen, für die in den §§ 95, 97, 98 und 99 genannten Zwecke oder für Zwecke der Strafverfolgung im Rahmen der Vorschriften der Strafprozessordnung, der Gefahrenabwehr im Rahmen der Polizeigesetze sowie zur Erfüllung der gesetzlichen Aufgaben der Verfassungsschutzbehörden des Bundes und der Länder, des Bundesnachrichtendienstes, des Militärischen Abschirmdienstes sowie des Zollkriminalamtes im Rahmen der insoweit geltenden gesetzlichen Vorschriften erforderlich sind. Im Übrigen sind Verkehrsdaten vom Dienstanbieter nach Ablauf der in Satz 1 genannten Frist unverzüglich zu löschen."

1805 § 94 Abs. 2 TKG-RE lautete wie folgt: „(2) Die gespeicherten Verkehrsdaten dürfen über das Ende der Verbindung hinaus nur verwendet werden, soweit sie zum Aufbau weiterer Verbindungen oder für die in den §§ 95, 97, 98 und 99 genannten Zwecke erforderlich sind. Im Übrigen sind Verkehrsdaten vom Dienstanbieter nach Beendigung der Verbindung unverzüglich zu löschen."

b) § 95[1806] ist wie folgt zu ändern:

    aa) Absatz 3 ist wie folgt zu ändern:

        aaa) Die Sätze 2 und 3 sind aufzuheben.

        bbb) In Satz 4 ist die Angabe „Satz 3" durch die Angabe „§ 94 Abs. 2 Satz 1" zu ersetzen.

    bb) In Absatz 4 sind die Sätze 1, 2 und 4 aufzuheben.

c) In § 97 Abs. 1 Satz 1 und 5 ist jeweils die Angabe „§ 95 Abs. 3 und 4 und Abs. 4" durch die Angabe „§ 94 Abs. 2 und § 95 Abs. 3 Satz 2" zu ersetzen.

[...]

1806 § 95 Abs. 3 und 4 TKG-RE lauteten wie folgt: „(3) Der Diensteanbieter hat nach Beendigung der Verbindung aus den Verkehrsdaten nach § 94 Abs. 1 Nr. 1 bis 3 und 5 unverzüglich die für die Berechnung des Entgelts erforderlichen Daten zu ermitteln. Nicht erforderliche Daten sind unverzüglich zu löschen. Die Verkehrsdaten dürfen – vorbehaltlich des Absatzes 4 Satz 1 Nr. 2 – höchstens sechs Monate nach Versendung der Rechnung gespeichert werden. Hat der Teilnehmer gegen die Höhe der in Rechnung gestellten Verbindungsentgelte vor Ablauf der Frist nach Satz 3 Einwendungen erhoben, dürfen die Verkehrsdaten gespeichert werden, bis die Einwendungen abschließend geklärt sind. (4) Nach Wahl des Teilnehmers hat der rechnungsstellende Diensteanbieter die Zielnummer 1. vollständig oder unter Kürzung um die letzten drei Ziffern zu speichern oder 2. mit Versendung der Rechnung an den Teilnehmer vollständig zu löschen. Der Teilnehmer ist auf sein Wahlrecht hinzuweisen; macht er von seinem Wahlrecht keinen Gebrauch, ist die Zielnummer ungekürzt zu speichern. Soweit ein Teilnehmer zur vollständigen oder teilweisen Übernahme der Entgelte für bei seinem Anschluss ankommende Verbindungen verpflichtet ist, dürfen ihm die Zielnummern nur gekürzt übermittelt werden. Die Sätze 1 und 2 gelten nicht für Diensteanbieter, die ihre Dienste nur den Teilnehmern geschlossener Benutzergruppen anbieten."

III. Entwurf eines Rahmenbeschlusses über die Vorratsspeicherung von Daten, die in Verbindung mit der Bereitstellung öffentlicher elektronischer Kommunikationsdienste verarbeitet und aufbewahrt werden, oder von Daten, die in öffentlichen Kommunikationsnetzen vorhanden sind, für die Zwecke der Vorbeugung, Untersuchung, Feststellung und Verfolgung von Straftaten, einschließlich Terrorismus (RSV-E)

Quelle: Ratsdokument Nr. 8956/04, register.consilium.eu.int/pdf/de/04/st08/st08958.de04.pdf.

DER RAT DER EUROPÄISCHEN UNION –

gestützt auf den Vertrag über die Europäische Union, insbesondere auf Artikel 31 Absatz 1 Buchstabe c und Artikel 34 Absatz 2 Buchstabe b,

auf Initiative der Französischen Republik, Irlands, des Königreichs Schweden und des Vereinigten Königreichs,

nach Stellungnahme des Europäischen Parlaments,

in Erwägung nachstehender Gründe:

(1) Ein hohes Maß an Schutz in einem Raum der Freiheit, der Sicherheit und des Rechts erfordert eine angemessene Vorbeugung, Untersuchung, Feststellung und Verfolgung von Straftaten.

(2) Die Forderung nach Maßnahmen gegen die Hightech-Kriminalität wurde im Aktionsplan des Rates und der Kommission zur bestmöglichen Umsetzung der Bestimmungen des Amsterdamer Vertrags über den Aufbau eines Raumes der Freiheit, der Sicherheit und des Rechts, in den Schlussfolgerungen des Europäischen Rates (Tampere, 15./16. Oktober 1999 und Santa Maria da Feira, 19./20. Juni 2000), von der Kommission im „Fortschrittsanzeiger" sowie vom Europäischen Parlament in seiner Entschließung vom 19. Mai 2000 zum Ausdruck gebracht.

(3) Der Rat weist in seinen Schlussfolgerungen vom 20. September 2001 darauf hin, dass dafür Sorge zu tragen ist, dass die Strafverfolgungsbehörden die Möglichkeit erhalten, im Zusammenhang mit kriminellen Handlungen zu ermitteln, die unter Anwendung elektronischer Kommunikationssysteme begangen wurden, und Maßnahmen gegen die Urheber zu ergreifen, wobei darauf zu achten ist, dass ein Gleichgewicht zwischen dem Schutz

413

personenbezogener Daten und der Notwendigkeit des Zugangs der Strafverfolgungsbehörden zu Daten für strafrechtliche Ermittlungszwecke gewährleistet wird. Der Rat weist in seinen Schussfolgerungen vom 19. Dezember
2002 darauf hin, dass die beträchtliche Zunahme der Möglichkeiten elektronischer Kommunikation dazu geführt hat, dass Daten über die Verwendung elektronischer Kommunikation heutzutage ein besonders wichtiges
und hilfreiches Mittel bei der Vorbeugung, Untersuchung, Feststellung und
Verfolgung von Straftaten, insbesondere von organisierter Kriminalität und
Terrorismus, darstellen.

(4) In der vom Europäischen Rat am 25. März 2004 angenommenen Erklärung zum Kampf gegen den Terrorismus wurde der Rat beauftragt, im Hinblick auf ihre Annahme bis Juni 2005 Maßnahmen für die Erarbeitung von
Rechtsvorschriften über die Aufbewahrung von Verkehrsdaten durch Diensteanbieter zu prüfen.

(5) Es ist von wesentlicher Bedeutung, dass in öffentlichen Kommunikationsnetzen vorhandene Daten, die aufgrund eines Kommunikationsvorgangs
erzeugt worden sind, nachstehend „Daten" genannt, für die Vorbeugung,
Untersuchung, Feststellung und Verfolgung von Straftaten, die unter Anwendung elektronischer Kommunikationssysteme begangen wurden, auf
Vorrat gespeichert werden. Dieser Vorschlag bezieht sich nur auf Daten, die
aufgrund eines Kommunikationsvorgangs erzeugt worden sind, und nicht
auf Daten, die den Kommunikationsinhalt darstellen. Es ist insbesondere
erforderlich, Daten auf Vorrat zu speichern, um die Quelle eines illegalen
Inhalts, z.B. Kinderpornografie und rassistisches und fremdenfeindliches
Material, sowie die Urheber von Angriffen auf Informationssysteme ermitteln und diejenigen identifizieren zu können, die an der Nutzung elektronischer Kommunikationsnetze für die Zwecke der organisierten Kriminalität
und des Terrorismus beteiligt sind.

(6) Die Sicherungsspeicherung bestimmter Daten zu bestimmten Personen
in besonderen Fällen allein reicht nicht aus, um diesen Anforderungen zu
entsprechen. Bei den Ermittlungen kann es vorkommen, dass die benötigten
Daten oder die beteiligte Person erst Monate oder Jahre nach dem ursprünglichen Kommunikationsvorgang identifiziert werden können. Daher ist es
erforderlich, bestimmte Datentypen, die bereits zu Fakturierungszwecken,
zu kommerziellen Zwecken oder zu anderen rechtmäßigen Zwecken verarbeitet und gespeichert werden, während eines bestimmten zusätzlichen
Zeitraums aus der Überlegung heraus auf Vorrat zu speichern, dass sie für
künftige Ermittlungen oder Gerichtsverfahren erforderlich sein könnten.

Dieser Rahmenbeschluss betrifft daher die Vorratsspeicherung von Daten und nicht die Sicherungsspeicherung von Daten.

(7) In Anerkennung der Notwendigkeit, Daten auf Vorrat zu speichern, wurde in Artikel 15 der Richtlinie 2002/58/EG die Möglichkeit vorgesehen, Rechtsvorschriften zu erlassen, die unter bestimmten Voraussetzungen die Vorratsspeicherung von Daten für die Zwecke der Vorbeugung, Untersuchung, Feststellung und Verfolgung von Straftaten ermöglichen. Der vorliegende Rahmenbeschluss betrifft nicht die anderen Zielsetzungen nach Artikel 15 der genannten Richtlinie und enthält daher keine Vorschriften über die Vorratsspeicherung von Daten für den Schutz der nationalen Sicherheit (d.h. die Sicherheit des Staates), die Landesverteidigung und die öffentliche Sicherheit. Er betrifft auch nicht die unrechtmäßige Nutzung des elektronischen Kommunikationssystems, wenn diese Nutzung keine strafbare Handlung darstellt.

(8) Viele Mitgliedstaaten haben Rechtsvorschriften über eine Vorratsspeicherung von Daten zum Zwecke der Vorbeugung, Untersuchung, Feststellung und Verfolgung von Straftaten erlassen. In anderen Mitgliedstaaten sind entsprechende Arbeiten im Gang. Der Inhalt dieser Rechtsvorschriften ist in den einzelnen Mitgliedstaaten sehr unterschiedlich.

(9) Die Unterschiede zwischen den Rechtsvorschriften der Mitgliedstaaten beeinträchtigt die Zusammenarbeit der für die Vorbeugung, Untersuchung, Feststellung und Verfolgung von Straftaten zuständigen Behörden. Für eine wirksame polizeiliche und justizielle Zusammenarbeit in Strafsachen muss daher sichergestellt werden, dass alle Mitgliedstaaten die erforderlichen Schritte unternehmen, um bestimmte Datentypen eine gewisse Zeit gemäß festgelegten Vorgaben für die Zwecke der Vorbeugung, Untersuchung, Feststellung und Verfolgung von Straftaten, einschließlich Terrorismus, auf Vorrat zu speichern. Diese Daten sollten den anderen Mitgliedstaaten gemäß den nach Titel VI des Vertrags über die Europäische Union angenommenen Rechtsakten über die justizielle Zusammenarbeit in Strafsachen zur Verfügung stehen. Dies sollte auch für Regelungen gelten, die nicht gemäß diesem Titel angenommen wurden, denen aber die Mitgliedstaaten beigetreten sind und auf die in den nach Titel VI des Vertrags über die Europäische Union angenommenen Rechtsakten über die justizielle Zusammenarbeit in Strafsachen Bezug genommen wird.

(10) Diese Vorratsspeicherung von Daten und der Zugriff auf diese Daten können einen Eingriff in das Privatleben des Einzelnen darstellen. Diese Eingriffe stellen jedoch keine Verletzung der internationalen Vorschriften über den Schutz der Privatsphäre und die Verarbeitung personenbezogener

Daten dar, die insbesondere in der Europäischen Konvention zum Schutze der Menschenrechte und Grundfreiheiten vom 4. November 1950, im Übereinkommen Nr. 108 des Europarates zum Schutz des Menschen bei der automatischen Verarbeitung personenbezogener Daten sowie in den Richtlinien 95/46/EG, 97/66/EG und 2002/58/EG enthalten sind, in denen solche Eingriffe gesetzlich vorgesehen sind, sofern sie geeignet sind, in einem strikt angemessenen Verhältnis zum intendierten Zweck stehen und innerhalb einer demokratischen Gesellschaft notwendig sind und sofern sie mit angemessenen Garantien im Hinblick auf die Vorbeugung, Untersuchung, Feststellung und Verfolgung von Straftaten, einschließlich Terrorismus, verbunden sind.

(11) Angesichts der Notwendigkeit einer wirksamen und harmonisierten Vorratsspeicherung der Daten und des Erfordernisses, den Mitgliedstaaten wegen der Unterschiede zwischen den einzelstaatlichen strafrechtlichen Systemen genügend Handlungsspielraum für ihre eigene individuelle Bewertung einzuräumen, sollten Parameter für die Vorratsspeicherung von Daten festgelegt werden.

(12) Daten dürfen je nach Datentyp für unterschiedliche Fristen auf Vorrat gespeichert werden. Die Fristen für die Vorratsspeicherung der einzelnen Datentypen richten sich nach dem Nutzen der Daten für die Vorbeugung, Untersuchung, Feststellung und Verfolgung von Straftaten und nach den Kosten der Vorratsspeicherung der Daten. Die Fristen der Vorratsspeicherung müssen in einem angemessenen Verhältnis zur Notwendigkeit solcher Daten für die Zwecke der Vorbeugung, Untersuchung, Feststellung und Verfolgung von Straftaten sowie zum Eingriff in die Privatsphäre stehen, zu der eine solche Vorratsspeicherung im Falle einer Freigabe solcher Daten führen wird.

(13) Bei der Erstellung von Listen der auf Vorrat zu speichernden Datentypen ist auf eine ausgewogene Berücksichtigung des Nutzens der Aufbewahrung der einzelnen Datentypen für die Vorbeugung, Untersuchung, Feststellung und Verfolgung von Straftaten und des damit verbundenen Umfangs des Eingriffs in die Privatsphäre zu achten.

(14) Dieser Rahmenbeschluss gilt nicht für den Zugriff auf Daten während der Übertragung, d.h. für das Abhören, die Überwachung oder die Aufzeichnung von Telekommunikationsvorgängen.

(15) Die Mitgliedstaaten müssen sicherstellen, dass der Zugriff auf die auf Vorrat gespeicherten Daten unter Beachtung der Datenschutzbestimmungen

erfolgt, die in den völkerrechtlichen Vorschriften über den Schutz personenbezogener Daten festgelegt sind.

(16) Die Mitgliedstaaten stellen sicher, dass die Durchführung des Rahmenbeschlusses nach entsprechender Konsultation der Industrie erfolgt –

HAT FOLGENDEN RAHMENBESCHLUSS ANGENOMMEN:

Artikel 1 Geltungsbereich und Ziel

(1) Mit diesem Rahmenbeschluss soll die justizielle Zusammenarbeit in Strafsachen erleichtert werden, indem die Rechtsvorschriften der Mitgliedstaaten über die Vorratsspeicherung von Daten, die durch Diensteanbieter eines öffentlich zugänglichen elektronischen Kommunikationsdienstes oder eines öffentlichen Kommunikationsnetzes verarbeitet und gespeichert werden, für die Zwecke der Vorbeugung, Untersuchung, Feststellung und Verfolgung von Straftaten, einschließlich Terrorismus, angeglichen werden.

(2) Dieser Rahmenbeschluss gilt nicht für den Inhalt des Kommunikationsaustauschs, einschließlich des Abrufs von Informationen unter Verwendung eines elektronischen Kommunikationsnetzes, sofern dies nach nationalem Recht definiert ist.

(3) Ein Mitgliedstaat kann beschließen, Absatz 1 nicht zur Vorbeugung von Straftaten als Zweck der Vorratsspeicherung von verarbeiteten und gespeicherten Daten anzuwenden, wenn er dies nach den nationalen Verfahrensoder Konsultationsprozessen nicht für annehmbar hält. Ein Mitgliedstaat, der beschließt, diese Ausnahme zu einem beliebigen Zeitpunkt anzuwenden, setzt den Rat und die Kommission davon in Kenntnis.

(4) Unberührt von diesem Rahmenbeschluss bleiben

– die Vorschriften über die justizielle Zusammenarbeit in Strafsachen im Hinblick auf die Überwachung und die Aufzeichnung von Telekommunikationsvorgängen;

– die Maßnahmen im Bereich der öffentlichen Sicherheit, der Landesverteidigung und der nationalen Sicherheit (d.h. der Sicherheit des Staates);

– die nationalen Vorschriften über die Vorratsspeicherung von Datentypen, die von Telekommunikationsdiensteanbietern nicht zu Geschäftszwecken bereit gehalten werden.

Artikel 2 Begriffsbestimmungen

(1) Im Sinne dieses Rahmenbeschlusses bezeichnet der Ausdruck

a) „Daten" Verkehrsdaten und Standortdaten nach Artikel 2 der Richtlinie 2002/58/EG, einschließlich der Teilnehmerdaten und der Nutzerdaten im Zusammenhang mit diesen Daten;

b) „Nutzerdaten" persönliche Daten einer natürlichen Person, die einen öffentlich zugänglichen elektronischen Kommunikationsdienst für private oder geschäftliche Zwecke nutzt, ohne diesen Dienst notwendigerweise abonniert zu haben;

c) „Teilnehmerdaten" persönliche Daten einer natürlichen Person, die einen öffentlich zugänglichen elektronischen Kommunikationsdienst für private oder geschäftliche Zwecke abonniert hat, ohne diesen Dienst notwendigerweise in Anspruch genommen zu haben.

(2) Daten im Sinne des Rahmenbeschlusses umfassen

a) Daten, die zur Rückverfolgung und Identifizierung der Quelle einer Kommunikation erforderlich sind, einschließlich von Einzelheiten zur Person, Kontaktinformationen und Informationen zur Identifizierung der abonnierten Dienste;

b) Daten, die zur Ermittlung des Leitwegs und des Bestimmungsziels einer Kommunikation notwendig sind;

c) Daten, die zur Ermittlung des Zeitpunkts und des Datums sowie der Dauer einer Kommunikation notwendig sind;

d) Daten, die zur Identifizierung des Telekommunikationsvorgangs notwendig sind;

e) Daten, die zur Ermittlung des Endgeräts oder des vorgeblichen Endgeräts erforderlich sind;

f) Daten, die zur Ermittlung des Standorts zu Beginn und während der Kommunikation notwendig sind.

(3) Diese Daten umfassen Daten, die im Rahmen von Diensten innerhalb der folgenden Kommunikationsinfrastrukturen, -architekturen und -protokolle erzeugt werden:

a) Telefonie, ausgenommen SMS-Kurzmitteilungen, elektronische Mediendienste und Multimedia-Datentransferdienste;

b) SMS-Kurzmitteilungen, elektronische Mediendienste und Multimedia-Datentransferdienste, die als Teil eines Telefondienstes angeboten werden;

c) Internet-Protokolle, einschließlich E-Mail, Protokolle für Sprachübermittlung über das Internet, World Wide Web, Dateiübertragungsprotokolle, Netzübertragungsprotokolle, Hypertextübertragungsprotokolle, Sprachübermittlung über Breitband und Subsets von Internet-Protokoll-Nummern, Daten zur Umsetzung der Netzadresse.

(4) Künftige technologische Entwicklungen, die die Kommunikationsübermittlung erleichtern, sind von diesem Rahmenbeschluss ebenfalls erfasst.

Artikel 3 Vorratsspeicherung von Daten

Jeder Mitgliedstaat trifft die erforderlichen Maßnahmen, um sicherzustellen, dass für die Zwecke der justiziellen Zusammenarbeit in Strafsachen auf Vorrat gespeicherte Daten, die von Anbietern eines öffentlichen Kommunikationsnetzes oder öffentlich zugänglicher elektronischer Kommunikationsdienste verarbeitet und gespeichert werden, einschließlich Teilnehmerdaten und Nutzerdaten im Zusammenhang mit diesen Daten, gemäß den Bestimmungen dieses Rahmenbeschlusses auf Vorrat gespeichert werden.

Artikel 4 Fristen für die Vorratsspeicherung von Daten

(1) Jeder Mitgliedstaat trifft die erforderlichen Maßnahmen um sicherzustellen, dass die Daten nach ihrer Erzeugung mindestens 12 und höchstens 36 Monate lang auf Vorrat gespeichert werden. Die Mitgliedstaaten können aufgrund nationaler Kriterien längere Fristen für die Vorratsspeicherung von Daten vorsehen, wenn dies eine notwendige, angemessene und verhältnismäßige Maßnahme innerhalb einer demokratischen Gesellschaft ist.

(2) Bei Datentypen nach Artikel 2 Absatz 2 kann ein Mitgliedstaat beschließen, hinsichtlich der Kommunikationsmethoden nach Artikel 2 Absatz 3 Buchstaben b und c von Absatz 1 des vorliegenden Artikels abzuweichen, wenn er die Fristen für die Vorratsspeicherung nach Absatz 1 des vorhergehenden Artikels gemäß nationalen Verfahrens- oder Konsultationsprozessen nicht für annehmbar hält. Ein Mitgliedstaat, der beschließt, diese Ausnahme anzuwenden, setzt den Rat und die Kommission davon unter Angabe der alternativen Speicherfristen für die betreffenden Datentypen in Kenntnis. Diese Ausnahmen werden jährlich überprüft.

Artikel 5 Zugriff auf Daten für die Zwecke der justiziellen Zusammenarbeit in Strafsachen

Ein Ersuchen eines Mitgliedstaates an einen anderen Mitgliedstaat um Zugang zu Daten nach Artikel 2 wird gemäß den im Rahmen des Titels VI des Vertrags über die Europäische Union angenommenen Rechtsakten über die justizielle Zusammenarbeit in Strafsachen gestellt und bearbeitet. Der ersuchte Mitgliedstaat kann seine Zustimmung zu einem solchen Ersuchen um Zugriff auf Daten mit den Auflagen versehen, die in einem vergleichbaren innerstaatlichen Fall gelten würden.

Artikel 6 Datenschutz

Jeder Mitgliedstaat stellt sicher, dass die nach diesem Rahmenbeschluss auf Vorrat gespeicherten Daten mindestens den nachstehenden Datenschutzgrundsätzen unterliegen, und sieht Rechtsbehelfe gemäß den Bestimmungen des Kapitels III der Richtlinie 95/46/EG über „Rechtsbehelfe, Haftung und Sanktionen" vor:

a) Die Daten werden von den zuständigen Behörden fallbezogen gemäß den nationalen Rechtsvorschriften nur für festgelegte, eindeutige und rechtmäßige Zwecke abgerufen und sie werden nur in einer Weise weiter verarbeitet, die mit diesen Zwecken vereinbar ist;

b) die Daten entsprechen den Zwecken, für die sie abgerufen werden, sind für sie von Belang und stehen in angemessenem Verhältnis zu ihnen. Die Daten werden nach Recht und Billigkeit verarbeitet;

c) von den zuständigen Behörden abgerufene Daten dürfen in einer Form, die die Identifizierung der betroffenen Personen ermöglicht, nicht länger gespeichert werden, als es für die Zwecke, für die sie erhoben und/oder weiter verarbeitet werden, erforderlich ist;

d) die Vertraulichkeit und die Integrität der Daten ist zu gewährleisten;

e) die Daten sind richtig und es werden alle angemessenen Maßnahmen getroffen, damit personenbezogene Daten, die im Hinblick auf die Zwecke, für die sie erhoben und/oder weiter verarbeitet werden, unzutreffend sind, gelöscht oder berichtigt werden.

Artikel 7 Datensicherheit

Jeder Mitgliedstaat trägt dafür Sorge, dass die nach diesem Rahmenbeschluss auf Vorrat gespeicherten Daten mindestens den nachstehenden Datensicherheitsgrundsätzen unterliegen und dass Artikel 4 der Richtlinie beachtet wird:

a) Die auf Vorrat gespeicherten Daten sind von derselben Qualität wie die im Netz vorhandenen Daten;

b) in Bezug auf die Daten werden geeignete technische und organisatorische Maßnahmen getroffen, die für den Schutz gegen zufällige oder unrechtmäßige Zerstörung, zufälligen Verlust, unberechtigte Änderung, unberechtigte Weitergabe oder unberechtigten Zugang und gegen jede andere Form der unrechtmäßigen Verarbeitung der Daten erforderlich sind;

c) alle Daten werden am Ende der Vorratsspeicherungsfrist vernichtet, mit Ausnahme jener Daten, die abgerufen und gesichert worden sind;

d) jeder Mitgliedstaat legt im innerstaatlichen Recht das Verfahren fest, das für den Abruf von auf Vorrat gespeicherten Daten und für die Sicherung abgerufener Daten anzuwenden ist.

Artikel 8 Umsetzung

Die Mitgliedstaaten treffen die erforderlichen Maßnahmen, um diesem Rahmenbeschluss bis zum [... Juni 2007] innerhalb von zwei Jahren nach seiner Annahme nachzukommen. Zu demselben Zeitpunkt teilen die Mitgliedstaaten dem Generalsekretariat des Rates und der Kommission den Wortlaut der Bestimmungen mit, mit denen sie die sich aus diesem Rahmenbeschluss ergebenden Verpflichtungen in ihr innerstaatliches Recht umgesetzt haben. Das Generalsekretariat des Rates übermittelt den Mitgliedstaaten die gemäß diesem Artikel erhaltenen Informationen. Die Kommission legt dem Rat bis [....1. Januar 2008] einen Bericht vor, in dem untersucht wird, inwieweit die Mitgliedstaaten Maßnahmen getroffen haben, um diesem Rahmenbeschluss nachzukommen.

Artikel 9 Inkrafttreten

Dieser Rahmenbeschluss tritt am zwanzigsten Tag nach seiner Veröffentlichung im Amtsblatt der Europäischen Union in Kraft.

Geschehen zu Brüssel am _____

Stichwortverzeichnis

Stephan Thewalt

Der Softwareerstellungsvertrag nach der Schuldrechtsreform

Rechtsnatur, Leistungsbestimmung und Mängelhaftung

342 Seiten. 2004. Preis: 36,00 Euro. ISBN 3-937231-40-4

Alexander Petersen

Vertikalvereinbarungen nach § 16 GWB im Lichte des Kartellverbotes

Die Abgrenzung zwischen den §§ 1 und 16 Nr. 2,3 GWB und die Immanenztheorie nach der 6. GWB-Novelle

Wirtschaft & Recht, Band 1

2002. 324 Seiten. Preis: 25,60 Euro. ISBN 3-930894-61-0

Nikolas Zirngibl

Die Due Diligence bei der GmbH und der Aktiengesellschaft

Die Geschäftsführungsorgane im Konflikt zwischen Geheimhaltung und Informationsoffenlegung

Wirtschaft & Recht, Band 2

284 Seiten. 2003. Preis: 24,80 Euro. ISBN 3-930894-90-4

Ulrike Koschtial

Die Einordnung des Designschutzes in das Geschmacksmuster-, Urheber-, Marken- und Patentrecht

Ein Vergleich der Rechtslage in den USA mit den neuesten Entwicklungen auf europäischer Ebene unter besonderer Berücksichtigung der Schutzgewährung in den EU-Mitgliedsstaaten Deutschland, Italien und Frankreich

Wirtschaft & Recht. Band 3

592 Seiten. 2003. Preis: 35,20 Euro. ISBN 3-930894-93-9

www.rhombos.de

RHOMBOS-VERLAG, Kurfürstenstrasse 17, D-10785 Berlin
Tel. 030-261 68 54 oder 261 94 61,
Fax 030-2 61 63 00, eMail: verlag@rhombos.de

Jenn, Matthias:

Illegal nach Deutschland verbrachtes ausländisches Staatsvermögen

Welche Möglichkeiten hat ein fremder Staat in Deutschland, an sein Staatsvermögen heranzukommen, das von einem Amtsträger illegal nach Deutschland verbracht wurde?

144 Seiten. 2004. Preis: 30,00 Euro
ISBN 3-937231-39-0

Handelt der Inhaber öffentlicher Ämter, der sich illegal auf Kosten des Staates bereichert hat, als Teil eines Systems, kann er sich in relativer Sicherheit wiegen, dies jedenfalls solange, wie sich das ihn schützende System an der Macht hält. Kommt es zu einem Machtwechsel, kann dies dazu führen, dass die neuen Machthaber versuchen, das unterschlagene Staatsvermögen zurückzuerlangen. Dies gestaltet sich als äußerst schwierig, da die entsprechenden Vermögenswerte in aller Regel außer Landes gebracht worden sind. In diesen Fällen sind die neuen Machthaber auf die Hilfe derjenigen Staaten angewiesen, in deren Staatsgebiet sich die unterschlagenen Vermögenswerte befinden.

Wo Saddam Hussein sein Vermögen in Höhe von angeblich rund 40 Milliarden US-Dollar versteckt hat, ist noch ungeklärt. Teile davon werden unter anderem in Deutschland vermutet. Sollte sich diese Vermutung bewahrheiten, wird der Irak Deutschland wahrscheinlich auffordern, ihm bei der Rückführung der entsprechenden Vermögenswerte zu helfen. Hier stellt sich die Frage, auf welchen Rechtsgrundlagen Deutschland helfen kann bzw. welche rechtlichen Möglichkeiten dem Irak in Deutschland offen stehen, auf das von Saddam und dessen Clan illegal erworbene Vermögen zuzugreifen.

Diese Fragen zu beantworten ist das Anliegen der vorliegenden Arbeit. Dabei werden alle Möglichkeiten des Zivil-, des öffentlichen und des Strafrechts einbezogen, unabhängig davon, ob das Hauptsacheverfahren in Deutschland oder im Ausland stattfindet. Die Arbeit beschränkt sich nicht auf ein mögliches Verfahren gegen ein ehemaliges Staatsoberhaupt. Sie versucht vielmehr all diejenigen Probleme aufzuzeigen und rechtlich zu bewerten, die speziell im Verfahren eines fremden Staates gegen einen eigenen Amtsträger wegen der Unterschlagung staatlichen Vermögens auftreten können. Unter den Begriff „Amtsträger" fallen sämtliche Personen, die ein öffentliches Amt innehaben, also Staatsoberhäupter, Regierungschefs, Regierungsmitglieder, Beamte und Angestellte des öffentlichen Dienstes.

Christine Miedl

Die Regulierung der Humangenetik in Großbritannien unter besonderer Berücksichtigung des Human Rights Act 1998

2004, 356 Seiten, Preis 30,00 EUR
ISBN 3-937231-20-X

Die Stammzellforschung hat der Diskussion um die Embryonenforschung neue Aktualität verliehen. In Zukunft wird die Therapeutik ohne Rückgriff auf gentechnische Verfahren kaum noch denkbar sein, andererseits sind diese Verfahren auch mit erheblichen Risiken verbunden. Ein internationalen Vorstoß in diesem herausragenden Bereich der Humangenetik hat Großbritannien mit der Erlaubnis des „therapeutischen Klonens" durch die *Human Fertilisation and Embryology (Research Purposes) Regulations 2001* gewagt. Danach ist der Zugriff auf Frühformen menschlichen Lebens mit der Aussicht auf medizinische Heilverfahren rechtlich zulässig. Dieses Buch analysiert den Stand des Humangenetikrechts in Großbritannien nach der Inkorporierung der Europäischen Menschenrechtskonvention durch den wegweisenden *Human Rights Act 1998*. So wird die Vereinbarkeit mit dem *Human Rights Act 1998*, insbesondere mit dem Recht auf Leben, untersucht. Da es einen eventuellen Mißbrauch in der Biomedizin durch grenzüberschreitende Schutzniveaus zu verhindern gilt, wurde die für den europäischen Integrationsprozeß bedeutsame Bioethik-Konvention mit in die Untersuchung einbezogen.

www.rhombos.de

RHOMBOS-VERLAG, Kurfürstenstrasse 17, D-10785 Berlin
Tel. 030-261 68 54 oder 261 94 61,
Fax 030-2 61 63 00, eMail: verlag@rhombos.de

Arnold Vahrenwald

E-Cinema:
Possible Juridical, Industrial and Cultural Consequences

ISBN 3-937231-17-X
132 Seiten. 2004.
Preis: 24,00 Euro.
RHOMBOS-VERLAG

E-cinema offers new perspectives for the distribution of audiovisual content to film theatres. In e-cinema film prints are replaced by the digitised content stored on electronic data carriers or in electronic databases. A trust center ensures the protection of the content against piracy by appropriate means. The e-cinema film theatre is equipped with a digital projector, a server and facilities for the storage of the electronic files, so that any other digital content, including live, can be screened. International standards for e-cinema are developing. But in spite of these advantages, the digital revolution on the theatre screen faces impediments: the traditional value chain is upset. Savings through digitisation accrue essentially to distribution. Business models envisage a participation of distributors in exhibitors' costs, but the digitisation does not only facilitate projection, it requires control and management of the content through play-out-service centres to fight piracy. Exhibitors may not easily be prepared to concede this control to third parties.

The production, distribution and exhibition of digital content will affect our perception of the filmed reality. The consumer is likely to develop a critical distance to screened content. Digital projection of content permits an increased customerisation. Theatres will adapt programs and advertising to the needs of the audience. E-cinema is likely to favour the globalisation of content and culture, but the increased exploitation of screens can also benefit niche content. Cross-border projection will be possible, for example via satellite communication. The rules of the international trade were developed with regard to the distribution of corporeal film prints and broadcasting services. How can these rules be applied to global e-cinema?

The book provides an overview concerning this developing sector of the film business. The author, teaching at MAGICA (Master Europeo in Gestione di Industria Cinematografica e Audiovisiva), Rome, is an experienced scientist and legal practitioner on the international level. He may be contacted: info@vahrenwald.com - www.vahrenwald.com

RHOMBOS-VERLAG, Kurfürstenstrasse 17, D-10785 Berlin, Tel. 030-261 68 54 oder
261 94 61, Fax 030-2 61 63 00, eMail: verlag@rhombos.de, Internet: www.rhombos.de
Verkehrsnummer: 65859